Peter Longerich

»Davon haben wir nichts gewusst!«

Peter Longerich

»Davon haben wir nichts gewusst!«

Die Deutschen und die
Judenverfolgung 1933–1945

Siedler

Verlagsgruppe Random House FSC-DEU-0100
Das für dieses Buch verwendete FSC-zertifizierte
Papier EOS liefert Salzer, St. Pölten.

Zweite Auflage

© 2006 by Siedler Verlag, München,
in der Verlagsgruppe Random House GmbH

Schutzumschlag: Rothfos + Gabler, Hamburg
Lektorat und Register: Andrea Böltken, Berlin
Satz: Ditta Ahmadi, Berlin
Druck und Bindung: GGP Media GmbH, Pößneck
Printed in Germany 2006
ISBN-10: 3-88680-843-2
ISBN-13: 978-3-88680-843-4

www.siedler-verlag.de

Inhalt

Einleitung 7

»Öffentlichkeit« und »Volksmeinung« unter der NS-Diktatur 23

Boykott: Die Verfolgung beginnt 55

Antisemitische Krawalle und Nürnberger Gesetze 75

Die »ruhigen Jahre«: Illusion und Realität der »Judenpolitik« 101

Novemberpogrom 123

Die »Judenfrage« nach Beginn des Zweiten Weltkrieges 147

»Jüdischer Bolschewismus«, Gelber Stern und
Deportationen: Anatomie einer Kampagne 159

Die »Endlösung« als öffentliches Geheimnis 201

»Kraft durch Furcht«: Die Drohung mit der »jüdischen Rache« 263

»Juda muss sterben«: Der Mord an den Juden und
der Untergang des »Dritten Reiches« 297

Fazit 313

Dank 329
Abkürzungsverzeichnis 331
Anmerkungen 333
Literatur 431
Personenregister 447

Einleitung

»Davon haben wir nichts gewusst.« Der Satz ist allgemein bekannt: Es ist die Antwort, die man wohl am häufigsten hört, wenn man Deutsche der älteren Generation befragt, was sie denn als Zeitgenossen seinerzeit über die Verfolgung und Ermordung der europäischen Juden durch das NS-Regime in Erfahrung gebracht haben. Ein Satz, der viele Fragen aufwirft.

Nicht selten wird er entschieden oder sogar entrüstet vorgebracht; er dient häufig dazu, den in der Frage nach der damaligen Kenntnis mitschwingenden oder auch nur vermuteten Vorwurf der Mitwisserschaft oder gar Mitschuld zurückzuweisen. Das Subjekt des Satzes, das »wir« – häufig heißt es auch, »man« habe nichts gewusst, selten wird das »ich« gebraucht –, deutet schon darauf hin, dass hier eine kollektive, im Laufe der Zeit zur Abwehr verfestigte Haltung vorliegt.

Doch was genau hat man nicht gewusst? Das »davon« klingt zwar sehr bestimmt, so, als wisse man genau, was man damals nicht gewusst habe – allerdings bezeichnet dieses »davon« etwas, das der Sprecher offenbar nicht näher benennen oder beschreiben will. Handelt es sich um das Grauen der Vernichtungslager, um das Massensterben in Ghettos oder Arbeitslagern, um die Deportationen oder um das Gesamtausmaß der Verfolgung?

Schließlich muss das Verb des Satzes unsere Aufmerksamkeit erregen: Geleugnet wird bezeichnenderweise meist nicht, dass man nicht etwas gehört oder geahnt hätte, sondern das damalige *Wissen*. Die kategorische Feststellung, man habe nichts *gewusst* – oder, auf Nachfrage, *wirklich* nichts gewusst –, schließt indes nicht aus, dass Gerüchte, Hinweise und Teilinformationen über den Judenmord eben doch bekannt waren, die aber, aus den verschiedensten Gründen, flüchtig blieben und sich nicht zu einem Gesamtbild, zum Wissen, verdichteten.

Damit sind bereits einige der zentralen Probleme angesprochen, die in diesem Buch thematisiert werden sollen. Denn tatsächlich gehört die Frage, welche Kenntnis die zeitgenössische deutsche Bevölkerung von der

Judenverfolgung hatte und wie sie auf die Verfolgung reagierte, zu den bisher nur unzureichend geklärten Problemen der Holocaust-Forschung. Ihre möglichst präzise Aufhellung ist aber unerlässlich, will man die nach wie vor brennende Frage beantworten, welche Basis die Verfolgung der Juden innerhalb der deutschen Bevölkerung letztlich hatte: War sie primär das Werk eines relativ kleinen und isoliert handelnden Kreises fanatischer Ideologen und konsequenter Schreibtischtäter, oder fand sie in der Bevölkerung breite Zustimmung, ja entsprach sie möglicherweise dem Willen breiter Bevölkerungskreise? Ist es möglich, solche Befunde für die einzelnen Phasen der Verfolgung – Diskriminierung, Segregation, Vertreibung, Deportation und schließlich Massenmord – weiter zu differenzieren? Und was ließe sich auf dieser Grundlage über den allgemeinen Zustand der deutschen Gesellschaft zu dieser Zeit sagen?

Dieses Buch will einen Beitrag zu diesem größeren Themenkomplex leisten, indem es, auf der Basis der heute verfügbaren Informationen, den damaligen Kenntnisstand der deutschen Bevölkerung über die Judenverfolgung möglichst vollständig rekonstruiert und versucht, die damaligen Reaktionen auf diesen Kenntnisstand systematisch zu analysieren. Kenntnis und Reaktion der Bevölkerung, das ist der Ausgangspunkt dieser Untersuchung, lassen sich aber nur dann angemessen erfassen, wenn man sich immer wieder vergegenwärtigt, dass die Judenverfolgung durch das Regime in einem erheblichen Umfang öffentlich stattfand und offen propagiert wurde, ja dass die »Judenfrage« einen zentralen Stellenwert bei den Bemühungen des Regimes besaß, die »Öffentlichkeit« unter der Diktatur immer wieder auf das Regime und seine politisch-ideologischen Ziele hin auszurichten. Diese prinzipielle Öffentlichkeit der Judenverfolgung gilt nicht nur für die Vorkriegszeit, sondern auch für die Phase der Deportationen und Massenmorde in den Jahren 1941 bis 1943, in denen zwar die präzisen Einzelheiten des Mordprogramms als Staatsgeheimnis behandelt wurden, das Regime sich zugleich aber öffentlich dazu bekannte, dass es dabei war, eine radikale, eine finale »Lösung der Judenfrage« zu betreiben.

Wir sind aber erst jetzt, mehr als sechzig Jahre nach Kriegsende, in der Lage, diese Ausrichtung der von den Nationalsozialisten künstlich hergestellten Öffentlichkeit für den gesamten Zeitraum 1933 bis 1945 nachzuzeichnen – und dieser Umstand bildete eine wesentliche Motivation für die Arbeit an diesem Buch. Es konnte nämlich erstmalig eine Reihe von umfangreichen Quellen herangezogen werden, die unser Wissen über die antijüdische Propaganda des Regimes und ihre Rezeption durch die Bevölkerung erheblich erweitern: Hier sind in erster Linie die bisher durch die Forschung nicht ausgewerteten Protokolle der täglichen Propagandakonferenzen Goebbels' aus den Jahren 1941/42 zu nennen.[1] Sie schließen eine wichtige Lücke: Zusammen mit der erst seit kurzem vorliegenden vollständigen Version der Goebbels-Tagebücher[2] sowie den Presseanweisungen des Propagandaministeriums[3] erlauben sie eine fast nahtlose Rekonstruktion der Formulierung nationalsozialistischer Propagandarichtlinien in einem für die Judenverfolgung besonders kritischen Zeitraum.

Ergänzt wird die Auswertung dieser internen Quellen vor allem durch eine breite Analyse von Zeitungen, die erstaunliche Diskrepanzen in der allgemein als »uniform« geltenden Presseberichterstattung in Bezug auf die »Judenfrage« aufzeigen wird. Untersucht wurden mehr als zwei Dutzend Zeitungen, davon zwei – das zentrale Parteiorgan *Völkischer Beobachter* und der in Berlin erscheinende *Angriff*, die zweitwichtigste Tageszeitung der NSDAP – fast für den gesamten Zeitraum. Die übrigen Blätter wurden für bestimmte, unterschiedlich lange Zeitabschnitte (zum Teil auch nur für Stichproben) konsultiert: Es handelte sich um eine Reihe von regionalen NS-Zeitungen, wobei der in Köln erscheinende *Westdeutsche Beobachter*, eine der größeren Gauzeitungen der NSDAP, besonders intensiv durchgesehen wurde;[4] daneben wurden eine Anzahl »bürgerlicher« Blätter[5] sowie zwei katholische Zeitungen[6] in die Analyse einbezogen. Für die Kriegszeit kommen noch einige in den besetzten Gebieten erschienene deutsche Zeitungen hinzu,[7] ferner die vor allem von Goebbels geförderte Wochenzeitung *Das Reich*. Andere Propagandamedien – soweit rekonstruierbar – wie Wochenschauen, Spielfilme, Plakate und Rundfunksendungen wurden ebenso berücksichtigt wie die alliierte Propaganda der Kriegszeit, die sich in Rundfunkprogrammen und insbesondere in Flugblättern niederschlug.

Um zu ergründen, welche Wirkung die Propaganda entfaltete, konnte auf die von Otto Dov Kulka und Eberhard Jäckel besorgte Edition aller verfügbaren Stimmungs- und Lageberichte des Regimes zur »Judenfrage« zurückgegriffen werden, die die gesamte Forschung zur Einstellung der deutschen Bevölkerung zu diesem Themenkomplex auf eine neue Basis stellt und in dieser Arbeit erstmalig für den gesamten Zeitraum 1933 bis 1945 ausgewertet wurde.[8] Ergänzend herangezogen wurden Berichte von im Untergrund arbeitenden Widerstandsgruppen über die Lage in Deutschland,[9] eine Reihe von publizierten Tagebüchern und Briefen sowie verschiedene, recht verstreute Informationen und Beobachtungen, die außerhalb Deutschlands über die Situation unter dem NS-Regime zusammengetragen wurden. Aus grundsätzlichen methodischen Erwägungen wurden nur zeitgenössische Quellen herangezogen; Memoiren und Editionen von Erinnerungstexten wurden daher nicht berücksichtigt.[10]

Für die Fragestellung dieser Arbeit erwies es sich als außerordentlich fruchtbar, diese verschiedenen Quellenkategorien zur antisemitischen Propaganda und ihrem Widerhall in der Bevölkerung in eine strenge chronologische Ordnung zu bringen. Erst diese Zeitleiste ermöglichte es, das Auf und Ab der antisemitischen Propagandawellen präzise nachzuverfolgen, sie in Verbindung mit der Politik des Regimes zu bringen und zu verstehen, dass die in den offiziellen Stimmungsberichten erhaltenen Informationen über die Haltung und Einstellung der Bevölkerung auch als Bestandteil der vom Regime betriebenen Ausrichtung der Öffentlichkeit zu lesen sind.

Zum Forschungsstand

Zum Thema sind seit den siebziger Jahren eine ganze Reihe von Studien vorgelegt worden. Dieser Forschungsstand soll hier unter zwei Gesichtspunkten referiert werden: Zu welchen Ergebnissen sind die Historikerinnen und Historiker, die sich mit der Reaktion der deutschen Bevölkerung auf die Judenverfolgung beschäftigt haben, gekommen? Und: Auf welcher Quellenbasis und auf Grund welcher Methode sind sie zu diesen Ergebnisse gelangt?

Marlis Steinert, die als Erste die Einstellung der deutschen Bevölkerung während des Krieges umfassend untersucht hat, fällt die »Reaktionslosigkeit und Gleichgültigkeit des deutschen Staatsbürgers gegenüber seinem jüdischen Nachbarn auf«, eine Auffassung, die sich vor allem auf die geringe Zahl von Berichten stützt, die sich hinsichtlich der Reaktionen der deutschen Bevölkerung auf die Judenverfolgung finden lassen.[11] Diese Gleichgültigkeit zeigte sich jedoch nicht nur in Apathie angesichts des jüdischen Schicksals, sondern auch in weitgehender Ablehnung gegenüber den Versuchen der NS-Propaganda, den Judenhass hochzuspielen.[12] Die ausgeprägte Indifferenz der Bevölkerungsmehrheit führt Steinert unter anderem auf die Tatsache zurück, dass nur noch wenige Deutsche direkte Kontakte zu Juden hatten; man war in erster Linie mit den eigenen Problemen angesichts des Krieges beschäftigt.[13] Neben der breiten Schicht der Indifferenten, Verhetzten und Zustimmenden sieht Steinert eine kleine Gruppe, die sich aktiv an der Verfolgung beteiligte, und eine zahlenmäßig nicht allzu große Schicht von Menschen, die sich schämten, jedoch nichts unternahmen. Nur sehr wenige Menschen halfen den Verfolgten aktiv.[14] Was nun das Wissen über die »Endlösung« anbelangt, so ist für Steinert klar, dass für viele Soldaten im Osten die Erschießungen nicht geheim bleiben konnten. Durch Urlauber drangen solche Informationen nach Deutschland.[15] Ab Sommer 1943, so Steinert, finde man kaum noch Hinweise darauf, wie die Bevölkerung auf die Verfolgung reagierte.[16] Steinert konstatiert, dass »in Deutschland selbst nur ganz wenige über das ungeheure Ausmaß der Verbrechen Bescheid wussten, dass die Propaganda viele Gemüter umnebelt hatte, dass es auch eine große Zahl Ahnungsloser gab. [...] Gerüchte, Gerede, Andeutungen über Massenerschießungen waren für zahlreiche Menschen außerdem Vorstellungen, die sich rationalem Begreifen entzogen.«[17]

Ian Kershaw[18] kommt – nach einer eingehenden Untersuchung der antisemitischen Kampagne des Jahres 1935, des Pogroms vom November 1938 und der Phase der Deportation und Massenmorde – zu der Schlussfolgerung, dass die Verfolgung der Juden ein breites Spektrum von Reaktionen hervorgerufen habe: Die Masse der Bevölkerung, geprägt durch antisemitische Vorurteile und mehr oder weniger beeinflusst von der NS-Propaganda, habe gesetzliche Beschränkungen für Juden befürwortet, Gewaltexzesse jedoch abgelehnt. Paranoide Judenhasser seien ebenso in der Minderheit gewesen wie diejenigen, die aus christlichen oder liberal-humanitären Motiven den nationalsozialistischen Rassismus abgelehnt hätten.

Das Hauptziel der NS-Propaganda, die Bevölkerung zu leidenschaftlichem Hass gegen Juden aufzustacheln, sei fehlgeschlagen. Von wenigen Phasen abgesehen, in denen die »Judenfrage« ganz im Vordergrund gestanden habe, sei die Masse der Bevölkerung an diesem Thema nicht interessiert gewesen. Aber gerade in dieser durch Desinteresse und Apathie geprägten Atmosphäre konnte nach Kershaw der radikale Antisemitismus der kleinen Minderheit gedeihen. Es sei dem Regime gelungen, die Juden im breiten Bewusstsein der Bevölkerung zu depersonalisieren.

Innerhalb der NS-Bewegung habe der Antisemitismus mit Sicherheit integrierend gewirkt, für die Beziehung zwischen Volk und Regierung gelte dies jedoch nicht. Hier sei in erster Linie die Attraktivität der vom

Regime propagierten »Volksgemeinschaft« – die Vorstellung einer scheinbar sicheren sozialen, politischen und moralischen Ordnung – ausschlaggebend gewesen. Die permanente Radikalisierung der antijüdischen Politik könne daher kaum das Ergebnis populärer Forderungen gewesen sein. In der »Judenfrage« habe das Regime nicht mit einem plebiszitären Mandat, sondern zunehmend autonom gehandelt. Die Geheimhaltung der »Endlösung« sei der wichtigste Beleg dafür, dass das Regime sich darüber auch im Klaren war.

Der schrittweise Ausschluss der Juden aus der Gesellschaft, die Zustimmung weiter Kreise der Bevölkerung zu diesen Maßnahmen, die Dehumanisierung, latente antisemitische Vorurteile und weit verbreitete Indifferenz gegenüber dem Schicksal der Juden seien jedoch wichtige Voraussetzungen für die »Endlösung« gewesen: Sie hätten den radikal-antisemitischen Elementen die notwendige Autonomie verschafft, um die »Endlösung« durchzusetzen. Sarah Gordon bestätigte einige Jahre später Kershaws Befund einer in der Bevölkerung vorherrschenden Indifferenz gegenüber der »Judenfrage«.[19]

Otto Dov Kulka konnte bereits Anfang der achtziger Jahre auf eine weit umfassendere Sammlung von offiziellen Stimmungs- und Lageberichten zurückgreifen als Ian Kershaw; insbesondere standen ihm damals in großem Umfang Gestapo-Berichte aus dem Institut für Marxismus-Leninismus in Ost-Berlin zur Verfügung, die erst seit 1990 im Bundesarchiv allgemein zugänglich sind.

In seiner Auswertung der Reaktion der deutschen Bevölkerung auf die Nürnberger Gesetze entwickelte Kulka eine Typologie von vier verschiedenen Reaktionen auf die Judenverfolgung, die sich seiner Auffassung nach auf die gesamte Zeit bis 1939 anwenden lässt:[20] Erstens Akzeptanz von Segregation und Diskriminierung aus rassistischen Gründen als dauerhafte Grundlage zur »Lösung der Judenfrage«; die Zustimmung zur »Judenpolitik« des Regimes war demnach an strikte Einhaltung gesetzlicher Grundlagen gebunden. Zweitens Bedenken, Kritik, ja sogar Opposition gegen die Rassengesetze sowie gegen die gesamte »Judenpolitik«, vor allem aber gegen »wilde Aktionen« aus politischen, religiösen, aber auch pragmatischen Motiven; Furcht vor ökonomischer Vergeltung gegen Deutschland mochte beispielsweise eine Rolle spielen. Drittens Kritik an der offiziellen antijüdischen Politik als zu moderat, verbunden mit dem Versuch, die antisemitische Politik durch direkte Aktionen weiter zu radikalisieren. Antijüdische Gesetze wurden aus dieser Perspektive vor allem als Ermächtigung zu einer weiteren Verschärfung der Judenverfolgung verstanden. Viertens Indifferenz und Passivität, ohne dass sich aus den Quellen eine Begründung für diese Haltung entnehmen ließe.

In einem weiteren Aufsatz, den er zusammen mit seinem Kollegen Aron Rodrigue verfasste, kritisiert Kulka denn auch Kershaws Gebrauch der Begriffe Indifferenz und Depersonalisierung. Für beide Autoren ist klar, dass die Nürnberger Gesetze keineswegs mit überwiegender Indifferenz hingenommen worden seien; vielmehr sei der in den Berichten zum Ausdruck kommende, wachsende Druck aus der Partei, der Bevölkerung und den Eliten wesentlich für die Entscheidung gewesen, die antijüdischen Gesetze zu erlassen.[21] Ob die in den Berichten angegebenen pragmatischen Begründungen für die Kritik an der »Judenpolitik« des Regimes zutrafen oder nur vorgeschoben waren, um moralische Kritik zu tarnen, spielt nach Ansicht von Kulka/Rodrigue keine Rolle. Wichtig sei vielmehr, dass diese pragmatischen Argumente – die Tendenz, die »Judenfrage« zu »depersonalisieren« – in den Berichten vorherrschend waren und damit den politischen Entscheidungsprozess mit geformt hätten.[22]

Kulka betrachtet die Radikalisierung des politischen Entscheidungsprozesses durch die Stimmungsberichterstattung als fortlaufenden Prozess, der auch in der Phase der »Endlösung« nicht zum Stillstand gekommen sei. Die Berichte sind demnach für ihn auch ein wichtiges Zeugnis für die Mitverantwortung breiter Bevölkerungskreise für den Entschluss zum Völkermord.[23] Mehr noch: Dass in der Phase der »Endlösung« in den Berichten Existenz, Verfolgung und Vernichtung der Juden so gut wie nicht vorkommen, wertet Kulka in einem weiteren Beitrag als Beleg für seine These einer »nationalen, stillschweigenden Verschwörung«. Sofern die Bevölkerung überhaupt auf die »Endlösung« reagiert habe, beschränke sich dies entweder auf eine rein passive Beobachtung der Deportationen oder auf präzise Beobachtungen und Kommentare zum Schicksal der Deportierten und der antijüdischen Politik des Regimes – dies gelte insbesondere für die ersten Monate des Jahres 1943.[24] Schockierend sei vor allem, dass, abgesehen von einigen Ausnahmen, Kritik an dem Mordprozess nicht mit moralischen Argumenten vorgetragen wurde, sondern lediglich mit instrumentellen und pragmatischen Begründungen; dabei habe die Befürchtung, man könne selbst für den Massenmord zur Rechenschaft gezogen werden, im Vordergrund gestanden.

Zu dieser »pragmatischen« Einstellung passe das große Interesse der Bevölkerung an der Übernahme so genannter Judenwohnungen; dass die

Menschen gleichzeitig eher desinteressiert auf die scharf-antisemitische Propaganda des Regimes reagiert hätten, zeige, dass die vom Regime geforderte »Lösung der Judenfrage« im Bewusstein der Bevölkerungsmehrheit verankert gewesen sei, noch bevor die eigentlichen Morde begonnen hätten.[25]

Die »Indifferenz« wird hier also als Konsens der Mehrheit mit dem Ziel der »Vernichtung« interpretiert: wie diese »Vernichtung« konkret aussah, ob damit Emigration, Segregation, Deportation oder Massenmord gemeint war, habe demnach für die Mehrheit der Deutschen keine Rolle gespielt.[26] Verstünde man (wie Kershaw) demgegenüber unter Indifferenz einfach nur Desinteresse, würde man, so Kulka, dem Phänomen in seiner Komplexität nicht gerecht: Tatsächlich sei die Einstellung, dass die »Judenfrage« irgendwie gelöst werden müsse, ebenso weit verbreitet gewesen wie die Haltung, man könne es dem Regime überlassen, die Art und Weise dieser »Lösung« zu bestimmen.[27]

Indifferenz, so spitzen Kulka und Rodrigue schließlich das Argument entscheidend zu, sei demnach in Wahrheit »passive Komplizenschaft« gewesen.[28] Beide haben damit die Mitverantwortung der deutschen Bevölkerung für den Holocaust auf eine Weise betont, die einige Jahre später durch Daniel Goldhagen mit seiner These von den »willigen Vollstreckern« und dem »eliminatorischen Antisemitismus« der Deutschen wieder aufgegriffen und weiter ausgearbeitet wurde.[29] Allerdings bleibt die These von Kulka/Rodrigue weitgehend spekulativ: Sie beruht in erster Linie auf einer sehr extensiven Interpretation des Schweigens, das in den Quellen zur Reaktion auf den Holocaust vorherrscht.

Ian Kershaw hat auf die Kritik Kulkas und Rodrigues in einem weiteren Aufsatz, der auf einer erheblich breiteren Quellenbasis als seine früheren Beiträge beruht, geantwortet.[30] Mit guten Gründen stellt er hier klar, dass seiner Ansicht nach die Schlussfolgerung, die »Indifferenz« der deutschen Bevölkerung sei Ausdruck passiver Komplizenschaft, überzogen ist.[31] Kershaw hält nichts davon, die von ihm als schlichtes Desinteresse an Juden charakterisierte »Depersonalisierung« nun, wie von Kulka/Rodrigue vorgeschlagen, als Internalisierung eines durch die Propaganda abstrakt vorgebrachten Vernichtungsgedankens zu verstehen.[32] Vielmehr seien der weit verbreitete latente Antisemitismus und das Fehlen einer in der Gesellschaft verankerten, organisierten Abwehr des Antisemitismus vor 1933 dafür verantwortlich, dass die antisemitische Politik des Regimes sich auf eine fast unaufhaltsame Weise radikalisieren konnte.[33]

David Bankiers Studie über die »öffentliche Meinung« und die »Endlösung« hat zunächst einmal den Vorzug, dass sie auf einer bis dahin nicht erreichten breiten Quellengrundlage beruht.[34] Bankier konnte sich nicht nur auf die damals noch unveröffentlichte, allerdings seither weiterhin ergänzte Sammlung Kulkas stützen, sondern auch auf zahlreiche weitere Quellen unterschiedlichster Provenienz: zum großen Teil Stellungnahmen von Einzelpersonen aus (teilweise unveröffentlichten) Memoiren, Tagebüchern, Briefen, vor allem aber aus den Akten des britischen Foreign Office, das abgefangene Briefe auswertete und Interviews mit Flüchtlingen und aus Deutschland zurückkommenden Reisenden führte. Viele dieser Äußerungen, die Bankier durch seine Pionierarbeit erstmals für die Forschung erschlossen hat, werden auch in diesem Buch herangezogen werden.

Grundsätzlich steht aber auch Bankier vor dem Problem, dass namentlich die Quellen zur Informiertheit und Einstellung der deutschen Bevölkerung bezüglich der »Endlösung« spärlich und zum Teil erheblich interpretierbar sind. Er ist daher in seinen allgemeinen Schlussfolgerungen auch entsprechend vorsichtig und abwägend. Bankier betont insgesamt – trotz weit verbreiteter Unzufriedenheit – die »breite und grundsätzliche Zustimmung« der Bevölkerung zur Politik des Regimes.[35] Dennoch sei »die Behandlung der Judenfrage, wenn auch nicht der Antisemitismus selbst, zu einem Reibungspunkt zwischen den dynamisch-vitalistischen Elementen des Nationalsozialismus und den nationalistisch-konservativen Elitegruppen« geworden. Der »Konsens, die Juden aus Deutschland loszuwerden«, sei dabei jedoch nicht in Frage gestellt worden. Die Differenzen hätten sich vielmehr an den ergriffenen Maßnahmen entzündet. »Insgesamt scheint es, als seien die kritischen Reaktionen auf die antisemitische Politik durch persönliche Verärgerungen und Verteidigung von Interessen veranlasst worden, nicht aber durch humanitäre Rücksichten.«[36]

Auf der Grundlage der vorliegenden Zeugnisse sei eindeutig klar, »dass weite Kreise der deutschen Bevölkerung, darunter Juden ebenso wie Nichtjuden, entweder gewusst oder geahnt haben, was in Polen und Russland vor sich ging«.[37] Während die Kenntnis von Massenerschießungen weit verbreitet war, sickerten über die Vernichtungslager relativ wenig konkrete Informationen durch.[38] Dass jedoch unterschiedliche Gerüchte über Morde mit Hilfe von Gas kursierten, zeige, dass es ein weit verbreitetes Bedürfnis gegeben habe, den Mangel an Informationen durch eigene

Vorstellungen zu ersetzen.[39] Wegen der monströsen und beispiellosen Dimension des Verbrechens hätten allerdings selbst Gegner des Regimes vorhandene Informationen kaum zu einem Gesamtbild zusammensetzen können.[40]

Bankiers Schlussfolgerung lautet: »Die Politik der Deportationen und der Massenmorde konnte vonstatten gehen, weil die Öffentlichkeit kein Empfinden mit dem Schicksal der Juden zeigte. Ja, es ist wahr: Während der Kriegszeit blieben die, welche eine andere Meinung vertraten, wegen der Angst vor dem Staatsterror rein passiv; die Verhärtung der Haltungen verwischte die moralischen Grenzen; die soziale Vereinzelung machte eine kollektive Reaktion von vornherein unmöglich. Aber es ist ebenso wahr, dass bei den meisten Deutschen, wegen ihrer ›traditionell‹ antisemitischen Haltung, aus der heraus sie die Judenverfolgung nicht prinzipiell ablehnten, die Widerstandskraft gegen die Maschinerie des Völkermords sehr gering gewesen ist.« Um sein Gewissen zu beschwichtigen, habe man Informationen zu verdrängen versucht, um Schuldgefühle nicht aufkommen zu lassen, habe man die »Flucht ins Private und ins Nichtwissen« ergriffen.[41]

Das Paradox[42] zwischen der Geheimhaltung des Vernichtungsprogramms und der Tatsache, dass unter anderem führende Nationalsozialisten durchaus öffentlich auf den im Gang befindlichen Massenmord hinwiesen, löst Bankier mit der These, das Regime habe auf diese Weise versucht, die allgemeine Bevölkerung in die Verantwortung für das Verbrechen mit einzubeziehen, um so Ängste vor Rache und Vergeltung zur Aufstachelung eines fanatischen Widerstandswillens zu nutzen.[43] Aus eben diesem Grund habe sich die verstärkte antisemitische Propaganda jedoch seit Ende 1941, vor allem aber seit 1943 als kontraproduktiv erwiesen: Aus Angst, nach Kriegsende von den Siegern kollektiv zur Rechenschaft gezogen zu werden, sei die Bevölkerung mehr und mehr vom offiziell verkündeten Antisemitismus abgerückt.

Die weitgehende Indifferenz der Bevölkerung gegenüber der Verfolgung erklärt Bankier somit – im Unterschied zu Kershaw oder Kulka – nicht mit Gleichgültigkeit oder schweigender Zustimmung, sondern aus dem Unwillen der Menschen, »ihre Beteiligung am Begehen von Unrecht zuzugeben«. Man habe sich selbst eingeredet, als angeblich Unwissende gegen Vergeltung und Rache gefeit zu sein.[44]

Robert Gellately befasst sich ebenfalls mit der – seiner Ansicht nach überwiegend zustimmenden – Reaktion der deutschen Bevölkerung auf

Repression und Terror des NS-Regimes und kommt in diesem Zusammenhang auch auf die öffentliche Darstellung und die Wahrnehmung der Judenverfolgung zu sprechen. Gellately weist dabei auf die Bedeutung einer wichtigen Quelle hin, die Historiker bisher erstaunlicherweise weitgehend vernachlässigt haben: die in NS-Deutschland erschienenen Zeitungen.[45] Eric Johnson beschäftigt sich in seinem Buch über den nationalsozialistischen Terror – einer Regionalstudie, die sehr stark auf die Kooperation zwischen Behörden und Bevölkerung abstellt – in größerem Umfang mit der Judenverfolgung;[46] dabei behandelt er in einem Überblickskapitel die Reaktionen der deutschen Bevölkerung auf die Judenverfolgung und lenkt darin unter anderem den Blick auf die alliierten Rundfunksendungen als Informationsquelle zu diesem Thema.

Neben weiteren Überblicken und einer Reihe von älteren Arbeiten, die durch neuere Studien als überholt gelten können,[47] behandelt eine Reihe von Aufsätzen wesentliche Aspekte der Frage nach der Einstellung der deutschen Bevölkerung gegenüber der Judenverfolgung. Werner Angress hat anhand amtlicher Berichte zur »Judenfrage« aus dem Jahre 1935 die Konfliktlage zwischen NSDAP-Anhängern der »Einzelaktionen« und den Beamten herausgearbeitet; diese, obwohl antisemitisch eingestellt, seien in erster Linie an der Aufrechterhaltung von Ruhe und Ordnung interessiert gewesen.[48] Ursula Büttner betont in einer Arbeit, die sich hauptsächlich auf die Zeit vor Beginn der Deportationen bezieht, das Verhalten der Deutschen im Hinblick auf die Verfolgungsmaßnahmen sei vor allem durch »Gleichgültigkeit, beflissenes oder überzeugtes Mittun, selten Anteilnahme und Hilfsbereitschaft« gekennzeichnet gewesen.[49] Volker Ullrich hat in einem Überblick zahlreiche Beispiele für die seinerzeit greifbaren Informationen über den Mord an den Juden zusammengetragen und mit weit verbreiteten Abwehr- und Verdrängungsmechanismen angesichts dieses Themas kontrastiert.[50]

Frank Bajohr weist in einem Aufsatz über die Reaktion der deutschen Bevölkerung auf die Deportationen auf das generell große Interesse hin, das die Massenverschleppungen auf örtlicher Ebene auslösten.[51] Die Tatsache, dass viele Menschen sich angesichts der Deportationen öffentlich weder positiv noch negativ äußerten, könne auf stillschweigendes Einverständnis, Gleichgültigkeit oder auch »verlegene Distanz« hindeuten, eine möglicherweise mehrdeutige Verhaltensweise, die mit dem Ausdruck »Indifferenz« nur inadäquat erfasst werde.[52] Die Einstellung der Bevölkerung zu den Deportationen habe zwischen »aktiver Zustimmung, unauffälliger Zurückhaltung und kritischer Distanz« geschwankt.[53] Der Konsens zwischen Regime und Bevölkerung in der »Judenfrage« sei nach 1938/39 »langsam erodiert«, die von der Propaganda aufgestellte Parole, man habe mit der »Endlösung« der »Judenfrage« alle Brücken hinter sich abgebrochen, habe nicht, wie vom Regime erwartet, zu fanatischem Widerstand bis zuletzt geführt. Sie sei jedoch auch nicht ohne Wirkung geblieben: Das »sichtbar schlechte Gewissen« in Teilen der Bevölkerung sei Ausdruck eines Gefühls, man habe »eine Grenze überschritten«, die eine »Rückkehr zum Status quo ante« nicht mehr erlaubte.[54]

Hans Mommsen und Dieter Obst betonen wiederum die Indifferenz der allgemeinen Bevölkerung gegenüber der »Judenfrage«.[55] Zwar habe man gewalttätige Aktionen gegen die Juden, wie etwa die »Reichskristallnacht«,[56] abgelehnt, jedoch vor allem deshalb, weil man die Beschädigung »arischer« Interessen befürchtet habe. Da die Mehrheit den Antisemitismus prinzipiell nicht missbilligte, habe das Regime die Juden erfolgreich isolieren können.[57] Während des Krieges habe die Bevölkerung der »Judenfrage« trotz teilweise intensiver antijüdischer Propaganda kaum noch Aufmerksamkeit geschenkt.[58] Die Missbilligung der Kennzeichnung im Herbst 1941 und die gemischten Reaktionen auf die Deportationen zeigten jedoch, dass das Regime die Wirkung der antisemitischen Indoktrination der Bevölkerung überschätzt habe.[59]

Dass die Erörterung der Genozidfrage – die Exekutionen in Osteuropa waren weithin bekannt – nach dem Leichenfund von Katyn im Frühjahr 1943 in der Öffentlichkeit völlig zurückgetreten sei, liegt nach Ansicht der Autoren daran, dass »die Bevölkerung von der Bewältigung der immer stärker den individuellen Lebensbereich erfassenden Kriegseinwirkungen weitgehend absorbiert war«. Hinzu komme eine »fatalistische Abstumpfung«.[60] Insgesamt könne man von einer »kollektiven Verdrängung des Genozids« sprechen,[61] obwohl ein »dumpfes Bewusstsein des Unrechts« weit verbreitet gewesen sei. Ähnlich wie David Bankier kommen Mommsen und Obst zu dem Schluss, dass die Mehrheit durch die Hinnahme der Deportationen beziehungsweise durch Zustimmung zu schweigenden Komplizen eines – allerdings in seinen wahren Dimensionen nur ungefähr erahnten – Verbrechens geworden sei.[62]

Weitere Arbeiten haben speziell die Reaktionen der Bevölkerung auf die »Kristallnacht« untersucht und übereinstimmend die weitgehende Ablehnung der Gewalttaten hervorgehoben.[63] Seit einigen Jahren wird zudem das Thema der antisemitischen Gewalt unter dem NS-Regime untersucht. Verschiedene Autoren haben darauf aufmerksam gemacht, dass der Gewalttaten verübende nationalsozialistische Mob einen erheblichen Teil der männlichen Bevölkerung repräsentierte und dass insbesondere Jugendliche dazu neigten, sich an solchen von Parteiaktivisten organisierten Gewalttaten zu beteiligen beziehungsweise ihnen offen zuzustimmen.[64] Daneben liegt eine große Zahl von meist regional oder thematisch ausgerichteten Editionen und Studien zur Stimmungsberichterstattung in der NS-Diktatur vor.[65]

Angesichts dieser zum Teil weit auseinander klaffenden Befunde und relativ großen Forschungslücken stellt sich die Frage nach den dokumentarischen, methodischen und begrifflichen Grundlagen des bis dato erreichten Forschungsstandes. Offensichtlich ist, dass die meisten der hier behandelten Arbeiten vor allem auf den Stimmungs- und Lageberichten beruhen, die durch verschiedene Dienststellen des NS-Regimes erstellt wurden. Und die meisten Autorinnen und Autoren gehen davon aus, dass diese Stimmungs- und Lageberichte ein mehr oder weniger authentisches Bild der tatsächlichen Einstellung der Bevölkerung vermitteln, wobei zum Teil eine Reihe von weiteren Quellen – in unterschiedlichem Umfang – als Kontrollmaterial herangezogen wird.

Die Ermittlung der »Stimmung« durch Partei- und Staatsdienststellen habe dabei dem Zweck gedient, der Führung ein objektives Bild der Volksmeinung zu vermitteln, das in den politischen Entscheidungsprozess eingeflossen sei. Nach dieser Auffassung – sie entspricht im Übrigen dem Bild, das der Gründer des SD-Inlandsnachrichtendienstes, Otto Ohlendorf, in seinen Nachkriegsaussagen entwarf[66] – handelt es sich also bei der Berichterstattung zur Stimmung grundsätzlich um eine (wenn auch nur rudimentäre) Frühform der Demoskopie.[67]

Selbstverständlich sind sich die Forscher, die diese Ansicht vertreten – zu ihnen gehören neben Otto Dov Kulka etwa Heinz Boberach und David Bankier –, darüber im Klaren, dass diese frühe »Meinungsforschung« gravierende methodische Defizite aufweist, die zu erheblichen Verzerrungen in der Berichterstattung geführt haben, und sie konzidieren in unterschiedlichem Umfang, dass die Stimmungsberichterstattung auch anderen, nicht auf die Erstellung eines objektiven Meinungsbildes gerichteten Zielsetzungen unterlag. Trotzdem halten sie die Stimmungsberichterstattung für mehr oder weniger »zuverlässig«.[68]

Ian Kershaw betrachtet diese Frage grundsätzlich kritischer. Seiner

Meinung nach bildeten die Stimmungsberichte »fast ausschließlich die ereignisbezogene Meinungsäußerung und Stimmung der Bevölkerung, nicht die Meinungsbildung aufgrund der allgemeinen und permanenten Propaganda- oder Schulungsaktivität des NS-Regimes« ab. Daher lasse sich auf Basis dieser Quellenkategorie »fast keine Feststellung treffen, wie die in Zeitungen, Versammlungen oder auf anderem Wege betriebene antisemitsche Propaganda nach 1933 von der Bevölkerung aufgenommen wurde«.[69] Auch Franz Dröge weist in seiner Untersuchung über die Gerüchtebildung im Zweiten Weltkrieg auf die Kontextabhängigkeit der Stimmungsberichterstattung hin: So sei etwa die Gestapo an der »Stimmung« nur insoweit interessiert gewesen, »als sie von Gegnergruppen bestimmt oder beeinflusst zu sein erscheint oder zu werden droht«.[70]

Kershaw wirft außerdem die Frage auf, ob die Berichte nicht grundsätzlich ein schöngefärbtes Bild der »Stimmung« wiedergeben, da viele Bürger kritische Äußerungen aus Angst unterdrückt hätten und bei den Berichterstattern möglicherweise die Tendenz im Vordergrund gestanden habe, ihre Vorgesetzten mit »positiven« Berichten zu versorgen. Grundsätzlich seien »positive« Berichte schwieriger zu interpretieren als solche, in denen Kritik unmittelbar wiedergegeben wird.[71] Auch Frank Bajohr bezweifelt die »Objektivität« der Berichte, da sie sich durchgängig »regimespezifischer Sprachregelungen und -muster« bedienten, eigene Perspektiven und politische Intentionen in die Berichterstattung einbrachten und – vor allem auf höhere Ebene – zu »Tabuisierung« und »Schönfärberei« neigten.[72]

Ohne objektiven Maßstab, an dem sich die subjektiv eingefärbten Berichte messen ließen, so räumt Kershaw ein, seien die interpretatorischen Probleme in einem methodisch strengen Sinne auch nicht lösbar. Weiterhelfen könnten Vergleiche unterschiedlicher Quellenkategorien, aber letzten Endes bleibe nichts anderes übrig, als sich bei der Interpretation auf die Vertrautheit des Historikers mit dem Gesamtmaterial zu verlassen sowie auf seine Fähigkeit, zwischen den Zeilen zu lesen.[73]

Mir scheint, dass man in dieser kritischen Sichtweise des Materials noch einen Schritt weitergehen sollte als Kershaw und andere Forscher. Alle der hier vorgestellten Autoren gehen nämlich von der Annahme aus, dass es auch unter dem NS-Regime so etwas wie eine »öffentliche Meinung«, eine »Volksmeinung«, wie Kershaw es nennt, oder eine »Publikumsmeinung« (Marlis Steinert)[74] gegeben habe, dass also auch unter den Bedingungen der Diktatur umfassende, kollektive Meinungsbildungsprozesse vonstatten gingen. Tatsächlich wissen wir aber viel zu wenig darüber, wie sich überhaupt kollektive Stimmungen, Meinungen und Einstellungen unter der Diktatur bildeten, und wir haben die methodischen Schwierigkeiten, solche Vorgänge retrospektiv zu messen, bisher zu wenig diskutiert.

Unabdingbare Voraussetzung für eine Analyse des uns vorliegenden, umfangreichen Berichtsmaterials ist daher zunächst einmal eine kritische Würdigung der Ausgangsbedingungen: Wie lassen sich Prozesse kollektiver Informationsaufnahme und Meinungsbildung unter den Bedingungen der Diktatur mit erheblichem Abstand überhaupt rekonstruieren, und in welcher Terminologie lassen sie sich darstellen? Gab es eigentlich so etwas wie eine »öffentliche Meinung« oder eine »Volksstimmung« hinter der Fassade der vom Regime dirigierten Öffentlichkeit? Wenn ja: Wie sind Volksstimmung, Öffentlichkeit und öffentliche Meinung unter den Bedingungen der Diktatur zu definieren?

Und wie ist im Zuge dieser Quellenkritik das Thema zu deuten, das in der bisherigen Diskussion ganz im Zentrum stand: das auffallende Schweigen der Berichte zu wesentlichen Aspekten der Judenverfolgung, insbesondere in der Phase der »Endlösung«? Spiegelt dieses Schweigen wirklich die »Indifferenz« der Bevölkerung zur »Judenpolitik« des Regimes wider, und wie wäre diese »Indifferenz« zu interpretieren?

Auf diese wichtigen methodischen Fragen wird zunächst in einem eigenständigen Kapitel eingegangen, bevor wir uns den einzelnen Phasen der Judenverfolgung zwischen 1933 und 1945 zuwenden.

»Öffentlichkeit« und »Volksmeinung« unter der NS-Diktatur

Unter Öffentlichkeit versteht man im Allgemeinen eine im Prinzip jedermann zugängliche Sphäre, in der Individuen als Mitglieder eines »Publikums« relativ frei miteinander über allgemein interessierende Themen kommunizieren. Ungehinderter Zugang zu Informationen, freie Meinungsäußerung und gegenseitige Duldung unterschiedlicher Ansichten konstituieren Öffentlichkeit als ein »Kommunikationsforum für alle, die etwas sagen oder das, was andere sagen, hören wollen«.[1]

Öffentlichkeit, so hat Jürgen Habermas in seiner grundlegenden Studie zum »Strukturwandel der Öffentlichkeit« herausgearbeitet, wird seit den Anfängen bürgerlich-liberalen Denkens als Grundvoraussetzung für die Bildung »öffentlicher Meinung« begriffen, die sich wiederum als kollektiver und diskursiv voranschreitender Lernprozess darstellen lässt. Die somit auf rational nachvollziehbare Weise zustande kommende öffentliche Meinung gilt in der modernen, westlich geprägten Gesellschaft als unverzichtbare »kritische Instanz im Verhältnis zur normativ gebotenen Publizität des Vollzugs politischer und sozialer Gewalt«.[2]

Dieses der Vorstellungswelt des späten achtzehnten und frühen neunzehnten Jahrhunderts abgewonnene Idealmodell eines »räsonierenden Publikums« kann im Zeitalter der Massenmedien nur mit großen Einschränkungen aufrechterhalten werden. Wie Habermas gezeigt hat, gerät die öffentliche Meinung im Zuge des Strukturwandels der Öffentlichkeit immer stärker unter den Einfluss von organisierten Interessengruppen, Medienkonzernen und kommerziellen Medienstrategien und läuft daher Gefahr, als bloße »rezeptive Instanz im Verhältnis zur demonstrativ und manipulativ verbreiteten Publizität« für vielfältige Interessen in Dienst genommen zu werden.[3]

Wie immer man das tatsächliche Ausmaß moderner Meinungsmanipulation einschätzt: Wichtig bleibt, dass die modernen demokratischen Gesellschaften weiterhin an dem Anspruch festhalten, sie verfügten über das Regulativ einer funktionierenden Öffentlichkeit und einer öffentlich vor sich gehenden Meinungsbildung; ja, dieser Anspruch stellt eine der wesentlichen Legitimationsquellen demokratisch verfasster Gesellschaften dar.

Demgegenüber, das dürften diese kurzen Überlegungen bereits verdeutlicht haben, erscheint der Begriff der »Öffentlichkeit« in Bezug auf den Nationalsozialismus als vollkommen unangebracht. Denn wie andere moderne Diktaturen schlossen die Nationalsozialisten den unbeschränkten Zugang zu Informationen, die freie Meinungsäußerung und die konkurrierende Pluralität von Meinungen aus Prinzip aus.

Wenn also hier der Begriff »Öffentlichkeit« in Bezug auf den Nationalsozialismus benutzt wird, dann ist damit die durch das Regime inszenierte, kontrollierte und manipulierte Öffentlichkeit gemeint, mithin der Resonanzboden für seine Propaganda. Öffentlichkeit im Nationalsozialismus ist demnach der Raum, in dem die durch das Regime propagierten Leitbilder und Deutungsmuster reproduziert wurden, eine Sphäre, in der die akklamatorische Zustimmung zur Politik des Regimes demonstriert wurde.

Trotz des manipulativen Charakters dieser mit aller Gewalt »hergestellten« Öffentlichkeit spricht einiges dafür, den Begriff selbst nicht aufzugeben. Nicht nur weil die Nationalsozialisten den Begriff Öffentlichkeit weiterhin benutzten;[4] wesentlicher ist, dass die durch den Nationalsozialismus manipulativ hergestellte Öffentlichkeit – die öffentlich dokumentierte Zustimmung der Massen zur Politik des Regimes – zu den Grundpfeilern der Diktatur gehörte. In diesem Sinne fand unter dem NS-Regime tatsächlich ein weitreichender »Strukturwandel der Öffentlichkeit« statt.

Was die von den Nationalsozialisten hergestellte Öffentlichkeit anbelangt, so ist nicht nur an die Kontrolle der Massenmedien – Presse, Kino, Rundfunk, Werbung et cetera – zu denken, sondern auch daran, dass das öffentliche Erscheinungsbild des so genannten Dritten Reiches systematisch nationalsozialistischen Normen angepasst wurde. Die Nationalsozialisten verwandten zum einen große Anstrengungen darauf, den öffentlichen Raum durch ihre Rituale und Symbole zu beherrschen: sowohl temporär durch die Straßen-Dekoration anlässlich nationalsozialistischer Feiern und durch die symbolische »Ausrichtung« großer Massen bei Appellen und Aufmärschen als auch durch die Umgestaltung öffentlicher Räume vermittels einer repräsentativen Herrschaftsarchitektur, welche die Formierung der Massen permanent zum Ausdruck bringen sollte.[5] Zum anderen verlangte das Regime der allgemeinen Bevölkerung im Alltag bestimmte Verhaltensweisen ab, durch die diese – öffentlich – ihre Zustimmung zum Regime dokumentierte: mittels Abzeichen und Uniformen, durch den öffentlich entbotenen »Hitler-Gruß«, das Hissen der Hakenkreuzflagge, das erzwungene Innehalten und Zuhören während öffentlicher Rundfunkübertragungen, den Besuch von Parteiveranstaltungen, durch Spendenbereitschaft bei Straßensammlungen et cetera.

Doch die Demonstration von Zustimmung war nur die eine Seite der Medaille; die Regulierung der Öffentlichkeit umfasste auch die konsequente Verfolgung abweichender Meinungsäußerungen, einschließlich der Ausschaltung alternativer Informationsquellen, also die Weitergabe unliebsamer Gerüchte und Witze, die Verbreitung nicht autorisierter Nachrichtendienste, das Einsickern von unwillkommenen Informationen aus dem Ausland. Das galt erst recht während des Krieges, als die Weitergabe von Nachrichten ausländischer Rundfunksender mit der Todesstrafe geahndet werden konnte. Vorgegangen wurde nicht nur gegen offene, verdeckte oder symbolische regimekritische Stellungnahmen, sondern das Regime demonstrierte seine Herrschaft über die Öffentlichkeit auch durch seine Bemühungen, als provokant beziehungsweise »undeutsch« empfundene Kleidung oder unkonventionelles Auftreten öffentlich zu verbannen – dies jedoch nicht immer mit Erfolg.[6]

Selbstverständlich wäre es naiv anzunehmen, dass solche abweichenden Meinungsäußerungen und Verhaltensweisen vollkommen oder auch nur annähernd vollkommen hätten unterdrückt werden können. Aus mehr als zwei Jahrzehnten Forschung zur Sozial- und Mentalitätsgeschichte der NS-Diktatur, zur »Volksmeinung« jener Zeit wissen wir, dass die Bevölkerung des Deutschen Reiches zwischen 1933 und 1945 nicht im Zustand totalitärer Uniformität lebte, sondern dass es in einem erheblichen Umfang Unzufriedenheiten, abweichende Meinungen und divergierende Verhaltensweisen gab. Es war jedoch ein besonderes Charakteristikum der deutschen Gesellschaft unter dem NS-Regime, dass solche Bekundungen von Widerspruch vor allem im privaten, höchstens im halböffentlichen Bereich (also auf den Kreis von Freunden und Kollegen, den Stammtisch, die unmittelbare Nachbarschaft beschränkt) erfolgten beziehungsweise innerhalb noch bestehender Strukturen traditioneller sozialer Milieus, die sich gegenüber der nationalsozialistischen Volksgemeinschaft behaupten konnten – also etwa innerhalb von Pfarrgemeinden, in dörflichen Nachbarschaften, in Zirkeln der konservativen Elite, in bürgerlichen Verkehrskreisen, in nicht zerstören Reststrukturen des sozialistischen Milieus. Hier war es möglich, die Verfolgung entweder als Verletzung christlich-humanitärer Grundsätze, als mit den hohen Standards deutscher Kultur unvereinbar oder als Ablenkung vom Klassenkampf zu kritisieren. Diesen in der Halböffentlichkeit überdauernder Milieus nachweisbaren abweichenden Meinungen war gemeinsam, dass sie die Judenverfolgung in traditionelle, aus der Zeit vor 1933 stammende Erklärungsmuster oder moralische Referenzsysteme einordneten. Das erforderte nur ein Minimum an Kommunikation und war daher auch unter den Bedingungen der Diktatur zu bewerkstelligen. Für die Informanten der Stimmungsberichterstattung war dieser sich an tradierfähige politisch-moralische Wertsysteme anlehnende, auf gegenseitige Bestätigung abzielende Meinungsaustausch nur in gewissem Umfang zugänglich; daher berichteten sie denn auch vornehmlich über Opposition aus dem kirchlichen, bildungsbürgerlichen oder ländlichen Milieu, aber auffällig weniger aus dem ihnen eher verschlossenen, im Wesentlichen in den Untergrund abgedrängten Milieu der sozialistischen Arbeiterbewegung.

Allerdings blieb die Rezeption der Judenverfolgung dann auch an solche traditionellen Erklärungsmuster und Referenzsysteme gebunden – sie blieb statisch, konnte die qualitativ neuartige Dimension der NS-Judenverfolgung nur unzureichend erfassen und bot keine Basis zur Formierung eines gegen die Verfolgung gerichteten Diskurses. Alle Versuche, Widerspruch zur Politik des Regimes über den Rahmen solcher halböffentlichen Situationen beziehungsweise über Milieugrenzen hinaus öffentlich darzustellen, mussten am nationalsozialistischen Monopolanspruch auf Öffentlichkeit scheitern. Sie wurden in der Regel durch den Repressionsapparat erbittert verfolgt.

Die nationalsozialistische Kontrolle der Öffentlichkeit schloss aber nicht nur das Hervortreten von gegnerischen Stimmen weitgehend aus, sondern sie war darauf angelegt, eine breiter fundierte oppositionelle, alternative oder zumindest unabhängige Meinungsbildung von vornherein erheblich zu erschweren, wenn nicht gänzlich zu verhindern. Denn unter den Bedingungen der Diktatur fehlte neben dem Zugang zu Nachrichten außerhalb des offiziellen Informationsangebots auch das zur oppositionellen oder nur unabhängigen Meinungsbildung unerlässliche Element des relativ unbeschränkten Meinungsaustauschs. Es funktionierten gerade jene Mechanismen nicht, die für einen in der Öffentlichkeit vor sich gehenden Meinungsbildungsprozess typisch und wesentlich sind: die

Chance, sich ungehindert gesprächsweise zu vergewissern, dass die eigenen Ansichten von anderen geteilt werden, die Möglichkeit, unterschiedliche Meinungsvarianten »auf einen Nenner« zu bringen; die Bildung von begrifflichen Abstraktionen, Schlagwörtern, Parolen, die Zuspitzung von argumentativen Gegensätzen, die Gelegenheit, die eigene Argumentation im Lichte von Gegenargumenten zu differenzieren, et cetera.

Die Lektüre von Tagebüchern und Briefen jener Zeit offenbart beispielsweise die Schwierigkeiten der weitgehend voneinander isolierten Individuen, der Flut von Informationen und autoritativen Deutungen der offiziellen Propaganda eine Gegenposition entgegenzustellen, von der man sicher sein konnte, dass sie von vielen geteilt wurde – ein Atomisierungseffekt, der auf die Monopolisierung des öffentlichen Meinungsaustauschs durch das Regime zurückzuführen ist. »Wer kann«, so Victor Klemperers bezeichnende Klage kurz vor Kriegsbeginn 1939, »Volksstimmung beurteilen, bei 80 Millionen, Unterbindung der Presse und allgemeiner Angst vor dem Mundauftun?«[7]

Unweigerlich stellt sich vor diesem Hintergrund die prinzipielle Frage, ob eine solche alternative Meinungsbildung – beziehungsweise die »tatsächliche« Stimmung und Einstellung der Bevölkerung hinter der Fassade der vom Regime künstlich hergestellten »Öffentlichkeit« – überhaupt erfasst werden kann. Kommt der Versuch, die Reaktion der deutschen »öffentlichen Meinung« oder der »deutschen Gesellschaft« auf die Judenverfolgung zu ermitteln, die »Volksmeinung« herauszufinden, nicht der Jagd nach einem Phantom gleich? Die »deutsche Gesellschaft«, tatsächlich atomisiert in Individuen, Familien, nachbarliche Gemeinschaften, Freundescliquen und Milieureste, verfügte gar nicht mehr über ausreichende Kommunikationskanäle und diskursive Mechanismen, um unabhängig vom Regime selbstständig ein nachweisbares Meinungsbild herzustellen, »öffentlich« und deutlich sichtbar manifestiert. Ist es also überhaupt sinnvoll, von der Existenz eines solchen alternativen, unabhängig von der Öffentlichkeitspolitik des Regimes vorhandenen Meinungsbildes, einer »Volksmeinung«, auszugehen?[8]

Diese Schwierigkeiten, die »wirkliche« Stimmung und Einstellung der Bevölkerung zu erfassen, stellen sich nicht nur dem rückschauenden Betrachter, sondern sie waren bereits für die zeitgenössischen Beobachter gravierend: Die Spitzel von SD und Gestapo sahen sich wie die Vertrauensleute der Exil-SPD mit demselben Problem konfrontiert. In den außerhalb Deutschlands zusammengestellten Berichten der Sopade wird dieses

Dilemma bereits 1934 auf den Punkt gebracht: »Es gibt in Deutschland nicht nur keine öffentliche Meinung, es gibt auch keine Gruppenmeinung mehr. Das Individuum ist vereinzelt, denkt und urteilt für sich. Das gilt selbst für die Mitglieder der NSDAP. Die Zwangszusammenfassung in einer Organisation bedeutet in Wahrheit eine Atomisierung der politischen Beurteilung und Gesinnung.«[9] Es sei daher besser, so die Sopade 1936, statt von einer öffentlichen von einer »nichtöffentlichen Meinung« zu sprechen. Welchen Wert haben Quellen wie diese dann überhaupt für unsere Fragestellung?[10]

Die Deutschland-Berichte der Sopade: Eine authentische Quelle für die »Judenpolitik« des Regimes?

Die »Deutschland-Berichte der Sopade«, des nach Prag ausgewichenen Vorstands der Exil-SPD, erschienen zwischen April 1934 und April 1940 und boten monatliche Zusammenstellungen von Berichten und Analysen über die Situation in Deutschland. Durch die 1980 erschienene Reprint-Ausgabe sind diese Berichte weit verbreitet und werden relativ häufig als Quelle zur Einstellung der Bevölkerung im nationalsozialistischen Deutschland zitiert. Als Dokumente, die vom »anderen Deutschland« erstellt wurden, scheinen sie den Berichten, die zur gleichen Zeit durch Dienststellen des NS-Regimes verfasst wurden, in mancherlei Hinsicht überlegen. Sie eröffnen vermeintlich einen vergleichsweisen unverstellten Blick auf den deutschen Alltag.[11]

Für den quellenkritischen Umgang mit den Deutschland-Berichten ist es jedoch unerlässlich, sich mit den Entstehungsbedingungen dieser zeitgenössischen Publikation und den Absichten ihrer Urheber näher zu beschäftigen. Dokumente hierzu sind in ausreichendem Umfang vorhanden: Sie befinden sich im Archiv der Friedrich-Ebert-Stiftung in Bonn.

Redakteur der Deutschland-Berichte der Sopade war der 1902 geborene Erich Rinner, zwischen 1925 und 1933 in verschiedenen Funktionen als Referent für die Sozialdemokratische Reichstagsfraktion tätig und seit April 1933 Mitglied des Parteivorstands der SPD.[12] Ihm zur Hand ging Fritz Heine, der außerdem die Widerstandsaktivitäten im Reich koordinierte.

Die Deutschland-Berichte kamen folgendermaßen zustande: Ausgangsmaterial waren Beobachtungen von Anhängern der Sozialdemokratischen Partei, die diese – in mündlicher oder schriftlicher Form – an ein Netz von insgesamt elf Grenzsekretären und anderen Vertrauensleuten weitergaben, das die Exil-SPD im benachbarten Ausland unterhielt.[13] Vor ihrer Veröffentlichung wurden diese Berichte einem zweistufigen Auswahl- und Redaktionsprozess (zunächst durch die Grenzsekretäre, dann durch Rinner und Heine) unterzogen. Wesentlich ist aber vor allem, dass ein großer Teil der in den Deutschland-Berichten nachzulesenden Texte erst jenseits der deutschen Grenze entstand: Sie wurden von den Grenzsekretären oder von Rinner und Heine selbst auf der Grundlage eingehender Befragungen der angereisten Informanten geschrieben. Dabei wurde ein standardisierter Fragebogen verwendet, und Grenzsekretäre, Vertrauensleute und Informanten wurden angehalten, ihre Berichterstattung nach Möglichkeit nach einem vorgegebenen Schema abzufassen.[14]

Nach welchen Kriterien wurden die Berichte redigiert beziehungsweise die mündlichen Berichte der Informanten überhaupt in schriftliche Form gebracht? Zunächst ging es um die Sicherheit der Informanten: Durch stilistische Überarbeitungen sollte den Berichten ein allzu individueller Charakter genommen werden, Ortsnamen und andere Details wurden fortgelassen oder geändert. Vor allem aber waren sich Rinner und Heine darüber im Klaren, dass die Berichterstattung ihrer Informanten notwendigerweise einseitig war, da diese aus dem sozialdemokratischen Milieu stammten; sie verkehrten hauptsächlich mit Regimegegnern oder Unzufriedenen und verfügten kaum über intime Kenntnis der Verhältnisse in anderen Sozialmilieus. Daher, so Rinner und Heine, schätzten ihre Informanten die Situation in Deutschland zu optimistisch ein; die beiden waren deshalb bemüht, die Texte in dieser Hinsicht abzumildern.

Um einen Eindruck davon zu vermitteln, wie Rinner auf die Entstehung der Berichte Einfluss nahm, sei aus einer seiner zahlreichen Instruktionen an einen der Grenzsekretäre zitiert: »Die Erfahrungen der letzten Monate in allen anderen Bezirken haben gezeigt, dass man sich bei der Berichterstattung nicht allein auf schriftliche Mitteilungen verlassen kann. Es ist vielmehr wichtig, diese schriftlichen Berichte laufend dadurch zu ergänzen, dass die mündlichen Berichte, die die Freunde bei Grenzzusammentreffen machen, aufgezeichnet werden. [...] Wir bemühen uns, durch zweckmäßige Fragestellung jeden Freund möglichst ausführlich zum Reden zu bringen und dann das Gesagte möglichst unverfälscht schriftlich niederzulegen. [...] Man muss in Rechnung stellen, dass das Ausdrucksvermögen und die Schreibgewandtheit unserer meisten Freunde nicht groß genug ist, als dass sie alles das wirklich selbst zu Papier bringen könnten, was sie zu sagen haben.«[15]

Die redaktionelle Arbeit in Prag umfasste jedoch nicht nur die Auswahl und Bearbeitung der Texte, sondern auch ihre Zusammenstellung: Rinner und Heine wollten durch die schwerpunktmäßige Zusammenfassung mehrerer Berichte in einzelnen Abschnitten der »Deutschland-Berichte« bewusst Wirkung erzielen.[16]

Die Authentizität der Deutschland-Berichte war parteiintern nicht unumstritten: Wilhelm Sollmann, der ehemalige Chefredakteur der *Deutschen Freiheit*, der sozialdemokratischen Zeitung, die bis zum Übergang des Saargebiets an Deutschland in Saarbrücken erschien, äußerte sich im April 1936 gegenüber Rinner freimütig, die »Berichterstattung aus dem Reich [sei] beinahe wertlos. [...] Die tapferen Genossen, die drüben ihre bewundernswerte illegale Arbeit leisten, sind zum allergrößten Teil für eine wirklich wertvolle Berichterstattung ungeeignet. Es sind Leute, die nur in einem sehr kleinen Umkreise leben und ihrer Vorbildung und ihrer Tätigkeit nach nicht in der Lage sind, die großen entscheidenden Zusammenhänge zu erkennen. Was sie einschicken, sind fast ausnahmslos kleine und kleinliche Ereignisse, die etwa nach der Art ausgewählt werden, wie man früher für den lokalen und Provinzteil eines Parteiblattes berichtete.«[17]

Rinner konzidierte dies in einem Antwortschreiben und erläuterte: »Die Verfolgung der großen entscheidenden Zusammenhänge ist meiner Meinung nach unsere Aufgabe, eine Aufgabe, die nach meiner persönlichen Erfahrung selbst von qualifizierten Menschen eher draußen als drinnen erfüllt werden kann. [...] Entscheidend ist, dass bei der Beschaffung solcher Einzelmeldungen dreierlei beachtet wird: 1.) Es müssen wirkliche Tatsachen sein, nicht bloß ›Eindrücke‹, Stimmungsbericht usw., 2.) es müssen möglichst viel [sic!] Mitteilungen sein, damit sich aus der Fülle der Einzelheiten ein Gesamtbild formen lässt, 3.) die Beschaffung der Nachrichten muss möglichst systematisch und planmäßig erfolgen, soweit die entgegenstehenden Schwierigkeiten es irgendwie zulassen.«[18] In einem früheren Scheiben an Sollmann hatte Rinner bereits deutlich gemacht, er gehe davon aus, »dass jede Emigration, je länger sie dauert, der Gefahr ausgesetzt ist, einer Illusionspolitik zu verfallen und demgemäß nicht mehr ernst genommen zu werden. Ich setze mir mit den Berichten bewusst die Aufgabe, das Abgleiten in eine solche Illusionspolitik zu verhindern und damit gleichzeitig zu verhindern, dass uns schließlich dieselbe mitleidige Geringschätzung zuteil wird, wie sie anderen Emigrationen nicht erspart worden ist.«[19]

Rinner verstand seine redaktionelle Arbeit also vor allem als ein notwendiges Korrektiv an dem ihm vorliegenden Basismaterial[20] – zumal, und das ist für die quellenkritische Analyse der Deutschland-Berichte entscheidend, die Berichte zur Publikation vorgesehen waren. Sie erfuhren eine relativ große Verbreitung: Neben der internen Information für den Parteivorstand und verkleinerten Sonderausgaben, die für die Genossen ins Reich geschmuggelt wurden, erschienen die vollständigen Berichte in einer Auflage von mehreren hundert Exemplaren, seit 1937 beziehungsweise 1938 auch in (gekürzten) englischen und französischen Ausgaben.[21] Zu den Abonnenten gehörten vor allem Zeitungsredaktionen, Publizisten, wissenschaftliche Einrichtungen und einzelne Akademiker, sozialistische Organisationen und Multiplikatoren.[22]

Es handelte sich im Wesentlichen also um ein publizistisches Produkt, man versuchte, eine sich authentisch gebende, das heißt direkt aus Deutschland kommende Alternative zu den NS-Nachrichtendiensten und zur Berichterstattung der internationalen Presse aus Deutschland aufzubauen. Es ging darum, so setzte Rinner Sollmann im März 1936 auseinander, zu »einer indirekten Beeinflussung der öffentlichen Meinung in der Welt dadurch zu gelangen, dass sie [die Berichte; P. L.] an maßgebende Persönlichkeiten und Institutionen herankommen.«[23] Die Deutschland-Berichte sind damit Teil des verzweifelten Kampfes der deutschen Emigration gegen die relativ starke Stellung des NS-Propagandaapparates auf den internationalen Nachrichtenmärkten und gegen die Mitte der dreißiger Jahre zunehmenden Tendenzen der nichtdeutschen Medien, auch auf die »positiven« Aspekte des NS-Systems einzugehen und die »Normalität« des »Dritten Reiches« zu betonen. Sie sind ein Stück aufklärerischer Gegenpropaganda, und es wäre vor diesem Hintergrund naiv, davon auszugehen, dass es den Herausgebern der Deutschland-Berichte nur darum gegangen wäre, einfach ein getreues Bild der Situation in Deutschland zu entwerfen.

Neben den propagandistischen Motiven spielten außerdem finanzielle Erwägungen eine Rolle. Die Berichte ließen sich nur aufrechterhalten, wenn möglichst viele Abonnenten gewonnen wurden, denn aus Eigenmitteln des Exilvorstandes waren sie nicht zu finanzieren. Dazu noch einmal Rinner in seinem Brief an Sollmann: »Wir versuchen z.B. jetzt, die Weltpresse für unsere Berichterstattung zu interessieren und sie zu veranlassen, unsere Berichte laufend als Informationsquellen zu benutzen. Das hat natürlich nur Aussicht auf Erfolg, wenn wir nicht nur quantitativ, sondern auch qualitativ vorbildliche Arbeit leisten. Schließlich sind die Berichte schon heute der wesentlichste Tätigkeitsnachweis für uns, und damit ist nicht ausgeschlossen, dass sie auch eine gewisse finanzielle Bedeutung für uns bekommen können.«

Das wirkte sich unter anderem auf die Berichterstattung der Deutschland-Berichte über die Judenverfolgung aus. So schrieb Rinner im Januar 1938 an den im Londoner Exil lebenden Salomon Adler-Rudel, der bis 1934 eine führende Rolle in der jüdischen Wohlfahrtsarbeit in Deutschland gespielt hatte, er glaube, »dass wir mit unserer Berichterstattung über den Terror gegen die Juden vor allem in England und Amerika an Kreise herankommen, die von der jüdischen Aufklärungsarbeit nicht unmittelbar erfasst werden. Andererseits kann ich nicht leugnen, dass die neue Form des Juden-Terrors es auch unseren Berichterstattern schwer macht, zuverlässige Tatsachenberichte beizubringen, als bisher.« Rinner bat daher Adler-Rudel, ihm seinerseits »Tatsachenberichte« zur Verfügung zu stellen, die als »wertvolle Ergänzung unseres Berichtsmaterials« dienen könnten.[24]

Der Brief macht weiter deutlich, dass Rinner nach Wegen suchte, durch eine thematische Schwerpunktverlagerung der Deutschland-Berichte deren Abonnentenkreis zu vergrößern. Er ist ein wesentlicher Hinweis darauf, dass eine Zunahme der Beiträge zur »Judenfrage« in den Deutschland-Berichten nicht unbedingt in erster Linie etwas über die zunehmende Relevanz dieser Frage für die NS-Politik oder für die deutsche Bevölkerung aussagt; solche Veränderungen können auch auf die Publikationsstrategie des Herausgebers Erich Rinner zurückgehen.

Die offiziellen Stimmungs- und Lageberichte

Den größten Quellenfundus stellen jedoch die Stimmungs- und Lageberichte dar, die von verschiedenen Dienststellen des Regimes erstellt wurden. Bevor wir ihren Wert erörtern, sollen zunächst einmal die wichtigsten Berichtsarten kurz vorgestellt werden.

Die Gestapo-Berichte: Im Zuge des Aufbaus der Geheimen Staatspolizei und ihrer Herauslösung aus der übrigen Polizei und inneren Verwaltung wurde bereits im Jahre 1933 ein umfangreiches Berichtswesen eingeführt. Im Februar 1933 verpflichtete das preußische Innenministerium die politischen Landeskriminalpolizeistellen – aus denen die Gestapostellen hervorgehen sollten –, dem Landeskriminalamt für die politische Polizei, dem späteren Geheimen Staatspolizeiamt (Gestapa), »sämtliche Beobachtungen und Feststellungen politischer Art, die nicht rein örtlicher Natur sind«, zu melden;[25] kurz darauf wurde der Rhythmus auf zwei Berichte pro Monat festgelegt,[26] es scheint sich aber bald eine monatliche Berichterstattung eingebürgert zu haben.[27]

Außerdem mussten seit August 1933 »Ereignismeldungen« über alle politischen Straftaten mit Toten oder Verletzten sowie über alle Angriffe auf die NSDAP verfasst werden.[28] Das Berichtswesen wurde im Dezember 1933 neu geregelt, indem eine bereits für November 1933 versuchsweise eingeführte monatliche Lageberichterstattung für die Zukunft für verbindlich erklärt wurde.[29]

Nach der Übernahme des Gestapa durch Himmler im April 1934 führte dessen Stellvertreter Heydrich im folgenden Monat die Erstellung von »Tagesberichten« durch die Stapostellen ein. Diesen war jeweils am 1. jeden Monats eine allgemeine Übersicht über die Stimmung der Bevölkerung, die politische Lage und den Stand der öffentlichen Sicherheit anzufügen. Das vorgegebene Gliederungsschema enthielt auch den Punkt »Juden und Freimaurer«.[30]

Am 8. April 1936 ließ Heydrich die Berichterstattung der Gestapo auf Wunsch des Preußischen Ministerpräsidenten Hermann Göring einstellen.[31] Dieser hatte kritisiert, in der Berichterstattung würden »vielfach vereinzelte Unzuträglichkeiten oder örtliche Schwierigkeiten unnötig in den Vordergrund gestellt oder auch örtlich begrenzte Erscheinungen verallgemeinert«. Da die Berichte einem größeren Personenkreis zugänglich seien, »entsteht so die Gefahr, dass die Lageberichte selbst zur Verschlechterung der Stimmung beitragen«. Nicht nur das »grandiose Wahlergebnis« – der so genannten Reichstagswahlen vom März 1933 – beweise, »dass das deutsche Volk die Grundgedanken der Politik des Führers und Reichskanzlers durchaus erfasst hat, sie restlos bejaht und in keiner Weise geneigt ist, sich durch die großenteils unvermeidbaren Unannehmlichkeiten des täglichen Lebens in seinem Vertrauen zum Führer erschüttern zu lassen«. Hinzu komme, dass »die Partei die Stimmung im Volke weit besser kennt und beurteilen kann, als dies der Bürokratie der Behörden möglich ist«.

An einer systematischen Meinungsbefragung im Sinne der modernen

Demoskopie hatte Göring kein Interesse. Ihm ging es vielmehr um die Ausrichtung des äußeren Erscheinungsbildes des »Dritten Reiches« an nationalsozialistischen Normen. Ihre primäre Aufgabe, an diesem Prozess positiv mitzuwirken und die Stimmung zu heben, hatte die Berichterstattung nur unzureichend erfüllt; stattdessen hatte sie sich zu einem Forum für Informationen und Auffassungen über bestimmte Missstände, zu einer Art Ersatz-Öffentlichkeit entwickelt.

Die Gestapo-Berichte enthalten eine Fülle von Details: nicht nur zahlreiche Informationen zur Judenverfolgung, sondern auch, als Bestandteil der umfassend angelegten »Gegnerbeobachtung«, die Reaktionen tatsächlicher oder potenzieller Gegner auf die Verfolgung der Juden. Nach dem Ende der monatlichen Lageberichte im Frühjahr 1936 wurde die Berichterstattung der Gestapo im Übrigen durch Ereignismeldungen und Tagesmeldungen ausgebaut.[32]

Die Berichte der Oberpräsidenten und Regierungspräsidenten: Mit den Gestapo-Berichten waren Reporte der inneren Verwaltung verkoppelt. Die preußischen Oberpräsidenten und Regierungspräsidenten wurden durch einen Erlass vom Mai 1933 angewiesen, periodisch an das Preußische Innenministerium und an das Geheime Staatspolizeiamt zu berichten.[33] Nachdem Göring im Juli 1934 bestimmt hatte, dass die Gestapo-Berichte in Kopie auch an die Ober- und Regierungspräsidenten zu senden waren, übernahmen die Präsidenten diese vielfach in ihre Berichte.[34] Ebenfalls im Juli 1934 führte das Reichsinnenministerium die direkte Berichterstattung der preußischen Ober- und Regierungspräsidenten sowie der Innenministerien der übrigen Länder an das Ministerium ein.[35]

Die gesamte Berichterstattung der mittleren Verwaltungsbehörden wurde jedoch wie die Gestapo-Berichte im April 1936 auf Grund der bereits erwähnten Entscheidung Görings eingestellt. Nicht betroffen von dieser Regelung war Bayern, das traditionell über eine eigenständige periodische Berichterstattung der Mittelbehörden verfügte. Die Berichte der Bayerischen Regierungspräsidenten liegen für den gesamten Zeitraum 1933 bis 1945 fast vollständig vor. Sie wurden bis Juli 1934 halbmonatlich, dann monatlich erstellt. Monatsberichte der Bayerischen Politischen Polizei sind darüber hinaus für den Zeitraum Januar 1936 bis November 1937 überliefert.[36]

Lageberichte der Justiz: Auf mündliche Anordnung des Reichsjustizministers Gürtner vom 23. September 1935 und eine schriftliche Verfügung vom 9. Dezember 1935 hin erstellten die Generalstaatsanwälte und die Präsidenten der Oberlandesgerichte abwechselnd jeweils zweimonatlich Berichte, in denen insbesondere die Entwicklung der Kriminalität, das Verhältnis der Justiz zur Partei und die Lage der Justiz behandelt wurden.[37] Diese Berichte dienten der politischen Orientierung des Justizministers und wurden bis zum Ende des Krieges fortgesetzt, allerdings seit 1942 nur noch in Abständen von jeweils vier Monaten. Neben Berichten aus der Vorkriegszeit, die für eine Reihe von Regionen gut dokumentiert sind,[38] ist ein Großteil der Berichte für die Jahre 1940 bis 1944 erhalten.[39]

Die Berichterstattung der Justiz insgesamt ist als Versuch zu sehen, die Zerstörung des Rechtsstaates durch die NSDAP und die schrittweise Entmachtung der Justiz zu dokumentieren. In Bezug auf die »Judenpolitik« des Regimes wurde besonders intensiv registriert, inwieweit die Parteiorganisation versuchte, etwa durch Aufputschen der Stimmung oder durch »Aktionen« die gegen Juden gerichteten Verfolgungsmaßnahmen der Justizbehörden zu beeinflussen oder zu konterkarieren. Je nach politischer Einstellung der Behördenchefs fielen diese Berichte daher höchst unterschiedlich aus; der subjektive Faktor ist auch deswegen besonders hoch zu veranschlagen, weil die Justizberichte nicht wie die der anderen berichterstattenden Organisationen einen mehrstufigen Redaktionsprozess durchliefen.[40]

SD-Berichte: 1937 begann der Sicherheitsdienst der SS (SD) mit einer systematischen Berichterstattung über die allgemeine Lage. Ab dem 15. Februar 1937 wurden Halbmonatsberichte – die ab Januar 1938 durch Monatsberichte ersetzt wurden – und Vierteljahresberichte erstellt. Die ersten Berichte waren jedoch nach Einschätzung der SD-Zentrale ungenügend.[41]

Der Leiter der Zentralabteilung II 1 kritisierte im Juni 1937, die Oberabschnitte hätten »einzelne Fälle als symptomatisch für die gesamte Lage gedeutet, bisweilen sogar aus vermuteten Einzelfällen die Lage konstruiert«.[42] In einer weiteren Stellungnahme der Zentrale wurde zum einen kritisiert, die Lageberichte enthielten »vielfach allgemeine Behauptungen und Werturteile, persönliche Meinungen des Referenten, Verallgemeinerungen, Bezugnahmen, Fehlanzeigen, SD-interne Vorgänge, ungenaue Zeitangaben, Flüchtigkeit in der Bearbeitung, Versuch, Politik zu treiben, oder sie bestehen aus einer willkürlichen Aneinanderreihung von Einzelfällen, ohne dass dabei bemerkt wird, ob es sich um symptomatische oder Ausnahmefälle handelt, auch Mitteilungen aus Ministerialblättern und Fachzeitschriften über Dinge, die längst bekannt und überholt sind«.

Hinzu kam aber ein weiterer Punkt: Die Berichte waren in ihrer Gesamttendenz zu negativ.»Da fernerhin die Oberabschnitte in der Hauptsache negative Dinge melden, insbesondere die Stimmung nur von dieser Seite her beurteilen, erhält die tatsächliche Lage eine falsche, zumindest aber schiefe Würdigung. Denn auf diese Weise wird lediglich die Wirkung gegnerischer Tätigkeit oder die negative Auswirkung von Maßnahmen des Staates oder der Partei dargestellt, nicht aber die tatsächliche Lage in ihrer Totalität, wozu unbedingt das positive Geschehen gehört.«[43]

Ab Oktober 1938 erstellte die Zentrale dann aus den täglich bei ihr einlaufenden Meldungen der SD-Abschnitte und Oberabschnitte regelmäßig – meist im Abstand von zwei oder drei Tagen erscheinende – Berichte zur innenpolitischen Lage, die im Dezember 1939 in Meldungen aus dem Reich umbenannt wurden. Sie wurden im Juni 1943 auf Intervention Goebbels' durch die auf einen erheblich kleineren Bezieherkreis zugeschnittenen SD-Berichte zur Inlandsfrage abgelöst; im Juli 1944 wurde die regelmäßige Berichterstattung des SD ganz eingestellt.[44]

Wir verfügen über eine Reihe von Unterlagen, die Einblicke in die Arbeitsweise des SD erlauben. So hieß es in einer Arbeitsanweisung des SD-Leitabschnitts Stuttgart vom 12. Oktober 1940 an die V-Männer, jeder müsse»überall, in seiner Familie, seinem Freundes- und Bekanntenkreis und vor allem an seiner Arbeitsstätte jede Gelegenheit wahrnehmen, um durch Gespräche in unauffälliger Form die tatsächliche, stimmungsmäßige Auswirkung aller wichtigen außen- und innenpolitischen Vorgänge und Maßnahmen zu erfahren«. Darüber hinaus böten die»Unterhaltungen der Volksgenossen in den Zügen (Arbeiterzügen), Straßenbahnen, in Geschäften, bei Friseuren, an Zeitungsständen, auf behördlichen Dienststellen (Lebensmittel- und Bezugsscheinstellen, Arbeitsämtern, Rathäusern usw.), auf Wochenmärkten, in den Lokalen, in Betrieben und Kantinen aufschlussreiche Anhaltspunkte in reicher Fülle, die vielfach noch zu wenig beachtet werden«.[45] Der SD unterhielt neben seinen etwa 3000 hauptamtlichen Mitarbeitern ein Netzwerk von circa 30 000 nebenamtlichen Informanten, die speziell auf die Beobachtung der»Volksmeinung« angesetzt waren.[46] Dabei wurde im Einzelnen – je nach Funktion und Einschätzung der Zuverlässigkeit – zwischen Zubringern, Agenten, V-Leuten, (nebenamtlichen) Mitarbeitern und Beobachtern unterschieden.[47] In so genannten SD-Arbeitskreisen wurden offensichtlich Richtlinien für die Berichterstattung ausgegeben und besprochen.[48]

Das Berichtswesen der NSDAP: Am 21. Dezember 1934 gab der Stellvertreter des Führers, Rudolf Heß, Richtlinien für die Erstellung monatlicher »Tätigkeits- und Stimmungsberichte« durch die Gauleiter heraus.[49] Im Oktober 1938 ordnete Heß die Erstellung von monatlichen »politischen Lageberichten der Hoheitsträger« an, für die er ein umfangreiches, verbindliches Gliederungsschema einführte.[50] Die Berichte, so Heß, sollten sich durch eine »ausführliche, ungeschminkte Schilderung der allgemeinen Stimmung in der Bevölkerung« auszeichnen. Parteiberichte sind bis hinunter zur Ebene der Ortsgruppen nachweisbar.[51] Innerhalb der Kreisleitungen erstellten, entsprechend der Heß-Anordnung vom Oktober 1938, auch die jeweiligen Fachämter[52] ihre Reporte, die wiederum in das allgemeine Berichtswesen der Partei eingingen, aber auch als Grundlage für die eigenständigen Berichtssysteme der Gliederungen und Verbände beziehungsweise der jeweiligen Gau- und Reichsämter der Partei genutzt wurden. So gab es etwa ein umfangreiches Berichtswesen des Hauptamtes für Kommunalpolitik; auch Berichtssysteme der Hauptämter für Schulung, für Rassenpolitik und für Volksgesundheit lassen sich bis hinunter zur Kreisebene rekonstruieren.[53]

In unserem Zusammenhang von besonderem Interesse ist das Berichtssystem der Reichspropagandaleitung. Den Goebbels-Tagebüchern ist zu entnehmen, dass der Propagandaminister den jeweils vierzehntägigen Berichten der insgesamt 42 Gaupropagandaämter (Stand 1941) größte Aufmerksamkeit widmete; er maß diesen Stimmungsberichten weitaus größere Bedeutung zu als beispielsweise den Übersichten des SD, und wir werden sehen, wie diese Lektüre Goebbels insbesondere während der Kriegszeit veranlasste, die Gestaltung der antisemitischen Propaganda zu ändern. Aber auch für diese Berichte gilt, dass sie von der Zentrale zurückgewiesen wurden, wenn ihre Tendenz zu negativ schien. So beschwerte sich das Propagandaministerium am 27. Februar 1943 in einem Rundschreiben bei den Gaupropagandaämtern, es seien in letzter Zeit verstärkt Berichte eingereicht worden, »in denen aus nichtigen Anlässen oder belanglosen Vorfällen auf die schlechte Stimmung gewisser Kreise geschlossen wurde. Diese keineswegs typischen Stimmungserscheinungen sollten besser im eigenen Bereich mit den Mitteln der Kampfzeit beseitigt werden, anstatt sie hierher zu berichten ...«[54] Im Übrigen – und das ist durchaus charakteristisch für die vielfach nur bruchstückhafte Überlieferung – scheint kein einziger dieser Berichte der Gaupropagandaleitungen erhalten zu sein; es finden sich lediglich einige Berichte von Kreispropagandaämtern.[55]

Unter den der NSDAP angeschlossenen Verbänden war vor allem das Berichtswesen der DAF von Bedeutung. Die DAF unterhielt ein eigenes, mehrstufiges System, das bis hinunter zu den »Blockobmännern« der Organisation reichte und insbesondere die Situation in den Betrieben erfassen sollte. Geführt wurden diese Berichterstatter durch ein Amt »Information« im Zentralbüro der DAF, das in den Gauwaltungen der DAF mit eigenen Referaten vertreten war. Dieses Zentralbüro und seine Gau-Vertreter hielten engen Kontakt mit der Gestapo und dem SD, bis die gesamte Organisation Anfang 1938 dem Spitzelapparat des SD einverleibt wurde.[56]

Die Partei-Kanzlei erstellte aus diesem Material »Auszüge aus den Berichten der Gauleitungen u.a. Dienststellen«; sie sind für das Jahr 1943 im Wochenrhythmus nachweisbar.[57] Die bei der Partei-Kanzlei gesammelten Berichte bildeten häufig die Grundlage für Interventionen bei staatlichen Stellen. Man wird davon ausgehen müssen, dass das gesamte Berichtswesen der NSDAP vor allem die Funktion hatte, Material zu sammeln, um den Machtanspruch der Partei gegenüber staatlichen Stellen zu untermauern. Gerade die Partei-Berichterstattung wird man vorwiegend als linientreu und schönfärberisch bezeichnen müssen. Die meist geringe Qualität stand jedoch in bemerkenswertem Gegensatz zur Quantität: Die Gesamtproduktion des bis auf die Ortsebene reichenden und im Monatsrhythmus arbeitenden, weit gefächerten Berichtswesens der NSDAP dürfte für den Gesamtzeitraum von 1933 bis 1945 in der Größenordnung von mehreren Millionen Berichten liegen. Erhalten sind davon einige hundert.

Thesen zur Interpretation der Berichte

Wie lassen sich diese von den verschiedenen Dienststellen des »Dritten Reiches« erstellten Berichte deuten? Kann man sie tatsächlich als quasi demoskopisches Material vor der Erfindung der modernen Meinungsbefragung lesen, wie ein großer Teil der zu unserem Themenbereich arbeitenden Forscher es, wie wir gesehen haben, angenommen hat?

Meiner Ansicht nach: nein. Meine wesentlichen Einwände fasse ich in vier Thesen zusammen:

Erstens: Die zeitgenössischen Berichte konnten die tatsächliche »Stimmung« oder die »Meinungsbildung« nicht erfassen, da sie – verglichen mit modernen Formen der Demoskopie – methodisch völlig unterentwickelt waren. Obwohl durchaus Anstrengungen zur objektiven Berichterstattung unternommen wurden, gaben die Berichte, die aus der Perspektive der »teilnehmenden Beobachtung« erstellt wurden, in erster Linie subjektive Eindrücke der Beobachter wieder; repräsentativ konnten sie jedoch in keiner Weise sein.

Selbstverständlich gab es auf verschiedenen Ebenen der Stimmungsberichterstattung Bemühungen, diese Subjektivität durch eine möglichst gleichmäßige Auswahl der Berichterstatter, durch Verpflichtungen der Informanten auf eine rein »sachliche« Berichterstattung und anderes mehr auszugleichen. Insbesondere in Bezug auf den SD herrscht in der Literatur, wie wir gesehen haben, vielfach die Meinung vor, diese Bemühungen seien grundsätzlich oder doch zumindest partiell erfolgreich gewesen. Diese Auffassung stützt sich unter anderem auf die Angaben, die Otto Ohlendorf, der Leiter der SD-Inlandsberichterstattung, nach dem Ende der NS-Diktatur machte. Erstmals äußerte er sich dazu in einem Memorandum, das er im Mai 1945 dem Leitenden Minister der Reichsregierung in Flensburg, Lutz von Schwerin-Krosigk, zuleitete. Demnach habe er es als seine Aufgabe angesehen, »der Staatsführung einen Nachrichtendienst über die sachlichen Probleme der einzelnen Lebensgebiete und die Auswirkungen der Maßnahmen der Staatsführung zu schaffen. Ich sehe einen solchen objektiven Nachrichtendienst als ein wichtiges Instrument an, ohne das keine Regierung eines großen Staatswesens in unserem Zeitalter hochkomplizierter Lebensverhältnisse auskommen kann.«[58] Vor allem gelte dies für einen Staat, »der auf dem Führungssystem beruht und ein Korrektiv durch parlamentarische oder publizistische Einrichtungen nicht vorsieht«. Ohlendorf zeigte sich im Übrigen großzügigerweise bereit, seine Dienste »erforderlichenfalls auch der Besatzungsmacht« zur Verfügung zu stellen, um »die objektive Beurteilung der Verhältnisse in Deutschland zu erleichtern«.[59]

In seiner Zeugenaussage vor dem Nürnberger Kriegsverbrechertribunal wiederholte Ohlendorf seine Auffassung: »[Der SD] war tatsächlich die einzige kritische Stelle innerhalb des Reiches, die nach objektiven Sachgesichtspunkten Tatbestände bis in die Spitzen hineinbrachte.«[60] Diese Aussage wurde durch den ebenfalls als Zeugen auftretenden Hans Rössner gestützt, seit 1940 im Reichssicherheitshauptamt (RSHA), zuerst Referent, dann Abteilungsleiter in der Gruppe III C des für die Berichterstattung verantwortlichen Amtes III.[61]

Es ist ganz offensichtlich, dass das Herausstellen der »Objektivität« nach Kriegsende hier vor allem darauf zielte, den SD nicht als Teil des Repressionsapparates des »Dritten Reiches« darzustellen, sondern als einen reinen Informationsdienst. Die Behauptung ist Teil einer umfassenden, durch die Geschichtswissenschaft erst nach und nach rekonstruierten Verteidigungsstrategie Ohlendorfs.[62]

In der Tat liegt eine Reihe von Richtlinien für die Erstellung der SD-Berichte vor, so etwa die Arbeitsanweisung des SD-Leitabschnitts Stuttgart vom Oktober 1940, die die V-Männer dazu verpflichtete, die »tatsächlichen« stimmungsmäßigen Auswirkungen aller wesentlichen Maßnahmen zu berichten.[63] Heydrich wiederum schrieb für die »Bearbeitung der deutschen Lebensgebiete« vor, die Zusammensetzung des V-Männer-Netzes müsse auf »die Struktur des Abschnittes ausgerichtet sein, d. h. die im Abschnittsgebiet vorhandenen konkreten Schichtungen in Stadt und Land, nach Erwerbsart und Wirtschaftsstruktur, Einkommensverhältnissen, Alterausbau sind ebenso zu berücksichtigen wie das Geschlecht der Bevölkerung, die kulturelle, rechtliche und verwaltungsmäßige Struktur, um hierdurch einen für dieses Gebiet repräsentativen Teilausschnitt der Bevölkerungsgesamtheit zu erhalten«.[64] In diesem Sinne rekrutierte der SD vor allem regionale Führungskräfte, um auf diese Weise die einzelnen »Lebensgebiete« abzudecken.[65]

Auch andere berichterstattende Organisationen waren zur Objektivität angehalten worden, so etwa die Regierungs- und Oberpräsidenten durch Frick, als dieser die Berichterstattung an das Reichsinnenministerium einführte,[66] und der Stellvertreter des Führers hatte die Berichterstatter der Partei, wie bereits geschildert, ebenfalls ermahnt, »ungeschminkt« zu berichten.

Es erscheint jedoch mehr als fraglich, ob man solchen stereotypen Erklärungen und Ermahnungen wirklich irgendeine nennenswerte Bedeutung zumessen kann. Wie wir im weiteren Verlauf dieser Studie sehen werden, entsprachen die Berichte in keiner Weise »sachlichen« Anforderungen. Von der Anwendung uns aus der modernen Meinungsforschung bekannter Arbeitsmethoden konnte erst recht keine Rede sein. Das Problem der Repräsentativität blieb damit ungelöst. Hinzu kommt, dass die Regimespitze Berichten, die eine zu schlechte Stimmung schilderten, mehrfach entgegentrat, ja sie verbot; das kann nicht ohne Auswirkung auf die laufende Berichterstattung geblieben sein. Entscheidend ist aber, dass die Berichterstatter von einer Wahrnehmung der Wirklichkeit ausgingen, die durch die offizielle Ideologie des Nationalsozialismus geprägt war. Dies gilt insbesondere bei der Behandlung zweier in unserem Zusammenhang zentraler Kategorien: der »Judenfrage« und der Vorstellung vom »Volk«, worauf noch eingegangen wird.

Zweitens: Die Berichterstatter konnten und wollten unter den geschilderten Entstehungsbedingungen gar keine *Einstellungen* messen, sondern in erster Linie *Verhaltensweisen.*

Die Berichterstatter verstanden Einstellungen (also das, was die Menschen wirklich dachten) nicht als unabhängige Größe. Vielmehr versuchten sie, aus den Reaktionen der Bevölkerung auf Maßnahmen des Regimes Rückschlüsse auf deren Ansichten zu ziehen. Im Hinblick auf regimekritische Stimmen ist entscheidend, dass die Berichte lediglich registrieren konnten, inwieweit sich abweichendes Verhalten *unter den repressiven Bedingungen der Diktatur* äußerte. Dazu standen den Berichterstattern grundsätzlich zwei Möglichkeiten zur Verfügung. Sie konnten zum einen erfassen, inwieweit die Bevölkerung bereit war, durch ihr alltägliches Verhalten die Dominanz der Partei anzuerkennen: etwa durch den Besuch von Parteiveranstaltungen, durch Spendenfreudigkeit bei Sammlungen, Grußverhalten (»Heil Hitler« oder »Guten Tag«), Abonnieren der Parteiblätter et cetera. Zum anderen konnten sie kritische Stellungnahmen aufzeichnen. Die aber wurden wie erwähnt unter den Bedingungen der Diktatur allenfalls im halböffentlichen Rahmen geäußert.

Bei der Durchsicht der Berichte wird deutlich, dass die Informanten bereits ab 1935 immer größere Schwierigkeiten hatten, die Meinungsbildung in solchen halböffentlichen Situationen oder noch existierenden, nicht völlig von den Nationalsozialisten gleichgeschalteten Milieustrukturen auszukundschaften. Die Informanten mussten feststellen, dass immer weniger Menschen sich trauten, in Gesprächen mit Unbekannten Risiken einzugehen. Die Meinungsbildung zog sich ins Private zurück. Wo Kritik noch laut wurde, wurde sie in eine Form gekleidet, die aus der Sicht des Regimes noch gerade akzeptabel schien. Es schien den Menschen offensichtlich gefahrloser zu sein, judenfeindliche Maßnahmen wegen ihrer volkswirtschaftlich destruktiven Wirkung oder wegen der befürchteten negativen Wirkungen auf Auslandsdeutsche zu kritisieren, als etwa Grundsätze der nationalsozialistischen Rassenlehre infrage zu stellen oder offen Mitleid oder Sympathie mit den Verfolgten zu bekunden. Mit anderen Worten: Eine Meinungsäußerung in einer halböffentlichen Situation, bei der der Sprecher sich nicht absolut sicher sein konnte, dass die Vertraulichkeit gesichert war, bringt in erster Linie eine Verhaltensweise, nicht eine Einstellung zum Ausdruck. Der Sprecher verhält sich so, dass das Gesagte nicht als Fundamentalopposition gegen das Regime verstanden werden kann.

Eine Interpretation der Berichte muss also die – exakt nicht mehr rekonstruierbare, aber doch vorstellbare – Situation in Betracht ziehen, in der die Informanten solche Äußerungen aufschnappten. Doch wo war ihnen das überhaupt möglich?

Bezeichnenderweise registrieren die Berichte abweichendes Verhalten (einschließlich kritischer Meinungsäußerungen) vor allem in kirchlichen, gelegentlich auch in bürgerlichen, national-konservativen oder »intellektuellen« Kreisen, manchmal auch unter der Landbevölkerung, jedoch sehr selten unter Angehörigen der zerschlagenen Arbeiterbewegung, also in dem politischen Milieu, aus dem sich der Widerstand gegen den Nationalsozialismus – auch nach Einschätzung des Regimes! – in allererster Linie speiste. Der Grund liegt auf der Hand: Kirchengemeinden oder Orte, an denen Angehörige bürgerlicher, deutsch-nationaler, bildungsbürgerlicher oder ländlicher Kreise verkehrten und sich austauschten – im Zuge kultureller oder gesellschaftlicher Veranstaltungen, auf Vereinstreffen, privaten Festen, Jahrmärkten, in Dorfkneipen et cetera –, waren für die Informanten der Gestapo relativ leicht zugänglich, während die Meinungsbildung in den in den Untergrund abgetauchten sozialistischen Gruppierungen nur noch durch gezielte Unterwanderung erfassbar war und damit in der laufenden Stimmungsberichterstattung nur noch eine untergeordnete Rolle spielte. Auch dieser Umstand wirkt sich in erheblichem Maße verzerrend auf die Berichterstattung aus.

Drittens: Selbst wenn man unterstellt, dass die Zentralinstanzen zumindest an einem in Rudimenten »authentischen« Bild interessiert waren und dass der mit den Berichten befasste Apparat dazu auch partiell in der Lage war, muss man berücksichtigen, dass die Editoren der Berichte ein erhebliches Eigeninteresse daran hatten, das Material zu manipulieren.

Partei, staatliche Bürokratie, Polizei und Geheimpolizei waren ja nicht reine Beobachter der »Stimmung«, sondern sie waren als Teile des Herrschaftsapparates auch für die »gute Stimmung« zuständig. Berichteten sie vorgesetzten Dienststellen Negatives, so hatten sie damit implizit die Frage aufgeworfen, was sie denn dagegen zu tun gedächten. Aus diesem Grund standen die Berichterstatter aller Organisationen stets unter dem Druck, vor allem in grundsätzlichen Fragen die Übereinstimmung der Bevölkerung mit der Politik des Regimes zu betonen. Dies gilt auch für die Berichterstattung des SD: Durch seine enge Verklammerung mit der Gestapo (seit 1939 institutionalisiert im RSHA) zugehörig zum Repressionsapparat, war er wie andere Dienststellen stets in Gefahr, sich durch eine zu negative Berichterstattung den Vorwurf der Sabotage der »guten Stimmung« zuzuziehen und sich damit zu isolieren.

Es konnte allerdings auch im Interesse der berichterstattenden Organisationen liegen, bestimmte negative Tendenzen in der Volksstimmung besonders pointiert herauszustellen. Auf diese Weise ließ sich die Vorgehensweise politischer Kontrahenten wirkungsvoll kritisieren, ohne selbst als Gegenpart auftreten zu müssen. So hatten staatliche und Polizeiorgane beispielsweise ein ureigenes Interesse daran, die negativen Wirkungen ungesetzlicher »Aktionen« der Parteibasis auf die Stimmung der Bevölkerung zu betonen, während Parteidienststellen dazu neigten, eine weitere Radikalisierung der Judenverfolgung als Forderung »des Volkes« auszugeben.

Da eine öffentliche Meinung fehlte, bot die Stimmungsberichterstattung der verschiedenen Institutionen für einen erheblichen Kreis von Autoren und Lesern in der Staats- und Parteibürokratie ein Forum, in dem man – hinter der Volksstimmung getarnt und in durch die Politik des Regimes gesetzten Grenzen – Maßnahmen des Regimes kommentieren und Auffassungen über die einzuschlagende Politik austauschen konnte. Unter Rekurs auf die Volksstimmung war es beispielsweise möglich, bestimmte Methoden der Verfolgung zu kritisieren; dies war vor allem dann opportun, wenn die eigene Institution nicht dafür verantwortlich war, und die Kritik war umso wirksamer, wenn man gleichzeitig betonte, dass die Bevölkerung die Grundsätze der »Judenpolitik« selbstverständlich in vollem Umfang billige. Vor diesem Hintergrund ist es sehr wahrscheinlich, dass die berichterstattenden Organisationen ihre untergeordneten lokalen und regionalen Dienststellen anhielten, in entsprechender Weise zu berichten, beziehungsweise dass diese in vorauseilendem Gehorsam eine Tendenz »ermittelten«, die den vorgesetzten Behörden gefallen musste.

Wenn man sich vor Augen hält, wie selbst bei der modernen Demoskopie Ergebnisse durch leichte Veränderungen der Fragestellungen beeinflusst werden können, lässt sich erahnen, welche Verzerrungen die Beobachtungsweise der Spitzel, vor allem aber die Redaktion durch die auswertenden Stellen hervorgerufen haben. Letztlich waren es die Eigeninteressen der Gliederungen und Dienststellen, die die Stimmungsberichterstattung steuerten, nicht die »tatsächliche« Volksstimmung. Hinzu kommt, dass bestimmte Bereiche für eine kritische Berichterstattung offenkundig weitgehend tabu waren: so etwa Vorgänge innerhalb der Wehrmacht, parteiinterne Angelegenheiten oder Behördeninterna.[67]

Es stellt sich außerdem die Frage, ob die zumindest bis 1943 sehr positive Berichterstattung über Hitlers Image in der Bevölkerung tatsächlich die Auffassung breiter Bevölkerungsschichten widerspiegelt oder ob sie vor allem anzeigt, dass Kritik am »Führer« ein Tabu für die Berichterstattung war. Der systematische Aufbau eines Führer-Mythos, das hat Ian Kershaw eingehend dargelegt, war von besonderer Bedeutung für den inneren Zusammenhalt des »Dritten Reiches«: Die inneren Probleme der Diktatur ließen sich durch Verweis auf die Omnipotenz und das dynamische Potenzial des »Führers« überbrücken beziehungsweise ausblenden; der Hitler-Mythos war zentral für Integration, Mobilisierung und Legitimation des Regimes.[68]

Die Stimmungsberichte geben aber nicht nur die Wirkungen der Führerpropaganda wieder, sondern sie arbeiteten am Mythos mit. In einem System, in welchem dem Bild des charismatischen Führers eine so entscheidende Bedeutung zukam, war es für Partei- und Staatsdienststellen außerordentlich schwierig, Negatives über das Führer-Image in der Bevölkerung zu berichten: Sie hätten sich den Vorwurf der Sabotage an der zentralen Legitimationsquelle des Regimes zuziehen können. Kershaw stellte seinerzeit diesem möglichen Einwand das Argument entgegen, nach der Niederlage von Stalingrad sei das Bild des Führers in den offiziellen Berichten tatsächlich in raschen Niedergang verfallen und gegen Ende des Krieges praktisch vollkommen kollabiert. Dies spreche doch für eine gewisse Ehrlichkeit der Berichte insgesamt.[69]

Die Führerpropaganda wurde jedoch angesichts der sich mit Stalingrad abzeichnenden Kriegsniederlage nicht mehr mit der gleichen Intensität verfolgt wie in den Jahren zuvor. Hitler stand in der zweiten Kriegshälfte nicht mehr in gleichem Maße im Mittelpunkt der nationalsozialistisch kontrollierten Öffentlichkeit. Für die Propaganda war er nur noch von begrenztem Wert: Sein persönlicher Führungsstil ließ ihn auch als persönlich verantwortlich für den Niedergang der Diktatur erscheinen. Negative Berichte über die Wirkung Hitlers in der Bevölkerung kann man daher auch als Versuche von Teilen des Apparates verstehen, die Schuld für Missstände und Niederlagen auf Hitler abzuwälzen und sich indirekt von ihm zu distanzieren. Wir können diese an sich spannende Frage hier nicht weiter verfolgen; festzuhalten ist jedoch, dass sich hier –

genauso wie bei den Berichten zur »Judenfrage«, die das Thema dieses Buches sind – die Frage stellt, inwieweit wir die Berichte als Reflexion interner Vorgänge innerhalb des Herrschaftssystems lesen können und inwieweit in ihnen tatsächlich so etwas wie die »wirkliche« Meinung des Volkes durchscheint.

Viertens: Ich bezweifle generell, dass der Zweck der Berichte darin bestand, durch die Beobachtung von Verhaltensweisen ein möglichst objektives Bild der »tatsächlichen« Einstellung der Bevölkerung zu bestimmten Problemen zu erhalten. Vielmehr, das ist die in diesem Buch vertretene These, waren die Berichte in erster Linie integraler Bestandteil der Bemühungen des Regimes, die nationalsozialistisch dominierte »Öffentlichkeit« nach seinen Vorstellungen ausrichten. Die in den Berichten vielfach vorherrschende Vorstellung, es habe so etwas wie einen einheitlichen Trend in Stimmung oder Haltung »der Bevölkerung« gegeben, ist demnach ein Konstrukt der Berichterstatter. Die Berichte sind nicht einfach Abbild der Volksstimmung, sondern Teil des Prozesses, eine homogene Volksstimmung künstlich herzustellen.

Tatsächlich kann man nicht ohne weiteres davon ausgehen, dass die erhebliche weltanschauliche und politische Fraktionierung der deutschen Bevölkerung, die Ausbildung soziokultureller Milieus und politischer Lager, die man spätestens seit dem Beginn der Massenpolitik Ende des neunzehnten Jahrhunderts beobachten kann und die in den erbitterten politischen Auseinandersetzungen der Weimarer Republik ihren Ausdruck fand, mit der NS-Machtergreifung schlagartig beseitigt gewesen sein soll.

Kennzeichnend für die deutsche Gesellschaft des neunzehnten und frühen zwanzigsten Jahrhunderts sind vielmehr eine starke Ausprägung von konfessionellen Unterschieden, die Erhaltung eines starken Zusammengehörigkeitsgefühls in Ländern und Provinzen, die Ausformung sozialer Klassenbildungen und Schichtungen, ja Elemente eines ausgesprochen »ständischen« Denkens, die beispielsweise in der starren Verteidigung sozialer Privilegien und der Betonung von »feinen Unterschieden« im jeweiligen Habitus zum Ausdruck kamen. Zum Bild gehört aber auch die Überformung und Kontrastierung solcher Unterschiede durch »Weltanschauungen« und Bildung politischer Lager oder sozialmoralischer Milieus.

Die entschiedene Absicht der Nationalsozialisten war es, bestehende Unterschiede und Gegensätze mit Hilfe des Konstrukts der nationalsozialistisch geführten, homogenen »Volksgemeinschaft« aufzuheben. Die Berichterstattung des Regimes über die Stimmung »des Volkes« muss daher in erster Linie als Bestandteil dieser Strategie verstanden werden. Denn nach nationalsozialistischer Auffassung war das »Volk« grundsätzlich nur als eine geschlossene Einheit denkbar. Es lohnt sich, darauf näher einzugehen.

»Das politische Volk«, schrieb etwa der führende Verfassungsrechtler und – wenn man ihn so nennen will – politische Theoretiker des Nationalsozialismus, Ernst Rudolf Huber, »ist als geschichtliche Erscheinung durch die Prinzipien der Einheit und Ganzheit bestimmt. Nur als Einheit und Ganzheit ist das Volk eine politische Wirklichkeit. [...] Die Freiheit und Selbstherrlichkeit des Einzelnen, von der jedes politische Denken [in der »liberalistischen« Ära; P. L.] ausging, zerstörten die innere Einheit der Gemeinschaft und lösten jede ganzheitliche Ordnung auf.«[70] Die Prinzipien von Einheit und Ganzheit setzten nach Huber voraus, dass innerhalb der »völkischen Einheit« nur »organische Gliederungen«, nicht aber »feindliche Gruppen und Klassen« bestehen könnten: »Denn die Parteienbildung ist kein Ausdruck naturgegebener, organischer Verschiedenheit im Volkskörper, sondern sie bedeutet eine willkürliche Zerreißung, die die politische Gemeinsamkeit in Frage stellt. Die völkische Einheit setzt eine einheitliche politische Weltanschauung voraus, die allein und ausschließlich Geltung besitzt. Jede Parteienspaltung wäre mit diesem Prinzip politisch-weltanschaulicher Einheit unvereinbar.«[71]

Im Unterschied zur Demokratie, in der der politische Prozess sich in Form von Abstimmungen und nach dem Mehrheitsprinzip vollzieht, handelt Huber zufolge das auf »völkischer« Grundlage geeinte Volk nur geschlossen, und zwar »nach dem Prinzip von Führung und Gefolgschaft«.[72] Das politische Handeln des Volkes ist nichts anderes als der Ausdruck des in ihm angelegten Strebens »zur Selbstgestaltung und Selbstdarstellung, zur Vertiefung und Erneuerung seiner Eigenart«.[73]

Nimmt man diese Äußerungen ernst – und angesichts der starken Ideologiebeladenheit des NS-Systems und seiner Repräsentanten muss man das wohl tun –, so wird klar, dass das NS-Regime seinem ganzen Selbstverständnis nach »Volksstimmung« und »Volksmeinung« grundsätzlich nur in einer sehr eingeschränkten Perspektive wahrnehmen konnte: Die aktuelle Volksstimmung spiegelte nicht einfach unterschiedliche Strömungen innerhalb der Bevölkerung wider, sondern die momentane Stimmung des Volkes war stets dem Ideal völkischer »Einheit« und

»Ganzheit« unterzuordnen. In der Volksmeinung musste immer die grundsätzliche »Gefolgschaft« gegenüber der politischen Führung zum Ausdruck kommen. Diese Gefolgschaft mochte stimmungsmäßigen Schwankungen unterliegen, sie konnte aber grundsätzlich nicht durch Stimmungen infrage gestellt werden; denn Gefolgschaft war das unverzichtbare Bindeglied in der naturhaft-mythischen Identität von Führung und Volk.

»Volksmeinung« konnte demnach auch nicht als Summe der von den einzelnen Mitgliedern des Volkes vertretenen Auffassungen verstanden werden (das wäre »individualistisch« und »demokratisch« gewesen), sondern lediglich als Momentaufnahme in einem dynamisch voranschreitenden, kollektiven Prozess, in dem das Volk unter Führung der nationalsozialistischen Bewegung die in seiner »Rassenseele« angelegte Willens- und Bewusstseinsbildung hervorbrachte.

Unterschiedliche Stimmen innerhalb des Volkes konnten aus dieser Perspektive gar nicht als »gleichwertig« wahrgenommen werden. Schon aus diesem Grund wird man in den Stimmungsberichten höchst selten auch nur den Versuch finden, Strömungen in der Volksstimmung in Zahlen zu beschreiben. Oppositionelle Volksstimmung war per definitionem immer entweder eine zeitlich befristete Irrung oder, wenn ihre dauerhafte Existenz nicht zu bestreiten war, auf relativ kleine, »wesensfremde« Gruppierungen am Rande des Volkes beschränkt. Die Ermittlung der Volksmeinung bezweckte nicht, das Terrain oppositioneller Kräfte möglichst exakt zu vermessen; ihr Ziel war vielmehr, diese Oppositionskräfte stets unter dem Gesichtspunkt der angestrebten »Einheit« und »Ganzheit« zu sehen und so einen Beitrag zur Einheitsstiftung zu leisten.

Diese Grundsätze galten natürlich insbesondere für die Einschätzung der »Volksmeinung« in Bezug auf die »Judenfrage«. Nach nationalsozialistischer Auffassung war der Prozess, in dem sich das deutsche Volk seiner eigenen Identität und »Ganzheit« bewusst wurde, vor allem auch ein Befreiungsprozess von »fremdrassigen« Einflüssen, namentlich von dem der Juden. Je weiter diese Befreiung vor sich ging, desto mehr gewann das Volk seine eigene Identität zurück. So wurde in der Berichterstattung selbstverständlich vorausgesetzt, dass es eine »Judenfrage« gebe und dass Juden sich entsprechend antisemitischer Stereotypen verhielten. Die Berichte lieferten in erster Linie die Bestätigung dieser Vorgaben.

Dementsprechend konnte insbesondere die antijüdische Politik nicht wirklich umstritten sein, da sich ihre Gegner außerhalb des Prozesses stellten, in dem das Volk seine eigene Identität zurückgewann: Solche Menschen waren deshalb entweder Volksfeinde, die ausgeschaltet werden mussten, oder einfach retardierende Kräfte, die im Zuge der Identitätsbildung wieder in die »Einheit« eingeschmolzen werden würden.

Abweichende Meinungen und Kritik wurden daher in der Berichterstattung zur Volksmeinung vorwiegend als bruchstückhaft und isoliert, als desorientiertes Gerede oder als ignorantes Verhalten dargestellt, motiviert durch kurzfristige, eigensüchtige Interessen, erklärbar nur durch mangelnde Einsicht in die nationalsozialistische Weltanschauung und starres Festhalten an eigentlich überwundenen Einstellungen, wie sie in christlichen, bürgerlich-intellektuellen oder in sozialistischen Kreisen anzutreffen waren. Oppositionelle Stimmen erhielten in den Berichten gerade nicht den Rang einer mehr oder weniger gut begründeten »Gegenmeinung«. Mehr noch: Die Kompilatoren der Berichte wollten auch verhindern, dass die Berichterstattung selbst zur Plattform oppositioneller Ansichten wurde.

Die Berichte stellen also nicht eine Art von Feldforschung dar, in der negative Reaktionen auf die Politik des Regimes sorgsam beobachtet und evaluiert werden sollten. Sie funktionierten vielmehr als Warnsystem, das etwaige negative Reaktionen in der Bevölkerung lokalisieren sollte, um sie möglichst schnell zum Verschwinden zu bringen. Signalisierten Teile der Bevölkerung durch ihr Alltagsverhalten (etwa in Gesten gegenüber Angehörigen der jüdischen Minderheit), dass sie mit der Politik des Regimes nicht einverstanden waren, dann musste dieses Verhalten mit allen Mitteln wieder an die offiziellen Normen angepasst werden.

Grundsätzlich galt daher, dass eine »positive« Stimmung die natürliche Identität von Volk und Führung zum Ausdruck brachte, negative Stimmungen hingegen Randerscheinungen waren, die den Kern dieser Symbiose nicht betreffen konnten. Die positive Stimmung zeigte die wahre »Haltung« des Volkes, negative Stimmung war nur ein Oberflächenphänomen.

Wir haben dies schon bei der Begründung gesehen, mit der Göring im April 1934 die Berichterstattung durch Polizei und innere Verwaltung einstellte. Ebenso konnte Hitler 1936 seinem Adjutanten Fritz Wiedemann rundheraus erklären, er könne die Stimmung besser einschätzen als die ihm vorgelegten (negativen) Berichte.[74] In seiner Reichstagsrede aus Anlass des Kriegsbeginns am 1. September 1939 ermahnte Hitler die im Reichstag versammelten Funktionäre der Partei: »Keiner meldet mir, dass in seinem Gau oder in seinem Kreis oder in seiner Gruppe oder in seiner Zelle die Stimmung einmal schlecht sein könnte. Träger, verantwortlicher Träger der Stimmung sind Sie!«[75] Ähnlich verfuhr er im März 1942, als er einen Bericht über den Verfall der Stimmung in der Bevölkerung mit folgender Randnotiz für unerheblich erklärte: »Wenn das maßgebend wäre, was die Leute immer sagen, dann wäre schon längst alles verloren. Die wahre Haltung des Volkes liegt aber doch viel tiefer und ist schon auf einer sehr festen inneren Haltung basiert. Wäre das nicht der Fall, dann wären doch all die Leistungen des Volkes gar nicht zu erklären.«[76]

Bormann schließlich teilte im Dezember 1942 den Gauleitern im »Auftrag des Führers und im Einvernehmen mit dem Reichspropagandaleiter« mit, man habe in letzter Zeit »in zunehmendem Umfange Berichte der Gauleitungen erhalten, in denen negative Äußerungen von Volksgenossen oder mehr oder weniger geringfügige Zwischenfälle, die auf eine gewisse Kriegsmüdigkeit schließen ließen, als Beweise für die angeblich schlechte Stimmung der Bevölkerung angeführt wurden«. Eine nähere Überprüfung habe ergeben, dass regelmäßig lokale »Verstimmungen, verständliche nervöse Überreizungen, Äußerungen unverbesserlicher Pessimisten und Ausflüsse der Angst und Feigheit bürgerlicher Spießer [...] in Verkennung ihrer im Gesamtrahmen geringen Bedeutung – als Stimmungsbarometer bezeichnet« wurden. Für die künftige Berichterstattung gab Bormann sodann »verbindliche Richtlinien«, in denen es unter anderem heißt, etwaige Zweifel müssten »mit einwandfreien Argumenten und – wenn das nicht hilft – nach dem Vorbild der Kampfzeit mit massiveren Mitteln zum Schweigen gebracht werden«. Deutlicher ließ sich die nationalsozialistische Politik, durch ein Ineinandergreifen von Parteiarbeit vor Ort, Propaganda und Terror die Öffentlichkeit auszurichten und auf diese Weise ein positives »Stimmungsbild« herzustellen, wohl nicht beschreiben.[77]

Zur Frage, welche Rolle die öffentliche Meinung angesichts der von den Nationalsozialisten beanspruchten Identität von Volk, Staatsführung und Nationalsozialismus spielen sollte, steuerte Reichspressechef Otto Dietrich in einer Rede, die er auf dem Reichsparteitag 1935 hielt, einen in seiner Einfachheit geradezu verblüffenden Gedankengang bei. Dietrich wehrte sich gegen einen Vorwurf, der relativ häufig erhoben werde:

»›Es gibt im nationalsozialistischen Deutschland keine öffentliche Meinung mehr!‹, so hören wir oft von draußen – auch von Leuten, denen Böswilligkeit fernliegt. Sie haben von dem tiefen inneren Wandel, der sich im heutigen Volke vollzogen hat, keine Ahnung! Sonst würden sie erkennen, dass es in Deutschland eine öffentliche Meinung im wahren Sinne des Wortes überhaupt erst gibt, seitdem die nationalsozialistische Weltanschauung vom Volke Besitz ergriffen hat. Der Nationalsozialismus ist ja nicht irgendeine politische Herrschaftsform, sondern die Weltanschauung des deutschen Volkes schlechthin. In ihr sind Führung und Volk untrennbar verbunden. Diese weltanschauliche und politische Plattform, die dem Wesen des deutschen Volkes und seinem Wollen entspricht, ist nicht kompliziert und weltfremd, sondern einfach, klar und einheitlich. Sie ist ein fester und unverrückbarer Maßstab im Fühlen und Denken des Volkes. Im Besitz dieser instinktsicheren Grundlage des Denkens ordnet sie jedem einzelnen Volksgenossen das Leben sinnvoll und klar, erscheint ihm das Falsche sinnlos und unmöglich, das Rechte begreiflich und verpflichtend. Mit einem Wort: Die öffentliche Meinung des deutschen Volkes ist der Nationalsozialismus! Ihr Anwalt aber ist die nationalsozialistische Parteipresse.«[78]

Diese vermeintliche Einheit von Volk, Nationalsozialismus und öffentlicher Meinung beeinflusste selbstverständlich auch die Stimmungsberichterstattung. Diesen Topos bei der Analyse außen vor zu lassen, wäre fatal. Schließlich hält auch niemand die Ergebnisse der nationalsozialistischen Volksabstimmungen für den Ausdruck des Volkswillens oder den Pogrom vom November 1938 für den Ausbruch des »Volkszorns«.

Für die Analyse der Berichte bedeutet dies in der Praxis Folgendes: Immer dann, wenn von »Volk« oder »der Bevölkerung« die Rede ist, muss der quellenkritische Einwand geltend gemacht werden, ob sich der Berichterstatter nicht von der Wunschvorstellung einer nationalsozialistisch dominierten Volksgemeinschaft leiten ließ und abweichende Auffassungen lediglich als überlebte Restbestände eigentlich schon überwundener Sozialmilieus verstand – eine politisch-ideologische Gewichtung, die sich aber in der Sprache der Berichte durchaus ausmachen lässt und den Ansatzpunkt für eine fruchtbare quellenkritische Lesart bietet.

Denn obwohl es offenkundig erscheint, dass die Berichte mehr über die Berichterstatter aussagen als über die deutsche Bevölkerung, sind sie in Bezug auf die Rekonstruktion der seinerzeit in Deutschland vorhandenen Ansichten zur »Judenfrage« nicht wertlos. Sie lassen sich durchaus mit Gewinn lesen, wenn man aus der ausführlichen Quellenkritik, die wir in diesem Kapitel angestellt haben, die notwendigen Schlussfolgerungen zieht und einige Grundregeln bei der Lektüre beachtet. Diese lassen sich wie folgt zusammenfassen:

Erstens: Wenn die Berichte nichts über kritische Stimmungen berichten, heißt dies nicht, das diese nicht doch vorhanden gewesen sein könnten. Hier gilt die methodische Grundregel, dass man aus dem Schweigen der Quellen nicht einfach weit reichende Schlussfolgerungen ziehen kann.

Zweitens: Dort, wo die Berichte kontinuierlich eine negative Stimmung melden, erscheint zumindest der Anfangsverdacht gerechtfertigt, dass in der betreffenden Region zu dem betreffenden Zeitpunkt tatsächlich so etwas wie Unzufriedenheit oder gar Oppositionsgeist herrschte.

Denn wenn die berichtende Behörde oder Dienststelle dort gleichzeitig die Verantwortung für die Aufrechterhaltung der »Stimmung« trug, kann es nicht in ihrem Interesse gelegen haben, über einen längeren Zeitraum Misserfolge zu melden. Es ist natürlich möglich, dass eine Behörde oder Dienststelle kontinuierlich negative Stimmungsberichte erstellte und gleichzeitig die Verantwortung für die »Missstände« einer anderen Organisation zuschieben wollte. So ist etwa vorstellbar, dass der SD durch eine übertriebene Darstellung der schlechten Stimmung Kritik an Partei oder staatlichen Behörden üben wollte oder dass die staatlichen Behörden gezielt negative Reaktionen aus der Bevölkerung meldeten, um »wilde Aktionen« der Partei einzudämmen. Um diesen Verzerrungsfaktor zumindest einschränken zu können, wäre also darauf zu achten, ob solche negativen Meldungen immer von der gleichen Organisation kommen und ob sie im Widerspruch zu Berichten anderer Dienststellen stehen.

Insbesondere dort, wo die Berichterstattung unterschiedlicher Organisationen über einen längeren Zeitraum im Hinblick auf die Stimmung negativ ausfällt, wird man dem Befund Glauben schenken können. Dies gilt insbesondere dann, wenn solche offiziellen Berichte auch von im Untergrund arbeitenden Netzwerken (etwa dem der Sopade) oder durch andere Quellen bestätigt werden.

Wenn nach einiger Zeit die Stimmung allerdings wieder als »gefestigt« gemeldet wurde, lässt das nicht notwendigerweise auf einen Meinungsumschwung schließen; es heißt lediglich, dass die Machthaber eingegriffen hatten, um das öffentliche Verhalten der unzufriedenen Bevölkerungsteile wieder mit nationalsozialistischen Normen in Einklang zu bringen, damit abweichendes Verhalten nicht allzu manifest wurde.

Drittens: Die Tatsache, dass eine Stimmung als »positiv« und regimefreundlich wahrgenommen wurde, bedeutet wohl in erster Linie, dass das

Regime in der Lage war, kritische Stimmen wirksam zu unterdrücken und Teile der Bevölkerung zu Manifestationen ihrer Zustimmung zum Regime zu veranlassen: durch Besuch von Parteiveranstaltungen, großzügiges Spendenverhalten, Flaggenhissen et cetera, also durch vom Regime erwünschte, öffentlich geäußerte Gesten der Zustimmung. Da jedoch eine der Hauptbestrebungen des Regimes darin bestand, solche Gesten auf die verschiedenste Weise, vor allem durch die Kleinarbeit des bis in den hintersten Winkel reichenden Funktionärsapparates, herbeizuführen, sagen sie mehr über die Effektivität des Apparates als über die tatsächliche »Stimmung« aus.

Ob die Bevölkerung bestimmten Maßnahmen des Regimes tatsächlich zustimmt, ob die Masse der Bevölkerung innerlich überzeugt von seiner Politik ist, ist für eine terroristische Diktatur sekundär. Es kommt ihr aber darauf an, in der Bevölkerung deutlich zum Ausdruck gebrachtes Unbehagen oder Kritik zum Verstummen zu bringen, um die Geschlossenheit des Volkes nach außen zu dokumentieren. Dies kann durch eine Intensivierung der Propaganda geschehen, vor allem aber mittels Durchdringung und Kontrolle des Alltagslebens, schließlich mit Hilfe repressiver Maßnahmen, notfalls aber auch durch eine Revision oder Modifikation der entsprechenden, auf Kritik stoßenden Politik (das NS-Regime sah sich zu solchen Änderungen etwa im Zuge des so genannten Kirchenkampfes 1936/37 oder bei der Durchführung der »Euthanasie« 1941 gezwungen).

Die Einbeziehung der Propaganda in unsere Untersuchung erlaubt daher einen genaueren Blick auf den Zusammenhang zwischen der »Ausrichtung« der Öffentlichkeit und der – vor allem in diesem Kontext berichteten – »Stimmung«. Die Bevölkerung wurde in groß angelegten Kampagnen, die in Wellen aufeinander folgten, dazu gebracht, die »Judenpolitik« des Regimes zu akzeptieren: Das heißt, dass die schrittweise Radikalisierung der Verfolgung offenbar gegen die Opposition bestimmter Bevölkerungskreise durchgesetzt beziehungsweise dass die Opposition gegen solche Maßnahmen zum Schweigen gebracht wurde.

Denn eines lässt sich schon jetzt festhalten: Hätte es von Anfang einen breiten radikal-antisemitischen Konsens in der deutschen Bevölkerung gegeben, der darauf hinauslief, die Juden in irgendeiner Form loszuwerden, oder hätte das Volk durch seine Indifferenz gegenüber der Judenverfolgung von vornherein seine Zustimmung zu diesen Maßnahmen signalisiert, wären nicht immer wieder diese groß angelegten Kampagnen notwendig gewesen, mit denen die äußere Zustimmung der »Öffentlichkeit« zur »Judenpolitik« dokumentiert wurde. Die nachhaltigen Anstrengungen des Regimes, die »Öffentlichkeit« im Hinblick auf seine »Judenpolitik« immer wieder neu auszurichten, sind das Thema dieses Buches; dieser umfassende Formierungsprozess und die Hemmungen und Widerstände, auf die er traf, enthalten das Material, das uns in die Lage versetzt, die Frage nach der Reaktion der deutschen Bevölkerung auf die Judenverfolgung und die Frage nach dem Wissen über die »Endlösung« näher zu beantworten.

Boykott: Die Verfolgung beginnt

Judenverfolgung und Propaganda in der Vorkriegszeit:
Einige Vorbemerkungen

Angesichts des zentralen Stellenwerts, den die Judenverfolgung in der Geschichte des Nationalsozialismus zweifelsohne besaß, liegt die Vorstellung nahe, die deutsche Bevölkerung sei von 1933 bis 1945 durch die vom Regime kontrollierten Medien mit einem Dauerfeuer antisemitischer Propaganda belegt worden. Ein genauer Blick auf die Quellen ergibt jedoch ein anderes Bild.

Sicher spielte das Thema Antisemitismus in der NS-Propaganda eine wichtige Rolle; dennoch war es jedoch keineswegs immer und in allen Medien als das alles überstrahlende Thema präsent. Obwohl dem Antisemitismus in der so genannten nationalsozialistischen Weltanschauung eine Schlüsselfunktion zukam und führende Nationalsozialisten sich von einer Lösung der »Judenfrage« geradezu paradiesische Zustände versprachen, kann man nicht behaupten, dass die NS-Propaganda insgesamt einen solchen »Erlösungsantisemitismus« konsequent und kontinuierlich als ihr zentrales Thema behandelt hätte.

Vielmehr zeigt sich, dass Antisemitismus je nach Zeitpunkt in höchst unterschiedlichem Umfang in der nationalsozialistisch dirigierten Öffentlichkeit thematisiert wurde und dass die einzelnen Medien (wie wir vor allem anhand verschiedener Zeitungen sehen werden) dabei höchst unterschiedliche Funktionen erfüllten.

Beginnen wir mit der Presse: In den vom Propagandaministerium herausgegebenen Presseanweisungen, die in einer vielbändigen Edition dokumentiert sind, spielten antisemitische Themen zwischen 1933 und dem Pogrom vom November 1938 insgesamt gesehen eine relativ untergeordnete Rolle. Das mag auf den ersten Blick überraschen.

Insbesondere in den ersten Jahren der NS-Herrschaft – 1933 und 1934 und selbst während der antisemitischen Kampagne, die die NSDAP Anfang 1935 und im Sommer dieses Jahres organisierte – wurde die »Judenfrage« in den Anweisungen des Propagandaministeriums an die Presse so gut wie überhaupt nicht behandelt. Damals wurde die antisemitische Kampagne offensichtlich in erster Linie über die Parteipresse und den Propagandaapparat der Partei, nicht jedoch über die allgemeine Presse geführt.

Eine solche Unterscheidung zwischen Parteiorganen und »allgemeiner«, das heißt nichtnationalsozialistischer Presse ist trotz der Verbots- und Gleichschaltungsmaßnahmen der Nationalsozialisten im Pressebereich vor allem für den Zeitraum vor Beginn des Zweiten Weltkrieges sinnvoll. Denn der Parteipresse und der allgemeinen Presse oblagen im Rahmen der NS-Propagandapolitik je eigene Aufgaben, und sie gingen daher in Inhalt und Aufmachung durchaus getrennte Wege.

Nach dem Verbot der linken und regimegegnerischen Zeitungen im Zuge der »Machtergreifung« bestand die allgemeine Presse ganz überwiegend aus Blättern, die vor der Machtergreifung politisch farblos, deutschnational oder ganz allgemein »rechts« ausgerichtet gewesen waren. Hinzu kamen einige vormals bürgerlich-liberale Zeitungen, deren Existenz durch das Regime geduldet wurde. Eine Sonderrolle spielte die katholische Presse.

Alle diese nichtnationalsozialistischen Zeitungen waren – als das Ergebnis von Zwang und Selbstanpassung – mehr oder weniger »gleichgeschaltet«, das heißt in die Propagandapolitik des Regimes integriert. Dass dies funktionierte, garantierte ein ausgefeiltes System der Presselenkung: Die Zeitungsredaktionen waren verpflichtet, ihre Arbeit an den detaillierten Anweisungen des Propagandaministeriums auszurichten; Journalisten und Verleger waren Disziplinierungsmaßnahmen unterworfen und konnten ihren Beruf ohnehin nur ausüben, wenn sie Mitglied in einem der Berufsverbände der Reichspressekammer waren. Außerdem wurde nach 1933 ein großer Teil der offiziell nichtnationalsozialistischen Presse in Wirklichkeit durch ein System verschachtelter Beteiligungen durch einen von der NSDAP kontrolliertem Pressetrust erworben und auf diese Weise zusätzlich kontrolliert.

Trotzdem bot die deutsche Presse der Jahre 1933 bis 1938 kein vollkommen uniformes Bild. Aus Sicht der »Presseführung« schien es durchaus opportun zu sein, gewisse Konzessionen an das Lesepublikum zu machen, wollte man die sterile Langeweile einer »Einheitszeitung« vermeiden. So gab es in der Presselandschaft Raum für lokale oder regionale

Besonderheiten, und auch an die katholische Leserschaft und an ein gebildetes, bürgerliches Publikum wurden Zugeständnisse gemacht; aus außenpolitischen Gründen erwog man zudem, eine gewisse Bandbreite in der Berichterstattung zuzulassen, damit die deutsche Presse außerhalb Deutschlands überhaupt noch als zitierfähig gelten konnte. Auch innenpolitisch sprach einiges dafür, die – allerdings stetig schwindende – Illusion aufrechtzuerhalten, es gebe außerhalb der eigentlichen Parteipresse noch so etwas wie eine zumindest in Ansätzen unabhängige »öffentliche Meinung« in Deutschland.[1]

Unterschiede in der Berichterstattung lassen sich in den Jahren 1933 bis 1938 vor allem im Hinblick auf die Judenverfolgung und die antisemitische Propaganda ausmachen. Während die Parteipresse in den Jahren 1933, 1935 und 1938 groß angelegte antisemitische Kampagnen durchführte und in den Jahren zwischen diesen Höhepunkten geflissentlich darauf achtete, zumindest eine Art »Grundversorgung« ihrer Leserschaft mit antisemitischer Propaganda sicherzustellen, war die übrige Presse weitaus zurückhaltender: Im Vordergrund stand hier gerade in den Anfangsjahren eine relativ neutrale Berichterstattung über die judenfeindlichen Maßnahmen des Regimes; erst im Laufe der Zeit nahmen die Kommentare und Betrachtungen der Redaktionen eine deutlich antisemitischere Färbung an, nun auch immer häufiger durchsetzt vom judenfeindlichen Jargon der Parteipresse.

Diese Beobachtung gilt auch für andere Medien. Hier ist allerdings die Quellenlage komplizierter. Eine vor einigen Jahren vom Deutschen Rundfunkarchiv zusammengestellte Edition von Sendemanuskripten aus den Jahren 1933 bis 1945, die die Verfolgung der Juden thematisierten oder antisemitisch ausgerichtet waren, versammelt zwar die beachtliche Zahl von 201 Dokumenten, darunter eine ganze Reihe bemerkenswerter Aussagen führender Nationalsozialisten über die künftige »Judenpolitik« des Regimes.[2] Doch angesichts der sicher einigen zehntausend Wortsendungen, die zwischen 1933 und 1945 von den deutschen Radiostationen gesendet wurden, lässt diese Sammlung allein noch keine Rückschlüsse darüber zu, welche Rolle das Thema Judenverfolgung im deutschen Radio spielte. Nicht einmal Schätzungen über die Häufigkeit antisemitischer Themen in den NS-Rundfunkprogrammen sind möglich. Aus den erhaltenen Aktensplittern über die täglichen Programme ergibt sich jedoch der begründete Eindruck, dass – ähnlich wie in der Presse – das Thema Antisemitismus in der Vorkriegszeit in den Phasen, in denen relative Ruhe in der »Judenpolitik« herrschte, auch im Rundfunk eine untergeordnete Rolle spielte, während in der Zeit nach der so genannten Kristallnacht – ebenfalls wie in der Presse – eine äußerst intensive antisemitische Propaganda betrieben wurde.[3] Ob diese Parallele zwischen Presse und Rundfunk auch für die anderen Phasen verschärfter Verfolgung, insbesondere während der Kriegszeit, gilt, darüber können wir – zumal vor dem Hintergrund, dass das Radio während des Krieges zunehmend zwecks Unterhaltung und Ablenkung eingesetzt wurde – nur spekulieren.[4] Der Einsatz des Rundfunks im Rahmen der »Judenpolitik« des Regimes bleibt daher weitgehend im Dunkeln.[5]

In den vier deutschen Wochenschauen wurde die Judenverfolgung vor Kriegsbeginn nur relativ selten thematisiert: Lediglich zwei Wochenschauen, *Fox* und *Deulig-Tonwoche*, berichteten über den so genannten Boykott vom 1. April 1933. Die *Ufa-Wochenschau* brachte einen Bericht vom Reichsparteitag 1935, ließ jedoch die Verkündung der Nürnberger Gesetze aus. Der Novemberpogrom wurde in den Wochenschauen selbstverständlich nicht behandelt; man begnügte sich mit Berichten über die Trauerfeier für Ernst vom Rath.[6] Ähnlich schwach vertreten waren die Themen Antisemitismus und Judenverfolgung in der Serie »Echo der Heimat«, einer etwa halbjährlich erscheinenden Folge von Filmen für Auslandsdeutsche: Hier wurde das Gustloff–Attentat zwei Mal angesprochen, anlässlich der Beisetzung Gustloffs 1936 sowie nach dem Prozess gegen David Frankfurter 1937.[7] Auch in den in Deutschland vor Kriegsbeginn produzierten Dokumentar– und Spielfilmen spielte Antisemitismus keine größere Rolle. Dies sollte sich erst während des Krieges ändern.[8]

Die erste antisemitische Welle

Wenige Tage nach den Reichstagswahlen vom 5. März 1933 gingen nationalsozialistische Parteiaktivisten überall im Reichsgebiet dazu über, einen »Boykott« jüdischer Geschäfte zu organisieren, der tatsächlich die Form einer gewaltsamen Blockade annahm: Sie demonstrierten lautstark vor den entsprechenden Läden, beschmierten die Fensterscheiben mit Warnungen, hielten Kunden vom Betreten der Geschäfte ab oder notierten ihre Namen. An vielen Orten hinderten sie ferner jüdische Juristen gewaltsam an der Ausübung ihres Berufes; in einer Reihe von Fällen wurden jüdische Juristen durch den Mob regelrecht aus dem Gerichtsgebäude gejagt.⁹ Die Führung der NSDAP bremste diese »wilden« antijüdischen Aktionen nach einigen Tagen jedoch wieder ab. Solche massiven Störungen der öffentlichen Ordnung erschienen Mitte März 1933 inopportun, benötigte man doch die Zustimmung der gemäßigten Rechtsparteien für die Verabschiedung des Ermächtigungsgesetzes.

Ende März 1933 – das Ermächtigungsgesetz hatte inzwischen den Reichstag passiert – vollzog die nationalsozialistische Führung jedoch eine Kehrtwendung und kündigte nun selbst einen von der Partei zentral gesteuerten »Boykott« jüdischer Geschäfte an. Anlass bot die wachsende Kritik des Auslands an dem Terror während der so genannten Machtergreifung: Sie sollte durch eine gezielte »Aktion« gegen die deutschen Juden zum Schweigen gebracht werden. Um die Situation unter Kontrolle zu behalten, wurde der Boykott jedoch auf einen einzigen Tag, den 1. April 1933, beschränkt. An diesem Tag blockierten SA- und HJ-Angehörige, versehen mit Plakaten und Flugblättern, nach »bewährtem« Muster den Zugang zu den jüdischen Geschäften und hinderten Kunden daran, diese zu betreten. Infolge der fortdauernden Belästigungen sahen sich die Geschäftsinhaber im Laufe des Tages genötigt, ihre Geschäfte zu schließen.

Und wie reagierte die Presse auf die Ereignisse dieses Frühjahrs? Die Parteiblätter der NSDAP, die ihre antisemitische Grundhaltung in der letzten Phase der Weimarer Republik keineswegs aufgegeben hatten, waren bereits um die Jahreswende 1932/33 dazu übergegangen, verstärkt antijüdische Themen aufzugreifen.[10] Insbesondere die nationalsozialistische Provinzpresse berichtete im März 1933 intensiv über den nichtautorisierten Boykott der Parteiaktivisten und versuchte, durch entsprechende Berichte den Flächenbrand auszuweiten.[11] Dabei waren die Parteizeitungen bestrebt, die Aktionen als spontane Kundgebungen der »Volksmassen« darzustellen, wie etwa die *Niedersächsische Tageszeitung* ihren Lesern klar zu machen suchte: »Wie wir bereits berichteten, mussten gestern unter dem Druck der Volksmassen die jüdischen Großkaufhäuser in Hannover ihre Pforten schließen. Diese Aktion geschah nicht auf Veranlassung irgendwelcher Parteistellen, sie war vielmehr der spontane Ausdruck des Massenwillens, der die Totengräber des deutschen Mittelstandes und des deutschen Gewerbetreibens beseitigt wissen will.«[12] Mitte März veröffentlichten dann jedoch alle Parteiblätter die Aufrufe der Parteileitung, die »Einzelaktionen« einzustellen.[13] Lediglich in den NS-Blättern, die direkt an die Parteiführung angebunden waren, fanden die Boykottaktionen der Parteibasis vom März 1933 praktisch keinen Niederschlag: Weder der *Völ-*

kische Beobachter noch der vom Berliner Gauleiter und Reichspropagandachef der Partei herausgegebene *Angriff* nahmen von diesen durch die Parteiführung nicht autorisierten, »wilden« Aktionen in größerem Umfang Notiz.[14]

Ihre antisemitische Propaganda setzten die beiden großen Parteiblätter dennoch auch im Frühjahr 1933 ungemindert fort. So brachte beispielsweise der *Völkische Beobachter*, nachdem er seine antisemitische Propaganda im Frühjahr 1932 drastisch reduziert hatte, in den folgenden Monaten des Jahres 1932 durchschnittlich etwa zwei bis drei Beiträge pro Woche, in den Sommermonaten sank die Quote sogar weiter ab; seit Dezember 1932 waren es jedoch wieder etwa drei bis vier einschlägige Beiträge pro Woche. Die Bandbreite der Themen ist dabei typisch für die Art und Weise, wie das antisemitische Leitmotiv in der NS-Presse abgehandelt wurde: In Meldungen und Artikeln versuchten die Propagandisten, den angeblich erdrückenden jüdischen Einfluss im In- und Ausland nachzuweisen. Besonderes Gewicht legte man auf »jüdische« Kriminalität und auf Skandale, die Juden zugeschrieben wurden; immer wieder wurde anhand von Beispielen auf die »Verjudung« des deutschen Kulturlebens hingewiesen; hinzu kamen Beiträge über den vermeintlich unheilvollen Einfluss der Juden auf das Wirtschaftsleben, und selbst die Sportseite blieb nicht frei von antisemitischen Injurien.[15] Die gegnerische Presse galt der Zeitung routinemäßig als »Judenpresse«, der Weimarer Staat als »Judenrepublik«.

Trotzdem war der Antisemitismus nicht das Hauptthema des *Völkischen Beobachters*. Es war nicht die Politik des Blattes, die Leserschaft täglich mit antisemitischer Propaganda zu überziehen. Eher hat es den Anschein, dass diese weitgefächerte Propaganda für diejenigen bestimmt war, die die Zeitung gründlich lasen: Bei dieser treuen Leserschicht sollte – nach dem Motto »typisch jüdisch« – ein Wiedererkennungseffekt ausgelöst werden.

Im *Angriff*, dem als großstädtische Boulevardzeitung aufgezogenen Hauptstadtorgan der NSDAP, nahm der Antisemitismus von je her eine etwas plakativere Rolle ein als im *Völkischen Beobachter*. Waren 1932 durchschnittlich zwei bis drei antisemitische Beiträge pro Woche erschienen, so intensivierte das Blatt im Januar 1933 seine diesbezüglichen Anstrengungen. Noch stärker als der *Völkische Beobachter* darauf angelegt, das Verhalten von Juden zu skandalisieren, und überdies vulgärer, brachte *Der Angriff* nun durchschnittlich etwa einen antisemitischen Beitrag pro

Tag (wobei die Zahl der einschlägigen Beiträge im Februar vorübergehend zurückgefahren wurde).[16]

Eine Woche vor dem offiziellen Boykott vom 1. April ging die gesamte Parteipresse zu einer massiven und konzertierten antijüdischen Kampagne über; alle Aufmacher waren darauf zugeschnitten. Im Vordergrund der Kampagne stand die Behauptung, gegen die neue Regierung ergieße sich eine weltweite »jüdische Gräuelhetze«; angesichts dieser Welle sei der geplante Boykott jüdischer Geschäfte in Deutschland eine legitime Gegenmaßnahme.[17]

Auch die nichtnationalsozialistische Presse, die im März 1933 die Ausschreitungen der NSDAP-Anhänger beobachtet hatte, übernahm in diesen Tagen die vom Regime in Umlauf gebrachten Schlagworte von der ausländischen »Gräuelpropaganda« und der »deutschfeindlichen Hetze«. Die meisten Zeitungen vermieden es zwar, die »Gräuelpropaganda« mit dem Adjektiv »jüdisch« zu versehen; aus den Kommentaren ergibt sich jedoch recht eindeutig, woher nach Auffassung auch dieser Zeitungsredaktionen die »Gräuel« kamen.

Die *Frankfurter Zeitung* vom 28. März etwa sprach in einem Kommentar unter dem Titel »Auf falschem Wege« eine deutliche Warnung aus: »Wenn die Juden verschiedener großer Länder [...] sich der Hoffnung hingeben sollten, durch die Entfaltung irgendwelcher deutschfeindlicher Propaganda den deutschen Juden zu Hilfe kommen zu können, so müssen wir ihnen sagen, dass sie dabei viel Schaden, aber keinen Nutzen anrichten werden ...«

Die kurze Passage zeigt, in welches Dilemma die *Frankfurter Zeitung* und andere bürgerliche Blätter geraten konnten: In der aufgeheizten Situation vom Frühjahr 1933 das Ausland davor zu warnen, weitere Kritik an Deutschland werde sich auf die deutschen Juden negativ auswirken, hatte – beabsichtigt oder unbeabsichtigt – genau die Wirkung, die die neue Regierung hervorrufen wollte. Die Kritik aus dem Ausland sollte durch Druck auf die deutschen Juden zum Verstummen gebracht werden. Verschiedene nichtnationalsozialistische Blätter riefen denn auch dazu auf, sich an der »Abwehr« gegen die Gräuelpropaganda zu beteiligen,[18] und beeilten sich, deutlich zu machen, dass sie selbst an vorderster Front gegen die »Gräuel« ankämpften.[19]

Auch wenn die nichtnationalsozialistische Presse sich im Frühjahr 1933 nicht an einer ausgesprochen antijüdischen Hetze beteiligte, so hatte sie sich doch das erste Mal durch das Regime in eine antisemitische Kampagne einspannen lassen. Dem durchschnittlichen Leser einer durchschnittlichen Tageszeitung wurde zu verstehen gegeben, dass es eine ausländische »Gräuelhetze« gebe, dass man sich gegen diese im nationalen Interesse zur Wehr setzen müsse und dass die »Abwehr« der Gräuelhetze dazu beitragen werde, die deutschen Juden zu schonen. Dass man damit der Erwartungshaltung der neuen Regierung entsprach, legte die *Deutsche Allgemeine Zeitung* ihren Lesern gegenüber offen, als sie am 28. März aus »unterrichteten Kreisen« berichtete, »die Reichsregierung werde bei der ganzen Abwehrbewegung ein besonderes Augenmerk auf die Presse und auf solche Zeitungen richten, die sich dabei etwa passiv verhalten«.

Die Presseberichterstattung über den eigentlichen Boykott vom 1. April vermittelt einheitlich das Bild einer »ruhig« und »diszipliniert« verlaufenden Aktion, wobei Zwischenfälle und Gewalttaten – die es durchaus in größerem Umfang gab – ignoriert oder heruntergespielt wurden.[20] Die *Deutsche Allgemeine Zeitung* äußerte in einem auf der Titelseite vom 4. April erschienenen Kommentar ihre Befriedigung über den »Erfolg« des Boykotts (so auch der Titel des Beitrags), wandte aber ein, dass »das deutsche Volk im Grunde seines Wesens geringe Sympathie für solche Gewaltmaßregeln empfindet. Sein feiner Sinn für Gerechtigkeit und Geistlichkeit übersieht die unausbleibliche Einseitigkeit nicht, die mit ihnen verbunden ist. Sein Unterscheidungsvermögen wirft den vorgestern aus Galizien Eingewanderten nicht in einen Topf mit dem bodenständigen Judentum, das seinen staatsbürgerlichen Pflichten in Krieg und Frieden entsprochen hat.«

Propagandaminister Goebbels habe, so die Zeitung weiter, in einer am Vorabend des Boykotts gehaltenen Rede »mit Recht an die Schamlosigkeiten der Tucholsky und Toller erinnert, die schmähten und besudelten, was dem Deutschen heilig ist, aber er kennt wie wir anderen auch die großen Leistungen zum Beispiel auf dem Gebiete der Medizin und der Rechtswissenschaft, die deutsche Staatsangehörige jüdischer Religion und Rasse vollbracht haben, Leistungen, die kein geringerer als Bismarck außerordentlich hoch veranschlagt hat.«

Der Kommentator fuhr fort: »Die Reichsregierung hält die gesamte Gewalt in der Hand und kann auf Grund des Ermächtigungsgesetzes alle gesetzlichen Vorkehrungen treffen, die ein weiteres Überwuchern undeutscher Einflüsse und Gesinnungen verhindern sollen. Wir müssen aber unterscheiden lernen und können, gerade aus Selbstbewusstsein und in Wahrung der nationalen Würde, darauf verzichten, auch diejenigen in ein moralisches Ghetto zu stoßen, die das nach Nam' und Art als bitteres Unrecht empfinden müssen. Unerwünscht ist es auch, wenn sich gelegentlich die berechtigte Abwehr übergroßen jüdischen Einflusses mit dem Wunsche einen durch Leistung überlegenen Konkurrenten zu verdrängen, in nicht ganz sauberer Weise vermählt, wenn man den Stammbaum verdienter Persönlichkeiten um Generationen zurückverfolgt, um vielleicht doch irgendwie einen Tropfen jüdischen Blutes zu entdecken.«

Auch in der *Frankfurter Zeitung* erschien eine kritische Stimme zum Boykott.[21] Der Berliner Korrespondent der Zeitung verteidigte in einer längeren »Betrachtung« den Grundsatz der staatsbürgerlichen Gleichheit der deutschen Juden, indem er unter anderem ausführlich an die Geschichte der Emanzipation in Preußen erinnerte und die Autorität des Reichspräsidenten ins Spiel brachte: »Auch wüssten wir nicht, dass der Generalfeldmarschall jemals einen Soldaten aus der Front zurückgeschickt habe, weil er ein Jude sei.«

Wenige Tage nach dem Ende des Boykotts verabschiedete das Kabinett die ersten gegen Juden gerichteten Ausnahmegesetze: Das Gesetz zur Wiederherstellung des Berufsbeamtentums sowie das Rechtsanwaltsgesetz. Beide Gesetze sahen vor, jüdische Beamte beziehungsweise Rechtsanwälte aus ihren Positionen zu entlassen und keine Juden mehr zu diesen Berufen zuzulassen. Für jüdische Kriegsteilnehmer waren Sonderbestimmungen vorgesehen.[22]

Im Bereich der Justiz legalisierten die beiden Gesetze einen faktisch bereits bestehenden Zustand: Seit März 1933 waren Richter, Staatsanwälte und Rechtsanwälte an vielen Orten durch NS-Anhänger am Betreten der Gerichtsgebäude gehindert worden; daraufhin hatte die Parteipresse lautstark die Forderung des NS-Juristenbundes nach Ausschluss der Juden aus der Justiz propagiert,[23] was wiederum nationalsozialistische Justizminister in den Ländern dazu veranlasste, Hausverbote zu verhängen und Beamte in den Zwangsurlaub zu schicken.

Die nichtnationalsozialistische Presse reagierte durchaus unterschiedlich auf die beiden antijüdischen Gesetze, die einen massiven Eingriff in die seit 1871 im Deutschen Reich geltende staatsbürgerliche Gleichberechtigung der Juden bedeuteten. In Rechnung stellen müssen wird man bei der Bewertung die Erleichterung, die angesichts des kontrollierten Abbruchs der Boykottbewegung gerade in bürgerlichen Kreisen vorherrschte: Die Aussicht auf gesetzliche Regelungen der »Judenfrage« schien weitaus besser als eine Fortsetzung der Gewalttätigkeiten.

Bemerkenswerterweise äußerten zahlreiche Kommentatoren (auch wenn sie teilweise Bedenken gegen die pauschale Anwendung der Rassendoktrin anmeldeten) ihre grundsätzliche Zustimmung zu der von den Nationalsozialisten erhobenen Forderung, den angeblich so verhängnisvollen jüdischen Einfluss zurückzudrängen. So attestierte die *Deutsche Allgemeine Zeitung* dem Beamtengesetz eine – verglichen mit den Übergriffen des Parteimobs – »größere Tendenz zur Gerechtigkeit und Sachlichkeit« und beurteilte das Rechtsanwaltsgesetz als relativ gemäßigt.[24] Die *Schlesische Zeitung* sprach in einem Kommentar aus Anlass der Verabschiedung des Beamtengesetzes davon, Deutschland sei dabei, sich von »einer jahrhundertelang geduldig getragenen Fremdkultur« zu befreien.[25]

Die katholische *Kölnische Volkszeitung* nannte in ihrem Kommentar zum Beamten- und Rechtsanwaltsgesetz zwar grundsätzliche Bedenken gegen Regelungen, die auf dem »Rassegedanken« und nicht auf Religionszugehörigkeit beruhten, äußerte jedoch Verständnis für »die psychologischen Reaktionen gegen eine zahlenmäßige Vorherrschaft des Judentums in bestimmten Berufen«. Maßnahmen, die »geeignet sind, hier ein gerechtes Verhältnis herbeizuführen, dürften gerade im Interesse des Judentums liegen, das eine Verstopfung der Quelle des Antisemitismus nur wünschen kann«. In diesem Zusammenhang sei auch der »Einfluss der Juden auf das deutsche Geistesleben« von »besonderer Bedeutung. Dass es nicht immer und unter allen Umständen zerstörend zu sein braucht, dafür ist [...] Julius Stahl ein nicht zu übersehendes Beispiel. Andererseits lässt sich nicht leugnen, dass vom jüdischen Intellektualismus insbesondere in der Nachkriegszeit, aber auch schon in der Vorkriegszeit liberalistische Auswirkungen ausgingen, die dem deutschen Volkstum zum mindesten abträglich waren.«[26]

Der Kommentar der *Frankfurter Zeitung* setzte sich rundheraus kritisch mit dem Berufsbeamtengesetz auseinander und verwarf jede »rassische Doktrin«, die zu »grotesken Situationen« führen könne. Der Kommentator fuhr fort: »Aber sieht man nicht den wirtschaftlichen Schaden, der angerichtet werden muss, wenn man sich stur auf die Parole versteift: ›Juden heraus?‹ Gewiss, ›Radau-Antisemitismus‹ soll es nicht mehr geben, aber was liegt an einem Wort? Man kann mit sanften Mitteln genau ebensoviel Unheil anrichten, wie mit groben.«[27]

Auch an anderen Beispielen lässt sich verdeutlichen, dass die bürgerliche Presse zu diesem Zeitpunkt durchaus noch Spielraum bei der Bewertung der antisemitischen Politik besaß. Den Rücktritt Max Reinhardts als Direktor des Deutschen Theaters in Berlin kommentierte im April 1933 der Schriftsteller Max Bronnen im *Berliner Lokalanzeiger:* »Eine fremde Weltmacht hielt die Bastionen unseres Landes: Was Marx in der Politik, was Einstein in der Physik, was Freud in der Erkenntnis, das war Reinhardt in der Kunst; eine Krebskrankheit, die nur aufblühte, wenn sie die Kräfte des Körpers fraß, dem sie ihr Dasein verdankte.«[28] Das war reinster NS-Jargon. Die *Deutsche Allgemeine Zeitung* hingegen hatte sich wenige Tage zuvor aus Anlass von Reinhardts Rücktritt zwar ebenfalls kritisch über dessen Leistungen geäußert, aber auch hinzugefügt: »Der Name Max Reinhardt wird in dieser Theatergeschichte fortleben, auch wenn er jetzt von den Theaterzetteln der Reichshauptstadt verschwindet.«[29]

Das *Berliner Tageblatt*, um ein anderes Beispiel zu nennen, setzte sich in seiner Abendausgabe vom 5. April 1933 unter der Überschrift »So geht es nicht« kritisch mit einer Notiz des *Völkischen Beobachters* auseinander, wonach der Mosse-Verlag (zu dem das Blatt gehörte) 138 jüdische Angestellte entlassen habe. Die Behauptung sei unwahr; das Blatt verwahre sich gegen den Ton des *Völkischen Beobachters*, der – auch nach der offiziellen Einstellung des Boykotts – immer noch »Salz in die Wunde« streuen wolle.

Diese differenzierten Reaktionen der nichtnationalsozialistischen Presse auf die »Judenpolitik« des Regimes setzten sich auch in den folgenden Wochen und Monaten fort. Ein Teil der nichtnationalsozialistischen Zeitungen äußerte sich immer wieder zustimmend zur Diskriminierung und Ausgrenzung der Juden und übernahm nationalsozialistische Propagandaschlagworte. Andere Blätter vermieden, wo immer es ging, Kommentierungen zur NS-Judenverfolgung und machten Injurien gegenüber Juden möglichst als Zitate nationalsozialistischer Provenienz deutlich.

Und was wissen wir über die Haltung der Bevölkerung zur »Judenfrage« in dieser ersten Phase der Verfolgung?

Leider liegen zu wenig gesicherte Informationen vor, um allgemeine Schlussfolgerungen ziehen zu können: Während die deutsche Presse nicht mehr unkontrolliert über die Ereignisse berichten konnte, war der Apparat der staatlichen beziehungsweise parteiamtlichen Berichterstattung über die »Stimmung« der Bevölkerung noch nicht aufgebaut.[30] Wir sind daher im Wesentlichen auf die Berichterstattung der ausländischen Presse, diplomatischer Vertretungen in Berlin sowie auf Beobachtungen einzelner Zeitgenossen angewiesen.

Dieses Material zeigt im Großen und Ganzen, dass die Masse der Bevölkerung die Blockaden jüdischer Geschäfte – sowohl die »wilden« als auch den offiziellen Boykott – hinnahm. Eine couragierte Minderheit von Bürgern allerdings, das wird gerade in den Erinnerungen jüdischer Zeitgenossen immer wieder betont, kaufte am Tag des offiziellen Boykotts gezielt in jüdischen Geschäften ein und brachte damit ihre Missbilligung zum Ausdruck.[31] Die weit überwiegende Mehrheit der Bevölkerung verhielt sich jedoch passiv; für die Menschenaufläufe in vielen Stadtzentren war eher Sensationslust als aggressiver Antisemitismus verantwortlich. Die *Times* berichtete beispielsweise am 3. April 1933, unter der Masse der Bevölkerung seien spontaner und aktiver Antisemitismus nur wenig, Antipathie und Misstrauen gegenüber jüdischen Geschäftsleuten dagegen weit verbreitet. Ähnliches meldeten verschiedene ausländische Missionen über die Verhältnisse in Deutschland.[32]

Über die Reaktion der Bevölkerung auf die beschriebenen ersten, Anfang April erlassenen antisemitischen Gesetze[33] wissen wir noch weniger: Ihre Einführung stand ganz im Schatten der erst allmählich abklingenden Boykottaktionen.[34] Allerdings wird man sich vergegenwärtigen müssen, dass die Forderung nach Entlassung von Juden aus dem Staatsdienst beziehungsweise aus staatlich regulierten Berufen wie der Anwaltschaft vor 1933 öffentlich nur von der NSDAP erhoben worden war; die rechtskonservativen Bündnispartner vollzogen diese Richtungsentscheidung im Frühjahr 1933 zwar mit, sie hatten sich jedoch nie entschließen können, diese Forderung in ihre Programme aufzunehmen. Es wäre also verfehlt, in den antisemitischen Gesetzen die Verwirklichung einer Forderung zu sehen, die über die Anhängerschaft der neuen Regierung hinaus weithin populär gewesen wäre. Ähnlich verhielt es sich mit den gewaltsamen Eingriffen in das jüdische Geschäftsleben: Boykottaktionen gegen jüdische Geschäfte hatte die NSDAP schon in der Endphase der Weimarer Republik immer wieder organisiert, ohne dass es ihr gelungen wäre, daraus eine über die eigene Anhängerschaft hinausreichende Massenbewegung in Gang zu bringen.[35] Die Mehrheit der Bevölkerung war offensichtlich nicht bereit, ihr Einkaufsverhalten nach »rassepolitischen« Gesichtspunkten auszurichten. Daran sollte sich auch in den kommenden Jahren relativ wenig ändern.

Die Phase scheinbarer Ruhe zwischen Sommer 1933 und Ende 1934

Weitere umfassende antisemitische Gesetzgebungsprojekte stellte die NS-Regierung im Sommer 1933 erst einmal zurück. Konkrete Pläne, Juden die deutsche Staatsbürgerschaft zu entziehen und gegen die »Rassenmischung« mit der deutschen Bevölkerung vorzugehen, lagen zwar bereits vor, wurden aber erst 1935 beim Erlass der so genannten Nürnberger Gesetze verwirklicht. Die außenpolitische Isolierung des Regimes, Bedenken der konservativen Koalitionspartner und die prekäre wirtschaftliche Situation ließen eine solche Zurückhaltung opportun erscheinen. Doch trotz der »relativen Ruhe« in der Judenverfolgung während der zweiten Jahreshälfte 1933 und im Jahr 1934 wurden Juden auf Reichs- und auf Länderebene mit Hilfe neuer gesetzlicher Bestimmungen und administrativer Maßnahmen weiterhin diskriminiert und ausgeschlossen, während Teile der Parteibasis, vor allem in der Provinz, den so genannten Boykott jüdischer Geschäfte durch Drohungen gegen die Kundschaft, Verdrängung jüdischer Händler von Märkten et cetera weitertrieben. Gegen solche illegalen »Einzelaktionen« wandten sich jedoch immer wieder staatliche Stellen, so dass insbesondere bei den betroffenen jüdischen Geschäftsleuten der Eindruck entstand, es existiere zumindest noch ein Restbestand an Rechtssicherheit.[36]

Entsprechend verhielt sich die Parteipresse: Nach dem Boykott hatte sie ihre antisemitische Kampagne den gesamten April hindurch noch fortgesetzt, sie dann jedoch deutlich zurückgefahren. Im Juli 1933 begann sich die Berichterstattung auf ein »Normalmaß« an antisemitischer Propaganda einzupendeln: Das Thema stand nicht im Vordergrund, wurde aber ausreichend behandelt, damit ein Wiedererkennungseffekt für die Stammleserschaft gegeben war. 1934 ging der Anteil antisemitischer Beiträge noch weiter zurück. Zwar wurde weiterhin in bekannter Manier über Skandale und Kriminalfälle berichtet, in die Juden verwickelt waren, auch über den angeblich großen Einfluss der Juden im Ausland, vor allem die von ihnen ausgehende »Hetze« gegen Deutschland, oder über antisemitische Bestrebungen in anderen Ländern. Die angebliche Dominanz der Juden in Deutschland aber trat in den nationalsozialistischen Blättern als Topos in den Hintergrund. Offensichtlich wollte man den Aktionsdrang der Parteibasis nicht allzu deutlich anheizen.[37]

Die Steuerung der Parteipresse war jedoch keineswegs perfekt: Als Goebbels etwa in einer Rede im Sportpalast am 11. Mai 1934 den Propagandafeldzug der Partei gegen »Miesmacher« eröffnete und in einer längeren Passage auch gegen »die Juden« zu Felde zog, verstanden einige Parteiblätter dies als Startsignal für eine erneute antisemitische Kampagne,[38] während sich andere darauf beschränkten, die Rede ausführlich wiederzugeben.[39]

Der *Westdeutsche Bobachter*, der Goebbels' antisemitische Drohung zitiert hatte, benutzte die Rede als Auftakt, um gegen den angeblich immer noch vorhandenen jüdischen Einfluss im Kulturleben vorzugehen.[40] Am 10. Juni 1934 bekannte sich der Chefredakteur des Blattes, Martin Schwaebe, in einem Leitartikel offensiv zum Antisemitismus der NSDAP und rief dazu auf, den Kampf gegen die Juden fortzusetzen.[41] Auch die in Breslau erscheinende *Nationalsozialistische Schlesische Tageszeitung* intensivierte ihre antisemitische Propaganda: Sie forderte ausdrücklich zum Boykott jüdischer Geschäfte auf und griff am 23. Mai in einem Leitkommentar noch einmal die antisemitische Passage der Goebbels-Rede auf, um die prinzipielle Unvereinbarkeit von »deutsch« und »jüdisch« zu erklären.[42] Noch heftiger reagierte Goebbels' Berliner Hausblatt *Der Angriff*. Am 11. Mai, dem Tag der Goebbels-Rede, veröffentlichte *Der Angriff* unter der Überschrift »Was dürfen sich Juden schon wieder erlauben?« einen Aufruf an die Leser, der Zeitung »jeden Fall von jüdischer Unverschämtheit mitzuteilen«. Das Blatt habe sich die Aufgabe gestellt, zu »zeigen, wie der Jude sich heute schon wieder benimmt und wie er sich zu benehmen hat«. Es handele sich also »um einen Anstandsunterricht für die geschonten und geduldeten Staatsbürger jüdischen Glaubens«. Am nächsten Tag veröffentlichte *Der Angriff* einen Kommentar des bekannten NS-Journalisten Schwarz van Berk, in dem dieser Goebbels' Sportpalast-Rede als vorbildlich für den Umgang mit Juden herausstellte. »Wir wollen«, so empfahl Schwarz van Berk, »mit den Juden so verkehren, dass wir unsere Freude daran haben. Das lässt sich machen. Wir haben Humor genug. Wir müssen nur den Ton bestimmen. Der Jude passt sich immer an.«[43]

In den folgenden Tagen kam das Blatt immer wieder auf den Aufruf »Was dürfen sich Juden schon wieder erlauben?« zurück, berichtete über dessen Wirkung im In- und Ausland und brachte Beispiele für den angeblich wieder zunehmenden jüdischen Einfluss.[44] Am 1. Juni verschärfte Schwarz van Berk in einem Leitartikel unter der Schlagzeile »Was dürfen Juden sich erlauben?« die Kampagne weiter und breitete das Thema der vermeintlich wieder wachsenden Selbstsicherheit der deutschen Juden vor seinen Lesern aus. An die Adresse »des Juden« gerichtet, schrieb Schwarz van Berk: »Er muss endgültig mit seinem Verhalten von früher brechen, d. h. er muss die deutsche Öffentlichkeit den Deutschen überlassen.« In den folgenden Tagen setzte *Der Angriff* seine antisemitische Kampagne fort;[45] erst mit dem 30. Juni 1934, als das NS-Regime die Ausschaltung der SA-Führung benutzte, um eine blutige Generalabrechnung mit einer Vielzahl von innenpolitischen Gegnern vorzunehmen, rückten andere Themen wieder in den Vordergrund. Das galt auch für andere NS-Blätter.

In der nichtnationalsozialistischen Presse wurde demgegenüber in eher neutraler und zurückhaltender Form über antijüdische Maßnahmen berichtet; man reagierte auf Maßnahmen des Regimes und versuchte im Allgemeinen nicht, von sich aus die »Judenfrage« aufzuwerfen. Insbesondere die *Frankfurter Zeitung* registrierte auf geradezu akribische Weise die antisemitischen Maßnahmen: Zu diesem Zweck griff sie Verlautbarungen von Fachverbänden, Gemeinderatsbeschlüsse, Gerichtsurteile und andere Erklärungen aus dem gesamten Reichsgebiet auf.[46] Dafür musste sich das Blatt massive, öffentlich geäußerte Kritik seitens der Parteipresse gefallen lassen, da es eine zu »judenfreundliche« Tendenz verfolge.[47] Wiederholt nahm die *Frankfurter Zeitung* gegen die Absicht Stellung, Juden aus der Wirtschaft zu verdrängen, und verwies auf die dem entgegenstehende rechtliche Lage.[48] In einem Kommentar vom 13. Dezember 1934 wandte sich die *Frankfurter Zeitung* gegen die öffentliche Anprangerung von Kunden jüdischer Geschäfte:

»Das meiste jedoch, was sich auf diesem Gebiet vollzieht, geht stiller vor sich. Manchmal erscheint es so verborgen, dass man den Eindruck gewinnt, als seien die Urheber selbst über die Zulässigkeit ihrer Handlungsweise im Zweifel gewesen. Naturgemäß liegen die Dinge keineswegs so, dass der Einkauf und die Beziehung zu nichtarischen Firmen irgendwie empfohlen werden sollten oder könnten; wer nichtarische Firmen zu meiden wünscht, kann das aus eigenem Entschlusse so weit tun, wie ihm beliebt. Gerade dann aber muss die entscheidende Grenze im Auge behalten werden, nämlich die, dass die scharfe Agitation gegen die Geschäftsbeziehungen mit Nichtariern [...] und dass der Druck, wie er durch Anprangerung, persönliche Kontrollen oder Drohungen ausgeübt wird, sich mit den Grundsätzen der Reichsregierung für das Gebiet der Wirtschaft schlechterdings nicht mehr vereinbaren lassen.«

Da, hieß es im Kommentar weiter, »viele Hunderttausende von Nichtariern in Deutschland leben (ihre genaue Zahl ist ja noch nicht festgestellt), da die ganz überwiegende Mehrzahl von ihnen Deutschland nicht verlassen will (obgleich vieles für sie schwer zu ertragen ist), da überdies nur eine kleine Minderheit Deutschland überhaupt verlassen könnte, selbst wenn sie es wollte, – so lässt sich die Judenfrage in Deutschland, was man auch im einzelnen wünschen mag, zwangsläufig nur so lösen, dass man den Nichtariern in Deutschland ihren Lebensraum sichert und sie an bestimmten Aufgaben teilnehmen lässt, und zwar so eindeutig, dass auch in der Bevölkerung nicht mehr Unklarheiten darüber entstehen können.« Der »Antisemitismus der Tat«, wie er etwa von radikal-antisemitischen Parteiaktivisten in Franken betrieben werde, so die *Frankfurter Zeitung*, mache »eine Lösung des Problems nur immer schwieriger. Und doch wird diese Lösung sich nicht vermeiden lassen!«[49]

Dieser kritische Kommentar sollte nicht unbeantwortet bleiben. Am 18. Dezember 1934 bekam Schwarz van Berk im *Angriff* unter der Schlagzeile »Unverschämte Querfunkerei gegen die Hoheit der NSDAP. Unerbetene Ratschläge und Sorgen um das Weihnachtsgeschäft« die Gelegenheit, sich in einer Polemik gegen die »voreilige Unverschämtheit« des Artikels in der *Frankfurter Zeitung* zu verwahren.

Eine Reihe anderer nichtnationalsozialistischer Blätter, vor allem solche deutschnationaler Couleur, ging allmählich dazu über, den Jargon der Parteipresse in ihre Berichterstattung einfließen zu lassen. So machte etwa die *Schlesische Zeitung* vom 17. Februar 1934 eine »Blühende Emigranten-Hetze in Prag« aus und leistete sich eine Beilage »Volk und Rasse«.[50] Die *Deutsche Allgemeine Zeitung* bezeichnete eine in London geplante Kundgebung mit dem aus Deutschland emigrierten Albert Einstein als »Einstein-Rummel«,[51] während der deutschnationale *Berliner Lokalanzeiger* das Schlagwort vom »Weltjudentum«[52] übernahm und wie die Parteizeitungen vom »jüdischen Boykott« und der »jüdischen Boykotthetze« gegen Deutschland schrieb.[53]

In das Jahr 1934 fiel außerdem der Beginn zweier spektakulärer, außerhalb Deutschlands ausgetragener juristischer Auseinandersetzungen, die von der NS-Presse als »Judenprozesse« bezeichnet wurden: Der Berner Prozess, in dem über die Authentizität der antisemitischen Propagandaschrift *Die Protokolle der Weisen von Zion* gestritten wurde, und die in Ägypten stattfindende gerichtliche Auseinandersetzung um die Verbreitung einer antisemitischen Broschüre durch dort ansässige deutsche Staatsbürger.

In beiden Fällen waren die Klagen von jüdischer Seite angestrengt worden, um die Verbreitung von nationalsozialistischen Hetzschriften antisemitischen Inhalts zu stoppen und vor allem die Unhaltbarkeit der darin aufgestellten Behauptungen durch unabhängige Gerichte festzustellen – vor den Augen der Weltöffentlichkeit. In beiden Verfahren waren regimetreue deutsche Gutachter beziehungsweise Prozessvertreter präsent.

Beide Prozesse wurden von der Parteipresse groß herausgestellt.[54] *Der Angriff* witterte den Anfang einer Prozesslawine, hinter der eine klare Strategie internationaler jüdischer Interessen stehe: »Man will die Behandlung der Judenfrage als Kernproblem ausschalten. Man will durch unzählige Beleidigungsklagen einzelner Juden, durch die Anzettelung zahlreicher Prozesse, die sich auf irgendwelche lokalen Vorschriften oder Gesetze stützen, das Diskussionsthema verschieben und so die Behandlung des ganzen Problems unmöglich machen.«[55]

Der Prozess vor dem Berner Gericht begann im Oktober 1934, wurde nach wenigen Verhandlungstagen unterbrochen und im Mai 1935 zum Abschluss gebracht. Das Urteil war aus nationalsozialistischer Sicht eine eklatante Niederlage: Der Klage wurde stattgegeben, das Gericht bezeichnete die *Protokolle* als propagandistisches Machwerk und verbot ihre Verbreitung im Kanton Bern.[56]

Da die Urteilsverkündung im Mai 1935 ohnehin in einen Zeitraum fiel, in dem die antijüdische Propaganda aus außenpolitischen Gründen vorübergehend erneut zurückgefahren wurde – worauf noch eingegangen wird –, beließ die Parteipresse es dabei, das negative Ergebnis eher kühl zu vermerken und nicht zum Gegenangriff überzugehen. *Der Angriff* etwa stellte fest: »Die Echtheit dieser Protokolle ist eine Angelegenheit der historischen Forschung: das Urteil eines Schweizer Kantonsgerichts berührt sie nicht.«[57] Der *Westdeutsche Beobachter* schrieb über das »merkwürdige Urteil von Bern«: »Das Judentum bekommt sein Urteil gegen die Protokolle, verliert aber nach Punkten.«[58] Der *Völkische Beobachter* hielt den Prozess für einen »Propagandatrick«, der allerdings misslungen sei, und gab seiner Meinung Ausdruck, dass »der Kampf um die Protokolle jetzt erst recht beginnen dürfte«.[59] Die Revision des Urteils im Jahre 1937 sollte der NS-Presse in der Tat Gelegenheit bieten, das Thema wieder aufzugreifen.[60]

Die nichtnationalsozialistische Presse berichtete ebenfalls in erheblichem Umfang über die beiden Prozesse. Das Urteil, so die Anweisung des Propagandaministeriums an die Presse,[61] solle in entsprechenden Kommentaren zurückgewiesen werden; dies geschah zwar, doch gingen einige

Zeitungen ausführlich auf die Urteilspassage ein, in denen die Protokolle als »Fälschung und Plagiat« bezeichnet wurden.[62] Die *Frankfurter Zeitung* etwa vermerkte das Urteil lakonisch unter der Überschrift »Die ›Protokolle der Weisen von Zion‹ fallen unter das Kantonsgesetz gegen Schundliteratur«.[63]

Die juristische Auseinandersetzung in Ägypten begann Ende Januar 1934 mit einem Verfahren vor dem Internationalen Gerichtshof in Kairo (in Ägypten existierte eine so genannte Konsulargerichtsbarkeit für Streitigkeiten, in die Ausländer involviert waren).[64] Der Gerichtshof, der unter dem Vorsitz eines italienischen Richters tagte, entschied, die Klage sei unzulässig, da der in Ägypten lebende Kläger von den in der Propagandabroschüre erhobenen Vorwürfen nicht betroffen sei. Dieser Erfolg wurde von der NS-Presse als »Der Deutsche Sieg über das Weltjudentum« (*Völkischer Beobachter*) beziehungsweise als »Riesenblamage des Weltjudentums« (*Westdeutscher Beobachter*) gefeiert.[65]

Die Berufungsverhandlung, die im April 1935, also unmittelbar vor der Fortsetzung des Berner Prozesses, in Alexandrien stattfand und wiederum mit der Abweisung der Klage endete, gab der NS-Presse erneut Anlass zu antisemitischen Ausfällen: Während etwa der *Westdeutsche Beobachter* am 13. April klagte, »Juda missbraucht die Justiz«, sprach *Der Angriff* vom 20. April 1935 von der »Judenabfuhr in Kairo«.[66]

Zahlreiche nichtnationalsozialistische Blätter berichteten ebenfalls ausführlich über den Prozess, zum Teil in überwiegend sachlicher Form,[67] zum Teil feierte man aber auch in ähnlichem Ton wie die NS-Presse die Niederlage des »Weltjudentums«.[68]

Reaktionen der Bevölkerung

Für die zweite Jahreshälfte 1933 und insbesondere für das Jahr 1934 liegen mehr und mehr Berichte offizieller Stellen über die Reaktion der Bevölkerung auf die antijüdischen Maßnahmen vor. Diese zeigen nicht nur, dass Aktivisten der Partei immer wieder Boykottaktionen durchführten und dass diese Aktionen unter den Anhängern der Partei viel Zustimmung fanden;[69] die Berichte enthalten auch eine ganze Reihe von Hinweisen darauf, dass die übrige Bevölkerung weiterhin in jüdischen Geschäften einkaufte,[70] die »Aktionen« missbilligte und wenig Verständnis für die »Judenpolitik« des Regimes aufbrachte.

So hielt etwa die Gendarmerie im unterfränkischen Steinach an der Saale in ihrem Monatsbericht für August 1934 folgende bündige Einschätzung fest: »Das Judenproblem wird von der einheimischen Bevölkerung nach wie vor nicht erfasst.«[71] Die Stapostelle Potsdam äußerte in ihrem September-Bericht die Überzeugung: »Ohne Zweifel ist das Judenproblem nicht das Hauptproblem des deutschen Menschen.« Da jedoch »gegenwärtig im Auslande das Judentum einen Kampf auf Leben und Tod mit dem Deutschen Volke« führe und »der Jude in dem Augenblick, wo er die Grenze überschreitet, sich zum offenen Feinde Deutschlands« erkläre, sei »das Judenproblem tatsächlich zur Zeit mindestens ein Hauptproblem«. Immer wieder, so fährt der Bericht fort, »hört man hier im Lande dann die Phrase, dass der Jude doch auch ein Mensch sei, dass es auch gute Juden gäbe und der Jude vielfach sogar besser sei als der Deutsche, und was dergleichen Geschwätz mehr ist. Äußerungen über die Gefahr des Judentums werden abgemildert und die Leute, die sich mit Aufklärung befassen, gewissermaßen als Narren hingestellt.«[72] Der Leiter der Stapostelle Aachen äußerte in seinem Bericht für November 1934 die »Überzeugung, dass weiteste Kreise der Bevölkerung über die Grundideen des Nationalsozialismus völlig im Unklaren sind und es oft nicht verstehen, dass z.B. die Judenfrage in Deutschland geregelt werden muss«.[73] Und der Landrat in Brilon hielt im November 1934 fest, dass »in der Stadt Brilon das Vorgehen gegen jüdische Einwohner, denen man von Zeit zu Zeit die Fensterscheiben einwirft, von einem großen Teil der Bevölkerung missbilligt« werde.[74]

Dass die antijüdischen Maßnahmen keineswegs populär waren, sollte sich einige Monate später, als die Partei ihre Angriffe gegen Juden weiter intensivierte, umso deutlicher zeigen.

Antisemitische Krawalle und Nürnberger Gesetze[1]

*Die antisemitische Kampagne der NSDAP
und die Berichterstattung der Presse*

1935 setzte die antisemitische Anhängerschaft der NSDAP eine zweite Welle judenfeindlicher Übergriffe und Ausschreitungen in Gang.

Nach ersten Aktionen gegen jüdische Geschäfte während des Weihnachtsgeschäfts 1934 nahmen die Ausschreitungen im Februar und März 1935 stark zu. Die für NS-Deutschland erfolgreich verlaufene Saarabstimmung vom 13. Januar und die Wiedereinführung der Wehrpflicht am 16. März spielten da eine erhebliche Rolle: Sie stärkten das Selbstbewusstsein der Parteiaktivisten, die jetzt davon ausgingen, dass die Mäßigung, die die Parteiführung ihnen bisher aus außenpolitischen Gründen auferlegt hatte, obsolet geworden sei. Das erste Ziel des antisemitischen Mobs waren jüdische Läden: Die Eingänge wurden durch Posten blockiert, Kunden fotografiert, Fensterscheiben beklebt oder zertrümmert, vor den Geschäften oder Häusern der Besitzer kam es zu Demonstrationen. Attackiert wurden außerdem vor allem Juden, die wegen ihres intimen Umgangs mit Nichtjuden als »Rassenschänder« bezichtigt wurden. In Badeanstalten wurden Zwischenfälle organisiert, die häufig mit der Verbannung von Juden endeten, und Parteiaktivisten drängten mehr und mehr darauf, an Ortseingängen »Warntafeln« aufzustellen, die den jeweiligen Ort für »judenfrei« erklärten.[1]

Seit April 1935 schaltete sich auch die NS-Presse verstärkt ein, um die Stimmung weiter aufzuheizen. Der *Westdeutsche Beobachter* machte in den ersten Apriltagen den Anfang, Blätter wie *Der Angriff*, die *Braunschweiger Tageszeitung* oder die *Nationalsozialistische Schlesische Tageszeitung* schlossen sich im letzten Drittel des Monats April der Kampagne an, der *Völkische Beobachter* folgte Ende April, Anfang Mai.

Einige Parteizeitungen machten es sich dabei zur Aufgabe, die Namen von »artvergessenen Frauenspersonen« und »jüdischen Rassenschändern« zu veröffentlichen. Die *Nationalsozialistische Schlesische Tageszeitung* forderte zum Beispiel am 7. April zu Demonstrationen vor den Wohnungen der »angeprangerten« Personen auf und berichtete am folgenden Tag unter der Überschrift »Das Volk wehrt sich gegen Rassenschande« über entsprechende Kundgebungen in Breslau, wobei »das Volk« allerdings aus einer Reihe »altgedienter SA-Männer« bestand, die auf großen Plakaten die Namen der Inkriminierten publik machten. Der *Westdeutsche Beobachter* verteidigte die Veröffentlichung entsprechender Namenslisten im Blatt mit der Begründung, »wer sich am Gesetz der deutschen Rasse vergeht, ist ein Verbrecher, genauso wie ein Mörder oder ein Dieb!«[2] Im April hatte die NS-Presse außerdem Gelegenheit, das Revisionsurteil im ägyptischen »Judenprozess« – über das schon berichtet wurde – als Erfolg für NS-Deutschland und als Niederlage des »Weltjudentums« zu feiern.

Seit Anfang 1935 erließen auch die Behörden wieder mehr antijüdische Bestimmungen: Juden wurden beispielsweise von den Prüfungen für Ärzte, Zahnärzte und Apotheker ausgeschlossen; die Gestapo verfügte, dass jüdische und nichtjüdische Emigranten, die in das Reich zurückkehrten, zunächst in Internierungslager einzuweisen seien, und nachdem die Gestapo im Februar Juden das Hissen der Hakenkreuzflagge verboten hatte, bestätigte das Reichsinnenministerium dieses eigenmächtige Vorgehen im April 1935 durch einen eigenen Erlass.[3]

Die Hintergründe für diese neue antisemitische Welle sind komplex. Wesentlich ist, dass das Regime die neuen Angriffe gegen Juden mit Kampagnen gegen die »Reaktion« und gegen die katholische Kirche verband. Ganz allgemein handelte es sich um den Versuch, zwei Jahre nach der Machtergreifung die weit verbreitete Unzufriedenheit und Apathie in der Bevölkerung aufzufangen und die offenkundigen Missstände, die in breiten Kreisen der Bevölkerung empfunden und artikuliert wurden, auf das Wirken von inneren Störenfrieden und Feinden zurückzuführen. Die nach wie vor miserable wirtschaftliche Lage sollte dem negativen Einfluss der Juden in der Wirtschaft zugeschrieben werden; für das weit verbreitete Gefühl von Unsicherheit und Bedrückung, das viele angesichts der alltäglichen Repression in der Diktatur empfanden und das sich in Kritik an der Kirchenverfolgung und dem Bonzentum der Partei äußerte, sollten Regimegegner (Juden, Reaktionäre, der politische Katholizismus) verantwortlich gemacht werden, die der Errichtung einer geeinten »Volksgemeinschaft« angeblich subversiv im Wege standen und die es daher auszuschalten galt.

In diesem Zusammenhang kam den antijüdischen Aktionen eine zentrale Bedeutung zu: Indem die Parteiorganisation versuchte, durch Androhung oder tatsächliche Anwendung von Gewalt das Einkaufen in jüdischen Geschäften zu verhindern, Geschäftskontakte und private Beziehungen mit Juden zu unterbinden, Juden aus Bädern zu vertreiben und ganze Orte für »judenfrei« zu erklären, sollte die nationalsozialistische Forderung nach vollkommener Segregation der Juden augenfällig verwirklicht werden. Die Anstrengungen, die Bevölkerung als solche dazu zu bringen, diese Ausgrenzung in ihrem Alltagsverhalten zu akzeptieren und zum Ausdruck zu bringen, war auch ein Akt der Unterwerfung unter das Diktat der örtlichen Parteiorganisation. Mit der Aufgabe von Kontakten zu Juden sollte die Bevölkerung nach außen hin ihr Einverständnis mit der Politik des Regimes signalisieren und dokumentieren, dass sie erfolgreich einen Lernprozess durchlaufen hatte und nun die Auffassung der Partei teilte, die »Judenfrage« sei der Schlüssel zur Lösung der wesentlichen Probleme des »Dritten Reiches«.

Die Gesetze, die diese Segregation im Einzelnen regelten, konnten als logische Folge der Ausschreitungen betrachtet werden: Angesichts der heftigen antisemitischen Aktionen kamen sie lediglich dem lautstark demonstrierten »Volkswillen« nach. Zusammen mit der Ausschaltung kirchlicher und reaktionärer Kräfte bedeutete die Durchsetzung dieser Segregation der jüdischen Minderheit de facto auch eine erhebliche Machterweiterung der Partei.

Es gab jedoch Anzeichen dafür, dass die antijüdische Kampagne sich im Laufe des Monats Mai in zwei Hauptunruhegebieten, im Rheinland und in Westfalen, bereits wieder abzuschwächen begann.[4] Gegen eine Fortsetzung der Aktionen hatten sich unter anderem der Stellvertreter des Führers in einem Aufruf vom 11. April und der Reichswirtschaftsminister Schacht in einer Denkschrift von Anfang Mai gewandt.[5] Diese öffentlichen Aufrufe wurden durch eine ganze Reihe interner Stellungnahmen von Behördenvertretern (darunter auch Leiter von Gestapodienststellen) gestützt.[6] Für eine Einstellung der Ausschreitungen sprach nicht nur, dass die fortgesetzten Aktionen der Parteiaktivisten die Autorität der weitgehend untätig zusehenden Staatsmacht unterhöhlten – auch die Außenpolitik spielte erneut eine Rolle.

Als Großbritannien, Frankreich und Italien im April 1935 auf die Einführung der Wehrpflicht in Deutschland mit der gemeinsamen Erklärung von Stresa reagierten (man sprach von der »Stresa-Front«), sah sich das

»Dritte Reich« wieder der Gefahr außenpolitischer Isolierung ausgesetzt. Die Regierung reagierte mit einer Vertrauensoffensive: Hitler verkündete in seiner Reichstagsrede vom 21. Mai seinen Friedenswillen. Die Hoffnungen konzentrierten sich auf die – seit dem Besuch des britischen Außenministers Sir Samuel Hoare Ende März in Berlin eröffnete – Perspektive, mit Großbritannien zum Abschluss eines Flottenabkommens zu kommen. Tatsächlich fanden nach zweimonatigen Vorbereitungen seit dem 4. Juni deutsch-britische Verhandlungen statt, die am 18. Juni in die Unterzeichnung des Flottenabkommens mündeten. Da die Aufnahme der Verhandlungen und die Verhandlungen selbst in der britischen Öffentlichkeit stark umstritten waren, betrachtete das Regime antijüdische Ausschreitungen insbesondere im Mai und Juni 1935 als außerordentlich kontraproduktiv.[7]

Dennoch konnte es in diesem kritischen Zeitraum nur teilweise für Ruhe an der antijüdischen Front sorgen: In einer Reihe von Gauen setzten sich die Parteiaktivisten auch im Monat Mai über die Pazifizierungsanstrengungen der Parteiführung hinweg,[8] nicht zuletzt wegen der heftigen antisemitischen Agitation der Parteipresse bis etwa Mitte Mai.[9]

Besonders eklatant zeigte sich dies in München, wo Parteiaktivisten seit Ende März immer wieder mit den üblichen Mitteln gegen jüdische Geschäfte vorgegangen waren. Dort eskalierten die Ereignisse in der zweiten Maihälfte: Zunächst störten Trupps von NS-Anhängern am 18. Mai massiv eine Sammelaktion der katholischen Caritas und griffen im Zuge der Tumulte, die daraufhin in der Münchner Innenstadt ausbrachen, auch jüdische Geschäfte an. Eine Woche später, am 25. Mai, erzwangen NS-Anhänger in Zivil, meist Angehörige der SS-Verfügungstrupppe, eine Blockade der jüdischen Geschäfte in der Münchner Innenstadt; wieder kam es zu Tumulten, außerdem – bei dem Versuch, eine Parteiwache zu stürmen – zur offenen Konfrontation mit der Polizei. Gauleiter Adolf Wagner, dem im Zusammenhang mit dieser »Aktion« schwere Vorwürfe gemacht wurden, sah sich schließlich gezwungen, sich von den Ereignissen zu distanzieren.[10]

Die Münchner Vorfälle, die so gar nicht zu dem Bild eines zur Völkerverständigung bereiten Deutschland passen wollten, wurden in der Presseberichterstattung lapidar und uniform behandelt: Ende Mai konnte man in den meisten überregionalen Zeitungen eine Mitteilung der Polizeidirektion München lesen, die die jüngsten »Störungen« in München (über die der Leser hiermit zum ersten Mal unterrichtet wurde) auf regimefeindliche »Terrorgruppen« zurückführte.[11] Nun erließen verschiedene Parteidienststellen Aufrufe, die sich in scharfer Form gegen weitere, ähnlich gelagerte »Aktionen« wandten.[12] Die Münchner Ereignisse markierten damit einen Wendepunkt: Nun trat die Parteiführung den Unruhestiftern aus den einzelnen Reihen energisch entgegen und dämmte die Ausschreitungen – wenn auch nur für kurze Zeit – weitgehend ein. Entsprechend hielt sich die Parteipresse, spätestens nach Hitlers »Friedensrede« vom 21. Mai, in ihrer antisemitischen Agitation auffallend zurück, vor allem im Juni und in den ersten Julitagen.[13] Als Folge dieser Maßnahmen blieb es zumindest in einigen Regionen – etwa im Rheinland – relativ ruhig;[14] in anderen dagegen nahmen die Ausschreitungen bereits wieder zu.[15]

Nach dem Abschluss des deutsch-britischen Flottenabkommens am 18. Juni drängte die Parteibasis jedoch erneut auf eine Verstärkung der antisemitischen Aktivitäten, und tatsächlich kam es im Juli zu einer massiven Ausweitung der Übergriffe. Als Initialzündung für die Wiederaufnahme der antijüdischen Kampagne fungierten die Ereignisse in Berlin, die als »Kurfürstendammkrawalle« bekannt wurden.

Bereits im Juni hatten in zwei Berliner Bezirken allabendlich Demonstrationen von HJ-Angehörigen vor jüdischen Geschäften stattgefunden. Gegen Ende des Monats hatten sie das ganze Stadtgebiet erfasst. Primär gingen die Jugendlichen gegen Eisdielen in jüdischem Besitz vor. Da die Ereignisse dem offiziellen Beschwichtigungskurs der Parteiführung zuwiderliefen, fanden sie in der allgemeinen Presse selbstverständlich keinen Niederschlag.[16]

Mitte Juli konzentrierten sich die Aktivitäten auf ein am Kurfürstendamm gelegenes Kino, das den antisemitischen schwedischen Spielfilm »Petterson und Bendel« aufführte. Am Abend des 15. Juli versammelte sich vor dem Kino eine größere Menschenmenge, die jüdische Passanten tätlich angriff und in die umliegenden Lokale eindrang, um jüdische Gäste regelrecht herauszuprügeln. Die Vorgänge wiederholten sich am folgenden Abend. Goebbels selbst steckte dahinter. Als Berliner Gauleiter hatte er sich bereits auf dem Gauparteitag vom 30. Juni gegen vermeintliche Versuche von Juden gewandt, »sich wieder breitzumachen«.[17] Und der von ihm herausgegebene *Angriff* hatte am 15. Juli zu dieser Demonstration aufgerufen, weil die Aufführung des Films angeblich durch jüdische Besucher gestört worden war: »Es gibt immerhin Nationalsozialisten, die etwas mehr Erfahrung in der Aufrollung von Sitzreihen besitzen als Kurfürstendammherren. Versteht man diesen Ton? Es ist wohl nötig, damit man uns wieder versteht [...] Wir wissen, dass wir es mit einer routinierten Rasse zu tun haben, die immer wieder eine harte Hand verspüren muss [...] Die harte Hand bedeutet: Juden werden in Berlin nicht noch einmal demonstrieren!«

Die Krawalle in Berlin, die von der NS-Presse noch angeheizt wurden – die *Nationalsozialistische Schlesische Tageszeitung* etwa drohte: »Wir behalten uns vor, was noch immer Männer getan haben gegenüber Knaben, die Schläge verdienen«[18] –, führten aus der Sicht des Regimes jedoch zu einer unhaltbaren Lage: Nicht nur hatten sie unerwünschte Schlagzeilen in der internationalen Presse zur Folge,[19] sondern waren auch geeignet, die Autorität der Berliner Polizei zu untergraben, die sich in der offenen Konfrontation mit den Demonstrationen verunsichert gezeigt hatte.

Gelöst wurde der Konflikt durch die Absetzung des Berliner Polizeipräsidenten Levetzow, auf den Goebbels geschickt die Verantwortung für die Ereignisse ablud. Die Schlagzeile des *Angriffs* vom 19. Juli sollte verdeutlichen, dass Goebbels – nach einer Besprechung mit dem neuen Polizeipräsidenten sowie den führenden Vertretern von preußischer Polizei, Stadtregierung, Partei und SA – erneut die politische Führung in der Hauptstadt übernommen hatte: »Berlin wird gesäubert von Kommune, Reaktion und Juden. Dr. Goebbels räumt in seinem Gau auf.« Mit diesem Beitrag gab *Der Angriff* die Linie für die übrige Parteipresse vor.[20]

Überall im Reichsgebiet organisierten Parteiaktivisten erneut antisemitische Angriffe, wobei sich die Aktionsmuster der ersten Monate des Jahres 1935 wiederholten. Im August erreichten diese Ausschreitungen ihren Höchststand; erst nach dem Erlass der Nürnberger Gesetze im September 1935 flauten sie merklich ab.[21]

Wieder hatte die Parteipresse für die antisemitische Kampagne eine zentrale Rolle gespielt. Nach ihrer vergleichsweisen Zurückhaltung im Juni und in der ersten Julihälfte startete sie im Zuge der Berliner Krawalle zu einem neuen, groß angelegten antisemitischen Feldzug durch. Waren im *Völkischen Beobachter* während der vorübergehenden Propagandapause zwischen Mitte Mai und Mitte Juli »nur« etwa ein bis zwei einschlägige Beiträge pro Woche erschienen, wartete das Blatt von Mitte Juli bis Mitte August täglich mit mindestens einem antisemitischen Artikel auf.

Nachdem die Berliner Krawalle am 19. Juli durch Goebbels offiziell für beendet erklärt worden waren, berichtete die gesamte Parteipresse am nächsten beziehungsweise übernächsten Tag in großer Aufmachung über eine Pressekonferenz des Chefs der preußischen Polizei Kurt Daluege, in der dieser, gestützt auf angebliche Statistiken, »die Juden« als die eigentlichen Verursacher der Kriminalität im Reich darstellte. Offenbar wollte er deutlich machen, dass die Polizei bei der Bekämpfung der »jüdischen Gefahr« der Partei in nichts nachstand.[22]

Der *Völkische Beobachter* begann unmittelbar darauf mit einer Serie von Veröffentlichungen, in denen die Parteibasis regelrecht zu »Aktionen« aufgestachelt wurde. Die wieder zunehmenden antijüdischen Übergriffe empfahl das Blatt dabei offen zur Nachahmung.[23] Man wolle »Front gegen Staatsfeinde« machen, lautete der Kommentar am 21. Juli, und am nächsten Tag richtete sich die Hauptschlagzeile des *Völkischen Beobachters* gegen »Ausgeburten konfessioneller Hetze und jüdischer Frechheit«. Die Kampagne wurde sodann unter der Parole der »Abwehr jüdischer Frechheiten« (24. Juli) fortgeführt, man wehre sich gegen »Übergriffe der Juden« (27. Juli). Am 3. August erschien auf der Titelseite des Blattes ein Kommentar, in dem unter dem Titel »Anständige Juden?« zum »bedingungslosen Kampf gegen die Juden« aufgerufen wurde. Auch *Der Angriff* brachte in der zweiten Julihälfte und im August täglich antisemitische Beiträge, vom 10. August an unter dem Titel »Der getarnte Jude« sogar eine Serie über im Einzelnen vorgestellte Berliner Firmen, die angeblich in verdeckter Form von jüdischen Inhabern geleitet wurden.

Im *Westdeutschen Beobachter* fand man in der zweiten Julihälfte und im August täglich meist mehrere einschlägige Beiträge. Die Ausgabe vom 25. Juli etwa vermeldete in einem Artikel den Ausschluss jüdischer Kommissionäre auf Versteigerungen (»Eine begrüßenswerte Maßnahme der Preußischen Domäne Ettville«), berichtete, es seien in Köln »sechs tschechische Juden festgenommen« worden, die »Schiebungen« vorgenommen hätten, gab ausführlich die Beschlüsse eines Gemeinderates wieder, der gegen die örtlichen Juden einen ganzen Katalog antijüdischer Bestimmungen erlassen hatte, meldete aus Bukarest: »Jüdische Kommunistenzentrale ausgehoben«, empörte sich über einen »jüdische[n] Mädchenschänder« (Wien) und »jüdische Schwindelbanken« (Amsterdam) und freute sich über »judenreine Bäder« (in Mönchen-Gladbach und Rheydt).

Am 6. August »verlangte« der *Westdeutsche Beobachter* die »Kennzeichnung der Judengeschäfte«. Der Artikel ist ein interessantes Beispiel dafür, wie die NS-Presse versuchte, mit Hilfe von »Einzelaktionen« der Parteigenossen entsprechende behördliche Maßnahmen zu erzwingen. Keinesfalls habe man die Absicht, betonte der Artikel, Juden die wirtschaftliche Tätigkeit zu verbieten: »Es gibt andere Mittel, den Juden praktisch in seine Grenzen zu verweisen.« Wie vorzugehen sei, darauf gebe die »nächtliche Kennzeichnung jüdischer Geschäfte Ende voriger Woche« einen »Hinweis«. Die »Juden und Judenfreunde«, so der *Westdeutsche Beobachter*, »sehen darin freilich nur eine Hetze und rufen nach der Polizei. Sie haben recht damit, insofern, als sie Schutz gegen das eigenmächtige Vorgehen einzelner verlangen. Nicht recht haben sie aber, wenn sie sich gegen die Sache selbst wenden, gegen die Kennzeichnung jüdischer Geschäfte durch behördliche Anordnung. Eine solche Kennzeichnung durch behördliche Anordnung ist sehr wohl möglich. Ja, sie ist unseres Erachtens sogar notwendig, damit dem Zustande ein Ende gemacht wird, dass der Jude im nationalsozialistischen Deutschland weiter getarnt: ›arbeiten‹ kann.«

Auch die *Braunschweiger Tageszeitung*, in der Parteipresse im Allgemeinen nicht an vorderster Front der antisemitischen Hetze, intensivierte ihre antijüdische Propaganda Mitte Juli erheblich: Von diesem Zeitpunkt an brachte das Blatt bis Anfang September täglich mindestens einen einschlägigen Beitrag. Darunter befand sich am 20. Juli ein Aufruf des Gauamtsleiters der NS-Handelsorganisation (der Organisation des Einzelhandels in der NSDAP), der unter dem Titel »Noch nicht kapiert? Sage mir, bei wem du kaufst ...« zum Boykott jüdischer Geschäfte aufforderte.

Die *Nationalsozialistische Schlesische Tageszeitung* meldete am 14. Juli in einem groß aufgemachten Artikel die Verhaftung von »Rasseschändern«, die »ins Konzentrationslager« eingewiesen worden seien, und veröffentlichte erneut die Namen von »artvergessenen Frauenspersonen« und ihren jüdischen Partnern.[24] Der *Miesbacher Anzeiger* berichtete offen über – eindeutig durch die lokale Parteiorganisation initiierte – gewalttätige antisemitische Aktionen und Tumulte, so etwa am 7. August 1935 über die Schließung eines »Judenhotels« in Bad Tölz: »Die arischen Kurgäste im Verein mit der erwachten Einwohnerschaft empfinden es als unerträglich, die Genossen erklärter Rassenschänder in der Erholungszeit neben sich sehen zu müssen. Das kam auch in Versammlungen zum Ausdruck, ebenso in spontanen Kundgebungen der Bevölkerung vor dem Hauptsitz der Juden, dem Parkhotel. Nunmehr hat das Bezirksamt Tölz mit Zustimmung der Bayerischen Politischen Polizei das Parkhotel in Bad Tölz mit sofortiger Wirksamkeit bis auf weiteres geschlossen.«[25]

Am folgenden Tag berichtete das Blatt unter dem Titel »Jüdische Frechheit«, der namentlich genannte Vorsitzende der jüdischen Gemeinde in Fischbach habe von der SA angebrachte Propagandaplakate abgerissen. Daraufhin wurde der Mann durch Parteimitglieder aus seiner Wohnung geholt und gezwungen, während einer Kundgebung auf dem Marktplatz eines der Plakate hochzuhalten.

Die nichtnationalsozialistische Presse beschränkte sich bei beiden antisemitischen Kampagnen des Jahres 1935 wie schon zuvor im Wesentlichen darauf, die antijüdischen Maßnahmen aufzuführen. Die *Frankfurter Zeitung* ging dabei erneut mit äußerster Akribie vor: In dem Blatt wurden die einzelnen Verfolgungsmaßnahmen detaillierter und in größerer Breite dargestellt als in der Parteipresse. Die Zeitung registrierte den Ausschluss von Juden aus Schwimmbädern und Kurorten,[26] Gerichtsurteile unterer Instanzen,[27] Demonstrationen wegen »Rassenschande«[28] oder antisemitische Gemeinderatsbeschlüsse in Provinzstädten[29] sowie antisemitische Verlautbarungen unterschiedlichster Art.[30]

Bei der Durchsicht der nichtnationalsozialistischen Zeitungen aus dem Jahr 1935 fällt jedoch ein entscheidender Unterschied zur früheren Berichterstattung auf: Kritische Kommentare zur NS-Judenverfolgung, die in den ersten Monaten des Jahres 1933 noch häufiger in der allgemeinen Presse zu finden waren, ja im Falle der *Frankfurter Zeitung* gelegentlich noch 1934 auftauchten, waren jetzt absolut tabu. Allerdings war die nichtnationalsozialistische Presse 1935 noch nicht vollständig dem System der »Sprachregelungen« unterworfen, wurde noch nicht im gleichen Umfang in die antisemitischen Kampagnen eingespannt wie die Parteipresse. Vor den Nürnberger Gesetzen gab es keine allgemeinen Anweisungen des Propagandaministeriums an die Presse, sich aktiv an den antisemitischen Kampagnen der Partei zu beteiligen. Zwischen der antisemitischen Hetze der Parteiblätter und der wesentlich distanzierteren und sachlicheren Berichterstattung der übrigen Presse ist daher noch ein deutlicher Unterschied auszumachen.

Das gilt jedoch nicht während der Berliner Krawalle: Über sie berichtete die gesamte Presse in offensichtlich verordneter Uniformität. Die Zeitungen beschränkten sich bei der Schilderung der Krawalle vom 15. und 16. Juli 1935 weitgehend auf die Wiedergabe einer Meldung des vom Propagandaministerium kontrollierten Deutschen Nachrichtenbüros, ergänzt um eine Mitteilung der Stapostelle Berlin (»Eine Warnung an staatsfeindliche Elemente«) und einen Aufruf der Berliner SA-Führung zur Aufrechterhaltung der Disziplin. Ebenso stereotyp war die Berichterstattung über die Auswechslung des Polizeipräsidenten wenige Tage später und Goebbels' Ankündigung, nun wieder die politische Führungsrolle in der Stadt zu übernehmen.[31] Für irgendwelche Nuancierungen war kein Raum: Es erschienen weder eigene Berichte noch Kommentare. Auffällig ist jedoch eine Reihe von Beiträgen, die als flankierende Maßnahmen für die im Kern von der Parteipresse vorgetragene Propagandakampagne angesehen werden können.

Die *Deutsche Allgemeine Zeitung* etwa hatte den schwedischen Film »Petterson & Bendel«, der den Anlass für die Krawalle bildete, bereits in ihrer Abendausgabe vom 13. Juli 1935 besprochen und dabei keinen Zweifel an der antisemitischen Ausrichtung des Filmes gelassen: Bendel, der in dem Film als Jude karikiert wird, stamme, so heißt es in der Besprechung vielsagend, »irgendwo aus dem Osten«. Der Film greife »ein sehr ernstes rassisches Problem mutig auf und spielt gesunden Lebenswillen gegen hemmungslosen Händlergeist aus«. Zwar wird man der Zeitung nicht unterstellen können, sie habe mit diesem Beitrag bewusst antijüdische Ausschreitungen provozieren wollen, doch trug dieser deutliche Hinweis auf den antisemitischen Charakter des Films in einer der führenden »bürgerlichen« Zeitungen der Stadt auf seine Weise zur Zuspitzung der Situation in der Reichshauptstadt bei. Am 25. Juli – mittlerweile hatte sich der »Volkszorn« in Berlin ausgetobt – wurde die *Deutsche Allgemeine Zeitung* ihrer Sonderrolle gerecht, die ihr vom Propagandaministerium im Hinblick auf außenpolitische Fragen zugewiesen worden war, als sie die internationale Presseberichterstattung über die Kurfürstendammkrawalle mit der über Nordirland verglich und in einem Kommentar von der »Scheinheiligkeit« der ausländischen Presse sprach.

Auf ein ähnliches Ablenkungsmanöver stößt man auch in der katholischen Provinzpresse: Das katholische *Bamberger Volksblatt* warf »großen Teilen der Auslandspresse« in einem Wochenrückblick »ein ausgesprochenes Sensationsbedürfnis« bei der Behandlung der »harmlosen Zwischenfälle am Kurfürstendamm, die ihre Ursache in jüdischen Provokationen hatten«, vor, wo doch »andere Dinge für sie wesentlich näher liegen: siehe Arbeitskämpfe in USA, politische Demonstrationen in Frankreich und Religions- u. Rassenkrieg in England«.[32]

Die *Schlesische Zeitung*, um ein anderes Beispiel zu nehmen, reagierte am 6. August 1935 auf zwei stark antisemitisch akzentuierte Ansprachen, die Goebbels und Frick zwei Tage zuvor auf dem Gauparteitag in Essen gehalten hatten, mit einem »Leitkommentar« ihres Berliner Büros, in dem die Schuldzuweisung für die jüngsten Krawalle in Berlin eindeutig ausfällt. Dort heißt es, »die Juden« hätten »auf die wirtschaftspolitischen Bedingtheiten, mit denen auch die nationals. Staatsführung sich auseinandersetzen muss, spekuliert und von der Wirkung dieser Bedingtheiten eine Preisgabe des Parteiprogramms erhofft. Die Langsamkeit des Tempos in der Durchführung des Parteiprogramms hat sie zur Annahme einer Schwäche des Staates verleitet. Der Schritt zur Verhöhnung und Provokation war dann nur ein kleiner. Die Reden der beiden Minister beseitigen jeden Zweifel, dass der Staat und die Partei nicht gewillt sind, die Juden länger im Unklaren darüber zu lassen, welche Rolle sie künftighin allein in Deutschland spielen dürfen.«[33]

In den Wochenschauen des Jahres 1935 wurden die antisemitischen Ausschreitungen und Demonstrationen nicht thematisiert; es finden sich lediglich zwei Ausschnitte aus antisemitisch eingefärbten Redepassagen nationalsozialistischer Politiker: ein Zitat aus einer Streicher-Rede im Mai 1935 in Berlin sowie ein weiteres aus Goebbels' Rede auf dem Essener Gauparteitag im August.[34]

Reaktionen der Bevölkerung

Im Unterschied zu 1933/34 liegt für die Reaktion der Bevölkerung auf die antisemitische Kampagne des Jahres 1935 eine Vielzahl von Berichten vor.[35]

Die fortlaufenden Lageberichte der sozialistischen Exilgruppe »Neu Beginnen« aus dem Reichsgebiet enthalten Augenzeugenberichte von den Kurfürstendammkrawallen, die übereinstimmend zu dem Ergebnis kommen: »Die Stimmung des Publikums war einheitlich ablehnend.« Die Vorfälle hätten sich »inmitten eines lautlosen Publikums, das durch seine äußerliche Reserviertheit seine Ablehnung ausdrückte«, zugetragen.[36] Allgemein könne man zum »Judenboykott« sagen, so die Berichte weiter, »dass die Bevölkerung sich ziemlich ablehnend verhält und dass es fast ausschließlich enttäuschte Nazis sind, die hier ihre Enttäuschung abreagieren. Aber trotz dem allgemeinen Unverständnis für die gegenwärtige Judenhetze ist nur ganz selten Widerstand gegen die Naziaktion zu verzeichnen, man hört zwar Stimmen wie ›Nun kaufe ich gerade beim Juden‹, aber im allgemeinen fürchtet man sich und gibt dem Druck der Nazis nach.«[37]

Auch die Berichte der Sopade, der im Exil aufgebauten Organisation der deutschen Sozialdemokratie, stehen ganz im Zeichen der Ablehnung der »Judenhetze« und der antisemitischen Ausschreitungen durch die allgemeine Bevölkerung.[38] Sie verzeichnen Abscheu,[39] Empörung[40] und Unruhe;[41] vier Fünftel der Bevölkerung lehnten »die Judenhetze« ab.[42] Die Erregung der Bevölkerung über das Vorgehen der Parteiaktivisten habe an einigen Orten dazu geführt, dass sich heftig diskutierende Menschenmengen gebildet hätten, zum Teil sei es zu scharfen Wortwechseln mit den Parteianhängern, ja sogar zu Schlägereien gekommen.[43] Nur ganz vereinzelt ist von Gleichgültigkeit, Teilnahmslosigkeit oder gemischten Reaktionen die Rede.[44]

Nachdenklich stimmt ein Bericht vom September aus Bayern: »Die Judenverfolgungen finden in der Bevölkerung keinen aktiven Widerhall. Aber sie bleiben andererseits doch nicht ganz ohne Eindruck. Unmerklich hinterlässt die Rassenpropaganda doch ihre Spuren. Die Leute verlieren ihre Unbefangenheit gegenüber den Juden und viele sagen sich: Eigentlich haben ja die Nazis mit ihrem Kampf gegen die Juden doch recht, aber man ist gegen die Übertreibungen dieses Kampfes und wenn man in jüdischen Warenhäusern kauft, dann tut man es in erster Linie nicht, um den Juden zu helfen, sondern um den Nazis eins auszuwischen.«[45] Auch in anderen Berichten der Sopade findet sich der Hinweis, dass in jüdischen Geschäften nicht in erster Linie aus Solidarität mit den Juden eingekauft werde, sondern aus Opposition gegen das Regime.[46]

Die Stimmungsberichte, die das Regime selbst erstellen ließ, zeigen, dass die Resonanz der antijüdischen Ausschreitungen in der Bevölkerung keineswegs einheitlich bewertet wurde. Nur in einer relativ kleinen Anzahl von Berichten wird die Reaktion auf die Ausschreitungen durchgängig als positiv dargestellt,[47] wobei diese Angaben aber meist recht pauschal sind[48] oder sogleich mit Einschränkungen versehen oder mit gegenläufigen Beobachtungen[49] kontrastiert werden. Aus einer Reihe von Berichten ist zu entnehmen, dass sich die Zustimmung auf die »nationalsozialistische Bevölkerung« beschränkte.[50] Die vielfach schwammigen Formulierungen legen nahe, dass die Berichterstatter sich in erster Linie von ihrer Wunschvorstellung einer homogenen, unter nationalsozialistischer Führung stehenden »Volksgemeinschaft« leiten ließen und von diesem Standpunkt aus oppositionelle Stimmen nur als – bald überwundene – Randerscheinung bewerteten. Von sorgfältiger Meinungsforschung konnte nicht die Rede sein. Die Begriffe »nationalsozialistische Bevölkerung« und »Bevölkerung« wurden in den Berichten offenbar häufig synonym verwendet.

So finden sich in den Berichten zahlreiche Beispiele teilweise gewalttätiger Demonstrationen gegen jüdische Bürger, die als spontane Reaktion »der Bevölkerung« ausgegeben werden, obwohl eindeutig ist, dass diese Aufmärsche von lokalen Parteidienststellen organisiert wurden. Die Münchner Tumulte im Mai 1935 wurden beispielsweise in den offiziellen Berichten meist auf das Handeln »der Menge« zurückgeführt, obwohl die Initiative von NSDAP-Anhängern ausging.[51] Ein weiteres, typisches Beispiel: Als in Labes (Regierungsbezirk Stettin) ein jüdischer Kaufmann den Ortsgruppenleiter der NSDAP durch seine Buchhalterin fragen ließ, wer für die Anbringung judenfeindlicher Schilder im Ort verantwortlich sei, sprach sich dies, so der Bericht der Gestapo, »unter der Bevölkerung schnell herum, und eine etwa tausendköpfige Menge veranstaltete eine Demonstration vor dem Hause des Juden Kronheim«.[52] Dass mehr als zwei Jahre nach der Machtübernahme der Nationalsozialisten ein solcher Massenaufmarsch zustande kam, ohne dass die lokale Parteiorganisation ihre Finger im Spiel hatte, ist höchst unglaubwürdig.[53]

Immer wieder finden sich in den Berichten Beispiele, in denen unzweifelhaft von Parteiaktivisten organisierte Aktionen generell als Äußerungen der Volksstimmung ausgegeben werden. Die Stapostelle Potsdam etwa berichtete über eine Reihe von Aktivitäten »der Bevölkerung«: »Das selbstbewusster und frecher werdende Auftreten der Juden hat auch in meinem Bezirk hier und da schon Gegenmaßnahmen durch die Bevölkerung hervorgerufen. So wurden in einzelnen Orten, in denen Juden gern zu verkehren pflegen, Schilder mit der Aufschrift ›Juden unerwünscht‹ angebracht.« Der Bericht fuhr fort und stellte klar: »In Eberswalde ist von einer Ortsgruppe der Partei ein Aushängekasten angebracht, in dem die Namen der jüdischen Geschäftsinhaber von Eberswalde ausgehängt sind.«[54]

Die Gestapo Hannover meldete: »Kennzeichnend für die Stimmung in der Bevölkerung gegenüber den Juden sind auch in diesem Monat eine Reihe von Einzelaktionen gegen jüdische Geschäftsinhaber und Warenhäuser.« Weiter erfährt man dann im Bericht: »In Northeim wurden in der Nacht zum 3. dieses Monats 2 Fensterscheiben des Hotels ›Sonne‹ eingeworfen, außerdem bei jüdischen Geschäften mehrere große Scheiben. Die Täter sind durch die Ortspolizeibehörde ermittelt und haben ein Geständnis abgelegt. Es handelt sich um einige Angehörige der SS.« In anderen Fällen waren die Täter nicht feststellbar.[55]

Die Stapostelle Schleswig meldete unverblümt: »Im übrigen ist jedoch zu bemerken, dass, wenn es zur Stellungnahme und Aktionen gegen Juden kommt, diese meist von den Angehörigen der NSDAP und der angeschlossenen Organisationen ausgehen, während die große Menge des Volkes selbst, jedenfalls im hiesigen Bezirk, wenig Teilnahme für die Judenfrage zeigt.«[56] Der Landrat von Neustadt am Rübenberge stellte fest: »Die antisemitische Bewegung in der Bevölkerung würde voraussichtlich immer weiter abflauen, wenn dem nicht durch die dauernde Gegenarbeit der NSDAP ein Riegel vorgeschoben würde. Die Tätigkeit der Partei ist daher zweifellos notwendig.«[57]

Die Leichtfertigkeit, mit der die offiziellen Berichterstatter jedoch Aktionen, die eindeutig von der Partei ausgingen, als Reaktionen »der Bevölkerung« ausgaben, sollte Anlass sein, grundsätzlich alle Äußerungen über das Verhalten »der Bevölkerung« mit gebotener Skepsis zu bewerten.[58] Wir haben es nicht mit demoskopischem Material zu tun, deren Urheber von der Absicht geleitet wurden, das tatsächliche Verhalten der Bevölkerung zu ermitteln und aufzuzeichnen. Diese Dokumente sind vielmehr der Beleg für einen fortschreitenden Prozess, in dem das Regime versuchte, bestimmte Verhaltensweisen gegenüber Juden als verbindliche Norm durchzusetzen. Partei- und Staatsdienststellen begnügten sich nicht damit, in neutraler Form über Erfolge und Misserfolge dieses Umerziehungsprozesses zu berichten; vielmehr ist die Berichterstattung selbst Teil dieses Umerziehungsprozesses und muss entsprechend gelesen werden.

Die Stimmungsberichterstattung konnte negative Reaktionen der Bevölkerung auf die zunehmende Verfolgung der Juden allerdings auch nicht ignorieren. Tatsächlich machen die Berichte insgesamt deutlich, dass die große Masse der Bevölkerung sich durch die Boykottaktionen nicht davon abschrecken ließ, weiterhin in jüdischen Geschäften einzukaufen. Dies galt insbesondere für die Landbevölkerung. Die Berichte führten diesen Misserfolg vor allem auf materielle Interessen zurück; die antisemitische »Aufklärung«,[59] so die Berichterstattung, könne offensichtlich gegen dieses Eigeninteresse wenig ausrichten, sie stoße auf Unverständnis.[60] Die nationalsozialistische »Judenpolitik«, lautete das wiederkehrende Fazit, werde ganz einfach nicht verstanden.[61]

Ein Vorfall in einem Kurort, wo eine Reihe von Villenbesitzern sich gegen die Aufstellung eines »Stürmer-Kastens« gewehrt hatte, so berichtete die Mecklenburgische Polizei, zeige »blitzartig, wie schnell der Rassengedanke in den Hintergrund tritt, wenn nicht den Volksgenossen eine ständige Aufklärung über die Rassentheorie und über die verderblichen Einflüsse, die vom Judentum ausgehen, gegeben wird«.[62]

Neben der beharrlichen Weiterverfolgung solcher materiellen Interessen lassen die Berichte erkennen, dass aus der Bevölkerung vor allem Kritik an der gewalttätigen *Form* des Vorgehens gegen die Juden kam,[63] dass aber auch Bedenken gegen die gesamte »Judenpolitik« des Regimes geäußert wurden.[64] Diese Kritik war, so ist den erhaltenen Berichten zu entnehmen, offensichtlich umso deutlicher, je länger die Pressionen gegenüber dem jüdischen Bevölkerungsteil anhielten.

Dahinter steckte offenbar nur zum Teil die Angst, die antijüdische Politik könne zu unangenehmen Rückwirkungen (wirtschaftlicher[65] oder außenpolitischer[66] Art) führen; neben solchen Äußerungen (die man auch als Ausdruck von Eigeninteresse interpretieren kann) wurden außerdem Mitleid, Mitmenschlichkeit und religiöse Motive als ausschlaggebend genannt.[67]

Bankier und Kershaw betonen in ihrer Analyse der Berichte meiner Ansicht nach zu einseitig die utilitären beziehungsweise selbstsüchtigen Motive für die Ablehnung der Judenverfolgung, also die Angst vor negativen außenpolitischen Folgen oder kontraproduktiven ökonomischen Auswirkungen.[68] Insbesondere Bankier übergeht dabei häufig Berichte, in denen durchaus prinzipieller Widerspruch und moralische Bedenken deutlich gemacht werden.[69]

Die Motive der Bevölkerung, die antijüdische Politik in der einen oder anderen Weise zu kritisieren, werden sich jedoch wohl kaum mit Hilfe einer quantitativen Auswertung der einschlägigen Berichtszitate ermitteln lassen: Unsere Analyse kann nicht davon abhängig gemacht werden, ob in dem überlieferten Berichtsmaterial Angst vor wirtschaftlichen Folgen drei Mal, Mitleid jedoch nur zwei Mal genannt wird. Stattdessen müssen wir uns vor allem von quellenkritischen Überlegungen leiten lassen: Dass die Berichte den Eindruck erwecken, es werde eher die Methode, die »Form« der antisemitischen Politik kritisiert als deren Inhalte und Zielsetzungen, dass sie dort, wo Kritik geäußert wurde, durchaus eigensüchtige Motive in den Vordergrund treten lassen – dies könnte durchaus mehr mit den Entstehungsbedingungen der Berichte als mit der tatsächlichen »Volksstimmung« zu tun haben. Was die Berichterstattung einfing, waren ja nicht tatsächliche Einstellungen »der Bevölkerung«, sondern Äußerungen, die sich Bürger in Situationen erlaubten, in denen sie damit rechnen mussten, durch Spitzel und Zuträger des Regimes abgehört zu werden. Eine Bemerkung über das Rowdytum der illegal handelnden Parteiaktivisten (die sich ja häufig nicht als solche zu erkennen gaben, sondern sich als »Volk« tarnten) oder Äußerungen der Besorgnis über die negativen volkswirtschaftlichen Schäden solcher Aktionen waren hier wesentlich ungefährlicher als eine grundsätzlich angelegte Kritik an der Judenverfolgung des Regimes. Diese »Tarnung« der Kritik spiegelt sich auch in den Berichten selbst wider: Der Regierungspräsident von Kassel meinte etwa, es sei zwar »im großen und ganzen die Sprache doch eine freiere geworden«, doch seien »immer noch die Ausdrücke ›Ich kann‹ oder ›Ich darf ja nichts sagen‹« zu hören; dies und »der Umstand, dass der Deutsche Gruß wieder in starkem Maße den Begrüßungen ›Guten Morgen‹, ›Guten Tag‹, ›Auf Wiedersehen‹ gewichen ist und oft nicht einmal erwidert wird«, ließen darauf schließen, »dass im Stillen manche Kritik geäußert wird, die man sich scheut offen zur Sprache zu bringen«.[70]

Auch die Gestapo Düsseldorf sah sich mit diesem Problem konfrontiert, wie ihrem Bericht für April 1935 zu entnehmen ist. Die Meinungsbildung zog sich demnach aus der »Öffentlichkeit« zurück: »Man lebt sein eigenes Leben, macht sich nur seine eigenen Gedanken, hat seine private Meinung, die man nur im engsten Kreise Vertrauten und Freunden gegenüber äußert. Trotzdem immerzu ein lebhafter Meinungsaustausch gepflogen wird, gleiche Anschauungen, gleiche Begriffe und Formulierungen, selbst Witze im Wortlaut überall bekannt sind, ist in der Öffentlichkeit kaum festzustellen, wie schnell und gleichmäßig diese Ausbreitung vor sich geht. Man sei ›überall informiert‹, hat seine ›Meinung‹, aber man zeigt es nicht und ist geübt, zu schweigen. Ein Gefühl der Enttäuschung und der Unzufriedenheit, sei es aus politischen, wirtschaftlichen oder sozialen Gründen, spielt auch hier eine Rolle.« Diese »Unterströmungen« würden in der Zukunft »von immer größerer Bedeutung werden, weil eine Tendenz, sich den Einflüssen der Propaganda und der Partei-Instanzen immer mehr zu entziehen, zugenommen hat«.[71]

Im Herbst 1935 war die Situation für die Berichterstatter noch komplizierter geworden, wie der Regierungspräsident von Oppeln plastisch schilderte: »Die allgemeine Stimmung der Bevölkerung richtig zu beurteilen, ist heute schwieriger denn je, da die Bevölkerung in Äußerungen außerordentlich vorsichtig geworden ist. Die Schärfe, mit der von Seiten des Staates Äußerungen der Kritik unterbunden werden, sowie das Denunziantentum bewirken, dass die unzufriedenen Elemente ihr Missfallen an den allgemeinen Vorgängen und Einrichtungen nicht oder nur in versteckter, darum aber nicht ungefährlicherer Art erkennen lassen. Diese Sachlage birgt zweifellos die Gefahr in sich, dass der Volksgenosse zur Verstellung und Heuchelei verführt wird. Da, wo die wahre Stimmung der Bevölkerung in ihrem gesamten Umfange einmal sichtbar wird, spielt häufig der Alkohol und der durch ihn bewirkte Leichtsinn eine nicht unerhebliche Rolle.«[72]

Wenn der Gestapo-Lagebericht für das gesamte Reichsgebiet für die Monate Mai und Juni 1935 »wachsende Gleichgültigkeit gegenüber der Judenfrage« feststellte, dann darf man nicht übersehen, dass diese vermeintliche Indifferenz der Bevölkerung in einem erheblichen Umfang die Unfähigkeit der Berichterstatter widerspiegelte, die »wahre« Meinung der Bevölkerung zu erfassen: Man äußerte sich zur »Judenfrage« öffentlich eben nur noch in vorsichtiger Form oder vermied das Thema ganz – nicht weil man sich dafür nicht interessierte, sondern weil man sich der außerordentlichen politischen Brisanz der »Judenfrage« bewusst war.[73] Mit den gleichen Problemen hatten offenbar auch die Berichterstatter der Sopade zu kämpfen; in ihrer zusammenfassenden Bewertung der einzelnen Berichte vom Februar 1935 ist ebenfalls von »Gleichgültigkeit«, »Apathie« und »Müdigkeit« der Bevölkerung die Rede.[74]

Die Berichte aus dem Jahre 1935 müssen außerdem vor dem Hintergrund der Konfliktlage gelesen werden, die sich während des Frühjahrs und Sommers 1935 herausbildete: auf der einen Seite die radikal-antisemitische, zur Aktion drängende Parteibasis, auf der anderen Seite die Behörden, denen primär an der Aufrechterhaltung der öffentlichen Ordnung gelegen war, sowie der Parteiapparat, der die Ausschreitungen zumindest in öffentlichen Erklärungen missbilligte. Im Rahmen dieser Auseinandersetzung kam es den Berichterstattern als Repräsentanten staatlicher Autorität oder auch als Vertretern des Parteiapparates durchaus zupass, im Sinne einer Konsolidierung der Situation die illegalen beziehungsweise rowdyhaften *Methoden* des Parteimobs als besonders schädlich darzustellen, während sie im gleichen Atemzug – um diese Kritik überhaupt glaubwürdig erscheinen zu lassen – betonen mussten, dass die antijüdischen *Zielsetzungen*, die hier zum Ausdruck kamen, selbstverständlich allgemein gebilligt wurden. Der Tenor ihrer Berichterstattung in diesen Monaten entsprach also exakt der Interessenlage von Partei- und Staatsdienststellen im Konflikt mit der Parteibasis. Die Auswertung des gesamten Berichtsmaterials und der Vergleich mit den Sopade-Berichten lassen im Übrigen erkennen, dass die Ablehnung der antisemitischen Politik sich mitnichten in Zurückweisung der rabiaten Methoden von Parteiaktivisten erschöpfte, wie die Stimmungsberichterstattung nahe legte. Die negativen Reaktionen der Bevölkerung auf die antisemitischen Ausschreitungen waren vielfältiger, als die berichterstattenden Behörden glauben machen. Die mehrfach geäußerte Vorstellung, das Regime sei im Laufe des Jahres 1935 durch die Volksstimmung geradezu zu einer weiteren Radikalisierung der »Judenpolitik« getrieben worden, ist meiner Ansicht nach daher nicht haltbar. Weder können die Berichte einfach als getreuliches Abbild einer tatsächlichen »Volksstimmung« betrachtet werden, noch ließ sich das Regime durch die Berichterstattung in Zugzwang setzen. Die Behörden und Parteidienststellen hatten sich vielmehr mit den Stimmungsberichten ein eigenes Medium geschaffen, um den politischen Entscheidungsprozess zu beeinflussen. Die »Volksmeinung«, so wie sie uns in den Berichten als einheitliche Größe vorgestellt wird, war in einem erheblichen Umfang das Produkt der Stimmungsberichterstattung.

Doch selbst aus der offiziellen Stimmungsberichterstattung geht eindeutig hervor, dass die Initiative zu weiteren antisemitischen Maßnahmen von den Behörden und der Partei ausging, wobei die Parteibasis mit ihren illegalen Aktionen eine Vorreiterrolle einnahm, die die politische Führung im Sinne eines vermeintlichen »Volkswillens« zielgerichtet instrumentalisierte. Ein geradezu klassisches Beispiel für diese Taktik ist eine Chefbesprechung von Vertretern des Reiches, der Länder und der Partei am 20. August 1935, auf der das weitere Vorgehen in der »Judenfrage« besprochen wurde. Der Gauleiter und bayerische Innenminister Wagner, einer der antisemitischen Scharfmacher, erklärte hier, um seinem Standpunkt größeres Gewicht zu verleihen, »80 v. H. des Volkes dränge nach Lösung der Judenfrage im Sinne des Parteiprogramms, dem müsse die Reichsregierung Rechnung tragen, sonst erleide sie eine Einbuße an Autorität«.

Das sollte auch die letzten zögernden Kollegen überzeugen.[75]

Die Nürnberger Gesetze

Im Hochsommer 1935 spitzte sich der Konflikt zwischen radikalen Parteianhängern und der Staats- und Parteiführung über das weitere Vorgehen in der »Judenfrage« zu. Aus Sicht der Regimespitze war es nunmehr sinnvoll, die illegalen »Aktionen« zu bremsen, aber gleichzeitig die antisemitische Mobilisierung der Partei für eine weitere Verschärfung der antijüdischen Gesetzgebung zu nutzen.

Die in den Stimmungsberichten zum Ausdruck kommende Kritik an den antijüdischen Ausschreitungen war einer der Faktoren, der sich beim Übergang von illegalen Aktionen zu gesetzlichen Maßnahmen zunutze machen ließ. Ende Juli, Anfang August begannen führende Vertreter von Regierung und Partei, sich gegen die erneute Zunahme von »Einzelaktionen« zu wenden. Die Partei startete eine regelrechte Beschwichtigungskampagne, um ihre Anhängerschaft im Zaum zu halten. Gleichzeitig nahm man, begleitet von öffentlichen Ankündigungen, verstärkt die Arbeiten an neuen antisemitischen Gesetzen in Angriff.[76]

Die Bekanntgabe der später so genannten Nürnberger Gesetze während des Parteitages am 15. September 1935 war zwar hinsichtlich des Zeitpunkts eine Überraschung, der Inhalt des »Reichsbürgergesetzes« und des »Blutschutzgesetzes« entsprach jedoch dem, was in den vergangenen Monaten von der Parteibasis gefordert und als kommende gesetzliche Regelung in Aussicht gestellt worden war: der Ausschluss der Juden von der deutschen Staatsbürgerschaft und das Verbot der Heirat (beziehungsweise außerehelicher geschlechtlicher Beziehungen) zwischen Juden und Nichtjuden. Nur der von der Parteibasis so vehement mit ihren Boykottaktionen geforderte Ausschluss der Juden aus dem Wirtschaftsleben wurde in Nürnberg nicht per Gesetz geregelt; einen so massiven Eingriff hätte die – von der Wirtschaftskrise knapp erholte – deutsche Volkswirtschaft des Jahres 1935 kaum unbeschadet überstanden.[77]

Dass die Parteipresse die Nürnberger Gesetze teilweise enthusiastisch feierte, wird niemanden überraschen. Der *Westdeutsche Beobachter* etwa, Sprachrohr des Gaus, der in den vergangenen Monaten immer wieder durch spektakulären Radau-Antisemitismus aufgefallen war, begrüßte die neuen Gesetze am 16. September mit der Schlagzeile »Wir bekennen uns zur Reinheit der Rasse!«. Im Kommentar des Chefredakteurs heißt es unter anderem: »Angesichts der Rechnung, die das deutsche Volk dem Judentum zu präsentieren hat, angesichts all' der Erniedrigung, der Unsumme des Schimpfes, der jahrzehntelangen Ausplünderung und der Schändung seiner Ehre – angesichts all' dieser offenen Wunden darf sich die jüdische Rasse glücklich schätzen, der Großzügigkeit eines Adolf Hitlers zu begegnen. Jedes andere Volk würde seine Verderber für vogelfrei erklären, Deutschland aber setzt an Stelle des Ausnahmerechts staatlichen Schutz und gesetzliche Ordnung!«

Der *Völkische Beobachter* dagegen reagierte auffallend zurückhaltend, was umso bemerkenswerter erscheint, da der Kommentar zu den Nürnberger Gesetzen aus der Feder von Gunter d'Alquen stammte, dem Chefredakteur des SS-Organs *Das Schwarze Korps*. Im Vordergrund des Kommentars steht das ebenfalls verkündete Flaggengesetz, das die Hakenkreuzfahne zur alleinigen Reichsflagge erklärte – die zu hissen Juden untersagt wurde –, und nur am Rande ist davon die Rede, dass die »Reinheit des Blutes als eine der Grundforderungen des Programms seinen Ausdruck im Rechtsfundament unseres Staates finden« müsse.[78] Auch *Der Angriff* konzentrierte sich in seiner Kommentierung ganz auf das Flaggengesetz.[79]

Denselben Weg wählte die nichtnationalsozialistische *Frankfurter Zeitung*, wenn auch aus anderen Gründen. Der Kommentar vom 17. September zum Abschluss des Parteitages und der Verabschiedung der Nürnberger Gesetze stellte das Flaggengesetz zwar als Triumph des Nationalsozialismus heraus, vermied aber eine Stellungnahme zu den beiden anderen antisemitischen Gesetzen; zu einer Bewertung sei es zu früh, man müsse noch die Ausführungsbestimmungen abwarten. Der Kommentator erklärte weiter, die »innenpolitischen Gesetze von Nürnberg sind durch eine Rede Adolf Hitlers eingeleitet worden«, ging jedoch in keiner Weise auf die innenpolitischen Passagen dieser Rede ein.

Die katholische *Kölnische Volkszeitung* vom 16. September beschränkte sich in ihrem Kommentar ebenfalls auf das Flaggengesetz und wich so einer Stellungnahme zum Reichsbürger- und zum Blutschutzgesetz aus. Dasselbe gilt für das katholische *Bamberger Volksblatt*.

Während die *Schlesische Zeitung* die Nürnberger Gesetze begrüßte, suchte der nach Nürnberg entsandte Sonderkorrespondent des *Berliner Tageblatt*s vom 16. September den Gesetzen eine zukunftsweisende, positive Perspektive abzugewinnen. Mit dem so genannten Blutschutzgesetz werde »der Judenfrage in vielen Praktiken des täglichen Lebens ein sehr weitgreifender gesetzmäßiger Rahmen gegeben. Was die Eheschließung und die damit zusammenhängenden Fragen angeht, so wird hier ein Verfahren legalisiert, das in den letzten Monaten die Standesämter in wachsendem Maße bereits angewandt haben, und andererseits werden Handhaben gegen Exzesse geschaffen, die auch in der jüngsten Zeit die Öffentlichkeit stark beschäftigt haben. Der Führer hat davon gesprochen, dass diese Maßnahmen dazu dienen sollen, das deutsche Volk ›in ein erträgliches Verhältnis zum jüdischen Volk‹ zu bringen. Diese volksmäßige

Trennung, die mit der Errichtung des Jüdischen Kulturbundes erst vor kurzem schon Ausdruck fand, wird hier weitergeführt. Selten hat der nationalsozialistische Staat so Schritt gehalten mit den Forderungen, die ihm seine Bewegung gestellt hat. Wir verstehen, wie stark hier das bekannte Wort vom vorjährigen Parteitag ›die Partei befiehlt dem Staat‹ seine Verwirklichung gefunden hat.«

Die *Deutsche Allgemeine Zeitung* gab ebenfalls ihrer Befriedigung über die »geordnete« Vorgehensweise des Regimes Ausdruck. Sie griff in ihrem Kommentar Hitlers Wort von dem nun ermöglichten »erträglichen Verhältnis« zwischen Deutschen und Juden auf und schrieb, durch das Blutschutzgesetz werde für »den jüdischen Teil der Bevölkerung, der in unserer Mitte lebt [...] eine Daseinsmöglichkeit geboten«. Die gesetzliche Regelung der »Judenfrage«, so die *Deutsche Allgemeine Zeitung*, lasse künftig keinen Raum für »Einzelaktionen« der Parteibasis mehr.[80]

Grundsätzliche Kommentarrichtlinien zur »Judenfrage« gab das Propagandaministerium erst nach Erlass der Nürnberger Gesetze bekannt. Als Anfang Oktober 1935 vor der Pressekonferenz der Reichsregierung ein Vertreter des Rassenpolitischen Amtes der NSDAP erschien, um, ausdrücklich im Namen Hitlers, gegen die vor allem von Julius Streicher so genannte Imprägnationslehre Stellung zu beziehen – die besagte, dass bereits der einmalige Geschlechtsverkehr einer »arischen« Frau mit einem »jüdischen« Mann zu einer dauerhaften Schädigung des Erbguts und zur »Bastardisierung« späterer Nachkommen führe –, geschah dies wohl, um die radikalen Antisemiten in der Partei im Zaum zu halten. Bereits Mitte Oktober aber wurde der Presse mitgeteilt, »dass nach Erlass der grundsätzlichen Judengesetze keine weiteren Erörterungen über diese Frage, insbesondere keine Vorschläge in der Öffentlichkeit, zugelassen werden können«. Auch die – für die Festlegung des Judenbegriffs entscheidenden – Durchführungsverordnungen zu den Nürnberger Gesetzen sollten weder groß aufgemacht noch kommentiert werden. Die antisemitischen Beiträge der Parteipresse gingen schlagartig zurück und blieben bis Ende 1935 auf einem niedrigen Niveau. Die zweite antisemitische Welle war beendet.

In den übrigen Medien kamen die Nürnberger Gesetze entsprechend nur am Rande vor. So brachte zum Beispiel die *Ufa* als einzige Wochenschau einen Bericht vom Reichsparteitag 1935, ließ jedoch die Verkündung der Nürnberger Gesetze aus.[81] Der Rundfunk übertrug zwar Hitlers Ansprache aus Anlass der Verabschiedung der Nürnberger Gesetze; die

Übertragung wurde jedoch während der anschließenden Verlesung und Begründung der Gesetze durch Göring, die Goebbels laut seinem Tagebuch »fast unerträglich fand«, abgebrochen.[82]

Reaktionen der Bevölkerung

Laut David Bankier haben die in Nürnberg erlassenen antijüdischen Gesetze die Bevölkerung weniger stark beschäftigt als das dort ebenfalls verkündete Flaggengesetz; Bankier wertet dies als Beleg für die »stillschweigende Zustimmung« der deutschen Bevölkerung zu den weitreichenden gesetzlichen Maßnahmen des Regimes in der »Judenfrage«.[83] Eine genaue Analyse zeigt jedoch, dass diese Behauptung durch das insgesamt greifbare Berichtsmaterial nicht gedeckt ist. Im Gegenteil: Es lässt sich eine ganze Reihe von Berichten anführen, die hervorheben, dass die Bevölkerung sich vor allem für die dezidiert antijüdischen Gesetze interessierte;[84] andere meinen, alle neuen Gesetze hätten in gleichem Maße die Aufmerksamkeit auf sich gezogen.[85] Vor dem Hintergrund, dass die Propaganda das Flaggengesetz mitunter stärker als die antisemitischen Gesetze herausstellte, ist dies bemerkenswert.

Zur Aufnahme der Nürnberger Gesetze in der Bevölkerung entwerfen die Berichte ein durchaus unterschiedliches Bild.[86] Deutlich wird dabei, dass das Blutschutzgesetz weit stärker beachtet wurde als das Reichsbürgergesetz.[87] In den Berichten ist von umfassendem Enthusiasmus,[88] Zustimmung,[89] Befriedigung[90] und anderweitig positiven Reaktionen die Rede,[91] allerdings in einem erheblichen Teil der Fälle bereits von den Berichterstattern mit Einschränkungen versehen: Auffällig häufig heißt es, dass solche positiven Reaktionen »in weiten Volkskreisen«,[92] im »größeren Teil«,[93] »in fast allen Schichten der Bevölkerung«[94] anzutreffen seien oder dass »sich das Gros des Volkes mehr und mehr vom Juden abwendet«,[95] wobei der jeweilige Berichterstatter in der Regel auf den Versuch einer näheren Quantifizierung des Befundes verzichtet.

Andere Berichte räumen ein, dass die Zustimmung zu den Nürnberger Gesetzen auf der Partei nahe stehende Bevölkerungskreise beschränkt sei,[96] während die überwiegende Zahl der vorliegenden Berichte sogar eindeutig negative Reaktionen in der allgemeinen Bevölkerung vermeldet beziehungsweise konzediert, die antisemitische Einstellung sei keineswegs in allen Bevölkerungsschichten vorherrschend.[97]

Einer begrenzten Zahl von Berichten lässt sich entnehmen, dass die Mehrheit der örtlichen Bevölkerung die Gesetze mit Zurückhaltung oder gar Ablehnung aufgenommen habe. »Die Judenfrage wird hier im Saarland in ihrer volkspolitischen Bedeutung von der Allgemeinheit noch nicht erkannt. Selbst bei vielen Parteimitgliedern trifft man auf eine erschreckende Unkenntnis über Rassenfragen«, heißt es da. Oder: »Über das mangelnde Verständnis der Judenfrage als völkisches Problem der Bevölkerung muss nach wie vor geklagt werden.«[98] Aus Höxter wurde gemeldet: »Ein eigentliches Rassebewusstsein und die Erkenntnis der tiefen Notwendigkeit dieser Gesetzgebung erwacht allerdings nur sehr vereinzelt.«[99] »In Bezug auf die Judenpolitik ist die Bevölkerung von deren unbedingter Notwendigkeit nicht zu überzeugen«, wurde in Sattelpeilnstein vermerkt,[100] und aus Springe wurde gewarnt: »Die antisemitische Einstellung der Bevölkerung ist nach meinen Beobachtungen keineswegs so groß, wie offenbar von der Partei angenommen wird.«[101] Aufmerksam verfolgten die Berichterstatter, dass insgesamt gesehen zwar weniger in jüdischen Geschäften eingekauft wurde, viele Menschen aber – trotz des in Nürnberg eingeschlagenen Kurses – an ihren Einkaufsgewohnheiten festhielten, ja örtlich sogar eine Zunahme der jüdischen Geschäftstätigkeit zu verzeichnen sei. Die Bevölkerung, so hieß es in einer ganzen Reihe von Berichten, sei in dieser Hinsicht unbelehrbar beziehungsweise bringe in diesem Einkaufsverhalten eine gewisse Oppositionshaltung gegenüber dem Regime zum Ausdruck.[102]

Umgekehrt geht nur aus einer einzigen Äußerung hervor, dass die Gesetze und ihre Ausführungsbestimmungen als nicht scharf genug angesehen wurden: So berichtet der Regierungspräsident von Minden, es gebe Kritik an der Regelung, dass Juden keine »arischen« Hausangestellten unter 45 Jahren mehr beschäftigen durften; man hätte die Beschäftigung von »arischen« Hausangestellten in jüdischen Haushalten ganz untersagen sollen.[103]

Allgemein wird in den Berichten die Erwartung ausgesprochen, dass durch die Gesetze »Klarheit« in der »Judenfrage« geschaffen werde und die Einzelaktionen nun aufhören müssten – eine Erwartung, die sich keineswegs sofort erfüllte, wie zahlreiche Berichte über anhaltende Attacken auf jüdische Bürger und jüdischen Besitz zeigen.[104] Einige Wochen nach den Nürnberger Gesetzen beruhigte sich die Lage jedoch: Einzelaktionen kamen tatsächlich kaum mehr vor, und die Bürger, so die Berichterstattung, verlören das Interesse an der »Judenfrage«, die nun endgültig bereinigt zu sein schien.[105]

Diese Tendenz der Berichterstattung ist jedoch nur für die Zeit *nach* den Nürnberger Gesetzen kennzeichnend. Für das gesamte Jahr 1935 ist Indifferenz laut dem Berichtsmaterial mitnichten kennzeichnend für die Haltung der nichtjüdischen deutschen Bevölkerung zur »Judenfrage«.[106] Im Gegenteil: Nicht nur die Ausschreitungen, sondern auch die Nürnberger Rassegesetze wurden nach Auskunft der Berichte mit größter Aufmerksamkeit verfolgt, und die Reaktionen darauf waren gemischt, bis hin zu Verständnislosigkeit, Unwillen und Ablehnung. Das Interesse an der »Judenfrage« ließ demzufolge erst dann nach, als, wie erwartet, die »Einzelaktionen« aufhörten und es um das gesamte Thema ruhiger wurde.

Es spricht einiges dafür, dass Gestapo und Innenverwaltung, die ein Interesse an einer gesetzlichen Lösung der »Judenfrage« hatten und eine Konfrontation zwischen Partei- und Staatsorganen vermeiden wollten, das Medium der Stimmungsberichte nutzten, um auf ein endgültiges Ende der »Einzelaktionen« zu drängen. Nachdem sich Staats- und Parteiführung zu einem Stopp der »Aktionen« und zu einer gesetzlichen Lösung entschlossen hatten, mussten diese Berichte die Überlegenheit dieses Weges gegenüber den »Einzelaktionen« nachweisen, wollte man sich nicht selbst ins politische Abseits stellen.

Liest man die Berichte unter diesem Blickwinkel, dann spiegeln sie vor allem die Neuformierung der gelenkten öffentlichen Meinung wider: Durch das Eingreifen der Staats- und Parteispitze in die »Judenpolitik« sollten die in den letzten Monaten offensichtlich gewordenen Dissonanzen zwischen Partei und Staat beigelegt und der Eindruck erzeugt werden, die Bevölkerung schare sich einig und in Dankbarkeit um das Regime. Die Berichte waren demnach Teil einer Inszenierung – die dokumentierte Akklamation der Bevölkerung zu einer legalen »Judenpolitik« des Regimes. Diese Akklamation aber kann genauso wenig als authentischer Ausdruck des Bevölkerungswillens gelten, wie es die Wahlergebnisse bei den »Wahlen« können, die das Regime durchführen ließ, oder die begeisterten Massen, die die Propaganda anlässlich der Reichsparteitage und sonstiger Parteiveranstaltungen abbildete. Die in den Berichten nach einer langen Phase antisemitischer Aufgeregtheit im Herbst 1935 zum Ausdruck kommende »Indifferenz« der Bevölkerung in der »Judenfrage« ist somit kein demoskopischer Befund, sondern das Ergebnis eines geschickten politischen Kalküls.

Dieser Eindruck verstärkt sich, wenn man die Sopade-Berichte mit einbezieht. So heißt es im September 1935 aus Sachsen: »Die Judengesetze werden nicht sehr ernst genommen, denn die Bevölkerung hat ganz andere Sorgen und ist zumeist der Ansicht, dass der ganze Judenrummel nur veranstaltet wird, um die Menschen von anderen Dingen abzulenken und der SA Beschäftigung zu geben. Man darf aber nicht meinen, dass die Judenhetze nicht auch die gewollte Wirkung auf viele Menschen habe. Im Gegenteil, es gibt genug Leute, die im Banne der Judenverfemung stehen und die Juden als die Urheber manchen Missstandes betrachten. Sie sind zu fanatischen Judengegnern geworden. Diese Feindschaft äußert sich vielfach in der Form, dass man Volksgenossen wegen ihres Verkehrs mit Juden bespitzelt und denunziert, wohl auch in der Hoffnung, dafür bei der Partei Anerkennung und Bevorzugung zu finden. Die Massen der Bevölkerung ignorieren aber die Judendiffamierung, sie kaufen sogar mit demonstrativer Vorliebe in jüdischen Warenhäusern und nehmen gegen die kontrollierenden SA-Posten, vor allem, wenn diese photographieren wollen, eine recht unfreundliche Haltung ein.«[107]

Auch in den folgenden Monaten ist von »Indifferenz« in den Sopade-Berichten nicht die Rede. Die antijüdische Politik werde zwar weiterhin von einer Mehrheit der Bevölkerung abgelehnt; im Vordergrund der Kritik stünden jedoch mehr die Methoden der Verfolgung. Der Antisemitismus als solcher hingegen stoße in der Bevölkerung mehr und mehr auf Resonanz. Über das Ausmaß dieser Zustimmung vermitteln die Berichte ein unterschiedliches Bild; man erhält den Eindruck einer schwer bestimmbaren Tiefenwirkung. Der ausführliche Januar-Bericht der Sopade kommt 1936 zu der Schlussfolgerung: »Dass es eine ›Judenfrage‹ gibt, ist allgemeine Auffassung.«[108]

Diese Aussage wurde durch eine ganze Reihe von Berichten gestützt, auch wenn der Tenor des Materials keineswegs einheitlich ist. So hieß es etwa aus Sachsen, »dass ein beträchtlicher Teil der Bevölkerung heute schon von der Richtigkeit der nationalsozialistischen Rassenlehre überzeugt ist«. Und: »Der Antisemitismus hat zweifellos in breiten Kreisen des Volkes Wurzeln gefasst.«[109] Ebenfalls aus Sachsen wurde die Ansicht wiedergegeben, »dass die Juden zwar in Zukunft in Deutschland leben dürfen, dass sie aber keine führenden Staatsstellungen mehr einnehmen« sollten. Ein weiterer Bericht aus Sachsen vermerkte dagegen über die Situation in Leipzig: »In den breiten Volksschichten hat der Antisemitismus keine Wurzeln gefasst.« Und ein jüdischer Geschäftsreisender berichtete aus Mitteldeutschland, ihm seien dort keinerlei Schwierigkeiten gemacht worden.[110]

Aus Schlesien wurde gemeldet: »Die Judenhetze wird weiterbetrieben, aber ohne besonderen Erfolg in der Bevölkerung.« Aus Bayern hieß es: »Es gibt nicht wenige, die, obwohl keine Nationalsozialisten, dennoch in gewissen Grenzen damit einverstanden sind, dass man den Juden die Rechte beschneide, sie vom deutschen Volkstum trennt.« Ein Berichterstatter aus Hessen meinte, die »Bevölkerung dieses Landstrichs ist nicht antisemitisch«. Dagegen verlautete aus Berlin: »Auch die Judenhetze bleibt nicht ohne Einfluss auf die Volksmeinung. Ganz langsam werden da Anschauungen hineinfiltriert, die früher abgelehnt wurden.« Ein weiterer Bericht aus Berlin meldete: »Gewisse psychologische Wirkungen hat die Judenhetze allerdings gehabt, aber nicht allein für die Juden nachteilige.«[111]

Ein dritter Bericht aus Berlin behauptet, man müsse »geradezu Achtung davor haben, wie wenig die antisemitischen Parolen im Volk verfangen haben. Andererseits muss man bedenken, dass das deutsche Volk innerlich immer antisemitisch gewesen ist. Dieser gemäßigte Antisemitismus hat auch heute noch Boden in den Kreisen, die den Radau-Antisemitismus ablehnen. […] Das Empfinden dafür, dass die Juden eine andere Rasse sind, ist heute allgemein.«[112]

Sieht man die offizielle Berichterstattung und die Sopade-Berichte im Zusammenhang, so zeigt sich, dass die »Judenpolitik« des Regimes in der Bevölkerung auf ein erhebliches Maß von Unverständnis und Ablehnung stieß; diese reservierte bis negative Einstellung war jedoch eher diffus und vielschichtig, häufig durchsetzt mit einem Gefühl von Distanz und Ablehnung gegenüber der jüdischen Minderheit. Unter diesen Bedingungen konnte sich keine kollektive Stimme gegen die Verfolgung erheben.

Die »ruhigen Jahre«:
Illusion und Realität der »Judenpolitik«

Die »Judenfrage« in der Presse 1936/37

Seit Anfang 1936 wurde der Presse – unter Verweis auf die bevorstehenden Olympischen Spiele – Zurückhaltung in der »Judenfrage« empfohlen;[1] selbst das Attentat David Frankfurters auf den Landesgruppenleiter der NSDAP in der Schweiz, Wilhelm Gustloff, am 4. Februar 1936 wurde nicht für eine groß angelegte antisemitische Kampagne genutzt.[2] Erst als Frankfurter im Dezember 1936 der Prozess gemacht wurde, schlachtete die Propaganda dies mit einer Kampagne gegen die angeblichen »Hintermänner« des Attentats aus.[3]

Diese Zurückhaltung setzte sich bis weit ins Jahr 1938 fort. Selbst der seit Anfang 1938 wieder zunehmende antijüdische Aktionismus der Partei wurde in der Pressekonferenz zunächst nicht aufgegriffen. Im Juni 1938, als die antijüdischen Ausschreitungen in Berlin und die Massenverhaftungen von Juden im Reichsgebiet starken Widerhall in der internationalen Presse fanden, war das Propagandaministerium schließlich zögerlich dazu bereit, Sprachregelungen herauszugeben, die darauf angelegt waren, diese Vorgänge herunterzuspielen – eine Haltung, die sich erst im November 1938 nach dem Attentat auf den Legationssekretär an der deutschen Botschaft in Paris, Ernst vom Rath, ändern sollte.

Die Presse reagierte entsprechend. Der *Völkische Beobachter* etwa hatte zwischen Oktober 1935 und Januar 1936 durchschnittlich zwei bis drei antijüdische Beiträge pro Woche veröffentlicht. Nach einer kurzen Empörung über das Gustloff-Attentat Anfang Februar sank die Zahl der antisemitischen Beiträge während der kommenden Monate jedoch deutlich und erreichte während des Hochsommers (mit Rücksicht auf die Olympischen Sommerspiele im August) einen absoluten Tiefstand.

Der Parteitag 1936, wie immer im September durchgeführt, wurde allerdings als Gelegenheit genutzt, die »Judenfrage« erstmals wieder groß herauszustellen. Ab November 1936 stieg die Zahl der antisemitischen

Beiträge im *Völkischen Beobachter* wieder auf zwei bis drei Beiträge pro Woche an, erreichte im Dezember 1936 anlässlich des Prozesses gegen Frankfurter einen Höhepunkt, sank dann erneut auf zwei bis drei Beiträge pro Woche ab, um ab dem August 1937, vor allem aber seit November 1937 wiederum anzusteigen. Dieses Verlaufsmuster lässt sich auch bei der übrigen Parteipresse beobachten.[4]

Eine nähere Auswertung der deutschen Presse in den Jahren 1936 und 1937 zeigt, dass in diesem Zeitraum neben den üblichen antisemitischen Polemiken vor allem die Lage in Palästina stark im Vordergrund der Berichterstattung stand. Insbesondere die Parteipresse ließ sich die Gelegenheit nicht entgehen, die seit dem Frühjahr 1936 immer heftigeren Zusammenstöße zwischen Juden und Arabern im antisemitischen Sinne zu interpretieren. Artikelüberschriften wie »Wieder jüdische Morde in Palästina« oder »Blut fließt im Judenland« sind dafür typisch.[5]

An einem Ende der jüdischen Einwanderung nach Palästina war das Regime indes nicht interessiert. Die offizielle, für die Haltung der Parteipresse verbindliche Position lässt sich einem Kommentar Alfred Rosenbergs im *Völkischen Beobachter* vom 5. Juni 1936 entnehmen: Die britische Regierung wurde zwar kritisiert, weil sie einseitig die zionistische Position unterstütze und legitime arabische Interessen vernachlässige; dennoch stellte sich Rosenberg hinter den in der Balfour-Deklaration von 1917 zum Ausdruck kommenden Gedanken einer »jüdischen Heimstatt« – wobei er betonte, dass dies keinesfalls mit der Errichtung eines exklusiv jüdischen Staates zu verwechseln sei.[6] Gegen den im Juli 1937 veröffentlichten Peel-Plan[7] zur Teilung Palästinas ging die Presse denn auch vor: Die geplante Errichtung eines unabhängigen jüdischen Staates, so wurde man nicht müde zu betonen, entspreche in keiner Weise den Interessen NS-Deutschlands.[8] Die britische Palästina-Politik wurde polemisiert, die Unterstützung der jüdischen Seite durch die britische Mandatsmacht scharf kritisiert, und »die Juden« erschienen in wachsendem Maße als die eigentliche Ursache des Konflikts.[9]

Im Schatten des Olympiajahrs ging das am 4. Februar 1936 von David Frankfurter, einem jüdischen Studenten, verübte Attentat auf den Landesgruppenführer der NSDAP in der Schweiz, Wilhelm Gustloff, nahezu unter. Zwar holte die Parteipresse anfangs durchaus mit wütenden Ausfällen gegen die angeblichen jüdischen beziehungsweise marxistischen »Hintermänner« zu einer neuen antisemitischen Kampagne aus, angesichts der Eröffnung der Olympischen Winterspiele in Garmisch-Partenkirchen nur zwei Tage nach dem Attentat versagten sich die Blätter jedoch weitere Attacken.[10] Diese Zurückhaltung währte gerade bis zum Abschluss der Spiele im August. Auf dem Parteitag vom September 1936 ereiferten sich sowohl Hitler als auch Goebbels und Rosenberg in ihren Reden gegen den »jüdischen Bolschewismus«, und die Parteipresse gab diese Passagen selbstverständlich in vollem Umfang und mit entsprechender Würdigung wieder.[11] Eine scharf antisemitische Passage aus Goebbels' Parteitagsrede vom 10. September 1936 wurde in die *Ufa-Wochenschau* aufgenommen, und als der Propagandaminister Anfang Dezember aus Anlass der dritten Jahrestagung der Reichskulturkammer den Ausschluss der Juden aus dem Kulturleben pries, griff eine der Wochenschauen dies ebenfalls auf.[12]

In dieselbe Zeit fiel der Prozess gegen Frankfurter, ein willkommener Anlass für die Parteipresse, erneut in großer Aufmachung über die angeblichen »jüdischen Hintermänner« des Attentats zu berichten und – so eine Schlagzeile des *Völkischen Beobachters* – »Anklage gegen das Weltjudentum« zu erheben.[13]

Im März 1937 schoss sich die Parteipresse auf den New Yorker Bürgermeister Fiorello H. LaGuardia ein, der eine kritische Rede gegen das nationalsozialistische Deutschland gehalten hatte. Die Hetze gegen LaGuardia, der schon vorher den Zorn der Parteiblätter erregt hatte, erreichte damit ihren vorläufigen Höhepunkt. Der *Völkische Beobachter* titelte: »Ein schmutziger Talmudjude wird unverschämt. Der Oberbürgermeister von Neuyork als Hetzredner«, während *Der Angriff* vom gleichen Tag LaGuardia als »Neuyorks Obergangster« und »Judenlümmel« bezeichnete.[14]

Die nichtnationalsozialistische Presse zeigte sich im gesamten Zeitraum zwischen den Nürnberger Gesetzen und dem Beginn der erneuten antisemitischen Welle Ende 1937 weitaus zurückhaltender. Die meisten bürgerlichen Zeitungen verzichteten beispielsweise in ihrer Berichterstattung über das Gustloff-Attentat im Februar 1936 auf Spekulationen über »jüdische Hintermänner«.[15] Anders gestaltete sich die Situation während des Prozesses gegen Frankfurter im Dezember 1936: In der Berichterstattung der meisten nichtnationalsozialistischen Zeitungen findet sich jetzt das Schlagwort von den jüdischen »Hintermännern« beziehungsweise Auftraggebern,[16] nachdem das Propagandaministerium die Presse wiederholt dazu aufgefordert hatte.[17]

Im Falle der LaGuardia-Rede übernahm die *Frankfurter Zeitung* eine Meldung des Deutschen Nachrichtenbüros, das den New Yorker Oberbürgermeister eine »Spitzenleistung auf dem Gebiet verlogenster Hetze« attestierte und ihn als »jüdischen Maulheld« bezeichnete; auf einen Kommentar aus der eigenen Redaktion verzichtete die Zeitung.[18] Die *Deutsche Allgemeine Zeitung* kommentierte die Rede als »dumme Anpöbelei«,[19] die *Münchner Neuesten Nachrichten* witterten »Völkerverhetzung« und eine »Gipfelleistung internationaler Brunnenvergiftung«,[20] während der *Berliner Lokalanzeiger* in seinem Leitkommentar LaGuardia als »Schmutzian« verunglimpfte, der sich durch »geifernde Niedertracht« auszeichne.[21]

Reaktionen der Bevölkerung

Diese vergleichsweise Zurückhaltung in der antisemitischen Ausrichtung der deutschen Öffentlichkeit spiegelt sich in den Stimmungsberichten: In den Jahren 1936/37 spielte die »Judenfrage« dort nur eine untergeordnete Rolle.[22] Dies sagt wenig über das tatsächliche Interesse der Bevölkerung an dieser Thematik aus, aber einiges über die Berichterstattung. Da die Berichte nicht, wie schon betont, eine autonom vor sich gehende Meinungsbildung erfassen, sondern primär Reaktionen auf bestimmte Ereignisse und auf Maßnahmen des Regimes registrieren sollten, war der Zeitraum 1936/37 in dieser Hinsicht unergiebig. Die »Judenpolitik« kam zumindest in der Propaganda und in der von den Nationalsozialisten hergestellten Öffentlichkeit nur am Rande vor. Mehr noch: Das Thema sollte ganz in den Hintergrund treten; entscheidende neue Maßnahmen in der »Judenpolitik« waren nicht zu verzeichnen. Entsprechend erscheint die Bevölkerung in diesem Zeitraum besonders »indifferent« gegenüber der »Judenfrage«. Für die Berichterstatter kam erschwerend hinzu, dass die Menschen sich in der heiklen »Judenfrage« mit öffentlichen Äußerungen immer stärker zurückhielten.[23]

Ein Thema, das in den Jahren 1936/37 jedoch durchgängig auftaucht, ist der trotz aller Anstrengungen der Parteiorgane anhaltende Kundenbesuch in jüdischen Geschäften beziehungsweise die fortdauernde Geschäftstätigkeit mit jüdischen Händlern auf dem Lande.[24] Immer wieder wurde betont, dass dieses Verhalten auf mangelnde Unterrichtung breiter Bevölkerungskreise über die »Judenpolitik« des Regimes zurückzuführen sei, ja dass diese der »Judenfrage« »gleichgültig« gegenüberstünden und ihr keinerlei Verständnis entgegenbrächten.[25]

Da das Regime angesichts des Olympiajahrs 1936 nicht massiv gegen das Einkaufen bei jüdischen Händlern einschreiten wollte, kann es nicht verwundern, wenn zum Beispiel die Stapostelle Frankfurt/Oder bereits im Februar 1936 berichtete, die »aus wirtschaftlichen Notwendigkeiten [...] gebotene Zurückhaltung in der Durchführung der Judengesetzgebung« habe sich »außerordentlich lähmend« auf die Parteiarbeit ausgewirkt.[26]

Der Landrat von Diepholz meldete, der Kampf gegen die Juden finde in der Bevölkerung zwar »mehr und mehr Verständnis«, dieser sei aber »um so wirksamer, je weniger Einzelaktionen erfolgen«. In diesen Formulierungen zeigt sich ein typisches Muster der Berichterstattung: Die staatlichen Stellen waren vor allem dann bereit, die Aufnahme der Verfolgungsmaßnahmen in der Bevölkerung positiv zu beurteilen, wenn die schwer kontrollierbaren und ungesetzlichen Aktionen der Partei zurückgefahren wurden.[27]

Gelegentlich, jedoch mit zunehmender Tendenz, berichteten Behörden und Parteidienststellen auch, dass weniger in jüdischen Geschäften gekauft werde und Handelsbeziehungen aufgegeben würden; aus den Berichten geht indes hervor, dass dieser Rückgang vor allem auf die Maßnahmen zur »Arisierung« und den Ausschluss der Juden aus den verschiedenen Gewerbezweigen, nicht auf eine erfolgreiche »Umerziehung« der Käufer zurückzuführen war.[28]

Die Exil-SPD berichtete im Juli 1937 aus Württemberg: »Der Antisemitismus, den die Nazis besonders auf dem Land mit aller Gewalt schüren, hat die Bauern längst nicht so erfasst, wie seine Propagandisten es wünschen. Noch heute kommen die jüdischen Hopfenhändler in jedes Dorf, und die Bauern machen gerne mit ihnen Geschäfte.«[29] Aus Nordwestdeutschland hieß es um die gleiche Zeit: »Die Bevölkerung ist im Grunde nicht – zumindest nicht aktiv – antisemitisch. Die Schreier bestimmen den Ton. Wenn man mit dem Einzelnen spricht, begegnet man in der Regel Achtung und Sympathie.«[30]

Die Stapoleitstelle München beklagte im Sommer 1937, dass gerade die Landbevölkerung weiter Geschäfte mit Juden betreibe. Hierfür seien auf den ersten Blick wirtschaftliche Gründe ausschlaggebend, die »tiefere Ursache liegt jedoch in der Einstellung der Bauern, die jegliches Rassenbewusstsein vermissen lässt«.[31] Auch die Reichsfrauenführung monierte, die »Judenfrage« bedürfe dringend »einer weitgehenden Aufklärung«, sowohl auf dem Land, wo die Bauern weiter ihre Viehgeschäfte mit Juden machten, wie in der Stadt, wo man immer wieder von »Beamten- und Professorenfrauen« höre, die bei Juden kauften.[32]

Ein vom »Frankenführer« Streicher in seinem Gaugebiet Ende des Jahres 1937 ausgerufener Weihnachtsboykott, so der SD-Oberabschnitt Süd in einem Bericht, werde in »der Bevölkerung [...] mit gemischten Gefühlen aufgenommen. Während der nationalsozialistisch eingestellte Teil der Bevölkerung den Boykott begrüßte, wird besonders in Wirtschaftskreisen lebhafte Kritik daran geübt [...] Die Durchführung des Boykottes stieß zum Teil auf aktiven Widerstand Einzelner, wobei es verschiedentlich zu Zusammenstößen kam, die zum Teil blutig endeten.«[33]

Wie soll man diese offensichtlich weit verbreitete Hartnäckigkeit bewerten? David Bankier merkt hierzu an, die Bevölkerung – Arbeiter, Bauern, Angehörige des Bürgertums – habe mit der Aufrechterhaltung von wirtschaftlichen Beziehungen zu Juden hauptsächlich ihre materiellen Eigeninteressen verfolgt; Teile der Arbeiterschaft hätten darüber hinaus ihre allgemeine Unzufriedenheit mit der Politik des Regimes signalisieren wollen, und die Landbevölkerung habe einfach gewachsene bäuerliche Traditionen nicht aufgeben wollen. Solidarität mit den drangsalierten jüdischen Händlern sei jedenfalls kein wesentliches Motiv gewesen.[34] Mir scheint demgegenüber jedoch wichtig zu sein, dass die konsequente Missachtung einer durch die Partei massiv vorangetriebenen Kampagne, die in dem fortgesetzten Einkaufen bei jüdischen Händlern zum Ausdruck kommt, gekoppelt mit dem immer wieder berichteten »Unverständnis« in der »Judenfrage«, deutlich zeigt, dass sich erhebliche Teile der Bevölkerung, offensichtlich aus allen Schichten, der vom Regime betriebenen Ausrichtung ihres Verhaltens an bestimmten Normen widersetzten. Die – nicht verbotene – Aufrechterhaltung von wirtschaftlichen Beziehungen zu Juden war eine relativ risikolose Möglichkeit, diesen Unwillen gegenüber den alltäglichen Zumutungen des Regimes öffentlich zum Ausdruck zu bringen, und die Begründung, die man angab, wenn man zur Rede gestellt wurde – dass man Geld sparen wolle –, war nur allzu plausibel und konnte nicht infrage gestellt werden. Angesichts der großen Bedeutung, die die Partei dem Boykott jüdischer Wirtschaftstätigkeit im Rahmen ihrer antisemitischen Politik beimaß, ist es jedenfalls bemerkenswert, dass große Teile der Bevölkerung ihr Verhalten trotz jahrelanger »Erziehungsarbeit« offenbar kaum änderten.[35]

Die Judenabteilung des SD-Hauptamtes gab in einem Lagebericht für die erste Septemberhälfte eine andere, alarmierende Beobachtung wieder: Jüdische Familien würden zunehmend ausländische Dienstmädchen einstellen und damit die Bestimmungen der Rassegesetze umgehen; dies rufe – ebenso wie das Fehlen antisemitischer Wirtschaftsgesetze – »naturgemäß in der Bevölkerung große Erregung« hervor.[36] Diese angebliche »Erregung« steht jedoch im Gegensatz zur übrigen Berichterstattung der SD-Judenabteilung: Im Lagebericht für November 1937 beschäftigte sie sich mit der »steigenden Interessenlosigkeit der breiten Bevölkerung an der Judenfrage«, die zumindest teilweise »zweifellos in dem Nachlassen der intensiven Propaganda der Parteistellen« begründet sei;[37] zwei Wochen später sprach die gleiche Stelle von der »allgemein gezeigten laschen Haltung der Bevölkerung gegenüber der Judenfrage«.[38]

Eine Reihe von Berichterstattern bemühte sich, die offensichtlich nicht zu leugnende Unterstützung für die jüdische Minderheit ganz auf unbelehrbare konfessionelle Kreise zu begrenzen. Juden, so der Bürgermeister von Fischen im Allgäu, würden »vom Großteil der Bevölkerung abgelehnt«; Ausnahmen machten nur »die um den Pfarrer versammelten Kreise und die politisch Uninteressierten«.[39] Die Juden, so der SD-Oberabschnitt Fulda-Werra, fänden Unterstützung bei den »christlichen Konfessionen« und den »marxistisch eingestellten Kreisen«;[40] der SD-Oberabschnitt Südwest wusste Ähnliches zu berichten.[41] Der Eindruck, dass die Haltung der beiden christlichen Konfessionen gegenüber dem Judentum »aus weltanschaulichen Gründen freundlich« sei, herrschte auch innerhalb des SD-Hauptamts vor.[42]

Die Art und Weise, wie die offizielle Berichterstattung den Begriff »Bevölkerung« verwendet, ist dabei außerordentlich erhellend. Ein genaueres Studium des Materials zeigt, dass für viele Berichterstatter die »Bevölkerung« beziehungsweise »das Volk« identisch mit dem nationalsozialistischen Parteianhang war. So heißt es in einem umfangreichen Bericht der Judenabteilung des SD von Anfang 1937, in dem die Optionen der »Judenpolitik« erörtert wurden: »Das wirksamste Mittel, um den Juden das Sicherheitsgefühl zu nehmen, ist der Volkszorn, der sich in Ausschreitungen ergeht.«[43] Die Tatsache, dass der »Volkszorn« hier ganz selbstverständlich als probates »Mittel« der »Judenpolitik« angeführt wird, zeigt, wie das »Volk« im internen Sprachgebrauch für Aktionen in Anspruch genommen wurde, die in Wirklichkeit eindeutig von der Partei ausgingen.

Ein anderes Beispiel: Das bayerische Wirtschaftsministerium berichtete, ein Totalausverkauf eines jüdischen Geschäftes in dem Ort Rülzheim (Pfalz) habe einen »großen Zustrom gewissenloser Käufer« verursacht; ungeachtet eines vor dem Geschäft aufgebautem SS-Postens sei zu beobachten gewesen, dass die Käufer »in Scharen das Geschäft betraten und es mit großen Paketen wieder verließen«. Angesichts dieser Missachtung des zur Abschreckung potenzieller Käufer aufgestellten Postens habe sich vor dem Geschäft ein Menschenauflauf gebildet.[44] Der Bericht fährt fort: »Die Erregung der Bevölkerung wuchs derart, dass sich die Gendarmerie schließlich am 3. Tag genötigt sah, den Geschäftsführer zur Schließung des Geschäftes zu veranlassen.«[45] Für den Berichterstatter war klar, dass nicht die in das Geschäft eindringenden Käufermassen, sondern die sich drohend vor dem Geschäft aufbauenden NS-Anhänger »die Bevölkerung« (das heißt die Träger des wahren »Volkswillens«) repräsentierten.

Der Gendarmerieposten in Haigerloch wiederum berichtete im Oktober 1937 von einer Auseinandersetzung mit einem auswärtigen SA-Führer, der damit drohte, eine Versammlung des jüdischen Kulturbundes »auffliegen« zu lassen, obwohl diese ganz offiziell durch den Sonderbeauftragten des Propagandaministeriums für jüdische Kulturfragen genehmigt worden war. In unserem Zusammenhang von Interesse ist die Wortwahl, deren sich der SA-Führer (laut Bericht des Gendarmeriepostens) bediente: Man werde »diesen Herren da oben heute Nachmittag einmal zeigen [...], dass Nationalsozialismus etwas sei, was aus dem Volke komme und mit dem Volksempfinden zusammenhänge«; der Gendarmerieposten solle sich schon überlegen, was er zu tun gedenke, »wenn sich die Bevölkerung gegen diese Veranstaltung stellen würde«.[46]

Wie weit man jedoch tatsächlich noch davon entfernt war, »die Bevölkerung« zu einer geschlossenen Haltung in der »Judenfrage« zu bewegen, macht der Gesamtbericht der Judenabteilung des SD-Hauptamts für das Jahr 1937 deutlich: Unabdingbare Voraussetzung für die »Lösung der Judenfrage durch die Auswanderung« sei »die einmütige Ablehnung der Juden durch alle Bevölkerungsteile«, die noch nicht in ausreichendem Umfang gegeben sei.[47]

Bei genauer Lektüre der Berichterstattung zeigt sich also, dass die Auffassung der Bevölkerung zur »Judenfrage« offenbar weitaus weniger einheitlich war, als es auf den ersten Blick den Anschein hat.[48]

Die dritte antisemitische Welle 1938

Im Herbst 1937, verstärkt seit Anfang 1938, setzte die dritte antisemitische Welle ein, diesmal in unmittelbarem Zusammenhang mit dem Übergang des Regimes zur Expansionspolitik, die Hitler der militärischen Führung und dem Außenminister Anfang November erläutert hatte und die durch die umfangreiche personelle Umgestaltung der Reichsregierung und der Reichswehr Ende 1937/Anfang 1938 vorbereitet wurde. Die außenpolitischen Rücksichtnahmen, die bis dahin einer weiteren Radikalisierung der »Judenpolitik« entgegengestanden hatten, entfielen nun; außerdem hatte sich die wirtschaftliche Situation so weit konsolidiert, dass die jetzt avisierte endgültige Ausschaltung der Juden aus der Wirtschaft keine gravierenden ökonomischen Rückwirkungen mehr befürchten ließ. Im Gegenteil: Das Regime benötigte das noch vorhandene jüdische Vermögen dringend, um eklatante Lücken bei der Finanzierung der Aufrüstung zu schließen.

Im Zuge der Umstellung auf den Expansionskurs und der Vorbereitung der Bevölkerung auf einen außenpolitischen Krisenzustand verfolgte das Regime die Politik, die Juden als inneren Feind zu brandmarken – als einen Feind, den es endgültig und vollkommen aus der deutschen Gesellschaft auszuschließen galt. Aggressionen und Ängste, die innerhalb der Bevölkerung durch den riskanten außenpolitischen Kurs und die verstärkte innenpolitische Repression geweckt werden mochten, sollten auf dieses Feindbild umgelenkt werden.[49]

Eingeleitet wurde der radikale Kurs mit der prononciert antisemitischen Parteitagsrede Hitlers vom 13. September 1937, die ganz im Zeichen der »Abrechnung« mit dem »jüdischen Bolschewismus« stand.[50] In der zweiten Oktoberhälfte 1937 folgten antisemitische Ausschreitungen in Danzig.[51] In den ersten Monaten des Jahres 1938 erließ das Regime eine ganze Serie von antijüdischen Ausnahmegesetzen: Sie betrafen die Änderung jüdischer Namen, den Status der jüdischen Kultusgemeinden, die ihre öffentlich-rechtliche Stellung verloren, den Ausschluss von Juden aus weiteren Berufen, die Versagung von Steuervorteilen und anderes mehr.[52]

Die Parteipresse steigerte bereits seit dem August 1937 die Zahl ihrer antisemitischen Beiträge. Diese Kampagne hielt nahezu unvermindert bis zum Frühjahr 1938 an. Der *Völkische Beobachter* veröffentlichte beispielsweise zwischen Oktober 1937 und Ende Februar 1938 nahezu täglich einen Beitrag mit antisemitischer Tendenz (nur im Dezember gab es einen leichten Rückgang). Schwerpunkte dieser Kampagne waren insbesondere Beiträge zur Frage der »jüdischen Kriminalität«, zahlreiche Artikel über den angeblichen jüdischen Einfluss im Ausland und entsprechende antisemitische »Abwehrmaßnahmen« sowie »kulturpolitische« und »wissenschaftliche« Beiträge zum Thema. Die gleichen Tendenzen lassen sich in der übrigen Parteipresse feststellen.[53]

Die Berichterstattung über die antisemitischen Erklärungen Hitlers und führender NS-Funktionäre auf dem Parteitag im September 1937 markierte den Auftakt der Kampagne.[54] Ende Oktober/Anfang November 1937 folgten ausführliche Berichte über die Revisionsverhandlung im so genannten Berner Judenprozess, die mit einer Zurückweisung der von jüdischer Seite eingereichten Klage endete und entsprechend von der Parteipresse als »Niederlage des Weltjudentums« beziehungsweise als »Vernichtungsurteil über die Hetze des internationalen Weltjudentums« gewertet wurde.[55]

Das Propagandaministerium nahm das Revisionsurteil zum Anlass, detaillierte Sprachregelungen und Kommentarrichtlinien an die gesamte Presse auszugeben.[56] Die *Frankfurter Zeitung* kommentierte das Urteil gleichwohl zurückhaltend: Politische Prozesse seien nun einmal kein geeigneter Weg, um Streitfragen wie diese zu klären, ob die *Protokolle der Weisen von Zion* echt seien oder nicht. Das »letzte und entscheidende Wort« habe die »wissenschaftliche Forschung« zu sprechen.[57] Ähnlich nüchtern war der Kommentar des *Berliner Tageblatts*.[58]

Große Teile der bürgerlichen Presse übernahmen jedoch den triumphierenden Ton der Parteiblätter. So sprach die *Deutsche Allgemeine Zeitung* in einem Kommentar von einer »schweren Niederlage des internationalen Judentums«,[59] für die *Schlesische Zeitung* war das Urteil ein »wichtiger Erfolg gegen die jüdische Propaganda«,[60] die *Münchner Neuesten Nachrichten* werteten den Richterspruch als »moralische Verurteilung der jüdischen Kläger«.[61]

Die antijüdischen Ausschreitungen in Danzig spielten demgegenüber in der Presseberichterstattung eine untergeordnete Rolle: Der *Völkische Beobachter* veröffentlichte sogar eine Erklärung, in der sich die Danziger NSDAP von den Ereignissen distanzierte, während die Redaktion des *Westdeutschen Beobachters* unter der Schlagzeile »Die Juden provozieren« berichtete.[62] Die übrige Presse vermerkte teilweise die Übergriffe, ohne sie jedoch gesondert zu kommentieren.[63]

Die Eröffnung der Ausstellung »Der ewige Jude« am 8. November 1937 in München, bei der Goebbels und der Nürnberger Gauleiter Julius Streicher sprachen, bot der Parteipresse erneut einen Anlass für antisemitische Ausfälle.[64] In der übrigen Presse wurde die Eröffnung ausführlich gewürdigt. Vorberichte unterstrichen mehr oder weniger stark die Intentionen der Schau.[65]

Zwischen Mitte Dezember 1937 und Mai 1938 widmeten die Parteiblätter außerdem antijüdischen Maßnahmen ausländischer Regierungen viel Aufmerksamkeit: Das, allerdings nur vierzig Tage währende, radikalantisemitische Regime in Rumänien unter Ministerpräsident Octavian Goga wurde als Bestätigung des antisemitischen Kurses des NS-Regimes herausgestellt,[66] die antisemitische Politik der ungarischen Regierung unter Ministerpräsident Kálmán Darányi ebenfalls gewürdigt: Die Verabschiedung eines antijüdischen Sondergesetzes, durch das ein Numerus clausus für eine ganze Reihe von Berufen eingeführt und etwa 15 000 jüdische Bürger um ihre professionelle Existenz gebracht wurden, erschien der NS-Presse als wesentlicher Einstieg in eine »Judenpolitik« nach deutschem Vorbild.[67] Die nichtnationalsozialistische Presse verfolgte diese Ereignisse zum Teil ausführlich, verzichtete jedoch auf den triumphierenden Ton, der in der Parteipresse vorherrschte, und darauf, sie jeweils im Einzelnen zu kommentieren.[68]

Mit dem »Anschluss« Österreichs im März 1938 gerieten etwa 200 000 Juden unter die Herrschaft des NS-Regimes. Im Zuge der Machtübernahme entwickelten die österreichischen Nationalsozialisten einen erheblichen antisemitischen Aktionismus: Es kam zu massiven Misshandlungen von Juden, von der Partei eingesetzte oder selbst ernannte »Kommissare« übernahmen die Geschäftsführung jüdischer Unternehmen. Seit April 1938 brachte der vom Reich eingesetzte Reichsstatthalter in Wien, Josef Bürckel, diese ungesetzliche »Arisierung« unter seine Kontrolle und sorgte dafür, dass die Enteignung jüdischen Eigentums planmäßig, im Rahmen eines Programms zur »Rationalisierung« und »Strukturbereinigung« erfolgte.[69]

Trotz dieses erheblichen antisemitischen Schubs traten in der Parteipresse nach dem »Anschluss« antisemitische Themen eher in den Hintergrund. Die Gewalttätigkeiten gegen die österreichischen Juden wurden nur indirekt thematisiert: Die Presse und auch die Wochenschau berichteten über die Fluchtbewegung der Wiener Juden.[70] Die massive »Arisierung« jüdischen Besitzes wurde dagegen in der Parteipresse nur am Rande erwähnt.[71] Es war die bürgerliche Presse, die der Enteignung jüdischen Besitzes in Österreich weit mehr Aufmerksamkeit schenkte.[72]

Die massiven Gewalttaten gegen Juden in Österreich zogen seit März 1938 vermehrt Übergriffe gegen Juden im Reichsgebiet nach sich. So berichtete der Regierungspräsident von Unterfranken über »Ausschreitungen, die in einer Reihe von Orten anlässlich der Eingliederung Österreichs gegenüber Juden verübt wurden«.[73] Andere Dienststellen meldeten, Fensterscheiben seien eingeschlagen, Häuser in anderer Weise beschädigt und Juden körperlich angegriffen worden.[74]

Auch die Anstrengungen, die seit 1933 weitgehend unkoordiniert erfolgte Verdrängung der deutschen Juden aus der Wirtschaft nun im Rahmen einer umfassenden und systematischen Anstrengung zum Abschluss zu bringen, wurden intensiviert.[75] Im April 1938 leitete der Berliner Gauleiter Goebbels eine Kampagne gegen die Berliner Juden ein, deren Ziel darin bestand, durch Ausschreitungen, behördliche Schikanen und groß angelegte polizeiliche Verhaftungsaktionen die Juden vollkommen von der übrigen Bevölkerung zu isolieren und sie aus der Stadt zu vertreiben.

Im Mai begann die Berliner Parteiorganisation, des Nachts Fensterscheiben jüdischer Geschäfte zu beschmieren oder einzuwerfen, und setzte diese Aktivitäten im Juni verstärkt fort: Dabei wurden nicht nur alle jüdischen Geschäfte durch Parolen »gekennzeichnet«, sondern auch Synagogen und Bethäuser demoliert. Mittlerweile hatte die Gestapo am 31. Mai auf diese Äußerungen des »Volkszorns« reagiert und in einer Großrazzia in einem Café am Kurfürstendamm über dreihundert Personen, ganz überwiegend Juden, festgenommen. Goebbels forderte nun die Berliner Polizei massiv zu noch radikalerem Vorgehen auf und erreichte, dass im Rahmen einer am 13. Juni beginnenden reichsweiten Verhaftungsaktion gegen »Asoziale« nun ebenfalls verstärkt Juden festgenommen wurden: Allein in Berlin waren es weit über tausend.

Die Berliner Aktion, aus Goebbels' Sicht ein Probelauf für den im November 1938 stattfindenden reichsweiten Pogrom, wurde jedoch durch persönliches Eingreifen Hitlers am 22. Juni abgebrochen: Ganz offensichtlich entwickelte sich das negative Auslandsecho zu einer Belastung für das Regime. Auf der Sonnenwendfeier der Berliner Parteiorganisation hielt Goebbels erneut eine antisemitische Brandrede, kündigte aber an, die entsprechenden Maßnahmen würden auf gesetzlichem Wege erfolgen.[76]

Die Berliner Aktion, die von der internationalen Presse mit großer Aufmerksamkeit verfolgte wurde,[77] fiel in einen Zeitraum, in dem die außenpolitischen Spannungen wegen der von NS-Deutschland forciert vorangetriebenen »Lösung« der Sudetenfrage zunahmen und zu einer massiven internationalen Krise um die in ihrer Existenz bedrohte Tschechoslowakei führten.[78] Das Propagandaministerium reagierte und erließ seit dem 17. Juni detaillierte Richtlinien für die Presse, mit deren Hilfe die Berichterstattung über die Berliner Krawalle äußerst rigide gesteuert wurde.

Am 17. Juni hieß es auf der Pressekonferenz: »In der ausländischen Presse werde von Verhaftungen von Juden und antijüdischen Demonstrationen in Berlin berichtet. Tatsächlich hätten auch neben Verhaftungen im Rahmen der üblichen Fahndungsaktionen Demonstrationen stattgefunden, die dadurch begründet seien, dass aus allen Teilen des Reichs, besonders aber aus Österreich fortwährend Juden nach Berlin zuwanderten, die hier deutschen Volksgenossen Wohnungen und so weiter wegnehmen. Im Rahmen der Demonstrationen seien auch Inschutzhaftnahmen von Juden vorgenommen worden. Alles dies gebe jedoch der deutschen Presse keine Veranlassung, sich damit zu beschäftigen.«[79]

Am 18. Juni kündigte der Sprecher des Propagandaministeriums eine Notiz des Deutschen Nachrichtenbüros über die Festnahme von Juden an und gab dazu folgende Anweisung: »Verhaftungen aus politischen Gründen seien in Berlin in keinem Falle erfolgt. Einige Juden hätten zu ihrem persönlichen Schutz in Haft genommen werden müssen, weil die Berliner Bevölkerung über den ständigen Zuzug der Juden erregt sei.«[80] Die Presse gab diese Anweisung in ihrer Berichterstattung zum Teil wörtlich wieder.[81]

Am 20. Juni hieß es auf der Pressekonferenz: »Über die ›Judenverfolgung‹ in Berlin und im Reiche berichtet das Ausland nach wie vor in größter Aufmachung. Die Gründe für diese Ereignisse seien bekannt: Die Bevölkerung sei erregt über die ›Emigration‹ der Juden nach Berlin, wo mehrere Tausend in den letzten Monaten zugezogen seien. Sie hätten geglaubt, in der Großstadt eher untertauchen zu können. Es seien zahlreiche neue jüdische Geschäfte eröffnet worden, vorhandene hätten erweitert werden können. Eine allgemeine Lauheit sei gegenüber der Judenfrage unverkennbar, besonders was den Kauf bei Juden angehe. Dies seien die Gründe, die zu einer spontanen Aktion geführt hätten.«[82]

Am 22. Juni wurde die Rede, die Goebbels am Vortag auf der Sonnenwendfeier der Berliner Parteiorganisation gehalten hatte, zur »Kommentierung empfohlen«, verbunden mit der »Bitte«, »die Judenfrage aufzugreifen. Dabei ist zu betonen, dass Einzelaktionen jetzt nicht mehr am Platz sind, ohne dass man aber die bisher geschehenen Einzelaktionen verurteilt oder von ihnen abrückt. Jetzt greift der Staat ein: Die jüdischen Geschäfte werden gekennzeichnet.« Lediglich »zur Information« wies der Sprecher des Propagandaministeriums darauf hin, es seien »tatsächlich auch einige Plünderungen vorgekommen, wobei aber schärfstens eingegriffen wird; im Schnellverfahren werden einige Plünderer abgeurteilt werden. Ohne das Eingeständnis der Plünderungen kann man vielleicht jetzt schon in den Kommentaren ganz allgemein von Plünderungen abrücken.«[83]

Die Parteipresse reduzierte im Juni ihre antisemitische Polemik tatsächlich erheblich[84] und verzichtete darauf, die Berliner Ereignisse als Startsignal für eine neue antisemitische Kampagne zu nutzen. Auch die übrige Presse ging nur kurz darauf ein. Die Ausschreitungen der Parteianhänger fanden wenn, nur in Andeutungen statt, über die Polizeirazzien wurde meist recht knapp, teilweise mit deutlicher Verspätung und mit widersprüchlichen Zahlenangaben berichtet.[85] Vergleicht man diese Haltung mit der aktiven Rolle, die vor allem die Parteipresse bei der Entfachung und Ausweitung der Krawalle im Jahre 1935 gespielt hatte, ist der Unterschied beträchtlich.

Auf die Berliner Aktion folgten im Juni, Juli und August weitere Ausschreitungen von Parteianhängern in anderen Städten des Reiches, so etwa in Magdeburg, in Stuttgart und in Hannover. In Frankfurt am Main nahm die Polizei im Juni uniformierte Parteifunktionäre fest, die vor jüdischen Geschäften »Posten standen«. In München und Nürnberg ordneten die Kommunalbehörden im Juni beziehungsweise August den Abbruch der Hauptsynagogen an.[86] Im Juli 1938 wurden an verschiedenen Orten jüdische Friedhöfe geschändet.[87] Im selben Monat intensivierte die Parteipresse erneut ihre antisemitische Propaganda, nahm sie während der Sudetenkrise im September deutlich zurück, um sie im Oktober wiederum zu steigern.[88]

In diesen Monaten vor dem Novemberpogrom rückte – neben der fortlaufenden Berichterstattung über die diversen antijüdischen Maßnahmen des Regimes[89] – die Palästina-Frage wieder ins Zentrum der Berichterstattung. Die Betonung lag dabei auf dem »Blutterror« der Juden.[90]

Am 8. Juli machte sich Partei-Chefideologe Alfred Rosenberg aus Anlass der internationalen Konferenz in Evian, auf der über das durch die deutsche Politik aufgeworfene jüdische Flüchtlingsproblem beraten wurde, einige »Gedanken«, die er auf der Titelseite des *Völkischen Beobachters* unter dem Titel »Wohin mit den Juden?« veröffentlichte. Rosenberg beschäftigte sich mit der seiner Ansicht nach überall wachsenden antisemitischen Bewegung und stellte dann fest: »Vor den Augen jener Staaten aber, die so warm den Schutz Israels auf ihr Panier geschrieben haben, erhebt sich das Problem, ob sie mit der Zeit etwa sechs bis acht Millionen aufzunehmen gewillt erscheinen.« Im Folgenden diskutierte Rosenberg mögliche Lösungen für das »Problem« und kam zu folgenden

Schlussfolgerungen. Erstens: »Palästina scheidet als großes Auswanderungszentrum aus.« Zweitens: »Die Staaten der Welt sehen sich nicht in der Lage, die Juden Europas aufzunehmen.« Drittens: »Es muss also nach einem geschlossenen, von Europäern noch nicht besiedelten Gebiet Umschau gehalten werden.« Viertens: »Bliebe noch die Möglichkeit: die Sowjetunion.«

Einige Tage später schrieb Rosenberg erneut einen groß aufgemachten Kommentar für die Titelseite des *Völkischen Beobachters*, in dem er – unter dem Titel »In den Händen von Nichtariern liegt das Leben von Millionen« – die angebliche Behauptung einer jüdischen Zeitschrift aus den USA aufgriff, die jüdischen Politiker Léon Blum (Frankreich), Maxim Maximowitsch Litwinow (UdSSR) und Leslie Hore-Belisha (Großbritannien) hätten sich zur »Vernichtung Deutschlands« zusammengeschlossen.[91]

Daneben widmete die Parteipresse den antijüdischen Maßnahmen, die die faschistische Regierung Italiens seit dem Juli 1938 verhängte, viel Aufmerksamkeit. In einem grundsätzlichen Kommentar im *Völkischen Beobachter* hob der Leiter des Rassenpolitischen Amtes der NSDAP, Walter Groß, die dadurch hergestellte grundsätzliche Übereinstimmung beider Länder in der »Rassenfrage« und insbesondere in der »Judenfrage« hervor.[92] Im Oktober ging es um Maßnahmen, die die Prager Regierung unter deutschem Druck gegen jüdische Emigranten einleitete,[93] und um antisemitische Bestrebungen im slowakischen Gebiet der ČSR.[94]

Auch in der nichtnationalsozialistischen Presse spielten die Vorgänge im faschistischen Italien eine große Rolle,[95] während die antijüdischen Maßnahmen in der tschechoslowakischen Republik weit weniger beachtet wurden[96] und die Berichterstattung über Palästina meist wesentlich nüchterner als in der Parteipresse ausfiel.[97] Eine Ausnahme stellt in dieser Hinsicht jedoch die *Deutsche Allgemeine Zeitung* dar, die im gleichen Tonfall wie die Parteipresse über den »jüdischen Terror« in Palästina berichtete.[98] Der stark antisemitische Rosenberg-Artikel aus dem *Völkischen Beobachter* vom 17. Juli – »In den Händen von Nichtariern liegt das Leben von Millionen« – wurde in einer ganzen Reihe nichtnationalsozialistischer Zeitungen nachgedruckt.[99]

Wie stark sich ein Teil der nichtnationalsozialistischen Presse bereits dem NS-Jargon angenähert hatte, soll anhand einiger Beispiele aus der Zeit unmittelbar vor dem Novemberpogrom verdeutlicht werden. Die *Berliner Börsenzeitung* etwa behauptete in einer Serie über Südafrika, es

»beherrscht heute der Jude das gesamte Wirtschaftsleben Südafrikas«,[100] sprach – im Zusammenhang mit der britischen Palästinapolitik – vom »Machtwillen des Weltjudentums«[101] und berichtete über die antijüdischen Maßnahmen der slowakischen Regierung unter der Überschrift »Reinigung der Slowakei vom Judentum«.[102] Die *Deutsche Allgemeine Zeitung* übernahm im Juli 1938 einen wüsten antisemitischen Beitrag Alfred Rosenbergs aus dem *Völkischen Beobachter*, in dem dieser die Existenz einer jüdischen Weltverschwörung nachzuweisen suchte, und kommentierte ihn zustimmend wie folgt:

»Mit der Geschicklichkeit, die das Judentum befähigt, bei seinen Gastvölkern unmerklich die maßgebenden Positionen des politischen und kulturellen Lebens in die Hand zu bekommen, geht eine merkwürdige, aus Übermut entspringende Torheit des Judentums Hand in Hand, sich seiner Machtstellung zu rühmen und die Exponenten seiner Macht in einem alljüdischen Sinne für sich zu reklamieren.«[103]

Die gleiche Zeitung gab am 28. Juli 1938 in einem Kommentar ihrer Meinung Ausdruck, die »bewusste Besinnung auf die Rasse und ihren Schutz ist uns Deutschen ein selbstverständliches Gedankengut geworden«. Einen angeblich von Juden verübten Überfall auf eine deutsche Reisegruppe in Antwerpen Ende Oktober, der in den großen Blättern allgemein zur Kenntnis genommen wurde,[104] kommentierte die *Deutsche Allgemeine Zeitung* wie folgt:

»Dieser gemeine Überfall enthüllt eine Seite des jüdischen Charakters, die vielleicht nicht überall bekannt ist. Scheinbare Konzilianz des einzelnen wird in der Zusammenrottung, wie oft beobachtet werden kann, zu unerhörter und unverschämter Frechheit mit lauten und prätentiösen Reden und, wie der Vorfall in Antwerpen zeigt, mit Gewalttätigkeiten durch feige Überfälle aus dem Hinterhalt auf harmlose Reisende. Auch in diesem Falle scheinen sich die jüdischen Rowdies nicht über die Folgen ihres Vorgehens im klaren zu sein.«[105]

Reaktionen der Bevölkerung

Die Deutschland-Berichte der Sopade, die dem antijüdischen Terror der Nazis in dieser Phase viel Raum widmeten, zeichnen das Bild einer Gesellschaft, die diesen Terrorakten ganz überwiegend ablehnend gegenüberstand.[106] Allerdings vermitteln die Berichte auch eine Vorstellung davon, wie die jahrelange antisemitische Propaganda dennoch allmählich einsickerte. So heißt es etwa in einem Bericht aus Norddeutschland Ende 1937, zwar wolle der »Kern der organisierten Arbeiterschaft« mit der »Judenhetze« nichts zu tun haben, aber in der »breiten Masse der indifferenten Arbeiter« habe »das ständige antisemitische Trommelfeuer« doch »seine Wirkung getan«, denn: »Auch Leute, die früher gar nicht wussten, was ein Jude ist, schieben heute alles Unheil auf die Juden.«

In Berlin, so die Deutschland-Berichte vom Februar 1938, sei »vom Antisemitismus [...] nichts zu merken«. Auch in Bayern sei die Bevölkerung keineswegs antisemitisch geworden; man mache »Unterschiede zwischen Juden und Juden«; das Benehmen der Nazis stoße, so ein anderer Bericht, »überall« auf Ablehnung.[107]

Im Juli hieß es einleitend zu einer Reihe von Berichten, sie machten deutlich, dass »die Bevölkerung zum größten Teil die Judenverfolgung nach wie vor nicht billigt«.[108] Zur Stützung dieser Einschätzung wurden Berichte aus Mannheim und Konstanz zitiert;[109] die Bevölkerung zeige, so heißt es aus weiteren Berichten aus dem südwestdeutschen Raum und Rheinland-Westfalen, Juden gegenüber Sympathie und (wann immer es mit geringen persönlichen Risiken verbunden sei) »Mitgefühl«.[110] Ein Bericht für Berlin verzeichnet gemischte Eindrücke: »Es soll nicht vergessen werden, dass auch nicht wenige Stimmen laut werden, die gegen die Exzesse protestieren. Aber viele Menschen sind infolge der langen antisemitischen Hetze selbst antisemitisch geworden.« In einem anderen Bericht aus der Reichshauptstadt heißt es: »Die meisten Menschen stehen dem Treiben gegen die Juden fremd, desinteressiert, oft auch ablehnend gegenüber. Selbst diejenigen, die für eine Zurückdrängung der Juden aus dem Wirtschafts- und dem öffentlichen Leben sind, lehnen zum größten Teil die grausamen und unmenschlichen Methoden ab, mit denen die Juden gequält werden.[111] Gemischte Reaktionen wurden auch aus Schlesien vermeldet; die Bevölkerung sei im Übrigen mit einem drohenden Kriegsausbruch beschäftigt und wende wenig Interesse für die »Judenfrage« auf.[112]

Aus der offiziellen Berichterstattung des Regimes wird deutlich, dass die Bevölkerung auch im Jahre 1938 – trotz entsprechender Propaganda und erheblichen Drucks seitens der Partei – nicht bereit war, geschäftliche Kontakte mit Juden vollkommen aufzugeben. Behörden aus allen Teilen des Reiches bemängelten, nach wie vor tätigten jüdische Händler, insbesondere Viehhändler, eifrig Geschäfte mit der ländlichen Bevölkerung;[113] jüdische Geschäfte würden nach wie vor frequentiert.[114]

Der Chef der Sicherheitspolizei zeigte sich im Februar 1938 höchst alarmiert über Erhebungen des Gauwirtschaftsberaters der Berliner NSDAP, wonach »arische« Einzelhändler »heute noch für etwa 400 Millionen Reichsmark Bekleidungswaren vom nichtarischen Konfektionsgewerbe« bezögen, was zur Folge habe, dass »12 bis 15 Millionen deutscher Volksgenossen ahnungslos Mäntel, Anzüge, Kleider usw. tragen, die von Juden geliefert sind«.[115] Auch andere Firmen, so geht aus den Berichten hervor, unterhielten weiterhin Geschäftsbeziehungen zu Juden oder ließen sich im Ausland durch jüdische Repräsentanten vertreten.[116]

Außerdem finden sich immer wieder Hinweise darauf, dass in Teilen der Bevölkerung das Verständnis für den vom Regime propagierten rassischen Antisemitismus unterentwickelt war.[117] Auffällig ist jedoch, dass sich die antisemitischen Ausschreitungen vom Frühjahr und Sommer 1938 in den erhaltenen Berichten praktisch nicht als die Stimmung beeinflussender Faktor niederschlagen: Folgt man den Berichten (oder besser gesagt: ihrem Schweigen in diesem Punkt), so scheint die Bevölkerung den Übergriffen vom Frühjahr und Sommer 1938 – ganz im Gegensatz zu den Unruhen von 1935 und den Exzessen, die während der »Kristallnacht« begangen werden sollten – teilnahmslos gegenübergestanden zu haben, ein Eindruck, der durch den Tenor der Sopade-Berichte bestätigt wird.

Eine Erklärung für diese scheinbare »Indifferenz« könnte darin liegen, dass es den Parteiaktivisten nicht gelang, die Ausschreitungen zu einer groß angelegten, reichsweiten antisemitischen Kampagne zu verdichten, wie dies 1935 geschehen war und nach dem 9. November 1938 erneut geschehen sollte. Ohne massive Unterstützung durch die Parteipresse, die phasenweise zur relativen Zurückhaltung in der »Judenfrage« gezwungen war, ließ sich aus den örtlich auflodernden Unruhen kein Flächenbrand entfachen. Was aber in der nationalsozialistisch kontrollierten Öffentlichkeit keine Beachtung fand, was in der offiziellen Sicht der Dinge gar nicht (oder nur ganz am Rande) stattfand, das griffen die offiziellen Berichte auch nicht als einen die »Stimmung« beeinflussenden Faktor auf.

Hinzu kommt, dass bei den Ausschreitungen im Frühjahr und Frühsommer 1938 die Spannungen zwischen den verschiedenen Akteuren im Rahmen blieben. Das Vorgehen von Polizei und Partei scheint nun – wie das Berliner Beispiel zeigte – enger koordiniert worden zu sein, als dies noch 1935 der Fall gewesen war, und offenbar konnten die Polizeibehörden, insbesondere nach Hitlers Machtwort zur Beendigung der Berliner

Aktion vom Juni 1938, die Ausschreitungen relativ leicht beenden, wenn sie es für notwendig hielten. Und im Unterschied zu 1935 musste die Parteiführung den Parteiaktivisten nicht mehr langwierig auseinandersetzen, dass Verbote wirklich Verbote bedeuteten. Mit anderen Worten: Weder staatliche Stellen noch der Parteiapparat hatten diesmal Veranlassung, die negative »Volksstimmung« ins Spiel zu bringen, um unerwünschte antijüdische Ausschreitungen einzudämmen oder illegale Aktionen der Parteiaktivisten zu unterbinden. Was auf den ersten Blick wie »Indifferenz« der Bevölkerung aussieht, könnte demnach vor allem darauf zurückzuführen sein, dass die antijüdischen Maßnahmen im Frühjahr und Sommer 1938 erstens weitgehend im Konsens der beteiligten Partei- und Staatsstellen und zweitens ohne direkte Appelle der Presse zu antijüdischen Aktionen durchgeführt wurden.

Herbst 1938: Im Übergang zum Pogrom

Die Berichterstattung für den September 1938 steht ganz unter dem Eindruck der verbreiteten Befürchtung, die Sudetenkrise werde in einen Krieg mit den Westmächten münden. Der Monatsbericht der Judenabteilung des SD-Hauptamts für September 1938 spricht offen von einer »Kriegpsychose« der Bevölkerung.[118] Diese depressive Stimmung, das zeigt eine Reihe von Berichten deutlich, suchte sich ein Ventil: Radikale Parteianhänger wollten »Rache« an den Juden nehmen, die für die drohende Kriegsgefahr verantwortlich gemacht wurden.

Die zahlreichen Berichte über die »Stimmung der Bevölkerung gegen die Judenschaft«, die sich »unter dem Eindruck der außenpolitischen Entwicklung verschärft« habe,[119] die Empörung über das angeblich »provozierende« und »freche« jüdische Verhalten[120] in diesen Monaten spiegeln in Wirklichkeit diese Frontstellung radikaler Parteianhänger gegenüber dem »inneren Feind« wider. Die feindselige Stimmung führte im September und verstärkt im Oktober – nachdem mit dem Abschluss des Münchner Abkommens die unmittelbare Kriegsgefahr beseitigt war – zu gesteigerter Gewalttätigkeit gegenüber Juden, jüdischen Einrichtungen und jüdischem Besitz: »Vorkommnisse, die spontan aus dem Willen der Gesamtbevölkerung entstehen«, wie der Regierungspräsident der Pfalz glauben machen wollte.[121]

In mindestens einem Dutzend Orten wurden Synagogen durch Anschläge verwüstet oder erheblich beschädigt,[122] Juden wurden geschlagen und gedemütigt, Fensterscheiben in Wohnungen und Geschäften eingeworfen, jüdische Geschäfte mit Parolen beschmiert.[123] Aus einigen Orten wurden die ansässigen Juden regelrecht vertrieben, insbesondere im fränkischen Raum, in Württemberg und in der Pfalz.[124]

In einem Fall lassen sich die Ereignisse genauer rekonstruieren und die Organisatoren der Vertreibung eindeutig zuordnen. Der Regierungspräsident von Ober- und Mittelfranken meldete, es mache sich in Folge der »Mord- und Gräueltaten an Sudetendeutschen in der Tschechoslowakei [...] in der Marktgemeinde Bechhofen, BA[125] Feuchtwangen, und in Wilhermsdorf, BA Neustadt a.d.Aisch, eine große Empörung gegen die dort wohnhaften Juden geltend. Die Juden haben daraufhin Bechhofen und Wilhermsdorf verlassen.«[126] Ein detaillierter Bericht des SD-Oberabschnitts München über die Ereignisse in Bechhofen macht jedoch deutlich, von wem diese »Empörung« ausging: Danach war die Aktion von »Angehörigen der Gliederungen der Partei [...] in Zivil« durchgeführt worden.[127] Der gleiche SD-Bericht weist ausdrücklich darauf hin, die »Art und Weise der Durchführung dieser Maßnahme« habe bei der Bevölkerung »ungeheure Empörung« hervorgerufen.

Besonders gravierende Ausmaße erreichten die antisemitischen Ausschreitungen in Wien. Die Wiener Parteiorganisation versuchte seit Oktober, die einheimischen Juden durch systematische Anwendung von Gewalt aus der Stadt zu vertreiben. Der Lageberichterstattung des SD für Oktober 1938 ist zu entnehmen, dass in der Nacht zum 5. Oktober (dem jüdischen Versöhnungsfest) in mehreren Bezirken der Stadt Juden »durch Amtswalter der Partei zur sofortigen Räumung ihrer Wohnungen aufgefordert« wurden. »In fast allen Häusern wurden Plakate angebracht, nach denen die Juden spätestens am 10.10.38 aus den Bezirken zu verschwinden hätten.« Seit Mitte Oktober häuften sich außerdem Anschläge auf Synagogen und jüdische Einrichtungen. Erpressung, Raub und Gewaltanwendung gegen jüdische Bürger waren ein weit verbreitetes Phänomen. Anfang November befand sich Wien bereits in einem gleitenden Übergang zum Pogrom.[128]

Auch der Lagebericht der Judenabteilung des SD-Hauptamts hielt für Oktober 1938 fest, dass diese »Aktionen gegen die jüdische Bevölkerung [...] im Süden und Südwesten des Reiches teilweise pogromartigen Charakter annahmen«.[129] Weiter heißt es: »Dabei wurden in zahlreichen Städten und Ortschaften die Synagogen zerstört oder in Brand gesteckt und die Fenster jüdischer Geschäfte und Wohnungen zerschlagen. Im Gau Franken und in Württemberg wurden die Juden einzelner Ortschaften z.T. durch die Bevölkerung gezwungen, ihren Wohnsitz sofort unter Mitnahme des Nötigsten zu verlassen.« Im folgenden Satz macht der Bericht jedoch deutlich, was man unter »der Bevölkerung« verstand: »Diese von den Ortsgruppen oder Kreisleitern angeregten und von den Gliederungen der Partei durchgeführten Aktionen hatten zumeist rein örtlichen Charakter. Dabei konnte festgestellt werden, dass die katholische Bevölkerung zumeist die Art des Vorgehens missbilligte.«

Der Kommentar der Judenabteilung des SD zu der aufkeimenden Pogromstimmung bei einem Teil der Parteiaktivisten, Ende Oktober 1938 verfasst, wirft bereits ein Schlaglicht auf die Einstellung dieser Kreise im Herbst 1938: »Es muss jedoch hinzugefügt werden, dass Aktionen gegen die jüdische Bevölkerung zum Teil auch daraus entstanden sind, dass die Parteiangehörigen den Augenblick zur endgültigen Liquidierung der Judenfrage gekommen glaubten.«[130]

Nur wenige Tage später sollte das Regime den Parteiaktivisten Gelegenheit geben, ihren Hass und ihre Gewaltbereitschaft gegenüber der jüdischen Minderheit hemmungslos auszuleben.

Novemberpogrom

Das Attentat des in Deutschland aufgewachsenen siebzehnjährigen Herschel Grynszpan, eines polnischen Staatsangehörigen jüdischer Herkunft, auf den Legationssekretär an der Deutschen Botschaft in Paris, Ernst vom Rath, am 7. November 1938 sollte dem NS-Regime den Vorwand liefern, die seit Frühjahr 1938 anhaltende Welle antijüdischer Gewalt in einem Pogrom münden zu lassen. Geplant war, dadurch eine Massenflucht der Juden aus Deutschland auszulösen, die internationale Staatenwelt moralisch dazu zu zwingen, mehr Einreisemöglichkeiten für jüdische Emigranten aus Deutschland zu schaffen, und die Ausschreitungen als Ausgangspunkt für eine weitere Welle antijüdischer Gesetze zu nutzen, um die »Arisierung« jüdischer Vermögen abzuschließen und die Juden endgültig und vollständig aus der deutschen Gesellschaft auszusondern.[1]

Gleichzeitig sollte die nationalsozialistisch dirigierte Öffentlichkeit in einer groß angelegten Kampagne neu ausgerichtet werden: Es galt, den Eindruck zu erwecken, als habe sich im Progrom der »Volkszorn« Luft gemacht. Obwohl eindeutig antisemitische Parteiaktivisten den Pogrom auslösten und durchführten, wurde die allgemeine Bevölkerung doch in die Geschehnisse hineingezogen: Ihr fiel die Rolle von Zuschauern und Zeugen zu, die die Gewaltaktionen, die in ihrem Namen und in aller Öffentlichkeit begangen wurden, unmittelbar miterlebten und, wenn sie sich den Tätern entgegenstellten, selbst Gefahr liefen, angegriffen zu werden. Im Unterschied zu früheren Ausschreitungen, von denen sich die Partei- und Staatsführung immer distanziert hatte, sanktionierte das Regime diesmal den offenen Terror der SA- und SS-Leute, die Plünderungen, Brandschatzungen, Misshandlungen, Verschleppungen und Morde, nachträglich und offiziell als berechtigte, durch das Volk begangene »Vergeltungsaktion«. Damit wurde der Anschein der Rechtsstaatlichkeit, den das Regime bis dahin immer aufrechterhalten hatte, indem es zumindest offiziell gegen »wilde« antisemitische Ausschreitungen eingeschritten war, endgültig aufgegeben. Die passive Hinnahme von Gewalt und Rechtlosigkeit durch die Bevölkerung wurde wiederum in der Propaganda als kollektive Zustimmung zu den Gewaltaktionen ausgegeben. Nun, da es dem Regime gelungen war, den Pogrom ohne massiven Widerstand der Bevölkerung durchzuführen, machte es in seiner öffentlichen Darstellung der Ereignisse die Bevölkerung zu Komplizen des gewalttätigen Anschlags auf die deutschen Juden.

Der Pogrom in der Presse

Auf das Attentat vom 7. November, bei dem vom Rath schwer verletzt worden war, reagierte das Propagandaministerium mit der Anweisung an die deutsche Presse, »in größter Form« zu berichten; es sei in »eigenen Kommentaren [...] darauf hinzuweisen, dass das Attentat der Juden die schwersten Folgen für die Juden in Deutschland haben muss«.[2] Am kommenden Tag wurde die Presse noch einmal über die offizielle Auffassung informiert, hinter dem Attentat stünden »die gleichen Kreise wie beim Fall Gustloff«.[3] Am 9. November erfuhren die Redaktionen durch das Deutsche Nachrichtenbüro, dass mit dem Ableben vom Raths zu rechnen sei.[4]

Entsprechend fiel die Berichterstattung der deutschen Presse aus; man schilderte die bekannten Einzelheiten des Attentats und vom Raths kritischen Zustand.[5] Wie vom Propagandaministerium angeordnet, kommentierten die Zeitungen die Ereignisse mit Drohungen gegen die in Deutschland lebenden Juden. *Der Angriff* vom 9. November etwa warnte: »Aus dieser Untat entsteht gebieterisch die Forderung, nunmehr mit den schärfsten Konsequenzen gegen die Juden vorzugehen, deren internationale Verfilzung dem Maß ihrer internationalen Verkommenheit entspricht.«

Der *Westdeutsche Beobachter* vom 8. November 1938 schrieb in seiner Morgenausgabe: »Es wird an der Zeit sein, den jüdischen Schmarotzern auf deutschem Boden endlich jenes Leben zu verschaffen, das täglich in spaltenlangen Greuelmeldungen einer gewissen Auslandsjournaille mit unverschämten Angriffen auf das deutsche Volk geschildert wird. Wer den Mord als erlaubtes ›Demonstrationsmittel‹ zur Unterstreichung einer verbrecherischen Lügenkampagne braucht, kann mit keiner weiteren Schonung mehr rechnen. Verbrecher werden in Zukunft als Verbrecher behandelt werden müssen.«

Solche Drohungen wurden nicht nur von der Parteipresse ausgesprochen. Der *Berliner Lokalanzeiger* kommentierte etwa am 9. November, die »eigentliche Quelle dieser Rachetat ist die internationale Hetze des Judentums und seiner literarischen Bravi aus der Emigration gegen alles Deutsche.« Die *Deutsche Allgemeine Zeitung* kündigte in ihrer Morgenausgabe vom 8. November die »schwersten Folgen für die Juden in Deutschland« an und fügte hinzu: »Es ist nicht unbemerkt geblieben, dass der Friede von München von manchen Juden geradezu mit Enttäuschung aufgenommen worden ist, und dass nicht wenige von ihnen in den Septembertagen deutlich hatten merken lassen, dass sie auf einen Krieg rechneten. Sie dürften erbleichend erkennen, dass das in Paris gefallene Wort von den Rassegenossen sehr zweischneidig ist.«

Die *Frankfurter Zeitung* vom 9. November erklärte, es stünde »hinter dem Mordanschlag das Milieu des Pariser Emigrantentums mit seiner systematischen Agitation gegen Deutschland«; die Zeitung verwies – einer Empfehlung der Pressekonferenz[6] folgend – auf das Beispiel des emigrierten jüdischen Schriftstellers Emil Ludwig, der in der französischen Hauptstadt »für eine neue ›Heilige Allianz‹ der Demokratien (natürlich samt der Sowjetunion) gegen Deutschland« werbe. Ähnliche Kommentare finden sich in weiteren Zeitungen, so etwa in der *Kölnischen Volkszeitung* vom 8. November. Ein Teil der Zeitungen berichtete bereits über erste antijüdische Ausschreitungen, die sich, noch vor der offiziellen Auslösung des Pogroms am Abend des 9. November, in Hessen und Dessau ereignet hatten.[7]

Nach dem Beginn des Pogroms in der Nacht vom 9. auf den 10. November ging es dem Propagandaministerium zunächst einmal darum zu verhindern, dass das gesamte Ausmaß der nächtlichen Gewaltexplosion in der Presseberichterstattung deutlich wurde. Nach einer am Morgen des 10. November gegebenen Anweisung an die Redaktionen, die die Berichterstattung über »Vergeltungsmaßnahmen« an die Verlautbarungen des Deutschen Nachrichtenbüros band,[8] ließ das Propagandaministerium im weiteren Verlauf des Tages lakonisch verlauten: »Hier und dort seien Fensterscheiben zertrümmert worden, Synagogen hätten sich selbst entzündet oder seien sonstwie in Flammen aufgegangen.« Die Berichte sollten »nicht allzu groß aufgemacht werden, keine Schlagzeilen auf der ersten Seite. Vorläufig keine Bilder bringen. Sammelmeldungen aus dem Reich sollen nicht zusammengestellt werden, aber es könne berichtet werden, dass auch im Reich ähnliche Aktionen durchgeführt worden seien. Einzeldarstellungen darüber sind zu vermeiden. Über örtliche Vorgänge könne ausführlicher berichtet werden. Dies alles nur auf der zweiten oder dritten Seite.«[9]

In der Tat begnügten sich die deutschen Tageszeitungen damit, auf den Lokalseiten, meist in recht knapper Form, über die Ausschreitungen auf örtlicher Ebene zu berichten. So hieß es etwa im *Völkischen Beobachter* vom 11. November unter der Überschrift »Empörte Volksseele schafft sich Luft« über die Situation in Berlin: »Nach den nächtlichen antijüdischen Demonstrationen der Berliner Bevölkerung, die mit Recht all ihrer Empörung Luft machte, sind nun von heute auf morgen mit einmal die jüdischen Geschäfte sämtlich gekennzeichnet. Geräumte Auslagen, zertrümmerte Fensterscheiben und Schaukästen sind die neue Visitenkarte der Judenläden, die bestimmt besser wirken dürfte als der vielfach geforderte, aber niemals angebrachte Hinweis: ›Jüdisches Geschäft‹.«

Über die Lage in Köln berichtete der *Westdeutsche Beobachter* vom 10. November in seiner Abendausgabe: »Allenthalben kam es gestern und heute zu leidenschaftlichen Kundgebungen gegen die Juden. Der Zorn der Bevölkerung über das jüdische Verbrechen war so groß, dass sie die Schaufenster der Judengeschäfte und die Synagogen demolierten.« Die *Braunschweiger Tageszeitung* beeilte sich, ihrem Bericht über Geschäftszerstörungen in der Stadt hinzuzufügen: »Es ist überflüssig, zu betonen, dass selbstverständlich die in den Schaufenstern ausliegenden Dinge nicht berührt wurden.«[10]

Andere Zeitungen schilderten die Ereignisse ausführlicher und gingen damit über die Intentionen des Propagandaministeriums hinaus. Ein vergleichsweise recht anschauliches Bild entwarf zum Beispiel das katholische *Bamberger Volksblatt* vom 11. November 1938, das bemerkenswerterweise auch die Massenverhaftungen erwähnte, die die Presse im Allgemeinen verschwieg: »Nach Bekanntwerden des Ablebens vom Rath's, dieses jüngsten Opfers feiger jüdischer Mordtat, machte sich auch in Bamberg die berechtigte und seit langer Zeit aufgespeicherte Empörung der Bevölkerung gegen das jüdische Element in spontanen Aktionen Luft: Noch in der Nacht wurden die Wohnungen und Geschäfte der Juden gekennzeichnet. In den ersten Stunden des Donnerstags brach in der jüdischen Zentrale, der Synagoge, Feuer aus, dem das Innere des Gebäudes zum Opfer fiel. Da Gefahr bestand, dass die empörten Volksmassen zu weiteren Maßnahmen schreiten würden, mussten die Juden der Stadt zu ihrer eigenen Sicherheit in Schutzhaft genommen werden. Den ganzen gestrigen Tag über herrschte in der Stadt ein außerordentlich lebhafter Verkehr, und überall wurden die Ereignisse des Tages besprochen. Die brennende Synagoge war das Ziel vieler Menschen. Trotz der berechtigten Empörung über das Judentum, das das Blut schon so manchen deutschen Volksgenossen auf dem Gewissen hat, zeigte die Bevölkerung große Disziplin.«

Die Berichterstattung der *Schlesischen Zeitung* ist ähnlich plastisch: »Wie im Reich, so auch in Schlesien äußerte sich die Stimme des Volkes impulsiv in Aktionen, die im Niederbrennen der Synagogen und dem demonstrativen Zerstören jüdischer Geschäfte Ausdruck fanden. Die Stärke der Empörung wurde nicht zuletzt dadurch dokumentiert, dass auch nicht ein einziges jüdisches Geschäft der strafenden Hand des Volkes entging.« Der Berichterstatter sah keinen Grund, die offenkundigen Plünderungen zu verschweigen: »Bemerkenswert war, dass in allen Fällen trotz Zerstörung der Fensterscheiben, der Eisengitter und der Türen in keinem Falle Plünderungen oder Ausschreitungen über das gerechte Maß der Empörung hinaus [sic!] bemerkt wurden. Diese Aktionen waren nicht der Ausdruck eines niederen Instinkts, sie bestanden nicht im bloßen Willen zu Plünderungen, sondern einzig und allein darin, den Juden zu zeigen, dass unsere Geduld nun zu Ende ist.«[11]

Über die Gesamtsituation im Reichsgebiet berichteten die Zeitungen nur in allgemeiner Form. Meist hieß es lapidar, es hätten sich »judenfeindliche Kundgebungen« (*Westdeutscher Beobachter*, 10. November, Abendausgabe) oder »spontane judenfeindliche Kundgebungen« (*Münchner Neueste Nachrichten*, 11. November) ereignet.[12] Der *Berliner Lokalanzeiger* und die *Berliner Morgenpost* mussten sich in der Pressekonferenz rügen lassen, weil sie trotz des ausdrücklichen Verbots Meldungen aus dem gesamten Reichsgebiet über die Zerstörungen zu Übersichten zusammengestellt hatten.[13]

Dies waren jedoch Ausnahmen: Die von der Presse ganz überwiegend befolgte Richtlinie des Propagandaministeriums, das Gesamtausmaß der Ausschreitungen und Zerstörungen (von Misshandlungen und Morden ganz zu schweigen) zu ignorieren, lässt sich auf die Strategie zurückführen, die Ereignisse des 9. und 10. November nicht in vollem Umfang *öffentlich* zu machen; genauer gesagt, nicht zuzulassen, dass sie in der nationalsozialistisch dirigierten Öffentlichkeit einen besonderen Stellenwert erhielten.

Wären die Zeitungen voll von Fotos zerstörter Geschäfte und rauchender Synagogenruinen gewesen, hätten sie die Ausschreitungen aufgelistet, die Schäden zusammengerechnet, über Verhaftungen, Körperverletzungen und Todesfälle berichtet, dann wären auf diese Weise Probleme auf die Tagesordnung gekommen, zu denen das Regime unter Umständen öffentlich hätte Stellung nehmen müssen: etwa, was mit den 30 000 jüdischen »Schutzhäftlingen« geschehen solle, ob und wie Plünderer oder Mörder bestraft oder wie der gesamtwirtschaftliche Schaden zu beziffern und zu regulieren sei.

So aber hatte der Pogrom zwar auf örtlicher Ebene für jedermann sichtbar stattgefunden, blieb aber in seinen nationalen Ausmaßen nur in Umrissen erkennbar. Das Tagebuch des Celler Technikers Karl Dürkefälden zeigt, wie schwer es für den Einzelnen war, sich darüber einen Überblick zu verschaffen: »Dass im ganzen Deutschen Reiche in der Nacht vom 9. zum 10. November 1938 Ausfälle gegen jüdische Geschäfte, Wohnungen und Synagogen gewesen sind, haben wir wohl durch die Propaganda-Nachrichten in den Zeitungen wenige Tage später gelesen, ausgehend vom Propaganda-Ministerium. Diese Nachrichten waren aber so allgemein gehalten, dass man daraus nichts gewahr wurde.«[14]

In der offiziellen Sprachregelung existierten die Ereignisse vom 9. und 10. November fortan so gut wie nicht mehr; sie waren jeder öffentlichen Diskussion entzogen, etwas, worüber man nicht sprach. Es gab nicht einmal eine offizielle Bezeichnung für die Ausschreitungen, für die sich – soweit ersichtlich, ohne offizielle »Sprachregelung« – alsbald der Begriff »Reichskristallnacht« einbürgerte.

Noch am 10. November ging das Regime daran, die notwendigen Schritte zu einer »positiven« Ausrichtung der Öffentlichkeit über den Pogrom einzuleiten: Zunächst wurden die Zeitungen angewiesen, eine Erklärung des Propagandaministers zu veröffentlichen, der zufolge die Gewalttätigkeiten, auch wenn sie eine »berechtigte und verständliche Empörung« zum Ausdruck brächten, nun einzustellen seien. Die »Vergeltung« werde auf gesetzlichem Wege erfolgen.[15] Die angekündigte Ablösung »spontaner« Gewalttakte durch »geordnete« staatliche Maßnahmen folgte dem Muster, das bereits bei den ersten beiden antisemitischen Wellen von 1933 und 1935 angewendet worden war. Der gewalttätige Straßenmob stehe jedoch auf Abruf bereit, machte der *Völkische Beobachter* deutlich, der direkt unter dem Aufruf Goebbels' auf dem Titelblatt eine weitere, unmissverständliche Drohung anfügte: »Auf jeden Fall soll nicht versäumt werden, nachdrücklich darauf hinzuweisen, dass bei einer Herausforderung durch das Weltjudentum das deutsche Volk kaum wieder so glimpflich mit den Verbrechern abrechnen wird.«[16]

Andere Zeitungen folgten diesem Beispiel, so das ehemals liberale *Berliner Tageblatt* vom gleichen Tag: »Und es ist unschwer zu übersehen, dass eine weitere Fortsetzung der Verleumdungszüge gegen das Reich fraglos noch weitreichendere Aktionen zur Folge haben müsste.« Das katholische *Bamberger Volksblatt* drohte am 14. November, das »ganze Judentum (solle) wissen, dass, falls noch einmal ein Deutscher im Reich oder irgendwo in der Welt von einem Juden angegriffen werden sollte, die Vergeltung noch ganz anders ausfallen kann und wird«.

Reaktionen der Bevölkerung

Trotz der von der NS-Propaganda immer wieder aufgestellten Behauptung, die »Reichskristallnacht« sei auf den spontan zum Ausbruch gekommenen »Volkszorn« zurückzuführen, ist der Befund eindeutig: Der Pogrom vom 9. und 10. November 1938 war eine organisierte Aktion der Partei; er wurde von SA- und SS-Männern, Parteiaktivisten und HJ-Angehörigen durchgeführt. Dies ergibt sich nicht nur aus der großen Zahl von mittlerweile erschienenen Studien zum Pogrom, sondern auch aus zeitgenössischen Dokumenten. Ausdrücklich hielt der zusammenfassende Bericht der Judenabteilung des SD-Hauptamtes für den Monat November 1938 denn auch fest: »Die Zivilbevölkerung hat sich nur in ganz geringem Maße an den Aktionen beteiligt.«[17] Der Bielefelder Landrat konstatierte lakonisch: »für eine spontane Kundgebung sei »die Zerstörung der Synagogen etc. um 1 Tag zu spät« gekommen.[18]

Dennoch findet sich eine ganze Reihe von amtlichen Berichten, die den Pogrom, entsprechend der offiziellen Sprachregelung, als spontanen Vergeltungsakt der Bevölkerung darstellen wollten – mit Blick auf das Gesamtmaterial eindeutig eine Minderheitenposition. Dazu angetan, die offizielle Darstellung der Ereignisse gebetsmühlenhaft und geflissentlich zu bestätigen, eröffnen sie jedoch einen bezeichnenden Einblick in die Qualität dieser Art von Berichterstattung über die »Volksmeinung«.[19]

In meist recht pauschaler und knapper Form wird hier lediglich eine allgemeine Zustimmung »der Bevölkerung« zum Pogrom und zu den anschließend getroffenen antijüdischen Maßnahmen verzeichnet.[20] Bemerkungen wie die der Gendarmerie Amberg, die »spontanen Vergeltungsaktionen gegen die Juden wurden von der Bevölkerung mit Ruhe und innerer Freude hingenommen«, oder die der Gendarmerie im niederbayerischen Kronwinkel, es seien »negative Äußerungen nicht bekannt geworden«, sind charakteristisch für die Oberflächlichkeit dieser Berichte.[21]

So gehen denn auch die Historiker, die sich mit der Reaktion der Bevölkerung auf den Pogrom beschäftigt haben, übereinstimmend davon aus, dass die Bevölkerung mehrheitlich negativ auf die Ausschreitungen reagiert habe; dabei habe allerdings weniger Sympathie mit den Juden eine Rolle gespielt, als vielmehr die Kritik an der mutwilligen Zerstörung von Sachwerten im Vordergrund gestanden. Die nach dem Pogrom eingeführte antisemitische Gesetzgebung sei demgegenüber vielfach begrüßt worden.[22]

Bankier betont darüber hinaus, bei vielen Menschen, die direkt mit antijüdischer Gewalt konfrontiert waren, seien Schamgefühle ausgelöst worden. Auch Angst, selbst nächstes Opfer der Verfolgung zu werden, sei aufgekommen.[23] Verschiedentlich wird hervorgehoben, dass eine relativ große Anzahl von Deutschen ihr Mitgefühl gegenüber den verfolgten Juden zum Ausdruck gebracht und auf verschiedenste Weise versucht hätten, ihnen beizustehen.[24]

Inwieweit lassen sich solche Bewertungen durch die Stimmungsberichterstattung belegen?

Während einige Berichte – ebenfalls eine Minderheitenposition – eine weitgehende oder gar einhellige Ablehnung des Pogroms durch die Bevölkerung, ja Unverständnis für die Judenverfolgungen vermelden,[25] entwerfen die weitaus meisten Berichterstatter – unabhängig davon, ob sie den Staat, die Polizei oder die Partei repräsentierten – das Bild einer »geteilten« Volksmeinung: Danach hätten weite Kreise der Bevölkerung sich grundsätzlich dafür ausgesprochen, dass »Vergeltung« an den Juden für den Mord an vom Rath geübt werde, während die Form der Vergeltungsmaßnahmen auf starke Ablehnung (teilweise in den gleichen Bevölkerungskreisen) gestoßen sei.[26]

Die den Juden auferlegte Geldbuße wurde, folgt man den Berichten, in vielen Fällen als gerechte Strafe angesehen, auch die antijüdischen Gesetze habe man gebilligt; vor allem die sinnlose Zerstörung von »Sachwerten« sei aber auf Kritik gestoßen.[27] Bemerkenswerterweise wurde dieses Eigentum der Juden häufig als »Volkseigentum« angesehen, das, statt zerstört, besser an bedürftige Bevölkerungskreise verteilt worden wäre.

In der Berichterstattung spielte dieser Punkt die Hauptrolle: Angesichts der Rohstoffknappheit, der staatlich verordneten Sparaktionen und der insgesamt angespannten Wirtschaftslage im Zeichen der forcierten Aufrüstung passe die mutwillige Zerstörung von Gebäuden und Waren nicht ins Bild – nun sei ein Nachlassen der Spendenfreudigkeit zu befürchten oder gar schon zu registrieren.[28] Daneben zeige sich die Bevölkerung besorgt, die Aktion könne sich negativ auf das internationale Ansehen des Deutschen Reiches und seine Außenpolitik auswirken oder es könne zu Vergeltungsaktionen gegen Auslandsdeutsche kommen.[29] Außerdem werde die Eigenmächtigkeit der Partei kritisiert,[30] der Willkürcharakter der Zerstörungen, die Brutalität der Misshandlungen, die kriminelle Energie, die in Diebstählen und Plünderungen zum Ausdruck gekommen sei,[31] und die Beteiligung von Schulkindern an den Plünderungen.[32] Insgesamt befürchte man »dadurch eine neue Lockerung der Achtung vor den Gesetzen des Staats«.[33] Den »besonnenen Teil der Bevölkerung«, so heißt es zum Beispiel in einem Bericht des Landrats in Höxter, habe es »ernst und besorgt gestimmt, dass es möglich gewesen ist, scheinbar unter dem Schutz, wenn nicht sogar der Führung der Partei, an einzelnen Orten Handlungen und Erscheinungen zutage treten zu lassen, die der Bevölkerung bisher nur aus Schilderungen über die Zustände in anarchistischen Ländern bekannt waren«.[34] Man findet verschiedentlich Bedenken gegen die Zerstörung von Synagogen, die als »Gotteshäuser« hätten respektiert werden müssen,[35] und schließlich wurde, so die Berichte, immer wieder auch ganz einfach Mitleid zum Ausdruck gebracht.[36]

Allerdings konnte die Kritik an der Durchführung der Aktion auch ganz andere Formen annehmen: Die Gendarmerie Amt Schötmar (Westfalen) meldete etwa, es »wurden Ausdrücke laut, dass man lieber 100 oder 1000 Juden hätte erschießen sollen« – eine Meinungsäußerung, die im gesamten Berichtmaterial allerdings vereinzelt dasteht.[37]

Der größte Widerspruch kam, so die Berichte, aus der kirchlich gebundenen Bevölkerung, vor allem aus katholischen Kreisen. Hier war vielerorts angesichts brennender Synagogen die Befürchtung zu vernehmen, man werde bald selbst einer »Aktion« der Partei zum Opfer fallen.[38] Daneben wurde insbesondere Kritik seitens der Arbeiterschaft registriert; die kommunistische Agitation, so einige Berichterstatter, erhalte durch den Pogrom neuen Auftrieb.[39] Beunruhigung wurde außerdem aus der ländlichen Bevölkerung,[40] aus kleinbürgerlichen,[41] bürgerlichen,[42] intellektuellen[43] und allgemein »besseren«[44] Kreisen gemeldet; einigen Berichten zufolge machte sich Kritik selbst in Parteikreisen breit.[45]

Wie glaubwürdig ist das hier entworfene Bild? Nahm die Bevölkerung tatsächlich mehr an der *Form* der »Reichskristallnacht« Anstoß, während sie *grundsätzlich* eine »Vergeltungsaktion« gegen die deutschen Juden befürwortete? War es tatsächlich in erster Linie die Zerstörung von Vermögenswerten, die auf Ablehnung stieß?

Es spricht einiges dagegen, diese von der Berichterstattung gezeichnete Stimmungslage vorschnell zu übernehmen. Eine Reihe von Berichten zeigt, wie schwer es den Berichterstattern tatsächlich fiel, die »wahre« Volksmeinung zu ermitteln. Die Bevölkerung, so der Amtsbürgermeister von Werther (Westfalen), sei »außerordentlich vorsichtig in ihrer Kritik, weil man befürchtete, als Judenfreund bezeichnet zu werden und dadurch wirtschaftliche und sonstige Nachteile zu haben«.[46] Der Oberbürgermeister von Herford meldete in ähnlicher Weise, man halte »mit offener Kritik bewusst zurück, zumal, nachdem bekannt geworden ist, dass an anderen Orten Festnahmen dieserhalb erfolgt sind. Dafür wird anscheinend eine umfangreiche Kritik von Mund zu Mund unter Bekannten und Vertrauten getrieben. Die nach außen in Erscheinung tretende Zurückhaltung steht sonach im Widerspruch mit der inneren Einstellung zu den Dingen. Ich kann mich des Eindrucks nicht erwehren, dass sich auf diese Weise eine gewisse Unehrlichkeit in unserm öffentlichen Leben Platz macht.«[47] Noch weiter ging der Regierungspräsident von Minden in seiner Bewertung des öffentlichen Schweigens angesichts des Pogroms: »Über die von der Partei befohlene Aktion vom 9. bis 10. November herrscht dagegen – wie auf Verabredung – betretenes Schweigen. Selten äußert sich offene Meinung. Man schämt sich.«[48]

Zurückhaltung weiter Bevölkerungskreise in öffentlichen Äußerungen und Gesprächen, ja Stummheit sind häufig in den offiziellen Berichten vorkommende Befunde.[49] Die relativ oft zu findende Formel, es seien negative Äußerungen »nicht bekannt geworden«, deutet in die gleiche Richtung. Dieser teilweise Rückzug der Meinungsbildung in den privaten Bereich (wo sie für die Spitzel des Regimes nur noch schwer aufzuspüren war) darf nicht mit Desinteresse oder Indifferenz verwechselt werden. Wir haben genügend Anhaltspunkte dafür, dass die Bevölkerung die Ereignisse vom 9. und 10. November mit größter Anspannung verfolgte.

Es ist demnach durchaus denkbar, dass die große Mehrzahl der Bevölkerung ihre Kritik an der Brutalität der Judenverfolgung in eine Form kleidete, die aus der Sicht des Regimes gerade noch akzeptabel war: Denn die »sinnlose Zerstörung« von Sachwerten stieß auch innerhalb der Regimespitze auf Widerspruch; namentlich Göring, verantwortlich für den Vierjahresplan, regte sich in der auf den Pogrom unmittelbar folgenden großen Besprechung vom 12. November 1938 darüber auf.[50]

Plausibel ist auch, dass die Berichterstatter – Bürgermeister, Landräte, Regierungspräsidenten, höhere Polizei- und Gestapobeamte – die Berichte ihrerseits als Medium benutzten, um ihr eigenes Missfallen an der nicht kontrollierbaren »Aktion« der Partei, die mit massiven Gesetzesübertretungen, Missachtung der Ordnungsbefugnis der Behörden, ja zeitweise Anarchie einherging, möglichst wirkungsvoll zu artikulieren. Dabei durfte die Reaktion der Bevölkerung jedoch nicht als grundsätzlich gegen die Judenverfolgung gerichtet dargestellt werden, hätten die Berichterstatter aus Verwaltung und Polizei damit doch die Erfolglosigkeit der von ihnen selbst in den vergangenen Jahren mitgetragenen antijüdischen Politik dokumentiert. Vielmehr lag es nahe, die *Form* der Verfolgungsmaßnahmen ins Zentrum der Kritik zu rücken, um ihre eigene, durch die Ereignisse angeschlagene Autorität – unter Verweis auf die »Volksstimmung« – wieder zu festigen. Das gilt auch für die Parteifunktionäre, die schriftliche Berichte zum Pogrom abfassen mussten.

Die offizielle Berichterstattung mochte somit ein gewisses Interesse daran haben, die Reaktion der Bevölkerung in einer gefärbten Art und Weise darzustellen und die Kritik in bestimmte Kanäle abzuleiten; *dass* die Bevölkerung den Pogrom weitgehend ablehnte, wird indes durch andere Quellen bestätigt, insbesondere durch die Berichte der Exil-SPD.[51] Die Redakteure der Sopade-Berichte kamen auf der Grundlage des ihnen vorliegenden Berichtsmaterials zu der Schlussfolgerung, »dass die Ausschreitungen von der großen Mehrheit des deutschen Volks scharf verurteilt« wurden.[52] Gestützt wurde diese Aussage durch Berichte aus Rheinland-Westfalen, Südwestdeutschland, Bayern, Berlin, Schlesien und Danzig.[53] Das hier gezeichnete, sehr eindeutige Bild wird – im Gegensatz zur Berichterstattung in den vergangenen Jahren – kaum durch andere, die Judenverfolgung gutheißende Stimmen konterkariert.[54] Allerdings wird aus dem Material auch deutlich, wie stark die Berichterstatter der Sopade vor allem das ihnen vertraute sozialistische Milieu repräsentierten. »Mit einem Nazi«, so heißt es in einem Bericht aus Südwestdeutschland über den Novemberpogrom, »spricht man über die Sache nicht.«[55]

Eine Meldung aus Berlin illustriert, welche Ausdrucksformen die Ablehnung tatsächlich fand, und eröffnet uns zugleich einen Einblick in die Methode der »teilnehmenden Beobachtung«, auf die sich die Informanten der Sopade ebenso stützten wie die Spitzel des Partei- und Staatsapparates. Der Protest, so heißt es dort, reiche »vom verächtlichen Blick und der angewiderten Gebärde bis zum offenen Wort des Ekels und drastischer Beschimpfung«.[56]

Ein weiterer Bericht aus Berlin fasst in einem Satz zusammen, warum die offiziell verbreiteten Version vom spontan ausbrechenden »Volkszorn« so wenig überzeugend und widersinnig war: »Wenn die antisemitische Propaganda so gewirkt hätte, wie sie wirken sollte, dann wäre ja diese Aktion überhaupt nicht nötig gewesen.«[57]

Der Psychologe Michael Müller-Claudius befragte unmittelbar nach dem Pogrom insgesamt 41 Parteimitglieder in Form »unverfänglicher Gespräche«.[58] Diese private Umfrage, die selbstverständlich nicht als repräsentativ gelten kann, bestätigt das in den Stimmungsberichten entworfene Bild: Nur zwei Parteigenossen billigten die Gewaltakte ausdrücklich, 13 waren indifferent oder übten sich in vorsichtiger Zurückhaltung, 26 Personen aber, also die deutliche Mehrheit, reagierte mit »uneingeschränkter Entrüstung«.[59]

Zeitgenössische Tagebücher deuten in dieselbe Richtung. In der Regel seien ablehnende Äußerungen aber in verdeckter Form erfolgt, durch Blicke, Gesten oder Kommentare, die, wenn sie außerhalb der privaten Sphäre abgegeben wurden, mit Vorsicht und Zurückhaltung formuliert wurden.[60] So notierte die in Berlin lebende Regimegegnerin Ruth Andreas-Friedrich am 9. November 1938, also nach dem Attentat auf den deutschen Diplomaten vom Rath und vor der Auslösung des Pogroms: »Im Omnibus, auf der Straße, in Geschäften und Kaffeehäusern wird der Fall Grünspan laut und leise diskutiert. Nirgends merke ich antisemitische Entrüstung, wohl aber eine drückende Beklommenheit, wie vor dem Ausbruch eines Gewitters.« Am folgenden Tag, nach der Pogromnacht, beschreibt sie eine »stumme Masse, die betreten in Richtung der Synagoge starrt, deren Kuppel von Rauchwolken verhüllt ist. ›Verfluchte Schande!‹ flüstert neben mir ein Mann. Ich sehe ihn liebevoll an. Jetzt wäre es eigentlich Zeit, zu seinem Nächsten ›Bruder‹ zu sagen. Aber ich tue es nicht. Man tut so etwas nie. Man denkt es sich bloß.« Und sie fährt fort: »Wenn man nur herausbekäme, wer dafür und wer dagegen ist. Ich mache mich auf, Volksstimmung zu erforschen. Wo ich hinkomme, finde ich im besten Fall Volksverstimmung, im schlimmsten abgrundtiefe Verzweiflung.«[61]

Walter Tausk, ein Breslauer Jude, hielt am 12. November 1938 fest, es hätten sich zwar Jugendliche an den Ausschreitungen beteiligt, jedoch:

»Das ältere Publikum war sehr geteilter Ansicht, die allgemeine Stimmung aber war entschieden gegen diese Ereignisse [...] Die Straße dick gefüllt mit gaffenden und heftig diskutierendem Publikum, teils in heller Begeisterung vom Kinde bis zu alten Leuten. Aber trotzdem eine fürchterliche Beklommenheit bei allen: es schien den meisten nicht recht.« Am 24. November schrieb Tausk, man wisse »sehr genau bei der Regierung, dass weite Arbeiterkreise, ebenso die eigene Partei und SA protestiert haben, dass man sie als ›Volk‹ für diesen Überfall auf Wehrlose verantwortlich machen will und dass sie diesen Dingen [...] fern stehen.«[62]

Der mit einer jüdischen Frau verheiratete und an der Ausübung seines Berufes gehinderte Journalist Jochen Klepper schrieb am 10. November 1938: »Dass die Bevölkerung wieder nicht dahinter steht, lehrt ein kurzer Gang durch jüdische Gegenden; ich habe es selber gesehen, denn ich war heute morgen gerade im bayerischen Viertel [...] Aus den verschiedenen ›jüdischen‹ Gegenden der Stadt hören wir, wie ablehnend die Bevölkerung solchen organisierten Aktionen gegenübersteht. Es ist, als wäre der 1933 noch reichlich vorhandene Antisemitismus seit der Übersteigerung der Gesetze in Nürnberg 1935 weit-, weithin geschwunden. Anders steht es aber wohl bei der alle deutsche Jugend erfassenden und erziehenden Hitlerjugend.«[63]

Die beim Sondergericht München verhandelten »Heimtückefälle«, die Ian Kershaw ausgewertet hat, machen ebenfalls deutlich, dass das Regime sich nach der »Kristallnacht« in besonderer Weise veranlasst sah, auf kritische Äußerungen hinsichtlich der Judenverfolgung zu reagieren: Fast die Hälfte aller Verfahren, die Kritik an der »Judenpolitik« des Regimes betrafen, wurden zwischen November 1938 und März 1939 eingeleitet.[64]

Ingesamt gesehen konnte das Regime die weitgehend passive Haltung, in der die meisten Deutschen während der Ausschreitungen verharrten, jedoch als Erfolg bewerten: Eine Gewaltaktion gegen die deutschen Juden, wie man sie seit den mittelalterlichen Judenverfolgungen nicht mehr erlebt hatte, war ohne offenen Protest hingenommen worden. Propagandistisch ließ sich das als Zustimmung ausgeben. Die Radikalisierung der Judenverfolgung war erfolgreich einen weiteren Schritt vorangetrieben worden.

Dass das Propagandaministerium mit dem Verhalten der Bevölkerung während des Pogroms und seiner Einstellung zur »Judenfrage« indes keineswegs zufrieden war, zeigte die neuerliche antisemitische Propagandakampagne, die direkt im Anschluss an den Pogrom in Gang gesetzt wurde.

Nach dem Pogrom: Schadensbegrenzung

Nach der offiziellen Beendigung des Pogroms am 10. November galt es, die Bevölkerung auf die bereits eingeleiteten gesetzlichen Maßnahmen zur Regelung der »Judenfrage« vorzubereiten; wie 1933 und 1935 sollte nun der Staat auf die Forderungen der als »Volk« getarnten Parteianhänger, die sich in den antijüdischen Ausschreitungen und Gewalttätigkeiten Luft gemacht hatten, in »geordneter« Weise reagieren. Am 12. November erschien in der gesamten Presse ein ausführlicher Kommentar von Goebbels, der in autoritativer Form zu dem Pogrom Stellung nahm. Goebbels machte »die Juden« noch einmal kollektiv für das Pariser Attentat verantwortlich und kam zu folgender Schlussfolgerung: »Das Judentum hat also in Paris auf das deutsche Volk geschossen. Die deutsche Regierung wird darauf legal, aber hart antworten.«[65]

Worin diese legale Antwort konkret bestehen sollte, war zunächst jedoch unklar – ein Dilemma für das Propagandaministerium. Ebenfalls am 12. November erließ es daher an die Presse die Anweisung, man solle sich davor hüten, »Vermutungen über die beabsichtigten gesetzlichen Maßnahmen auszusprechen (Einrichtung eines Ghettos, Verschickung aller unter 60 Jahre alten Juden in Arbeitslager). Solche Gerüchte seien ebenso zahlreich wie falsch.«[66]

Tatsächlich wurden am 12. November drei antijüdische Verordnungen erlassen: Juden durften keine Betriebe mehr leiten; sie mussten für die im Zusammenhang mit dem Pogrom entstandenen Schäden selbst aufkommen, ihre Versicherungsansprüche wurden zugunsten des Reiches beschlagnahmt, außerdem wurde den deutschen Juden als Gemeinschaft eine »Sühneleistung« in Höhe von einer Milliarde Reichsmark auferlegt. Im Luftfahrtministerium beriet derweil eine interministerielle Runde unter Vorsitz Görings weitere antijüdische Maßnahmen; auch darüber berichtete die Presse.[67]

Am 13. November hielt Goebbels vor den Propagandisten der Berliner Parteiorganisation eine Rede, die auf Anordnung des Propagandaministeriums von sämtlichen Zeitungen als verbindliche Stellungnahme des Regimes zum weiteren Vorgehen in der »Judenpolitik« abgedruckt wurde. Goebbels erläuterte hier die geplanten gesetzlichen Maßnahmen gegen die deutschen Juden und stellte klar, dass angesichts der bevorstehenden vollständigen Überführung des jüdischen Besitzes in »deutsche Hände« weitere »Aktionen« gegen jüdische Geschäfte eine Schädigung

»deutschen Volksvermögens« darstellten und entsprechend bestraft werden würden.[68]

Am 15. November versandte das Propagandaministerium eine fünfseitige »Kommentaranweisung« Goebbels' über die »Internationale Judenfrage« an die Redaktionen[69] und verbreitete außerdem ein Interview, das Goebbels der britischen Agentur Reuters gegeben hatte. In diesem Interview rechtfertigte der Propagandaminister die antisemitischen Maßnahmen, schloss weitere Schritte gegen die deutschen Juden nicht aus, erteilte jedoch gewalttätigen Aktionen eine Absage. Ziel der antisemitischen Politik sei eine »reinliche Scheidung zwischen Deutschen und Juden«. Versuchten die deutschen Juden, die neuen gesetzlichen Bestimmungen zu umgehen, so »wird es neue Gesetze geben, damit neue Demonstrationen vermieden werden. Eine andere Möglichkeit besteht nicht.« Deutschland habe »nur ein Interesse daran, dass die Juden aus dem Lande gingen«. Am 23. November hielt Goebbels noch eine Rede zur »Judenfrage«, die ebenfalls von der gesamten Presse übernommen wurde und weitere Vorgaben für die Propaganda enthielt.[70]

Diese Stellungnahmen des Propagandaministers bildeten die Eckpfeiler einer Mitte November gestarteten antisemitischen Propagandakampagne bislang unerreichter Intensität. In den kommenden Monaten wurde die »Judenfrage« zum alles beherrschenden Thema. Hatte man die antijüdischen Kampagnen der vergangenen Jahre in erster Linie über die Parteipresse geführt, wurde nun erstmals der Apparat des Propagandaministeriums in großem Umfang genutzt, um antisemitische Sprachregelungen an die gesamte Presse auszugeben. Entsprechend erschienen jetzt in praktisch allen deutschen Zeitungen täglich mehrere Beiträge zum Thema.[71] Anders als 1935 und (in geringerem Maße) im Frühjahr/Sommer 1938 lassen sich im Anschluss an den Pogrom keine wesentlichen Unterschiede zwischen Parteipresse und nichtnationalsozialistischen Blättern mehr feststellen. Bis in den Sommer 1938 hatten sich die ehemals bürgerlichen Blätter zumindest bemüht, über die antisemitischen Maßnahmen in erster Linie zu *berichten* und die Haltung der Redaktion offen zu halten; jetzt vermengten sich Berichterstattung und Kommentierung zu einer fast geschlossenen antisemitischen Hetzkampagne der gesamten Presse. Damit markiert der Novemberpogrom eine wichtige Etappe bei der Gleichschaltung der deutschen Presse: Mit Hilfe der »Judenfrage« wurde die gesamte Presse auf eine einheitliche Linie gebracht.

Die Kampagne verfolgte das Ziel, durch die Betonung der nun gegen die deutschen Juden ergriffenen gesetzlichen Maßnahmen die Erinnerung an die Gewalttaten vom 9. und 10. November in den Hintergrund zu drängen beziehungsweise die Gewaltaktionen nachträglich zu rechtfertigen. Gleichzeitig sollte die Bevölkerung nachdrücklich auf die weiterhin gebotene Distanz gegenüber Juden im Alltagsverhalten eingeschworen werden: Die während des Pogroms laut gewordene Kritik und Ablehnung der Gewaltaktionen hatte in der nationalsozialistisch kontrollierten Öffentlichkeit keinen Platz und sollte, das war offensichtlich das Hauptziel der Propagandaaktion, zum Verstummen gebracht werden. Außerdem galt es, der antijüdischen Politik des Regimes den Anschein einer »Zukunftsperspektive« zu geben; auch deshalb stand die antijüdische Gesetzgebung im Vordergrund der Presseberichterstattung. Daneben wurde die alte Propagandalinie fortgesetzt, jüdische Kriminalität besonders hervorzuheben und Juden in jeder nur denkbaren Form mit Skandalen in Verbindung zu bringen.[72]

Zur Entkräftung der ausländischen Kritik wurde die Presse aufgefordert, verstärkt über britische Gewalttaten gegen Araber in Palästina zu berichten.[73] »Wo bleibe denn«, so die auf der Pressekonferenz ausgegebene Leitlinie, »das Weltgewissen angesichts der Greueltaten in Palästina, das so wach sei, wenn in Deutschland ein paar Fensterscheiben kaputt gingen oder einige Synagogen brannten?«[74] Der *Westdeutsche Beobachter* fand bereits am 12. November den in dieser Entlastungsoffensive gewünschten Ton: »Kehrt vor der eigenen Tür! Internationale Einmischungsversuche zur Judenfrage in Deutschland.«[75]

Zu den Hauptmotiven der Kampagne zählte die Behauptung, der Antisemitismus befinde sich auch im Ausland im Aufwind, was sich insbesondere in einer fast geschlossenen Abwehrfront gegen eine weitere jüdische Einwanderung zeige.[76] Das *Berliner Tageblatt*, das zu diesem Thema ausgiebig berichtete, zog am 29. November die gewünschte Schlussfolgerung: »Wie aus den fortgesetzt aus aller Welt einlaufenden Meldungen hervorgeht, spitzt sich in wachsendem Tempo die Judenfrage genau in jener Richtung zu, die vorauszusehen war für den Augenblick, in dem auch die übrige Welt aus diesem oder jenem Grunde gezwungen sein würde, sich mit ihr unmittelbar auseinanderzusetzen. Nichts ist plötzlich unaktueller geworden, als das bisher gegen Deutschland bemühte platonische Mitgefühl für die Juden. Vor die Frage der Praxis gestellt, wandelt sich die allgemeine Haltung und steht plötzlich, aus verschiedenen Motiven, die letztlich alle auf den gleichen Kern zielen, geschlossen in eisiger Ablehnung.«

Ein weiteres Thema der Kampagne war die breite und fast schon genussvolle Schilderung des angeblichen Reichtums der deutschen Juden.[77] So rechnete etwa das katholische *Bamberger Volksblatt* seinen Lesern vor, das Durchschnittsvermögen der Juden übertreffe das der Deutschen noch immer um das 4,5-Fache. Das Blatt zog daraus die Schlussfolgerung: »Dieses, dem deutschen Volk durch Betrug genommene Vermögen wird jetzt durch die auferlegte Geldstrafe zu einem kleinen Teil wieder in den Besitz des deutschen Volkes zurückgeführt.«[78]

Daneben forderte das Propagandaministerium die Redaktionen auf, die »Judenfrage« auch auf kulturpolitischem Gebiet stärker zu betonen. Diese wichtige Nebenlinie der Kampagne wandte sich insbesondere an ein gebildetes Publikum und sollte an konventionelle antisemitische Vorurteile appellieren: an die Vorstellung, Juden stellten einen Fremdkörper in der deutschen Kultur dar. Am 17. November erhielt die Presse die Anweisung, jede Zeitung müsse »in den nächsten 10 Tagen eine Artikelserie veröffentlichen, in der die Rolle der Juden in Deutschland behandelt werden soll: in früheren Zeiten, in der Vorkriegszeit, am Hofe, in den ersten Kriegsjahren und in der Novemberrepublik«.[79] Auf der Pressekonferenz wurden dazu detaillierte Ausführungen gemacht und Literaturhinweise gegeben.[80]

In den kommenden Tagen lieferten die Zeitungen entsprechende Beiträge. Im Vordergrund standen dabei die angebliche Beherrschung und »Zersetzung« des deutschen Kulturlebens durch Juden vor 1933[81] sowie die Behauptung, Juden hätten die Widerstandskraft des deutschen Volkes im Weltkrieg entscheidend geschwächt und seien für Revolution und Kriegsniederlage verantwortlich.[82] Polemisiert wurde auch gegen die »moralische Entnervung der deutschen Jugend durch jüdische Sexualapostel«.[83] Einige Blätter holten weiter aus, bemühten Klassiker[84] mit Äußerungen zur »Judenfrage« oder stellten geschichtliche Betrachtungen an, um die Judenfeindschaft in den Rang einer historischen Konstante zu erheben.[85] Namentlich in bürgerlichen Blättern[86] und katholischen Presseorganen[87] fand dieser »kulturpolitische« Antisemitismus seinen Niederschlag; das führende Blatt des bürgerlichen Lagers, die *Frankfurter Zeitung*, leistete zu der Kampagne ebenfalls einen – wenn auch ostentativ bescheidenen – Beitrag.[88]

Dennoch blieb die »kulturpolitische« Kampagne weit hinter den Erwartungen des Propagandaministers zurück. Bereits am 19. November hieß es in der Pressekonferenz: »Die Anweisungen zur Judenfrage seien offenbar nicht überall verstanden worden. Es soll das Wirken der Juden in Deutschland gezeigt werden, in der Arbeiterbewegung, im Liberalismus, in der Kultur, in der Finanz, am Hofe, während des Krieges, beim Munitionsarbeiterstreik, im letzten Kriegsjahr in der Novemberrevolte, in den ersten Tagen der Republik, in der Korruption usw. Die Tendenz sei ebenfalls missverstanden worden. Gegen die Spießer heiße nicht, dass man durch Schlagzeilen den Eindruck erwecken solle, als seien große Teile des Volkes mit den Maßnahmen gegen die Juden nicht einverstanden. Die Artikelserie müsse in allen Zeitungen mit der deutlichen Tendenz schließen: Deutsches Volk, du hast jetzt lesen können, wie und wo dir die Juden geschadet haben, wenn du nun noch einen griesgrämigen Volksgenossen triffst, so weißt du, dass er einer von denen ist, die es noch immer nicht begriffen haben, die also zu den ständigen Neinsagern gehören. Notiere ihn dir. Das sind die Männer, die dem Führer in den Rücken fallen.«[89]

Obwohl die Presse nun verstärkt mit Materialien zur »Judenfrage« versorgt wurde,[90] sah das Propagandaministerium nur drei Tage später erneut Anlass zur Klage: »Die Serien über die Judenfrage hätten ... Minister Dr. Goebbels nicht befriedigt. In den meisten Zeitungen kämen die Artikel gesondert und seien nicht als Serienbeiträge zu erkennen. Die Presse möge sich mehr anstrengen.«[91]

Am 24. November 1938 bemängelte der Vertreter des Propagandaministeriums vor der Pressekonferenz: »Man wisse, dass der Antisemitismus sich heute in Deutschland immer noch zu einem wesentlichen Teil auf die Partei und ihre Gliederungen beschränkt und dass immer noch eine gewisse Schicht der Bevölkerung vorhanden ist, die nicht das geringste Verständnis dafür aufbringt, der überhaupt jede Einfühlungsmöglichkeit fehlt. Diese Leute seien bereits am Tage nach der Zertrümmerung der jüdischen Geschäfte sofort zu den Juden gelaufen, um nach Möglichkeit dort zu kaufen. Das liege zu einem großen Teil daran, dass wir zwar ein antisemitisches Volk, ein antisemitischer Staat sind, aber trotzdem in allen Lebensäußerungen des Staates und des Volkes der Antisemitismus so gut wie gar nicht zum Ausdruck kommt.« Für das Winterhalbjahr kündigte der Sprecher daher eine gründliche antijüdische »Aufklärungskampagne« an.

Die Journalisten erhielten detaillierte Anweisungen, wie sich bestimmte Meldungen mit antijüdischen Klischees verbinden und sich auf diese Weise ein dicht gespanntes Netz antijüdischer Propaganda spannen ließ, außerdem wurde in der Pressekonferenz häufig an das antijüdische

Leitmotiv der Propaganda erinnert.[92] Trotzdem zeigten sich die Sprecher schon nach wenigen Tagen erneut unzufrieden. Die »Aufklärungskampagne« schien nicht recht in Gang zu kommen.[93] Eine Anfang Dezember angekündigte besondere Hervorhebung antisemitischer Meldungen in den Agenturdiensten wurde tags darauf widerrufen.[94]

Die Wochenschauen hatten zwar ausführlich über die Trauerfeiern für vom Rath berichtet, sich an der antisemitischen Kampagne jedoch nicht beteiligt.[95] Der Rundfunk hingegen wurde in die Propagandakampagne einbezogen. Leider lässt sich das Radioprogramm nur bruchstückhaft rekonstruieren; wir besitzen aber ein aussagekräftiges Beispiel, das den abgestimmten Einsatz der einzelnen Medien für die Kampagne illustriert. Die täglich ausgestrahlten, jeweils fünfzehnminütigen Sendungen des Berliner Rundfunks »Echo am Mittag« und »Echo am Abend« enthielten in den Monaten vor dem Pogrom nicht einen einzigen antisemitischen Beitrag. Auch die Ereignisse in Paris und der Pogrom selbst kamen nicht vor. Aber am 10. November wurde ein Beitrag über die Eröffnung der Ausstellung »Der ewige Jude« ausgestrahlt, am 15. November wurde das Thema erneut aufgegriffen; am 19. November gab es einen Beitrag über das Institut zum Studium der »Judenfrage«. Am 22. November 1938 setzte ein antisemitisches Dauerfeuer ein: Bis zum 10. Dezember enthielt fast jede Ausgabe des »Echos« einen einschlägigen Beitrag. Dann ebbte die Kampagne langsam ab.[96] Auch die übrigen Radiostationen beteiligten sich in diesen Wochen intensiv an der antijüdischen Propagandakampagne.[97]

Auch der Propagandaapparat der Partei wurde mobilisiert. Wenige Tage nach dem Pogrom informierte Goebbels in seiner Eigenschaft als Reichspropagandaleiter der NSDAP die Parteiredner, man wolle eine bereits gestartete reichsweite Versammlungswelle bis zum März des folgenden Jahres fortsetzen, um so eine »Aufklärung der gesamten Bevölkerung über das Judentum« zu erreichen. Die Themen der Versammlungen müssten keineswegs »auf das jüdische Problem ausdrücklich Bezug« nehmen; gleichzeitig wurden die Redner aufgefordert, bei »der Behandlung der einzelnen politischen Probleme im Laufe einer Rede [...] wiederholt, da wo es begründet ist, auf die Rolle des Judentums« hinzuweisen. Diese nicht allzu plakative Vorgehensweise schien Goebbels geboten, da sich während des Pogroms gezeigt habe, dass »ein großer Teil des Bürgertums für die durchgeführten Maßnahmen geteiltes Verständnis« aufgebracht habe. »Zum größten Teil«, so Goebbels, »laufen diese Spießer und Kritikaster herum und versuchen, Mitleid mit den ›armen Juden‹ zu erwecken mit der Begründung, dass Juden auch Menschen seien.« Die Masse der Bevölkerung, die »nicht in der Kampfzeit und auch späterhin nationalsozialistische Zeitungen regelmäßig gelesen hat, hat damit nicht die Aufklärung erfahren, die für den Nationalsozialismus im Kampf ohne weiteres gegeben war«. Dieses »Versäumnis« solle nun nachgeholt werden.[98]

Trotz der sich schnell einstellenden Ermüdungserscheinungen wurde die antisemitische Kampagne auch in der Presse über das Jahresende hinaus fortgeführt. Ihren Höhepunkt und gleichzeitig ihr Ende erreichte sie, als Hitler in seiner Reichstagsrede zum Jahrestag der Machtübernahme am 30. Januar 1939 vor der gesamten Weltöffentlichkeit die »Vernichtung der jüdischen Rasse in Europa« im Falle eines erneuten Weltkriegs ankündigte[99] – eine Passage, die in der Presseberichterstattung sowie in der gesamten Propaganda[100] groß herausgestellt und kommentiert wurde.[101]

Die Vorstellung, die Auseinandersetzung mit dem »Judentum« verlagere sich auf eine internationale Ebene, betonte zu diesem Zeitpunkt auch einer der rabiatesten Antisemiten, Julius Streicher. In einem Interview mit dem *Angriff* führte er Ende Januar 1939 aus: »Die Judenfrage hat sich in den letzten Jahren entscheidend verändert. Wir waren bisher wie in einer belagerten Festung, aus der wir den Feind herausdrängen mussten. Jetzt steht er an den Grenzen des Reiches. Wir müssen der Welt klarmachen, dass Deutschland niemals Sicherheit genießt, solange seine Grenzen von Juden besetzt sind. Denn die Juden sind rachsüchtiger als wir. Sie werden, wenn sie jemals wieder hochkommen sollten, sich nicht damit begnügen, uns in Konzentrationslager zu schicken.«[102] »Die Judenfrage«, drohte Streicher in einer ebenfalls Ende Januar gehaltenen Rede im Berliner Sportpalast, sei »eine Frage des ganzen Erdballes«.[103]

Im Februar 1939 lief die im November 1938 gestartete konzertierte antijüdische Propagandakampagne in der Presse endgültig aus; die Parteiblätter fuhren ihre antisemitische Propaganda etwa auf den Stand von 1937 zurück.[104] Zwar gab es auch in den folgenden Monaten immer wieder gezielte antisemitische Presseanweisungen,[105] aber eine dominierende Stellung nahm das Thema in der Propaganda nicht mehr ein. Im Gegenteil: Die einschlägigen Richtlinien liefen darauf hinaus, die »Palästina-Frage« beispielsweise »vorsichtig« zu behandeln, die Berichterstattung zu bestimmten Themen einzuschränken und Gerüchten entgegenzutreten.[106]

Ein Grund dafür ist in einem Dilemma der Propaganda nach dem Novemberpogrom zu suchen. Nach der völligen Ausschaltung der Juden aus dem sozialen und wirtschaftlichen Leben ließ sich die total entrechtete, expropriierte und vor allem mit Auswanderungsvorbereitungen beschäftigte jüdische Minderheit in Deutschland nur noch schwer als Bedrohungspotenzial darstellen. Vielmehr ging es nach sechs Jahren nationalsozialistischer Judenverfolgung darum, den *Erfolg* einer systematischen Politik der Ausschaltung propagandistisch herauszustellen. Der durch das Regime beabsichtigte »soziale Tod« der noch in Deutschland lebenden Juden, ihr weitgehendes »Verschwinden« aus der deutschen Gesellschaft war kaum vereinbar mit groß angelegter antisemitischer Agitation – zumal die Bevölkerung, nachdem sie die Ereignisse vom 9. und 10. November weitgehend negativ aufgenommen hatte, nun auch auf die neuerliche Propagandawelle offenbar ohne großen Enthusiasmus reagierte. Das Hauptziel der Propagandakampagne, Kritik gegen die antisemitische Politik zum Verstummen zu bringen, schien ohnehin erreicht zu sein, wie eine ganze Reihe von lokalen Berichten aus Bayern zeigt.[107]

Nach dem Ende der intensiven Kampagne verlegte sich die Propaganda nun – neben Schilderungen der angeblich verhängnisvollen historischen Rolle der Juden[108] – vor allem darauf, ganz im Geiste der Hitler-Rede vom 30. Januar die »Judenfrage« als ein internationales Problem darzustellen, für das es nur radikale Lösungen geben könne. »Das Weltjudentum«, so erklärte Rosenberg Ende März in einer Rede vor Sudetendeutschen, die der *Völkische Beobachter* ausführlich wiedergab, »hat dem Reich den Krieg erklärt.« Bei der Befreiung von »den jüdischen Parasiten« komme Deutschland eine Vorreiterrolle zu, die auch »im Interesse der europäischen Völker liege«.[109] Und Robert Ley, der Führer der Deutschen Arbeitsfront, verkündete im Mai 1939 in Innsbruck: »Der Jude kann nicht allein in unserem Volk vernichtet sein, sondern wir dürfen nicht eher ruhen und rasten, bis der Jude in der ganzen Welt vernichtet ist.« Die Rede wurde im Rundfunk ausgestrahlt.[110]

Das »Weltjudentum« geriet nun immer stärker in den Blick: als Verursacher des Palästinaproblems,[111] als vermeintlich unheilvoll wirkende Minderheit in verschiedenen Ländern, die »Abwehr« hervorrufen musste, und vor allem als »Drahtzieher« der amerikanischen Regierung, die deshalb »Kriegshetze« gegen Deutschland betreibe. Dagegen, so die Aufforderung an die Presse 1939, sei scharf vorzugehen.[112]

Die gesamte Presse (nicht nur die Parteiblätter) veröffentlichte daraufhin in den kommenden Wochen und Monaten massive Attacken gegen die Regierung Roosevelt: Dieser vollstrecke die »Prophezeiungen« der

Protokolle der Weisen von Zion, er sei Mitwisser bei einem Mordkomplott und führe die USA in eine »Judendiktatur«.[113] Daneben standen drastische Schilderungen des angeblich verhängnisvollen Einflusses der amerikanischen Juden. Bevorzugte Themen waren dabei die Verhältnisse im »jüdischen« New York[114] sowie die angebliche zentrale Rolle von Juden in einer als skrupellos apostrophierten Sensationspresse,[115] in Korruption,[116] Kriminalität[117] und bei der – Profit versprechenden – Kriegsvorbereitung.[118]

Die Propaganda ging so weit, die von ihr aufgeworfene und unter verschiedenen Aspekten grell beleuchtete amerikanische »Judenfrage« zu einem wesentlichen Kriterium für die weitere Entwicklung der Beziehungen zu den USA zu machen. In einem Leitartikel im *Angriff* vom 22. Januar betonte Goebbels unter der Überschrift »Was will eigentlich Amerika?«, das »Judentum klatscht natürlich immer Applaus, wenn es gegen Deutschland geht«. Es erhebe sich nun die Frage, »ob das amerikanische Volk sich dem Judentum zuliebe in eine unfruchtbare Feindschaft zum Deutschen Reich und vor allem zum deutschen Volk hineinhetzen lassen soll und darf.«

Am 25. Februar veröffentlichte Goebbels unter der historisch beziehungsreichen Überschrift »Krieg in Sicht«[119] einen weiteren antisemitischen und antiamerikanischen Kommentar im *Völkischen Beobachter*. Darin wehrte er sich gegen die angebliche »internationale Hetze« gegen Deutschland und das »Kriegsgeschrei«: »Die Hintermänner dieser Hetze sind uns wohl bekannt. Sie sind in den Kreisen des internationalen Judentums, der internationalen Freimaurerei und des internationalen Marxismus zu suchen.«

Das hinter dieser Gedankenführung stehende Kalkül ist offensichtlich: Verschlechterten sich die Beziehungen zu den Vereinigten Staaten, so war der Beweis für den unheilvollen Einfluss der amerikanischen Juden erbracht; sollten sich die Beziehungen jedoch verbessern, so hatte man im amerikanischen Volk einen weiteren Verbündeten im Kampf gegen das »Judentum« gewonnen. Die Logik des radikalen Antisemitismus musste so oder so aufgehen.

1939: Indifferenz und Desinteresse?

Im Gegensatz zu den offiziellen Stimmungsberichten unmittelbar nach dem Pogrom kommt in den Berichten des Jahres 1939 die Einstellung der Bevölkerung zur »Judenfrage« kaum vor.[120] Auch in den Sopade-Berichten dominieren 1939 rückschauende Berichte zum Novemberpogrom, während man über die aktuelle Lage im Reichsgebiet wenig erfährt.[121] Eine mögliche Erklärung für dieses Phänomen besteht darin, dass die Bevölkerung nach der endgültigen Ausgrenzung der Juden aus der deutschen Gesellschaft seit Ende 1938 diesen nur noch Indifferenz und Desinteresse entgegengebracht habe. Die Juden seien mehr und mehr aus ihrem Gesichtskreis verschwunden. Dieser Prozess der »Depersonalisierung« des »Judenproblems«, der schwindenden konkreten Erfahrung im Umgang mit den Opfern der Verfolgung, habe sich, so die gängige Erklärung, mit einem Gefühl der Ohnmacht und einer Haltung des bewussten Wegschauens vermischt.[122]

Diese These scheint mir jedoch wenig geeignet, um den aus den Stimmungsberichten hervorgehenden rapiden Rückgang des Interesses zu erklären. Sind die gleichen Menschen, die im November 1938 noch hochgradig erregt auf die Gewaltakte reagierten, wenige Monate später in Indifferenz und Desinteresse versunken, obwohl die Propaganda dem Thema bis zum Februar 1939 einen zentralen Stellenwert einräumte? Ist das Schweigen der Berichte tatsächlich gleichbedeutend mit schweigendem Desinteresse als kollektiver Befindlichkeit der damaligen deutschen Bevölkerung?

Meines Erachtens lässt sich der auffällige Mangel an verzeichneten Reaktionen im Hinblick auf die »Judenfrage« weitaus einfacher und plausibler mit dem Zweck der Berichte erklären: Diese zielten, wie erwähnt, nicht in erster Linie darauf, die »wirkliche« Volksstimmung wiederzugeben, sondern waren vor allem ein Resonanzboden der nationalsozialistischen »Judenpolitik«.

In den Stimmungsberichten des Regimes zeigt sich 1939 das gleiche Muster wie 1935 nach Erlass der Nürnberger Gesetze: Auf die Kritik der Bevölkerung an den Gewaltmaßnahmen und vor allem an den Zerstörungen folgte nun eine Phase der Ruhe, sobald die noch offenen Fragen endgültig gesetzlich geregelt wurden. Die *deutsche* »Judenfrage« war aus der Sicht des Regimes weitgehend erledigt – auch die Propaganda verschob den Fokus nun auf die *internationale* »Judenfrage«. Jetzt ging es vor allem um die Organisierung der Auswanderung der noch in Deutschland lebenden Juden; dies aber konnte bewerkstelligt werden, ohne erneut die nationalsozialistisch dirigierte Öffentlichkeit einzuschalten. Die Ermüdungserscheinungen der antisemitischen Propagandakampagne im Laufe des Winters 1938/39 deuten darauf hin, dass das breite Publikum mit antisemitischer Propaganda übersättigt worden war. Die Indifferenz galt weniger dem Schicksal der Juden als vielmehr der ewigen propagandistischen Litanei. Das Hauptziel der Propagandakampagne nach dem Novemberpogrom, die aufgekommene Kritik an der »Judenpolitik« des Regimes zum Verstummen zu bringen, war damit erreicht. Die Stimmungsberichterstattung spiegelt daher nicht (oder nicht in erster Linie) die tatsächliche Beruhigung einer vor allem um ihr eigenes Wohlergehen besorgten und moralisch indifferenten Bevölkerung wider, sondern das Abklingen einer Kampagne, die aus Sicht des Regimes nach der effektiven Ausschaltung der Juden aus Wirtschaft und Gesellschaft und der wiederhergestellten öffentlichen Ruhe ihren Zweck erfüllt hatte. Jetzt traten andere Themen in den Vordergrund.

Die »Judenfrage« nach Beginn des Zweiten Weltkrieges

An der schon ab März 1939 feststellbaren relativen Zurückhaltung in der antisemitischen Propaganda änderte sich auch in der Zeit zwischen Kriegsausbruch 1939 und dem Beginn des Krieges gegen die Sowjetunion im Sommer 1941 grundsätzlich nichts. Der Kriegsbeginn im Herbst 1939 bedeutete zwar eine erhebliche Verschärfung der antijüdischen Politik: Während die deutschen Juden verstärktem Verfolgungsdruck ausgesetzt waren, bekamen die etwa zwei Millionen polnischen Juden, die im von den Deutschen besetzten Gebiet wohnten, in noch viel stärkerem Maße die Härte des Regimes zu spüren.[1] In der Propaganda fand diese weitere Radikalisierung der Verfolgung jedoch nur sehr begrenzten Widerhall. Dafür gab es verschiedene Gründe:

Bereits mit dem Novemberpogrom hatte das Regime, indem es das Attentat des Herschel Grynszpan auf den deutschen Diplomaten vom Rath als Vorwand nahm, eine Verbindung zwischen der angeblichen äußeren Bedrohung des Reiches durch das »internationale Judentum« und dem Schicksal der deutschen Juden hergestellt. Der Zusammenhang zwischen Krieg und weiterer Verschärfung der Verfolgung wurde, wie wir gesehen haben, wenige Monate nach dem Pogrom in Hitlers notorischer Reichstagsrede vom 30. Januar 1939 noch expliziter formuliert: Im Falle eines erneuten *Weltkrieges* sei mit der »Vernichtung der jüdischen Rasse in Europa« zu rechnen.[2] Bis Mitte 1941 erinnerte die deutsche Propaganda indes nur gelegentlich an diese Drohung.[3] Die politische Führung des »Dritten Reiches« erwog zwar seit Kriegsbeginn Pläne, die ganz offensichtlich auf eine physische Vernichtung der Juden unter ihrer Kontrolle hinausliefen, sie konnte sich jedoch nicht entschließen, diese Pläne in die Tat umzusetzen. Dies sollte erst geschehen, als der Krieg 1941 tatsächlich zum Weltkrieg ausgeweitet wurde.

Die Juden in Deutschland – entrechtet, verarmt, vollkommen von der übrigen Bevölkerung isoliert – ließen sich propagandistisch als Bedrohung kaum noch instrumentalisieren. Neue Verbote, die den jüdischen

Lebenskreis weiter einschränkten, wurden daher vorzugsweise unter Ausschluss der Öffentlichkeit direkt an die jüdischen Gemeinden weitergeleitet.[4] Über die Auswanderung – vor Kriegsbeginn das Hauptziel des Regimes – sollte überhaupt nicht mehr berichtet werden;[5] zwar hatte man die Absicht, die »Judenfrage« durch Auswanderung (besser gesagt: durch Vertreibung) zu »lösen«, offiziell noch nicht aufgegeben, der Krieg vereitelte aber die Durchführung in größerem Umfang. Dies wollte man vor der Bevölkerung ebenso verborgen halten wie die Tatsache, dass die Alternative, über die man jetzt verstärkt nachdachte – die Deportation der europäischen Juden in ein »Reservat« –, ebenso wenig umzusetzen war: Solche Pläne, die sich zunächst auf Polen, dann auf Madagaskar und ab Anfang 1941 auf die zu erobernden sowjetischen Gebiete bezogen, galten grundsätzlich als Geheimsache und waren demnach für die Propaganda tabu.[6] Die propagandistische Zurückhaltung in der »Judenfrage« – Zurückhaltung immer vor dem Hintergrund der aggressiven Kampagnen der vergangenen Jahre – spiegelte demnach die verfahrene Situation wider, in die sich die Politik manövriert hatte.

Auch die katastrophale Situation der polnischen Juden veranlasste das Regime nicht, mögliche radikale »Lösungen« dieses selbst geschaffenen Problems öffentlich voranzutreiben. Denn das Generalgouvernement galt zunächst als ein mit unlösbaren Problemen beladener Landstrich, über den am besten so wenig wie möglich nach außen drang. So gab der Sprecher des Propagandaministeriums am 20. Oktober 1939 im Hinblick auf das Generalgouvernement die Parole aus, es werde in Zukunft »pressemäßig über dieses Gebiet nicht viel zu sagen sein, und zwar sowohl aus inneren wie auch aus äußeren Gründen«. Jede größere Stadt habe einen jüdischen Bevölkerungsanteil von mehr als einem Drittel, die allgemeine Lage sei durch Flüchtlingsbewegungen, Zerstörungen und Umsiedlungen gekennzeichnet. Jede Berichterstattung über diese Probleme drohe nur die gegnerische »Gräuelpropaganda« anzustacheln.[7]

Die antijüdischen Maßnahmen im besetzten Polen – Massenumsiedlungen, Ghettobildung, jüdische Zwangsarbeit – wurden in der Presse ebenfalls kaum thematisiert.[8] Gelegentlich erschienen jedoch Reiseberichte über das besetzte polnische Gebiet, in denen, stets mit der Attitüde des Ekels, die »unmöglichen Zustände« in den jüdischen Wohnvierteln geschildert wurden; diese seien typisch für die primitive Lebensweise und Rückständigkeit der osteuropäischen Juden.[9]

Der Angriff brachte zum Beispiel am 24. und 26. Oktober 1939 eine

Reportage aus dem besetzten Polen, die auch die Situation der Juden streifte. So heißt es über Bromberg: »An den Mauern der Synagoge bekundet eine große Inschrift, dass die Stadt judenfrei ist.« Am 3. November 1939 erschien eine Reportage über polizeiliches Vorgehen gegen »echte Kaftan-Juden«; die *Münchner Neuesten Nachrichten* druckten den Beitrag am nächsten Tag nach. Am 17. Februar 1940 folgte unter der Überschrift »Der deutsche Besen kehrt« ein ganzseitiger Beitrag über Lodz. Der *Völkische Beobachter* schilderte am 13. November 1939 das »Ghetto von Lodz« und am 2. Dezember 1939 eine »Begegnung mit Juden in Polen«. Am 21. März 1940 ging es unter dem Titel »Brutstätte des Judentums« unter anderem – in beschönigender Form – um das vom Lubliner SS- und Polizeiführer Odilo Globocnik initiierte Zwangsarbeitsprogramm. Die *NS-Parteikorrespondenz* griff das Thema am 24. März 1940 ebenfalls auf: »Antwort auf die Judenfrage im Generalgouvernement: Im Getto aller Gettos – Die Lüge von der Ausrottung – Statt Vernichtung Pflicht zur Arbeit – Bilder aus der Judenmetropole Lublin – SS-Oberführer Globotschnigg [sic!] über die deutschen Maßnahmen.« Am 1. Mai 1940 wusste der *Völkische Beobachter* aus Lodz (jetzt in Litzmannstadt umbenannt) zu berichten, die Stadt sei »von der jüdischen Krankheit [...] durch eine saubere Operation geheilt«; der deutsche Besucher laufe nun nicht mehr Gefahr, durch »dieses ameisenhafte Gewimmel eines unbeschreiblich dreckigen, zerlumpten, stinkenden Judenpacks angeekelt zu werden«. Bei der »Operation« handelte es sich um die Absperrung des Ghettos vom 30. April 1940, auf die hier jedoch nur angespielt wird. Genaueres erfuhren die Leser nicht. Der *Völkische Beobachter*, immerhin das Zentralorgan der NSDAP, beließ es auch im Weiteren bei wenigen Beiträgen.[10]

Denn diese Art der Berichterstattung ließ sich nicht beliebig ausdehnen, musste sie doch bei den Lesern die Frage auslösen, mit welcher langfristigen Strategie das Regime diesen »unhaltbaren Zuständen« beikommen wollte – und gerade zu dieser Frage wollte und konnte die Propaganda sich nicht äußern. Hinzu kam ein weiterer Gesichtspunkt: die außenpolitische Lage. Vor dem Hintergrund des Nichtangriffspakts mit der Sowjetunion und des Bestrebens, einen amerikanischen Kriegseintritt zu verhindern, gebot es sich, das Stereotyp vom »jüdischen Bolschewismus« nicht weiter zu benutzen und auch die These von der »jüdischen Weltverschwörung« nicht allzu sehr zu strapazieren.

So ordnete Goebbels Anfang Juli 1940 ausdrücklich an, von Angriffen auf Amerika Abstand zu nehmen, nachdem das Propagandaministerium im Vorjahr, wie geschildert, eine erheblich antisemitisch aufgeladene Kampagne gegen die USA geführt hatte. Nun hieß es, es dürfe »den Juden in Amerika keine Gelegenheit gegeben werden, sich mit uns auf Grund irgendwelcher unbedachter Äußerungen anzulegen«; es sei besser, die USA als »quantité négligeable« zu behandeln.[11] Und hatte das Propagandaministerium vor 1939 noch großen Wert darauf gelegt, jüdische Sowjetfunktionäre bei jeder Nennung mit dem Zusatz »Jude« zu kennzeichnen, die Erörterung der jüdischen Herkunft westlicher Politiker jedoch tunlichst zu unterlassen, galt jetzt umgekehrt: »Die Presse soll nochmals daran erinnert werden, dass bei jeder Nennung eines Juden dieser als Jude bezeichnet werden soll, ausgenommen sind Sowjetrussland und alle die Fälle, in denen die diplomatische Rücksichtnahme den Zusatz verbietet.«[12] Es erforderte einiges Fingerspitzengefühl, um als Journalist allen Anforderungen der Presselenkung gerecht zu werden.

Gegenüber Großbritannien war die propagandistische Lage nicht minder kompliziert. Es wurden zwar immer wieder Anläufe unternommen, den Krieg als »jüdischen Krieg« darzustellen und das Thema Antisemitismus zur »Demaskierung« des britischen Kriegsgegners einzusetzen; doch aus den genannten Gründen verbot es sich auch hier, diese Ansätze zu einer breit angelegten antisemitischen Kampagne auszudehnen. Allein der Blick in die Anweisungen des Propagandaministeriums zeigt, dass die Behauptung, die britische Regierung sei Handlanger internationaler jüdischer Kräfte, zwar immer wieder auftauchte, jedoch keineswegs zum alles überstrahlenden Leitmotiv wurde.[13]

Aus all diesen Gründen war das Thema Antisemitismus für die deutsche Propaganda zwischen Kriegsbeginn und Sommer 1941 nur von begrenztem Wert. Eine nähere Analyse der Presseberichterstattung bestätigt dieses Bild.

In den Vorkriegsmonaten Mai bis August 1939 hatte die Frequenz der antisemitischen Beiträge im *Völkischen Beobachter* bei durchschnittlich zwei bis drei Beiträgen pro Woche gelegen; zwischen September 1939 und Mai 1941 waren es meist nicht mehr als zwei antisemitische Beiträge pro Woche. In einigen Monaten – im November 1939, August 1940 sowie im März und Mai 1941 – finden sich zwar drei bis vier Beiträge pro Woche, doch verdichteten sie sich nie zu einer antisemitischen Kampagne, die denen der Jahre 1933, 1935 oder 1938 vergleichbar gewesen wäre.

Vor allem in den ersten Monaten nach Kriegsbeginn versuchten der *Völkische Beobachter* und die übrige Parteipresse gleichwohl, »den Juden«

die Schuld am Ausbruch des Krieges zuzuschreiben und sie als die eigentlichen Machthaber im feindlichen Lager, namentlich in Großbritannien, darzustellen. Daneben wurden insbesondere die polnischen Juden für angebliche Gräuel gegen Volksdeutsche verantwortlich gemacht.[14]

Noch im September 1939 startete der *Völkische Beobachter* eine Artikelserie[15] zum Nachweis der »jüdischen Kriegsschuld«, die Ende Oktober darin gipfelte, die Erklärung Chaim Weizmanns, des Präsidenten der Zionistischen Weltorganisation, Großbritannien im Krieg gegen Deutschland unterstützen zu wollen, als »förmliche Allianz zwischen England und dem Weltjudentum« zu interpretieren.[16] Die übrige Parteipresse, so scheint es, beteiligte sich nur halbherzig an diesem Versuch der Schuldzuweisung,[17] die bürgerlichen Blätter hielten sich noch mehr zurück.[18] Die *Deutsche Allgemeine Zeitung* wurde allerdings wieder ihrer außenpolitischen Sonderrolle gerecht, als sie in ihrer Morgenausgabe vom 31. Oktober 1939 unter der Schlagzeile »Juden hinter dem englischen Krieg« einen Brief veröffentlichte, der angeblich bei einem Angestellten der jüdischen Kultusgemeinde in Prag gefunden worden war und die »Zusammenhänge tschechischer Juden mit der Kriegsverbrecher-Zentrale in London eindeutig« belege.[19]

Auch das Attentat Georg Elsers auf Hitler am 8. November 1939 wurde in der Parteipresse (aber keineswegs von allen Parteiblättern) jüdischen Hintermännern zur Last gelegt.[20] Das Propagandaministerium gab der Presse allgemein die Anweisung, nun solle die »Auseinandersetzung mit den Kreisen fortgesetzt werden, die als geistige Urheber erscheinen: Kreise der internationalen Kriegshetzer und der großen Juden. Wenn jetzt das Wort ›Jude‹ in diesem Zusammenhang falle, so dürfe es nur in der Art erscheinen, dass sie neben die Kriegshetzer gestellt werden, und zwar nicht die Juden in Deutschland, sondern die internationalen Juden. Man habe kein Interesse daran, dass der Rest der Juden in Deutschland nun totgeschlagen werde.«[21]

Die bürgerliche Presse zeigte in dieser Frage keine einheitliche Haltung: Während etwa die *Frankfurter Zeitung* allgemein davon sprach, die Spur führe ins Ausland[22] (und damit eine Formulierung aufnahm, die Himmler in einer Presseerklärung in die Welt gesetzt hatte), machten die *Münchner Neuesten Nachrichten* die »internationalen Kriegstreiber und Kriegsschieber« und das »internationale Judentum« für die »intellektuelle Urheberschaft« an dem Attentat verantwortlich.[23] Die *Deutsche Allgemeine Zeitung* sah in einem Leitartikel »England mit seinem Secret Service« sowie »das Weltjudentum« am Werk und feuerte eine massive Polemik gegen angeblich kriegslüsterne jüdische Kreise in Großbritannien ab,[24] und ähnlich betrachtete die *Berliner Börsenzeitung* die »Kriegshetzer und die großen jüdischen Geldgeber« mit der »unmittelbarsten Verantwortung belastet«.[25] Doch trotz solcher Stellungnahmen auch in der ehemals bürgerlichen Presse war es dem Propagandaministerium nicht gelungen, die Behauptung von der »jüdischen« Urheberschaft an dem Attentatsversuch als verbindliche Sprachregelung für die gesamte Presse durchzusetzen. Die *Schlesische Zeitung* beispielsweise ging nicht auf das antisemitische Motiv ein, sondern lastete das Attentat ganz dem Secret Service an.[26]

Die Tatsache, dass der britische Kriegsminister Leslie Hore-Belisha jüdischer Abstammung war, machte ihn in den Augen der NS-Propaganda zum idealen Angriffsziel. Über den »jüdischen Kriegsminister«, wie er vorzugsweise in der Parteipresse genannt wurde, wurden Kübel voll Unrat ausgegossen: »Jeder kennt«, so schrieb etwa der *Völkische Beobachter*, »seine jüdische Affenvisage mit den Negerlippen.«[27] Als Hore-Belisha im Januar 1940 zurücktrat und die deutsche Propaganda damit eine ihrer beliebtesten Zielscheiben verlor, gab das Propagandaministerium der Presse folgende Hinweise zur Kommentierung: »Der Jude war bis jetzt ein zu mächtiges Aushängeschild für die gleichbleibende jüdische Tätigkeit und muss deshalb weichen. Es hat sich als unzweckmäßig erwiesen, ihn so lange so ungetarnt an die Front zu stellen.« Er werde jedoch »im Hintergrund weiter aktuell bleiben«.[28]

Zwei Tage später kritisierte der Sprecher des Propagandaministeriums die Presse, weil sie sich nicht an diese Linie gehalten, sondern alle möglichen Gründe für den Rücktritt angegeben habe. Der Sprecher mahnte: »Alle deutschen Zeitungen müssen jetzt eine deutsche Stimme bringen, in der ausdrücklich der Jude Hore-Belisha als der gestürzte Minister herausgestellt werde. Der Jude sei für die jüdischen Hintermänner nicht mehr tragbar[...]. Ein Jude wäre tragbar geblieben, wenn das Geschäft floriert hätte, das er betrieb. Da aber der Krieg nicht so verlief, wie man ihn sich gedacht hätte, müsse das Geschäft jetzt zweifelhaft erscheinen und der Jude werde verschwinden, eine Methode, wie sie auch früher in der deutschen Republik angewandt worden sei, als in den ersten Jahren Juden herrschten und in den späteren in den Hintergrund traten.«[29]

Erst nach diesen deutlichen Worten fand die Presse zu einer einheitlichen Linie: Dem Leser musste erklärt werden, dass der Rücktritt ein Beweis für die nach wie vor ungebrochene Macht »der Juden« sei. Die Behandlung des Rücktritts ist ein Paradebeispiel dafür, wie das Propagandaministerium versuchte, das antisemitische Leitmotiv der Presse geradezu einzubleuen.

Der *Völkische Beobachter* führte die Kampagne am 8. und 9. Januar mit entsprechenden Schlagzeilen an.[30] Im *Angriff* kommentierte Robert Ley: »Mit derselben Unerbittlichkeit, wie diese jüdisch-englische Plutokratie uns die Vernichtung angesagt hat, geben wir den Schlag zurück! England und der Jude müssen vernichtet werden, damit die Welt zur Ruhe kommt und damit der arbeitende Mensch einen Lohn erhält und seine soziale Stellung in der Welt gesichert bekommt.«[31]

Die bürgerliche Presse bemühte sich nun, in teilweise ausführlichen Kommentaren das Versäumte nachzuholen und ihre bisherige Berichterstattung zu ergänzen beziehungsweise umständlich zu korrigieren. Die *Frankfurter Zeitung*, die noch am Vortag gemeldet hatte, Hore-Belisha sei durch die britische Generalität gestürzt worden, brachte jetzt den gewünschten Kommmentar: »Er tritt hinter die Kulisse zurück, vor der er bisher agierte und die seine Person allzu deutlich vor der Öffentlichkeit erscheinen ließ. Kein Zweifel, dass sein Wirken auch in Zukunft unvermindert und unverändert den Zielen gelten wird, die die englische Politik verfolgt und die Hore-Belisha – freilich aus ganz anderen und keineswegs ›englischen‹ Gründen – verfolgt hat und verfolgen wird: der Vernichtung Deutschlands.«[32]

Auch die *Münchner Neuesten Nachrichten*, die in ihrer Rücktrittsmeldung zunächst gar nicht auf den Umstand eingegangen waren, dass Hore-Belisha jüdischer Abstammung war, legten nach: »Er ist zurückgetreten, weil er Jude ist und das Weltjudentum und die von ihm gelenkte Kriegspartei zur Überzeugung gelangten, dass ein Jude, noch dazu einer vom Schlage Hore-Belishas, als englischer Kriegsminister untragbar geworden ist, eine Belastung für das Judentum und ein Hemmnis für den plutokratischen Krieg darstellt.«[33]

Die *Deutsche Allgemeine Zeitung* hatte zunächst darüber spekuliert, Hore-Belishas jüdische Abstammung habe in britischen und französischen Führungskreisen Unwillen erregt – und damit der offiziellen Propagandathese vom »jüdischen Krieg« gegen Deutschland auf eklatante Weise widersprochen.[34] In ihrer Abendausgabe vom 8. Januar 1940 variierte sie den durch das Propagandaministerium vorgegebenen Kommentar wie folgt: »Das Judentum hat auch in diesem Fall die alte Taktik erneuert, einen kompromittierten Rassegenossen in den Hintergrund treten zu lassen. Es will seinen Krieg, der ebenso ein jüdischer wie ein englischer Krieg ist, nunmehr durch andere weiterführen lassen und ist dabei sicher, die Fäden nach wie vor in der Hand zu behalten.«[35]

Angesichts der Notwendigkeit, das Leitmotiv des »jüdischen Krieges« von der Person des unbrauchbar gewordenen Hore-Belishas abzulösen, versuchte der *Völkische Beobachter* einen Schritt weiter zu gehen. Am 11. Januar 1940 titelte er: »Eine sensationelle Enthüllung: Dieser Krieg ist der ›Heilige Krieg‹ der Juden«, und am 13. Januar: »Der britisch-jüdische Betrug an den Arabern«. Doch die übrige Presse konnte oder wollte sich nicht entschließen, in eine konzertierte antisemitische Kampagne einzutreten. Die Vertraulichen Informationen des Propagandaministeriums rügten die Presse am 13. Januar 1940, sie habe es »mit wenigen Ausnahmen noch nicht verstanden […] der propagandistischen Parole der Neujahrsbotschaft des Führers, in der vom Kampf gegen die ›jüdischen und reaktionären Kriegshetzer in den kapitalistischen Plutokratien‹ die Rede war, auch journalistischen Nachdruck in der täglichen Arbeit zu verleihen«. Antisemitische Themen müssten in Zukunft »zum täglichen Zeitungsstoff werden«. Nur durch »größere Aufmerksamkeit der Hauptschriftleiter in Richtung auf das jüdisch-kapitalistische Thema wird die notwendige propagandistische Dauerwirkung erzielt.« Doch genau dies blieb in den folgenden Wochen und Monaten aus, und auch der *Völkische Beobachter* reduzierte seine antisemitischen Beiträge bis Ende Januar 1940 wieder auf das übliche Niveau.[36]

In den folgenden Monaten erschienen in der Presse, namentlich den Parteiblättern, zwar immer wieder Artikel, die die britische Regierung als Marionette »der Juden« darstellten, doch als dauerhaftes Leitmotiv der Gesamtpropaganda etablierte sich das Thema nicht.[37] Als beispielsweise die Veröffentlichung von Dokumenten aus dem polnischen Außenministerium Ende März 1940, mit deren Hilfe das deutsche Auswärtige Amt die angebliche Kriegsschuld Englands und Frankreichs beweisen wollte, insbesondere von der Parteipresse für antisemitische Ausfälle genutzt wurde,[38] zogen die nichtnationalsozialistischen Blätter nur halbherzig mit; einige wichtige bürgerliche Zeitungen begnügten sich damit, die Dokumente in antibritischem Sinne zu interpretieren, ohne diese Position mit antisemitischen Angriffen zu verknüpfen.[39]

In den Wochenschauen spielte das Thema Judenverfolgung zwischen Kriegsbeginn und dem Sommer 1941 ebenfalls eine relativ untergeordnete

Rolle. Die *Ufa-Tonwoche* zeigte während des kurzen Krieges gegen Polen und unmittelbar nach der Eroberung insgesamt vier Mal Aufnahmen von jüdischen Wohnvierteln sowie von Juden, die mit Aufräumarbeiten beschäftigt waren.[40] Die Kommentare waren scharf antisemitisch. Es war von »Untermenschentum« und »Verbrechergesindel« die Rede. Die Beiträge ließen durchblicken, dass Exekutionen als Vergeltung für angebliche Anschläge durch Juden stattfanden.[41] Die *Deutsche Wochenschau* zeigte im Mai 1941 serbische Juden bei Arbeiten im teilweise zerstören Belgrad.[42]

Die Verfahrenheit und Orientierungslosigkeit der deutschen antijüdischen Politik im Zeitraum zwischen Kriegsbeginn und Sommer 1941 spiegelt sich auch im wohl spektakulärsten und aufwendigsten antisemitischen Propagandaprojekt in diesem Zeitraum: Gemeint ist die Produktion einer Serie von antisemitischen Filmen, die bereits 1939 in Auftrag gegeben wurde und Ende 1940 in die Kinos kam.[43]

Zwar erwies sich der wohl bekannteste dieser Filme, der Spielfilm »Jud Süß«, als ein Kassenerfolg; sollte Goebbels jedoch die Absicht verfolgt haben, mit dieser stark manipulierten Adaption eines historischen Stoffes die nationalsozialistisch dirigierte Öffentlichkeit auf die endgültige gewaltsame Vertreibung der jüdischen Minderheit vorzubereiten, so kam der Film zum falschen Zeitpunkt in die Kinos. Denn als der Film mit großem Propagandaaufwand anlief, war eine umfassende Vertreibung praktisch gar nicht möglich, und als die Verschleppungen fast ein Jahr später, im Herbst 1941, einsetzten, schwieg die Propaganda das Thema tot.[44] Der Film war zwar in hohem Maße geeignet, antisemitische Stereotype zu veranschaulichen und zu verstärken; über diese allgemeine Funktion hinaus aber hatte er keine »Lösung« anzubieten, die der aktuellen antijüdischen Politik entsprochen hätte. Der zweite antisemitische Spielfilm »Die Rothschilds« war demgegenüber nur ein mäßiger Publikumserfolg, die Leute reagierten gemischt: Während die einen dem Film »plumpe Stimmungsmache« vorwarfen, war die Aufnahme in »nationalsozialistischen Kreisen« durchweg gut.[45] Der dritte Film aus dieser Serie, der Kompilationsfilm »Der Ewige Jude«, erwies sich beim breiten Publikum trotz großen Propagandaaufwandes[46] als Misserfolg: Der Berichterstattung des SD lässt sich entnehmen, dass der Film, der unter anderem die Zustände in den polnischen Ghettos mit Rattennestern verglich, an vielen Orten nur von dem »politisch aktiveren Teil der Bevölkerung« besucht wurde, »während das typische Filmpublikum ihn teilweise mied und örtlich eine Mundpropaganda gegen den Film und seine stark realistische

Darstellung des Judentums getrieben wurde«.[47] Stellte die Propaganda die elende Lage der polnischen Juden zu drastisch dar – so legen diese Äußerungen nahe –, konnte dies aus Sicht des Regimes zu kontraproduktiven Wirkungen führen. Zumindest zu diesem Zeitpunkt wurde damit in erster Linie die »Perspektivlosigkeit« der deutschen »Judenpolitik« vorgeführt. Die 1939 in Auftrag gegebenen antisemitischen Filme ragen ein Jahr später gleichsam wie ein erratischer Block in die veränderte Situation hinein.

Reaktionen der Bevölkerung

Da die antijüdischen Maßnahmen seit Herbst 1939 überwiegend und ganz bewusst im Verborgenen, ohne Einschaltung der nationalsozialistisch gelenkten Öffentlichkeit vollzogen wurden, spielte die »Judenfrage« in den Stimmungsberichten des Regimes im Zeitraum zwischen Kriegsbeginn und Sommer 1941 keine besondere Rolle.[48] Lediglich in den Monaten unmittelbar nach Kriegsbeginn widmeten die Behörden und die nationalsozialistisch orientieren Bevölkerungskreise den in Deutschland lebenden Juden verstärkte Aufmerksamkeit. Das Verhalten der Juden, so die offiziellen Stimmungsberichte, werde als auffällig und provozierend empfunden;[49] sie würden von der »Volksstimmung« für die vorübergehende Stimmungseintrübung nach Kriegsbeginn verantwortlich gemacht.[50]

Der Bericht der SD-Außenstelle Mainz vom 13. September macht anschaulich deutlich, was als herausfordernd verstanden wurde: »Sie [die Juden; P. L.] bevorzugen zu ihren Spaziergängen die schönsten Straßen, Anlagen und die Hauptdurchgangsstraßen. Hier beobachten sie mit Aufmerksamkeit die Truppenbewegungen. Die Bevölkerung bezeichnet dieses Verhalten als provozierend.«[51] Vereinzelt unternahmen Parteiaktivisten Übergriffe gegen Juden.[52]

Entsprechend der – wenn auch halbherzigen – antisemitischen Propaganda behaupteten die offiziellen Berichterstatter in den ersten Kriegsmonaten, der Kriegsbeginn werde mit der Existenz und dem Verhalten der Juden in Verbindung gebracht. Den Berichten zufolge hielt »die Bevölkerung« die Juden für schuldig am Krieg,[53] unterstellte ihnen, dass sie für die Feindseite spionierten,[54] auf die Niederlage des Reiches warteten, um Rache nehmen zu können, und vermutete sie hinter dem Attentat auf Hitler im November 1939: Nach dem Attentat häuften sich die gewalttätigen Übergriffe gegen Juden.[55] Der Ruf nach »Vergeltung« werde laut.[56]

Nach den ersten Kriegsmonaten scheint sich jedoch – im Einklang mit dem Abflauen der antisemitischen Propaganda – die antijüdische »Erregung« der deutschen Bevölkerung wieder gelegt zu haben. Auffallend ist, dass die Stimmungsberichte für das Jahr 1940 nur relativ wenig über die »Judenfrage« zu berichten haben: Öffentlich geäußerte Empörung über das Verhalten von Juden und antijüdische Ausschreitungen (etwa die Schändung jüdischer Friedhöfe durch umgeworfene Grabsteine) kamen nur in geringer Zahl vor;[57] dem steht eine ganze Anzahl von Berichten gegenüber, in denen nichtjüdische Deutsche sich von der Verfolgung distanzierten und Sympathie und Mitleid mit den Juden bekundeten.[58]

Die wenigen Deportationen von jüdischen Menschen, die in diesem Zeitraum stattfanden und in der Propaganda nicht thematisiert wurden, blieben der Bevölkerung offenbar trotzdem nicht vollkommen verborgen. So zeigt eine Meldung des SD aus Bad Kissingen, dass der im Herbst 1939 verfolgte Plan, deutsche, österreichische und tschechische Juden in das Gebiet um Nisko (Generalgouvernement) zu deportieren, bis in die Einzelheiten hinein diskutiert wurde: »Dieses Gebiet soll etwa 300 km groß sein. In diesem Gebiet sollen bereits Juden aus Österreich und der Tschechei eingetroffen sein. Jeder Jude dürfe den Betrag von RM 150 Bargeld mitbringen, der Rest ihres Vermögens werde eingezogen und an minderbemittelte Juden verteilt, die ebenfalls einen Betrag von RM 150 aus den eingezogenen Geldern ihrer Glaubensgenossen erhielten. Weiter sei ihnen gestattet, ein Wäschepaket mit in das Siedlungsgebiet zu bringen. Gleichzeitig wird erzählt, dass alle in Polen lebenden Zigeuner und Vagabunden in dieses Siedlungsgebiet abgeschoben würden, aus dem es kein Zurück mehr gebe, es sei denn, die Insassen des Siedlungsgebietes betreiben ihre Auswanderung nach Russland.«[59] Der Bericht fuhr fort: »Diese Maßnahmen werden unter den Parteigenossen und einem großen Teil [sic!] der Vg. begrüßt, und es werden Vorschläge laut, dass auch die Juden, die noch innerhalb Deutschlands leben, ihren Marsch in dieses Gebiet antreten sollen.«

Die Sopade-Berichte, die bis zum Frühjahr 1940 fortgeführt wurden, vermitteln nach wie vor in erster Linie den Eindruck, dass die antisemitische Politik durch die Mehrheit der Bevölkerung abgelehnt werde. So kam der Bericht vom April 1940, der in einem längeren Abschnitt die Judenverfolgung thematisierte, zu der Schlussfolgerung, dass das »deutsche Volk in seiner Mehrheit den antisemitischen Exzessen heute weniger Sympathie entgegenbringt denn je«, machte allerdings eine wichtige Ausnahme hinsichtlich der Jugendlichen.[60]

Der Bericht der Sopade für März 1940 stellt einige interessante Überlegungen darüber an, welche langfristigen mentalen Folgen die Tatsache hatte, dass sich viele Menschen äußerlich den Normen der nationalsozialistisch dirigierten Öffentlichkeit anpassten: »Der umfassende Terror zwingt die ›Volksgenossen‹, ihre wirkliche Stimmung zu verbergen, ihre tatsächliche Meinung zurückzuhalten und statt dessen Zustimmung und Zuversicht zu heucheln. Ja, er bringt offensichtlich mehr Menschen dazu, sich schon in ihrem Denken den Forderungen des Regimes anzupassen; sie wagen nicht mehr, sich vor sich selber Rechenschaft abzulegen. Diese äußere Schale der Loyalität, die sich so bildet, kann noch lange halten.« Aber: »Da keiner dem anderen traut und infolgedessen keiner vom anderen weiß, wie er wirklich denkt, kann sich unter dieser Schale ein langer Prozess der Aushöhlung und des Stimmungsverfalls abspielen, ohne dass dieser Prozess sichtbar wird – bis dann auf einmal auch die äußere Schale der Loyalität zerbricht.«[61]

Ab dem Spätsommer 1941 sollte sich die »Judenpolitik« des Regimes dramatisch verschärfen: Unmittelbar nach dem Beginn des Angriffs auf die Sowjetunion begannen Einsatzkommandos und andere deutsche Verbände in den frisch besetzten sowjetischen Gebieten damit, Angehörige der jüdischen Zivilbevölkerung in großem Umfang zu erschießen. Das musste sich auch auf die Politik gegenüber den übrigen Juden unter deutscher Herrschaft auswirken. Damit bekam die Propaganda wieder ein eindeutiges Ziel. Sie sollte die Bevölkerung nun auf die letzte Eskalation der Judenverfolgung innerhalb Deutschlands vorbereiten: die Deportation.

»Jüdischer Bolschewismus«, Gelber Stern und Deportationen: Anatomie einer Kampagne

Antisemitische Propaganda im Zeichen des Krieges gegen die Sowjetunion

Mit dem Beginn des Krieges gegen die Sowjetunion griff das Goebbels-Ministerium das antisemitische Thema wieder auf. Bereits am 22. Juni 1941 hieß es auf der Pressekonferenz: »Schließlich ist eine absolute Klärung des Wesens von Plutokratie und Bolschewismus nötig. Beide haben einen jüdischen Ausgangspunkt. Die Methoden und Ziele sind die gleichen.«[1]

Am 5. Juli gab die Pressekonferenz – nachdem Goebbels seine Mitarbeiter entsprechend eingestimmt hatte[2] – das »Startzeichen zu einer ganz großen Aktion«: der »Schwerpunkt muss darauf liegen, das verbrecherische, jüdische, bolschewistische Regime anzuprangern«. Die Presse wurde aufgefordert, ausführlich über Massaker an politischen Gefangenen und ukrainischen Aufständischen, die die sowjetische Geheimpolizei NKWD (vormals GPU) vor dem Abzug der Sowjets aus Lemberg verübt hatte, zu berichten: »Lemberg ist gewissermaßen ein jüdisch-bolschewistischer Normalzustand, der den Blutwahnsinn der jüdisch-sowjetischen Machthaber unter Beweis stellt.«[3]

Vor allem die Parteipresse stellte in ihrer Berichterstattung über die Ereignisse in der Ukraine die angebliche Schuld »der Juden« an den Massakern groß heraus.[4] Der *Völkische Beobachter* scheute sich nicht, auch die Pogrome, die in zahlreichen ukrainischen Orten unter den Augen der deutschen Besatzungsmacht (und an vielen Orten auf ihre Veranlassung hin) stattfanden, zumindest anzudeuten.[5] Goebbels kommentierte dies in der Ausgabe vom 7. Juli, es kündige sich »für die jüdisch-terroristische Führungsschicht des Bolschewismus das Ende mit Schrecken an«.[6] In der *Deutschen Allgemeinen Zeitung* finden sich Hinweise auf Erschießungen durch ein deutsches Einsatzkommando unmittelbar nach der Besetzung der Stadt Kischinew am 17. Juli 1941.[7] Auch anderen Zeitungsberichten (und den Wochenschauen, wie noch gezeigt wird) ließ sich entnehmen, dass die ansässige jüdische Bevölkerung für die NKWD-Morde verantwortlich gemacht und »bestraft« wurde.[8]

Die *Deutsche Allgemeine Zeitung* berichtete über die Abschiebung von Tausenden von Juden aus Ungarn in das neu besetzte sowjetische Gebiet: »Man rechnet damit, dass in kurzer Zeit weitere Zehntausende in Lagern gesammelt und dann entfernt werden.« Tatsächlich, davon war in der Zeitung allerdings nichts zu lesen, wurden Ende August nahe der ukrainischen Stadt Kamenez-Podolsk insgesamt 23 600 aus Ungarn als »lästige Ausländer« abgeschobene Juden von einem Kommando des Höheren SS- und Polizeiführers Russland Süd, Friedrich Jeckeln, ermordet.[9]

Auf der Propagandakonferenz vom 9. Juli gab Goebbels die Parole aus, die Wendung »Die Juden sind schuld« zum »Tenor der deutschen Presse« zu machen; seine detaillierten Anweisungen bezogen sich ausdrücklich auf Weisungen, die er bei seinem letzten Besuch im Führerhauptquartier von Hitler erhalten hatte.[10] Entsprechend wurden die Journalisten auf der anschließenden Pressekonferenz instruiert.[11]

Vor allem die Parteipresse holte daraufhin zum großen Schlag aus. Bürgerliche Blätter beteiligten sich ebenfalls, ließen aber meist nach wenigen Tagen wieder nach.[12] Im Vordergrund der beispiellosen antisemitischen Hasstiraden der NS-Blätter stand das Bemühen, den Lesern nicht nur die angebliche Symbiose von Bolschewismus und Juden einzuhämmern, sondern darüber hinaus den Beweis zu erbringen, dass auch der westliche Kapitalismus und die Regierungen in London und Washington Marionetten der vermeintlichen jüdischen Weltverschwörung seien.[13]

Der *Völkische Beobachter* erschien zwischen dem 10. und 24. Juli insgesamt fünf Mal mit antisemitischen Schlagzeilen, die in die geforderte Richtung wiesen.[14] *Der Angriff* brachte zwischen dem 17. und 22. Juli eine stark antisemitisch ausgerichtete Artikelserie »Ich komme von den Sowjets«; vor allem aber griff DAF-Chef Robert Ley persönlich zur Feder, um im Juli drei und im August vier weitere wüste antisemitische Leitartikel zu verfassen.[15]

Stets ging es darin um Variationen zum Thema: »Dieser Krieg ist der Krieg Judas«. Die Deutschen, so Ley unverhohlen, müssten »Juda« vernichten, um nicht von den Juden ausgerottet zu werden – eine Rhetorik, die in ihrer Brutalität zu diesem Zeitpunkt noch von keinem anderen nationalsozialistischen Spitzenpolitiker erreicht worden war. »Dieser Krieg ist der Krieg Judas […]. Es ist ein Ringen auf Leben und Tod, um Sein oder Nichtsein. Einen Kompromiss, ein Zurück gibt es nicht mehr. Wir haben den Rubikon überschritten. […] Der Gott der Juden ist der Gott der Rache. Jehova verzeiht nie, er vergisst nie, er schließt keinen Frieden, er vernichtet und rottet aus.« Am 27. Juli hieß es: »Dieser Krieg ist unerbittlich, wenn es der Jude vermöchte, würde er uns Deutsche mit Stumpf und Stil ausrotten.« Am 13. August war zu lesen: »Deshalb müssen Juda und seine Welt, wie es jetzt im bolschewistischen ›Sowjetparadies‹ geschieht, vernichtet werden, damit dem Fortschritt und der Entwicklung, dem wahren Sozialismus, der Weg in die Freiheit geöffnet wird.« Am 27. August formulierte Ley: »Der Jude ist der Vater des Teufels.«

Diesmal waren auch die Wochenschauen integraler Bestandteil der Kampagne. Die angeblich zentrale Rolle von Juden im Zusammenhang mit den NKWD-Morden wurde ausführlich geschildert; die Hinweise auf Pogrome und hasserfüllte Kommentare ließen keinen Zweifel daran aufkommen, dass die vermeintlichen Täter für diese Untaten mit ihrem Leben bezahlen mussten: »Das jüdische Mordgesindel, das mit den GPU-Agenten Hand in Hand gearbeitet hatte, wird von der empörten Menge den deutschen Truppen zur Bestrafung ausgeliefert«, hieß es beispielsweise im Juli in der *Deutschen Wochenschau* zu Aufnahmen aus Lemberg. In der gleichen Ausgabe wurde gezeigt, wie Soldaten der Luftwaffe in Jonova Juden abführten: »Jüdische Ghettotypen, Abschaum der Menschheit«, tönte der Sprecher dazu.[16]

In ihrer nächsten Ausgabe berichtete die Wochenschau nicht nur über »faulenzende Juden«, die zu »Aufräumungsarbeiten herangezogen« würden, sondern auch über den Pogrom in Riga: »Zorn und Empörung der Bevölkerung gegen die feigen, meist jüdischen Mordbuben kennen keine Grenzen. Hier werden die Schuldigen an dem namenlosen Unglück ungezählter Menschen von den erbitterten Angehörigen gestellt und dem verdienten Strafgericht ausgeliefert.«[17]

Eine Woche später kehrte die Wochenschau noch einmal nach Lemberg zurück und zeigte Juden bei der Exhumierung von Leichen: »Die roten Mordbestien, hauptsächlich Juden, kannten in ihrer teuflischen Mordlust keine Grenzen. Inzwischen sind die meisten dieser Untermenschen ihrer gerechten Bestrafung zugeführt worden.«[18] In der kommenden Woche wurden Leichen in der Stadt Doropat vorgeführt, die angeblich »von entmenschten jüdischen Henkersknechten auf das grauenvollste gefoltert und gemartert« worden waren. »Die ganze gesittete Welt« sei

»dem Führer und seinen tapferen Soldaten zu ewigem Dank verpflichtet, dass dieses bolschewistische Untermenschentum in letzter Stunde unschädlich gemacht wird«.[19]

In der nächsten Woche berichtete die Wochenschau über die Deportation von Juden aus der Stadt Balti: «Die jüdische Bevölkerung Baltis wurde in Sammellager gebracht. Das sind jene Ostjudentypen, die besonders nach dem Weltkriege die Großstädte Mittel- und Westeuropas überschwemmten, wo sie als Parasiten ihre Gastvölker zersetzen und tausendjährige Kulturen zu vernichten drohten. Wo sie auch auftauchten, brachten sie Verbrechen, Korruption und Chaos mit sich. Ihr Weg ist Raub und Verwüstung.«[20]

In der gleichen Ausgabe wurden Aufnahmen von Juden bei Aufräumungsarbeiten in der Nähe von Smolensk gezeigt (»Endlich werden sie zur Arbeit gezwungen«). Im Oktober und November ging es um sowjetische Kriegsgefangene, vor allem jüdische Gefangene: »eine besondere Auslese«, von denen »jeder ungezählte Morde auf dem Gewissen« habe.[21]

Diese Serie von Berichten sollte allerdings im Herbst 1941 abbrechen. Man kann annehmen, dass dieses Ende der plakativen antisemitischen Berichterstattung in den Kinos damit zusammenhing, dass die »Judenpolitik« des Regimes in der deutschen Bevölkerung zunehmend auf Widerwillen stieß, wie wir noch sehen werden. Das Thema Judenverfolgung sollte die Wochenschau in den kommenden Jahren – mit einigen Ausnahmen – meiden.

Aus dem Sommer 1941 ist auch einer der seltenen Fälle überliefert, in denen im Unterhaltungsfilm Bezug auf die antisemitische Politik genommen wurde. In einem als Vorfilm eingesetzten Streifen aus der Serie »Der Trichter« wurde den Zuschauern unter dem Titel »Volkshumor aus deutschen Gauen« ein Sketch präsentiert, der in einem Buchladen spielte. Der Ladenbesitzer erklärte hier einem sich als Verkäufer bewerbenden jungen Mann seine Verkaufsstrategie »Gegensätze ziehen sich an« und hatte folgende Beispiele parat: »Jungfrau von Orleans – Casanova«, »Kalte Mamsell (Marlitt) und Leitfaden für die warme Küche« sowie »Der Ewige Jude – Vom Winde verweht.«[22] Der Unterhaltungsfilm sollte solche und ähnliche »Späße« in den kommenden Jahren ebenfalls sorgsam vermeiden. Ende Juli schwächte sich die intensive antisemitische Kampagne auch in der Parteipresse ab; der Monat August war in dieser Hinsicht – mit der wichtigen Ausnahme von Leys Artikeln – relativ ruhig.[23]

*Entschluss zur Kennzeichnung der deutschen Juden
und der Abbruch der »Euthanasie«*

Mitte, Ende August verstärkten sich innerhalb des Propagandaapparates indes die Vorbereitungen für eine neue intensive antijüdische Propagandaaktion: Den Anlass hierfür bot die bevorstehende Kennzeichnung der deutschen Juden.[24]

Die Vorgeschichte der Verordnung vom 1. September 1941, mit der deutsche Juden ab dem 19. September zum Tragen eines Kennzeichens gezwungen wurden, ist eng mit der Entwicklung des Krieges im Osten und der Rückwirkung des Krieges auf die Haltung der deutschen Bevölkerung verknüpft – wobei es in unserem Zusammenhang nicht auf die *tatsächliche* Haltung der Bevölkerung ankommt, sondern darauf, wie das Regime diese Haltung *einschätzte*. Die Entscheidung zur Kennzeichnung steht ferner in einem nicht auf den ersten Blick erkennbaren, subtilen Kontext zu dem gleichzeitig gefällten Entschluss des Regimes, das Programm zur Ermordung von Anstaltspatienten abzubrechen, und zwar nicht zuletzt im Hinblick auf die negativen Rückwirkungen auf die »Stimmung« gerade in konfessionell gebundenen Bevölkerungskreisen. Die außerordentlich gute Quellenlage für diesen Zeitraum erlaubt uns zu rekonstruieren, wie die Regimespitze die Verschränkung der verschiedenen Faktoren – Volksstimmung, Kriegsentwicklung, »Judenfrage«, »Euthanasie«, Kirchenpolitik – wahrnahm und wie man sich entschloss, die komplexe Problemlage durch eine erneute Offensive gegen »die Juden« in den Griff zu bekommen.

Die Entscheidung zur Kennzeichnung erfolgte bezeichnenderweise zu einem Zeitpunkt, als der Krieg gegen die Sowjetunion in eine erste Krise geraten war. Bereits seit Ende Juli registrierten die Stimmungsberichte ein Nachlassen der in den ersten Kriegswochen noch großen Siegeszuversicht.[25] Daran waren nicht nur Befürchtungen, der »Ostfeldzug« könne sich zu einem langwierigen Krieg in den Weiten Russlands entwickeln, schuld, sondern auch Faktoren wie Versorgungsmängel, die britischen Luftangriffe auf Westdeutschland sowie die wachsende Beunruhigung vor allem kirchlich gebundener Bevölkerungskreise wegen der willkürlich vorgenommenen Beschlagnahme von Kirchenvermögen[26] und der Ausbreitung von Informationen und Gerüchten über die so genannte Euthanasie.[27] Dramatisch verstärkt wurde diese Beunruhigung insbesondere durch die Predigt des Münsteraner Bischofs Clemens August von Galen, der am 3. August – nachdem er in zwei Predigten im Juli gegen die Übergriffe auf Kirchenbesitz protestiert hatte – offen gegen die Ermordung von Anstaltsinsassen Stellung nahm. Die Nachricht über diesen Protest verbreitete sich in den kommenden Tagen wie ein Lauffeuer im gesamten Reichsgebiet.[28]

Die starke Unruhe unter der Bevölkerung, die durch zahlreiche Quellen bestätigt wird, spiegelt sich auch in der offiziellen Stimmungsberichterstattung.[29] Die Meldungen aus dem Reich, die nationale Übersicht über die SD-Berichte, enthalten zum Thema »Euthanasie« allerdings vor Januar 1942 überhaupt keine Informationen.[30] Dass die Geheimhaltung der Morde an Patienten auf breiter Front durchbrochen worden war, durfte offiziell nicht eingestanden werden; noch weniger beabsichtigte der SD, durch Aufnahme entsprechender Berichte in die weit verbreiteten Meldungen aus dem Reich von sich aus die Diskussion über die »Euthanasie«-Morde anzuheizen.

Eine Reihe von lokalen und regionalen Stimmungsberichten zeichnet jedoch ein anderes Bild. So berichtete die NSDAP-Kreisleitung Münster, es werde in der Bevölkerung »davon gesprochen, dass die Kranken der Heil- und Pflegeanstalten, u.a. auch der Provinzialheilanstalt in Lengerich, zu Gasversuchen gebraucht werden sollen. [...] Tatsache ist, dass zu der gleichen Zeit etwa 240 Kranke der Provinzialanstalt Lengerich abtransportiert worden sind, und zwar wurde nicht bekannt, wohin sie gebracht wurden.«[31] Die Ortsgruppe Anholt (Westfalen) gab die Meldung eines NS-Funktionärs wieder, »er habe ein Gerücht gehört, dass sich der Staat der unheilbaren Irren entledige, dass auch die Insassen der Altersheime so ganz allmählich diesen Weg zu gehen hätten«.[32] Die Partei meldete aus verschiedenen Orten aus dem westfälischen Kreis Tecklenburg, es kursiere das Gerücht, die laufenden Röntgen-Reihenuntersuchungen dienten der Selektion von Kranken, die dann »beseitigt« werden sollten.[33] Eine Reihe ähnlicher Berichte über die Beunruhigung der Bevölkerung durch »Euthanasie«-Gerüchte im Raum Münster, aber auch im gesamten westfälischen Raum sowie am Niederrhein ist für den Zeitraum Juli bis September 1941 nachweisbar.[34]

Dem Regime gelang es zunächst, die negative Stimmung in der Bevölkerung durch die Bekanntgabe weiterer militärischer Erfolge am 6. und vor allem am 9. August zu neutralisieren und erneut ein gefestigtes »Stimmungsbild« herzustellen.[35] Doch Propagandaminister Goebbels zeigte sich, die jüngste Stimmungskrise vor Augen, zu radikalen Maßnahmen entschlossen. Er hatte die noch in Deutschland lebenden Juden als die eigentliche Ursache für den gerade überwundenen Stimmungseinbruch identifiziert: Am 12. August beschäftigte er sich in seinem Tagebuch mit der von ihm – aber nicht nur von ihm – seit längerem verfolgten Idee,[36] die »Juden mit einem Abzeichen [zu] versehen«, da sie sich als »Miesmacher und Stimmungsverderber« betätigten. Durch eine äußere Kennzeichnung, wie sie für Juden im besetzten Polen schon seit November 1939 obligatorisch war, sollten sie isoliert und sichtbar »aus dem deutschen Volk ausgeschieden werden«.[37] Drei Tage später fand im Propagandaministerium eine interministerielle Konferenz statt, auf der unter anderem die Kennzeichnung besprochen wurde.[38]

Zur gleichen Zeit war Goebbels bereit, in der »Euthanasie«-Frage nachzugeben. »Mit einer solchen Debatte würde man nur die Gemüter aufs neue erhitzen. Das ist in einer kritischen Periode des Krieges außerordentlich unzweckmäßig«, notierte er am 15. August. Drei Tage später kam er während eines Besuches im Führerhauptquartier mit Bormann überein, ein striktes Verbot aller Erörterungen konfessioneller Streitfragen zu erlassen.[39]

Als Goebbels Hitler in seinem Hauptquartier traf, wurde ihm sehr schnell klar, dass er es in den vergangenen Wochen nicht nur mit einer momentanen Irritation der Volksstimmung, verursacht durch ausbleibende Siegesmeldungen, zu tun gehabt hatte; vielmehr offenbarte ihm Hitler in einem Gespräch unter vier Augen, dass das »Dritte Reich« soeben eine ernsthafte militärische Krise durchgestanden hatte.[40]

Im Zuge der allgemeinen Erörterung der Lage erklärte sich Hitler, so notierte es Goebbels, mit der Einführung eines »Judenabzeichens« einverstanden, das »von den Juden in der Öffentlichkeit getragen werden muss, sodass also dann die Gefahr beseitigt wird, dass die Juden sich als Meckerer und Miesmacher betätigen können, ohne überhaupt bekannt zu werden. Auch werden wir den Juden, soweit sie nicht arbeiten, in Zukunft kleinere Lebensmittelrationen zuteilen als dem deutschen Volke. Das ist nicht mehr als recht und billig. Wer nicht arbeitet, soll nicht essen. Das fehlte noch, dass beispielsweise in Berlin von 76 000 Juden nur 26 000 arbeiten, die übrigen aber nicht von der Arbeit, sondern von den Lebensmittelrationen der Berliner Bevölkerung leben!«

Im weiteren Verlauf des Gesprächs drängte Goebbels auf die Abschiebung der Berliner Juden in die besetzten Ostgebiete. Bereits im Sommer 1940 und im Frühjahr 1941 hatte er – vergeblich – entsprechende Vorstöße initiiert. Diesmal schien er Erfolg zu haben: »Im übrigen sagt der Führer mir zu, die Berliner Juden so schnell wie möglich, sobald sich die erste Transportmöglichkeit bietet, von Berlin in den Osten abzuschieben. Dort werden sie dann unter einem härteren Klima in die Mache genommen. [...] Der Führer ist der Überzeugung, dass seine damalige Prophezeiung im Reichstag, dass, wenn es dem Judentum gelänge, noch einmal einen Weltkrieg zu provozieren, er mit der Vernichtung der Juden enden würde, sich bestätigt. [...] Im Osten müssen die Juden die Zeche bezahlen; in Deutschland haben sie sie zum Teil schon bezahlt und werden sie in Zukunft noch mehr bezahlen müssen.«[41]

In ihrer Diskussion der »Judenfrage« unterschieden Goebbels und Hitler offensichtlich mittelfristige und kurzfristige Ziele: Mittelfristig, also nach dem militärischen Sieg über die Sowjetunion, sollten die deutschen Juden »in den Osten« abgeschoben, dort in die »Mache genommen« werden, die »Zeche bezahlen«, also ein ähnliches Schicksal erleiden wie die osteuropäischen Juden; erinnert sei daran, dass im Monat August die Einsatzgruppen und andere deutsche Mordkommandos damit begannen, ihre Massenexekutionen auf die gesamte jüdische Zivilbevölkerung – Männer, Frauen und Kinder – in den neu besetzten Gebieten auszudehnen. Kurzfristig sollte die Kennzeichnung der deutschen Juden jedoch dazu beitragen, die Juden als potenzielle Unruhestifter auszuschalten, mehr Juden in den »Arbeitseinsatz« zu zwingen beziehungsweise ihre Lebensmittelrationen zu kürzen.[42]

Zwei Tage später, am 20. August 1941, gab Goebbels in einer weiteren Tagebucheintragung seiner Hoffnung Ausdruck, es »aufgrund dieser Kennzeichnung der Juden sehr schnell fertigzubringen, ohne gesetzliche Unterlagen die nach Lage der Dinge gegebenen Reformen durchzuführen«. Die Einführung des Abzeichens diente also vor allem dazu, weitere Beschränkungen des jüdischen Lebensbereiches durch ad-hoc-Maßnahmen, unter Umgehung des schwerfälligen Regierungsapparates, durchzuführen. »Wenn es im Augenblick auch noch nicht möglich ist, aus Berlin eine judenfreie Stadt zu machen, so dürfen die Juden wenigstens öffentlich nicht mehr in Erscheinung treten. [...] Sie verderben nicht nur das Straßenbild, sondern auch die Stimmung. Zwar wird das schon anders werden, wenn sie ein Abzeichen tragen, aber ganz abstellen kann man das erst dadurch, dass man sie beseitigt. [...] Wenn auch bei den Reichsbehörden noch starke bürokratische und zum Teil wohl auch sentimentale Widerstände zu überwinden sind, so lasse ich mich dadurch nicht verblüffen und nicht beirren. Ich habe den Kampf gegen das Judentum in Berlin im

Jahre 1926 aufgenommen und es wird mein Ehrgeiz sein, nicht zu ruhen und nicht zu rasten, bis der letzte Jude Berlin verlassen hat.«

Aus Goebbels' Sicht sollte die Kennzeichnung letztlich die – in einigen Monaten anstehende – Deportation entscheidend erleichtern; kurzfristig diente sie aber vor allem dazu, die Juden aus der Öffentlichkeit herauszudrängen und »ohne gesetzliche Unterlagen die nach Lage der Dinge gegebenen Reformen durchzuführen«, also eine Atmosphäre zu schaffen, in der er die angedeuteten Widerstände der Reichsbehörden überwinden konnte. Eben dies geschah in den Monaten Juli bis September in Berlin: In diesem Zeitraum wurden die Bestimmungen für die jüdische Zwangsarbeit in der Stadt verschärft und der Zuzug von Juden vollkommen gestoppt.[43]

Eine neue antisemitische Kampagne

Zur psychologischen Vorbereitung der Bevölkerung auf die Kennzeichnung der Juden wurde nun erneut eine intensive antisemitische Propagandakampagne vorbereitet. Im Protokoll der Ministerkonferenz des Propagandaministeriums vom 21. August heißt es dazu: »Der Minister wünscht, dass alles, was irgendwie gegen die Juden spricht, in der deutschen Presse verwendet wird. Im Laufe der nächsten Zeit seien verschiedene Aktionen gegen die Juden vorgesehen – so u.a. das zwangsweise Tragen von großen gelben Armbinden –, und bis dahin müssten psychologisch die Voraussetzungen geschaffen sein, damit nicht einige sentimentale Intellektuelle über die ›bejammernswerten Juden‹ zu klagen begönnen. Meldungen, dass Israel in England für den Krieg Churchills bete, sowie das Kaufmann-Buch, zu dem in allen Kommentaren scharf herauszuarbeiten sei, dass es ein Jude war, der es schrieb, würden das ihre dazu beitragen, eine unangebrachte Sentimentalität dem Juden gegenüber gar nicht erst aufkommen zu lassen.«[44]

Bei dem »Kaufmann-Buch« handelte es sich um eine in den Vereinigten Staaten veröffentlichte Broschüre, in der ein gewisser Theodore N. Kaufman (ein Privatmann ohne jede Verbindungen zu amerikanischen Regierungskreisen) unter anderem die Sterilisation des deutschen Volkes gefordert hatte. Diese Broschüre, die bereits im Juli von der deutschen Presse angeprangert worden war,[45] sollte in den kommenden Wochen immer wieder ausgeschlachtet werden.[46]

In einem ebenfalls am 21. August verfassten Rundschreiben des Reichsrings für Nationalsozialistische Propaganda wurden die Parteigenossen entsprechend instruiert: »Die Forderung dieses jüdischen Ratgebers Roosevelts, das ganze deutsche Volk zu sterilisieren, liegt praktisch auf derselben Ebene wie die Tatsache, dass es Juden sind, die die Schuld an den Gräueltaten haben, von denen wir aus dem Ostfeldzug immer wieder von neuem hören. Dass sie sich in ihrem Vernichtungswillen nicht nur gegen Deutschland, sondern gegen alles, was an europäischer Intelligenz vorhanden ist, richten, ist daraus zu ersehen, dass die Bolschewisten nicht allein zu Gräueltaten gegen deutsche Soldaten aufstacheln, sondern auch die Intelligenz der von den Bolschewisten beherrschten Bevölkerung ausrotten.« Es sei daher »durchaus verständlich, dass nun aus dem deutschen Volke heraus immer wieder an die maßgeblichen Reichsdienststellen Fragen gerichtet werden, wie lange diesem Treiben der Juden noch zugesehen werden soll. Es ist auch notwendig, dass gerade im jetzigen Augenblick der Teil der Bevölkerung, der als kleiner Rest die Judenfrage immer noch nicht verstanden hat, über diese Zusammenhänge aufgeklärt wird.«[47]

Der Wochenspruch der Reichspropagandaleitung der NSDAP vom 7. September 1941, ein Plakat, das in zahlreichen Schaukästen der Partei ausgehängt wurde, enthielt als Zitat Hitlers berüchtigte Prophezeiung vom 30. Januar 1939, wonach das Ergebnis eines erneuten Weltkrieges »nicht die Bolschewisierung der Erde und damit der Sieg des Judentums sein« werde, »sondern die Vernichtung der jüdischen Rasse in Europa«.[48]

Im Laufe des Monats September publizierte das Propagandaministerium in großer Auflage ein Anti-Kaufman-Pamphlet, in dem Kaufmans Schrift in Zusammenhang mit der Atlantik-Charta vom 14. August 1941 gebracht und Kaufman als »einer der geistigen Urheber des Zusammentreffens zwischen Roosevelt und Churchill« bezeichnet wurde.[49] Gleichzeitig mit seiner antijüdischen Kampagne nahm der deutsche Propagandaapparat seine Polemik gegen Roosevelt wieder auf, der ein Handlanger jüdischer und freimaurerischer Kreise sei.[50]

Wie zuvor spielte auch in dieser Kampagne die Presse eine zentrale Rolle.[51] Die sowjetische Entscheidung zur Deportation der Wolgadeutschen,[52] die unmittelbar vor dem Inkrafttreten der Kennzeichnungsverordnung bekannt wurde, lieferte ihr dafür einen ausgezeichneten Ausgangspunkt, wie auf der Pressekonferenz vom 9. September[53] ausgeführt wurde: Die Deportation der Wolgadeutschen sei ein Schachzug in »Stalins Mordplan«, die »völlige Ausrottung« dieser Minderheit zu betreiben.[54]

Der *Völkische Beobachter* demonstrierte in seinem Kommentar vom 12. September, wie sich ein Zusammenhang zwischen diesem Thema und der »jüdischen Weltverschwörung« herstellen ließ: »Wieder einmal erweist sich an diesem Beispiel die innige Wesensgemeinschaft von Plutokratie und Bolschewismus in dem gemeinsamen Vernichtungswillen gegen das Deutschtum, das ja Roosevelts Vertrauter, der Jude Kaufman, am liebsten mittels Sterilisierung völlig vernichtet sehen möchte.«

Am 13. September informierte das Blatt seine Leser über das Inkrafttreten der Kennzeichnungsverordnung wenige Tage später und brachte sie in seinem Kommentar direkt mit dem Krieg im Osten in Verbindung: »Der deutsche Soldat hat im Ostfeldzug den Juden in seiner ganzen Widerwärtigkeit und Grausamkeit kennengelernt. [...] Dieses Erlebnis lässt den deutschen Soldaten und das deutsche Volk in seiner Gesamtheit fordern, dass dem Juden in der Heimat die Möglichkeit genommen wird, sich zu tarnen und damit jene Bestimmungen zu durchbrechen, die dem deutschen Volksgenossen die Berührung mit dem Juden ersparen.«[55] Auch die übrige Presse setzte ihre Leser, wie vom Propagandaministerium angeordnet,[56] ausführlich über die Einführung des Gelben Sterns in Kenntnis, veröffentlichte teilweise Fotos von bereits gekennzeichneten Juden und lieferte Begründungen für die neue Maßnahme.[57]

Schließlich ließ das Propagandaministerium ein Flugblatt drucken, das mit den Lebensmittelkarten an sämtliche deutschen Haushalte verteilt wurde. Auf der Vorderseite prangte ein Judenstern mit folgender Mahnung: »Wenn du dieses Zeichen siehst [...] Dann denke daran, was der Jude unserem Volke angetan hat.« Unter erneutem Hinweis auf die Broschüre des als »Sprecher des Weltjudentums« bezeichneten Kaufman schließt das Pamphlet mit der Aufforderung: »Dass das Judentum niemals wieder auch nur den geringsten Einfluss in unserem Volke erhält, dafür musst Du durch Deine Haltung dem Juden gegenüber sorgen. Erkenne den wahren Feind!«[58]

Der Propagandaapparat gab sich also erhebliche Mühe, die Kennzeichnungspflicht zum 19. September 1941 zu begründen und vorzubereiten; nach dem Inkrafttreten der Verordnung herrschte indes weitgehend Schweigen. Über die Auswirkung der Kennzeichnung und die Aufnahme in der Bevölkerung ließ die Propaganda kaum etwas verlauten. Insbesondere auf Fotos der Gekennzeichneten wurde offenbar verzichtet. Warum, wird noch zu erörtern sein.

Die Kennzeichnung der deutschen Juden im September 1941, so viel lässt sich schon festhalten, diente auch dazu, die nationalsozialistisch gelenkte Öffentlichkeit neu auszurichten: Mit der Sichtbarmachung der in Deutschland lebenden Juden durch den Gelben Stern wurde das Verhalten der deutschen Bevölkerung gegenüber den gekennzeichneten Juden – die laut Propaganda wie die angeblichen jüdischen Hintermänner kommunistischer Gräuel im Osten und Kriegstreiber im Westen die Vernichtung des deutschen Volkes anstrebten – zum Gradmesser für ihre Akzeptanz der antijüdischen Propagandakampagne. Denn die endgültige Verdrängung der Juden aus der »Öffentlichkeit«, die sich Goebbels von der Kennzeichnung erhoffte, war ja nur dann möglich, wenn die übrige Bevölkerung den Sternträgern abwehrend und feindselig begegnete. Selbst kleine Gesten der Solidarität mit den gekennzeichneten Juden konnten nun als Kritik an der Politik des Regimes interpretiert werden, »die Juden« zum eigentlichen Hauptfeind im sich abzeichnenden Weltkrieg zu erklären.

Zur gleichen Zeit machte das Regime in der brennenden »Euthanasie«- und Kirchenfrage einen Rückzieher. Bereits Ende Juli hatte Hitler die weitere Beschlagnahme kirchlicher Vermögen untersagt.[59] Am 22. August besprach Goebbels mit dem westfälischen Gauleiter Alfred Meyer die »Kirchenlage«.[60] Er riet Meyer, sich abwartend zu verhalten: »Die Kirchenfrage ist nach dem Kriege mit einem Federstrich zu lösen. Während des Krieges lässt man besser die Finger davon; da kann sie nur als heißes Eisen wirken. Im allgemeinen stehe ich auf dem Standpunkt, dass es überhaupt nicht zweckmäßig ist, mit einer Nadelstichpolitik zu arbeiten. Das Volk ist jetzt mit schweren Sorgen beladen, dass man auch schon aus Gerechtigkeitsgründen bestrebt sein muss, diese Sorgen nicht noch künstlich zu vergrößern und zu vermehren. Ob es überhaupt richtig gewesen ist, die Frage der Euthanasie in so großem Umfang, wie das in den letzten Monaten geschehen ist, aufzurollen, mag dahingestellt bleiben.« Bereits in diesem Gespräch ging Goebbels davon aus, dass der Massenmord an Patienten zu Ende ging: »Jedenfalls können wir froh sein, wenn die daran geknüpfte Aktion zu Ende ist. Notwendig war sie.« Am 24. August wurde die »Euthanasie«-Aktion dann offiziell auf Anordnung Hitlers eingestellt, eine Entscheidung, die unter dem Eindruck der anschwellenden Proteste zustande kam, aber auch sicher darauf zurückzuführen ist, dass die »Euthanasie«-Planer zu diesem Zeitpunkt ihre zu Kriegsbeginn anvisierten Ziele als erfüllt betrachten konnten.[61] Tatsächlich sollten die Morde an Anstaltspatienten in dezentraler und sorgfältiger getarnter Form weitergehen.

Noch während Goebbels Ende August die Propagandakampagne zum Inkrafttreten der Kennzeichnungsverordnung im September vorbereitete, registrierte das Regime den Beginn einer erneuten Stimmungskrise, die zwei bis drei Wochen anhalten sollte: Demzufolge hatte die Bekanntgabe der militärischen Erfolge zu Beginn des Monats die Skepsis in der Bevölkerung nicht wirklich ausräumen können,[62] denn es wurde immer offenkundiger, dass der deutsche Vormarsch trotz aller Siegesmeldungen in absehbarer Zeit nicht zu dem entscheidenden, den Krieg beendenden Schlag gegen die Rote Armee führen würde.[63] Die Tatsache, dass dieser wiederholte allgemeine Stimmungseinbruch genau in den Zeitraum fiel, in dem die Kennzeichnungsverordnung mit großem propagandistischem Aufwand in Kraft gesetzt wurde, wirkte sich negativ auf die Reaktion der Bevölkerung auf diese erneute Radikalisierung der Judenverfolgung aus.

Die Juden werden gekennzeichnet:
Propaganda und Reaktionen der Bevölkerung

Goebbels war zunächst entschlossen, die Propaganda zur Einführung des Gelben Sterns Ende September noch zu steigern, um eine allgemeine Eskalation der antijüdischen Politik voranzutreiben, zumal er bei einem Besuch im Führerhauptquartier am 23. September den Eindruck gewann, es werde bald mit der Deportation der Berliner Juden begonnen.[64]

Die Reaktion auf die Kennzeichnung blieb jedoch hinter den Erwartungen des Propagandaministers zurück, wie dem Protokoll der Propagandakonferenz vom 25. September zu entnehmen ist: »Es liegen Meldungen vor, dass bei einem Teil der Bevölkerung – ganz besonders den so genannten besseren Schichten – die Judenabzeichen Mitleidsäußerungen erregt haben. Dr. Goebbels hat daher angeordnet, dass sofort eine großzügige Aufklärung auf diesem Gebiet durchgeführt wird. Die gesamte Presse und der Rundfunk haben sich mit dem Thema zu befassen. Hierbei soll aufgezeigt werden, was wir Deutschen den Juden zu verdanken haben. Die Juden sollen als die maßgeblichen Verbreiter der Hetz- und Revanchepolitik herausgestellt werden, ihr Anteil an diesem Krieg mit dem Ziel der Vernichtung Deutschlands an Hand von Unterlagen und Aussprüchen der Juden bewiesen werden. In diesem Zusammenhang gab Dr. Goebbels seiner Empörung über diese so genannten besseren Kreise, die in jedem

Fall seit 1933 immer wieder versagt haben, Ausdruck: ›Der deutsche Bildungsspießer ist schon ein Dreckstück.‹« Goebbels habe sich dabei, so der Berichterstatter der Reichspropagandaleitung, auf die »so genannte Intelligenzpresse« bezogen.[65]

Am nächsten Tag ging der Sprecher des Propagandaministeriums das Thema auf der Pressekonferenz an: Es gebe eine »gewisse Mitleidswelle« mit den Juden, und zwar hauptsächlich in den »Kreisen der Intelligenzbestien«. Es sei notwendig, »mit aller Schärfe dieses Thema aufzugreifen und dem deutschen Volke klarzumachen, was das Judentum ihm bereits angetan habe und antun würde, wenn es die Macht dazu hätte«. Allerdings sei mit Vorsicht vorzugehen: Man möge das Problem »nun nicht in der gesamten Presse mit einem Schlage« aufgreifen, sondern es »gelegentlich behandeln«.[66]

In der Parteipresse lässt sich eine Reihe von Beiträgen finden, die verdeutlichen, wie sehr die Nationalsozialisten durch die ablehnende Reaktion des Publikums auf die Kennzeichnungsverordnung in die Defensive gerieten. So erschien zum Beispiel im Stuttgarter *NS-Kurier* vom 3. Oktober 1941 ein Beitrag, in dem eine Szene aus einer überfüllten Straßenbahn geschildert wird: Als eine Frau laut forderte, ein mit dem Stern gekennzeichneter Passagier solle gefälligst »Platz machen«, erhoben sich doch, so der Artikel »mehrere Stimmen, die nichts weniger meinten als dies, dass ›der Jude auch ein Mensch‹ sei«. Der Autor des Beitrags empfahl als »ein probates Mittel gegen falsches Mitleid und falsche Menschlichkeit« den von ihm selbst »lange geübte(n) Brauch, den Juden überhaupt nicht zu sehen, durch ihn hindurchzublicken, als wäre er aus Glas oder weniger als Glas, als wäre er Luft, selbst dann, wenn der gelbe Stern mich auf ihn aufmerksam machen möchte«. Was hier dem Publikum »empfohlen« wird, ist genau jene Haltung, die zeitgenössische Beobachter in den folgenden Monaten in deutschen Verkehrsmitteln als vorherrschende Haltung gegenüber jüdischen Mitreisenden ausmachten. Fünf Tage später, am 8. Oktober, kam der Lokalredakteur des Stuttgarter *NS-Kurier*s noch einmal auf das Thema zurück. Unter der Überschrift »Es ist doch schlimmer« teilte er seinen Lesern mit, eine »große Zahl von Anrufen und Leser-Briefen hat mir indessen bewiesen, dass ich mich im Irrtum befand, als ich annahm, falsches Mitleid und schlecht angewandte ›Menschlichkeit‹ gegenüber besternten Juden seien Einzelerscheinungen«. Zur Illustration zitierte er die Zuschrift einer älteren Nationalsozialistin, die sich darüber beschwerte, es würde nach wie vor alten Jüdinnen in der Straßenbahn der

Platz frei gemacht und man könne immer wieder beobachten, dass Juden durch »arische« Bekannte auf der Straße ostentativ begrüßt würden und dass man ihnen Mut zuspreche. Bei einer dieser Gelegenheiten, so die Briefschreiberin, habe sie den Satz aufgeschnappt: »Es gehört wahrlich mehr Mut dazu, diesen Stern zu tragen, als in den Krieg zu ziehen.« Der Stuttgarter *NS-Kurier* zögerte nicht, diese Äußerung als besonders verabscheuungswürdig anzuprangern.[67]

Der *Westdeutsche Beobachter* veröffentlichte am 26. Oktober 1941 den Bericht einer seiner Mitarbeiter über ein Erlebnis in Berlin. Ein Bekannter, der als loyaler Nationalsozialist und Antisemit vorgestellt wird, habe ihm anvertraut, eigentlich habe ihm »die Sache mit dem Judenstern« zunächst nicht behagt, er habe die Einführung der Kennzeichnung als überflüssig angesehen. Um seinen mittlerweile eingetretenen Sinneswandel zu erklären, habe der Bekannte ihn dann zu einem gemeinsamen Spaziergang durch Wilmersdorf eingeladen, wo sich schon beim ersten Augenschein zeigte, dass er »im Getto« lebe, denn im Stadtviertel ergebe sich auf Schritt und Tritt immer der gleiche Eindruck: »Die gelben Fünfzacks beherrschen das Bild.« Der Bekannte, so versichert der Autor, habe nun die Notwendigkeit der Kennzeichnung vollkommen eingesehen.[68]

Die Artikel veranschaulichen die Schwierigkeiten der Propaganda im Umgang mit dem Thema: Eine zu intensive »Aufklärung« über die Folgen der Kennzeichnungspflicht musste notwendigerweise dazu führen, dass Kritik aus der Bevölkerung zu viel Platz eingeräumt und so ungewollt im Rahmen der kontrollierten öffentlichen Meinung eine Plattform für Gegenstimmen geschaffen wurde.

Dies galt es jedoch unter allen Umständen zu verhindern. Das Propagandaministerium erklärte zwar am 28. September auf der Pressekonferenz, der »Aufklärungsfeldzug gegen das Judentum könne jetzt gestartet werden«, doch ein Blick in die Presse zeigt, dass dieser »Feldzug« zumindest in diesem wichtigen Medium zunächst ausblieb. Stattdessen geschahen höchst ungewöhnliche Dinge: Die Gaupropagandaleitung Danzig-Westpreußen schickte beispielsweise die Sendung mit dem Flugblatt »Wenn Du dieses Zeichen siehst«, das anlässlich der Kennzeichnung der Juden an alle Haushalte verteilt werden sollte, mit der Begründung nach Berlin zurück, dass man »auf dem Standpunkt stünde, die Verbreitung dieses Flugblatts würde nur Unruhe in die Bevölkerung hineintragen«. Die Bevölkerung, so die weiteren Ausführungen, könne zu dem Schluss kommen, dass sich im Gau noch »eine große Anzahl Juden befinden«.[69]

Entgegen der Ankündigung spielte das Thema bis Ende Oktober in den Presseanweisungen eine relativ untergeordnete Rolle.[70] Entsprechend ging auch die Zahl der antisemitischen Beiträge in den meisten Zeitungen im Monat Oktober gegenüber dem September deutlich zurück.[71] Dafür war mit Sicherheit eine gewisse Irritation der Propagandisten angesichts der negativen Aufnahme der Kennzeichnung in der Bevölkerung verantwortlich. Verschärft wurde diese Verunsicherung jedoch noch durch einen weiteren Faktor.

Auf dem Höhepunkt der Stimmungskrise Mitte September hatte Hitler einen weiteren, folgenschweren Entschluss in der »Judenpolitik« gefasst: die Entscheidung zur Deportation der deutschen Juden, eine Maßnahme, die er noch im August auf die Zeit nach dem Ende des Ostfeldzuges hatte verschieben wollen.[72] Am 18. September instruierte Himmler den Gauleiter im Warthegau, Arthur Greiser, Hitler wünsche, dass »möglichst bald das Altreich und das Protektorat vom Westen nach dem Osten von Juden geleert und befreit werden«; die ersten 60 000 Juden seien bereits während des kommenden Winters im Ghetto von Lodz unterzubringen.

Die Motive für diese Entscheidung Hitlers sind komplex und können hier nicht im Detail erörtert werden: Moskaus Entschluss, die Wolgadeutschen nach Sibirien zu deportieren, lieferte den Vorwand;[73] das Motiv, die deutschen Juden für den erwarteten Kriegseintritt der Vereinigten Staaten als Geiseln zu nehmen,[74] ist ebenso nachweisbar wie die Überlegung, »Judenwohnungen« in den vom Luftkrieg bedrohten Städten »freizumachen«, um so »die Juden« ostentativ als Drahtzieher der Bombenkrieges anzuprangern.[75] Vor allem aber ging Hitler mit seiner Entscheidung vom September 1941 daran, den ursprünglichen, seit Anfang des Jahres verfolgten Plan zur Deportation der Juden in die zu besetzenden Ostgebiete zu realisieren. Der Termin für den Beginn der Deportationen – Mitte Oktober – entsprach exakt dem Zeitpunkt, den Hitler im Juni 1941 für den deutschen Sieg im Ostfeldzug ins Auge gefasst hatte.[76] Offensichtlich verfolgte er also die Absicht, angesichts des sich andeutenden Scheiterns des »Blitzkrieges« gegen die Sowjetunion die künftige Führung des Krieges, der länger und blutiger zu werden drohte als ursprünglich angenommen, ganz unter das Motiv eines Kampfes gegen »die Juden« zu stellen.

Es scheint, dass die Kennzeichnung, mit der Goebbels das Ziel verfolgt hatte, die Juden sichtbar zu machen, um sie ostentativ »aus der Öffentlichkeit« zu entfernen, durch die mittlerweile ergangene Deportationsentscheidung Hitlers in propagandistischer Hinsicht überholt worden war. Goebbels war zwar immer davon ausgegangen, dass Berlin bald »judenfrei« werden würde, aber dass zwischen der Kennzeichnung und dem Beginn der Deportationen nur wenige Wochen liegen würden, damit hatte er offensichtlich nicht gerechnet. Die Deportationen sollten aber – wie wir sehen werden – gerade nicht öffentlich herausgestellt werden, sondern die Juden sollten weitgehend unbemerkt »verschwinden«; aus propagandistischer Sicht war es daher kontraproduktiv, die Juden im September »sichtbar« zu machen, um dann ab Oktober mit der Frage konfrontiert zu werden, wo die Sternträger denn geblieben seien. Und die reservierte bis ablehnende Aufnahme der Kennzeichnungsverordnung, die Goebbels bei den Berlinern konstatierte, ließ es erst recht nicht ratsam erscheinen, das antisemitische Thema propagandistisch weiter zu strapazieren.

Die ganz überwiegend negative Reaktion[77] auf die Kennzeichnungsverordnung zumindest in Teilen der Bevölkerung wird durch eine Reihe von zeitgenössischen Beobachtern bestätigt. Elisabeth Freund, selbst von der Kennzeichnung betroffen, berichtet in Aufzeichnungen, die sie wenige Monate später anfertigte, die Berliner Bevölkerung missbillige in ihrer Mehrheit den Judenstern: »Die Judensterne sind nicht populär. Das ist ein Misserfolg der Partei, und dazu kommen die Misserfolge an der Ostfront.«[78]

Die bereits erwähnte Ruth Andreas-Friedrich, eine Nichtjüdin, die in Berlin dem Widerstand angehörte, hielt mit Datum vom 19. September 1941 in ihrem Tagebuch fest: »Es ist soweit. Die Juden sind vogelfrei. Als Ausgestoßene gekennzeichnet durch einen gelben Davidstern, den jeder von ihnen auf der linken Brustseite tragen muss. Wir möchten laut um Hilfe schreien. Doch was fruchtet unser Geschrei? ›Jude‹ steht in hebräischen Schriftzügen mitten auf dem Davidstern, ›Jude‹ höhnen die Kinder, wenn sie einen so Gezeichneten durch die Straßen wandern sehen. ›Schämt euch!‹ schnauzt Andrik zwei solche Lümmel an und haut ihnen ein paar rechts und links hinter die Ohren. Die Umstehenden lächeln zustimmend. Wie ertappte Sünder schleichen die Bengel beiseite. Das Gros des Volkes freut sich nicht über die neue Verordnung. Fast alle, die uns begegnen, schämen sich wie wir. Und selbst der Spott der Kinder hat mit ernsthaftem Antisemitismus wenig zu tun. Sie spotten, weil sie sich einen Spaß davon versprechen. Einen Spaß, der nichts kostet, da er auf Kosten von Wehrlosen geht. Es liegt kein großer Unterschied darin, ob man Fliegen die Beine ausreißt, Schmetterlinge aufspießt oder Juden ein Schimpfwort nachruft.«[79]

Die Berlinerin Ingeborg Tafel schrieb ihrem Ehemann, einem Offizier, am 21. September 1941: »Seit dem 19. September müssen Juden einen gelben Stern auf der linken Brustseite tragen. Wie schrecklich, ›gekennzeichnet‹ zu sein – es kommt mir vor wie ein Kainsmal.«[80] Ulrich von Hassell, der dem Widerstand angehörende, nicht mehr im aktiven Dienst befindliche deutsche Diplomat, hielt den gleichen Eindruck in seinem Tagebuch fest, nannte aber auch ein Gegenbeispiel.[81]

Eine jüdische Lehrerin, der es Ende 1941 noch gelang, Deutschland zu verlassen, berichtet in Notizen, die sie kurz nach dem Grenzübertritt anfertigte, die Bevölkerung habe durchaus unterschiedlich auf den Stern reagiert. Besonders von Kindern seien antisemitische Bemerkungen zu hören gewesen, während Erwachsene sich häufiger negativ über die Kennzeichnung geäußert hätten.[82]

Else Behrend-Rosenfeld, eine in München lebende Jüdin, machte zwei Tage nach Einführung der Kennzeichnung folgende Beobachtung: »Die meisten Leute tun, als sähen sie den Stern nicht, vereinzelt gibt jemand in der Straßenbahn seiner Genugtuung darüber Ausdruck, dass man nun das ›Judenpack‹ erkennt. Aber wir erlebten und erleben auch viele Äußerungen der Abscheu über diese Maßnahme und viele Sympathiekundgebungen für die Betroffenen.« Behrend-Rosenfeld schildert weitere Solidaritätsgesten und fährt dann fort: »Mir scheint, dass jedenfalls in München die jetzigen Machthaber mit dieser Verfügung nicht erreichen werden, was sie bezwecken: die vollkommene Verfemung der Juden durch die Menge des Volkes.« Am 26. Oktober heißt es: »Die Bevölkerung tut, als sähe sie die Sterne nicht. Viele Freundlichkeiten in der Öffentlichkeit und noch viel mehr im geheimen werden uns erwiesen. Äußerungen der Verachtung und des Hasses uns gegenüber sind selten.«[83]

Wie Behrend-Rosenfelds Aufzeichnungen zeigen, wurde das ostentative Übersehen des Sterns von einer Betroffenen keineswegs als Ausdruck der Indifferenz gegenüber den Verfolgten gewertet, sondern als demonstrative Ablehnung der Kennzeichnung. Vergegenwärtigt man sich die zitierte »Empfehlung« des Stuttgarter *NS-Kuriers* vom 3. Oktober, durch die gekennzeichneten Juden »wie Luft« hindurchzusehen, um damit seine Verachtung zum Ausdruck zu bringen, so wird deutlich, wie nuancenreich und interpretationsfähig zur Schau getragene Indifferenz sein kann.

Jochen Klepper, der mit einer Jüdin verheiratete und an seiner Berufsausübung verhinderte Journalist, dessen aus der ersten Ehe der Frau stammende Tochter den Stern tragen musste, bestätigt diese negative Haltung der Bevölkerung gegenüber der Kennzeichnung.[84]

Auch Victor Klemperer vermerkte in seinem Tagebuch in diesen Wochen überwiegend Einträge, die die negative Einstellung der Bevölkerung zur Sternpflicht dokumentieren. »Fraglos empfindet das Volk die Judenverfolgung als Sünde«, notierte er am 4. Oktober.[85] Generell ist jedoch bei solchen Stellungnahmen zu berücksichtigen, dass Sternträger bevorzugte Adressaten regimekritischer Äußerungen waren, da man von ihnen keine Denunziation erwartete. Am 25. September 1941 hielt Klemperer die Äußerung eines Straßenbahnfahrers ihm gegenüber fest: »Ganz gut, Ihr Zeichen, da weiß man, wen man vor sich hat, da kann man sich mal aussprechen.«

Howard K. Smith, der bis Ende 1941 als amerikanischer Korrespondent in Deutschland arbeiten konnte, kam in einem nach seiner Rückkehr in die USA veröffentlichten Buch zu der Schlussfolgerung, die Kampagne zur Einführung des Gelben Sterns sei »ein monumentaler Misserfolg« gewesen; die Bevölkerung habe durchgängig durch kleine Gesten ihre Sympathien mit den Sternträgern und ihre Missbilligung der Kennzeichnung zum Ausdruck gebracht. Die Empörung sei auch von überzeugten Parteianhängern geteilt worden. Goebbels habe mit seinen Propagandamaßnahmen den Rassegedanken »für alle Zeiten ruiniert«.[86] Ähnlich wie Behrend-Rosenfeld beobachtete Smith, dass die Menschen den Sternträgern meist mit gesenktem Kopf begegneten. Smith erklärte diese Verhaltensweise teils mit Schamgefühlen, teils mit dem Motiv, den Juden das Gefühl des Angestarrtwerdens ersparen zu wollen.

Der schwedische Zeitungskorrespondent Arvid Fredborg schilderte ähnliche Eindrücke: »Die Bevölkerung von Berlin reagierte auf den Davidstern in einer Art und Weise, die den Propagandamachern einigen Stoff zum Nachdenken gegeben haben muss. Immer wieder gab es kleine Sympathiekundgebungen für die Juden, und die stoische Ruhe, mit der sie ihr Schicksal ertrugen, verfehlte nicht ihre Wirkung, sogar auf die fanatischsten Nazis.«[87]

Der für die militärische Abwehr arbeitende Regimegegner Helmuth James von Moltke schließlich schrieb am 18. November an seine Frau zur »Lage im Innern«: »Durch Judenverfolgung und Kirchensturm ist eine rasende Unruhe hervorgerufen worden.«[88]

Diese Zeugnisse verleihen der Episode einige Glaubwürdigkeit, die Speer in den *Spandauer Tagebüchern* schildert. Goebbels habe sich anlässlich eines Mittagessens bei Hitler über die Berliner beklagt: »Die Einführung des Judensterns hat genau das Gegenteil von dem bewirkt, was erreicht werden sollte, mein Führer! Wir wollten die Juden aus der Volksgemeinschaft ausschließen. Aber die einfachen Menschen meiden sie nicht, im Gegenteil, sie zeigen überall Sympathie für sie. Dieses Volk ist einfach noch nicht reif und steckt voller Gefühlsduseleien!«[89]

Eine vom britischen Foreign Office angelegte Sammlung von Berichten mit Nachrichten aus Deutschland[90] bestätigt den Befund: In einer Zusammenfassung des Central Department im Foreign Office vom November 1941 heißt es, »Juden scheinen eine freundlichere Behandlung seitens der Deutschen zu erfahren«.[91] Auch die britische Post- und Telegraphenzensur, die abgefangene Briefe aus Deutschland und Briefe mit Informationen über Deutschland aus neutralen Ländern auswertete, kam im März 1942 zu der Schlussfolgerung, dass »das Tragen des Judensterns exakt das Gegenteil von dem zur Folge hatte, was man erwartet hatte, nämlich eine wesentlich freundlichere und hilfsbereitere Verhaltensweise der anderen«.[92]

Daneben finden sich in den Akten des Foreign Office Berichte verschiedener britischer Auslandsmissionen, die Beobachtungen von Personen weitergaben, die sich aus unterschiedlichen Gründen in Deutschland aufgehalten hatten. Auch diese Augenzeugenberichte deuten auf Ablehnung der Kennzeichnungspflicht hin; die Menschen seien den Sternträgern mit Scham und Gesten des Mitgefühls begegnet. Diese übereinstimmenden Einschätzungen stammten von ganz unterschiedlichen Personen: einem amerikanischen Zeitungskorrespondenten,[93] einem Informanten, der sich drei Wochen in Deutschland aufgehalten hatte und von dort nach Schweden ausgereist war,[94] einem Österreicher, der anlässlich eines Schweiz-Besuches mit dem dortigen britischen Militärattaché zusammengekommen war,[95] sowie einer Schwedin, die soeben von einem Besuch in München zurückgekehrt war.[96]

Ein jüdischer Mechaniker aus Hamburg, der Ende 1941 noch in die USA emigrieren konnte, wusste zu berichten, dass die Arbeiter in seiner Firma durchgehend oppositionell zum Regime eingestellt seien und auf die Einführung des Gelben Sterns mit deutlichen Kundgebungen der Solidarität reagiert hätten.[97] Kate Cohn, eine Berliner Jüdin, die im Februar 1942 in die Schweiz geflohen war und im Herbst nach Großbritannien gelangte, berichtete, die Sternträger seien zum Teil voller Mitleid angestarrt worden, andere Passanten hätten Mitgefühl und Sympathie gezeigt. Insgesamt hätte die Kennzeichnung keineswegs Begeisterung ausgelöst.[98]

Der schwedische Botschafter in Deutschland erklärte seinem britischen Kollegen in Stockholm in einem Gespräch, die Berliner Bevölkerung sei vollkommen damit beschäftigt, das Alltagsleben zu bewältigen; für sie sei die »Judenfrage« genauso uninteressant wie die anderen Themen, denen sich die Propaganda ständig widme – ob es sich nun um Deutschlands Größe, die Freimaurerei, die kommunistische Gefahr oder was auch immer handele.[99]

Andere Augenzeugenberichte in den Akten des Public Record Office vermitteln einen Eindruck von der Abwehrreaktion, mit der Deutsche reagierten, wenn sie auf die Kennzeichnung der Juden angesprochen wurden. Ein finnischer Geschäftsmann, der sich zu einem kurzen Besuch in Deutschland aufgehalten hatte, erzählte, seine deutschen Gesprächspartner hätten auf Fragen zum Gelben Stern stets mit dem Hinweis reagiert, es sei allgemein bekannt, dass die Deutschen in den USA mit einem großen D auf ihrer Kleidung gekennzeichnet würden.[100] Das Gleiche wusste der ehemalige Sekretär der US-Handelskammer in Frankfurt am Main, van d'Elden, zu berichten, der sich, abgesehen von einer mehrwöchigen Internierung Anfang 1942, bis zu seiner Ausweisung im Mai 1942 relativ frei in Frankfurt bewegen durfte. Seine deutschen Gesprächspartner, so van d'Elden, seien durchgängig der Meinung, die Deutschen in den USA würden mit einem Hakenkreuz gekennzeichnet. Die meisten Deutschen stünden also unter dem Eindruck, ihre Landsleute würden in ähnlicher Weise verfolgt wie die Juden in Deutschland.[101]

Die ablehnende oder doch zumindest zurückhaltende Reaktion der Bevölkerung auf die Einführung der Kennzeichnungspflicht ist sogar der Berichterstattung des SD zu entnehmen, auch wenn hier als dominierende Antwort Zustimmung dokumentiert wird. So heißt es in den Meldungen aus dem Reich in einem zusammenfassenden Bericht: »Die Verordnung über die Kennzeichnung der Juden wurde vom überwiegenden Teil der Bevölkerung begrüßt und mit Genugtuung aufgenommen, zumal eine solche Kennzeichnung von vielen schon lange erwartet worden war. Nur in geringem Umfange, vor allem in katholischen und in bürgerlichen Kreisen, wurden einzelne Stimmen des Mitleids laut. Vereinzelt wurde auch von ›mittelalterlichen Methoden‹ gesprochen. Vorwiegend in diesen Kreisen wird befürchtet, dass das feindliche Ausland die dort lebenden Deutschen mit einem Hakenkreuz kennzeichnen und gegenüber diesen zu weiteren Repressalien greifen werden. Überall ist das erste Auftreten von gekennzeichneten Juden stark beachtet worden. Mit Erstaunen wurde festgestellt, wie viele Juden es eigentlich noch in Deutschland gibt.«[102]

Verschiedene regionale und lokale Stimmungsberichte meldeten hingegen eindeutig und uneingeschränkt positive Reaktionen auf die Einführung des Abzeichens.[103] Soweit in den Berichten Kritik geübt wurde, bezog sie sich vor allem auf die angeblich zu weitgehenden Ausnahmeregelungen der Kennzeichnungsverordnung, insbesondere für in »Mischehen« lebende Juden.[104] Die zum Teil sehr detaillierten, auf die bestehende Rechtslage Bezug nehmenden Vorschläge für eine Verschärfung der Verordnung (etwa in den Meldungen aus dem Reich vom 2. Februar 1942)[105] machen allerdings deutlich, dass es sich hier weniger um Volkes Stimme handelt, als vielmehr um Parteifunktionäre, die sich hinter der angeblich populären Empörung verbargen.

Bezeichnend für dieses Vorgehen ist etwa, dass die NSDAP-Kreisleitung Augsburg-Stadt in ihrem Lagebericht für September selbst die Forderung nach Ausdehnung der Kennzeichnung erhob, ohne sich auf die »Stimmung« zu beziehen – während die Kollegen von der Kreisleitung Augsburg-Land das gleiche Anliegen verfolgten, sich aber auf das mangelnde Verständnis der Bevölkerung beriefen.[106]

Bemerkenswert ist auch die Formulierung im Bericht der SD-Außenstelle Höxter, die »Kenntlichmachung der Juden mit dem Davidstern ist von der Bevölkerung des hiesigen Bereiches allgemein begrüßt worden«; zwar seien »Diskussionen größeren Umfangs« darüber nicht geführt worden, trotzdem sei »die allgemeine Zustimmung zu dieser Maßnahme sofort zum Ausdruck« gekommen. Treffender kann man die »Meinungsbildung« in einer kontrollierten »Öffentlichkeit« wohl kaum beschreiben.[107]

Allerdings enthalten die lokalen Stimmungsberichte auch direkte Hinweise auf Kritik aus der Bevölkerung. So meldete etwa die SD-Außenstelle Paderborn, die Kennzeichnung werde »nur in Kreisen konfessionell fest gebundener älterer Menschen« kritisiert.[108]

Die Meldungen aus dem Reich vom 24. November 1941 gehen speziell auf die Reaktionen kirchlicher Kreise auf die Kennzeichnung ein, und zwar insbesondere auf Bemühungen, die nun in den Gottesdiensten sichtbar gewordenen »getauften Juden« vor Anfeindungen zu schützen, denn nach dem Inkrafttreten der Verordnung »wurden an den darauffolgenden Sonntagen verschiedene Kirchenbesucher bei ihren Ortsgeistlichen vorstellig. Sie verlangten, dass die Juden nicht mehr die gemeinsamen Gottesdienste besuchen dürften und dass man von ihnen nicht verlangen könne, dass sie neben einem Juden die Kommunion empfangen sollen.«

Besondere Aufmerksamkeit verwandte der Bericht auf ein Flugblatt, das von der Breslauer Stadtvikarin verfasst und in verschiedenen Teilen des Reichsgebietes verbreitet wurde. In dem Flugblatt wurde daran erinnert, es sei »Christenpflicht, sie [die Juden] nicht etwa wegen der Kennzeichnung vom Gottesdienst auszuschließen«. Es folgte eine Reihe praktischer Vorschläge, wie die gekennzeichneten Gemeindemitglieder durch die Gemeinden geschützt werden könnten.

Die Meldungen aus dem Reich zitierten ferner ausführlich aus zwei Rundschreiben, die vom Vorsitzenden der Fuldaer Bischofskonferenz, Kardinal Bertram, und vom Wiener Kardinal Innitzer stammten. Beide wandten sich gegen die Absicht, die nun gekennzeichneten Juden zu einer »Judenchristengemeinde« mit eigenem Gottesdienst zusammenzufassen oder sie sonstwie von der übrigen Gemeinde abzusondern.[109]

Offensichtlich war jedoch die Missstimmung über die Einführung der Kennzeichnung – insbesondere in Berlin – wesentlich stärker, als es die Berichte glauben machen wollten; die geradezu wütenden Maßnahmen Goebbels' gegen diejenigen, die der Kennzeichnungsverordnung kritisch gegenüberstanden und Solidaritätsbekundungen gegenüber Juden zeigten, wären sonst nicht verständlich.

Am 6. Oktober empfahl Goebbels auf der Propagandakonferenz, mit der Gestapo zu vereinbaren, »ohne etwas darüber zu veröffentlichen, in Zukunft alle Leute ohne Judenstern, gleichgültig ob in Breslau oder auf dem Kurfürstendamm in Berlin, die in Begleitung von Leuten mit Judenstern angetroffen werden, dingfest zu machen und dann – sofern es sich nicht um Ausländer handelt – entweder ins KZ oder eine Zeitlang in eine Munitionsfabrik zu stecken«. Als Vorbild diente ihm eine entsprechende Anweisung, die Reinhard Heydrich für das Protektorat Böhmen und Mähren getroffen hatte.[110] Tatsächlich wurde eine solche Regelung wenige Tage später in Form einer Polizeiverordnung erlassen: Wer »in der Öffentlichkeit freundschaftliche Beziehungen zu Juden« erkennen lasse, sei in »Schutzhaft« zu nehmen und bis zu drei Monaten in Konzentrationslager einzusperren.[111] Die Verordnung wurde jedoch nicht im Wortlaut veröffentlicht, sondern im November inhaltlich in einem Goebbels-Artikel (auf den noch eingegangen wird) wiedergegeben und entsprechend im Rundfunk propagiert. Erst mit diesem Mittel, unerwünschte Kontakte mit Juden zu unterbinden, an der Hand, sollte Goebbels die nächste antisemitische Kampagne in Gang setzen, um die vom Regime erwünschte Distanz zu Juden einzufordern.

Der Beginn der Deportationen

Die Stimmung der deutschen Bevölkerung begann sich, so nahm es das Regime wahr, in der zweiten Septemberhälfte unter dem Eindruck neuer Sondermeldungen von der Ostfront wieder aufzuhellen[112] – allerdings in einem Ausmaß, das den Propagandaminister schon wieder beunruhigte, ging seiner Ansicht doch zumindest zum Teil »die Stimmung des Volks weit über die realen Möglichkeiten hinaus«.[113]

Die optimistische Stimmung in der Bevölkerung, die der Berichterstattung des Regimes zufolge bis Ende des Monats Oktober anhielt,[114] reflektierte vor allem die Einschätzung in Hitlers Hauptquartier. Dort herrschte auf Grund der militärischen Erfolge (insbesondere in den Schlachten im Raum Kiew sowie bei Brjansk und Wjasma) geradezu Euphorie, ein Umstand, der sich in den offiziellen Verlautbarungen zur militärischen Entwicklung deutlich niederschlug. Am 23. September gab Hitler gegenüber Goebbels seiner Hoffnung Ausdruck, »die Kämpfe im Osten bis zum 15. Oktober im wesentlichen abgeschlossen haben zu können«.[115] Bei ihrem Treffen am 3. Oktober fand Goebbels den Diktator immer noch in äußerst optimistischer Stimmung vor, davon überzeugt, die »sowjetische Wehrmacht in vierzehn Tagen im wesentlichen zertrümmert« zu haben.[116] Goebbels, der sich in der ersten Oktoberhälfte nachhaltig um eine Dämpfung dieses seiner Ansicht nach übertriebenen Optimismus bemühte, drohte gegen Mitte des Monats sogar in einen gewissen Gegensatz zu dieser vom Führerhauptquartier ausgehenden positiven Grundstimmung zu geraten.[117]

In dieser Situation begann am 15. Oktober die vier Wochen zuvor durch Hitler angeordnete Deportation der Berliner Juden. Das Protokoll der Propagandakonferenz vom 23. Oktober enthält folgende Anweisung des Ministers zur Behandlung der Massenverschleppung: »Zum Abtransport der ersten 20 000 Juden führt der Minister aus, dass über diese Frage so viele Lügen verbreitet würden, dass es zweckmäßig erscheine, über dieses Thema überhaupt nichts zu sagen. Um zu verhindern, dass ausländische Agenturen nähere Einzelheiten erfahren, sind weder Telefonate noch Kabel herauszulassen. Es wird lediglich dazu gesagt, dass es sich um eine kriegswirtschaftliche Maßnahme handelt, über die nicht berichtet wird. Herr Hinkel empfiehlt, hinzuzufügen, dass die Juden nicht in ein Lager überführt werden. Der Minister hält diesen Vorschlag für gut; auf die vielen Anfragen ist zu antworten: Die Juden kommen in kein Lager, weder in ein Konzentrationslager noch in ein Gefängnis. Sie werden individuell behandelt. Wohin sie kommen, kann aus kriegswirtschaftlichen Gründen nicht gesagt werden. Jedenfalls ist Vorsorge getroffen, dass die, die zum größten Teil bisher nicht an der Arbeit teilgenommen haben, jetzt in den Arbeitsprozess eingeschaltet werden.« In der Inlandspropaganda solle zur Frage der Deportationen hingegen »überhaupt nicht Stellung genommen werden«.[118]

Einen Tag später notierte Goebbels in seinem Tagebuch: »Allmählich fangen wir nun auch mit der Ausweisung von Juden aus Berlin nach dem Osten an. Einige tausend sind schon in Marsch gesetzt worden. Sie kommen vorerst nach Litzmannstadt. Darob große Aufregung in den betroffenen Kreisen. Die Juden wenden sich in anonymen Briefen hilfesuchend an die Auslandspresse, und es sickern auch in der Tat einige Nachrichten davon ins Ausland durch. Ich verbiete weitere Informationen darüber für die Auslandskorrespondenten. Trotzdem wird es nicht zu verhindern sein, dass dieses Thema in den nächsten Tagen weitergesponnen wird. Daran ist nichts zu ändern. Wenn es auch im Augenblick etwas unangenehm ist, diese Frage vor einer breiteren Weltöffentlichkeit erörtert zu sehen, so muss man diesen Nachteil schon in Kauf nehmen. Hauptsache ist, dass die Reichshauptstadt judenrein gemacht wird; und ich werde nicht eher ruhen und rasten, bis dieses Ziel vollkommen erreicht ist.«

In der Propagandakonferenz vom 25. Oktober räumte Goebbels seinen Mitarbeitern gegenüber ein, es sei »auch mit begütigenden Nachrichten nicht zu verhindern, dass die Juden, die inzwischen gewittert haben, dass sie aus Berlin herausgeholt werden sollen, nun an die Auslandskorrespondenten, die amerikanische Botschaft usw. schreiben. – So ist es auch unzweckmäßig, generell anzuordnen, dass Juden in den Verkehrsmitteln Platz zu machen haben; Aufgabe der Partei ist es, hier dem einzelnen das richtige Taktgefühl und psychologische Einfühlungsvermögen anzuerziehen. Darüber hinaus sind in den U-Bahnen und sonstigen Verkehrsmitteln Schilder anzubringen, in denen [...] ausgeführt wird: ›Die Juden sind unser Unglück. Sie haben diesen Krieg gewollt, um Deutschland zu vernichten. Deutsche Volksgenossen, vergesst das nie!‹ Damit ist für eventuelle Zwischenfälle eine Basis geschaffen, auf die erforderlichenfalls hingewiesen werden kann.«

Am 26. Oktober ordnete Goebbels an, die antijüdische Propaganda wieder zu intensivieren.[119] Des weiteren heißt es im Protokoll der Propagandakonferenz, es befänden sich »im Reichsgebiet und Generalgouvernement insgesamt 1 250 000 Juden ohne diejenigen, die in den Ghettos zusammengepfercht sind. Im Reichsgebiet selbst leben noch 323 000 Juden, davon entfallen auf die Reichshauptstadt 67 000. Inzwischen wurden Vorbereitungen getroffen, um noch in diesem Jahre 17 500 Juden aus Berlin abzutransportieren. Der Minister bezeichnet es als unhaltbar, dass damit noch rund ein Fünftel aller in Deutschland lebenden Juden auf die Reichshauptstadt entfallen. Es ist unbedingt zu erwirken, dass der Satz der aus Berlin abzutransportierenden Juden erhöht wird, so dass ab 1. Januar 1942 nicht mehr als etwa 25 000 Juden in der Reichshauptstadt sein werden. Erforderlichenfalls sind die Waggons zum Abtransport der Juden mit der doppelten Anzahl als bisher vorgesehen zu belegen. Der Minister beauftragt [Staatssekretär; P. L.] Gutterer, an zuständiger Stelle zu erwirken, dass als erste deutsche Stadt die Reichshauptstadt, schon aus politischen, psychologischen und Repräsentationsgründen, judenfrei zu machen ist. Diese Angelegenheit ist schnellstens zu bereinigen und darf sich keinesfalls über längere Zeit erstrecken. Weiterhin ist dafür zu sorgen, dass das Verbot, das den Juden die Benutzung öffentlicher Fernsprecher untersagt, strikt durchgeführt wird. Das gleiche gilt für das Verbot, das den Juden untersagt, Ausländer als Untermieter zu haben bezw. bei Ausländern in Untermiete zu wohnen.« Auf einen Einwurf, die Juden würden für Arbeiten in der Rüstungsindustrie reklamiert, äußerte Goebbels, man solle »diese Juden erforderlicherweise durch russische Kriegsgefangene ersetzen« lassen.

In seinem Tagebuch gab Goebbels am 28. Oktober 1941, anders als auf der Propagandakonferenz, deutlich zu erkennen, dass der Stimmungsberichterstattung zufolge die Deportationen auf relativ starke Bedenken in der Bevölkerung stießen: »Unsere intellektuellen und gesellschaftlichen Schichten haben plötzlich wieder ihr Humanitätsgefühl für die armen Juden entdeckt. Der deutsche Michel ist ihnen nicht auszutreiben. Die Juden brauchen nur eine Greisin mit einem Judenstern über den Kurfürstendamm zu schicken, so ist der deutsche Michel schon geneigt, alles zu vergessen, was die Juden uns in den vergangenen Jahren und Jahrzehnten angetan haben. Allerdings wir nicht! Wir denken in diesen Dingen konsequenter und verzeichnen in unserem Charakter wenigstens nicht den deutschen Nationalfehler der Vergesslichkeit. Es gibt auch noch eine Reihe von anderen Anlässen, die es uns gestatten, die Judenfrage in stärkerem Umfang wieder in Presse und Rundfunk zu behandeln. Die vorläufig in bescheidenem Umfang durchgeführten Judenevakuierungen aus Berlin sind immer noch ein Hauptthema der gegnerischen Propaganda. Man hat den Plan gefasst, noch im Laufe dieses Jahres an die 15 000 Juden aus Berlin auszuweisen. Es bleiben dann immerhin noch 50 000. Das ist falsch. Ich dringe darauf, dass, wenn die Juden evakuiert werden, dieser Prozess in möglichst kurzer Frist beendet sein muss. Man soll nicht aus jeder Stadt einen Teil der Juden evakuieren, weil dann das Problem ja dauernd brennend bleibt, sondern man soll eine Stadt nach der anderen evakuieren. Am ehesten kommt natürlich Berlin dran, denn die Reichshauptstadt muss nach Lage der Dinge judenfrei sein. In der Reichshauptstadt auch wirken sich Maßnahmen wie die Evakuierung immer propagandistisch übler aus als in anderen Städten, weil wir hier ja die ganze Diplomatie und die Auslandspresse sitzen haben. Es muss also erstrebt werden, noch im Laufe dieses Jahres die letzten Juden aus Berlin herauszubringen, damit endlich das Problem für die Reichshauptstadt als gelöst gelten kann. Ob mir das gelingt, weiß ich noch nicht; denn die Juden finden immer noch mächtige Beschützer in den obersten Reichsbehörden, und wenn sie auch gegen den Erlass der Maßnahmen nicht viel unternehmen können, so sind sie doch in der Lage, gegen die Durchführung in weitem Umfang zu sabotieren. Es ist merkwürdig, welch eine Instinktlosigkeit der Judenfrage gegenüber immer noch in unseren gesellschaftlichen und intellektuellen Kreisen zu finden ist. Es ist das gewissermaßen ein Erlahmen des nationalen Widerstandswillens, der zweifellos mit der intellektuellen Erziehung unserer akademischen und Gesellschaftskreise zusammenhängt. Jedenfalls werde ich mich dadurch nicht von meinem Wege abbringen oder beirren lassen, sondern konsequent bis zum Ziel weiterschreiten.«

Der Propagandist Goebbels stand im Oktober 1941 vor einem fast unlösbaren Dilemma: Auf der einen Seite sollten die Deportationen in der deutschen Propaganda nicht stattfinden; auf der anderen Seite wurde das Thema außerhalb Deutschlands so stark aufgegriffen, dass man reagieren musste – zumal die Verschleppungen auch in der deutschen Bevölkerung weithin bekannt und offenbar unpopulär waren.

Goebbels' Lösung bestand darin, Ende Oktober zwar eine antisemitische Propagandakampagne in Gang zu setzen, die Deportationen aber auszusparen.[120] Stattdessen richtete sich die Propagandakampagne wieder einmal gegen den angeblich dominierenden Einfluss der Juden in der Sowjetunion, in den USA und in Großbritannien, um auf diese Weise die Existenz einer »jüdischen Weltverschwörung« nachzuweisen.[121]

Den Auftakt zur Kampagne bildete jedoch ein anderes Ereignis: In einem großen Teil der Presse wurde ein Brief groß herausgestellt und kommentiert, den der rumänische Staatschef Ion Antonescu an den führenden Vertreter der jüdischen Minderheit im Lande, Wilhelm Filderman, geschrieben hatte. In diesem Schreiben wies Antonescu Fildermans Beschwerden über die Deportationen von bessarabischen Juden nach Transnistrien massiv zurück.

Die Vertrauliche Information des Propagandaministeriums vom 26. Oktober 1941 erteilte der Presse folgende Anweisung: »Die Antwort Marschall Antonescus auf das Schreiben des Präsidenten der jüdischen Gemeinschaften in Rumänien Fildermann [sic!] ist für die deutsche Presse der Anlass, sich einmal ausführlicher und in massiven Formulierungen mit der Kriegsschuld des Judentums auseinanderzusetzen. [...] Die jüdischen Kriegsbrandstifter und Kriegsverbrecher sollen heute nicht winseln, wenn die Völker, die durch sie in diesen Krieg hineingetrieben wurden, diesen jüdischen Verbrechern die gebührende Antwort erteilen. Wie im Falle des Weltkrieges haben Juden, Judenstämmlinge auch diesen Krieg angezettelt und weiter geschürt. In diesem Zusammenhang kann auch noch einmal die Rolle des Judenstämmlings Roosevelt eingehend beleuchtet werden.« [122]

In Erinnerung an Hitlers »Prophezeiung« vom Januar 1939, im Falle eines Weltkrieges drohe die »Vernichtung der jüdischen Rasse in Europa«, hieß es weiter: »So, wie es der Führer damals vorausgesagt hat, ist es auch gekommen, die Juden büßen heute für das, was sie durch ihr eigenes Verbrechen als Blutschuld auf sich geladen haben. Die Juden sind die einzigen Verantwortlichen, die diesen Krieg auf dem Gewissen haben. Dieses Thema ist auf der ersten Seite zweispaltig zu bringen.«

Am folgenden Tag legte die Vertrauliche Information nach: »Unter anderem kann auch die Tatsache, dass die Juden in Deutschland jetzt den Judenstern tragen müssen, noch einmal gestreift werden. Es muss dabei eindeutig festgestellt werden, dass die Juden trotz der mehrfachen Warnungen des Führers Deutschland und damit Europa noch einmal in einen Konflikt zu stürzen, nunmehr die Konsequenzen tragen müssen, die ihre verbrecherische Tätigkeit nach sich ziehen musste.« [123]

Der *Völkische Beobachter* erschien am 27. Oktober 1941 entsprechend mit folgenden Schlagzeilen: »Sie gruben sich selbst ihr Grab! Jüdische Kriegshetzer besiegelten Judas Schicksal – Ihr Verbrechen findet verdiente Sühne – Antonescu weist freche Beschwerden der rumänischen Juden schneidend ab.« Wie von der Vertraulichen Information vorgezeichnet, brachte der Artikel das Hitler-Zitat aus der Rede vom 30. Januar 1939 in voller Länge und fügte an: »Was der Führer damals seherischen Geistes verkündete, erfüllt sich heute. Der von Juda geschürte Rachekrieg gegen Deutschland rächt sich nun an den Juden selbst. Die Juden müssen den Weg gehen, den sie sich selbst bereitet haben.«

Und weiter: »Das Judentum erbaut sich an dem Wunschbild der physischen Vernichtung des deutschen Volkes, das diesen Schmarotzern entschlossen den Stuhl vor die Tür gesetzt hat. Kaltblütig will es ungezählte Millionen von Männern aller Länder opfern, um diesen Rachekrieg durchzuführen, will es das Wohl und Wehe großer und kleiner Staaten gewissenlos aufs Spiel setzen, um dieses Ziel zu erreichen, will es andere Nationen den bolschewistischen Schlächtern ausliefern, um mit ihrer Unterstützung auch dort herrschen zu können. Es hat sich diesmal vollkommen verrechnet. Ein großes Volk ist dieser Herausforderung begegnet, andere schließen sich ihm an. Noch zwischen den Schlachten dieses Krieges trifft Juda in Europa die herausgeforderte Vergeltung für ein Verbrechen, das beispiellos dasteht, werden die Werkzeuge zerbrochen, die es in der Hoffnung auf einen Sieg einsetzte.«

Auch die Kommentierung des Antonescu-Briefes in einigen der großen, nicht von der Partei herausgegebenen Zeitungen ist aufschlussreich. Sie verdeutlicht, dass der deutsche Zeitungsleser unmittelbar nach dem Beginn der Deportationen kaum zu übersehende Hinweise auf das Schicksal der Juden erhielt.

In den *Münchner Neuesten Nachrichten* vom 28. Oktober 1941 konnte man beispielsweise lesen: »Das Antwortschreiben des Marschalls stellt eine grundsätzlich bedeutsame Auseinandersetzung mit dem gesamten, nicht nur mit dem rumänischen Judentum dar, dem der Appell an Mitleid und Humanität schlecht ansteht. [...] Die Absicht des Judentums, durch Entfesselung eines zweiten Weltkrieges das nationalsozialistische Deutschland auf die Knie zu zwingen und zu vernichten, liegt sei Jahr und Tag klar vor Augen. Die Kenntnis dieser Vorbereitungen hatte dem Führer zum Anlass gedient, in seiner Reichstagsrede vom 31. Januar 1939 eine Warnung an das Weltjudentum zu richten, die nicht überhört werden konnte. Sie gipfelte in folgendem Satz: ›Ich will heute wieder ein Prophet sein. Wenn es dem internationalen Finanzjudentum in- und außerhalb Europas gelingen sollte, die Völker noch einmal in einen Weltkrieg zu stürzen, so wird das Ergebnis nicht die Bolschewisierung der Erde und damit der Sieg des Judentums sein, sondern die Vernichtung der jüdischen Rasse in

Europa.‹ Die, denen diese Worte galten, haben geglaubt, sie in den Wind schlagen zu können. Um so mehr treffen sie die Folgen dieses Krieges, an dessen Schürung sie die Hauptverantwortung tragen.«

In der gleichen Ausgabe befindet sich ein weiterer, mit »Kriegsberichter Kränzlein« gezeichneter Kommentar, der konkret auf die antijüdischen Maßnahmen in den besetzten Ostgebieten einging: »Gegen dieses Judentum, das mit der politischen meist auch eine kriminelle Verbrechertätigkeit entwickelt, gehen die deutschen Besatzungsbehörden mit eiserner Hand vor. In allen Städten werden den Juden eigene Wohnviertel zugewiesen. Aus den Dörfern werden sie nach und nach evakuiert. Überall werden sie zu produktiver Arbeit herangezogen. Zweifellos findet damit das Problem in diesen vom Judentum verseuchten Gebieten noch keine endgültige Erledigung. Es bleibt einer gründlichen und umfassenden Regelung vorbehalten. Aber schon ist Luft geworden in diesem Raum, und die Bevölkerung, von dem jahrelangen Druck und der quälenden Aufpasserei und Angeberei des Judentums befreit, erkennt den Ernst dieser Frage sowie die Zusammenhänge zwischen Sowjets und Juden. Ja, das Wachsen dieser Erkenntnis drängt die Schlussfolgerung auf, dass die Wiederkehr der natürlichen Ordnung und der Neuaufbau unlöslich mit dem Grad der Schnelligkeit zusammenhängen, mit dem das Judenproblem liquidiert [sic!] wird.«[124]

Auch die *Deutsche Allgemeine Zeitung* brachte in ihrer Abendausgabe vom 27. Oktober 1941 den Brief und kommentierte ihn ausführlich. Der Kommentator zitierte ebenfalls wörtlich Hitlers »Prophezeiung« vom 30. Januar 1939 und fuhr dann fort: »Der Brief des Marschalls Antonescu ist ein besonders klar formuliertes, aber keineswegs das einzige Zeichen dafür, dass der deutsche Nationalsozialismus nicht allein auf dem Boden der Anschauungen steht, die der Führer damals in seiner Rede zum Ausdruck gebracht hat. Seit dem Ausbruch des Krieges ist mit steigender Klarheit in Erscheinung getreten, wer ihn gewollt hat, und der Feldzug im Osten hat besonders drastische Beweise dafür geliefert, die mit den anderen verbündeten Truppen auch die rumänischen Soldaten unmittelbar erfahren mussten. Ihr Marschall hat jetzt ausgesprochen, was sich ihnen allen als bittere Erkenntnis aufgedrängt hat.«[125]

Der Stuttgarter *NS-Kurier* berichtete darüber hinaus über die Deportation von Juden in einem anderen verbündeten Land – in der Slowakei. Dort würde, so die Zeitung, die »Aussiedlung der Juden aus den größeren Städten [...] in 14 Judenzentren eingeleitet«. Dabei handele »es sich, wie amtlich versichert wird, um vorübergehende Einrichtungen, da nach dem Kriege eine endgültige Aussiedlung der Juden ins Auge gefasst ist«.[126] Allerdings war diese Meldung über die Konzentration der slowakischen Juden bereits zwei Monate alt;[127] sie wurde ganz offensichtlich gezielt »aufgewärmt«. In der übrigen Presse erschienen Ende Oktober Meldungen über Verschärfungen der antijüdischen Gesetzgebung in der Slowakei.[128]

Diejenigen Deutschen, die mehr über die Deportationen erfahren wollten, konnten demnach in der deutschen Presse durchaus fündig werden: Zwar waren die Informationen als Nachrichten über die rumänischen (oder auch slowakischen) Deportationen verfremdet, aber die Kommentare ließen am endgültigen Zweck der Verschleppungen keinen großen Zweifel. Der Rückgriff auf Hitlers Prophezeiung vom Januar 1939, in der dieser die »Vernichtung« der Juden angekündigt hatte, die Schlagzeile des *Völkischen Beobachters* über die Juden, die sich selbst ihr Grab gruben, oder drastische Hinweise wie der aus den *Münchner Neuesten Nachrichten*, dass die »Judenfrage« in der Sowjetunion trotz der dort bereits erprobten »eisernen Hand« der Besatzungsbehörden immer noch einer endgültigen Lösung harre – all dies waren recht deutliche Anzeichen dafür, dass die »Lösung« der »Judenfrage« zugleich das gewaltsame physische Ende der Juden bedeuten würde.

Noch während die Kampagne anlief, kam es Ende Oktober erneut zu einem Stimmungseinbruch (so nahmen es jedenfalls die Stimmungsbeobachter des Regimes wahr); allmählich setzte sich die Erkenntnis durch, dass der Krieg im Osten trotz aller großen militärischen Erfolge vor Jahresende 1941 nicht mehr gewonnen werden konnte.[129] Hitler selbst musste in seiner Rede vor den Reichs- und Gauleitern am 9. November eingestehen, dass größere Angriffsoperationen auf das kommende Frühjahr verschoben werden mussten.[130] Am Tag zuvor hatte Hitler aus Anlass der Feiern zum 9. November vor der »alten Garde« der Partei eine Rede gehalten, in der er die Juden als »Weltbrandstifter« und das Judentum als »Inspirator der Weltkoalition gegen das deutsche Volk und gegen das Deutsche Reich« bezeichnet hatte.

Ein Kommentar, der wenige Tage später, am 12. November 1941, unter dem Titel »Der jüdische Feind« im *Völkischen Beobachter* erschien, griff diese Passage auf und forderte zum bedingungslosen Kampf gegen »Bolschewismus und Rooseveltivismus« auf: »Der Krieg gegen die jüdische Internationale ist ein Ringen auf Leben und Tod, das *rücksichtslos* zu Ende geführt werden muss und zu Ende geführt werden wird.«[131]

Ende 1941 häuften sich solche Äußerungen, die das Publikum auf eine finale Auseinandersetzung mit »dem jüdischen Feind« vorbereiteten. Auf Goebbels' Beitrag zu diesem Thema werden wir gleich eingehen; ähnliche Töne lassen sich aber auch anderweitig nachweisen. So berichtete etwa die Parteizeitung *Frankfurter Volksblatt* am 31. Oktober 1941 über eine Kundgebung in Eltville, auf der der hessische Gauleiter Jakob Sprenger gesagt hatte, das »Judentum aber, das als letzte Reserve Amerika in den Krieg führen will, und im Präsidenten Roosevelt, wie die Lügen und Verleumdungen seiner letzten Rede wieder deutlich beweisen, ein willfähriges Werkzeug gefunden hat, werde seiner Vernichtung nicht entgehen«.

Die antisemitische Propagandakampagne des Herbstes 1941 stützte sich neben der Presse vor allem auf die typischen Propagandamittel der Partei. Die von der Reichspropagandaleitung der NSDAP herausgegebene Wandzeitung *Parole der Woche* war in den Monaten Juli bis Dezember 1941 deutlich antisemitisch gefärbt; in etwa zwei Dritteln der Ausgaben in diesem Zeitraum finden sich antisemitische Aussagen. 1940 und in der ersten Jahreshälfte 1941 hatte das Thema demgegenüber nur eine untergeordnete Rolle gespielt. 1942 sollte knapp die Hälfte der *Parolen der Woche* antisemitisch ausgerichtet sein.[132]

Im Kino war das Thema dagegen kaum präsent. Die *Deutsche Wochenschau* hatte, wie erwähnt, in den ersten Wochen des Krieges gegen die Sowjetunion ein Mal Aufnahmen von der Verhaftung sowjetischer Juden und mehrfach Szenen, die Juden bei Aufräumungsarbeiten zeigten, vorgeführt.[133] Die Präsenz des Themas Judenverfolgung in den Rundfunkprogrammen lässt sich aus Mangel an Material leider nicht mehr ermitteln.

Seit Anfang November stellte Goebbels sich darauf ein, in der Propaganda einen neuen Kurs einzuleiten, der der tatsächlichen militärischen Lage Rechnung trug und die sich anbahnende Depression in der Bevölkerung abfangen sollte.[134] Zu diesem Zweck ließ Goebbels am 9. und am 16. November in der Wochenzeitschrift *Das Reich* für die Stimmungsführung in Deutschland zentrale Leitkolumnen veröffentlichen, die verdeutlichen, wie das NS-Regime versuchte, die Frage der Kriegsentscheidung mit der »Judenfrage« zu verknüpfen.

Der erste Artikel, »Wann oder Wie«, den Goebbels vorab Hitler zur Genehmigung vorlegte,[135] behandelte die heikle Frage des immer wieder als unmittelbar bevorstehend angekündigten, aber nun in weite Ferne gerückten Sieges im Osten. Goebbels unternahm hier den Versuch, seinen

Lesern klar zu machen, dass es sich bei dem gegenwärtigen Krieg um einen Existenzkampf handele: Ginge der Krieg verloren, sei auch »unser nationales Leben überhaupt und insgesamt« verloren. Angesichts der ernsten Lage sei jede weitere Erörterung der Kriegsdauer unproduktiv und schädlich. Alle Anstrengungen hätten sich auf den Sieg zu konzentrieren: »Fragen wir nicht, wann er kommt, sorgen wir vielmehr dafür, dass er kommt.«

Bereits am 3. November machte sich Goebbels an die Abfassung des zweiten großen Leitkommentars.[136] Bevor dieser erschien, trat erneut ein Ereignis ein, das geeignet war, das von Goebbels so bekämpfte Mitgefühl Berliner bürgerlicher und intellektueller Kreise mit den Juden der Reichshauptstadt zu wecken: Das Schauspieler-Ehepaar Gottschalk, das in einer so genannten Mischehe lebte, brachte sich um – ein aufsehenerregender Freitod, der Goebbels ausweislich seiner Tagebucheinträge zwischen dem 7. und dem 11. November stark beschäftigte.[137] In dem schließlich am 16. November 1941 im *Reich* veröffentlichten Artikel erinnerte Goebbels unter der Überschrift »Die Juden sind schuld!« an Hitlers Prophezeiung vom 30. Januar 1939: »Wir erleben eben den Vollzug dieser Prophezeiung, und es erfüllt sich damit am Judentum ein Schicksal, das zwar hart, aber mehr als verdient ist. Mitleid oder Bedauern ist da gänzlich unangebracht.« Mit seiner Formulierung, das »Weltjudentum« erleide »nun einen allmählichen Vernichtungsprozess«, stellte Goebbels klar, welches Schicksal die seit einigen Wochen aus deutschen Großstädten deportierten Juden letztlich erwartete.

Der Artikel endete mit einem Dekalog von Verhaltensvorschriften für den Umgang mit den noch in Deutschland lebenden Juden; de facto ging es dabei um die öffentliche Bekanntgabe der – im Wortlaut nicht veröffentlichten – Polizeiverordnung, die Ende Oktober auf Initiative Goebbels' erlassen worden war und den Kontakt mit Juden mit KZ-Haft bis zu drei Monaten bedrohte. »Jeder Jude ist ein geschworener Feind des deutschen Volkes [...] Wenn einer den Judenstern trägt, so ist er damit als Volksfeind gekennzeichnet. Wer mit ihm noch privaten Umgang pflegt, gehört zu ihm und muss gleich wie ein Jude gewertet und behandelt werden«, hieß es drohend, bevor Goebbels noch einmal auf sein Grundthema zurückkam: »Die Juden sind schuld am Kriege. Sie erleiden durch die Behandlung, die wir ihnen angedeihen lassen, kein Unrecht. Sie haben sie mehr als verdient.«

Goebbels sorgte für weitestmögliche Verbreitung dieses Textes: Er wurde, wie alle seine *Reich*-Artikel im Rundfunk verlesen, durch Teile der Presse nachgedruckt, und die entscheidenden Passagen wiederholte er wörtlich in einer Rede, die er am 1. Dezember vor der Deutschen Akademie hielt und als Broschüre verteilen ließ.[138] Die Botschaft wurde in der Bevölkerung offensichtlich verstanden: Die Meldungen aus dem Reich berichteten, der Artikel habe »starken Widerhall« gefunden, insbesondere die zehn Punkte am Schluss seien als »klar und aufrüttelnd« aufgefasst worden; aus kirchlich gebundenen Kreisen lägen »Gegenstimmen« vor.[139]

Zeitgleich machte offenbar die Partei auf breiter Front[140] das Ende Oktober durch die Gestapo verfügte und bereits exekutierte Kontaktverbot zu Juden allgemein bekannt. Als Victor Klemperer im November in der Straßenbahn von einer nichtjüdischen Bekannten angesprochen wurde, notierte er in seinem Tagebuch: »Eine tapfere Tat, zumal vor wenigen Tagen der Rundfunk, auf einen Goebbelsartikel gestützt, ausdrücklich vor jedem Verkehr mit Juden gewarnt haben soll.«[141]

Das Regime, so der Tenor der Kampagne, war nicht länger bereit, öffentlich bekundetes Missfallen gegenüber der Judenverfolgung oder Gesten der Solidarität mit den Verfolgten zu dulden: Das Verhalten der Bevölkerung gegenüber Juden hatte sich strikt im Rahmen der Verhaltensvorschriften zu bewegen, die für die kontrollierte Öffentlichkeit des »Dritten Reiches« vorgegeben waren. Darin kam ein dramatischer Wechsel in der öffentlichen Behandlung der Judenverfolgung zum Ausdruck: Noch Mitte September hatte das Regime offensichtlich seine antisemitische Propagandakampagne angesichts der negativen Reaktionen auf die Kennzeichnung eingedämmt und sich entschlossen, die Kennzeichnung der deutschen Juden in der offiziellen Propaganda nicht weiter zu thematisieren. Die Mitte Oktober 1941 einsetzenden, der Bevölkerung keineswegs verborgen bleibenden Deportationen wurden in der Inlandspropaganda ganz totgeschwiegen. Die Tatsache, dass die Propaganda Ende Oktober – versteckt in der ausgiebigen Kommentierung über die Judenverfolgung in Rumänien – sehr deutliche Hinweise auf das Schicksal der aus Deutschland Deportierten gab und offen von der Vernichtung der Juden zu sprechen begann, verlieh dem offiziellen Schweigen über die Deportationen aus Deutschland einen düsteren Hintergrund.

Sodann verband Goebbels das Thema Kriegführung und Judenverfolgung im November 1941 in einer Weise, die klarstellte, dass Kritik an der Verfolgung künftig als Sabotage der Kriegsanstrengungen behandelt werden würde. Gleichzeitig wurde die für den Umgang mit Juden eingeführte KZ-Haft in Form einer dunklen Drohung publik gemacht: Man werde diejenigen, die sich zu Juden freundlich verhielten, wie Juden behandeln. Wir haben verschiedene Hinweise darauf, dass außerdem die Parteiorganisation in diesen Wochen dafür sorgte, das öffentliche Verhalten der Bevölkerung gegenüber Juden an die offiziellen Verhaltensnormen anzupassen: Goebbels' Bemerkung in der Propagandakonferenz etwa, es sei hinsichtlich des Verhaltens gegenüber Juden in den Verkehrsmitteln Aufgabe der Partei, »hier dem einzelnen das richtige Taktgefühl und psychologische Einfühlungsvermögen anzuerziehen«, oder die Ausführungen des *Stuttgarter Beobachters* zum gleichen Thema.

Um eine Vorstellung von der Wirkung dieser Kampagne vom Herbst 1941 auf die Bevölkerung zu erhalten, muss man sich den kumulativen Effekt der einzelnen Komponenten vor Augen halten. Offensichtlich gelang es Goebbels in diesen Wochen, durch eine Mischung aus antisemitischer Hetze, Vernichtungsankündigungen, beredtem Schweigen, Drohungen und Einschüchterung eine unheimliche und angstbeladene Atmosphäre zu schaffen. Es war vor allem diese Atmosphäre, die das öffentliche Verhalten der Bevölkerungsmehrheit gegenüber Juden in den kommenden Monaten äußerst effektiv ändern sollte.

In der zweiten Jahreshälfte 1941 ging das Regime also dazu über, eine immer engere Verbindung zwischen der allgemeinen »Stimmung« der Bevölkerung, das heißt ihrer Einschätzung der Kriegsentwicklung, und der öffentlich bekundeten Einstellung der Menschen zur »Judenfrage« herzustellen. Da das Regime seit Beginn des Sommers 1941 große propagandistische Anstrengungen unternommen hatte, um den Krieg zum »Krieg der Juden« umzumünzen, registrierte es sehr aufmerksam, inwieweit militärische Rückschläge beziehungsweise ausbleibende Erfolge auch Auswirkungen auf die Einstellung der Bevölkerung zur »Judenfrage« hatten. Denn: Reagierte die Bevölkerung reserviert bis ablehnend auf die Verschärfung der Verfolgungsmaßnahmen gegen die deutlich als »innerer Feind« gebrandmarkten Juden, so musste dies als mangelnde Unterstützung der *allgemeinen* Kriegsanstrengungen gesehen werden.

Die massive Propaganda verfehlte ihr Ziel nicht. Je weiter der Krieg voranschritt, desto mehr entwickelte die Bevölkerung ein Gespür dafür, dass, wer Kritik an der Verfolgung der Juden übte, zugleich die allgemeine Kriegspolitik des Regimes und seine Anstrengungen zur politischen Radikalisierung der Verhältnisse während des Krieges infrage stellte. Dies mag auch erklären, warum solche kritischen Äußerungen in den Spitzelberichten des Regimes von nun an kaum noch zu finden sind. Dort aber, wo Kritik an der Judenverfolgung noch so laut geäußert wurde, dass sie von der »Stimmungsberichterstattung« erfasst wurde, war sie bezeichnenderweise häufig verbunden mit Besorgnissen über das eigene Schicksal im Falle eines negativen Kriegsausgangs.

Wenn man aber davon ausgeht, dass die vom Regime konstruierte Verbindung von »Krieg« und »Judenverfolgung« in der Bevölkerung in einem gewissen Grade verfing, dann wird eine bisher weithin akzeptierte Annahme über die Einstellung der Deutschen zur Judenverfolgung brüchig: die Behauptung, die deutsche Bevölkerung sei gegenüber dem Schicksal der Juden indifferent gewesen, da sie in erster Linie mit der weiteren Entwicklung des Krieges und dessen Auswirkungen auf die eigene Existenz beschäftigt gewesen sei. Es scheint vielmehr umgekehrt gewesen zu sein: Je mehr Anlass es gab, sich über den weiteren Verlauf und den Ausgang des Krieges Sorgen zu machen, desto größer wurde die Angst, dass die Verfolgung der Juden nicht ohne Konsequenzen für die eigene Zukunft bleiben werde.

Erste Reaktionen der Bevölkerung auf die Deportationen

Was lässt sich auf Grundlage des offiziellen Materials zur »Stimmung« über die Reaktionen der deutschen Bevölkerung auf die ersten Deportationen sagen? Orientiert man sich an den Meldungen aus dem Reich, der nationalen Zusammenfassung der SD-Berichterstattung, so wird man hier vergeblich Berichte über die Verschleppung von Juden aus Deutschland suchen. Die Schlussfolgerung, dies sei auf die Indifferenz der deutschen Bevölkerung zurückzuführen, wäre jedoch voreilig. Vielmehr wird hier deutlich, dass ein Thema, das in der von den Nationalsozialisten kontrollierten Öffentlichkeit tabu war – also in der Propaganda nicht aufgegriffen wurde und jeder öffentlichen Debatte entzogen war –, auch in der internen Stimmungsberichterstattung (zumindest auf Reichsebene) nicht auftauchte: Für das Un-Thema durfte kein Forum geschaffen werden.

Wie wir in Goebbels' Tagebuchnotizen gesehen haben, stieß das Thema jedoch keineswegs auf Desinteresse, wie etwa Kulka und Bankier glauben.[142] Leider verfügen wir nicht mehr über das Material, das Goebbels zu seinen teilweise wütenden Reaktionen veranlasste (es handelte sich im Wesentlichen um die Berichte der Reichspropagandaämter, die insgesamt als verloren gelten müssen), doch erlauben die lokalen und regionalen Berichte verschiedener Behörden gewisse Erkenntnisse darüber, ob die Bevölkerung die Verschleppungen zur Kenntnis nahm und wie sie darauf reagierte.

Die Stapostelle Bremen stellte im November fest, dass zwar »der politisch geschulte Teil der Bevölkerung die bevorstehende [sic!] Evakuierung der Juden allgemein begrüßt« habe, jedoch »insbesondere kirchliche und gewerbliche Kreise [...] hierfür kein Verständnis aufbringen und heute noch glauben, sich für die Juden einsetzen zu müssen. So wurden in katholischen und evangelischen Kreisen der Bekenntnisfront die Juden lebhaft bedauert. – In einer bekennenden Gemeinde, die sich fast ausschließlich aus sogenannten bürgerlichen Intelligenzkreisen zusammensetzt, brachten es zahlreiche Gemeindemitglieder fertig, Juden durch materielle Zuwendungen zu unterstützen. In der Geschäftswelt sind es insbesondere Firmen, die Juden beschäftigen und laufend Anträge stellen, die Juden behalten zu dürfen. Selbst angesehene Firmen scheuen sich nicht, in ihren Anträgen darauf hinzuweisen, dass sie nicht weiter könnten, wenn der bei ihnen beschäftigte Jude evakuiert würde.«[143]

Die Stapoleitstelle Magdeburg berichtete ebenfalls im November, dass »deutschblütige Personen nach wie vor freundschaftliche Beziehungen zu Juden unterhalten und sich mit diesen in auffälliger Weise in der Öffentlichkeit zeigen«. Da »die betreffenden Deutschblütigen durch ein derartiges Verhalten beweisen, dass sie auch heute noch den elementarsten Grundbegriffen des Nationalsozialismus verständnislos gegenüberstehen und ihr Verhalten als Missachtung der staatlichen Maßnahmen anzusehen ist«, müsse man »bei solchen Vorkommnissen den deutschblütigen Teil sowie den Juden in Schutzhaft nehmen« – ein deutlicher Hinweis darauf, dass die Ende Oktober 1941 verhängte, jedoch nicht veröffentliche Polizeiverordnung über das Kontaktverbot mit Juden von der Gestapo bereits in die Praxis umgesetzt wurde.[144]

Einem Bericht aus der Kriegschronik der Stadt Münster ist zu entnehmen, dass auch hier die Deportationen Tagesgespräch waren. Wir kennen den Berichterstatter nicht, doch dürfen wir annehmen, dass er als Mitarbeiter der Chronik regimetreu war. Entsprechend sind selbstverständlich seine rein subjektiven Beobachtungen und Einschätzungen zu bewerten: »Ich gehöre heute zu denen, die noch zwei Kneipen aufsuchen und sich zwischen die Gäste am Tresen drängen. Da höre ich in der zweiten Kneipe an der Aegidiistraße, während ich zwischen mittleren Beamten, Handwerkern und Kaufleuten stehe, dass bis zum 13. dieses Monats alle Juden aus Münster heraus sein müssten. Die Nachricht wird sehr lebhaft besprochen. Überwiegend sind die Tresengäste mit der Maßnahme sehr zufrieden. Die Juden kämen alle nach dem Osten in große Arbeitslager, einmal, damit sie dort arbeiten könnten, und dann auch, damit sie die dringend benötigten Wohnräume in Münster freimachten. Richtig, richtig, lautet wiederholt die Zustimmung der Umstehenden, als sie davon hören, dass auf solche Weise auch der Wohnungsnot entgegengearbeitet werden soll. [...] Zwei, die mit mir heimgehen, munkeln davon, dass wahrscheinlich die Juden in der nächsten Woche allesamt nach dem Osten abtransportiert würden. – Auch zu Hause unter der Petroleumlampe begegnet mir das Gerücht. Auch die Frauen scheinen in der Stadt für die Gerüchte vom Abtransport der Juden lebhaft interessiert zu sein. Nur wenige hätten geäußert, dass sie die Juden bedauerten, denn die Juden seien die Kriegsschürer.«[145]

Die SD-Außenstelle Minden berichtete Anfang November 1941: »Die inzwischen zur Tatsache gewordene Evakuierung der Juden aus dem hiesigen Bereich wird in einem großen Teil der Bevölkerung mit großer Besorgnis aufgenommen. Dabei sind es zwei Gesichtspunkte, die den Leuten am meisten am Herzen liegen. Einmal vermuten sie, dass dadurch den vielen Deutschen im noch neutralen Ausland, besonders in Amerika, wieder neues Leid zugefügt werden könnte. Man weist dabei wieder auf den 9. Nov. 1938, der uns auch im ganzen Auslande mehr geschadet hat, als er uns hier im Inland genutzt hat.

Der zweite Punkt ist der, dass es doch wohl sehr bedenklich sei, jetzt im Winter mit allen seinen Gefahren die Leute ausgerechnet nach dem Osten zu verfrachten. Es könnte doch damit gerechnet werden, dass sehr viele Juden den Transport nicht überständen. Dabei wird darauf hingewiesen, dass die jetzt evakuierten Juden doch durchweg Leute wären, die seit ewigen Jahren in hiesiger Gegend gewohnt hätten. Man ist der Ansicht, dass für viele Juden diese Entscheidung zu hart sei. Wenn auch diese Meinung nicht in verstärktem Maße festzustellen ist, so findet man sie aber doch in einem großen Teil gerade unter den gutsituierten Kreisen. Hierbei sind auch wieder die älteren Leute die überwiegende Anzahl.

Seitens der Volksgenossen, die die Judenfrage beherrschen, wird die ganze Aktion jedoch absolut bejaht. Man stellt dem gegenüber das deutsche Zusammengehörigkeitsgefühl, das sich doch immer wieder gezeigt habe. Als der Führer gemerkt habe, dass den Deutschen in Russland eine Gefahr drohte, sei er sofort dazu übergegangen, diese alle ins Reich zurückzuholen. Der Jude hätte ja ein gleiches seit 1933 auch tun können, dann wäre diese Aktion heute nicht mehr erforderlich.«[146]

Der nächste Bericht der SD-Außenstelle Minden, sechs Tage später verfasst, zeigt, dass in der Bevölkerung detaillierte Informationen über die Deportationen kursierten: »Das Besitztum verfalle dem Staat. Es wird sich erzählt [sic!], dass die Juden alle nach Russland abgeschoben würden, der Transport würde durchgeführt bis Warschau in Personenwagen und von dort mit Viehwagen der Deutschen Reichsbahn. Der Führer wolle bis zum 15.1.1942 die Meldung haben, dass sich kein Jude innerhalb der Deutschen Reichsgrenze aufhalte. In Russland würden die Juden zur Arbeit in ehemals sowjetischen Fabriken herangezogen, während die älteren und kranken Juden erschossen werden sollten. Durch diese Redereien wird tatsächlich die Mitleidsdrüse verschiedener christlich Eingestellter stark in Tätigkeit gebracht. Es wäre nicht zu verstehen, dass man mit Menschen so brutal umgehen könne, ob Jude oder Arier, alle wären letztlich doch von Gott geschaffene Menschen. Man sieht verschiedentlich Juden mit Haushaltsgegenständen beladen durch die Straßen ziehen. Von irgendwelcher Gedrücktheit ist keine Spur zu erkennen.

Viel wird in der Bevölkerung davon gesprochen, dass alle Deutschen in Amerika zum Zwecke ihrer Erkenntlichkeit ein Hakenkreuz auf der linken Brustseite tragen müssen, nach dem Vorbild, wie hier in Deutschland die Juden gekennzeichnet sind. Die Deutschen in Amerika müssten dafür schwer büßen, dass die Juden in Deutschland so schlecht behandelt werden.«[147]

Die vorgesetzte Dienststelle des Mindener SD-Büros, die SD-Hauptaußenstelle Bielefeld, übernahm diesen detaillierten Bericht in ihre vierzehntägig erfolgende Zusammenstellung von Meldungen, schaltete ihm jedoch einen »freundlicheren« Bericht aus Bielefeld vor (wo die Juden aus dem gesamten Regierungsbezirk in einem Sammellager festgehalten wurden) und stellte – deutlicher, als dies die Mindener SD-Leute getan hatten – die Bedenken gegen die Deportationen als das Gerede konfessionell gebundener Bevölkerungskreise hin, das nicht besonders ernst zu nehmen sei:[148]

»Obwohl diese Aktion von Seiten der Staatspolizei geheim gehalten wurde, hatte sich die Tatsache der Verschickung von Juden doch in allen Bevölkerungskreisen herumgesprochen [...] Es muss festgestellt werden, dass die Aktion vom weitaus größten Teil der Bevölkerung begrüßt wurde. Einzeläußerungen war zu entnehmen, dass man den Führer Dank wisse, dass er uns von der Pest des jüdischen Blutes befreie. Ein Arbeiter äußerte z.b.: ›Das hätte man vor 50 Jahren mit den Juden machen sollen, dann hätte man weder einen Weltkrieg noch den jetzigen Krieg durchstehen brauchen.‹ Erstaunen zeigte man vielfach in der Bevölkerung, dass man den Juden zum Transport nach dem Bahnhof die gut eingerichteten städtischen Verkehrsautobusse zur Verfügung stellte.«

»Lediglich aus konfessionellen Kreisen«, so fuhr der Bericht fort, »wurden, wie bei allen staatlichen Aktionen zur Gewohnheit geworden, ablehnende Stimmen laut. Ja, man ging sogar so weit, diese Aktion zu benutzen, wildeste Gerüchte zu verbreiten.« Nun folgten die Informationen der Mindener Dienststelle, wobei die Gerüchte über die negativen Auswirkungen der Judenverfolgung auf die Deutschen in Amerika wiederum gezielt »konfessionellen Kreisen« zugeschrieben wurden, was man dem Mindener Bericht nicht entnehmen konnte. Die Tendenz der regionalen Berichtsebene, das relativ brisante Informationsmaterial der lokalen Ebene zu entschärfen, ist unübersehbar.

Neben diesen offiziellen Berichten verfügen wir auch über andere Quellen, die deutlich machen, dass die Deportationen keineswegs geheim vor sich gingen – nicht in den Großstädten, wo die meisten Juden wohnten, nicht in den zahlreichen Kleinstädten und auch nicht auf dem Land, wo es meist ältere, alteingesessene jüdische Bürger traf.[149]

Verschiedene Augenzeugenberichte, die David Bankier zusammengetragen hat, bestätigen, dass die Deportationen tatsächlich »vor aller Augen« vor sich gingen.[150] Hilde Miekley hat die Deportation von jüdischen Freunden aus Berlin im Sommer 1942[151] geschildert, die in Marburg lebende Schriftstellerin Lisa de Boor hielt im Dezember 1941 in ihrem Tagebuch fest: »In ganz Deutschland werden jetzt Juden nach Polen abtransportiert. Wir wissen von furchtbaren Einzelschicksalen innerhalb dieses schauerlichen Karmas eines Volkes, dessen Los seit Jahrtausenden Verfolgung heißt. Die späteren Auswirkungen dieser Verfolgung sind gar nicht auszudenken.«[152]

Freiherr von Hoverbeck, der nach der Beendigung seiner Offizierskarriere im Jahre 1920 zum engagierten Pazifisten geworden war, notierte im Juli 1942 in einem Brief: »Ich habe aus verschiedenen zuverlässigen Quellen gehört, dass dieser Tage alle nicht mehr arbeitsfähigen alten Juden aus Hamburg und, soweit es noch nicht geschehen ist, aus ganz Deutschland nach Polen abtransportiert werden.« Die Transporte gingen in Viehwagen vor sich.[153] Der ehemalige Deutschland-Korrespondent Howard K. Smith schilderte in seinem 1942 in den USA veröffentlichten Buch ebenfalls die ersten Deportationen aus Deutschland; die Menschen würden nach Polen und in die besetzten sowjetischen Gebiete verschleppt, um dort an Hunger und Entbehrung umzukommen.[154]

Ein anderes Beispiel, diesmal von einem Anhänger des Regimes, verdeutlicht, dass auch die späteren Deportationen keineswegs insgeheim abliefen: Der für das SS-Organ *Das Schwarze Korps* arbeitende Redakteur von Alvensleben wandte sich im März 1943 an den Leiter des Persönlichen Stabes beim Reichsführer SS, Rudolf Brandt, um ihm eine wichtige Beobachtung mitzuteilen, die er für »entwürdigend und beschämend zugleich« hielt. Die Sammelstelle für diejenigen Juden, die aus Berlin deportiert werden sollten, befinde sich in direkter Nachbarschaft zu den Gebäuden des parteieigenen Eher-Verlages, mitten im Berliner Zeitungsviertel. Beim Besteigen der Lastwagen, so von Alvensleben, würden die Juden auf brutalste Weise von Angehörigen der Gestapo und SS geschlagen; dies geschehe unter den Augen der Angestellten des Eher-Verlages, die diese Vorgänge von allen Fenstern und Türen der umliegenden Gebäude aus beobachteten.[155]

Ferner existieren aus zahlreichen Orten Fotos, die den Abtransport der Juden – am hellichten Tag im Beisein der Bevölkerung – dokumentieren.[156] Auch die zahlreichen, lebhaft besuchten Auktionen in vielen Städten und Gemeinden, in denen das Mobiliar und der persönliche Besitz der Deportierten versteigert wurde, zeigen, dass große Teile der Bevölkerung über das »Verschwinden« der Juden informiert waren.[157] Frank Bajohr geht beispielsweise in seiner Studie über Hamburg von rund 100 000 Nutznießern jüdischen Eigentums in Hamburg und der unmittelbaren Umgebung aus.[158]

Hinzu kam das große Interesse an den verlassenen Wohnungen der Deportierten. Die NSDAP-Kreisleitung Göttingen etwa berichtete im Dezember 1941, die »Absicht, die Juden in nächster Zeit von Göttingen abzutransportieren«, sei »in der Bevölkerung bereits bekannt« geworden; als Folge werde die Kreisleitung wegen Anträgen auf Zuweisung der verlassenen Wohnungen regelrecht »überlaufen«.[159] Das Motiv, materielle Vorteile aus den Deportationen ziehen zu können, müssen wir ebenfalls als einen Faktor in Rechnung stellen, der gegen die These von der »Indifferenz« der Bevölkerung angesichts der Deportationen spricht.

Die Deportationen waren so offensichtlich, dass auch ausländische

Besucher keine große Mühe hatten, in den Besitz von Informationen über die Verschleppungen zu gelangen. Der britische Botschafter in Stockholm berichtete zum Beispiel im November 1941 über ein Gespräch mit dem gerade von einer Reise nach Deutschland zurückgekehrtem Jacob Wallenberg. Dieser habe den Eindruck gewonnen, dass viele Deutsche »angewidert seien über die Art und Weise, in der Juden von deutschen Städten in Ghettos in Polen deportiert werden würden«.[160]

Der ehemalige Sekretär der US-Handelskammer in Frankfurt, van d'Elden, der seit 1925 in Deutschland gelebt hatte, dort Ende 1941 interniert, aus Krankheitsgründen im Februar 1942 aber wieder entlassen worden war und sich bis zu seiner Abschiebung im Mai 1942 weitgehend ungehindert in Frankfurt bewegen konnte, berichtete nach seiner Rückkehr aus Deutschland, die Behörden hätten im Oktober 1941 ein »systematisches Programm der Deportation von Juden aus Frankfurt nach Lodz« begonnen.[161]

Die weiteren Ausführungen des Amerikaners offenbaren, in welchem Umfang er weitgehend zutreffende Einzelheiten über die Transporte in Erfahrung gebracht hatte.[162] Insgesamt seien bisher fünf Deportationszüge in polnische Ghettos abgefahren. Nur ein Zug habe sein Bestimmungsziel – Lodz – erreicht; die Insassen dreier weiterer Züge seien gezwungen worden, die Züge auf freier Strecke, irgendwo in Polen, zu verlassen, und seien an Ort und Stelle erschossen worden. Diese Information sei von aus Polen zurückkehrenden deutschen Soldaten, die selbst an den Exekutionen teilgenommen hätten, bestätigt worden. Über den fünften Transport könne er, so van d'Elden weiter, wegen seiner Abreise aus Frankfurt nichts sagen.

Das Un-Thema Deportationen, das machen all diese Berichte deutlich, wurde also durchaus wahrgenommen und in der Bevölkerung diskutiert. Über die Reaktionen lässt sich kein einheitliches Bild gewinnen, doch haben wir genügend Anhaltspunkte dafür, dass die Deportationen in der Bevölkerung kontrovers erörtert wurden. Gleichwohl zeigte das im Oktober verfügte absolute Kontaktverbot zu Juden, gekoppelt mit der erneuten antisemitischen Propagandakampagne, Wirkung. Waren ostentative Gesten der Hilfsbereitschaft gegenüber den gekennzeichneten Juden im September noch möglich gewesen, so war das Regime im Herbst 1941 dazu übergegangen, solche Gesten massiv zu unterdrücken. Und das öffentliche Verhalten der Menschen scheint sich tatsächlich geändert und entsprechend den Vorgaben des Regimes ausgerichtet zu haben.

Die »Endlösung« als öffentliches Geheimnis

Die »Judenfrage« in der deutschen Propaganda 1942

Im Jahre 1942 kam Hitler mehrfach und in viel beachteten Reden auf seine »Prophezeiung« vom 30. Januar 1939 zurück. Um die seinerzeitige Drohung zu unterstreichen, datierte er die Rede immer wieder auf den Kriegsanfang 1939; außerdem verschärfte er seine Rhetorik, in dem er nicht mehr von der »Vernichtung« der Juden sprach, sondern das noch schärfere Wort »ausrotten« benutzte. Entsprechend äußerte er sich in seinem Neujahrsaufruf zu Beginn des Jahres 1942,[1] in seiner Ansprache im Sportpalast zum 30. Januar 1942,[2] in der Erklärung aus Anlass der Parteigründungsfeier am 24. Februar 1942,[3] während seiner Rede im Sportpalast am 30. September[4] sowie bei der Ansprache zur Gedenkfeier in München am Vorabend des 9. November 1942;[5] am 24. Februar 1943 erinnerte er erneut an seine Drohung.[6] Aber auch in anderen Ansprachen Hitlers aus dieser Zeit finden sich ähnlich massive Bedrohungen der Juden.[7]

Das Zentralorgan der NSDAP, der *Völkische Beobachter*, griff am 27. Februar 1942 die in Hitlers Botschaft zur Parteigründungsfeier erstmals gebrauchte Formulierung von der »Ausrottung« der Juden sofort auf, um sie in unmissverständlicher Form zu unterstreichen. Schon der Titel des Beitrags macht dies deutlich: »Der Jude wird ausgerottet werden!« Eingeleitet wird der ausführliche Artikel mit einem Zitat aus Hitlers Botschaft, es werde »meine Prophezeiung [...] ihre Erfüllung finden, dass durch diesen Krieg nicht die arische Menschheit vernichtet, sondern der Jude ausgerottet werden wird«. Es folgten verschiedene Zitate, die die Absicht »der Juden« beweisen sollten, das deutsche Volk zu vernichten. Die »ewigen Mörder des Weltfriedens«, so der Schlusssatz des Artikels, müssten erkennen, »mit welcher Energie und mit welcher Leidenschaft wir an die Beantwortung der jüdischen Kampfansage herangehen, die von den Plutokratien zu ihrer eigenen gemacht worden ist!«

Die Parole von der »Vernichtung« der Juden machten sich auch andere nationalsozialistische Politiker zu Eigen. Die *Münchner Neuesten Nachrichten* berichteten etwa am 16. März 1942 über eine Rede des Münchner Gauleiters Adolf Wagner, der auf einer Arbeitstagung des Rassenpolitischen Amtes unter anderem gesagt hatte: »Wir vernichten den Juden und befreien damit die zivilisierte Menschheit vom Teufel. [...] Die Auseinandersetzung mit den angelsächsischen Mächten und dem Bolschewismus ist der Auftakt für die endgültige Abrechnung mit dem Juden in all seinen Lebensäußerungen.«

Allerdings wäre es vollkommen verfehlt, davon auszugehen, Hitlers oftmals wiederholte Prophezeiung und andere Vernichtungsdrohungen hätten so etwas wie den Kern einer breit angelegten, den Massenmord an den Juden kontinuierlich begleitenden Propagandakampagne dargestellt. Das Gegenteil ist richtig: Die wiederholte Drohung der »Ausrottung« erfolgte in einem propagandistischen Umfeld, das weitgehend durch konsequentes Schweigen des Regimes über sein weiteres Vorgehen in der »Judenfrage« bestimmt war. Dementsprechend trat – ganz im Gegensatz zur zweiten Jahreshälfte 1941 – das antijüdische Motiv 1942 in der deutschen Propaganda in den Hintergrund. In dem Jahr, in dem die systematische Deportation der Juden Europas in die Vernichtungslager begann und in dem der Holocaust mehr als die Hälfte seiner Opfer forderte, spielte die »Judenfrage« in der deutschen Propaganda bemerkenswerterweise nur eine untergeordnete Rolle.

Insbesondere war die Propaganda bemüht, das Wie der angekündigten »Ausrottung« offen zu lassen, also keinen unmittelbaren Zusammenhang zwischen der Drohung und der Verfolgungspraxis herzustellen: Die Deportationen aus dem Reichsgebiet fanden in der Propaganda nach wie vor nicht statt, und man vermied generell irgendwelche konkrete Aussagen über das Schicksal der Juden. Reportagen über die Situation in den Ghettos oder über Polizeiaktionen gegen Juden in den besetzten Gebieten, die in den Jahren zuvor immer wieder in der Presse erschienen waren, sucht man nun vergebens.

Wie sehr die für die Propaganda Verantwortlichen davor zurückschreckten, konkrete Einzelheiten ihrer »Judenpolitik« zu enthüllen, macht folgende Episode deutlich: Als der Reichsjugendführer Baldur von Schirach im September 1942 beabsichtigte, vor einem in Wien stattfindenden »europäischen Jugendkongress« eine Rede zu halten, in der laut Manuskript die Passage enthalten war, er habe »zehntausend und Zehntausende von Juden aus Wien in die östlichen Ghettos evakuiert«, griff Goebbels ein. Er ließ das Manuskript noch einmal überarbeiten und vor allem alle Passagen herausstreichen, »die uns international Schwierigkeiten bereiten könnten«. Goebbels: »Dieser eine Satz allein würde genügen, uns die ganze internationale Pressemeute nicht nur aus den Feind-, sondern auch aus den neutralen Ländern auf den Hals zu hetzen.«[8]

Dieses beharrliche Schweigen über die Verfolgungspraxis stand in einem unübersehbaren und dramatischen Gegensatz zu den durch die höchste Autorität des »Dritten Reiches« wiederholt vorgebrachten brutalen, jedoch allgemein gehaltenen Drohungen der »Ausrottung«. Es waren diese Drohungen, die dem Schweigen einen vielsagend und unheimlichen Nimbus gaben. Diese unheimliche Atmosphäre wurde noch dadurch verstärkt, dass führende Nationalsozialisten in der zweiten Jahreshälfte 1942 immer häufiger öffentlich verlauten ließen, für den Fall einer deutschen Niederlage drohe die Vernichtung des deutschen Volkes durch die von »den Juden« angeführte feindliche Koalition. Der Krieg wurde zum Kampf um Sein oder Nichtsein zwischen Deutschen und Juden stilisiert; implizit oder explizit galt die Vernichtung der Juden damit als Notwehr angesichts der gegen das eigene Volk gerichteten Vernichtungsabsicht des Erzfeindes. Unterstrichen wurden solche Aussagen häufig mit Schilderungen von Massakern, Kindesraub und Vergewaltigungen, die im Falle einer Niederlage zu erwarten seien. In der Propaganda der Täter wurde also die eigene Verfolgungspraxis auf die andere Seite übertragen; die Opfer erschienen nicht als Opfer, sondern als potenzielle Täter, vor denen man sich legitimerweise schützen musste.

Sehr deutlich und plastisch entwickelte etwa Göring diesen Gedankengang in einer Rede, die er am 5. Oktober 1942 in Berlin aus Anlass des Erntedankfestes hielt; sie wurde im Rundfunk übertragen und in der Presse nachgedruckt:

»Und noch eines möchte ich dem deutschen Volke sagen und in Ihr Herz einbrennen. Was würde denn das Los des deutschen Volkes sein, wenn wir diesen Kampf nicht gewinnen würden? [...] Sie haben ja gelesen, was man mit unseren Kindern vorhätte, was mit unseren Männern gemacht würde. Unsere Frauen würden dann eine Beute der wollüstigen hasserfüllten Juden werden. Deutsches Volk, du musst wissen: Wird der Krieg verloren, dann bist du vernichtet. Der Jude steht mit seinem nie versiegenden Hass hinter diesem Vernichtungsgedanken, und wenn das deutsche Volk diesen Krieg verliert, dann wird dein nächster Regent Jude.

Und was Jude heißt, das müsst ihr wissen. Wer die Rache Judas nicht kennt, der lese sie nach.

Dieser Krieg ist nicht der zweite Weltkrieg, dieser Krieg ist der große Rassenkrieg. Ob hier der Germane und Arier steht oder ob der Jude die Welt beherrscht, darum geht es letzten Endes und darum kämpfen wir draußen.

Wir kennen die Juden. [...] Mag der Jude sich auch verschiedene Visagen aufsetzen, seine Gurke kommt doch durch. Der Jude ist hinter allem, und er ist es, der uns den Kampf auf Tod und Verderben angesagt hat. Und darin mag sich keiner täuschen und glauben, er könne nachher ankommen und sagen: Ich bin immer ein guter Demokrat unter diesen gemeinen Nazis gewesen. Der Jude wird euch die richtige Antwort geben, ganz gleich, ob ihr sagt, ihr seid der größte Judenverehrer oder Judenhasser gewesen. Er wird den einen wie den anderen behandeln. Denn seine Rachsucht gilt dem deutschen Volke. Was reinrassig, was germanisch ist, was deutsch ist, will er vernichten. [...] Und darüber mache sich nur keiner jemals eine falsche Vorstellung: dieser Krieg wird gewonnen, weil er gewonnen werden muss.«[9]

Das Argument, dass es im Falle einer Niederlage keine Zukunft für das deutsche Volk gebe, wurde wieder und wieder vorgebracht. Robert Ley sprach davon im Juli 1942 vor Rüstungsarbeitern,[10] Hitler in seiner Rede aus Anlass des 9. November 1942,[11] und Propagandaminister Goebbels gab seinen Mitarbeitern im Januar 1943 folgende »Grundsätze« bekannt: »1. Wir können und müssen diesen Krieg gewinnen. 2. Wenn wir diesen Krieg verlieren, würde jedem von uns der Hals durchgeschnitten.«[12]

Göring unterstrich in einer im Rundfunk übertragenen Rede aus Anlass des zehnten Jahrestages der Machtergreifung im Januar 1943: »Nun, diesmal geht es nur darum, ob das deutsche Volk endgültig als deutsches Volk vernichtet wird, und die infernalischen Vernichtungsgedanken auf der anderen Seite sind ja in den Hirnen drin. Es ist ja der Jude, der drüben führt. Man muss nur ein einziges Mal den Juden in seinem alttestamentarischen Hass kennen, dann weiß man, was uns blüht – ah, wenn der Jude an uns Rache nehmen könnte, was glaubt Ihr, was mit Euren Frauen, Euren Töchtern, Euren Bräuten usw. geschehen würde? Was glaubt Ihr, wie dieser teuflische Hass, dieses Bestialische sich im deutschen Volk austoben würde.«[13]

Die Presse räumte solchen Drohungen immer wieder Platz ein, nicht nur in der Berichterstattung über Reden der Parteiprominenz. So behauptete etwa der *Völkische Beobachter* am 3. November 1942, Kriegsziel Roosevelts und Churchills sei die »Deportation oder Unschädlichmachung der deutschen Jugend«, und in einem Leitkommentar des *Angriffs* vom 14. Januar 1942 schrieb Robert Ley: »Würde der Jude siegen, würde das deutsche Volk mit Mann und Maus, mit Kind und Kegel ausgerottet und vernichtet.«[14]

Über die konkreten Maßnahmen wurde indes, wie von der Propaganda angeordnet, geschwiegen. Auf den Pressekonferenzen spielte das Thema Antisemitismus 1942 nur eine untergeordnete Rolle. Gelegentlich wurde den Journalisten nahe gelegt, jüdische Themen für Polemiken unterschiedlichster Art gegen die Kriegsgegner zu verwenden,[15] doch von Äußerungen und Spekulationen über die deutsche »Judenpolitik« solle die Presse tunlichst Abstand nehmen, wie zahlreiche Verbote des Propagandaministeriums unmissverständlich klar machten.

Am 7. Februar 1942 hieß es etwa in der Tagesparole des Reichspressechefs: »Über die Judenfrage in den besetzten Ostgebieten ist nicht zu berichten. Amtliche Meldungen der deutschen Zeitungen in den Ostgebieten sind nicht zu übernehmen.«[16] Am 25. Februar wurde die Presse informiert, es sei in »einer süddeutschen Zeitung [...] über den Arbeitseinsatz der im Ghetto Warschau untergebrachten Juden berichtet worden. Derartige Berichte sind unerwünscht.«[17] Berichte aus Pressburg, so der Vertreter des Auswärtigen Amtes vor der Presse am 26. März 1942, wonach »die Judenfrage dort in hohen Touren aufgegriffen werde«, seien nur als »Tatsachenmeldungen« zu bringen und nicht zu kommentieren.[18] Am 11. Juni 1942 hieß es auf der Pressekonferenz: »Die im Protektorat getroffenen Strafmaßnahmen gegen die Unterstützer der Heydrich-Mörder [der am 4. Juni den Folgen eines Attentats vom 27. Mai erlegen war; P. L.] sind in der Reichspresse nicht aufzugreifen.« Noch am gleichen Tag folgte die Weisung: »Veröffentlichungen über die Kennzeichnung jüdischer Wohnungen oder überhaupt Veröffentlichungen über Maßnahmen gegen die Juden sind verboten.«[19]

Entsprechend brachten der *Völkische Beobachter* und *Der Angriff* 1942 meist nur etwa ein bis zwei antisemitische Beiträge pro Woche, in einigen Monaten sogar noch weniger, in anderen Monaten nur geringfügig mehr.[20] Auch in anderen Propagandamedien wurde die Judenverfolgung 1942 kaum mehr oder gar nicht angesprochen. Die Wochenschauen griffen das Thema 1942/43 nur einmal kurz auf,[21] in den – meist als Vorfilm gezeigten – Dokumentarstreifen überhaupt nicht.[22] In der von der Partei verbreiteten Wandzeitung *Parole der Woche* waren antisemitische Motive zwar noch immer sehr präsent, im Vergleich zum Vorjahr jedoch rückläufig.[23] Über die Bedeutung des Themas in den – allerdings während des Krieges insgesamt zugunsten der Unterhaltung zurücktretenden – politischen Sendungen des Rundfunks lässt sich leider keine präzise Aussage machen. Allerdings zeigen die Protokolle der täglich im Propagandaministerium abgehaltenen Konferenz, dass das Medium Rundfunk in vollem Umfang in die jeweils aktuelle Ausrichtung der Propaganda einbezogen war; wir können daher annehmen, dass die Ausfälle der antijüdischen Propaganda auch im Radio stattfanden.

Sieht man sich die inhaltlichen Schwerpunkte der antisemitischen Pressepropaganda in diesem Zeitraum näher an, so ist zwar evident, dass die Parteipresse nie müde wurde zu betonen, dass »alle Schlüsselpositionen der UdSSR von Juden besetzt« seien,[24] doch trat die Polemik gegen den »jüdischen Bolschewismus« in diesem Zeitraum hinter die »Demaskierung« der angeblich von »den Juden« beherrschten Westmächte zurück.

Vor allem die angebliche Abhängigkeit des britischen Kriegsgegners von »den Juden« war ein beliebtes Thema der Parteipresse; Großbritannien, so die Standardformel, führe »Krieg für die Macht der Juden«.[25] Dabei bildeten Berichte über jüdische Korruption, Dekadenz und Profitgier eine Nebenlinie dieser Angriffe.[26] Eine noch größere Rolle spielte 1942 in der Parteipresse jedoch wie gehabt die Polemik gegen den »im Dienste Judas« stehenden US-Präsidenten Roosevelt, über dessen angeblich jüdische Abstammung immer wieder spekuliert wurde.[27] Nach der Eroberung Nordafrikas durch britische und amerikanische Truppen im November 1942 kam eine neue Variation des Themas hinzu: Nun waren »die Juden« Roosevelts »Fünfte Kolonne« in Nordafrika.[28]

Die ehemals bürgerliche Presse schenkte dem antijüdischen Thema geringere Aufmerksamkeit, bediente allerdings die gleichen Themen wie die Parteipresse.[29] Der *Frankfurter Zeitung* gelang es allerdings immer wieder, die von ihr erwarteten antisemitischen Kommentare so zu formulieren, dass sie nicht als Meinung der Redaktion wirkten. So kommentierte die Zeitung beispielsweise im März 1942 Meldungen über zunehmenden Antisemitismus in Großbritannien wie folgt: »Der Nationalsozialist kann in solchen Erscheinungen nur eine Rechtfertigung seiner eigenen entschiedenen Politik gegenüber dem Judentum sehen.«[30]

Bemerkenswert ist, dass insbesondere die Parteipresse 1942 zum Teil recht ausführlich auf die Verfolgung der Juden in mit Deutschland verbündeten oder von ihm besetzten Ländern einging und dabei auch die Deportationen – die im Hinblick auf das Reich als Tabu behandelt wurden – keineswegs verschwieg. Auf den ersten Blick wirkt diese Propagandapraxis merkwürdig und inkonsequent.

So berichtete die NS-Presse beispielsweise ausführlich über die Judenverfolgung in der Slowakei, also desjenigen Verbündeten des Deutschen Reiches, der am entschlossensten war, die deutsche »Judenpolitik« zu übernehmen. Dabei kam auch die Tatsache zur Sprache, dass die slowakischen Behörden seit März 1942 Juden in großer Zahl deportierten.

Die *Krakauer Zeitung*, das zentrale deutsche Presseorgan im Generalgouvernement, befasste sich im Frühjahr 1942 – und zwar auch in seiner für das Reichsgebiet bestimmten Ausgabe – besonders ausführlich mit den antijüdischen Maßnahmen in der Slowakei.[31] So konnte der Leser beispielsweise am 3. April 1942 einer Artikelüberschrift entnehmen, es würden »täglich 1000 slowakische Juden über die Grenzen des Landes geschafft«. Die in Belgrad erscheinende *Donauzeitung*, die ebenfalls sehr intensiv über die antijüdischen Maßnahmen in der Slowakei berichtete, meldete am 15. Mai 1942, es seien bisher »insgesamt 35 000 Juden aus der Slowakei ausgesiedelt«, das Land solle bis zum Herbst des Jahres vollkommen »judenfrei« sein.[32]

Aber auch der Leser des *Völkischen Beobachters*, der nicht in der gleichen Ausführlichkeit über die Judenverfolgung in der Slowakei informiert wurde, stieß am 11. April 1942 auf folgende Information: »Zahlreiche [slowakische; P. L.] Juden versuchen, dem Abtransport oder dem Arbeitslager durch Flucht nach Ungarn zu entgehen.« Am 2. Juni 1942 zitierte die Zeitung unter der Überschrift »Die slowakischen Dörfer werden judenrein« eine Verfügung des »mit der Lösung der Judenfrage in der Slowakei betraute[n] Zentralwirtschaftsamt[s]«, wonach die Juden ihre bisherigen Wohnsitze aufgeben und in die Bezirksstädte umsiedeln müssten. Am 31. Oktober 1942 hieß es, der »mit der Judenaussiedlung betraute Oberrat im slowakischen Innenministerium«, Anton Vasek, habe »im Auslandspresseklub in Pressburg bemerkenswerte Feststellungen über die Entwicklung des Kampfes des slowakischen Volkes gegen das Judentum und über den gegenwärtigen Stand der Lösung dieser Frage« gemacht. Der Artikel referierte ausführlich Vaseks Behauptungen über den erdrückenden jüdischen Einfluss in der Slowakei und die bisher getroffenen antijüdischen Maßnahmen seiner Regierung, einschließlich der Aussage, es seien »bisher vier Fünftel der slowakischen Juden ausgesiedelt« worden, der »Rest« sei überwiegend »in Zwangsarbeitslagern konzentriert«.[33] Zweieinhalb Monate später, am 11. Januar 1943, wiederholte der *Völkische Beobachter* – erneut unter Berufung auf Vasek – diese Angaben über den Stand der Deportationen aus der Slowakei: Danach würden bis zum Ende des Jahres 1942 78 Prozent der Juden »ausgesiedelt«.[34] In anderen Zeitungen, zum Beispiel im *Angriff*, waren gleichfalls Informationen über die Deportationen aus der Slowakei zu finden.[35]

Über die Judengesetzgebung in Rumänien berichtete der *Völkische Beobachter* im Februar 1942 und kündigte an, »bis die Auswanderung möglich sein wird, soll das Judentum für praktische Arbeit umgeschult werden«.[36] Die *Krakauer Zeitung* meldete am 4. März 1942, die Bukarester Juden, die ihrer Arbeitspflicht nicht nachkämen, würden »im Frühjahr in das von den Rumänen besetzte Gebiet jenseits des Dnjestr deportiert werden«;[37] auch die Belgrader *Donauzeitung* verfolgte die antijüdischen Maßnahmen in Rumänien recht intensiv.[38] Dann wieder ging es um die antijüdische Gesetzgebung in Ungarn, namentlich die Enteignung jüdischen Besitzes im Lande und die »Entjudung« des öffentlichen Lebens.[39] Die *Deutsche Allgemeine Zeitung* stellte in ihrer Berichterstattung klar, dass nach Auffassung der ungarischen Regierung das »Judenproblem« nur »durch eine allerdings jetzt nicht zu verwirklichende Entfernung von 800 000 Juden aus Ungarn endgültig zu lösen« sei.[40]

Der Presse war darüber hinaus eindeutig zu entnehmen, dass die in Kroatien lebenden Juden in Lagern interniert wurden.[41] Die *Krakauer Zeitung* vom 7. Mai 1942 bezeichnete die »Judenfrage« in Kroatien als »gelöst«; man sehe nun »den Abschluss einer unglücklichen Periode und den Beginn einer verheißungsvolleren Entwicklung«. Wenige Tage später veröffentlichte sie das Bild einer mit dem Stern gekennzeichneten jüdischen Frau in Agram.[42]

Ferner befasste sich die Presse im Frühjahr 1942 mit der Kennzeichnung der Juden in Sofia und sonstigen Maßnahmen gegen die jüdische Minderheit in Bulgarien.[43] Der *Völkische Beobachter* berichtete außerdem im Juli 1942 über die Registrierung von Juden in Saloniki zum »Arbeitseinsatz«.[44] Die *Krakauer Zeitung* schrieb am 26. März 1942, die »Bereinigung der Judenfrage macht auch in Belgien große Fortschritte«. Es folgten nähere Angaben zur »Arisierung« jüdischen Eigentums, zur Bildung einer »Judenvereinigung« sowie zur Errichtung eines besonderen Schiedsgerichts. In einem Artikel des *Angriffs* vom Juli 1942 über die Einführung des Judensterns in Belgien war zu lesen, viele Flamen und Wallonen hofften, »dass Deutschland, wenn es auch nicht die vielen bei uns aus dem Reich emigrierten Juden zurücknimmt, sie doch wenigstens einige Stationen weiter befördert, damit es bald wieder sauber und freundlicher in unserem Lande aussieht«.[45]

Am 14. März 1942 erfuhr der Leser der *Krakauer Zeitung* aus seinem Blatt, dass künftig der Zuzug von Juden nach Norwegen gestoppt sei. Am 6. Mai berichtete die Zeitung unter der Überschrift »Judenstern auch in Holland. Das gesunde niederländische Volksempfinden setzt sich durch« über die Kennzeichnung der Juden in den Niederlanden. Im Frühjahr 1942 kommentierte die *Krakauer Zeitung* ausführlich den Wechsel im »Judenkommissariat« der Vichy-Regierung: Während der alte Amtsinhaber Xavier Vallat wegen seiner zu nachgiebigen Haltung gegenüber den in Frankreich lebenden Juden heftig kritisiert wurde, könne man von dem wesentlich radikaleren, Anfang Mai 1942 ernannten Nachfolger Darquir de Pellepoix endlich »scharfe Maßnahmen« erwarten.[46] Die *Kattowitzer Zeitung* brachte im Mai 1942 einen ausführlichen Artikel über die wirtschaftlichen Verhältnisse im Warschauer Ghetto, dem zu entnehmen war, dass dort 500 000 Menschen lebten.[47]

Wie diese Beispiele zeigen, waren in der nationalsozialistischen Presse immer wieder Hinweise auf die Verfolgung von Juden im deutsch beherrschten Europa zu lesen, wobei die Deportationen kein Geheimnis blieben. Die Berichterstattung verlief jedoch höchst uneinheitlich und sporadisch: Die Meldungen über bestimmte Maßnahmen im Ausland erschienen nie in der gesamten Presse, sondern sie waren meist auf einzelne Blätter beschränkt. Es scheint, dass sie nicht auf Grund allgemeiner Presseanweisungen des Propagandaministeriums, sondern durch gezielte Weitergabe an einzelne Redaktionen an die Öffentlichkeit kamen. Insgesamt gesehen, spielte diese Berichterstattung über antijüdische Maßnahmen zwar nur eine untergeordnete Rolle in den Zeitungen; auffällig ist aber, dass insbesondere die in den besetzten und verbündeten Ländern erscheinenden offiziellen deutschen Organe auf die Verfolgungspraxis eingingen, vorzugsweise jedoch nicht auf die im »eigenen« Land.

Welche Absichten mag die Propaganda mit dieser »zerstreuen« Berichterstattung verfolgt haben? Es ist offensichtlich, dass diese Form sporadischer Information über die stets »im Ausland« stattfindende Judenverfolgung der offiziellen Politik gezielter Andeutungen entsprach. In dieser Form nahm die offizielle Propaganda durchaus Stellung zur Politik der Deportationen, und wer nach Antworten auf die Frage nach der Realität der »Endlösung« suchte, konnte bei aufmerksamer Lektüre der Presse zu der Schlussfolgerung kommen, dass im gesamten deutsch besetzten Europa »etwas« ins Rollen gekommen war. Den Lesern wurde verdeutlicht, dass die ohnehin »vor aller Augen« stattfindenden Deportationen kein regional oder national begrenztes Phänomen waren, sondern Teil einer koordinierten, europaweiten Aktion. Viele der hier zitierten Meldungen stammen denn auch bezeichnenderweise aus dem Frühjahr und Frühsommer 1942, also aus dem Zeitraum, in dem das europaweite Deportationsprogramm Schritt für Schritt in Gang gesetzt wurde. Dass zwischen den Maßnahmen in den verschiedenen Ländern ein Zusammenhang bestand, wurde in der Presse sogar explizit herausgestellt. So kommentierte *Der Angriff* am 27. März 1942 die Einführung der Zwangsarbeit für Juden in der Slowakei wie folgt: »Die Arbeit ist für den Juden wirklich die schwerste Strafe. In Frankreich, auf dem Balkan, in Norwegen, überall hat man jetzt erkannt, welche Schmarotzer die Juden für Europa waren. Jetzt wird ihnen nichts weiter als die Rechnung überreicht.« Je umfassender und offenkundiger die Deportationsbewegungen, desto größer das Mitteilungsbedürfnis der Presse. Daraus erklärt sich auch, warum etwa die *Krakauer Zeitung* im Jahre 1942, als die Ghettoliquidierungen und Deportationen im Generalgouvernement im großen Stil durchgeführt wurden, darauf zwar immer wieder hinwies,[48] aber weitaus mehr über die Situation der Juden im übrigen besetzten Europa, in Rumänien, Ungarn, Kroatien, Frankreich, den Niederlanden, Belgien und Norwegen, zu sagen hatte: Die Zeitung bemühte sich vor allem darum, ihrer primären Zielgruppe, den deutschen Lesern im Generalgouvernement, denen die Eskalation der Judenverfolgung in Polen ohnehin nicht verborgen bleiben konnte, den europaweiten Kontext der »Judenpolitik« zu verdeutlichen. Da die Zeitung jedoch auch im Reichsgebiet verbreitet wurde, erreichten diese Informationen über die ursprüngliche Zielgruppe hinaus einen weiteren Leserkreis.[49]

Goebbels' Verschleierungstaktik

Die relative Zurückhaltung der deutschen antisemitischen Propaganda im Jahre 1942 ist im Wesentlichen auf die bewusste Verschleierungstaktik der zentralen Figur innerhalb des Propagandaapparates zurückzuführen: Goebbels. Durch die Protokolle der täglichen Propagandakonferenz des Ministers und mit Hilfe seiner Tagebücher sind wir in der Lage, diese Taktik im Jahre 1942 im Detail zu rekonstruieren.

Goebbels, das wird hier noch einmal deutlich, war einer der Scharfmacher der NS-Judenverfolgung und nicht zuletzt durch seinen direkten Kontakt zu Hitler über den Umfang des Massenmordes unterrichtet. Die meisten seiner intern abgegebenen Stellungnahmen und Propagandaanordnungen verfolgten jedoch ganz offensichtlich vor allem die Absicht, von den tatsächlichen Zielen der deutschen »Judenpolitik« abzulenken, ohne das antisemitische Thema völlig fallen zu lassen.

So ordnete er etwa am 5. März an, in der Presse eine Meldung des *Daily Express* über angeblichen jüdischen Schwarzhandel in Großbritannien aufzugreifen und sie so zu kommentieren, dass man sie als Rechtfertigung der nun bereits ein halbes Jahr zurückliegenden Kennzeichnung verstehen musste: »Es gibt vielleicht hier und da noch einige zurückgebliebene Intellektuelle im deutschen Volk, die der Ansicht sind, dass die Maßnahmen gegen die Juden zu hart seien. Aber wir haben die Wahl, den Juden entweder einen gelben Stern anzuheften, oder sie als Lebensmittel- und Kupferschieber im Lande herumlaufen zu lassen. Das letztere aber darf bei uns nicht vorkommen. Darum haben wir die Juden unter Kuratel gestellt und wehe, wenn sich einer von ihnen gegen die Staatsinteressen versündigt! Ein Zwischending gibt es nicht; entweder nehmen wir die Juden an die Kandare, oder wir lassen sie als Lebensmittelschieber herumvagabundieren. Es soll doch niemand glauben, dass die Juden im Lande sich heute in Sehnsucht nach ihrem ›lieben deutschen Vaterland‹ verzehren; in Wirklichkeit betätigen sie sich als Lebensmittelschieber.«[50] In seinem Tagebuch äußerte er sich allerdings über den gleichen Vorgang weit drastischer; im Vergleich mit der englischen Vorgehensweise sei die deutsche Methode – die Juden zu kennzeichnen, in Konzentrationslager zu stecken oder zu erschießen – »die zweckmäßigste und erfolgreichste«.[51]

Tatsächlich war Goebbels über den inzwischen begonnenen systematischen Massenmord an den Juden gut informiert. Am 6. März – im unmittelbaren Anschluss an seine Tagebucheintragung über die englische

Einstellung zur »Judenfrage« – notierte er anlässlich eines SD-Berichts über die Lage im besetzten Russland, es sei seine Auffassung, dass »je mehr Juden während dieses Krieges liquidiert werden, desto konsolidierter die Lage in Europa nach dem Kriege sein wird. Man darf hier keine falsche Sentimentalität obwalten lassen. Die Juden sind das europäische Unglück; sie müssen auf irgendeine Weise beseitigt werden, da wir sonst Gefahr laufen, von ihnen beseitigt zu werden.«

Am kommenden Tag hielt er in seinem Tagebuch fest, ihm liege eine »ausführliche Denkschrift des SD und der Polizei über die Endlösung der Judenfrage« vor; es handelte sich offensichtlich um eine Ausfertigung des Protokolls der Wannseekonferenz. »Die Judenfrage muss jetzt im europäischen Rahmen gelöst werden. Es gibt in Europa noch über 11 Millionen Juden. Sie müssen später einmal zuerst im Osten konzentriert werden; eventuell kann man ihnen nach dem Kriege eine Insel, etwa Madagaskar, zuweisen. Jedenfalls wird es keine Ruhe in Europa geben, wenn nicht die Juden restlos aus dem europäischen Gebiet ausgeschaltet werden. Das ergibt eine Unmenge von außerordentlich delikaten Fragen: Was geschieht mit den Halbjuden, was geschieht mit den jüdisch Versippten, Verschwägerten, Verheirateten? Wir werden also hier noch einiges zu tun bekommen und im Rahmen der Lösungen dieses Problems werden sich gewiss auch noch eine ganze Menge von persönlichen Tragödien abspielen. Aber das ist unvermeidlich. Jetzt ist die Situation reif, die Judenfrage einer endgültigen Lösung zuzuführen. Spätere Generationen werden nicht mehr die Tatkraft und auch nicht mehr die Wachheit des Instinkts besitzen. Darum tun wir gut daran, hier radikal und konsequent vorzugehen. Was wir uns heute als Last aufbürden, wird für unsere Nachkommen ein Vorteil und ein Glück sein.«[52]

Seit Ende März 1942 hatte Goebbels präzise Kenntnis über das Schicksal der »in den Osten« deportierten Juden; es werde, so ist in seinem Tagebuch mit Datum vom 27. März 1942 zu lesen, ein »ziemlich barbarisches und nicht näher zu beschreibendes Verfahren angewandt und von den Juden selbst bleibt nicht mehr viel übrig«. Verschiedene Tagebucheintragungen aus den folgenden Monaten zeigen, dass er über die Entwicklung der Mordpolitik weiterhin auf dem Laufenden war.[53]

In den relativ wenigen antisemitischen Anweisungen und Richtlinien, die Goebbels in den kommenden Monaten ausgab, ging er nur in sehr allgemeiner Form auf die Ziele der NS-Judenverfolgung ein, kritisierte aber am 9. März auf der Propagandakonferenz, dass die *Deutsche*

Allgemeine Zeitung »nicht ein einziges Mal einen Beitrag zur Judenfrage geliefert habe. Das sei als eine Unverschämtheit zu bezeichnen. Der Führer halte beispielsweise keine Rede, in der er nicht die Juden als die Hauptschuldigen des Krieges bezeichne, deren Vernichtung rücksichtslos durchgesetzt werden müsse. Umso schlimmer sei, dass es eine deutsche Zeitung gebe, die – von uns finanziert – es wage, auf dieses Generalthema des Kriegs überhaupt nicht einzugehen.«[54] Goebbels ließ die Zeitung daraufhin als »Zwangsauflage« eine Meldung über einen antisemitischen Beitrag der britischen Zeitung *Truth* veröffentlichen; darüber hinaus, so Goebbels, »erhält die DAZ die Anweisung, alle antisemitischen Meldungen, die freigegeben sind, zu übernehmen, auch wenn dem Leser der DAZ noch so sehr davor grause. Denn gerade *die* Kreise – so betont der Minister – seien es ja, die in unangebrachter Sentimentalität sich darüber beschweren, dass die Juden zu hart angepackt würden, weil sie nicht wüssten, warum wir die Juden überhaupt bekämpften.«

Am 14. Juni äußerte sich Goebbels an prominenter Stelle, in seinem wöchentlichen Leitartikel in der Wochenzeitung *Das Reich*, zum »Luft- und Nervenkrieg«. Nachdem er sich ausführlich mit dem »Terror« der alliierten Luftkriegführung gegen Deutschland auseinandergesetzt hatte, gab er seinem Kommentar folgenden Schlussakzent: »Es hieße, der Londoner und New Yorker Judenpresse zu viel Ehre antun, wenn man auf ihre blut- und rachedurstigen Kommentare zum Luft- und Nervenkrieg überhaupt eingehen wolle. Die Juden treiben in diesem Kriege ihr frevelhaftes Spiel, und sie werden das mit der Ausrottung ihrer Rasse in Europa und vielleicht weit darüber hinaus zu bezahlen haben. Sie sind in dieser Auseinandersetzung nicht ernst zu nehmen, da sie weder britische noch amerikanische, sondern ausschließlich jüdische Interessen vertreten.«

Am 11. Juli 1942 kritisierte er auf der Propagandakonferenz erneut die *Deutsche Allgemeine Zeitung*: »Es werden nicht antisemitische Artikel schlechthin gewünscht, z.B. Untersuchungen über die Schuld der Juden am Bankkrach vor 10 Jahren, sondern es ist unsere Aufgabe, gegen die Juden in *diesem* Zusammenhang zu schreiben, d.h. sie als Schrittmacher des Bolschewismus und der Plutokratie herauszustellen. Es ist nicht damit Genüge getan, dass man sich jetzt mit irgendwelchen Kultur- und Wirtschaftsfragen, die mit dem Judentum in losem Zusammenhang stehen, befasst, sondern man muss die Frage des Antisemitismus, überhaupt die Frage des Judentums, in den großen Zusammenhang der gegenwärtigen europäischen Auseinandersetzung bringen.«

Goebbels und die Deportation der Berliner Juden

Die Tagebücher des Propagandaministers zeigen jedoch, dass sich Goebbels während des Jahres 1942 weit intensiver mit der »Judenfrage« beschäftigte, als seine Propagandarichtlinien verraten; seine diversen Treffen mit Hitler benutzte er immer wieder dazu, sich und seinen Führer in ihrem gemeinsamen antisemitischen Hass zu bestärken. Da eine offene propagandistische Begleitung der Mordpolitik nicht opportun erschien, konzentrierte Goebbels sich vor allem darauf, die Existenzmöglichkeiten der deutschen und insbesondere der Berliner Juden immer weiter einzuschränken und die Deportationen der Berliner Juden zu beschleunigen. Es zeigte sich jedoch, dass Goebbels bei der Durchführung dieser Politik in ein Dilemma geriet: Je mehr diskriminierende Maßnahmen gegen Juden verhängt wurden, desto mehr wurden sie wiederum sichtbar gemacht, und desto mehr verstärkte ihre Existenz die Gerüchtebildung um ihr Schicksal. Die einzige Lösung für dieses Problem sah Goebbels in der radikalsten denkbaren Lösung: der völligen Entfernung der Juden aus der Reichshauptstadt. Die durch das Regime dirigierte Öffentlichkeit sollte keinerlei Hinweise auf die jüdische Existenz mehr erhalten.

Am 12. Januar 1942 gab er auf der Propagandakonferenz die Anregung, es sollten in Zukunft »an den Kiosken keine Zeitungen mehr an Leute mit Judenstern verkauft werden; ebenso wird den Juden untersagt werden, Zeitungen zu abonnieren. Der Minister beauftragt Gutterer, bei den abschließenden Besprechungen am 20.1. über die Lösung der Judenfrage diese Anregung des Ministers zur Sprache zu bringen.«[55] Der letzte Satz ist besonders bemerkenswert, ist er doch einer der wenigen existierenden Hinweise auf die Überlegungen, die innerhalb der Berliner Ministerien im Hinblick auf die Wannseekonferenz angestellt wurden. Goebbels ging also noch im Januar 1942 davon aus, es würden unter dem Stichwort »Lösung der Judenfrage« unter anderem technische Maßnahmen zur weiteren Erschwerung der jüdischen Existenz im Reich behandelt werden.[56]

In seinem Tagebuch hielt er am 5. Februar 1942 fest, die »Judenfrage macht uns wiederum sehr zu schaffen, und zwar diesmal nicht, weil wir zu weit, sondern weil wir zuwenig weit vorgehen. In großen Teilen des Volkes bricht sich doch jetzt die Erkenntnis Bahn, dass die Judenfrage nicht eher als gelöst angesehen werden kann, als bis sämtliche Juden das Reichsgebiet verlassen haben.«

Am 1. März 1942 drängte er während der Propagandakonferenz darauf, die »Evakuierung« der Juden aus Berlin zu beschleunigen. In diesem Zusammenhang beschäftigte ihn erneut das Problem der Benutzung von öffentlichen Verkehrsmitteln durch Juden. Grundsätzlich, so Goebbels, sei diese zu verbieten; nur die in der Rüstungsindustrie beschäftigten Juden sollten einen Sonderausweis erhalten, der sie dazu berechtige, »beim Schaffner um Erlaubnis zum Mitfahren [zu] bitten«. Keinesfalls, so Goebbels, »dürfen die Juden in der Straßenbahn herumstehen und nach Mitleid angeln. Wenn hinten auf der Plattform kein Platz ist, müssen sie zu Fuß laufen.«[57]

Auf der Propagandakonferenz vom 9. März setzte er nach: »Dem vom SD eingebrachten Vorschlag, den Juden, die die Straßenbahn benutzen wollen, ein weiteres Erkennungsschild anzuhängen, bezeichnet der Minister als falsch, da hierdurch nur eine neue Diskussion über das Für und Wider entstehen würde. Die Juden, die die Straßenbahn benutzen wollen, müssen im Besitz einer Ausweiskarte sein, die sie beim Lösen des Fahrscheins bzw. wenn der Schaffner auf der hinteren Plattform steht – beim Betreten des Wagens per se vorzuzeigen haben. Jeder, der zur Kontrolle berechtigt ist (Kontrolleur, Offizier, SA-Führer, Amtswalter der Partei – niemals ein Zivilist!) hat das Recht, die Juden zum Vorzeigen ihres Ausweises aufzufordern, sobald der Schaffner einer genauen Kontrolle nicht in vollem Umfange nachkommen kann. Welche Ränge im einzelnen die Berechtigung zu einer Kontrolle haben, muss noch festgelegt werden.«[58]

In der Propagandakonferenz vom 28. März gab er den Auftrag, die Juden aus dem Berliner Telefonverzeichnis zu streichen. Sein Verbindungsmann zu Partei-Kanzlei, Walter Tießler, regte sogleich bei Martin Bormann an, »dies auf das ganze Reich zu übertragen«.[59] Im Monat Mai erreichten Goebbels' Bemühungen um eine Beschleunigung der Deportationen aus Berlin einen Höhepunkt. Das Attentat auf die Ausstellung »Das Sowjetparadies« im Berliner Zeughaus bot ihm einen geeigneten Vorwand, diese Anstrengungen zu verstärken, gehörten die Täter doch einer überwiegend aus Juden bestehenden Widerstandsgruppe an.[60] Seine ständigen Bemühungen lassen sich anhand des Tagebuches verfolgen.

So schrieb er am 11. Mai 1942, es befänden sich »augenblicklich noch 40 000 Juden in Berlin. Es ist außerordentlich schwer, sie nach dem Osten abzuschieben, weil ein großer Teil von ihnen in der Rüstungsindustrie beschäftigt ist und Juden immer nur familienweise abgeschoben werden sollen. Der Rest besteht aus alten Leuten, gegen die man im Augenblick schlecht etwas unternehmen kann.« Am 17. Mai 1942 bekräftige er erneut seine Absicht, »die noch in Berlin verbliebenen Juden jetzt in größerem Umfange nach dem Osten zu evakuieren«. Er wolle versuchen, die Bestimmungen, wonach die Familienmitglieder von in der Rüstungsindustrie beschäftigten Juden nicht deportiert werden dürften, aufzuheben.

Am 24. Mai 1942 hieß es: »Wir haben jetzt einen Club von Saboteuren und Attentätern in Berlin ausfindig gemacht. Darunter befinden sich auch die Kreise, die die Brandbombenattentate auf die Anti-Sowjet-Ausstellung unternommen haben. Bezeichnenderweise sind von den Verhafteten fünf Juden, drei Halbjuden und vier Arier [...] Man sieht an dieser Zusammenstellung, wie richtig unsere Judenpolitik ist und wie notwendig es erscheint, weiter auf das radikalste hier den alten Kurs fortzusetzen und dafür zu sorgen, dass die noch in Berlin vorhandenen 40 000 Juden, die in Wirklichkeit freigelassene Schwerverbrecher darstellen, die nichts mehr zu verlieren haben, auf das schnellste entweder konzentriert oder evakuiert werden. Am besten wäre selbstverständlich die Liquidierung.«

Am 24. Juni 1942 ordnete Goebbels auf der Propagandakonferenz an, seine bereits ein Jahr zuvor erteilte Anweisung, ausländischen Studenten das Wohnen bei Juden zu verbieten, jetzt endgültig durchzuführen: »Diese Juden werden dann mit der Begründung, dass sie zuviel Wohnraum besitzen, aus ihren Wohnungen evakuiert werden, um irgendwo anders auf engerem Raum untergebracht zu werden.« Als Motiv für diesen Schritt nannte Goebbels die Vermutung, die jüdischen Wohnungsvermieter würden ansonsten wesentliche Informationen über die inneren Verhältnisse in Deutschland an das feindliche Ausland liefern.

Immer wieder brandmarkte Goebbels in den folgenden Wochen »die Juden« als für den Feind arbeitende Informanten und Spione sowie als Urheber von Gerüchten und Desinformation. Als im Juli ein gefälschter Goebbels-Aufruf auftauchte, machte er »aus Berlin evakuierte Juden« dafür verantwortlich.[61] Eine Serie von Bränden rechnete er selbstverständlich »jüdischen Brandstiftern« zu und ordnete an, »dass zunächst die Einzelverpflegung der Juden abgestellt und durch eine Gesamtverpflegung, die an die jüdische Gemeinde geliefert wird, ersetzt wird. Sollte sich der Verdacht, dass das Feuer durch Juden angelegt wurde, bestätigen, wird dieses Verbrechen zur Folge haben, dass der jüdischen Gemeinde sofort die Lebensmittel gekürzt werden. Der Minister ersucht, die Maßnahmen zur Einführung der Gesamtverpflegung der Juden nach Möglichkeit zu beschleunigen. Mit dieser neuen Regelung werden auch endlich die leidigen Schlangen der Juden vor den Geschäften verschwinden.«[62] Solange noch Juden in Berlin seien, so formulierte er in seinem Tagebuch am 23. Juli knapp, »kann man nicht von einer nationalsozialistischen Hauptstadt des nationalsozialistischen Reiches sprechen«. Erst wenn der sichtbaren Präsenz der Juden in der Stadt ein Ende gemacht worden sei, so sein Kalkül, lasse sich eine der Hauptquellen für die fortgesetzte Gerüchtebildung über das Schicksal der Juden beseitigen.

Im September bemühte er sich erneut, die Deportationen zu beschleunigen,[63] und holte Ende des Monats und Anfang Oktober dazu noch einmal in persönlichen Gesprächen die ausdrückliche Zustimmung Hitlers ein.[64]

Anfang November stellte er auf der Propagandakonferenz fest, dass »Deutschland mit einem Spitzelsystem geradezu übersät sei, solange nicht die 40 000 Juden abtransportiert oder eliminiert seien«. Es schloss sich eine Diskussion des weiteren Deportationsverfahrens an. Ein Mitarbeiter des Propagandaministeriums teilte mit, »dass etwa bis März alle Juden evakuiert sein würden. Eine Durchführung der Transporte innerhalb kürzester Zeit sei nicht ohne weiteres möglich, da Reichsminister Speer sich hier unter Hinweis auf Belange der Rüstungsindustrie ziemlich stark eingeschaltet habe. Eine Kasernierung scheitere wiederum an der Barackenfrage.« Goebbels drängte weiter; der Hinweis auf die mangelnden Unterbringungsmöglichkeiten sei »in keinerlei Weise stichhaltig; in dem Falle seien die Juden eben etwas primitiver unterzubringen. Zimperlichkeit sei hier in keiner Weise angebracht.«[65]

Diese Zitate aus dem Jahr 1942 verdeutlichen, dass Goebbels bei der Ausrichtung der Öffentlichkeit nicht nur die Konsequenzen aus der Radikalisierung der nationalsozialistischen »Judenpolitik« zog, sondern dass seine Bemühungen, ein möglichst geschlossenes Erscheinungsbild der Reichshauptstadt herzustellen, in dem die Juden keinen Platz mehr hatten, umgekehrt den Radikalisierungsprozess vorantrieben. Die Formierung der nationalsozialistisch kontrollierten Öffentlichkeit war unübersehbar ein integraler Bestandteil der »Judenpolitik«; ohne das Element der öffentlichen Darstellung ist die Entwicklung der »Judenpolitik« überhaupt nicht zu verstehen.

Reaktionen der Bevölkerung in den Stimmungsberichten

Den Stimmungsberichten des Jahres 1942 ist zunächst zu entnehmen, dass die Bevölkerung die Maßnahmen gegen die noch in Deutschland lebenden Juden als inkonsequent und nicht einschneidend genug betrachtete. So wurde etwa verschiedentlich beanstandet, dass Juden nach wie vor öffentliche Verkehrsmittel benutzten, dass die ihnen zugewiesenen Einkaufszeiten zu großzügig seien und dass mit »Ariern« verheiratete Juden unter bestimmten Umständen[66] keinen Stern tragen mussten.[67]

Die SD-Außenstelle Höxter meldete beispielsweise im Januar 1942, die neue Regelung des Regierungspräsidenten über die Einkaufszeiten für Juden habe »einen Sturm der Entrüstung vor allem bei den Hausfrauen hervorgerufen«; unter anderem sei die Meinung geäußert worden, »dass es mit Deutschland wohl sehr schlecht stehen müsse, wenn man sich veranlasst sieht, den Juden wieder Vergünstigungen einzuräumen«. Der Bericht kam zu der Schlussfolgerung: »Nach allem, was beobachtet werden konnte, hat selten eine behördliche Regelung der öffentlichen Meinung derart entgegengestanden, als diese Neuregelung der Einkaufszeiten für Juden.«[68]

In diesem seltenen Fall sind wir allerdings in der Lage, die Authentizität des Berichts anhand anderer Überlieferungen zu überprüfen. Daraus ergibt sich folgender Sachverhalt: Nachdem der SD-Bericht von der Stadtverwaltung als übertrieben zurückgewiesen wurde, musste der Leiter der SD-Außenstelle zugeben, dass der von ihm so dramatisch herausgestellte Bericht über die »öffentliche Meinung« lediglich auf dem Gerede einiger Dorffrauen basierte.[69]

Dieses Beispiel bestätigt die schon verschiedentlich festgestellte Tendenz der Stimmungsberichterstatter, einzelne Beobachtungen von Informanten oder Äußerungen aus parteinahen Kreisen als Meinung »der Bevölkerung« auszugeben, und unterstreicht, wie absurd und irreführend es wäre, Berichte über antisemitische Einstellungen »der Bevölkerung« ohne weiteres für bare Münze zu nehmen und daraus zu schließen, die antijüdische Politik sei von einer breiten antisemitischen Volksstimmung vorangetrieben worden. Das Beispiel Höxter illustriert, dass das Verhältnis gerade umgekehrt war: Die »Volksstimmung« wurde von radikalen Kräften innerhalb des Regimes instrumentalisiert, um die Eskalation der antijüdischen Politik begründen zu können.

Nach einer vorübergehenden Einstellung der Deportationen aus

Deutschland im Winter 1941/42 nahm das RSHA im März 1942 die Massenverschleppungen deutscher Juden nach Polen wieder auf. Aus dem Monat April 1942 liegen einige weitere Berichte über die Reaktion der Bevölkerung auf die Deportationen vor. Der Landrat Bad Neustadt/Saale berichtete, der »Abtransport der Juden« sei »ohne jeden Zwischenfall vor sich gegangen«. Es sei allerdings im »besonnenen Teil der Bevölkerung daran Anstoß genommen« worden, dass »eine große, johlende Schar Schulkinder den Zug der Juden bis zum Bahnhof begleitete und dort ihr Geschrei bis zur Abfahrt des Zuges fortsetzte«.[70] Die NSDAP-Ortsgruppe Niederwern vermeldete, die »Entfernung einiger Judenstämmlinge aus der hiesigen Gemeinde« habe bei der »deutsch gesinnten Bevölkerung stärkste Beachtung und Zufriedenheit« hervorgerufen.[71] Die Ortsgruppe Schonungen im Gau Mainfranken teilte im April mit: »Endlich haben die letzten Juden Schonungen verlassen. Mit Befriedigung haben wir diese Tatsache festgestellt. Trotzdem gibt es noch Volksgenossen, die ein falsches Mitleid mit dieser Rasse haben.«[72]

Im Juli berichtete die SD-Außenstelle Detmold aus Lemgo, der »Abtransport der letzten Juden« habe »größeres Aufsehen erregt«.[73] Zahlreiche Menschen hätten sich auf dem Marktplatz der Stadt, der als Sammelpunkt diente, eingefunden. Der Bericht vermittelt das Bild einer lebhaften Diskussion:

»Es konnte beobachtet werden, dass [von] ein[em] große[n] Teil der älteren Volksgenossen (darunter sollen sich auch Parteigenossen befunden haben) die Maßnahme des Abtransportes der Juden aus Deutschland allgemein negativ kritisiert wurde. Gegen den Abtransport wurde mehr oder weniger offen mit allen möglichen Begründungen Stellung genommen. So wurde gesagt, dass die Juden in Deutschland ja sowieso zum Aussterben verurteilt seien und diese Maßnahme, die für die Juden eine besondere Härte bedeutete, sich daher erübrige. Selbst solche Volksgenossen, die bei jeder passenden und unpassenden Gelegenheit früher ihre nationalsozialistische Gesinnung herausgestellt hätten, hätten in dieser Hinsicht Partei für die Interessen der Juden bzw. der kirchlich gebundenen Volksgenossen genommen. Innerhalb der kirchlich gebundenen Kreise wurde geäußert: ›Wenn das deutsche Volk nur nicht eines Tages die Strafe Gottes zu gewärtigen hat.‹ Nationalsozialistisch gefestigte Volksgenossen versuchen den anders Denkenden klarzumachen, dass diese Aktion völlig berechtigt und auch unbedingt notwendig sei. Dem wurde entgegengesetzt, dass die alten Juden uns auch hier nicht mehr schaden können, denn sie täten ›keiner Fliege etwas zuleide‹. Auch seien sehr viele Juden dabei, die viel Gutes getan hätten und die noch lange nicht so schlecht seien, als die ›Weißen Juden‹. Diese müsse man dann auch abtransportieren und in ein Lager stecken. Ein bezeichnender Fall der Stellungnahme für die Juden ereignete sich bei dem Abtransport derselben in Sabbenhausen. Hier hatte die Frau des Lehrers *Heumann* versucht, den Juden Wurst und andere Lebensmittel zu bringen. Nach Mitteilung des Ortsgruppenleiters Schlichting wurde Frau Heumann polizeilich festgenommen.«

Doch nicht nur die Deportationen wurden offensichtlich zumindest auf örtlicher Ebene teilweise lebhaft erörtert; die Exekutionen von Juden in den besetzten sowjetischen und polnischen Gebieten beschäftigten die Bevölkerung in diesem Zeitraum ebenfalls relativ stark. So meldete etwa die SD-Außenstelle Minden im Februar 1942, man könne in Gesprächen mit aus dem Osten kommenden Frontsoldaten feststellen, »dass die Juden hier [in] Deutschland noch viel zu human behandelt würden. Es wäre das richtige, die ganze Brut müsste vernichtet werden.«[74] Die NSDAP-Ortsgruppe Mainberg gab im März 1942 an, Soldaten, die aus Warschau und Lodz kämen, würden »öffentlich über die Art der Beseitigung der Juden in diesen Städten erzählen«.[75]

Ein Mitarbeiter der Hauptaußenstelle Erfurt des SD berichtete im April 1942 über Reaktionen auf einen Artikel im *Völkischen Beobachter* vom 30. April 1942, der die Tätigkeit des SD in den besetzten Ostgebieten zum Inhalt hatte; der Artikel behandelte zwar unter anderem die Bekämpfung von Partisanen, ging aber nicht auf die Judenverfolgung ein. Dies löste in der Bevölkerung unerwünschte Spekulationen aus: »So werde in der Bevölkerung kolportiert, dass der Sicherheitspolizei die Aufgabe gestellt sei, das Judentum in den besetzten Gebieten auszurotten. Zu Tausenden würden die Juden zusammengetrieben und erschossen, während sie erst zuvor ihre Gräber gegraben hätten. Die Erschießungen der Juden nähmen zeitweise einen Umfang an, dass selbst die Angehörigen der Erschießungskommandos Nervenzusammenbrüche bekämen. Diese Gerüchte hätten der Bevölkerung Anlass gegeben, sich ein Bild von der Tätigkeit der Sicherheitspolizei zu machen, das von einem grausigen Nimbus umgeben sei.«[76]

In einem Bericht der SD-Außenstelle Leipzig vom August 1942 werden folgende Äußerungen von Berliner Besuchern wiedergegeben: »Die Judenfrage konnte Hitler auch anders lösen. Menschlicher! So hatte er es nicht nötig! Außerdem müssen das unsere Deutschen in Amerika büßen.

Kein Mensch hat das Recht, ein Volk ausrotten zu wollen. Gewiss haben uns die Juden viel geschadet, aber die hat man von 1933 bis 1941 abreisen lassen.«[77]

Die NSDAP-Kreisleitung Augsburg-Stadt meldete im September 1942, es sei propagandistisch »nicht allzu glücklich, wenn in Bezug auf den indischen Freiheitskampf die Engländer als Mörder und Unterdrücker hingestellt werden, denn unsere Bevölkerung zieht dabei sofort wieder Vergleiche, und bei dem ausgesprochenen Gerechtigkeitssinn des Deutschen kommen dann Hinweise auf die Vorgänge im Osten und in anderen Staaten Europas«.[78] Der Regierungspräsident von Schwaben wusste mitzuteilen, »ein weiteres Gerücht über das Schicksal der nach dem Osten verbrachten Juden verursacht bei ängstlichen Volksgenossen Besorgnisse wegen Vergeltungsmaßnahmen unserer Feinde bei einem ungünstigen Kriegsausgang«.[79]

Die SD-Außenstellte Schwabach berichtete im Dezember 1942, eine der »stärksten Beunruhigungen in kirchlich gebundenen Kreisen und in der Landbevölkerung bilden z. Zt. Nachrichten aus Russland, in denen von Erschießung und Ausrottung der Juden die Rede ist. Diese Mitteilung hinterlässt in den genannten Bevölkerungskreisen vielfach große Angst, Kummer und Sorgen. Nach Ansicht weiter Kreise der Landbevölkerung steht es heute noch nicht fest, dass wir den Krieg gewinnen und dass dann einmal, wenn die Juden wieder nach Deutschland kommen, [sie] fürchterliche Rache an uns nehmen.«[80] Gerüchte über Erschießungen im Osten (die sich jedoch auf Kriegsgefangene und allgemein auf Zivilisten, nicht konkret auf Juden bezogen) meldete auch die Gendarmerie Bischofsheim Anfang 1943.[81]

Die vorliegenden Berichte beziehen sich also entweder direkt auf Erschießungen oder, ohne konkrete Einzelheiten zu nennen, auf allgemeine Maßnahmen zur »Ausrottung« der Juden; aus einer Reihe von Äußerungen wird durchaus deutlich, dass den Massenmorden ein systematischer Charakter zugeschrieben wurde, dass man sie als Teil eines Programms wahrnahm. Hingegen sind konkrete Einzelheiten über den Einsatz von Gas zur Ermordung von Juden geschweige denn über Vernichtungslager in den offiziellen Stimmungsberichten nicht zu finden.

Aus der Abwesenheit solcher Hinweise in den offiziellen Stimmungsberichten kann man jedoch noch nicht die Schlussfolgerung ziehen, dass es solche Informationen und Gerüchte nicht gegeben hätte. Diese Lücke in den offiziellen Stimmungsberichten kann durchaus auf einen feineren

Geheimhaltungsfilter zurückzuführen sein. Wir haben ja bereits gesehen, dass das Schweigen der Meldungen aus dem Reich im Hinblick auf »Euthanasie« und Deportationen keineswegs hieß, dass die Bevölkerung sich mit diesen Phänomenen nicht beschäftigt hätte.

Im Vergleich zu den Massenexekutionen in Osteuropa, die vor der einheimischen Bevölkerung nicht verborgen blieben und häufig von deutschen Soldaten beobachtet wurden, war der Grad der Geheimhaltung im Hinblick auf Gaskammern, Gaswagen und Vernichtungslager deutlich höher. Die durch deutsche Soldaten massenhaft ins Reich gebrachten Informationen über Exekutionen und allgemeine Gerüchte über die »Ausrottung« der Juden (die ja dem Tenor öffentlicher Stellungnahmen führender Nazis entsprach) konnte die Stimmungsberichterstattung hingegen nicht ignorieren.

Dass das Thema Gas in den Stimmungsberichten nicht vorkommt, wird jedoch spätestens dann verdächtig, wenn man andere zeitgenössische Zeugnisse heranzieht, die Informationen über Massenmorde an den Juden enthalten: Hier wird das Thema Mord durch Gas durchaus angesprochen.

Die Perspektive des Einzelnen: Tagebücher, Briefe, Gerichtsverfahren, Interviews, ausländische Besucher

David Bankier[82] hat eine größere Anzahl von Aussagen in Deutschland lebender Juden und Nichtjuden zusammengetragen, denen sich entnehmen lässt, dass diese Personen während des Krieges Kenntnis von dem Massenmord an Juden hatten. Die meisten dieser Aussagen, die sich noch um einige weitere Beispiele ergänzen lassen, beziehen sich auf Erschießungen; eine ganze Reihe von Zeitgenossen ging allgemein davon aus, dass die »in den Osten« deportierten Juden bei ihrer Ankunft der Tod erwartete. Vor allem aber kursierten verschiedene Gerüchte über die Tötung von Juden mit Gas; daneben gab es, allerdings in sehr viel geringerem Maße und in relativ vager Form, Gerüchte über Vernichtungslager. Diese bruchstückhaften Informationen finden sich weit verstreut: in Tagebüchern und Briefen, Memoiren, in Gerichtsakten, in Schriftstücken des Widerstandes und in Interviews, die der britische Geheimdienst mit Personen führte, die aus Deutschland kamen.

Einzelnen Personen – Menschen in einflussreichen Positionen oder mit guten Kontakten, aber auch ganz gewöhnlichen Zeitgenossen – war es mithin durchaus möglich, etwas über die Massenmorde in Erfahrung zu bringen. Wie verbreitet solche Informationen in der Bevölkerung tatsächlich waren, lässt sich nicht einmal annähernd bestimmen. Ebenso wenig können wir Aussagen darüber treffen, wie viele Menschen solche Informationen als haltlose Gerüche oder als feindliche Kriegspropaganda abgetan haben. Bankier hat bereits darauf hingewiesen, dass man aus solchen subjektiven Quellen keine allgemeinen Schlüsse hinsichtlich der Einstellung »der Deutschen« ableiten kann.[83]

Sehen wir uns diese Informationen näher an.

Zum einen liegt eine relativ große Zahl von Urteilen der Justiz wegen der Verbreitung von Informationen und Gerüchten über die »Endlösung« vor. Die Verurteilung erfolgte nach dem Heimtückegesetz beziehungsweise der Kriegssonderstrafrechtsverordnung. Die Urteile – sie sind von Bernward Dörner[84] und Ian Kershaw[85] erstmalig referiert worden – demonstrieren, dass in der Bevölkerung darüber gesprochen wurde, dass Juden in großer Zahl und auf unterschiedliche Weise umgebracht wurden, durch Erschießen, durch Verbrennen bei lebendigem Leibe, mit Hilfe von Gas, in besonderen Fahrzeugen oder auf andere Weise. Keiner der Verurteilten hatte jedoch eine konkrete Vorstellung von der Existenz und der Arbeitsweise von Vernichtungslagern. Die Urteile zeigen auch, dass in der Bevölkerung die Befürchtung verbreitet war, das deutsche Volk werde wegen der Verfolgung der Juden zur Rechenschaft gezogen werden. Verurteilt wurden Menschen, die Mitleid äußerten oder die Verbrechen an den Juden als Schande bezeichneten. Die Urteile belegen aber auch, dass die Justiz gewillt war, gegen die Verbreitung solcher Gerüchte einzuschreiten, notfalls mit äußerster Brutalität. Einige typische Fälle, die den Publikationen von Dörner und Kershaw entnommen sind, seien hier referiert. Die Urteile stammen im Übrigen sämtlich aus dem Zeitraum Mitte 1943 bis 1944, was darauf hindeutet, dass die Justiz erst mehr als ein Jahr, nachdem die Gerüchte über die Morde an den Juden einsetzten, massiv gegen deren Verbreitung einschritt:

– Ein Sondergericht in Berlin verurteilte im August 1943 einen Friseurmeister aus Lehnin (Brandenburg) zu zwei Monaten Gefängnis, weil er einige Monate zuvor das Gerücht verbreitet hatte, man habe bei einem Luftangriff auf Berlin Juden in Häuser hineingetrieben und dort die Gashähne geöffnet.[86]

- Im März 1944 verurteilte ein Sondergericht in Oppeln eine Kleinbäuerin, die ihrer Nachbarin im Sommer des Vorjahres erzählt hatte, in Auschwitz würden Polen lebendig verbrannt.[87]
- Das Sondergericht Bielefeld veurteilte im Januar 1944 einen Buchhalter aus Brackwede, weil dieser gesagt habe: »Mit den Juden, das räche sich jetzt. Er habe von Frontkämpfern gehört, dass die Juden zu Tausenden hingemordet seien.«[88]
- Das Oberlandesgericht Hamm verurteilte im Juni 1944 einen Berliner Kaufmann in einem Heimtückeverfahren zu einer mehrjährigen Zuchthausstrafe, da er sich im November 1943 über die Ermordung von Juden durch Massenerschießungen und mit Hilfe von Gaswagen geäußert hatte.[89]
- Der Volksgerichtshof verurteilte im September 1943 einen Dentisten zum Tode, weil dieser in einem privaten Gespräch hatte verlauten lassen, es seien eine Million Juden ermordet worden.[90]
- Das Oberlandesgericht Hamm verurteilte im September 1944 eine Koblenzer Hausfrau zu einer Gefängnisstrafe, weil sie das Gerücht weiterverbreitet hatte, in Polen würden Massengräber geöffnet, um die Spuren des Mords an den Juden zu beseitigen.[91]
- Vom Sondergericht München wurde 1943 eine Frau verurteilt, die Meldungen ausländischer Sender über die Ermordung von Juden mit Gas weitergegeben hatte. Vom gleichen Gericht wurde 1944 ein Augsburger Möbelpacker verurteilt, weil er erklärt hatte, dass auf Veranlassung Hitlers Juden in einen Waggon geladen und mit Gas ermordet worden seien.[92]

Eine Vielzahl von Informationen und Gerüchten über die vor sich gehende Ermordung der Juden, vor allem über Erschießungen in den besetzten Gebieten der Sowjetunion, gelangte seit dem Sommer 1941 durch Soldaten auf Urlaub ins Reichsgebiet. Auch in der Feldpost lassen sich solche Informationen nachweisen, allerdings in einem verhältnismäßig geringen Umfang.

Zwar finden sich in diesen Briefen drastische Schilderungen von Mordaktionen und zustimmende Aussagen von Soldaten zur im Gang befindlichen »Vernichtung« der Juden – dokumentiert unter anderem in einer Reihe von Auswahleditionen[93] –, doch die breitere inhaltliche Auswertung von insgesamt Zehntausenden von Feldpostbriefen in Sammlungen deutscher Archive macht deutlich, dass die »Judenfrage« darin keine besondere Rolle spielte und Berichte über die »Endlösung« eher selten auftauchen.

Martin Humburg, der 739 Briefe von 25 Soldaten an der Ostfront, die zwischen 1941 und 1944 geschrieben wurden, analysiert hat, kommt zu der Schlussfolgerung, dass nur 2 Prozent dieser Briefe sich mit dem Thema Juden befassen, wobei diese Briefe meist aus der ersten Kriegsphase stammen.[94] Klaus Latzel hat insgesamt 2749 Briefe von 22 Personen aus der Zeit des Zweiten Weltkrieges ausgewertet. Ihm kommen die hier enthaltenen Informationen über die »Judenfrage« »eher diffus« vor: »Man erfährt von der Existenz von Ghettos, aber nicht, was dort geschieht, wie die Menschen darin leben, was der Schreiber davon hält, ob die Ghettos ihm selbstverständlich erschienen. Man erfährt von Enteignung der Juden und von Zwangsarbeit, wird aber erneut mit Andeutungen allein gelassen. [...] Die Briefe bieten Details und Aspekte, ohne zu sagen, wovon, sie werfen Schlaglichter, ohne zu sagen, worauf: es fehlt der Zusammenhang, in den die einzelnen Beobachtungen einzuordnen wären.« Die Briefe zeigten, dass – ebenso wie in der deutschen Bevölkerung insgesamt – ein »wahrscheinlich weit verbreitetes Wissen von Einzelheiten der Praxis der Judenverfolgung und -vernichtung existierte, ohne dass diese Einzelheiten sich zum Gesamtbild der ›Endlösung‹ rundeten«.[95] In der Regel, so Latzels Befund, machten die Briefeschreiber in ihren Schilderungen vor der Schwelle zum Massenmord Halt.[96]

Die Tatsache, dass die Feldpostbriefe im Hinblick auf die Erschießungen relativ zurückhaltend waren, besagt selbstverständlich über den tatsächlichen Wissensstand der Briefeschreiber relativ wenig; die Zensur und der Charakter der Briefe – bei denen es ja in erster Linie um die Aufrechterhaltung der emotionalen Bindungen zwischen »Front« und »Heimat« ging – mögen dazu beigetragen haben, dass sich die Soldaten über dieses Thema nur selten äußerten.

Von Soldaten stammende Erzählungen über Massenerschießungen lassen sich jedoch in einer ganzen Reihe von Fällen nachweisen. Der Schriftsteller Friedrich Reck-Malleczewen notierte am 30. Oktober 1942 in seinem Tagebuch, er habe mit einem Augenzeugen gesprochen, der gesehen habe, wie man »in K. Dreißigtausende Juden abschlachtete«.[97] Aus dem Tagebucheintrag des Wiener Anwalts Ludwig Haydn vom 29. Juni 1942 geht hervor, dass die Wiener Juden offen darüber redeten, dass sie nach der Deportation verhungern müssten oder erschossen würden. Am 30. Juli 1942 notierte er, in einer Gesellschaft würde unverblümt vom gewaltsamen Tod von Hunderttausenden jüdischen Frauen und Kindern in Polen gesprochen, und im Dezember hielt er nach einer Eisenbahnreise fest, ein Offizier habe im Zug offen über die Liquidierung der Juden geredet.[98] Die Journalistin Ursula von Kardorff erfuhr bei einem Aufenthalt auf dem Land im August 1943 von ihrem Gastgeber, Hans Graf von Hardenberg, von den »unbeschreiblichen Gräueln im Osten. Wie man die Juden vor Massengräbern erschossen hat.«[99] Ein Schweizer Journalist, der von Juli 1940 bis September 1943 als Korrespondent in Berlin gewesen war, gab nach seiner Rückkehr in die Schweiz gegenüber einem Informanten an, er wisse, dass die aus Berlin deportierten Juden nach Polen transportiert »oder erschossen« würden.[100]

Führende Vertreter des konservativen Widerstandes waren sich darüber im Klaren, dass in den besetzten Ostgebieten Massenexekutionen stattfanden und Hunderttausende von Juden ermordet worden waren – was allerdings nicht dazu führte, dass der Mord an den Juden im Zentrum der Überlegungen dieser Gruppierungen gestanden hätte.[101] Einer der führenden Persönlichkeiten des konservativen Widerstandes, Carl Goerdeler, erwähnte mehrfach Berichte von Angehörigen der Exekutionskommandos. Ein junger SS-Mann habe ihm erzählt, so Goerdeler in dem Entwurf eines Schreibens an Generalfeldmarschall Kluge vom Juli 1943, dass es »nicht gerade sehr schön wäre, Gräben mit Tausenden von Juden angefüllt mit dem Maschinengewehr abzusägen und dann Erde auf die noch zuckenden Körper zu werfen«.[102] »Bei Freunden von mir«, hielt Goerdeler in einer anderen, vermutlich 1943 entstandenen Aufzeichnung fest, »erschienen Angehörige des Exekutionskommandos und erklärten, sie würden sich krank melden, sie könnten so etwas in Zukunft nicht mitmachen.«[103] Die Denkschrift des Freiburger Bonhoeffer-Kreises von Anfang 1943 sprach davon, »Hunderttausende Menschen sind lediglich wegen ihrer jüdischen Abstammung systematisch umgebracht worden«.[104]

Ulrich von Hassell, der dem Widerstand angehörende ehemalige deutsche Diplomat, notierte in seinen Tagebüchern mehrfach, dass die nach Polen deportierten und die dort lebenden Juden umgebracht würden.[105] Die Münchner Widerstandsgruppe Weiße Rose erwähnte in ihrem zweiten, im Frühjahr 1942 versandten Flugblatt »die Tatsache, dass seit der Eroberung Polens dreihunderttausend Juden in diesem Land auf bestialische Art ermordet worden sind«. Aus dem Text des Flugblatts wird außerdem deutlich, dass dessen Verfasser davon ausgehen, die Verbrechen des Regimes seien in der Bevölkerung allgemein bekannt.[106]

Schließlich verfügten auch die Kirchenleitungen über Informationen, die eindeutig darauf schließen ließen, dass die aus Deutschland deportierten Juden ermordet wurden. Der Breslauer Kardinal Bertram erhielt im Februar 1942 einen vertraulichen Bericht, der von der Leiterin des Hilfswerks beim Ordinariat Berlin, Margarete Sommer, stammte. Das Hilfswerk war 1938 eingerichtet worden, um Christen jüdischer Herkunft zu betreuen. Der – im Wesentlichen zutreffende – Bericht listet detailliert die Abgangs- und Zielorte von 50 000 aus dem Reich deportierten Juden auf. Aus dem Dokument geht hervor, dass im Berliner Hilfswerk systematisch alle erreichbaren Informationen über die Deportationen gesammelt wurden. Unter anderem wird hier der Bericht eines Litauers zitiert, der die Erschießung der nach Kowno deportierten deutschen Juden schilderte.[107]

Der Bischof von Osnabrück, Wilhelm Berning, dem diese Informationen ebenfalls zugänglich waren, machte sich folgende Notizen: »Von Litzmannstadt kommen seit Monaten keine Nachrichten. Alle Karten kommen zurück. Es scheint dort großes Elend zu sein. […] Die Menschen im elenden Zustand, große Sterblichkeit. – In Kowno sind Transporte von Berlin. Aber es wird bezweifelt, ob noch einer am Leben ist. – In Minsk und Riga keine bestimmten Nachrichten. Viele erschossen.« Und Berning zog aus diesen Angaben den Schluss: »Es besteht wohl der Plan, die Juden ganz auszurotten.«[108]

Die deutschen Bischöfe ließen schließlich am 12. September 1943 einen Hirtenbrief von den Kanzeln verlesen, in dem die Tötung von Menschen grundsätzlich verworfen wurde, »auch wenn sie angeblich im Interesse des Gemeinwohls verübt würde«. Dieses Verbot gelte sowohl für die Tötung von »schuld- und wehrlosen Geistesschwachen und -kranken, an unheilbaren Siechen und tödlich Verletzten, an erblich Belasteten und lebensuntüchtigen Neugeborenen, an unschuldigen Geiseln und entwaffneten Kriegs- oder Strafgefangenen, an Menschen fremder Rassen und Abstammung«.[109] Häufig wird dieses Schriftstück als Beleg für die mangelnde Entschlossenheit der katholischen Bischöfe zitiert, einen eindeutigen und wirkungsvollen Protest gegen den Judenmord, über den sie informiert waren, in die Welt zu setzen; stattdessen hätten sie sich nur dazu durchringen können, die Juden indirekt, sie nicht beim Namen nennend, in einer allgemeinen Erklärung gegen die Tötung menschlichen Lebens zu erwähnen. In unserem Zusammenhang ist dieser Hirtenbrief jedoch vor allem deshalb von Interesse, weil auf diesem Weg einem großen Teil der Bevölkerung – den aktiven Katholiken – deutlich genug signalisiert wurde, dass die umlaufenden Gerüchte über die massenhafte Ermordung von Juden nach Auffassung der Kirchenleitung einen realen Hintergrund hatten.

Das Wissen über den Judenmord lässt sich auch bei führenden Persönlichkeiten der protestantischen Kirche nachweisen.[110] Hermann Diem, Pfarrer im württembergischen Ebersbach und aktiver Repräsentant der Bekennenden Kirche, ließ Ostern 1943 dem Landesbischof der Evangelisch-Lutherischen Kirche in Bayern, Hans Meiser, einen offenen und anonymen Brief überreichen, in dem er diesen zu einem öffentlichen »Zeugnis« der Kirche gegen die Verfolgung der Juden aufforderte. Dieses Dokument, das im Schweizerischen evangelischen Pressedienst vom 14. Juli 1943 wiedergegeben wurde, lässt deutlich erkennen, dass Diem über den systematischen Mord an den Juden informiert war. In Anlehnung an das Gleichnis vom barmherzigen Samariter schrieb Diem: »Jeder ›Nichtarier‹, ob Jude oder Christ, ist heute in Deutschland der ›unter die Mörder Gefallene‹.« Die Kirche habe gegenüber dem Staat die Verpflichtung, jedem Versuch, »die Judenfragen nach einem selbstgemachten politischen Evangelium zu ›lösen‹, d.h. das Judentum zu vernichten, aufs äußerste zu widerstehen.«[111]

Der Landesbischof von Württemberg, Theophil Wurm, richtete im Juli 1943 an Hitler und die Mitglieder der Reichsregierung einen Appell zugunsten der in »Mischehen« lebenden Juden, in dem er deutlich zu erkennen gab, dass auch er über den Massenmord an den Juden informiert war. »Nachdem die dem deutschen Zugriff unterliegenden Nichtarier in größtem Umfang beseitigt worden sind«, so heißt es hier, müsse befürchtet werden, »dass nunmehr auch die bisher noch verschont gebliebenen so genannten privilegierten Nichtarier erneut in Gefahr sind, in gleicher Weise behandelt zu werden«. Diese Absicht und die bereits ergriffenen »Vernichtungsmaßnahmen« stünden im »schärfsten Widerspruch zu dem Gebot Gottes und verletzen das Fundament alles abendländischen Denkens und Lebens«.[112]

Während diese Stellungnahmen allgemein davon ausgingen, dass die deportierten Juden ermordet wurden, gibt es eine Reihe von Anzeichen dafür, dass in der Bevölkerung ganz konkret über die Anwendung spezieller Mordtechniken spekuliert wurde. Relativ weit verbreitet waren Gerüchte über die Ermordung von Juden mit Hilfe von Gas. Dies geht im Einzelnen, wie wir bereits gesehen haben, aus verschiedenen Heimtückeverfahren hervor; Hinweise finden sich aber auch in Tagebüchern, so etwa in den bereits genannten Aufzeichnungen von Ulrich von Hassell[113] und des Wiener Anwalts Ludwig Haydn.

Und es gibt weitere Beispiele: Lili Hahn, eine in Frankfurt lebende Journalistin, die als »jüdischer Mischling« ihren Beruf nicht ausüben konnte, hielt Ende 1941 in ihrem Tagebuch fest, es gehe das Gerücht um, die Insassen zweier Deportationszüge aus Frankfurt seien in der Nähe von Minsk in einem Tunnel vergast worden.[114] Tatsächlich beruhte dieses Gerücht auf einer Kombination zweier Informationen: Einer der Züge war nach Minsk gegangen, wo die Deportierten in das dortige Ghetto gesperrt wurden; die Insassen eines weiteren Transportes waren unmittelbar nach Verlassen des Zuges in Kowno erschossen worden. Wie wir sehen werden, liefen in Frankfurt ähnliche Gerüchte über die Ermordung der deportierten Juden um. Thomas Mann wiederum nutzte seine an deutsche Hörer gerichteten Rundfunksendungen, um detaillierte Informationen über die Ermordung von Juden mit Hilfe von Giftgas bekannt zu machen.[115]

Für Helmuth James von Moltke, einen der führenden Köpfe des Widerstandes und in der Völkerrechtsabteilung der Abwehr sehr gut positioniert, war es weder einfach, konkrete Informationen über die Vernichtungslager zu erhalten, noch fiel es ihm leicht, diese Informationen auch zu glauben. Am 10. Oktober 1942 schrieb er an seine Frau: »Gestern Mittag war es insofern interessant, als der Mann, mit dem ich aß, gerade aus dem Gouvernement kam und uns authentisch über den ›SS-Hochofen‹ berichtete. Ich habe es bisher nicht geglaubt, aber er hat mir versichert, dass es stimmte; in diesem Hochofen werden täglich 6000 Menschen ›verarbeitet‹«.[116]

Im März 1943 deponierte Moltke einen für einen britischen Kontaktmann bestimmten Brief in Schweden. In diesem, ohne Rücksicht auf die Zensur verfassten Brief heißt es: »Wir sind darüber informiert worden, dass in Oberschlesien ein großes KZ für 40 000 bis 50 000 Menschen gebaut wird, von denen 3000 bis 4000 pro Monat getötet werden sollen. Aber diese Informationen erreichen mich, ja sogar mich, der doch nach solchen Fakten sucht, in einer reichlich vagen, verschwommenen und unpräzisen Form.«[117]

Neben den verschiedenen Gerüchten über Erschießungen und den Einsatz von Gas findet sich in privaten Zeugnissen relativ häufig die Auffassung, die Deportation aus Deutschland führe – auf welche Weise auch immer – in den Tod. Hermann Samter, ein Mitarbeiter der jüdischen Gemeinde in Berlin, beschrieb in einem Brief vom 26. Januar 1942 die fortlaufenden Deportationen aus Berlin. Bis Ende 1941 habe man von den nach Lodz Deportierten noch Briefe erhalten, doch jetzt sei die Postzustellung eingestellt. Von den nach Minsk und Riga Deportierten habe man vereinzelt Nachrichten erhalten, die über die Feldpost durchgeschmuggelt worden seien; von den am 17. November nach Kowno Verschleppten habe man jedoch nie etwas gehört, und es sei das Gerücht weit verbreitet, dass diese Menschen »unterwegs erschossen oder sonstwie ermordet worden sind«.[118]

Die in Marburg lebende Schriftstellerin Lisa de Boor, die sich bereits im Dezember 1941 äußerst besorgt über die Deportation von Juden nach Polen gezeigt hatte, erwähnte 1943 die »Judenermordung« in ihrem Tagebuch in einer Weise, die zeigt, dass es sich für sie mittlerweile um eine unbestreitbare Tatsache handelte.[119] Die damals 15 Jahre alte Schülerin Lilo G. schrieb im August 1943 eher beiläufig in ihr Tagebuch: »Mutti erzählte neulich, die Juden seien in den Lagern zum größten Teil umgebracht worden, aber ich kann es nicht glauben. Dass sie aus Deutschland raus sind, ist gut, aber sie gleich zu ermorden!«[120]

Im Folgenden soll anhand einer Reihe von Beispielen gezeigt werden, wie es einzelnen Personen gelang, Informationen über den Massenmord zu sammeln, wie schwierig es aber auch für sie war, diese Bruchstücke zu einem Gesamtbild zusammenzusetzen.

Aus den Aufzeichnungen Victor Klemperers wird deutlich, dass der Dresdner Romanist zwar in der Lage war, das Gesamtausmaß der systematischen Ermordung der Juden in groben Umrissen zu erfassen. Viele Einzelheiten blieben ihm jedoch verborgen. Seine besondere Situation, sein Leben als ein von der Verfolgung tödlich Bedrohter, aber auch seine aufmerksame Analyse der Sprache, die in offiziellen Stellungnahmen des Regimes zur »Judenfrage« verwandt wurde, ermöglichten es ihm, die Zentralität der Judenverfolgung innerhalb der NS-Politik und den Zusammenhang von Radikalisierung der Kriegsführung und Radikalisierung des Judenmordes zu erkennen.[121] Klemperer wurde klar, dass das Ziel des Regimes in der »gänzlichen Vernichtung der Juden« bestand.[122] Er stützte sich vor allem auf die mündlich übermittelten Informationen, die in der immer kleiner werdenden Gruppe der Dresdner Juden ausgetauscht wurden und die sich aus Berichten von Leidensgenossen aus anderen Städten, aus Erzählungen von Soldaten und befreundeten »Ariern« sowie aus Meldungen ausländischer Rundfunkstationen speisten. So war Klemperer außerordentlich gut über die Deportationen informiert und in der Lage, sich einen Gesamtüberblick über das Ausmaß der Verschleppungen aus dem Reich zu verschaffen. Ihm war von Anfang an bewusst, dass die Deportierten ein katastrophales Schicksal erwartete.[123]

Im Januar 1942 erfuhr er, aus dem Reich evakuierte Juden seien in Riga erschossen worden.[124] Er hörte mehrfach von den Massenexekutionen in Osteuropa und berichtete, Erzählungen über deutsche Judenmorde in Polen seien weit verbreitet.[125] Von einem Fahrer einer im Osten eingesetzten Polizeieinheit erhielt er Einzelheiten über das Massaker an sowjetischen Juden in Babij Yar bei Kiew.[126] Er hörte von dem Attentat der Gruppe um Herbert Baum auf die Berliner Ausstellung »Das Sowjetparadies« und von den anschließenden Geiselnahmen und Erschießungen jüdischer Bürger.[127]

Im März 1942 wusste Klemperer von der Existenz des KZ Auschwitz; er ging davon aus, dass eine Inhaftierung dort innerhalb kürzester Zeit zum Tod führte.[128] 1943 unterschied er zwischen dem »Arbeitslager Auschwitz«, wo die Haftbedingungen möglicherweise etwas erträglicher seien, und dem KZ.[129] Nachrichten über die systematische Ermordung von Menschen mit Gas in Auschwitz oder in einem anderen Vernichtungslager brachte er allerdings nicht in Erfahrung. Allerdings hörte auch er von dem Gerücht, die Evakuierten würden während der Fahrt in Viehwaggons mit Hilfe von Gas ermordet.[130] Erst im Januar 1945 teilte ihm ein Bekannter mit, er habe im Radio gehört, in Auschwitz seien 1,5 Millionen Menschen, meist mit Hilfe von Gas, ermordet worden.[131] Am 1. Juni 1943 erhielt er Informationen über den Warschauer Ghettoaufstand. Im Oktober 1944 nannte ein Bekannter ihm gegenüber die Zahl von sechs bis sieben Millionen ermordeter Juden.[132]

Karl Dürkefälden, der bereits erwähnte Techniker aus Celle, dessen Tagebuch in den achtziger Jahren ediert wurde, sammelte systematisch Informationen über die Ermordung von Juden und schloss daraus, dass ein Massenmord vor sich gehe.[133] Dürkefälden kombinierte unterschiedliche Quellen: offizielle Verlautbarungen über die »Ausrottung« der Juden, Angaben des deutschsprachigen Dienstes der BBC, Informationen aus Gesprächen mit seinem in der Ukraine eingesetzten Schwager und aus Unterhaltungen mit Wehrmachtsoldaten sowie Beobachtungen über Deportationen von Juden aus seiner Heimat. Dürkefälden war sich darüber im Klaren, dass Morde in großem Umfang erfolgten und dass die Juden durch Erschießungen und Giftgas umgebracht wurden.

Das Tagebuch zeigt, dass Dürkefälden zu diesen Schlussfolgerungen nur kommen konnte, weil er als zu den Sozialdemokraten tendierender Angestellter grundsätzlich systemkritisch eingestellt war (im Zweifelsfall vertraute er der BBC mehr als den Medien des NS-Staates) und weil er bereit war, erhebliche Anstrengungen zu unternehmen und persönliche Risiken einzugehen, indem er beispielsweise »Feindsender« abhörte, dieses Tagebuch führte und anderes mehr.

Dürkefälden sammelte nicht nur Nachrichten über das Schicksal der Juden, sondern auch über die Ermordung sowjetischer Kriegsgefangener und der Zivilbevölkerung im besetzten Osteuropa. Für ihn war eindeutig, dass sich der Vernichtungswille der Nationalsozialisten gegen diese drei Gruppen richtete; die ihm vorliegenden Informationen ermöglichten ihm jedoch nicht, die besondere Radikalität der Judenverfolgung zu erkennen.

Die dem Widerstand angehörende Berliner Journalistin Ruth Andreas-Friedrich hielt am 2. Dezember 1942 in ihrem Tagebuch fest: »In Scharen tauchen die Juden unter. Furchtbare Gerüchte gehen um über das Schicksal der Evakuierten. Von Massenerschießungen und Hungertod, von Folterungen.« Am 4. Februar 1944 notierte sie: »Schon munkelt man von neuen Judentransporten. Im überfüllten Auschwitz und in Theresienstadt sollen sie gründlich ausgeräumt haben. ›Zweitausend Abgänge pro Woche‹, brüstete sich unlängst ein Mann vom Sicherheitsdienst, der mit uns im Vorortzug fuhr. Zweitausend Abgänge pro Woche. Das sind über hunderttausend Menschen, die jährlich in einem einzigen Lager von Staats wegen ermordet wurden. In der ersten Zeit nahm man sich noch die Mühe, dem Massenmord ein humanes Mäntelchen umzuhängen. Vor allem dann, wenn der Ermordete arische oder ausländische Angehörige hinterließ. [...] ›Man lässt sie ihre eigenen Gräber schaufeln‹, raunen die Leute. ›Man nimmt ihnen die Kleider weg, die Schuhe, das Hemd. Nackt schickt man sie in den Tod.‹«

Die unmittelbar daran anschließende Passage des Tagebuches macht deutlich, wie schwierig es für den einzelnen Zeitgenossen war, die an sich vorhandenen Informationen zu akzeptieren und die entsprechenden Schlüsse daraus zu ziehen: »So unvorstellbar ist das Grauen, dass die Phantasie sich sträubt, es als Wirklichkeit zu begreifen. Irgendein Kontakt setzt hier aus. Irgendeine Folgerung wird einfach nicht gezogen. Zwischen dem theoretischen Wissen und der Anwendung auf den Einzelfall – gerade jenen Einzelfall, um den wir sorgen, bangen, uns vor Angst verzehren – klafft eine unüberbrückbare Kluft. Es ist nicht Heinrich Mühsam, den sie in die Gaskammern schicken. Es können nicht Anna Lehmann sein, nicht Margot Rosenthal oder Peter Tarnowsky, die unter den Peitschenhieben der SS ihr Grab schaufeln müssen. Und ganz gewiss ist es nicht die kleine Evelyne, die so stolz war, in ihrem vierjährigen Leben schon einmal eine Birne gegessen zu haben. Auf sie lassen sich die entsetzlichen Gerüchte bestimmt nicht anwenden. Wir erlauben unserer Einbildungskraft nicht, sie auch nur im geringsten damit in Zusammenhang zu bringen. Könnten wir denn weiterleben, wenn wir wirklich begriffen, dass unsere Mutter, unser Bruder, unsere Freundin, unser Geliebter – fern von uns unter unfassbaren Leiden zu Tode gefoltert wurden?«[134]

Auch Ursula von Kardorff, die bereits seit Ende 1942 in ihrem Tagebuch von der »Ausrottung« der Juden schrieb und im August 1943 aus einer ihrer Ansicht nach vertrauenswürdigen Quelle von Massenerschießungen von Juden erfuhr, fiel es außerordentlich schwer, das tatsächliche Ausmaß des systematischen Massenmordes zu akzeptieren: Als sie im Dezember 1944 in einer ihr zugänglich gemachten Schweizer Zeitung einen detaillierten Bericht über die Gaskammern von Auschwitz las, konnte sie dem Bericht, obwohl er doch »seriös« wirke, kaum Glauben schenken: »Anscheinend werden die Juden dort systematisch vergast. Sie werden in einen riesigen Waschraum geführt, angeblich zum Baden, dann lässt man durch unsichtbare Röhren Gas einströmen. Bis alle tot sind. Die Leichen werden verbrannt. Der Artikel wirkt seriös, klang nicht nach Gräuelpropaganda. Muss ich diesem entsetzlichen Bericht glauben? Er übersteigt die schlimmsten Ahnungen. Das kann einfach nicht möglich sein. So viehisch können selbst die brutalsten Fanatiker nicht sein. Bärchen und ich waren heute Abend kaum fähig, über etwas anderes zu sprechen. Das Lager soll in einem Ort namens Auschwitz sein. Wenn es wirklich stimmt, was in der Zeitung stand, dann gibt es nur noch ein Gebet: Herr, befreie uns von den Übeltätern, die unsren Namen mit dieser Schande bedecken.«[135]

Norbert Frei hat erstmals auf die Erinnerungen einer 1943 in die Stadt Auschwitz versetzten deutschen Lehrerin aufmerksam gemacht, die, Sympathisantin des Regimes und alsbald über den Massenmord im Lager informiert, ihre Hemmungen beschrieb, diese Informationen weiterzugeben. Die Lehrerin schreibt rückblickend, es sei ihr damals »immer als eine unangezweifelte Selbstverständlichkeit« erschienen, »den Mitteilungsdrang zu beherrschen und zu schweigen, da ich nichts, aber auch gar nichts daran ändern konnte. Irgend einmal musste die Wahrheit ja herauskommen, irgendwann einmal die Missetaten gesühnt werden. Nur jetzt, während des Krieges – jetzt –, wo alles auf dem Spiel stand, wo alles davon abhing, dass die Front und die Heimtat durchhielten, durfte das Bild der Führung nicht beschmutzt, nicht der Kampfgeist geschwächt werden. Es ging ja um Deutschland! Nur jetzt nichts sagen. Nichts davon würde ich meinem Bruder, nichts den Freunden schreiben, die die schwersten Kämpfe zu bestehen hatten. [...] Ein Weitererzählen hätte damals nur noch mehr Leute unglücklich gemacht, sie in größte Gefahr gebracht. Und hier konnte leider niemand helfen. Sehr peinlich, dass schon das Ausland davon zu wissen schien.«[136]

Es muss dahingestellt bleiben, ob der nachträgliche Versuch der Lehrerin, Erklärungen für ihr damaliges Schweigen zu finden, ihre seinerzeitige Motivlage tatsächlich widerspiegelt, oder ob es sich um den Versuch einer Bewältigung von später aufgekommenen Schuldgefühlen handelt. Das Beispiel veranschaulicht jedoch, dass es eine ganze Reihe von Gründen gab, warum auch die unmittelbare Konfrontation mit der Realität des Massenmordes nicht automatisch dazu führen musste, die grauenhaften Geschehnisse zu akzeptieren und diese Information weiterzugeben. Zu groß, das verdeutlicht dieses Beispiel, waren die mentalen Widerstände: die Haltung, auch im Interesse anderer die Geheimhaltung wahren zu müssen; das Gefühl der eigenen Machtlosigkeit angesichts des Grauens, dem man sich nicht immer wieder neu aussetzen wollte; die befürchtete moralische Schwächung der Position des eigenen Landes; die Furcht vor dem »Ausland«; letzten Endes aber die Weigerung, sich einzugestehen, dass die Loyalität gegenüber der Führung des eigenen Landes einem verbrecherischen Regime galt.

Der Psychologe Michael Müller-Claudius befragte im Herbst 1942 ein zweites Mal – eine erste Befragung hatte er unmittelbar nach dem Novemberpogrom durchgeführt – systematisch 61 alte Parteimitglieder zu ihrer Einstellung zur »Judenpolitik« des Regimes.[137] Ausgangspunkt dieser verdeckten, in Form einer harmlosen Unerhaltung durchgeführten »Interviews« war stets eine ins Gespräch geworfene Bemerkung: »... und das jüdische Problem ist immer noch nicht geklärt. Man hört gar nichts davon, wie die Lösung gedacht sein mag ...« Drei Gesprächspartner, so Müller-Claudius, befürworteten ausdrücklich den Gedanken eines »rassischen Vernichtungsrechtes«, sie meinten, die »jüdische Rasse« müsse aufhören zu existieren, es war von Ausrottung, Sterilisation, Auslöschung die Rede. Die große Mehrheit der Befragten, insgesamt 42 Personen, reagierte jedoch abwehrend. Müller-Claudius bewertete diese Position als »Indifferenz des Gewissens«, ging aber gleichzeitig davon aus, dass bei dieser Mehrheit der »weltanschauliche Erziehungsauftrag« der Partei gescheitert sei, da offenkundig eine aktive Unterstützung der »Judenpolitik« des Regimes nicht vorliege. Insgesamt 13 Personen sprachen von der Notwendigkeit, einen eigenen Staat für die Juden zu schaffen; eine Reihe von Personen aus dieser Gruppe zeigte sich über die Erschießungen informiert. Müller-Claudius attestierte allen Angehörigen dieser Gruppe »Anzeichen des sich befreienden Rechtssinnes«, da beide Feststellungen – die über den jüdischen Staat und die offene Erörterung der vor sich gehenden Erschießungen – der offiziellen Politik des Regimes widersprachen. Eine vierte, kleine Gruppe, insgesamt drei Personen, lehnte demgegenüber die »Judenpolitik« des Regimes klar ab.

Die Ergebnisse dieser Befragung sind natürlich aus unterschiedlichen methodischen Gründen angreifbar: Die Befragungen sind nicht repräsentativ, die Zuordnung zu den genannten vier Kategorien erscheint höchst subjektiv, und wir haben generell keine Möglichkeit, den Verlauf der Interviews nachzuvollziehen. Interessant sind diese Befragungen jedoch vor allem deshalb, weil sie uns einen Eindruck davon vermitteln, wie man sich eine Erörterung der »Endlösung« in privaten (aber nicht wirklich vertrauten) Gesprächssituationen im Herbst 1942 vorstellen kann: Die Mehrheit der Befragten reagierte abwehrend und lehnte offensichtlich eine Erörterung des Themas rundweg ab, eine Minderheit zeigte sich über Exekutionen informiert, aber keiner der Gesprächspartner wollte offensichtlich von der Position ausgehen, dass die »Endlösung«, der systematische Massenmord, bereits in Gang gekommen sei. Auch der Interviewer, der offenkundig eine Vorstellung von dem tatsächlichen Schicksal der Juden hatte, konnte sich nicht entschließen, sein Wissen zum Ausgangspunkt der Unterhaltung zu machen, sondern wählte eine allgemein gehaltene Eingangsfrage. »An die Verwirklichung des rassischen Vernichtungsrechtes, die mit voller Vertiertheit bereits im Gange ist, glaubt offenbar keiner der Befragten« – so lautete denn auch das wohl aufschlussreichste Resümee des Psychologen.

David Bankier hat zum ersten Mal darauf hingewiesen, dass sich in den Berichten, die das britische Foreign Office während des Krieges über die innere Situation in Deutschland zusammenstellte, eine ganze Reihe Hinweise auf die Judenverfolgung finden. Gewonnen wurden diese Informationen von aus Deutschland ausgereisten Personen oder aus abgefangenen Briefen.[138]

Tatsächlich enthalten diese Berichte nur relativ wenige Angaben zur »Judenfrage« – gemessen am gesamten Berichtsmaterial, sind es vielleicht ein oder zwei Prozent. Das mag nicht nur auf die Indifferenz der befragten Personen oder der Briefeschreiber zurückzuführen sein, sondern zumindest teilweise auch auf das mangelnde Interesse der britischen Berichterstatter an der »Judenfrage«. Trotzdem wird man auf der Grundlage dieses Berichtsmaterial sagen können, dass Personen, die 1942 oder 1943 ihre Eindrücke aus Deutschland wiedergaben, in der Regel der Judenverfolgung nicht die oberste Priorität einräumten.

Die relativ wenigen überlieferten Berichte in den britischen Akten, die das Schicksal der Juden betreffen, enthalten Informationen über Deportationen und Massenerschießungen in Osteuropa, relativ häufig Hinweise auf die Tötung von Juden mit Gas, jedoch sehr wenige konkrete Informationen über Vernichtungslager. Die meisten Reporte beruhten auf Gerüchten und Informationen, die innerhalb der deutschen Bevölkerung in Umlauf waren, einige umfassen indes auch eigene Beobachtungen der Berichterstatter, die sich zum Teil längere Zeit in Deutschland oder im besetzten Gebiet aufgehalten hatten.

Besonders aufschlussreich ist der bereits im letzten Kapitel erwähnte Bericht des ehemaligen Sekretärs der US-Handelskammer in Frankfurt am Main, van d'Elden, der detaillierte Angaben über fünf Deportationszüge aus Frankfurt gemacht hatte,[139] die weitgehend zutrafen: Die Anzahl der Deportationen war korrekt, und zwei von vier Zielorten waren richtig benannt.[140]

Ein Bolivianer, der in der deutschen Industrie als Ingenieur arbeitete, berichtete einem britischen Informanten in Stockholm im Frühjahr 1943 über die Deportation Frankfurter Juden im Juni 1942. Die Opfer seien in Züge verladen, und einige Kilometer außerhalb der Stadt sei Gas in die Waggons geleitet worden; die Überlebenden habe man mit Maschinengewehren erschossen.[141]

Wir haben bereits gesehen, dass in Frankfurt gleichzeitig das Gerücht kursierte, es seien Insassen von zwei Zügen in der Nähe von Minsk in einem Tunnel mit Hilfe von Gas ermordet worden. Die brennende Frage nach dem Schicksal der Deportierten, daraufhin hat ebenfalls bereits David Bankier hingewiesen,[142] führte offensichtlich dazu, dass Informationen über Eisenbahntransporte und deren Zielorte mit Gerüchten über den Einsatz von Giftgas und Erschießungen kombiniert wurden.

In den britischen Akten steckt noch mehr: Ein spanischer Journalist, der zwei Jahre lang Korrespondent in Berlin gewesen war, erzählte nach seiner Rückkehr nach Madrid im Frühjahr 1944, die deutsche Öffentlichkeit glaube, dass die Juden massenweise »liquidiert« würden, so wie man wilde Tiere tötet.[143] Ein in Lissabon lebender deutscher Jude informierte die britische Seite im Juni 1943 über ein Gespräch mit einem Bekannten aus dem Berliner Philharmonischen Orchester, das sich zu einem Konzert in Portugal aufhielt: »Der Informant wusste, dass Juden mit Hilfe von Gas getötet wurden, ebenso allgemein Einzelheiten hinsichtlich der Verfolgung der Juden [...] Die Deportationen nach Polen und Russland sind gleichbedeutend mit der Todesstrafe.«[144]

Der ehemalige spanische Konsul in Berlin äußerte gegenüber einem britischen Informanten in Madrid im April 1943, die Deutschen hätten mit ihren kürzlichen Deportationen aus Berlin einen schwerwiegenden psychologischen Fehler begangen, da diese unmittelbar nach einem schweren Luftangriff erfolgt seien. Die ausgebombte Bevölkerung habe sich darüber aufgeregt, dass dringend benötigte Transportmittel für diesen Zweck eingesetzt worden seien, und einige hätten versucht, Lastwagen, auf denen sich Juden befanden, zu stoppen und deren Habe an sich zu reißen. Es werde allgemein angenommen, dass das Ziel der Deportationen ein Tunnel sei, in dem die verschleppten Menschen vergast würden.[145] Zwei aus dem besetzten Polen entkommene belgische Kriegsgefangene berichteten gegenüber einem britischen Informanten in Schweden, die Deutschen selbst brüsteten sich damit, dass es in Lemberg spezielle Gaskammern gebe, in denen Juden systematisch ermordet und verbrannt werden würden. Die Gesamtzahl der bisher auf diese Weise Ermordeten betrage mehr als 80 000 Menschen.[146]

Zwar waren diese Berichte im Einzelnen nicht zutreffend – in Lemberg befand sich kein Vernichtungslager, und weder wurde Gas in Eisenbahnwaggons geleitet, noch gab es einen Eisenbahntunnel, in dem Juden mit Hilfe von Gas ermordet wurden –, dennoch illustrieren sie, welche Spekulationen in der Bevölkerung über die Ermordung von Juden durch Gas im Umlauf waren.

Zu diesen Gerüchten mag unter anderem die Tatsache beigetragen haben, dass sich die Existenz der Vernichtungslager trotz aller Geheimhaltungsanstrengungen keineswegs vollkommen verbergen ließ – nicht nur wegen der großen Zahl der mittelbar oder unmittelbar in den Vernichtungsprozess involvierten Täter, sondern weil noch erheblich mehr Menschen Gelegenheit zu Beobachtungen hatten, die die Bestimmung der Vernichtungslager offenlegten.

Dies gilt insbesondere für das in Folge von Annexion innerhalb des Reichsgebietes liegende Vernichtungslager Auschwitz-Birkenau: Das ständige Ankommen von Transporten mit Tausenden von Menschen, die weithin sichtbaren meterhohen Flammen aus den Krematorien und der charakteristische Geruch verbrannter Leichen, der sich in der Umgebung des Lagers ausbreitete, waren untrügliche Anzeichen dafür, dass hier nicht nur eine hohe Todesrate herrschte, sondern dass hier ein Massenmord ungeheuren Ausmaßes vor sich ging.

Im Lagerkomplex Auschwitz war der in Birkenau vor sich gehende Massenmord unter den Häftlingen bekannt; durch den »Arbeitseinsatz« der Häftlinge in den dort ansässigen deutschen Firmen, aber auch durch die Überstellung von Inhaftierten in andere Lager im Reichsgebiet wurden solche Informationen über vielfältige Kanäle verbreitet. Den Arbeitern und Angestellten in den in Auschwitz ansässigen deutschen Firmen – die häufig kurzfristig beschäftigt wurden – konnten die Massenmorde ebenso wenig verborgen bleiben wie den Angehörigen der in der »Musterstadt« Auschwitz selbst sowie im übrigen annektierten Oberschlesien eingerichteten deutschen Behörden und Dienststellen, die in irgendeiner Form mit der Existenz des Vernichtungslagers konfrontiert waren. Auch der deutschen Bevölkerung in den benachbarten Städten, die von Juden »geräumt« wurden, enthüllte sich das wahre Ziel der vorgeblichen »Umsiedlung« schon wegen der räumlichen Nähe des Todeslagers, in dem die Deportationen endeten.[147] Und allein die Tatsache, dass alle Vernichtungslager direkt an Bahnstrecken lagen, musste einen Teil des Eisenbahnpersonals zu Mitwissern machen und die Aufmerksamkeit zahlreicher Reisender hervorrufen.[148]

Gerüchte über die »Endlösung« konnten auch auf die sehr gut vernetzten Angehörigen bestimmter Schlüsselgruppen in den Berliner Ministerien zurückgehen. So bestätigte Goebbels – darauf wird noch näher einzugehen sein – vor einem Kreis von etwa fünfzig führenden Propagandisten im Dezember 1942 offen den Massenmord an den Juden, und Walter Laqueur hat überzeugend argumentiert, dass zahlreiche Angehörige des Auswärtigen Amtes nicht nur die Berichte der Einsatzgruppen gelesen hatten, sondern immer wieder, etwa durch Rückfragen fremder und eigener diplomatischer Vertretungen, mit Einzelheiten der Auswirkungen des Massenmordes befasst waren.[149] Hinzu kamen die Beamten, die die Wannseekonferenz besuchten und ihre Dienststellen darüber intern unterrichteten.

Angesichts dieser großen Zahl potenzieller Quellen über den Vernichtungsprozess muss es eigentlich erstaunen, dass die heute noch feststellbaren Gerüchte über die Verwendung von Gas und insbesondere über die Existenz von Vernichtungslagern so vage beziehungsweise so rar sind. Es hat den Anschein, dass unmittelbare Wahrnehmungen über den Mordprozess in den Vernichtungslagern nur selten ungefiltert weitergegeben wurden.

Zur Beantwortung der Frage nach dem seinerzeitigen Wissen des Einzelnen über die »Endlösung« hat schließlich auch die deutsche Nachkriegs-Demoskopie Material geliefert. Postfaktum-Befragungen zum damaligen Wissensstand über den Mord an den Juden sind methodisch natürlich problematisch: Jahrzehnte nach den Ereignissen abgegebene Stellungnahmen darüber, was man *damals* wusste, können in verschiedenster Weise verzerrt sein; Erinnerungslücken, Verdrängungsmechanismen, mangelnde Aufrichtigkeit, aber auch Rückprojektionen später erworbenen Wissens in die Vergangenheit und anderes mehr mögen dabei eine Rolle spielen.

Interessant ist jedoch, dass diverse Nachkriegsumfragen unter der deutschen Bevölkerung darüber, wann man erste Informationen über den Massenmord an den Juden erhalten hatte, recht konsistente Ergebnisse lieferten: Danach gaben in diversen Umfragen, die zwischen 1961 und 1998 durchgeführt wurden, zwischen 32 und 40 Prozent der Bevölkerung an, sie hätten solche Informationen vor Ende des Zweiten Weltkrieges besessen.[150]

Selbst wenn man unterstellt, dass alle Befragten wirklich ein authentisches Bild ihres damaligen Wissens zeichneten – was man, wie gesagt, ausschließen kann –, so sind diese Umfrageergebnisse auch deswegen problematisch, weil sie nichts darüber aussagen, ob die Befragten die Informationen auch *geglaubt* oder als Gerüchte verworfen haben. Außerdem gingen diese Umfragen nicht präzise genug der Frage nach, welche konkreten Informationen über den Holocaust denn damals bekannt waren, obwohl, wie wir wissen, die Kenntnisse etwa in Bezug auf Massenerschießungen und Gaskammern stark variierten.

Selbst mit diesen Einschränkungen vermittelt das Material aber immerhin eine Vorstellung von der Größenordnung des Bevölkerungsanteils, der seinerzeit in irgendeiner Form vom Holocaust wusste: nicht die Mehrheit, aber doch ein erheblicher Anteil der Bevölkerung und nicht etwa nur eine kleine, auf eine bestimmte Region, Berufssparte oder auf ein soziales Milieu beschränkte Minderheit. Es bestätigt sich damit, was wir auch den Stimmungsberichten, Tagebüchern und anderen zeitgenössischen Aufzeichnungen entnehmen können: In der deutschen Bevölkerung waren generelle Informationen über den Massenmord an den Juden weit verbreitet.

Die alliierte Propaganda als Informationsquelle

Wiederum David Bankier hat bereits darauf hingewiesen, dass Gerüchte und Informationen über Massenmorde sich nicht nur auf Berichte von Soldaten stützten konnten, die aus dem Osten heimkehrten, sondern dass womöglich auch die alliierte Propaganda ihren Anteil daran hatte.[151] Man kann davon ausgehen, dass rund die Hälfte der deutschen Bevölkerung zumindestens gelegentlich die deutschsprachigen Programme der BBC hörte.[152]

Alliierte Rundfunkstationen – die BBC in ihren europäischen Programmen – brachten bereits im Laufe des Jahres 1942 wiederholt Meldungen über den systematischen Mord an den Juden.[153] Thomas Mann beispielsweise sprach in seinen an deutsche Hörer gerichteten Sendungen schon 1942 mehrfach die Ermordung von Juden mit Hilfe von Gas an, etwa am 27. September 1942, als er den Einsatz von Gaswagen im deutsch besetzten Warthegau schilderte.[154] Seit Oktober 1942 warf die Royal Air Force (RAF) darüber hinaus Flugblätter ab, die den Mord an Hunderttausenden von Juden zum Thema hatten.[155]

Die Deklaration der Alliierten Regierungen, die am 17. Dezember 1942 durch Außenminister Anthony Eden vor dem britischen Parlament verlesen wurde, benannte die Deportationen von Juden aus ganz Europa nach Polen und klagte die deutsche Regierung an, bereits Hunderttausende Juden ermordet zu haben. Die Deklaration fand die denkbar weiteste Verbreitung in den Nachrichtenmedien, die den Alliierten zur Verfügung standen. Die BBC brachte im Dezember 1942 in ihren fremdsprachigen Programmen eine Woche lang mehrmals täglich entsprechende Meldungen und Sondersendungen.[156]

Einige erhaltene Akten verdeutlichen, wie sehr die Leitung der BBC in diesen Wochen ihre European Services dazu anhielt, die Morde an den Juden herauszustellen. Die Anweisungen zeigen aber auch, wie sehr man sich darum bemühte, die enge Verknüpfung von Kriegführung und Mord an den Juden durch die deutsche Führung zu analysieren und daraus für die eigene Propagandalinie Konsequenzen zu ziehen.[157]

»Auch wenn die Deutschen nichts gegen die Massaker tun könnten«, so heißt es in einer Anweisung vom 14. Dezember 1942, »so sei es doch gut, wenn sie sich beunruhigt und beschämt fühlten.« Es sei die Pflicht der BBC, alles zu tun, um die Massaker zu stoppen, selbst wenn dadurch die grundsätzlich angestrebte Unterscheidung zwischen Nazis und Deutschen ins Wanken geriete. Man könne, heißt es in der Anweisung weiter, »die Massaker sicherlich als Beweis dafür nehmen, dass Hitler wisse, dass das Spiel aus sei, und dass er entweder versuche, wenigstens eines seiner Kriegsziele vor seiner Niederlage zu erreichen, oder aber dass er das Kalkül verfolge, die Welt durch den Massenmord an Geiseln zu einem Kompromissfrieden zu zwingen. Es sei zumindest möglich, dass Hitler, durch seine eigene Propaganda überzeugt, tatsächlich davon ausgehe, dass seine Feinde unter jüdischer Kontrolle stünden und er hoffe, durch Erpressung der Kontrolleure den Konflikt zu beenden.«

Wie sollte man einer solchen Strategie propagandistisch begegnen? Die folgenden Ausführungen machen deutlich, dass man auf der britischen Seite darüber nachdachte, wie man den Versuch der deutschen Führung konterkarieren konnte, die deutsche Bevölkerung zu Mitwissern und Komplizen des Verbrechens zu machen und sie auf die Alternative »Sieg oder Untergang« einzuschwören – »Strength through Fear«, »Kraft durch Furcht« lautete die britische Formel für dieses Kalkül der deutschen Führung.

In der BBC-Anweisung vom Dezember 1942 wurde wie folgt argumentiert: Die einzige Konsequenz, die aus dem offenkundigen Wahnsinn der deutschen Politik zu ziehen sei, könne nur die Entgegnung sein, dass die Morde einen Kompromiss völlig unmöglich machten und dass sie die Aussichten der Deutschen für die Zeit nach ihrer Niederlage verschlechterten. Die Massaker seien »Vorboten der Niederlage Deutschlands und gefährdeten seine Aussichten auf Rehabilitation in der Welt nach dem Krieg«; diesen Gedanken solle die Rundfunkpropaganda betonen. Die Massaker könnten als solche nicht zur Stärkung einer »Kraft durch Furcht«-Kampagne beitragen, da sie so eindeutig Anzeichen und Ursache von Schwäche seien.

Auch Thomas Mann versuchte in seinen Sendungen an seine deutschen Hörer das Kalkül der deutschen Führung offen zulegen, die eigene Bevölkerung durch gezielte Hinweise auf den Massenmord an den Juden und an anderen Völkern bis zum bitteren Ende an sich zu binden.[158]

Im Januar und Februar 1943 warf die RAF ein Flugblatt mit dem Titel »Massenmord« über Deutschland ab, in der die alliierte Erklärung vom 17. Dezember 1942 zitiert und die Zahl der ermordeten und deportierten Juden für verschiedene Länder aufgelistet wurden. Man müsse davon ausgehen, so der Text, dass »weit mehr als eine Million europäischer Juden bereits ausgerottet worden sind«.[159] Im Februar und März 1943 informierte ein weiteres Flugblatt die »Christen Deutschlands« über eine Predigt des Erzbischofs von Canterbury, in der dieser die »in Angriff genommene Ausrottung des polnischen Volkes« und die »grauenhafte Abschlachtung der Juden« anprangerte.[160]

Zur Rezeption der alliierten Propagandaoffensive existiert ein Bericht des deutschen Propagandaministeriums vom Dezember 1942, in dem festgestellt wird: »Eines der Hauptthemen der augenblicklichen Feindpropaganda sind die Gräuellügen über die Juden, für die, wie sich der Erzbischof von York ausdrückte, ein ›Kreuzzug‹ in die Wege geleitet werden müsse.« Der Bericht erwähnt verschiedene Einzelheiten über den Massenmord, die alliierte Rundfunkstationen in den letzten Tagen gemeldet hatten: Danach sei in den Berichten von 2 Millionen Toten die Rede gewesen, es sei der Einsatz von Giftgas erwähnt worden, ebenso Hitlers Absicht, die Juden Europas bis Ende 1942 ermordet zu haben; konkrete Zahlenangaben über Deportationen aus einzelnen Ländern seien genannt worden, und man habe auf ein besonderes Vernichtungslager in Danzig verwiesen, in dem Juden mit Hilfe eines elektrischen Stuhls umgebracht würden.[161]

Die alliierte Propaganda sollte ihre Aufklärung über den systematischen Mord an den Juden auch 1943 fortsetzen. Die BBC brachte dazu in ihren fremdsprachigen Programmen wiederholt in erheblichem Umfang auch Einzelheiten. Allerdings erlaubt die Archivlage keine umfassende thematische oder quantifizierende Analyse der Sendemanuskripte. Es können lediglich einige Beispiele für die Berichterstattung angeführt werden:

Anfang 1943 wurden die European Services der BBC angehalten, die Meldung der deutschen Nachrichtenagentur Transocean aufzugreifen, wonach 77 Prozent der slowakischen Juden deportiert worden seien. »Wir dürfen die Ausrottung der Juden als Thema nicht einschlafen lassen, so, als hätte es sich nur um einen vorübergehenden Propagandatrick gehandelt.«[162] Lindley Fraser, Professor für politische Ökonomie an der Universität Aberdeen und Deutschlandexperte, sprach regelmäßig Kommentare im Rahmen des Deutschland-Dienstes der BBC; in diesen Sendungen wies er wiederholt und engagiert auf den Mord an den Juden hin.[163]

Am 1. Januar 1943 kommentierte Fraser zum Beispiel Hitlers Neujahrsbotschaft, er, Hitler, habe dort seinen »Sieg über die Juden verkündet: über wehrlose Männer, Frauen und Kinder überall in Europa, die seine fünfhunderttausend SS-Henkersknechte verschleppen und foltern und morden. Gegen sie hat Hitler wirklich einen Sieg errungen – einen Sieg des Dahinmordens Wehrloser. Dieser Sieg wird nach Beendigung des Krieges nicht vergessen werden, wenn die Stunde der Abrechnung kommt für Hitler und seine Kumpane.«[164] Im 1943 sprach Fraser über den Aufstand im Warschauer Ghetto, am 4. Oktober 1943 lieferte er einen detaillierten Bericht über die Verfolgung der Juden in Dänemark und die Rettungsaktion der dänischen Bevölkerung.[165]

Auch im Rahmen ihres German Women's Programme thematisierte die BBC am 18. Juli 1943 die Vernichtung der Juden in Polen. Der Bericht beschreibt die Ermordung der Juden in den namentlich genannten Lagern Belzec, Treblinka und Sobibor und nennt für die einzelnen Lager die Zahl von je 1000 bis 6000 Opfern pro Tag. Die detaillierte und drastische Schilderung des Mordvorgangs in Belzec, dort werde Chlorgas in Eisenbahnwaggons geleitet, entspricht jedoch nicht der Realität in diesem Vernichtungslager.[166]

Im Frühjahr und Sommer 1944 intensivierten die BBC und andere alliierte Sender im Zusammenhang mit der Deportation der ungarischen Juden ihre Berichterstattung. Insbesondere bemühten sie sich, mit Hilfe konkreter Angaben über Opferzahlen, Daten und Mordstätten einen möglichst detaillierten Gesamtüberblick über den systematischen Mord zu vermitteln. Auf diese alliierte Informationskampagne wird noch zurückzukommen sein.

Aufs Ganze gesehen, bildete die Ermordung der europäischen Juden jedoch kein Hauptthema der alliierten Radiopropaganda. Bereits im Dezember 1942, im unmittelbaren Anschluss an die Bekanntmachung der alliierten Erklärung, war die BBC dazu übergegangen, die Informationen über die Verbrechen an Juden in den allgemeinen Kontext nationalsozialistischer Grausamkeiten in den besetzten Gebieten einzuordnen. Dass sich die Ermordung der Juden von diesen Grausamkeiten durch den Willen der NS-Führung unterschied, tatsächlich alle Angehörigen dieser Minderheit systematisch, in besonderen Todesfabriken umzubringen, war für den durchschnittlichen deutschen BBC-Hörer nicht ohne weiteres zu erkennen.

Das zentrale Organ der britischen Kriegspropaganda, die Political Warfare Executive, hatte angeordnet, dass die Propaganda eine Woche nach der Bekanntgabe der Deklaration vom Dezember 1942 dazu übergehen solle, die Leiden der jüdischen Bevölkerung mit dem Gesamtbild der NS-Verfolgung im besetzten Europa zu verbinden und darauf hinzuweisen, dass nach den bisherigen Erfahrungen die Verfolgung der Juden immer das Vorspiel zu breiter angelegten Verfolgungsmaßnahmen gewesen sei. Diese Position scheint die britische Propaganda in den folgenden beiden Jahren bestimmt zu haben.[167] Die Ursachen für diese Zurückhaltung der britischen, aber auch der amerikanischen Propaganda in der Berichterstattung über den Mord an den Juden sind vielfältig[168] und können hier nicht im Einzelnen erörtert werden: Man wollte verhindern, dass durch eine zu starke Betonung der jüdischen Tragödie der Eindruck entstand, man beschäftige sich nicht ausreichend mit dem Leiden anderer, durch das NS-Regime unterdrückter Völker; außerdem bestand die Befürchtung, eine massive Propagandakampagne, in der die Einzelheiten und der Gesamtumfang des systematischen Massenmordes enthüllt werden würden, könne als monströs und damit unglaubwürdig wahrgenommen werden, ja im eigenen Land vorhandene antisemitische Einstellungen anheizen. Vor allem aber hatten die britischen Propagandisten mittlerweile einen Positionswechsel vorgenommen: Waren sie im Dezember 1942 noch davon ausgegangen, man könne die deutsche »Kraft durch Furcht«-Strategie argumentativ unterlaufen, fürchteten sie nun doch, durch eine zu breite Darstellung der Verbrechen an den Juden der deutschen Propaganda in die Hände zu spielen.

Dieselben Überlegungen waren vermutlich ausschlaggebend dafür, dass die Judenverfolgung auch in der alliierten Flugblattpropaganda nur eine untergeordnete Rolle spielte. 1943 produzierte die Royal Air Force insgesamt 106 verschiedene Flugblätter, die zum Abwurf über Deutschland bestimmt waren.[169] Eines der Hauptthemen in diesen Flugblättern waren die deutschen Grausamkeiten in den besetzten Gebieten. Zwei Mal wurde der Massenmord an den Juden ausdrücklich hervorgehoben.

Auf dem im August 1943 abgeworfenen Flugblatt »Gerechtigkeit« waren Fotos von insgesamt sechs hochrangigen NS-Tätern zu sehen, denen konkrete Mordaktionen zur Last gelegt wurden, davon in drei Fällen die Ermordung von Juden. Der Gouverneur des Distrikts Lublin, Ernst Zörner, wird der Ermordung von 2500 Juden im Ghetto von Lubin beschuldigt, der Gouverneur für den Distrikt Warschau, Ludwig Fischer, der Mitverantwortung für die Ermordung von 250 000 Juden im Warschauer Ghetto im Sommer 1942, und über den Generalgouverneur Hans Frank heißt es: »Gesucht wegen Mordes. Zahl der Opfer bisher nicht vollständig ermittelt, wahrscheinlich höher als 1 Million. Mitverantwortlich für Massenmord an Juden in eigens eingerichteten Ausrottungslagern in Belzec und Treblinka.«[170] In einem anderen Flugblatt mit dem Titel »Die andere Seite«, das zwischen Dezember 1943 und März 1944 abgeworfen wurde, wurde ausführlich der Bericht zweier Augenzeuginnen über eine Massenerschießung von Juden im Generalgouvernement wiedergegeben.[171]

Auch in diesen beiden Flugblättern wurde gleichwohl versucht, die Verbrechen in einen größeren Kontext zu stellen. Das Flugblatt »Gerechtigkeit« befasste sich in seinem Hauptteil mit einem Zitat aus einer Goebbels-Rede des Vorjahres (»Wie im Kampf um die Macht haben wir alle Brücken hinter uns abgebrochen«) und kommentierte diese Aussage wie folgt: »Was steckt hinter dieser zynischen Redensart? Mord! Massenmord in einem Umfang, wie ihn die Kriminalgeschichte bisher nicht kannte. Justizmord, Geiselmord, heimlicher Lustmord im Konzentrationslager, systematischer Massenmord durch Maschinengewehrfeuer, in Gaskammern, durch Starkstrom, durch Ersticken in versiegelten Güterwagen. Ausrottung ganzer Dörfer in der Tschechoslowakei, ganzer Bezirke in Polen, Jugoslawien und Griechenland. Die Zahl der Ermordeten in den besetzten Westgebieten geht in die Tausende, in den besetzten Ostgebieten in die Hunderttausende.«[172]

Das Pamphlet »Die andere Seite« folgte ebenfalls der Linie, die deutschen Verbrechen *im Allgemeinen* zu verurteilen. Es enthielt beispielsweise einen Artikel von Thomas Mann, dem zufolge die Nationalsozialisten fast eine Million Menschen exekutiert hätten, ohne die Opfer näher zu bestimmen.[173] In dem gleichen Flugblatt war – nicht zum ersten Mal[174] – ein Flugblatt der Weißen Rose wiedergegeben, das allgemein das »furchtbare Blutbad in ganz Europa«, das auf das Schuldkonto der Nazis gehe, anprangerte. Diese beiden Beiträge sollten den Bericht der Augenzeuginnen über den Mord an den Juden offenbar nicht in erster Linie unterstreichen, sondern die gewünschte Verbindung zu der brutalen nationalsozialistischen Besatzungspolitik in ganz Europa herstellen.

Von den 32 britischen Flugblättern, die 1944 verbreitet wurden, beschäftigte sich eines mit dem Terror der deutschen Besatzungsbehörden in verschiedenen europäischen Ländern, erwähnt jedoch nur an einer Stelle die »Verfolgung und Ausrottung der Juden«, ohne dieses Thema weiter zu vertiefen.[175] Im April 1944 wurde in der *Luftpost*, einer britischen Flugblattzeitung, eine Warnung Präsident Roosevelts abgedruckt, in dem dieser in deutlichen Worten »die massenweise systematische Abschlachtung der Juden in Europa« geißelte, sie entsprechend der alliierten Propagandarichtlinie jedoch umgehend mit NS-Verbrechen an anderen europäischen Völkern in Zusammenhang brachte.[176] Eine *Luftpost*-Ausgabe vom September 1944 machte unter anderem das KZ Lublin als Stätte zur »Massenvernichtung von Juden und politischen Häftlingen« mit Hilfe von Gas öffentlich.[177]

Die amerikanische Luftwaffe warf seit Sommer 1943 eigene Flugblätter über Deutschland ab. Von den insgesamt 42 bis Ende 1944 produzierten amerikanischen Flugblättern behandelten drei den Mord an den Juden: Im April 1944 wurde in der Flugblattzeitung *Sternenbanner* die erwähnte »Warnung« Präsident Roosevelts thematisiert;[178] ein etwas ausführlicherer Text dieser Erklärung folgte noch im April als eigenes Flugblatt;[179] im August 1944 machte das *Sternenbanner* die grauenhaften Entdeckungen publik, die die Sowjets bei der Befreiung von Lublin im Vernichtungslager Majdanek gemacht hatten.[180] Die weit über zweihundert seit Ende 1944 gemeinsam von der britischen und amerikanischen Propaganda produzierten und über Deutschland abgeworfenen Flugblätter sowie die britisch-amerikanische Flugblattzeitung *Nachrichten für die Truppe* gingen, das sei noch hinzugefügt, auf den Massenmord an den Juden nicht mehr ein.[181]

Von einer herausragenden Rolle des Massenmords an den europäischen Juden in der alliierten Flugblattpropaganda kann also keine Rede sein. Die Ermordung von Hunderttausenden, ja mehr als einer Million Juden wird zwar mehrere Male beschrieben, aber insgesamt gesehen konnte der durchschnittliche Leser diesen Flugblättern nicht entnehmen, dass sich der Mord an den Juden quantitativ oder qualitativ wesentlich von den Grausamkeiten an anderen unterdrückten Bevölkerungsgruppen unterschied, dass also die NS-Regierung das Ziel verfolgte, alle Juden in ihrem Herrschaftsgebiet mit Hilfe besonderer Mordanlagen systematisch umzubringen. Auffällig ist auch, dass die zentrale Rolle der Gaskammern nicht besonders hervorgehoben wurde. Aber wesentlich ist vor allem folgender Punkt: Nach intensiver alliierter Berichterstattung im Dezember 1942 trat das Thema Judenmord in den nächsten beiden Jahren in der alliierten Propaganda wieder in den Hintergrund. Wir wissen wenig über die Lese- und Rezeptionsgewohnheiten derjenigen Deutschen, die – verbotenerweise – alliierte Rundfunkstationen abhörten und Flugblätter der Kriegsgegner lasen, aber man muss wohl eher davon ausgehen, dass diejenigen, denen es gelang, einen Blick auf ein feindliches Flugblatt zu werfen, ihnen bestenfalls ein kleines Stück Information über den Massenmord an den Juden entnehmen konnten: eine Opferzahl, den Namen eines Lagers, die Erwähnung von Todeslagern und Gaskammern, den Erlebnisbericht eines entkommenen Opfers. Die Tatsache, dass diese bruchstückhaften Informationen meist in einen allgemeinen Kontext der von den Deutschen in den besetzten Gebieten begangenen Grausamkeiten eingebettet waren – mit Ausnahme des Flugblatts vom Dezember 1942, in dem der seinerzeitige Informationsstand über den Judenmord zusammenhängend präsentiert und entsprechend gewürdigt wurde –, mag mit dafür verantwortlich sein, dass, wie die Amerikaner unmittelbar nach Kriegsende herausfanden, die alliierte Flugblattpropaganda über den Mord an den Juden in der deutschen Bevölkerung offenbar kaum Spuren hinterließ.[182]

Das Gleiche gilt für das Abhören der »Feindsender«: Der Mord an den Juden wurde offenkundig nur im Dezember 1942 wiederholt und an herausragender Stelle in den alliierten Rundfunksendungen angesprochen, danach (mit Ausnahme des Frühjahrs und Frühsommers 1944) eher sporadisch und ebenfalls im Kontext anderer NS-Verbrechen. Da von etwa 50 Prozent »Schwarzhörern« in der deutschen Bevölkerung nur ein relativ kleiner Bevölkerungsteil die alliierten Rundfunksender *regelmäßig* abhörte und die Hörerschaft sich gegenüber Informationen, die sie nicht unmittelbar betrafen, als einigermaßen resistent erwies,[183] wird man davon ausgehen können, dass auch die meisten »Schwarzhörer« Informationen über den systematischen Mord an den Juden nur bruchstückhaft erfassten.

Distanz, Sympathie, Feindseligkeit: Zum Alltagsverhalten der deutschen Bevölkerung gegenüber Juden

David Bankier führt in seiner Studie zur Reaktion der Deutschen auf die Judenverfolgung zahlreiche, glaubwürdig dokumentierte Einzelfälle an, in denen Deutsche Scham und Schuldgefühle angesichts der Verfolgung empfanden, Juden gegenüber Mitgefühl zum Ausdruck brachten und versuchten, ihnen auf verschiedene Weise zu helfen. Dies sind seiner Ansicht nach wichtige Hinweise darauf, dass die Bevölkerung insgesamt keineswegs gleichgültig hinsichtlich des Schicksals der Juden war, sondern auf – mehr oder weniger präzise – Informationen und Gerüchte durchaus reagierte.[184]

Sieht man sich die vom britischen Foreign Office in den Jahren 1942 bis 1944 gesammelten Informationen über das Alltagsverhalten der deutschen Bevölkerung gegenüber den Juden an, so erhält man einen zwiespältigen Eindruck. In einem Bericht der Nachrichtensammelstelle in der britischen Vertretung in Stockholm vom 7. Juli 1942 heißt es beispielsweise, dass es niemand wage, den im Allgemeinen sehr schlecht ernährten Juden zu helfen oder ihnen einen freundlichen Blick zuzuwerfen. Über das Verhalten der Bevölkerung zu Juden in der Straßenbahn kann man hier lesen: »Sie [die Juden] werden während der Fahrt nicht zum Opfer irgendwelcher Demütigungen, weil die Bevölkerung für so etwas zu ausgelaugt und gleichgültig ist.«[185]

Zwei Monate später schilderte die gleiche Nachrichtensammelstelle in Stockholm eine Szene aus der Berliner U-Bahn: Ein junges Mädchen habe eine alte jüdische Frau aufgefordert, ihren Platz für sie freizugeben: »Die Dame stand auf, und niemand schenkte dieser Episode Beachtung.« Es komme jedoch auch vor, dass Passagiere ihre Plätze für Juden freimachten. Im Allgemeinen sei die Passivität der Menschen »entmutigend«.[186]

Im Mai und Juni 1943 berichtete die britische Nachrichtensammelstelle in Stockholm auf Grund von Gesprächen mit österreichischen Schweden-Besuchern, viele Landsleute, darunter auch Nationalsozialisten, wendeten sich wegen der Judenverfolgung vom Regime ab.[187] Ein deutscher Journalist wusste im Juni 1943 anlässlich eines Stockholm-Aufenthaltes zu berichten, die Menschen verhielten sich gegenüber der »Judenfrage« apathisch, hätten aber gleichzeitig ein beträchtliches Maß an Sympathien für die Juden. Der Journalist machte diese Haltung der Bevölkerung dafür verantwortlich, dass das Regime die letzte größere Deportation Ende April 1943 nicht publik gemacht habe.[188]

Ein SS-Mann, der sich im Frühjahr 1943 zu einem Besuch bei Verwandten in Stockholm aufhielt, äußerte im Kreise seiner Angehörigen, in Deutschland spiele die »Judenfrage« keine große Rolle, im Vordergrund stehe die Angst vor der Niederlage.[189] Praktisch niemand, so berichtete ein aus Deutschland zurückgekehrter schwedischer Arbeiter im September 1943, reagiere noch auf die antisemitische Propaganda.[190]

Im April 1944 übersandte der britische Botschafter in Madrid, Hoare, den ausführlichen Report eines spanischen Journalisten, der zwei Jahre Korrespondent in Berlin gewesen war, an Außenminister Eden. In dem Bericht heißt es: »Mitleid hat den Hass neutralisiert, so dass die Deutschen heute, wenn sie sich auch nicht auf die Seite der Juden schlagen – denn man darf nicht vergessen, dass der Jude in Deutschland, was auch geschieht, unbeliebt ist und es bleiben wird –, ihnen nicht ausgesprochen feindlich gegenüberstehen. Die Entwicklung der Deutschen läuft heute dahin, dass sie es zwar für einen großen Vorteil hielten, wenn die Juden ganz allgemein wie durch ein Wunder plötzlich verschwinden würden, aber um das zu erreichen, würden sie keinen Finger rühren.« Die Bevölkerung gehe mehr oder weniger davon aus, dass die aus Deutschland deportierten Juden liquidiert worden seien. »Aus diesem Grund haben die Partei und vor allem ihr bewaffneter Arm, die SS-Männer, in der öffentlichen Wahrnehmung eine unheimliche Seite. Obendrein haben die SS-Männer die Nazi-Doktrin ins Extrem übersteigert. Sie sind noch schlimmer als Atheisten.«[191]

Ein brasilianischer Diplomat, der frühere Charge d'Affaire an der Botschaft seines Landes in Vichy, der nach dem brasilianischen Kriegseintritt von Februar 1943 bis März 1944 in Bad Godesberg interniert worden war, berichtete bei seiner Durchreise durch Lissabon einem britischen Informanten, die Masse der Deutschen habe die Behandlung der Juden nie befürwortet. Der Diplomat ging im Übrigen davon aus, dass die meisten der nach Polen deportierten Juden dort ermordet würden.[192] Ein mit einer Deutschen verheirateter Diplomat aus Guatemala, der von seinem Posten in Berlin über Lissabon in sein Heimatland ausreiste, erklärte, in Deutschland herrschten zwar starke antisemitische Aversionen, aber was das Regime den Juden angetan habe, werde von nahezu jedem als übertrieben beurteilt.[193]

Kate Cohn, die sich bis zu ihrer Flucht im Februar 1942 im Reichsgebiet aufhielt, berichtete, nachdem sie nach Großbritannien gelangt war, die Einstellung der nichtjüdischen Bevölkerung gegenüber den Juden sei manchmal feindselig, meistens jedoch neutral und reserviert. Gelegentlich sei es vorgekommen, dass jüdische Familien vor ihren Wohnungstüren Lebensmittel vorgefunden hätten; sie seien dort von Nichtjuden abgelegt worden, die sich bei solchen Sympathiekundgebungen vor Denunziationen relativ sicher fühlen konnten. In vielen Wohnhäusern gebe es jedoch nach wie vor gute Beziehungen zwischen Juden und Nichtjuden, und eine Gruppe von deutschen Arbeiterinnen versorge eine größere Gruppe von jüdischen Kollegen täglich mit Nachrichten aus dem britischen Rundfunk.[194] Ein 1938 aus Österreich emigrierter Rechtsanwalt, der 1944 nach Wien gereist war, wusste anschließend zu erzählen, dass die Wiener, die anfänglich hinter den antisemitischen Maßnahmen der Nationalsozialisten gestanden hätten, nun, nachdem sie von der Vernichtung der Juden wüssten, den Juden Sympathien entgegenbrächten.[195]

Ähnliche Eindrücke über die Einstellung der deutschen Bevölkerung zur noch in Deutschland verbliebenen jüdischen Minderheit lassen sich auch aus deutschen Quellen gewinnen. Dazu nur zwei Beispiele: Das Sondergericht Würzburg verurteilte im Mai 1943 die Ehefrau eines Lokomotivführers zu sechs Monaten Gefängnis. Die Frau war beim Anblick einer Gruppe von Juden, die auf dem Güterbahnhof Eisenbahnwaggons bestiegen, in Tränen ausgebrochen und hatte zu einer Kollegin, die ihr falsches Mitleid vorwarf, gesagt: »Wer da kein Herz im Leibe hat, der ist keine deutsche Frau.«[196] Anna Haag hingegen schildert in ihrem »Kriegstagebuch« am 5. Oktober 1942, dass sie sich, weil sie für eine mit dem Stern gekennzeichnete ältere Dame in einer Straßenbahn ihren Sitzplatz aufgeben wollte, den kollektiven Zorn der Fahrgäste zugezogen habe.[197]

Versuche, aus solchen Einzelbeobachtungen allgemeine Einschätzungen über die Haltung der deutschen Bevölkerung zu den Juden abzuleiten, finden sich auch in Tagebüchern. So erwähnt etwa die Journalistin Ursula von Kardorff in ihrem Tagebuch Anfang 1943 »... die Ausrottung der Juden, wogegen die große Masse allerdings gleichgültig oder auch zustimmend ist«.[198]

Vermutlich am umfassendsten und gründlichsten bemühte sich Victor Klemperer, solche Verhaltensweisen einzuschätzen und zu analysieren. Klemperer verzeichnet Sympathiegesten, offene regimekritische Äußerungen und Zuspruch, zum Teil von Mitgliedern der Partei und von Amtspersonen. Mehrfach kommen Bekannte, aber auch ihm völlig unbekannte Personen in der Öffentlichkeit demonstrativ auf ihn zu.[199] Aber er wird auch wiederholt angepöbelt, insbesondere von Schulkindern, er wird in verschiedenen Situationen durch »normale« Bürger demütigend behandelt und muss sich antisemitische Bemerkungen anhören.[200]

Klemperer versucht, diese widersprüchlichen Beobachtungen zu einem Gesamtbild zusammenzufügen. So registriert er, als er mit einer Gruppe anderer Sternträger zu Schneeräumarbeiten eingeteilt wird, seitens der Passanten erheblich mehr aufmunternden Zuspruch als beleidigende Äußerungen. Auch die nichtjüdischen Arbeitskollegen in einer Firma, in der er später zur Zwangsarbeit verpflichtet wird, verhalten sich ihm gegenüber überwiegend freundlich.[201]

Die Lektüre des Tagebuches macht Klemperers Schwierigkeiten deutlich, die »wahre« Volksstimmung, die *vox populi*, zu erfassen: Wie tief, so die von ihm immer wieder gestellte Frage, steckt der Antisemitismus in der Bevölkerung, inwieweit war das Verhalten der Menschen durch Angst und äußere Anpassung erzwungen? Klemperer berichtet, dass seine Leidensgenossen, eine Gruppe jüdischer Männer, die zur Zwangsarbeit verpflichtet wurden, immer wieder lebhaft darüber diskutierten. Dabei wurden die unterschiedlichsten Standpunkte vertreten; Klemperer selbst bestreitet bei diesen Diskussionen, dass die Deutschen schlechthin antisemitisch seien.[202] Eine zuverlässige Beobachtungsmethode, mit der sich das Ausmaß des Antisemitismus messen ließe, kann er jedoch nicht entwickeln: »Vox populi zerfällt in zahllose voces populi ... Ich frage mich oft, wo der wilde Antisemitismus steckt. Für meinen Teil begegne ich viel Sympathie, man hilft mir aus, aber natürlich angstvoll.«[203]

Das Verhalten ist, so seine Beobachtung, häufig situationsabhängig: Freundliche Bemerkungen werden in privaten Gesprächen gemacht, Mitglieder einer Gruppe verhalten sich vorsichtiger. Das Verhalten der Menschen stand offenkundig im Zusammenhang mit den antisemitischen Hetzkampagnen, die wellenförmig über das »Dritte Reich« hinwegschwappten, und war nicht zuletzt von der Angst um den Kriegsausgang geprägt. Klemperer fällt, wie bereits erwähnt, auch auf, dass er als »Sternträger« deshalb so viele regimekritische Äußerungen zu hören bekommt, weil in ihm niemand einen Spitzel vermutet – wie etwa der Äußerung eines Straßenbahnfahrers zu entnehmen ist: »Ganz gut, Ihr Zeichen, da weiß man, wen man vor sich hat, da kann man sich mal aussprechen.«[204]

Wer sich mit der Frage nach dem Alltagsverhalten der deutschen Bevölkerung gegenüber den Juden während des Zweiten Weltkrieges befasst, wird auch nicht übersehen können, dass mehrere Tausend in den Untergrund abgetauchte Juden nur durch Unterstützung aus der deutschen Bevölkerung überleben konnten (auch wenn nicht immer Mitgefühl und Solidarität dafür verantwortlich waren, sondern in vielen Fällen handfeste materielle Interessen).[205] Aber diese im Untergrund lebenden Juden mussten permanent Denunziation und Verrat fürchten: Die Verfolgung konnte in der Praxis eben nur funktionieren, weil die personell relativ schwach besetzten Behörden aus der Bevölkerung heraus mit Informationen versorgt und unterstützt wurden. Die absoluten Zahlen der nachgewiesenen Denunziationen von Juden sind allerdings zu gering, um die deutsche Bevölkerung pauschal zu einem Volk von Denunzianten abzustempeln.[206]

Man könnte also den zahlreichen Beispielen von Hilfsbereitschaft und aktiver Überlebenshilfe für Juden eine lange Liste von Einzelfällen gegenüberstellen, in denen »normale« Deutsche Juden feindselig gegenübertraten, sie denunzierten und unmenschlich behandelten. Bei dem Versuch, durch eine umfassende Zusammenstellung subjektiver Eindrücke aus zeitgenössischen Berichten oder aus der Memoirenliteratur so etwas wie ein Gesamtbild über den Stand des Antisemitismus im Deutschland der Kriegszeit zu zeichnen, wird man jedoch immer zu widersprüchlichen Ergebnissen kommen: Die Vorstellung, dass in solchen kleinen Alltagsgesten eine bestimmte Grundhaltung der Bevölkerung zum Ausdruck kommt, führt methodisch in eine Sackgasse.

Denn solche positiven wie negativen Gesten und Verhaltensweisen betreffen jeweils nur einen relativ kleinen Teil der Bevölkerung, sie schildern Abweichungen vom Normalverhalten – und das bestand für die große Mehrheit der deutschen Bevölkerung offensichtlich darin, die Anweisungen des Regimes letztlich zu befolgen und Distanz zu Juden zu halten, so dass diese während des Krieges in nahezu völliger Isolation lebten. Die Mehrheit der Bevölkerung verhielt sich demnach in der Öffentlichkeit gegenüber Juden so, wie das Regime es forderte: distanziert und indifferent. Freundlichkeiten, Gesten der Solidarität und Hilfe einerseits, offene Anpöbeleien, Akte der Unmenschlichkeit und Denunziationen andererseits erschienen den Zeitgenossen vor allem deshalb als so bemerkenswert, weil sie als untypische Verhaltensweisen hervorstachen.

Auffällig ist, dass viele Beobachter in den Jahren 1942 bis 1944 eine wesentlich größere Distanz der deutschen Bevölkerung gegenüber den Juden registrierten als noch im Herbst 1941, als die Einführung des Sterns offensichtlich in größerem Umfang Gesten der Sympathie und Solidarität ausgelöst hatte. Doch auch daraus lässt sich nicht einfach auf eine zwischenzeitlich eingetretene Verhärtung der allgemeinen Einstellung zu den Juden schließen: Denn das Regime hatte seit 1941 die Bestimmungen über das Auftreten von Juden in der Öffentlichkeit außerordentlich verschärft, die Benutzung von Verkehrsmitteln beispielsweise weitgehend verboten und die Einkaufszeiten stark beschränkt; es hatte außerdem ein Kontaktverbot gegenüber Juden erlassen, das mit Konzentrationslagerhaft geahndet wurde.

Die von der breiten Masse im öffentlichen Verhalten bekundete Distanz und Indifferenz dürfen also nicht mit Desinteresse oder mit bloßem Wegschauen verwechselt werden, sie sind auch nicht einfach durch Passivität oder Apathie erklärbar. Vielmehr handelt es sich in erster Linie um eine vom Regime durch jahrelange Propaganda und Repression erzwungene Verhaltensweise im öffentlichen Raum, die wenig über die »wahre« Einstellung aussagt. Offensichtlich ist jedoch, dass dieses ablehnende und distanzierte Verhalten sich äußerst negativ auf die Situation der wenigen noch in Deutschland lebenden Juden auswirken musste und auf diese Weise die Verfolgungspraxis weiter verschärfte.

Ende 1942: Das Regime reagiert auf Gerüchte und Informationen über die »Endlösung«

Dass sich hinter dieser auf den ersten Blick indifferenten und desinteressierten Haltung der Bevölkerung dennoch ein erhebliches Interesse am Schicksal der deportierten Juden verbarg, lässt sich an den Reaktionen der NSDAP-Führung auf die immer wieder umherschwirrenden Gerüchte ablesen.

Es waren die zunehmenden Mutmaßungen über die Massenerschießungen in Russland, die die Partei-Kanzlei dazu veranlassten, erstmals im Oktober 1942 – also ein Jahr nach Beginn der Deportationen – in einem Schreiben an die Gau- und Kreisleiter Stellung zum Stand der »Judenpolitik« zu nehmen: »Im Zuge der Arbeiten an der Endlösung der Judenfrage«, so hieß es hier, »werden neuerdings innerhalb der Bevölkerung in verschiedenen Teilen des Reichsgebietes Erörterungen über ›sehr scharfe Maßnahmen‹ gegen die Juden besonders in den Ostgebieten angestellt. Die Feststellungen ergaben, dass solche Ausführungen – meist in entstellter und übertriebener Form – von Urlaubern der verschiedenen im Osten eingesetzten Verbände weitergegeben werden, die selbst Gelegenheit hatten, solche Maßnahmen zu beobachten.

Es ist denkbar, dass nicht alle Volksgenossen für die Notwendigkeit solcher Maßnahmen das genügende Verständnis aufzubringen vermögen, besonders nicht die Teile der Bevölkerung, die keine Gelegenheit haben, sich aus eigener Anschauung ein Bild von den bolschewistischen Gräueln zu machen. [...] Da schon unsere nächste Generation diese Frage nicht mehr lebensnah und auf Grund der ergangenen Erfahrungen nicht mehr klar genug sehen wird und die nun mal ins Rollen gekommene Angelegenheit nach Bereinigung drängt, muss das Gesamtproblem noch von der heutigen Generation gelöst werden. Es ist daher die völlige Verdrängung bzw. Ausscheidung der im europäischen Wirtschaftsraum ansässigen Millionen von Juden ein zwingendes Gebot im Kampf um die Existenzsicherung des deutschen Volkes.

Beginnend mit dem Reichsgebiet und überleitend auf die übrigen in die Endlösung einbezogenen europäischen Länder werden die Juden laufend nach Osten in große, zum Teil vorhandene, zum Teil noch zu errichtende Lager transportiert, von wo aus sie entweder zur Arbeit eingesetzt oder noch weiter nach dem Osten verbracht werden. Die alten Juden sowie Juden mit hohen Kriegsauszeichnungen [...] werden laufend nach der im Protektorat Böhmen und Mähren gelegenen Stadt Theresienstadt umgesiedelt. Es liegt in der Natur der Sache, dass diese teilweise schwierigen Probleme im Interesse der endgültigen Sicherung unseres Volkes nur mit rücksichtsloser Härte gelöst werden können.«[207]

Bemerkenswerterweise wird in dieser internen Unterrichtung der Parteifunktionäre in keiner Weise versucht, den inhaltlichen Kern der Gerüchte – die Massenexekutionen im Osten – zu dementieren. Man kann das Schreiben vielmehr als eine Bestätigung dieser Gerüchte lesen, ja als einen Versuch, die Mordpraxis zu verteidigen.

Im selben Sinne lässt sich ein wenige Wochen später im *Völkischen Beobachter* erschienener Beitrag verstehen. Am 7. November 1942 äußerte sich der *Völkische Beobachter* unter der Überschrift »Die Juden während des Krieges« zu einem unter gleichem Titel erschienenen Leitartikel der schwedischen Tageszeitung *Svenska Morgenbladet*. Die schwedische Zeitung, so erfährt der Leser des *Völkischen Beobachters*, habe sich äußerst besorgt über das Schicksal der Juden in Europa geäußert: Der Artikel spreche von einer »Tragödie« und beklage im Zusammenhang mit dem

Leiden der Juden »satanische Ideen«. Doch der *Völkische Beobachter* dementierte diese nur andeutungsweise wiedergegebenen Betrachtungen zur Verfolgung der Juden nicht, sondern ging in die Offensive: Man sei entschlossen, »ein für allemal einen Pestherd zu beseitigen«. Der Begriff der »Tragödie«, so fährt der Artikel fort, enthalte »die Wechselwirkung von Schuld und Sühne«. Die »Entwicklung der Judenfrage in Europa entspricht diesem ehernen Gesetz, dessen umfassende Auswirkungen das Weltjudentum selbst herausgefordert hat, als es die Völker der Erde in den Krieg stürzte [...] Es hat sich gründlich verrechnet und muss die Folgen dafür tragen.«

Man kann solche Beiträge als Teil eines subtilen Diskurses lesen: Gerüchtebildung, Beunruhigung in der Bevölkerung und die Rückfragen verunsicherter lokaler Parteifunktionäre verlangten dem Regime von Zeit zur Zeit Antworten zum Stand der »Judenfrage« ab, die zwar keine Einzelheiten über das Mordprogramm enthüllten, die Gerüchte aber bestätigten. In der gleichen Weise sah sich das Regime kurz darauf gezwungen, auf die alliierte Informationspolitik auch im Inland zu reagieren.

Ende 1942 hatte man auch außerhalb des vom Deutschen Reich beherrschten Europa allmählich begonnen, die unterschiedlichen Nachrichten über die mörderische Verfolgung der Juden zu einem Gesamtbild zusammenzusetzen und die Welt zu alarmieren. Die öffentlichen Erklärungen der Alliierten über die systematische Ermordung der Juden durch das NS-Regime von Anfang Dezember 1942 und die darauf folgende weltweite Welle von Presseveröffentlichungen, Radiosendungen, Solidaritätskundgebungen und Verurteilungen, die über alliierte Propagandamittel auch nach Deutschland getragen wurden, stellten für den Propagandisten Goebbels eine besondere Herausforderung dar.

Die Tatsache, dass die Weltöffentlichkeit die systematische Ermordung der Juden zum ersten Mal in größerem Umfang thematisierte, beunruhigte den Propagandaminister zutiefst; auffallenderweise sah er keine Möglichkeit, das Thema zu dementieren oder zu ignorieren, und entschloss sich daher zu einer propagandistischen Gegenoffensive. Die Tagebücher und die Protokolle der Propagandakonferenzen dokumentieren seine Reaktionen in allen Einzelheiten. Sie zeigen, dass, vor allem als Folge der geballten alliierten Informationspolitik, im Dezember 1942 die Gerüchte um das Schicksal der Juden so weit verbreitet waren, dass die Propaganda diesmal auch im Inland reagieren musste – und sei es mit einer Ablenkungsstrategie.

Am 5. Dezember 1942 ging Goebbels in seinem Tagebuch erstmals auf weltweite Proteste gegen die »angeblichen Gräueltaten der deutschen Regierung gegen die europäischen Juden« ein; am kommenden Tag äußert er sich negativ zu einem ihm vorgelegten Vorschlag zur »Liquidierung von Judenehen«, da er kontraproduktive Auswirkungen auf die »Stimmung« befürchtete: »Ich halte diese Methode im Augenblick nicht für angebracht. Es wird dadurch in der öffentlichen Meinung wieder so viel Unruhe und Verwirrung angerichtet, dass die Sache sich wenigstens zur Zeit nicht lohnt.«[208]

Die Tagebucheintragung vom 9. Dezember, die wie immer die Ereignisse vom Vortrag widerspiegelt, zeigt, dass Goebbels über die Aufdeckung des Massenmords an den Juden durch die Alliierten weiterhin höchst alarmiert war: »Die Juden machen in der ganzen Welt mobil gegen uns. Sie berichten von furchtbaren Gräueln, die wir uns angeblich in Polen gegen die jüdische Rasse zuschulden kommen ließen, und drohen nun auf dem Wege über London und Washington, alle daran Beteiligten nach dem Kriege einem furchtbaren Strafgericht zuzuführen. Das kann uns nicht daran hindern, die Judenfrage einer radikalen Lösung zuzuführen. Im Übrigen wird es mit dieser Drohung sein Bewenden haben. Die Juden werden wahrscheinlich in Europa niemals mehr etwas Besonderes zu vermelden haben.«

Diese Tagebucheintragung lässt sich als Kommentar des Ministers zu einer Anweisung lesen, die er am 8. Dezember auf der Propagandakonferenz gegeben hatte: »Unbeschadet dessen, wie weit diese Meldungen den Tatsachen entsprechen, soll auf dieses etwas heikle Thema überhaupt nicht eingegangen werden, da nach Ablauf einer gewissen Zeit diese Polemik des Feindes sowieso wieder verstummen wird.« Entsprechend wurde die Presse noch am gleichen Tag instruiert: »Englische und amerikanische Zeitungen befassen sich ausführlich mit der Judenfrage in Deutschland. Nicht beachten.«[209]

Am 9. Dezember brachte Goebbels auf der Konferenz seinen Unmut über Kundgebungen schwedischer Studenten gegen die deutsche Judenverfolgung zum Ausdruck,[210] und am 11. Dezember gab er die Weisung, man solle »nicht eingehen und in gar keiner Weise aufgreifen [...] Meldungen über die Drangsalierung des polnischen Staates und über die Ausrottung der Juden.«[211]

Am 12. Dezember erklärte er mit geradezu entwaffnender Offenheit vor den Teilnehmern der Propagandakonferenz, dass die gegnerischen

»Gräuelmeldungen« nicht dementiert werden könnten, und gab als neue Direktive den Gegenangriff aus: »Da die gegnerischen Nachrichten über die angeblichen deutschen Gräueltaten an Juden und Polen immer massiver werden, der Fall aber so liegt, dass wir nicht allzu viel an Gegenbeweisen anzuführen haben, empfiehlt der Minister, entsprechend dem Prinzip, dass der Angriff die beste Parade ist, von jetzt an ganz systematisch – gleichgültig, ob die Engländer etwas zu der Frage sagen oder nicht – unsererseits eine Gräuelpropaganda aufzumachen und unter allerstärkster Betonung über englische Gräueltaten in Indien, im Nahen Osten, in Iran, Ägypten usw., überall, wo Engländer sitzen, zu berichten. Genau wie die Engländer können auch wir uns dabei auf ganz vage Quellenangaben beziehen, indem etwa gesagt wird: ›Vertrauenswürdige Männer, die soeben aus Kairo in Lissabon eingetroffen sind, melden, dass soundsoviele führende Ägypter erschossen worden sind, usw.‹ Vor allem in den Auslandssendungen müssen Meldungen dieser Art in größtem Umfange herausgebracht werden; das Thema muss aber auch in der deutschen Presse behandelt werden, um die Dinge zum Tragen zu bringen. Der Minister ist der Ansicht, dass es auf diese Weise gelingen wird, die Engländer von ihrer Gräuelpropaganda abzubringen und sie in die Defensive zu drängen.«

Eine Bemerkung des Staatssekretärs Gutterer, es würden sehr häufig Fotos von der Front in die Heimat geschickt, »auf denen am Galgen aufgeknüpfte Juden usw. zu sehen« seien, veranlasste Goebbels zu weiteren Auslassungen, die ein bezeichnendes Licht auf die Art und Weise werfen, wie er mit dem Bekanntwerden der »Endlösung« innerhalb Deutschlands umzugehen gedachte: »Der Minister wünscht, dass vom OKW aus zusammen mit unseren Stellen eine Aufklärungsschrift für die Truppe herausgegeben wird, in der noch einmal das verbrecherische Treiben der Juden, die die Kriegführung in der Wirtschaft und Rüstungsindustrie sabotierten, Partisanenbanden anführen, im Ausland Rachepläne gegen Deutschland schmieden, klargelegt wird.

Abschließend muss dann in dieser Schrift etwa gesagt werden: ›Dagegen sind bestimmte Maßnahmen notwendig, ein solches Treiben können wir uns nicht gefallen lassen, sonst verlieren wir den Krieg. Es handelt sich hier nicht um eine Frage der Sentimentalität, sondern der reinen Zweckmäßigkeit. Entweder hängen wir die Juden auf, die unsere Kriegführung gefährden, oder die Juden hängen uns eines Tages auf. Diese Maßnahmen haben sich sowohl an der Front als auch im rückwärtigen Gebiet als notwendig erwiesen. Es ist nun sehr töricht, solche Dinge zu photographieren und nach Hause zu schicken, um sie so einem Publikum zu zeigen, das von den Gründen unserer Maßnahmen keine Ahnung hat. Das Publikum in der Heimat kann ja nicht wissen, dass ein Jude, der aufgehängt worden ist, vorher hinter einem Baum gesessen und auf einen deutschen Soldaten geschossen oder vielleicht bewusst geschlechtskranke Polinnen mit deutschen Soldaten zusammengeführt hat. Das alles weiß das Publikum ja nicht, sondern das sieht nur den aufgehängten Juden, mit dem Erfolg, dass sich dadurch wieder einmal eine unangebrachte Sentimentalität breit macht. Eine weitere Folge ist noch, dass auf irgendeine Weise durch Spitzel solche Fotos in die Hände des Feindes gelangen und diesem dazu dienen, eine wahnsinnige Gräuelpropaganda gegen Deutschland zu entfesseln. Ihr Soldaten schneidet Euch damit also nur ins eigene Fleisch.‹«[212]

In seiner Tagebucheintragung zum 12. Dezember 1942 ließ Goebbels erkennen, wie sehr ihn dieses Thema beschäftigte: »Die Frage der Judenverfolgungen in Europa wird von den Engländern und Amerikanern bevorzugt und in größtem Stil behandelt. Allerdings geschieht dies hin und wieder nicht mit der Tonstärke, die man eigentlich erwartet hätte. Im Grunde genommen sind, glaube ich, sowohl die Engländer wie die Amerikaner froh darüber, dass wir mit dem Judengesindel aufräumen. Aber die Juden werden drängen und die britisch-amerikanische Presse unter Druck setzen.«[213]

Am nächsten Tag heißt es: »Die Juden machen die ganze Welt rebellisch wegen der angeblichen Gräueltaten in Polen. Nun wollen sie die USA und England als Schutzmächte anrufen. [...] Wir nehmen demgegenüber die Zustände im Iran und in Indien etwas auf die Hörner. Dort haben sich einige Unruhen abgespielt, vor allem im Iran wegen der krisenhaften Lebensmittellage. Wir drücken mächtig auf die Tube und ich hoffe, dass es uns in einigen Tagen gelingen wird, die Engländer aus ihrer Reserve herauszulocken und sie in ihrer Presse wenigstens in die Defensive zu drängen. Sie werden dann keine große Lust mehr zeigen, in der Judenfrage offensiv gegen uns vorzugehen.« Die Proteste gegen die deutsche Judenverfolgung in Großbritannien kommentierte er wie gehabt: »Aber es nutzt den Juden nichts. Die jüdische Rasse hat diesen Krieg vorbereitet, sie ist der geistige Urheber dieses Unglücks, das über die Welt hereingebrochen ist.« Das Judentum müsse »für seine Verbrechen bezahlen, so wie der Führer es damals in seiner Reichstagsrede prophezeit hat: mit der Auslöschung der jüdischen Rasse in Europa und vielleicht in der ganzen Welt.«[214]

Am 14. Dezember führte Goebbels auf der Propagandakonferenz die von ihm befohlene »Entlastungskampagne« erneut aus – und bestätigte noch einmal, diesmal sogar mit Hilfe von Angaben über die Zahl der Opfer, den Massenmord: »Mit aller Eindringlichkeit bezeichnet es der Minister als unbedingt notwendig, jetzt einen Entlastungsfeldzug größten Stils in der Judenfrage zu starten. Es besteht kein Zweifel mehr darüber, dass in ganz großem Umfange jetzt die Judenfrage in der Welt aufgerollt werden soll. Wir können nun auf diese Dinge nicht antworten; wenn die Juden sagen, wir hätten 2½ Millionen Juden in Polen füsiliert oder nach dem Osten abgeschoben, so können wir natürlich nicht darauf antworten, dass es etwa nur 2,3 Millionen gewesen wären. Wir sind also nicht in der Lage, uns auf eine Auseinandersetzung – wenigstens vor der Weltöffentlichkeit nicht – einzulassen.

Im übrigen ist auch die Weltöffentlichkeit noch nicht so weit über die Judenfrage aufgeklärt, als dass wir es wagen könnten zu sagen: ›Jawohl, das haben wir getan, und zwar aus folgenden Gründen.‹ Wir kämen ja auch gar nicht zu Worte. Es muss deshalb jetzt eine Entlastungskampagne größten Stiles gemacht werden. Wenn beispielsweise TO [die deutsche Nachrichtenagentur Transocean; P. L.] meldet, dass 500 Personen in Indien verhaftet worden sind, so dürfen wir eine solche Meldung nicht einfach in dieser Form wiedergeben, sondern müssen sagen: ›378 Personen sind erschossen und 82 weitere erhängt worden; der Rest wurde zu Hungerstrafen verurteilt.‹ Alle Nachrichten dieser Art besitzen heute für uns keinen informatorischen, sondern nur noch instruktiven Wert. Alle Meldungen dieser Art, ob sie nun aus dem Nahen Osten, ob aus Iran, Palästina, aus Französisch-Nordafrika oder Ostindien kommen, müssen jetzt groß aufgebauscht werden, wie es ja umgekehrt auch der Feind mit seinen Gräuelmeldungen in der Judenfrage macht. Leute wie Bose, der Großmufti von Jerusalem usw.[215] müssen jetzt mobil gemacht werden. Ganz systematisch muss jetzt in dieser Kampagne jeden Tag etwas Neues erfunden werden. Es handelt sich hierbei um die wichtigste propagandistische Aufgabe, die es zur Zeit gibt. Jetzt gilt ganz besonders wieder das Wort ›Propaganda heißt wiederholen!‹ Wir dürfen hierbei keine Rücksicht auf das deutsche Volk nehmen, dem vielleicht sehr bald diese Dinge zum Halse heraushängen werden, denn wir handeln ja, wenn wir es auch nicht klarlegen können, im wohlverstandenen Interesse des deutschen Volkes. Die deutsche Presse muss sich also die Dinge gleichfalls in größtem Maße angelegen sein lassen, da die Sache sonst nicht zu Tragen kommen würde.

Auch die rumänische, ungarische und die für uns arbeitende Presse des bisher unbesetzten Frankreichs, wie überhaupt die Presse der von uns besetzten Gebiete muss diese Dinge groß aufgreifen und soll dann wieder von uns zitiert werden. Wir dürfen uns dabei keine Mühe verdrießen lassen, auch dann nicht, wenn wir einmal acht Tage lang keine Reaktion von außen her verspüren. Wir zeigen ja schließlich auch keine Reaktion, und die Juden schweigen trotzdem nicht. Es wird jetzt darauf ankommen, wer es am längsten aushält, zu schweigen. Und es ist, da wir eine autoritär geführte Presse und Propaganda haben, der Feind dagegen nicht, anzunehmen, dass wir es länger aushalten werden.«[216]

Aber die »offensive Abwehr-Kampagne gegen die feindliche Gräuel-Kampagne«, so Goebbels auf der Propagandakonferenz vom 16. Dezember, solle sich »nicht auf die Engländer beschränken. Wir müssen jetzt ein allgemeines Geschrei über Gräuel anstimmen, in dem zum Schluss die Hetze gegen uns völlig untergeht. Zur Untermauerung müsse auch die deutsche Presse sich mit größter Intensität dieses Themas annehmen.« Nur auf Gräuel gegen deutsche Gefangene solle nicht eingegangen werden.[217]

Entsprechend dieser Vorgabe wurde die Presse am kommenden Tag darauf hingewiesen, es sei im »Hinblick auf die in der Welt wieder auflebenden Gräuellügenhetze gegen die Achsenmächte [...] angebracht, den Nachrichtenstoff, der laufend über die brutalen Methoden der Briten und Amerikaner in den von ihnen beherrschten Ländern vorliegt, stärker als bisher in Erscheinung treten zu lassen.«[218] Ähnliche Hinweise folgten am nächsten Tag.[219]

In der Presse erschien in der Tat eine Reihe von Artikeln, die diese »Hinweise« aufnahmen, doch flaute diese Kampagne bereits nach einigen Tagen ab.[220] Entsprechend unzufrieden zeigte sich Goebbels: »Was bisher gegen die feindliche Gräuelpropaganda getan worden sei, müsse als ›unzureichend‹ bezeichnet werden; mit allen Mitteln müsse diese Kampagne ununterbrochen wochenlang in größtem Umfange fortgesetzt werden [...] Vor allem gilt dieses für die Auslandsdienste, in der deutschen Presse braucht nicht in der gleichen Ausführlichkeit auf diese Dinge eingegangen zu werden, doch muss sich auch die Inlandspresse damit beschäftigen, um der Angelegenheit ein Fundament zu geben.«[221]

Am kommenden Tag ordnete Goebbels an, »in der Abwehr der britischen und jüdischen Gräuelpropaganda in dem jetzigen Stil fortzufahren und unablässig auf den britischen Terror in Indien, Iran usw. zu verweisen. Diese Aktion ist so lange fortzusetzen, bis die Gegenseite zum Verstummen gebracht ist.« Weiter bestimmte Goebbels: »Die Meldung über die Forderung Emil Ludwig Cohns nach einer völligen Abrüstung Deutschlands soll von der Presse aufgegriffen und dazu benutzt werden, den Antisemitismus virulent zu erhalten, damit nicht bei den demnächst wieder stattfindenden Juden-Evakuierungen in der Bevölkerung falsche Sentimentalität Platz greift.«[222]

Dieser Wunsch wurde zwar vom *Völkischen Beobachter* sofort aufgegriffen;[223] doch im Übrigen war der Presse hinsichtlich des Themas »britischer Terror« bereits der Atem ausgegangen. Das Protokoll der Pressekonferenz vom 22. Dezember macht deutlich, dass sich die deutsche Propaganda gegenüber der alliierten Nachrichtenpolitik bereits in der Defensive befand: »Gräuelmeldungen aus Moskau und England sollten nicht aufgegriffen werden, wenn doch, dann nur in sehr massiver Abwehr.« Der Sprecher des Auswärtigen Amtes führte aus, die »große Aktivität des Judentums gegen die Achse zeige sich erneut in Erklärungen verschiedener feindlicher Sender, des Reuterbüros, des Büros United Press, des amerikanischen Senators Pepper usw.«,[224] schien aber ratlos zu sein, wie man darauf reagieren solle.

Auf der Propagandakonferenz vom 29. Dezember forderte Ministerialdirigent Wilhelm Haegert, der an Goebbels' Stelle die Besprechung leitete, erneut, die antisemitische Propaganda zu verschärfen. Haegert bemängelte, dass »immer noch nicht im genügenden Umfang laufend Nachrichten über die Judenfrage herausgebracht würden«, obwohl das Thema doch sowohl innen- wie außenpolitische Bedeutung besitze: »Man dürfe ja nicht vergessen, dass die Araber in Nordafrika doch eine gewisse militärische Rolle spielen werden, und gerade die Araber reagierten bekanntlich sehr gut auf die Judenfrage, vor allem, wenn man dieses Thema in Zusammenhang mit Amerika bringe, das ja laufend Stoff zum Judenproblem liefere, der sowohl innerpolitisch wichtig sei zur Begründung unserer Judenpolitik, wie auch allgemein außenpolitisch, speziell für die Araber in Nordafrika. Es genüge also nicht, wenn die deutsche Presse lediglich Notizen bringe über die Maßnahmen gegen die Juden, sondern diese Maßnahmen müssten laufend durch eine entsprechende Propaganda unterstützt und begründet werden.«[225]

Die wiederholten Ermahnungen zeigen, dass der Versuch, von den »Gräuelmeldungen« der alliierten Seite durch eine Entlastungsoffensive abzulenken, nicht richtig in Gang kam. Vermutlich dürften die entsprechenden Bemühungen an den praktischen Schwierigkeiten der Journalisten gescheitert sein, einen kontinuierlichen Strom von Berichten über angebliche alliierte Verbrechen in Indien, dem Iran oder anderswo zu produzieren, die halbwegs glaubwürdig klangen und geeignet waren, das Interesse des breiten Publikums in Deutschland zu wecken.

Denn die deutsche Bevölkerung, das ist eindeutig, war zu diesem Zeitpunkt mit einem anderen Problem beschäftigt, und das hieß: Stalingrad.

»Kraft durch Furcht«: Die Drohung mit der »jüdischen Rache«

Nach Stalingrad: Antibolschewistische und antijüdische Propagandakampagne im Zeichen des Totalen Krieges

Nach der Niederlage von Stalingrad stellte Goebbels die deutsche Propaganda, und zwar sowohl die Inlands- wie die Auslandspropaganda, ganz unter die Parole des »Kampfes gegen den Bolschewismus«. Die ersten, grundlegenden Anordnungen dazu erließ er am 9. und 12. Februar 1943; in den nächsten Tagen und Wochen sollte er immer wieder auf dieses Leitmotiv zurückkommen.[1]

Die Betonung der »antibolschewistischen« Inhalte hatte – fast selbstverständlich angesichts der stereotypen Vorgehensweise der NS-Propaganda – zur Folge, dass nun auch antisemitische Motive vor allem in der Parteipresse wieder verstärkt aufgegriffen wurden. Der *Völkische Beobachter* und *Der Angriff* leiteten die Kampagne am 11. Februar mit entsprechenden Schlagzeilen ein (»Die neuesten Hassausbrüche unserer Todfeinde« beziehungsweise »Neuer teuflischer Plan zur Vernichtung unseres Volkes«).[2] *Der Angriff* veröffentlichte am 23. Februar einen Leitkommentar Robert Leys, in dem es unter anderem hieß: »Der Jude ist auserwählt, nun endlich für seine Schandtaten und Verbrechen ausgerottet zu werden. Der Deutsche ist vom Schicksal ausersehen, dieses Urteil der Vorsehung zu vollstrecken.«

Kurz nach Beginn der Kampagne, am 18. Februar, hielt Goebbels im Berliner Sportpalast die berüchtigte Rede, in der er sein Publikum auf den »Totalen Krieg« einschwor, verbunden mit massivem antisemitischen Tenor. So warnte der Propagandaminister im Falle einer militärischen Niederlage vor »bolschewistisch-jüdischer Sklaverei«, sprach von »jüdischen Liquidationskommandos«, nannte das »internationale Judentum« das »teuflische Ferment der Dekomposition« und erhob, einen »Versprecher« korrigierend, die Forderung nach »vollkommener und radikalster Ausrott-, -schaltung des Judentums«.[3]

Seit Ende Januar 1943 trieb Goebbels außerdem erneut die von ihm seit dem Sommer 1938 verfolgte Idee voran, die Berliner Juden vollständig aus der Stadt zu deportieren. Am 22. Januar versicherte er sich noch einmal der Zustimmung Hitlers zu diesem Projekt,[4] und am 7. Februar nahm er befriedigt eine Ansprache Hitlers vor den Reichs- und Gauleitern zur Kenntnis, in der dieser noch einmal ankündigte, »dass wir das Judentum nicht nur aus dem Reichsgebiet, sondern aus ganz Europa eliminieren müssen«. Goebbels hielt weiter fest: »Auch hier macht sich der Führer meinen Standpunkt zu eigen, dass zuerst Berlin an die Reihe kommt und dass in absehbarer Zeit in Berlin kein Jude mehr sich aufhalten dürfe.«[5] Entsprechend dieser Maßgabe wurden in Berlin am 27. Februar während der so genannten Fabrikaktion Juden in der Reichshauptstadt verhaftet und anschließend deportiert. Unter den Festgenommenen befanden sich auch zahlreiche Menschen, die in so genannten Mischehen lebten, also einem Personenkreis angehörten, der bisher grundsätzlich von den Deportationen verschont geblieben war. Ihre Verwandten, die befürchteten, dass diese Ausnahmeregelung nun aufgehoben werde, harrten so lange in einer Protestaktion vor einem Gebäude in der Rosenstraße aus, bis die dort Festgehaltenen freigelassen wurden.[6]

»Fabrikaktion« und »Rosenstraßenprotest« spiegeln sich in Goebbels' Tagebüchern wider; deutlich wird, dass beide seiner Einschätzung nach die »Stimmung« in der Stadt beeinflussten. Am 2. März notierte Goebbels in seinem Tagebuch, »dass die besseren Kreise, insbesondere die Intellektuellen, unsere Judenpolitik nicht verstehen und sich zum Teil auf die Seite der Juden stellen. Infolgedessen ist die Aktion vorzeitig verraten worden.« Am 6. März hielt er fest: »Es haben sich da leider etwas unliebsame Szenen vor einem jüdischen Altersheim abgespielt, wo die Bevölkerung sich in größerer Menge ansammelte und zum Teil sogar für die Juden etwas Partei ergriff.« Am 11. März notierte er: »Leider sind dabei auch die Juden und Jüdinnen aus privilegierten Ehen zuerst mit verhaftet worden, was zu großer Angst und Verwirrung geführt hat. Dass die Juden an einem Tag verhaftet werden sollten, hat sich infolge des kurzsichtigen Verhaltens von Industriellen, die die Juden rechtzeitig warnten, als Schlag ins Wasser herausgestellt. Im ganzen sind wir 4000 Juden dabei nicht habhaft geworden. [...] Die Verhaftung von Juden und Jüdinnen aus privilegierten Ehen hat besonders in Künstlerkreisen stark sensationell gewirkt. Denn gerade unter Schauspielern sind ja diese privilegierten Ehen noch in einer gewissen Anzahl vorhanden.

Aber darauf kann ich im Augenblick nicht übermäßig viel Rücksicht nehmen.«

Am 8. März ließ er sich von Hitler noch einmal die Richtigkeit seiner Politik bestätigen, »so schnell wie möglich die Juden aus Berlin herauszuschaffen«.[7] Am 14. März, bei einer erneuten persönlichen Begegnung mit Hitler, betonte Goebbels zum wiederholten Male, wie wichtig es sei, »die Juden so schnell wie möglich aus dem ganzen Reichsgebiet herauszubringen«. Hitler billigte, so Goebbels, nicht nur dieses Vorgehen, sondern »gibt mir den Auftrag, nicht zu ruhen und nicht zu rasten, bis kein Jude sich mehr im deutschen Reichsgebiet befindet«. Außerdem erhielt Goebbels von Hitler den Auftrag, »in unserer Propaganda jetzt wieder die Judenfrage stärker herauszustellen; denn die Juden sind es ja schließlich, die England in die allmähliche Bolschewisierung hineintreiben«.[8]

Goebbels machte sich sogleich ans Werk.[9] Gleichzeitig setzte er seine Bemühungen um ein »judenfreies« Berlin fort: »Der Führer ist glücklich darüber, dass, wie ich ihm berichte, die Juden zum größten Teil aus Berlin evakuiert sind. Er meint mit Recht, dass der Krieg uns die Lösung einer ganzen Reihe von Problemen ermöglicht hat, die man in normalen Zeiten niemals hätte lösen können. Jedenfalls werden die Juden die Verlierer dieses Krieges sein, so oder so.«[10]

Einen Tag später hielt er in seinem Tagebuch fest: »Berlin und das Reich sind jetzt zum großen Teil judenfrei gemacht worden. Das hat zwar einige Mühe gekostet, aber wir haben es doch durchgesetzt. Allerdings leben in Berlin noch die Juden aus Mischehen; diese betragen insgesamt 17 000. Der Führer ist auch außerordentlich betroffen von der Höhe dieser Zahl, die ich auch nicht so enorm eingeschätzt hätte. Der Führer gibt [Reichsinnenminister; P. L.] Frick den Auftrag, die Scheidung solcher Ehen zu erleichtern und sie schon dann auszusprechen, wenn nur der Wunsch danach zum Ausdruck kommt. Ich glaube, dass wir damit eine ganze Reihe dieser Ehen schon beseitigen und die übrigbleibenden jüdischen Partner aus dem Reich evakuieren können.«

Bei der »Judenfrage«, das machen die folgenden Sätze über die Unterredung mit Hitler deutlich, ging es nach Auffassung beider in Wirklichkeit um nichts anderes als um die Existenz des deutschen Volkes: »Jedenfalls kommt es nicht in Frage, dass wir hier irgendwelche Kompromisse schließen; denn sollte das Unglück eintreten, dass wir den Krieg verlören, so würden wir nicht nur derohalben, sondern überhaupt absolut vernichtet werden. Mit einer solchen Möglichkeit darf man deshalb überhaupt nicht rechnen und muss seine Politik und Kriegführung darauf abstellen, dass sie niemals eintreten kann. Je konsequenter wir da vorgehen, umso besser fahren wir.«[11]

Am folgenden Tag ging es nach einem weiteren Gespräch mit Hitler um den gleichen Grundgedanken: »Die meisten unserer Zeitgenossen machten sich nicht klar, dass die Kriege des 20. Jahrhunderts Rassenkriege seien, und dass es in Rassenkriegen immer nur Überleben oder Vernichtung gegeben habe, dass wir uns also klar darüber sein müssten, dass auch dieser Krieg mit diesem Ergebnis enden werde.«[12] Hitler bekräftigte diese Auffassung im Übrigen am gleichen Tag öffentlich in einer Rede zum Heldengedenktag im Lichthof des Berliner Zeughauses: Er erinnerte an seine »einstige Prophezeiung, [...] dass am Ende dieses Krieges nicht Deutschland oder die mit ihm verbündeten Staaten dem Bolschewismus zum Opfer gefallen sein werden, sondern jene Länder und Völker, die, indem sie sich immer mehr in die Hand des Judentums begeben, eines Tages am bolschewistischen Gift [...] den Zusammenbruch und damit das Ende erleben«.[13]

Einige Wochen zuvor hatte Goebbels in einem Gespräch mit Göring festgestellt, dass auch der Reichsmarschall diese radikale Ansicht teilte: »Göring ist sich vollkommen im klaren darüber, was uns allen drohen würde, wenn wir in diesem Kriege schwach würden. Er macht sich darüber gar keine Illusionen. Vor allem in der Judenfrage sind wir ja so festgelegt, dass es für uns gar kein Entrinnen mehr gibt. Und das ist auch gut so. Eine Bewegung und ein Volk, die die Brücken hinter sich abgebrochen haben, kämpfen erfahrungsgemäß viel vorbehaltloser als die, die noch eine Rückzugsmöglichkeit besitzen.«[14]

Die »Judenfrage« und ihre radikale, mörderische »Lösung« war demnach in den Augen führender Repräsentanten des Regimes zum Kernproblem des Krieges geworden. Der Sieg war schon deswegen unabdingbar, weil ansonsten Vergeltung und Vernichtung durch den Erzfeind drohten; der Sieg konnte aber nur errungen werden, wenn es gelang, die Deutschen durch gezielte Hinweise zu Mitwissern und damit zu Komplizen des ungeheuren Verbrechens zu machen und ihre Furcht vor Vergeltung so zu schüren, dass sie sich bedingungslos in den Dienst des Totalen Krieges stellten.

Dieses Kalkül der NS-Führung, die deutsche Bevölkerung vor die Alternative »Sieg oder Untergang« zu stellen, lässt sich in der NS-Propaganda, wie wir gesehen haben, seit der zweiten Jahreshälfte 1942 immer deutlicher nachweisen. In den Akten des Foreign Office befinden sich Aussagen eines – namentlich nicht genannten – deutschen Journalisten, der dieses innenpolitische Kalkül der NS-Führung im März 1943 während einer Schweden-Reise in einem vertraulichen Gespräch auf den Punkt brachte.

Nach Ansicht des Journalisten war es definitiv die Politik des Regimes, Verbrechen zu begehen, um das deutsche Volk als Ganzes schuldig zu machen und alle Energien auf die Kriegsanstrengungen zu lenken. Die Generallinie laute, man habe alle Brücken hinter sich abgebrochen, und alle Deutschen säßen im selben Boot. Es existiere eine große Furcht vor den Briten und Amerikanern, weil man glaube, sie würden wegen der an den Juden begangenen Verbrechen Rache üben. Große Teile der deutschen Bevölkerung wüssten über die Verfolgung der Juden und die Zustände in den besetzten Gebieten Bescheid. Das Regime versuche, mit Hilfe des Slogans »Kraft durch Furcht« die deutsche Bevölkerung zur totalen Mobilisierung aufzustacheln.[15]

Im April sollte sich dafür eine hervorragende Gelegenheit bieten.

Katyn

Wiederholt ordnete Goebbels Ende März und Anfang April an, die antibolschewistische und antisemitische Propaganda zu verschärfen.[16] In dieser Situation erreichten Goebbels die ersten Meldungen von den Massengräbern erschossener polnischer Offiziere in Katyn.[17] Am 9. April hielt er in seinem Tagebuch fest: »In der Nähe von Smolensk sind polnische Massengräber gefunden worden. Die Bolschewisten haben hier etwa 10 000 polnische Gefangene, unter ihnen auch Zivilgefangene, Bischöfe, Intellektuelle, Künstler usw., einfach niedergeknallt und in Massengräber verscharrt. [...] Ich veranlasse, dass die polnischen Massengräber von neutralen Journalisten aus Berlin besucht werden. Auch lasse ich polnische Intellektuelle hinführen. Sie sollen dort einmal durch eigenen Augenschein davon überzeugt werden, was ihrer wartet, wenn ihr vielfach gehegter Wunsch, dass die Deutschen durch die Bolschewisten geschlagen würden, tatsächlich in Erfüllung ginge.«

Am 14. April, nachdem er die entsprechende Erlaubnis Hitlers eingeholt hatte, notierte er, der Leichenfund werde »nun in größtem Stil in der antibolschewistischen Propaganda eingesetzt«; die deutsche Presse war bereits in den Tagen zuvor auf eine weitere Steigerung der antisemitischen

Propaganda eingestellt worden.[18] National wie international sollte das Massaker nun bestmöglich ausgereizt werden. So vertraute Goebbels am 17. April seinem Tagebuch an: »Wir werden die antisemitische Propaganda so hochkitzeln, dass wie in der Kampfzeit das Wort ›Jude‹ wieder mit dem verheerenden Ton ausgesprochen wird, wie es ihm gebührt.« Und: »Besonderen Wert legt der Führer darauf, dass wir die Judenfrage in den Mittelpunkt der daran anschließenden Erörterungen hineinrücken. Das werden wir auch nach besten Kräften tun.«[19]

Befriedigt stellte er insbesondere die angebliche Zunahme von Antisemitismus in Großbritannien fest: »Dass wir, einer Anordnung des Führers gemäß, das Judenproblem in die Debatte geworfen haben, wirkt sich außerordentlich gut aus. Der Antisemitismus ist selbst in den Feindstaaten in rapidem Wachstum begriffen. Vor allem kommen solche Meldungen aus England. Wenn wir die antisemitische Frage mit Hochdruck weiter bearbeiten, so werden die Juden auf die Dauer arg in Misskredit geraten. Man muss hier nur Zähigkeit und Beständigkeit bewahren; denn das Judenproblem ist so festgefroren, dass es sehr schwer ist, es wieder in Fluss zu bringen.«[20]

Die Tatsache, dass während dieser Kampagne, präzise am 19. April, der Warschauer Ghetto-Aufstand ausbrach, war Wasser auf seine Propaganda-Mühlen: »Es wird die höchste Zeit, dass wir auch aus dem Generalgouvernement die Juden so schnell wie möglich entfernen.«[21]

Goebbels' Tagebücher aus diesen Tagen zeigen deutlich, wie eng er die Katyn-Kampagne mit Hitler abstimmte.[22] Katyn sollte nicht nur in Deutschland und im besetzten, neutralen und feindlichen Ausland antikommunistische und antisemitische Emotionen wecken und schüren; der Massenmord an den polnischen Offizieren sollte vor allem benutzt werden, um einen Keil in die Koalition der Kriegsgegner zu treiben.

Den formellen Bruch der polnischen Exilregierung mit der Sowjetunion Ende April wertete Goebbels als ersten Erfolg seiner Kampagne.[23] Am 29. April hielt er fest: »Die Judenfrage ist neben der Frage des Antibolschewismus das Europa bewegende Problem. Wenn wir hier stur und eigensinnig beim einmal eingeschlagenen Kurs bleiben, so werden wir zweifellos den Erfolg auf unserer Seite haben.« Demzufolge hielt die Katyn-Kampagne auch Anfang Mai unvermindert an.[24]

Ein Blick in die deutsche Presse jener Wochen zeigt, dass in allen Blättern unter dem Stichwort Katyn die wohl schärfste antisemitische Kampagne seit Bestehen des Regimes stattfand. Zuerst am 14. April brachte die gesamte Presse die Öffnung der Massengräber von Katyn in teilweise sensationeller Weise in den Schlagzeilen. Auch an den folgenden Tagen machten die meisten Zeitungen mit Schlagzeilen zum Thema Katyn auf oder berichteten an herausragender Stelle über den Leichenfund.[25] Im Allgemeinen benötigte die Presse jedoch ein oder zwei Tage, bis sie die Entdeckung der Massengräber in der gewünschten, scharf antisemitischen Weise kommentierte.[26]

Nach wenigen Tagen hatte die gesamte Presse das Leitmotiv vom »jüdischen Massenmord« (*Der Angriff* vom 16. April) jedoch aufgenommen. Für etwa sieben Wochen, bis Anfang Juni sollte Katyn als ein von jüdischen Kommunisten begangenes Verbrechen die Berichterstattung des *Völkischen Beobachters* vollkommen beherrschen: In diesem Zeitraum enthielt fast jede Ausgabe der Zeitung einen oder mehrere antisemitische Beiträge. Katyn wurde zum Schlagwort, um vermeintliche jüdische Grausamkeit und Bestrebungen nach der Weltherrschaft anzuprangern, mit denen sich auch die gegnerische Kriegskoalition auseinandersetzen müsse. Das immer wieder beschworene Bild der im Wald von Katyn ermordeten polnischen Offiziere sollte zudem deutlich vor Augen führen, was die deutsche Bevölkerung im Falle einer Niederlage in diesem »jüdischen Krieg« zu erwarten hatte.

Der Angriff hielt – nach gewissen Anfangsschwierigkeiten, auf die noch einzugehen sein wird – die intensive Kampagne sogar bis Mitte Juni 1943 durch, das heißt, er veröffentlichte in diesem Zeitraum pro Tag durchschnittlich mehr als einen antisemitischen Beitrag. Besondere Höhepunkte dieser Kampagne waren die Leitkommentare Robert Leys, der das Blatt nutzte, um auf drastische Weise antisemitisch aufgeladene Angstphantasien zu entwerfen. Am 6. Juni 1943 schrieb er: »Der Jude bedeutet den Tod. Und umgekehrt bedeutet Kampf gegen den Juden: Jungsein, Stärke, Selbstbewusstsein, Lebenswille und Lebensbehauptung. Wer sich des Juden entledigt, wird gesund und geht einem Zeitalter unvorstellbarer Blüte, Größe und Herrlichkeit entgegen.«[27]

Leys Rhetorik erreichte in diesen Wochen eine selbst für den DAF-Führer ungewohnte Vulgarität und Brutalität. Anfang Mai hatte er in einer in der Presse stark beachteten und im Rundfunk ausgestrahlten Rede vor Rüstungsarbeitern den Kampf gegen »Juda« als »Kampf auf Leben und Tod« bezeichnet und daraus die Konsequenz gezogen: »Wir schwören, wir werden nicht eher den Kampf aufgeben, bis der letzte Jude in Europa vernichtet ist und gestorben ist.«[28]

Am 30. Mai hieß es in seinem Leitkommentar im *Angriff*: »Wer den Juden lobt, ist ein Charakterschwein, wen er beschimpft, ist ein Ehrenmann [...] Leg deine sprichwörtlich gewordene deutsche Gutmütigkeit ab. Mitleid habe in deinem Herzen keinen Platz mehr, der Jude will dich zerreißen, und Jehova will dich fressen.«[29]

Auch die NS-Provinzpresse erging sich in zum Teil unverhüllten Drohungen gegenüber den für Katyn verantwortlich gemachten Juden. In der badischen Gauzeitung *Der Führer* schrieb der bekannte, scharf antisemitische NS-Publizist Johann von Leers[30] am 15. April, dass »in unserer tief vergifteten Welt, die buchstäblich in Gefahr ist, an Juden und am jüdischen Marxismus zu sterben, gar keine andere Lösung ist, als den Giftbrocken auszubrechen, uns des Judentums in Europa zu entledigen, das uns in diesem seinem Krieg vernichten will – wer hätte das Recht, uns dies vorzuwerfen?« Am 4. Mai drohte der Leitkommentar derselben Zeitung den »für den jüdischen-angloamerikanischen Terror Verantwortlichen [...] die Stunde der Vergeltung« an: »Unter diesen Verantwortlichen aber nehmen die Juden eine Sonderstellung ein.« Es war wiederum Leers, der es in der Abendausgabe des *Westdeutschen Beobachters* vom 22. April fertig brachte, unter der Überschrift »Jüdische Mordlust« Katyn als moderne Form des jüdischen Ritualmords darzustellen: »Eines aber ist klar – die Juden dürsten nach dem Blut der Nichtjuden.« Der Bolschewismus, so Leers, stelle einen »riesigen Massenritualmord der Juden an den Nichtjuden« dar, und daraus zog er die Konsequenz: »Das Judentum in seiner Gesamtheit muss für diese Verbrechen haftbar gemacht werden.«

Aber auch ehemals bürgerliche Blätter, so insbesondere die *Deutsche Allgemeine Zeitung*, beteiligten sich an der intensiven Propagandakampagne über Wochen mit antisemitischen Angriffen. Dabei unterschieden sich diese Zeitungen in ihren Hasstiraden in keiner Weise von den Parteiblättern, wie noch gezeigt werden wird.

Die nähere Analyse der Katyn-Kampagne zeigt jedoch, dass die Presse erst ermahnt und belehrt werden musste, bis sie das antisemitische Leitmotiv in der erwünschten Weise ausbreitete. Die weitaus meisten Zeitungen hatten nach etwa einer Woche ihr Arsenal an antisemitischen Injurien verbraucht, das Thema begann wieder in den Hintergrund zu treten, und es bedurfte offizieller Ermunterungen, um die antisemitische Kampagne mit der gleichen Intensität wie in den ersten Tagen nach Katyn fortzusetzen. Nur der *Völkische Beobachter* hielt die Kampagne ohne Unterbrechung aufrecht.[31]

Angesichts dieser Erlahmungserscheinungen kann es nicht überraschen, dass sich in den erhaltenen Unterlagen des Propagandaministeriums deutliche Hinweise auf eine gewisse Unzufriedenheit mit der deutschen Presse finden. Goebbels zeigte sich in der internen Propagandakonferenz seines Ministeriums am 30. April im »Zusammenhang mit dem Kampf gegen das Judentum« darüber enttäuscht, dass »uns hierfür die notwendigen Schriftleiter fehlen, um die Aktion auch wirklich erfolgreich in der Presse durchzuführen«. Zum Teil säßen in den Redaktionen »sehr veraltete Schriftleiter«, die die antisemitische Propaganda »vorschriftsmäßig«, aber »ohne innere Anteilnahme« durchführten: »Sie erzeugen so keine Wut und keinen Hass, weil sie diese Gefühle selbst nicht besitzen.« Jede Zeitung solle fortan täglich »das Judenproblem irgendwie aufgreifen, und zwar ganz einfach und primitiv«.[32]

Der Sprecher des Propagandaministeriums monierte entsprechend in diesen Tagen gegenüber den Journalisten: »Die Presse sei viel zu zurückhaltend in diesen Fragen. Nur wenn sie einen Auftrag bekomme, sei sie für 24 Stunden bereit, so wenig wie möglich zu tun, und bemühe sich sofort, schnell wieder von jeder antisemitischen Linie herunterzukommen. Man habe den Eindruck an zuständiger Stelle, als wenn die Presse meine, das jüdische Thema sei unangenehm.«[33] Pflichtbewusst reagierte die Presse Ende April/Anfang Mai und nahm die Kampagne wieder auf.[34]

Am 7. Mai konnte Goebbels mit Befriedigung zur Kenntnis nehmen, dass Hitler anlässlich einer Ansprache vor den Reichs- und Gauleitern die offene Propagierung des Antisemitismus ganz offiziell zum »Kernstück der geistigen Auseinandersetzung« erklärt hatte: »Er hält von der antisemitischen Bewegung in England viel, wenngleich er sich natürlich klar darüber ist, dass sie keine organisatorische Form besitzt und deshalb auch machtpolitisch nicht in Erscheinung treten kann. Trotzdem ist der Antisemitismus natürlich der Churchill-Regierung außerordentlich unangenehm. Er ist den antisemitischen Bestrebungen vergleichbar, wie sie früher in Deutschland in den bürgerlichen Verbänden gepflegt wurden. Auch die hätten natürlich zu keinem Ziel geführt, wenn nicht die revolutionäre nationalsozialistische Bewegung sie aufgenommen hätte[...].«[35]

Einen ersten Höhepunkt der antisemitischen Propagandakampagne im Anschluss an Katyn markierte Goebbels' Artikel »Der Krieg und die Juden« am 9. Mai 1943 im *Reich*. »Gewisse Kreise in Europa«, so begann Goebbels, »wollen und wollen nicht einsehen, dass dieser Krieg ein Krieg der jüdischen Rasse und ihrer Hilfsvölker gegen die arische Menschheit sowie gegen die abendländische Kultur und Zivilisation ist, dass deshalb auch in ihm alles, was uns Deutschen und Europäer als Verfechtern eines Prinzips der gesitteten Weltordnung lieb und teuer ist, auf dem Spiel steht.« Das »Judentum«, so der Tenor des Artikels, sei der eigentlich Schuldige an diesem Krieg; die Juden bildeten »überhaupt den Kitt, der die feindliche Koalition zusammenhält«. Die weiteren Ausführungen lassen wenig Zweifel daran, welches Schicksal das NS-Regime diesem Feind zugedacht hatte:

»Es ist deshalb ein Gebot der Staatssicherheit, dass wir im eigenen Lande die Maßnahmen treffen, die irgendwie geeignet erscheinen, die kämpfende deutsche Volksgemeinschaft gegen diese Gefahr abzuschirmen. Das mag hier und da zu schwerwiegenden Entscheidungen führen, aber das ist alles unerheblich dieser Gefahr gegenüber. Denn dieser Krieg ist ein Rassenkrieg. Er ist vom Judentum ausgegangen und verfolgt in seinem Sinne und nach seinem Plan kein anderes Ziel als die Vernichtung und Ausrottung unseres Volkes. Wir stehen dem Judentum doch als einziges Hindernis gegenüber auf seinem Wege zur Weltherrschaft. Würden die Achsenmächte den Kampf verlieren, dann gäbe es keinen Damm mehr, der Europa vor der jüdisch bolschewistischen Überflutung retten könnte.«

Weiter unten heißt es dann: »Kein prophetisches Wort des Führers bewahrheitet sich mit einer so unheimlichen Sicherheit und Zwangsläufigkeit wie das, wenn das Judentum es fertig bringen werde, einen zweiten Weltkrieg zu provozieren, dieser nicht zur Vernichtung der arischen Menschheit, sondern zur Auslöschung der jüdischen Rasse führen werde. Dieser Prozess ist von einer weltgeschichtlichen Bedeutung, und da er vermutlich unabdingbare Folgen mit sich ziehen wird, hat er auch seine Zeit nötig. Aber aufzuhalten ist er nicht mehr. [...]

Wir sprechen in dieser Frage ohne jedes Ressentiment. Die Zeit ist zu ernst, um naive Rachpläne zu spinnen. Es handelt sich hier um ein Weltproblem erster Ordnung, das von der heute lebenden Generation gelöst werden kann und auch gelöst werden muss. Hier haben sentimentale Erwägungen keinen Platz. Wir stehen im Judentum der Verkörperung des allgemeinen Weltverfalls gegenüber. Entweder brechen wir diese Gefahr, oder die Völker werden unter ihr zerbrechen. [...] Als sie [die Juden] gegen das deutsche Volk den Plan einer totalen Vernichtung fassten, unterschrieben sie damit ihr eigenes Todesurteil. Auch hier wird die Weltgeschichte ein Weltgericht sein.«

Am 9. Mai traf er wieder mit Hitler zusammen. In seinem Tagebuch notierte er zufrieden: »Der Fall Katyn hat dem Führer außerordentlich imponiert. Er hat auch dann wieder erkannt, welche ungeheuren Möglichkeiten heute noch in der antibolschewistischen Propaganda liegen. [...] Sehr großen Wert legt der Führer auf eine schlagkräftige antisemitische Propaganda. Er sieht auch hier den Erfolg in der ewigen Wiederholung gegeben. Er ist außerordentlich zufrieden mit der Verschärfung unsrer antisemitischen Propaganda in Presse und Rundfunk.« Laut Goebbels füllte die antisemitische Propaganda 70 bis 80 Prozent der deutschen Auslandssendungen aus. »Der Antisemitismus hat nach Meinung des Führers besondere Chancen in England. Wenn er auch politisch und machtmäßig nicht ausgenutzt werden kann, so ist er doch in der Lage, ungeheuer viel Unruhe und Unzufriedenheit zu stiften und die Kluft zwischen Regierung und Volk zu vertiefen. Wir müssen hier nach genau denselben Prinzipien handeln, nach denen wir früher in der Kampfzeit gehandelt haben.«[36]

Am nächsten Tag, am 10. Mai 1943, betonte Goebbels in der Propagandakonferenz prompt, dass Hitler eine »eingehende Behandlung« der Judenfrage innerhalb der Gesamtpropaganda wünsche; die im Propagandaministerium einlaufenden Berichte über die positive Aufnahme der antisemitischen Propaganda in der Bevölkerung bestätigten ihn in dieser Haltung.[37] »Bolschewismus« und »Kampf gegen das Judentum«, so erklärte Goebbels seinen Mitarbeitern, seien »noch heute die besten Propagandapferde, die wir im Stall haben. [...] Wenn wir immer den Juden und sein Treiben aufzeigen, so müssten wir in der ganzen Welt ein Echo dahingehend erreichen, dass alle den Wunsch aussprechen: ›Ach, käme es doch auch bei uns so wie in Deutschland, dass wir einmal judenfrei sind.‹«

Das deutsche Volk, so Goebbels, sei jedoch über die »Einzelheiten« der »Judenfrage« keineswegs ausreichend unterrichtet; die »Zionistischen Protokolle« seien beispielsweise kaum bekannt. Die Parole »Die Juden sind schuld« müsse um das Leitmotiv »Die Juden sind der Kitt im Feindlager« ergänzt werden: »Sie sind es, die den Kapitalismus und Bolschewismus durch ihre Leitartikel, Rundfunksprecher, Bankiers und GPU-Kommissare verkörpern.«[38] Mit Datum vom 13. Mai heißt es im Tagebuch: »Ich studiere noch einmal eingehend die Zionistischen Protokolle. Bisher war mir immer entgegengehalten worden, sie eigneten sich nicht für die aktuelle Propaganda. Ich stelle bei meiner Lektüre fest, dass wir sie sehr wohl gebrauchen können. [...] Wenn die Zionistischen Protokolle nicht echt sind, so sind sie von einem genialen Zeitkritiker erfunden worden.«

Bei seinem mittäglichen Besuch bei Hitler kam er auf das Thema zurück. In seinem Tagebuch hielt er anschließend einen der ausführlichsten und bizarrsten Monologe zur »Judenfrage« fest, die aus des »Führers« Mund überhaupt überliefert sind: für Goebbels ein weiterer Beweis, wie sehr seine antisemitische Propagandakampagne von Hitler geschätzt wurde und wie richtig er mit seiner Auffassung lag, die »Judenfrage« sei der Schlüssel zur Lösung des gegenwärtigen Weltkonflikts. Allerdings musste er auch erfahren, dass die leisen Zweifel an der Echtheit der *Protokolle der Weisen von Zion*, die er sich in seinem Tagebuch erlaubt hatte, vom Diktator nicht geteilt wurden:

»Der Führer vertritt den Standpunkt, dass die Zionistischen Protokolle absolute Echtheit beanspruchen können. So genial könne kein Mensch das jüdische Weltherrschaftsstreben nachzeichnen, wie die Juden es selbst empfinden. Der Führer ist der Meinung, dass die Juden gar nicht nach einem festgelegten Programm zu arbeiten brauchen; sie arbeiten nach ihrem Rasseinstinkt [...] Wenn die Juden nach ihrem Rasseinstinkt handeln, so ist damit nicht gesagt, dass es nicht zivilisierte westeuropäische Juden gäbe, die sich auch der geheimen Absichten dieses Rasseinstinktes bewusst würden. Die handeln nicht nur nach Rasse, sondern auch nach Einsicht. Infolgedessen wird es immer wenige Überläufer aus der jüdischen Rasse geben, die mit einem verblüffenden Freimut die jüdischen Ziele vor der Öffentlichkeit entwickeln. Von einer Verschwörung der jüdischen Rasse gegen die abendländische Menschheit kann nicht im platten Sinne die Rede sein; diese Verschwörung ist mehr eine Angelegenheit der Rasse als eine Angelegenheit der intellektuellen Absichten. [...] Die Juden sind sich in aller Welt gleich; ob sie im östlichen Ghetto wohnen, ob in den Bankpalästen der City oder Wallstreet, sie werden dieselben Ziele verfolgen und werden, ohne dass sie sich darüber verständigen, auch dieselben Mittel dabei gebrauchen.

Man könnte hier die Frage aufwerfen, warum es in der Weltordnung überhaupt Juden gibt. Es wäre dieselbe Frage, wie die, warum es Kartoffelkäfer gibt. Die Natur ist vom Gesetz des Kampfes beherrscht. Immer wieder wird es parasitäre Erscheinungen geben, die den Kampf beschleunigen und den Ausleseprozess zwischen den Starken und den Schwachen intensivieren. Das Prinzip des Kampfes herrscht so auch im menschlichen Nebeneinanderleben. Man muss die Gesetze dieses Kampfes nur kennen, um sich darauf einstellen zu können. Der intellektuelle Mensch hat der jüdischen Gefahr gegenüber nicht die natürlichen Abwehrmittel, weil er wesentlich in seinem Instinkt gebrochen ist. Infolgedessen sind Völker mit einem hohen Zivilisationsstand am ehesten und am stärksten der Gefahr ausgesetzt. In der Natur handelt das Leben immer gleich gegen den Parasitismus; im Dasein der Völker ist das nicht ausschließlich der Fall. Daraus resultiert eigentlich die jüdische Gefahr. Es bleibt also den modernen Völkern nichts anderes übrig, als die Juden auszurotten. [...] Es ist fast unverständlich, dass die Juden niemals durch Schaden klug werden. Im Mittelalter haben sie manchmal in den Städten im Verlauf von ein oder zwei Jahrhunderten fünf, acht oder zehn gewaltsame Austreibungen erlebt mit einem Aderlass, wie er kaum erträglich erscheint; trotzdem haben sie in dem Augenblick, in dem sie wieder in die Städte hineingelassen wurden, wieder mit den alten Methoden angefangen. Das liegt nicht in ihren Absichten, sondern in ihrer rassischen Veranlagung. Es besteht deshalb auch nicht die Hoffnung, die Juden durch eine außerordentliche Strafe wieder in den Kreis der gesitteten Menschheit zurückzuführen. Sie werden eben ewig Juden bleiben, so wie wir ewig Mitglieder der arischen Menschheit sind.

Der Jude hat auch als erster die Lüge als Waffe in der Politik eingeführt. Der Urmensch hat, wie der Führer meint, die Lüge nicht gekannt. Der Urmensch hat nur in primitiver Weise seine Gefühlsregungen durch Urlaute kundgemacht. Von einer Absicht des Verschleierns konnte dabei überhaupt nicht die Rede sein. Der Urmensch hatte gar keine Veranlassung, auf einen solchen Gedanken zu kommen. Er hat, wenn er Schmerz empfand, Laute des Schmerzes, und wenn er Freude empfand, Laute der Freude von sich gegeben. Je höher der Mensch sich intellektuell entwickelte, desto mehr gewann er natürlich auch die Fähigkeit, seine inneren Gedanken zu verschleiern und anderes zum Ausdruck zu bringen, als was er empfand. Der Jude als ein absolut intellektuelles Wesen hat am frühesten diese Kunst beherrschen gelernt. Er kann deshalb nicht nur als der Träger, sondern auch als der Erfinder der Lüge unter den Menschen angesehen werden. Die Engländer handeln aufgrund ihrer durchaus materialistischen Einstellung ähnlich wie die Juden. Sie sind überhaupt das arische Volk, das die meisten jüdischen Wesenszüge angenommen hat. Aber trotzdem wird das englische Volk der Judenfrage gegenüber ein großes Erwachen erleben. Dieses Erwachen ist durch Propaganda von unserer Seite aus in jeder Weise zu fördern und zu beschleunigen. Je eher der

Tag dieses Erwachens eintritt, umso besser für die Rettung der abendländischen Kultur und der abendländischen menschlichen Gesellschaft. [...] Unsere und insbesondere meine Aufgabe besteht also jetzt darin, genauso wie die Frage des Antibolschewismus nunmehr die Frage des Antisemitismus zu produzieren.«

Eine Woche nach diesen denkwürdigen Ausführungen gab Goebbels zu erkennen, dass der Fall Katyn in der innerdeutschen Propaganda seine Schuldigkeit getan habe: »Im Inland brauche ich den Fall Katyn nicht weiter auszuschlachten; das bisher vorgebrachte Material hat für die deutsche Öffentlichkeit durchaus überzeugend gewirkt.«[39]

Goebbels suchte nun nach anderen einschlägigen Themen und Möglichkeiten,[40] um die antisemitische Kampagne fortzusetzen und zu variieren. Meldungen aus England, wonach der Plan zur Bombardierung deutscher Talsperren auf einen jüdischen Erfinder zurückging, kamen da gerade recht, wie seiner Tagebucheintragung zum 21. Mai 1943 zu entnehmen ist: »Die Engländer geben sich jetzt auch alle Mühe, ihre etwas unvorsichtige Meldung, dass ein Jude den Plan zur Zerstörung unserer Talsperren entworfen habe, zurückzuziehen. Offenbar fürchten sie scharfe Repressalien im Reichsgebiet an den Juden. Trotzdem ist natürlich diese Meldung richtig. Sie hat in der deutschen Öffentlichkeit auch entsprechenden Eindruck gemacht.«

Die Auflösung der Komintern wertete er Ende Mai als wichtigen Etappenerfolg und als Gelegenheit für eine »Neuauflage der antibolschewistischen und antijüdischen Kampagne«.[41] Aufmerksam registrierte er alle Informationen, die für ein Anwachsen des Antisemitismus im Feindlager sprachen. Sein besonderes Augenmerk galt Großbritannien,[42] vor allem aber den USA. So nahm er befriedigt Informationen über eine Umfrage einer amerikanischen Zeitschrift zur Kenntnis, wonach »der Antisemitismus in den Vereinigten Staaten viel stärker ist, als wir bisher angenommen haben. [...]. Man kann daraus entnehmen, dass die judenfeindliche Stimmung durch die lange Dauer des Krieges nicht etwa abnimmt, sondern im Gegenteil nur zunimmt.«[43] Am gleichen Tag notierte er: »Die Londoner ›Times‹ wirft mir in schärfsten Ausdrücken vor, dass ich die Absicht habe, insbesondere auch durch die Aufwerfung der Judenfrage die Alliierten zu entzweien. Wenn ich diese Absicht verwirklichen könnte, so würde ich darüber sehr glücklich sein.« Auch die Tatsache, dass die französischen Behörden in Tunesien die durch die deutsche Besatzungsmacht eingeführten antijüdischen Bestimmungen aufhoben, erschien ihm vielversprechend: Das werde die antisemitischen Emotionen unter der dort lebenden französischen Bevölkerung auflodern lassen.[44] Ebenso setzte er Hoffnungen auf eine Zunahme des Antisemitismus in der Schweiz.[45]

Die deutsche Presse setzte die Vorgaben des Propagandaministeriums, das sie kontinuierlich mit entsprechendem Material versorgte,[46] im Mai und teilweise noch im Juni 1941 getreulich um. Von Anfang Mai bis Anfang Juni erschien in einigen Blättern in fast jeder Ausgabe mindestens ein antisemitischer Beitrag, in anderen Zeitungen war die Frequenz etwa halb so stark.[47] Zusätzlich zu den bereits erwähnten Themen[48] wurden schon Ende April Pläne des US-Finanzministers Morgenthau zur Reform des Weltwährungssystems als »jüdischer Versklavungsplan«[49] angeprangert, während die amerikanische Absicht zur Errichtung einer Welternährungsbank im Mai als »Wunschgebilde jüdischer Weltausbeutung«[50] präsentiert wurde. Triumphierend wurde die Verbannung der Juden aus der bulgarischen Hauptstadt Sofia registriert,[51] ebenso die Inhaftierung des Sprechers der rumänischen Gemeinschaft in Rumänien, Filderman.[52] Außerdem wurde das angebliche Anwachsen des Antisemitismus im Feindlager sowie in neutralen Ländern aufmerksam beobachtet.[53]

Schließlich griffen die deutschen Zeitungen Stimmen aus der alliierten Presse auf, die sich mit Nachkriegsplänen für die Behandlung NS-Deutschlands beschäftigten: Sie wurden in der deutschen Propaganda als eindeutige Beweise für die alliierte Absicht zur »Vernichtung« Deutschlands herausgestellt. Unter Verweis auf Katyn wurden »die Juden« als Drahtzieher dieser Nachkriegsplanungen dargestellt und die Vernichtung des jüdischen Erzfeindes – als ein dem Regime aufgezwungener Akt der Notwehr – offen propagiert.

Diese Linie – Vernichtung der Juden, um nicht durch die Juden vernichtet zu werden – bildete die Kernaussage der Katyn-Propaganda, sie findet sich in zahllosen Variationen in der deutschen Presse. So behauptete *Der Angriff* vom 4. Mai in Bezug auf die Juden: »Ihr Ziel ist die Vernichtung Deutschlands«, und im gleichen Blatt war am 6. Mai zu lesen, »der Jude« werde den Krieg »mit allen verfügbaren Mitteln so lange führen, bis entweder Deutschland vernichtet ist oder er selbst zerschmettert am Boden liegt«. Die *Münchner Neuesten Nachrichten* erklärten Ende Mai: »Das Judentum besteht auf Deutschlands Vernichtung«, und zogen daraus den Schluss: »Wir wissen, dass es diesem Feind gegenüber nur die Entscheidung der Waffen gibt.«[54]

Im Zuge der massiven antijüdischen Kampagne findet sich eine ganze Anzahl von Stimmen in der Presse, die als Reaktion auf die in der Bevölkerung verbreiteten Gerüchte und Informationen über die »Lösung der Judenfrage« gelesen werden können beziehungsweise solche Gerüchte und Informationen bestätigten. Die durch zahlreiche allgemein gehaltene Andeutungen der Führungsspitze und die nicht erfolgte Dementierung von Gerüchten über den Massenmord zum öffentlichen Geheimnis gewordene »Endlösung« wurde in solchen Pressebeiträgen thematisiert, ohne dass Einzelheiten des Verbrechens genannt wurden. Es scheint, dass zwischen Journalisten und Leserschaft ein unausgesprochener Konsens existierte. Anders lassen sich die folgenden Beiträge kaum verstehen:

Die *Deutsche Allgemeine Zeitung* schilderte in ihrem Leitkommentar vom 22. Mai die Judengesetzgebung, die der slowakische Staat seit 1939 erlassen hatte, und zwar »bis zur Massenaussiedlung«; mit der »Abschaffung« von »vier Fünfteln der Juden«, so der Kommentar weiter, sei die slowakische »Judenfrage« jedoch noch keineswegs gelöst.[55]

In einem am 17. Mai in der badischen Gauzeitung *Der Führer* erschienenen Kommentar behandelte der fanatische Antisemit Johann von Leers, Chefredakteur der NS-Monatsschrift *Wille und Weg*, unter der Überschrift »Schuld ist der Jude« die »Judenfrage« in einer Art und Weise, die eine zumindest ungefähre Vorstellung des Lesers über die »Endlösung« voraussetzte.

Leers stellte klar, dass die »Judenfrage [...] Kern- und Zentralfrage unseres Volkes geworden« sei. Es gebe »heute Menschen genug, die sich darüber beklagen, dass wir die Juden aus Europa ausrotten«; sie sollten sich, so Leers Ratschlag, lieber »erst einmal darüber beklagen, in welch namenloses Elend die Juden mit dem Zusammenbruch 1918 [...] und mit dem neuen Krieg, den sie zusammengehetzt haben, unser Volk und ganz Europa hineingetrieben haben«. Dann ging Leers auf einen weiteren möglichen Einwand gegen die »Judenpolitik« des Regimes ein: »Ja, aber die Methoden? Wer Methode sagt, hat immer Unrecht. Es kommt auf das Ergebnis an. Das Ergebnis für den Arzt muss die restlose Ausschaltung der Cholera sein, das Ergebnis für unser Volk die restlose Ausschaltung der Juden sein. Der Kampf steht ›Spitz auf Knopf‹. Es geht zwischen uns und den Juden darum, wer wen überlebt. Wenn die Juden siegen, wird unser ganzes Volk so niedergemetzelt wie die polnischen Offiziere im Walde von Katyn – und wenn wir den Juden die Möglichkeit nehmen wollen, nach diesem Krieg wieder einen Krieg und noch einen neuen Krieg und immer neue Kriege und Revolutionen zusammenzubrauen, von denen sich jeder gegen uns richtet und alle nur den Zweck haben, die jüdische Rache an uns zu vollziehen – dann dürfen wir das Judentum zwischen uns nicht existieren lassen.

Mögen diese Dinge schrecklich sein«, fuhr Leers fort, »sie sind aber unausweichlich. Wir haben uns die Zeit nicht ausgesucht, in der wir leben, aber wir stehen mit dem Rücken gegen die Wand. Das Judentum, dem wir bis zum Weltkrieg nichts als Gutes erwiesen haben, dem wir in Deutschland die größte Entwicklungsmöglichkeit gegeben hatten, ist uns damals in den Rücken gefallen wie ein Mörder. Und es ist wieder dabei und möchte uns ermorden. Die Feindschaft ist von ihm ausgegangen – und es kann sich nicht wundern, dass für uns seiner Mordlust gegenüber Notwehrrecht gilt. Es hat es selbst gewollt.«

Leers Kommentar lässt sich als eine Replik auf die offenbar weit verbreitete Auffassung lesen, die Katyn-Propaganda sei wegen der nicht verborgen gebliebenen Morde an den Juden wenig glaubwürdig. Mit seiner Verteidigung der »Methoden« und dem Eingeständnis, dass »diese Dinge schrecklich [...] aber unausweichlich« seien, bestätigte Leers nicht nur die Gerüchte über Exekutionen und andere an den Juden verübte Gräueltaten, sondern rechtfertigte sie ausdrücklich als legitime Vorgehensweise einer Politik der »Ausrottung«, bei der es um das Prinzip »Wir oder sie« gehe.

Leers' Kommentar erschien auch im Dresdner *Freiheitskampf* und fand in Victor Klemperer einen höchst alarmierten Leser. Klemperer zog folgende Schlussfolgerungen aus dem Artikel, namentlich aus der Formulierung, »dass wir die Juden aus Europa ausrotten«: »1. Sie haben angefangen. 2. und hauptsächlich: Unsere Judenvertilgung ist in Deutschland selber gar nicht populär.«[56]

Am 5. Juli kam Leers im *Führer* unter der Überschrift »Der Jude und der Bombenterror« noch einmal auf das Thema »Wir oder sie« zurück. Anlass war die Bombardierung des Kölner Doms: »Geloben wir uns in dieser Stunde, durch Kind und Kindeskinder uns zu erinnern, dass es die Juden waren, die den Luftgangsterkrieg gegen die Zivilbevölkerung und ihre Wohnstätten, gegen die hehrsten Kulturdenkmäler gewollt haben, dass sie für ihn haftbar gemacht werden müssen und ihre Vernichtung die allein notwendige Sühne für dieses Verbrechen sein kann.«

Die *Mitteldeutsche Nationalzeitung*, ebenfalls ein Parteiblatt, brachte am 3. Juni einen Artikel unter der Überschrift »Nach dem Judenproblem die Zigeunerfrage«, in dem es unter anderem hieß: »In dem Augenblick, wo die Völker Südosteuropas an die Lösung der Judenfrage auf mehr oder weniger erkannter rassischer Grundlage gehen, ist als zweites Problem einer gesunden Bevölkerungspolitik im südosteuropäischen Raum die Zigeunerfrage spruchreif geworden. [...] Die ausgesprochen asoziale Haltung und die außerordentlich starke Vermehrung der Zigeuner haben zur Folge, dass in den meisten Ländern Südosteuropas die Stimmen immer lauter werden, auch diese Frage möglichst rasch und gründlich zu lösen. Die größte Schwierigkeit ist die, dass der Zigeuner nach seiner rassischen Eigenart die Wohltaten einer dauerhaften Ansiedlung geradezu verschmäht. Im Gegensatz zu den Juden will er allerdings nur das Allernotwendigste ›besitzen‹ [...] er behindert das Neuaufbauwerk in Südosteuropa und das ist der Grund, warum auch die Zigeunerfrage jetzt im europäischen Südosten nach einer Lösung drängt.«

Der Artikel geht mit keinem Wort darauf ein, wie denn die Lösungen der »Juden«- und der »Zigeunerfrage« aussehen sollten; da aber die »dauerhafte Ansiedlung« der Zigeuner ausgeschlossen und die Lösung der »Judenfrage« als Modell für die Regelung der »Zigeunerfrage« dargestellt wird, ging der Verfasser des Artikels offenkundig ebenfalls davon aus, dass beim Leser gewisse Vorstellungen vorhanden waren, wie die »Judenfrage« denn bereinigt wurde.

Die *Deutsche Allgemeine Zeitung* veröffentlichte in ihrer Abendausgabe vom 2. Juni 1943 einen Artikel, der die Tätigkeit des SD in den besetzten Ostgebieten würdigte und gleichzeitig eine Begründung dafür lieferte, warum darüber keine Einzelheiten veröffentlicht wurden. Der mit »SS-PK« gekennzeichnete Artikel, der den Autor als Mitglied einer Propagandakompanie der SS auswies, wählte die Form eines »Zwiegesprächs« zwischen einem Wehrmachtsoffizier und einem SD-Führer, die in einem Fronturlauberzug ein Abteil teilten. Es seien ja doch, so der SD-Führer, »die gleichen Gegner – Judentum und Freimaurerei sowie deren politische Exponenten Bolschewismus und liberalistische Plutokratie –, denen man gegenübergestanden« habe. Heute sei jedoch »noch nicht die Zeit«, so der SD-Führer weiter, »die Berichte aufzuschlagen, die grundlegend über den Einsatz der Sicherheitspolizei und des SD sprechen. Vieles würde sicherlich nie gesagt werden, da es nicht immer ratsam sei, die Strategie aufzudecken.«[57] Und den Leitkommentar derselben Zeitung vom 29. Mai kann man als Versuch betrachten, das Vorgehen gegen die Juden vor der Leserschaft zu rechtfertigen. Dort heißt es, angesichts der »Proklamation des feindlichen Vernichtungswillens wird auch der Letzte begreifen, vielleicht auch mancher im Ausland, weshalb wir das Letzte rücksichtslos aufbieten, um den Sieg zu erringen, weshalb vor allem auch unsere antisemitische Kampagne so konsequent durchgeführt wird«.

Offenbar wurde auch der Rundfunk in diese antisemitische Kampagne eingespannt. Laut den Aufzeichnungen Victor Klemperers hielt die »Judenhetze« im Radio sogar länger an als in der Presse, nämlich mindestens bis Ende Juli.[58] Auch die Rundfunkberichterstattung des SD liefert verschiedene Hinweise auf antisemitische Sendungen: So traten etwa in den »Kurzszenen der Woche« fiktive jüdische Charaktere auf, und das Format Hörspiel wurde ebenfalls entsprechend genutzt.[59]

Am 5. Juni hielt Goebbels als weiterer Höhepunkt der antisemitischen Propagandakampagne des Jahres 1943 im Berliner Sportpalast eine in der Presse stark beachtete Rede, in der er noch einmal unmissverständlich klarstellte, dass die deutsche Politik auf die »Ausschaltung« und »Beseitigung« des jüdischen Gegners zielte: »Die gänzliche Ausschaltung des Judentums aus Europa ist keine Frage der Moral, sondern eine Frage der Sicherheit der Staaten. […] Wie der Kartoffelkäfer die Kartoffelfelder zerstört, ja zerstören muss, so zerstört der Jude die Staaten und Völker. Dagegen gibt es nur ein Mittel: radikale Beseitigung der Gefahr. […] Der internationale Jude ist der Kitt, der die feindliche Koalition zusammenhält.«[60]

Reaktionen der Bevölkerung

Mit der Katyn-Kampagne hatte die Politik der NS-Führung, die deutsche Bevölkerung durch gezielte Hinweise auf den vor sich gehenden Mord an den Juden zu Mitwissern und Komplizen des Verbrechens zu machen und ihnen die furchtbaren Konsequenzen vor Augen zu führen, die sie im Falle einer Niederlage treffen würden, ihren Höhepunkt erreicht. Die Reaktionen waren, folgt man den Stimmungsberichten, jedoch ambivalent. Aus Sicht des Regimes lassen sich aus den Berichten – neben positiven Reaktionen[61] – deutlich zwei negative Tendenzen ablesen: erstens eine gewisse Verwunderung darüber, dass das NS-Regime angesichts der von ihm selbst begangenen, weithin bekannten Gräueltaten nun Massenexekutionen der anderen Seite anprangerte, und zweitens die Befürchtung, den deutschen Kriegsgefangenen in der Sowjetunion drohe ein ähnliches

Schicksal beziehungsweise man selbst werde bei einer Niederlage diesen Methoden zum Opfer fallen.

Am 19. April heißt es beispielsweise in den Meldungen aus dem Reich, »ein großer Teil der Bevölkerung« erörtere »die Liquidierung des polnischen Offizierkorps unter humanitären Gesichtspunkten und gelange deshalb zu der Schlussfolgerung, es sei ›merkwürdig‹ oder gar ›heuchlerisch‹, dass die deutsche Propaganda nunmehr ›ihr Herz für die Polen entdeckt habe‹. Dabei verweise man einerseits auf die Tatsache, dass von den Polen 60 000 Volksgenossen in Bromberg und anderen Orten gemordet worden sind, andererseits erkläre man, ›wir haben kein Recht, uns über die Maßnahmen der Sowjets aufzuregen, weil deutscherseits in viel größerem Umfang Polen und Juden beseitigt worden sind‹. Mit der letzten Argumentation werde besonders in intellektuellen und konfessionell orientierten Kreisen gegen die ›propagandistische Ausschlachtung‹ des Fundes im Walde von Katyn geeifert.«[62]

Zur Wirkung der Presse- und Rundfunkpropaganda kann man im gleichen Bericht lesen: »Mit einem weiteren Augenblinzeln wird zugestimmt, dass die deutsche Propaganda sich ›keine Schwachheit anmerken‹ lasse, dass sie die toten Polen gegen die Sowjets und die Juden benutze, obwohl wir selbst mit Polen, Juden und Bolschewisten ›nicht gerade wählerisch umgegangen‹ seien.« Zur Illustration dieser Auffassung wird eine Stimme angeführt: »Wenn ich nicht wüsste, dass im Daseinskampf unseres Volkes jedes Mittel recht ist, wäre mir diese Heuchelei mit dem Mitgefühl für die ermordeten polnischen Offiziere unerträglich.« Hier zeige sich, so der Bericht, dass »mit großer Gedankenlosigkeit geurteilt werde und selbst von den positiv eingestellten Volksgenossen einfach äußere Gleichsetzungen vorgenommen werden«, so dass es die Agitation gegnerisch eingestellter Kreise verhältnismäßig leicht habe, da selbst den Parteigenossen Argumente zur Entgegnung fehlten.

Die Meldungen untergeordneter SD-Stellen wurden konkreter. So berichtete die SD-Außenstelle Bad Brückenau, man höre vereinzelt »aus bäuerlichen Kreisen [...] wir hätten, es mit [den] ›Juden‹ ja auch nicht anders gemacht, sondern auch einen gefähr[lichen] Gegner gewaltsam beseitigt«.[63] Die SD-Außenstelle im schwäbischen Friedberg gab nach Berlin weiter: »Vereinzelt wird die Ansicht laut, dass die Feinde auch in den von uns eroberten Ostgebieten auch Massengräber finden würden. Es seien zwar keine Polen, sondern Juden, die von unseren Truppen systematisch hingerichtet wurden.«[64] Aus Würzburg hieß es: »In kirchlichen Kreisen wird die Anschauung vertreten, es könne sich um Massengräber handeln, die von den Deutschen für die ermordeten polnischen und russischen Juden angelegt wurden.«[65]

In diesem Zusammenhang ist von Interesse, dass die im Juni 1943 auf die Massengräber außerhalb der Vernichtungslager ausgedehnte, streng geheime Aktion 1005 – die systematische Beseitigung aller sterblichen Überreste der Opfer des Judenmordes – bereits wenige Monate später bekannt wurde, wie sich einem SD-Bericht der Außenstelle Bad Neustadt[66] vom Oktober 1943 entnehmen lässt: »Einem Gerücht aus Münnerstadt zufolge hätten die Feindmächte über das Rote Kreuz an den Führer die Frage gestellt, wo die früher im Reich ansässigen Juden verblieben seien. Der Führer hätte daraufhin die Juden wieder ausgraben und verbrennen lassen, damit bei einem weiteren Rückzug im Osten den Sowjets kein Propagandamaterial wie das bei Katyn usw. in die Hände fallen würde.«

Doch zurück zu den unmittelbaren Auswirkungen der Katyn-Kampagne. Der Regierungspräsident von Schwaben notierte im April, dass laut Meldung eines Landrats die Katyn-Propaganda »Erörterungen über die Behandlung der Juden in Deutschland und in den Ostgebieten ausgelöst habe«.[67] Der Linzer SD kolportierte die Bemerkung eines Pfarrers: »Seit sich die deutsche Propaganda so um Katyn annimmt, höre ich immer mehr Stimmen, die der Überzeugung sind, dass diese Morde von Deutschen verübt wurden.« Ein weiterer Geistlicher habe wörtlich erklärt: »Menschen, die den Mord von hunderttausenden Juden, Polen, Serben, Russen etc. auf dem Gewissen haben, steht nicht das Recht zu, sich zu entrüsten, wenn andere nur ein Teilchen von dem taten, was sie selbst laufend praktizieren.«[68]

Die SD-Außenstelle Lübbecke meldete Äußerungen aus »klerikalen Gruppen« im westfälischen Raum: »Die Nationalsozialisten hätten gar nicht das Recht, sich über die viehische Abschlachtung aufzuregen. Bei der Bekämpfung der Juden im Osten habe die SS ähnliche Abschlachtungsmethoden angewandt. Die scheußliche und unmenschliche Behandlung, wie sie den Juden durch die SS zuteil geworden wäre, fordert geradezu eine Bestrafung unseres Volkes durch den Herrgott heraus. Wenn diese Ermordungen sich nicht bitter an uns rächen würden, dann gäbe es keine göttliche Gerechtigkeit mehr! Das deutsche Volk habe eine solche Blutschuld auf sich geladen, dass es auf eine Barmherzigkeit und Verzeihung nicht rechnen könne. Alles räche sich bitter auf Erden. Aufgrund dieser barbarischen Methoden sei auch eine humane Kriegsführung unserer Gegner nicht mehr möglich. Die Wutausbrüche der jüdischen Presse und ihre Vernichtungstendenzen sei die natürliche Reaktion.«[69]

Ebenso deutlich wird in den Berichten die durch die Katyn-Propaganda geweckte Sorge, deutsche Kriegsgefangene könnten Opfer ähnlicher Massenexekutionen werden.[70] Die Ängste um vermisste Angehörige beziehungsweise die Furcht um das eigene Leben konnten zu Verzweiflung und Apathie bis hin zur Entfremdung zwischen dem Regime und Teilen der Bevölkerung führen. Die NSDAP-Kreisleitung Neustadt (Franken) gab beispielsweise zu bedenken: »Die Furcht allein als Ansporn des Kampf- und Durchhaltewillens zu benützen, ist eine gefährliche Sache. Es kann auch die gegenteilige Wirkung eintreten, und bei schwachen Gemütern ist dies nach meiner Feststellung auch geschehen.«[71] Daneben war deutlich herauszuhören, dass Teile der Bevölkerung durch derart massive Propagandakampagnen eher abgeschreckt wurden. Die »antijüdische Haltung der Presse hat so plötzlich angesetzt und wird derartig übertrieben, dass wahrscheinlich die Wirkung wenigstens auf das deutsche Volk verloren gehen wird«, hieß es in einem der Partei-Kanzlei vorliegenden Bericht.[72]

Außerdem wurde in Teilen der Bevölkerung die Propagandathese von der pauschalen Kriegsverantwortung »der Juden« offenbar zurückgewiesen.[73] Die Kreisleitung Weißenburg/Bayern meldete: »Es greift in weiten Schichten des Volkes in erschreckendem Maße die Ansicht Platz, dass es völlig gleichgültig sei, ob das deutsche Volk unter die Herrschaft der Engländer, Amerikaner oder gar der Bolschewisten komme, wenn nur der entsetzliche Krieg einmal zu Ende gehe. […] Leider wird der Jude und die damit verbundene Gefahr im Volk nicht mehr beachtet.«[74] Berichte des SD-Abschnittes Linz vom Juni 1943 deuteten auf massive negative Auswirkungen der antisemitischen Kampagne hin. Man sei »mit Abhandlungen über das Judentum in letzter Zeit allzu reichlich bedacht worden« und »durch das überspielte Instrument der Juden-Campagne und sonstiger politischer Abhandlungen großer Aufmachung übermüdet und oft schon angeekelt«.[75] In im Propagandaministerium eingehenden Briefen aus der Bevölkerung scheint die Wiederaufnahme antisemitischer Tendenzen in der Propaganda ebenfalls auf deutliche Kritik gestoßen zu sein.[76]

Auch die Bemühungen der Propaganda, die Luftangriffe auf deutsche Städte als das Werk jüdischer Hintermänner darzustellen, erwiesen sich als zumindest teilweise kontraproduktiv. Wenn, so die *vox populi* in den

Stimmungsberichten, die Juden so mächtig seien, warum hatte man sie sich dann unbedingt zum Feind machen müssen? Der SD Halle meldete: »Die Judenrache, die jetzt käme, sei schrecklich und man habe dieses nur der Regierung zuzuschreiben. Hätte man deutscherseits die Juden nicht angegriffen, so wäre es bereits zum Frieden gekommen.«[77] Aus Würzburg hieß es: »Die Vertreibung der Juden hätte nicht erfolgen sollen, dann würden diese heute nicht so gegen uns arbeiten.«[78] Hätte man, so fragten andere, die Juden nicht besser als Geiseln im Reich behalten anstatt sie zu vertreiben?[79]

Die Bombardierung von Talsperren als Ausgeburt eines teuflischen und verdammenswerten jüdischen Planes darzustellen, stieß laut Stimmungsberichten vielfach auf Unverständnis. »Moralische Auslassungen« seien angesichts so effizienter Zerstörung kriegswirtschaftlich wichtiger Anlagen fehl am Platz; warum sei die deutsche Seite nicht in der Lage, dem Feind ebensolche Schäden zuzufügen?[80]

Die Anstrengungen der Propaganda, verstärkt »die Juden« für die Luftangriffe verantwortlich zu machen, führten insbesondere zu Erörterungen, warum bestimmte Ziele angegriffen oder nicht angegriffen wurden – was einem gewissen Fatalismus Vorschub leisten musste. So berichtete der SD aus Köln, es lägen Stimmen vor, die die Bombardierung des Kölner Doms und anderer deutscher Kirchen in Zusammenhang mit den seinerzeitigen Zerstörungen der Synagogen in Deutschland gebracht haben« und daher argumentierten, dass »jetzt ›die Strafe Gottes‹ wirksam werde«.[81]

Im Raum Würzburg wurde spekuliert, die Stadt sei bisher nicht bombardiert worden, weil dort »keine Synagoge gebrannt habe«. Allerdings werde erzählt, »dass nunmehr auch die Flieger nach Würzburg kämen, da vor kurzer Zeit der letzte Jude Würzburg verlassen habe. Dieser habe vor seinem Abtransport erklärt, dass nun auch Würzburg Luftangriffe bekommen werde.«[82] »Ausgesprochene Judenstädte« wie Fürth und Frankfurt, so hieß es ebenfalls aus Würzburg, würden verschont.[83] Auch in Heilbronn verbreitete sich 1944, nach dem Angriff eines einzelnen Bombers, das Gerücht, ein feindlicher Flieger habe für die Vertreibung der Juden gezielt Rache nehmen wollen.[84]

Der Hamburger Kaufmann Lothar de La Camp schrieb unter dem Eindruck der Bombardierung Hamburgs im Sommer 1943 an einen Bekannten, dass »das einfache Volk, der Mittelstand und die übrigen Kreise von sich aus wiederholt Äußerungen unter vier Augen und selbst auch im größeren Kreise machten, die die Angriffe als Vergeltung gegen die Behandlung der Juden durch uns bezeichnen«.[85] Ian Kershaw schließlich hat auf einen vor dem Sondergericht München verhandelten »Heimtückefall« hingewiesen, in dem ein Hilfsarbeiter aus Weißenburg Befürchtungen äußerte, seine Stadt werde wegen der Inhaftierung von Juden in besonderer Weise unter den Bombardements zu leiden haben.[86] Alle diese Berichte spiegeln die Ohnmacht der Betroffenen wider, nicht die vom Regime gewünschte Mobilisierung der letzten Widerstandsreserven.

Auffällig an diesen erhaltenen Äußerungen ist, dass die Judenverfolgung nicht aus moralischen Gründen verurteilt wird. In der Kritik stehen vielmehr stets die eigenen Interessen, wie die Furcht vor Luftangriffen oder der Schutz der eigenen Kriegsgefangenen, im Vordergrund. Daraus weitreichende Schlussfolgerungen über die angeblich selbstsüchtige und moralisch indifferente Einstellung der deutschen Bevölkerungsmehrheit zu ziehen, wie dies etwa Kulka ausgehend von einer recht breiten Analyse des Materials aus dem Jahre 1943 tut, halte ich gleichwohl für problematisch: Wiederum muss der quellenkritische Einwand in Betracht gezogen werden, dass sich Kritiker der Judenverfolgung in halböffentlichen Situationen bevorzugt in einer Weise äußerten, die ihnen nicht als Fundamentalopposition ausgelegt werden konnte.[87]

Es erscheint auch fraglich, ob der in der Bevölkerung häufiger hergestellte Zusammenhang zwischen der Judenverfolgung und der Furcht vor »jüdischer Vergeltung« wirklich darauf zurückzuführen ist, dass die Propagandathese von der »jüdischen Weltverschwörung« mittlerweile in der Bevölkerung allgemein akzeptiert wurde, wie beispielsweise Kershaw schreibt.[88] Man könnte ebenso argumentieren, dass in solchen Bemerkungen Kritik an der Judenverfolgung zum Ausdruck gebracht wurde: Die Behauptung der Propaganda, eine Niederlage hätte die Vernichtung Deutschlands durch »die Juden« zur Folge, wurde hier in einer Weise aufgegriffen, die als deutliche Schuldzuweisung in Richtung Regime verstanden werden konnte. Wer sich so äußerte, bewies damit (bewusst oder unbewusst), dass das Regime Opfer der von ihm selbst hergestellten perversen Logik geworden war.

Das von der Propaganda verbreitete Gespenst einer »jüdischen Vergeltung«, sei es nun in Gestalt von Massenexekutionen durch bolschewistische Schergen oder durch Luftangriffe, erwies sich demnach als ein durchaus zweischneidiges Schwert. Statt zu Durchhaltewillen und Aufbietung der letzten Kräfte führte die antijüdische Propagandakampagne des

Frühjahrs 1943 bei vielen offenbar zu Resignation, während andere die Judenverfolgung als verhängnisvollen Irrtum kritisierten und die Propaganda als unglaubwürdig und verlogen empfanden. Die Stimmungsberichte der Reichspropagandaämter, musste Goebbels Ende Mai 1943 feststellen, zeichneten das Bild einer »allgemeinen schweren Depression«; man könne nicht mehr »nur von einem Stimmungs-, sondern auch von einem Haltungseinbruch« sprechen.[89]

Ob die Berichte nun die tatsächliche Stimmungslage der Bevölkerung wiedergaben und inwieweit sie auch als Kritik lokaler und regionaler Dienststellen am Kurs des Propagandaministeriums zu verstehen sind, muss dahingestellt bleiben. In jedem Fall war aber die hier übereinstimmend zum Ausdruck kommende Skepsis gegenüber der offiziellen Propaganda so stark, dass das Propagandaministerium sich Ende Mai/Anfang Juni gezwungen sah, die Kampagne zurückzunehmen: Entsprechend ebbte die antisemitische Polemik in der deutschen Presse Anfang Juni ab.[90]

Der Versuch des Regimes, die deutsche »Öffentlichkeit« durch eine antijüdische Angstpropaganda neu auszurichten und auf die Parole »Sieg oder Tod« festzulegen, war fehlgeschlagen. Das unter dem Stichwort »Katyn« im April eingeführte und im Mai mit Hilfe des Themas Luftkrieg variierte antisemitische Leitmotiv hatte sich nicht als tragfähiges Konzept erwiesen. Goebbels sah sich sogar gefordert, seine antisemitische Propagandakampagne gegen Kritik aus der Partei zu verteidigen. In einem an die Gauleiter gerichteten Rundschreiben vom 12. Juni 1943 schrieb er unter anderem, es hätten nach Beendigung der »Katyn-Aktion [...] verschiedene Gaue auf das Unverständnis parteifremder Kreise für die Breite und Häufigkeit der Darstellung in Presse und Rundfunk hingewiesen«. Es sei hingegen »ein schon in der Kampfzeit erprobter Grundsatz, dass die Wirkung der Propaganda von der häufigen Wiedergabe des Themas – selbstverständlich in abgewandelter Form – abhängt«. Nur so sei die »Einprägung bei weitesten Kreisen gewährleistet«. Und: »Im Vordergrund der Propaganda steht der Kampf gegen das Judentum und den Bolschewismus. Er muss auf breiteste Basis gestellt werden.«[91]

Es ist kein Zufall, dass auch die Partei-Kanzlei der NSDAP sich zu diesem Zeitpunkt, im Juli 1943, veranlasst sah, ein geheimes Rundschreiben an die Gau- und Reichsleiter herauszugeben, das deutlich das Unbehagen der Parteiführung über wild wuchernde Gerüchte in der »Judenfrage« zum Ausdruck brachte. Hier hieß es, und zwar ausdrücklich im »Auftrag des Führers«: »Bei der öffentlichen Behandlung der Judenfrage muss jede

Erörterung einer künftigen Gesamtlösung unterbleiben. Es kann jedoch davon gesprochen werden, dass die Juden geschlossen zu zweckentsprechendem Arbeitseinsatz herangezogen werden.«[92]

Der defensive Ton dieser Anweisung ist umso auffallender, wenn man sich Bormanns Schreiben in der gleichen Angelegenheit vom Oktober 1942 an die Gau- und Kreisleiter in Erinnerung ruft. Damals war die Partei-Kanzlei auf die Gerüchte über Massenerschießungen im Osten eingegangen und hatte eine Sprachregelung herausgegeben, die diese »sehr scharfen Maßnahmen« nicht geleugnet und offen davon gesprochen hatte, die europäischen Juden würden in Lager deportiert, dort zur Arbeit eingesetzt oder »noch weiter nach dem Osten verbracht« werden. Der Passus, es liege in der »Natur der Sache, dass diese teilweise schwierigen Probleme im Interesse der endgültigen Sicherung unseres Volkes nur mit rücksichtloser Härte gelöst werden können«, machte den Parteifunktionären unmissverständlich deutlich, dass die umlaufenden Gerüchte über den Massenmord an den Juden keinesfalls aus der Luft gegriffen waren.[93] Und nun, im Juni 1943, sollte die künftige »Gesamtlösung« der »Judenfrage« über den »Arbeitseinsatz« hinaus überhaupt nicht mehr erörtert werden. Zu diesem Verbot passte, dass die öffentlichen Erklärungen und Andeutungen führender Nationalsozialisten über die in Gang gekommene »Vernichtung« oder »Ausrottung« der Juden – im Gegensatz zum Jahre 1942 – weitgehend verstummt waren: Zum letzten Mal hatte Hitler im Februar 1943 die schon zum Ritual gewordene Erinnerung an seine »Prophezeiung« wiederholt.

Goebbels sah sich sogar genötigt, das offizielle Schweigen über die zur Verwirklichung der »Endlösung« ergriffenen Maßnahmen zumindest ansatzweise öffentlich zu begründen. So lassen sich jedenfalls seine richtungweisenden »30 Kriegsartikel für das deutsche Volk« interpretieren, die er am 26. September 1943 in der Wochenzeitung *Das Reich* veröffentlichte. Plötzlich wurde das »Schweigen« generell zu einer Tugend erklärt. Liest man diesen Artikel vor dem Hintergrund der wenige Monate zuvor abgebrochenen antisemitischen Kampagne, wird deutlich, dass Goebbels' Mahnung, das offizielle Schweigen nicht durch Gerüchtebildung zu durchbrechen, sich insbesondere auf die »Judenfrage« bezog – die indes angesichts des Schweigegebots nicht beim Namen genannt wurde. »Schweigen ist ein hohes Gebot der Kriegführung«, heißt es im Artikel. »Nur wenige wissen um die Geheimnisse des Krieges. Diese stellen Waffen im Lebenskampfe unseres Volkes dar und dürfen deshalb unter keinen

Umständen vor dem Feinde preisgegeben werden. Es ist also denkbar unfair und abträglich für das allgemeine Wohl, die Regierung durch Verbreitung von Gerüchten dazu zwingen zu wollen, über eine kriegswichtige oder gar kriegsentscheidende Frage öffentliche Erklärungen abzugeben, die dem Feinde nützen und damit dem eigenen Volke größten Schaden zufügen.«

»*Miesmacher*« *allenthalben*

Seit Mitte April 1943, seit dem Beginn der Katyn-Kampagne, hatte Goebbels mit dem Gedanken gespielt, der schlechten »Stimmung« einfach dadurch zu Leibe zu rücken, dass er die vom SD zusammengestellten und in Partei- und Regierungskreisen weit verbreiteten Meldungen aus dem Reich, das wichtigste Organ, das Woche für Woche die unzureichende Wirkung seiner Propaganda dokumentierte, einstellen ließ. Bereits am 17. April heißt es im Tagebuch:

»Der SD-Bericht bringt mehr Stänkereien. Er erregt überhaupt in letzter Zeit mein allgemeines Missfallen. Er ist gänzlich unpolitisch und wird durchaus ungesiebt an die zuständigen Stellen herangetragen. Daraus entsteht eine gewisse Gefahr; denn die meisten Leser dieser SD-Berichte haben nicht das politische Unterscheidungsvermögen, um eine Nebensächlichkeit von einer Hauptsache zu unterscheiden. Vor allem bringt dieser Bericht zu viele Einzelheiten. Die Führung des Reiches braucht es durchaus nicht zu wissen, wenn irgendwo in einem kleinen Landstädtchen einmal einer seinem gepressten Herzen Luft gemacht hat. Genauso, wie der Führer nicht zu wissen braucht, wenn in einer Kompanie einmal über die Kriegführung geschimpft wird, genauso braucht die politische Führung nicht darüber orientiert zu werden, wenn hier und da einer den Krieg verdammt oder verflucht oder darüber die Schale seines Zornes ausgießt. Das System des SD muss jetzt schleunigst geändert werden. Ich gebe Berndt[94] den Auftrag, eine Zusammenarbeit zwischen SD und Reichspropagandaministerium organisatorisch vorzubereiten. Wenn die an sich guten Materialunterlagen des SD politisch gesichtet und mit den politischen Anschauungen der Gauleiter und Reichspropagandaamtsleiter in Übereinstimmung gebrachen werden, dann könnte man daraus eine gute Informationsquelle machen. Ich will durchaus nicht, dass die politische Führung des Reiches von solchen Informationsquellen abgeschlossen wird; ich will nur verhindern, dass aus einem Floh ein Elefant gemacht wird und sich allmählich ein Bild von der Haltung des deutschen Volkes bei der Reichsführung ergäbe, das durchaus irreführend ist.«

Die Tagebücher des Propagandaministers zeigen, dass er spätestens seit Mai 1943 mit Himmler darüber verhandelte, den SD-Berichten »wegen defätistischer Wirkung« ein Ende zu machen.[95] Im Juni 1943 wurden die Meldungen aus dem Reich dann tatsächlich durch die SD-Berichte zu Inlandsfragen ersetzt, die nur für einen wesentlich kleineren Kreis von Lesern bestimmt waren.[96] Pläne des Propagandaministers, ein besonderes Informationsblatt für das Reichskabinett zu schaffen, stellten sich als »nichtdurchführbar« heraus; hier gehe es um »delikate Fragen [...] die man schriftlich überhaupt nicht beantworten kann«.[97]

Doch noch im Juli fand Goebbels die ihm vorliegenden SD-Berichte auch in der neuen Form »für die praktische Arbeit ganz unbrauchbar. Sie werden unkorrigiert vorgelegt und enthalten alles, was irgendein Anonymus in irgendeiner Stadt oder in irgendeinem Dorf an Meinung in irgendeinem unbewachten Augenblick von sich gegeben hat. Ich kann mir nicht vorstellen, dass aus der Kenntnis solcher Berichte irgendein Nutzen entspringen könnte, und lehne deshalb auch ab, sie in Zukunft ad notam zu nehmen.«[98]

Nicht die schlechte Stimmung sollten demnach beseitigt werden, sondern das Medium, das auf die trübe Stimmung hinwies. Ursprünglich ein wichtiges Mittel zur Herstellung einer nationalsozialistisch ausgerichteten »Öffentlichkeit«, drohten die Berichte nun zum Forum für unerwünschte Meinungsbilder zu werden. In dem Moment, als dem Propagandaminister allmählich die Kontrolle über die verbindliche Ausrichtung der Öffentlichkeit aus den Händen glitt, musste er fürchten, dass die Stimmungsberichte sich von Propagandaverstärkern in ein Sprachrohr für alternative Ansichten verwandelten. Sie mussten zum Schweigen gebracht werden.

Doch nicht nur in Kreisen von Regime und Verwaltung ging Goebbels gegen die schlechte Stimmung vor. Gegen Kritiker und »Miesmacher« in Kneipen und an anderen halböffentlichen Orten setzte er eine höchst schlagkräftige Methode ein, der sich die Berliner Parteiorganisation bediente – »Brachialgewalt«. Der unmittelbare Zusammenhang von Propaganda und Gewalt, der für die nationalsozialistische »Stimmungsführung« stets charakteristisch war, lässt sich anhand dieses Beispiels besonders plastisch nachzeichnen.

Bereits im März 1943 hatte Walter Tießler, der Verbindungsmann Bormanns bei Goebbels, den Propagandaminister darauf aufmerksam gemacht, dass in der »Kampfzeit »eine Beschimpfung der Partei bei uns ebenfalls nicht mit Gegenwitzen beantwortet wurde, sondern, indem man dem Betreffenden eine entsprechende Abreibung gab«. Goebbels habe daraufhin empfohlen, so Tießler, auf »Gerüchtemacher und Witzeerzähler [...] dort, wo sie auftreten, ob in der Gesellschaft, in der Straßen- oder U-Bahn bzw. in Geschäften oder in Privatgesprächen, sofort damit [zu] antworten, dass wir ihnen eine herunterhauen«; es »genügten einige wenige Beispiele, um sie zum Verstummen zu bringen«.[99]

Im Laufe des Sommers 1943 fand diese Idee ihren organisatorischen Niederschlag: Die Berliner Gauleitung rief die so genannte Organisation B ins Leben. Über deren Aufgabe erfährt man in Goebbels' Tagebuch: »Was übrigens die Stimmung anlangt, so kann man darüber sehr beruhigt sein. Die ›Organisation B‹ (Brachialgewalt) ist am Abend vorher in Dreiergruppen in den Arbeitervierteln tätig geworden. Sie hat 35 Lokale unauffällig überprüft, mit dem Entschluss, überall handgreiflich zu werden, wo etwas gegen den Führer oder gegen die allgemeine Kriegführung gesagt wurde. Es ist bezeichnend, dass die Organisation B bei diesem ersten ›Raid‹ nicht ein einziges Mal einzugreifen brauchte. Obschon überall über Krieg und Politik gesprochen wurde, ist nirgendwo auch nur ein einziges Wort über den Führer oder die Kriegführung gesagt worden, das zu einem Einschreiten Anlass gegeben hätte.«[100]

Einige Tage später ließ er siebenhundert Parteigenossen in Lokale des Berliner Westens ausschwärmen und konnte auch hier konstatieren, dass die Belauschten in keinem einzigen Fall Anlass zum »Einschreiten« gegeben hatten.[101] Dass dafür tatsächlich allgemeine Zufriedenheit verantwortlich war, darf mit Fug und Recht bezweifelt werden; gerade für diesen Zeitraum deuten die Goebbels-Tagebücher und andere Quellen auf ein deutliches Stimmungstief hin. Doch diese Schlägertrupps sollten ja auch nicht die wirkliche Stimmung der Bevölkerung ermitteln, sondern jedes halböffentlich geäußerte kritische Wort bereits im Ansatz verhindern – mit einem Faustschlag ins Gesicht des »Miesmachers«. Außerdem hatte das Auftreten der »Organisation B« natürlich eine erheblich abschreckende Wirkung: Denn das Großaufgebot an schlagfertigen Parteigenossen wird auch den Kneipengängern nicht verborgen geblieben sein. Einige Tage später war die »Organisation B« wieder im Einsatz, wobei sie »nur in einem einzigen Falle handgreiflich werden musste. Nur in diesem Fall war festzustellen, dass einer öffentlich gegen die Führung oder gegen den Krieg zu meckern wagte. Der Delinquent ist denn auch gleich entsprechend behandelt und der Polizei übergeben worden. Sonst kann man in Berlin von einer sehr aufrechten und festen Haltung sprechen[...].«[102]

Im Dezember hatte das massierte Auftauchen schlagkräftiger Parteigenossen endgültig seinen Zweck erreicht, die Stimmungserkundung mit dem Schlagring in der Tasche war ein voller Erfolg: »Von Berlin hört man nur Angenehmes. Haegert hat die Organisation B zur Erkundung der Stimmung in der Reichshauptstadt angesetzt. Die Berichte, die mir von den einzelnen Rechercheuren eingereicht werden, sind mehr als positiv. Der Berliner hat sich bei den Luftangriffen in einer moralischen Haltung gezeigt, wie sie besser gar nicht vorstellbar ist.«[103]

Antijüdische Propaganda in der zweiten Jahreshälfte 1943

In der zweiten Jahreshälfte 1943 sollte die »Judenfrage« in der deutschen Propaganda keine große Rolle mehr spielen. In den Anweisungen an die deutsche Presse tauchte sie erheblich seltener auf als in der ersten Jahreshälfte,[104] und entsprechend ging die Anzahl der antisemitischen Beiträge in der deutschen Presse wieder zurück.[105]

Die Journalisten schenkten der »Judenfrage« so wenig Beachtung, dass das Propagandaministerium sich am 13. August 1943 zu der Ermahnung veranlasst sah, die vier Tage zuvor ergangene Tagesparole (»Zwischen den Juden in Washington, London und Moskau herrscht volle Eintracht«) streng zu beachten: »Obwohl in der Tagesparole des Reichspressechefs vom 9.8. erneut eindeutig darauf hingewiesen wurde, dass Bolschewismus und Kapitalismus der gleiche jüdische Weltbetrug, nur unter verschiedener Formierung sind, verfallen die Zeitungen bei der Behandlung des bolschewistischen Themas immer noch der Täuschung, als ob Kapitalismus und Bolschewismus zwei verschiedene, sich feindlich gegenüberstehende Anschauungen seien. Insbesondere wird immer wieder den kommunistischen Agitationen dadurch Vorschub geleistet, dass bolschewistische Äußerungen ernst genommen werden, als ob der Bolschewismus den Kapitalismus vernichten wolle, während sich doch in Wirklichkeit diese beiden jüdischen Systeme einander in die Hände arbeiten [...]. Schriftleiter, die gegen diese Tagesparole verstoßen, werden persönlich zur Verantwortung gezogen.«

Das wirkte. In der zweiten Jahreshälfte konnte man in der Parteipresse immer wieder lesen, die USA würden nach dem Krieg – selbstverständlich im Auftrag »der Juden« – versuchen, die »Weltregierung« zu übernehmen.[106] Sie würden die britische Machtposition endgültig zerstören, Großbritannien marginalisieren[107] und im Nahen Osten eigene Kolonien in Besitz nehmen.[108] Der amerikanische Finanzminister Morgenthau halte schon »goldene Handschellen« für die übrigen Völker bereit.[109] Dass die Rechte der nordafrikanischen Juden wiederhergestellt wurden, galt ebenso als Beweis für die Existenz der »jüdischen Weltverschwörung«[110] wie der angeblich maßgebliche Einfluss jüdischer Kräfte im vom Faschismus befreiten Italien.[111]

Das Thema jüdisch-amerikanischer Imperialismus wurde auf unterschiedlichste Weise variiert: *Der Angriff* vom 18. Januar 1944 griff eine britische Meldung aus Jerusalem auf, wonach Teams aus jüdischen Fachleuten im Gefolge anglo-amerikanischer Truppen nach Europa entsandt werden sollten, und kommentierte: »Worin die Aufgabe dieser jüdischen Aasgeier bestehen soll, ist nach den Erfahrungen in Süditalien klar: Die jüdischen ›Sachverständigen‹ würden sich bei einem Gelingen der plutokratischen Pläne ›liebend‹ gern der europäischen Kultur- und Vermögenswerte annehmen und sie rücksichtslos verschieben.«[112] Die Ernennung des Bankiers und früheren Gouverneurs von New York, Herbert H. Lehmann, zum Direktor der United Nations Relief and Rehabilitation Administration, der alliierten Hilfsorganisation für Kriegsflüchtlinge, bedeutete nach Ansicht des *Völkischen Beobachters* vom 13. November 1943, der »Bankjude« sei zum «Sklavenhalter für Europa« ausersehen.

Gelegentlich wurde – wie vom Propagandaministerium im August eingefordert – mit Hilfe des antisemitischen Leitthemas der Gleichklang der Interessen zwischen der Sowjetunion und den Westalliierten betont: Sowjetische Forderungen, nach Kriegsende deutsche Zwangsarbeiter zu rekrutieren, und amerikanische Stimmen, die eine Schwächung der industriellen Basis Deutschlands verlangten, deuteten vermeintlich auf eine »einheitliche jüdische Regie hinter den Vernichtungsplänen«.[113] Insgesamt gesehen überwog jedoch in diesem Zeitraum die Propaganda gegen den von einflussreichen jüdischen Kreisen »gesteuerten« amerikanischen Imperialismus.

Daneben registrierte die Presse die antijüdischen Maßnahmen der Verbündeten, etwa die im Juni 1943 von der bulgarischen Regierung verfügte Ausweisung der Juden aus der Hauptstadt Sofia,[114] die »Arisierung«

in Rumänien,[115] die antisemitischen Maßnahmen der ungarischen Regierung,[116] die Einführung einer Meldepflicht für die Juden in Griechenland[117] sowie die Verfügung der faschistischen Regierung Italiens vom Dezember 1943 über die Inhaftierung aller Juden in Konzentrationslagern.[118] Die »Maßnahmen gegen die Juden in Dänemark«, also die beabsichtigte Deportation, waren laut Anweisung des Propagandaministeriums vom 2. Oktober indes »vorerst nicht aufzugreifen«.[119]

Obwohl sich während der Katyn-Kampagne gezeigt hatte, dass sich die antisemitische »Kraft durch Furcht«-Propaganda für das Regime nicht ausgezahlt hatte, finden sich auch weiterhin in der Propaganda immer wieder Hinweise auf die im Falle einer deutschen Niederlage drohende »jüdische Vergeltung«. So äußerte etwa der Oldenburger Gauleiter Paul Wegener in einem Zeitungsartikel im August 1943 die Überzeugung, es gebe »keinen in der Partei, der nicht nüchtern erkannt hat, dass bei einem Sieg der Plutokratie er und seine Kameraden die ersten sein werden, die von den jüdischen Scharfrichtern liquidiert werden. Als wir den nationalsozialistischen Eid leisteten, haben wir die Brücke hinter uns abgebrochen. Die Brücken sind hinter dem ganzen deutschen Volk abgebrochen.«[120]

An die deutsche Presse erging zum 1. September 1943 aus Anlass des vierten Jahrestags des Kriegsbeginns folgende Kommentaranweisung: »In diesem Krieg kämpfen wir um unsere nationale Existenz. Es ist der größte Schicksalskampf unsrer Geschichte. Wenn wir diesen Kampf verlören, so würde die deutsche Nation ausgelöscht werden. Wir tragen somit nicht nur die Verantwortung für die lebende Generation, sondern auch für die kommenden wie vor den gewesenen Generationen.«[121]

Eine so eindeutig auf die Erzeugung von Existenzangst ausgerichtete Kriegspropaganda stieß jedoch auch auf Kritik. Die neu geschaffenen SD-Berichte zu Inlandsfragen meldeten im August 1943, Zeitungsartikel wie der im *Völkischen Beobachter* erschienene Beitrag »Jüdische Weltherrschaft auf den Spitzen der USA-Bajonette« seien kontraproduktiv; solche Stimmen machten »nur die allgemeine Besorgnis schwerer, dass wir den Krieg verlieren und dass jeder einzelne, seine Familie und insbesondere die Kinder ein trauriges und grausames Schicksal erleiden«.[122]

Zwei Beiträge von September 1943 in der badischen Gauzeitung *Der Führer* scheinen direkt darauf zu antworten. Am 3. September brachte die Zeitung eine Zusammenstellung von 14 Punkten, die als Sprachregelung für »die Kleinmütigen und Verzagten« deklariert wurden. So hieß es beispielsweise in Punkt 2: »Es wird gesagt, wenn das nationalsozialistische Deutschland nicht die Judenfrage so radikal gelöst hätte, dann würde uns heute das internationale Weltjudentum nicht bekämpfen.« »Nur ein seniler Schwachkopf«, konterte das Blatt, »kann so etwas aussprechen. Es ist richtig, die Juden der Vereinigten Staaten haben bereits 1934 den Boykott über deutsche Waren verhängt und uns damit wirtschaftlich den Krieg erklärt. Aber nicht, weil wir die Judenfrage in Deutschland gelöst haben, sondern weil sie in Amerika das nationalsozialistische Wirtschaftssystem fürchteten [...] Das kaiserliche Deutschland Bismarcks hat die Juden wirklich liebevoll behandelt. Es hat sie noch nicht einmal angerührt, auch wenn sie offenen Landesverrat betrieben. Und doch hat uns das internationale Judentum den Krieg bis zur Vernichtung erklärt. Der zweite Weltkrieg aber ist nur die Fortsetzung des ersten.« In den Punkten 5 und 6 wurde noch einmal ausdrücklich klargestellt, dass die Behauptung, im Falle einer Niederlage werde das deutsche Volk ausgerottet werden, zutreffend sei.

Am 23. September 1943 veröffentlichte der berüchtigte Johann von Leers einen weiteren Leitkommentar in derselben Zeitung, in dem er die antisemitische Propaganda ausdrücklich gegen Kritik in Schutz nahm – und eher nebenher die Vernichtung der Juden als einen *bereits weitgehend abgeschlossenen Vorgang* erwähnte. Leers schrieb: »Dieser Tage hörte ich die unbegreiflich naive Frage: ›Warum reitet ihr denn immer noch auf dem Juden herum? Das Judentum in Europa ist ja zum großen Teil aufgerieben, auch haben wir andere Sorgen heute, mit denen wir uns beschäftigen müssen, haben die feindlichen Fliegerangriffe, das schwere Ringen an den Fronten – ist es da nicht überflüssig, gerade die Judenfrage immer wieder zu behandeln?‹« Um diesen Vorwurf zu entkräften, verwandte Leers einige Mühe darauf, dem Leser die Theorie von der jüdischen Weltverschwörung zu erklären, und fuhr dann fort: »Nur eines kann den Völkern wirklich Sicherheit und Frieden geben – die völlige Niederringung und Niederschlagung des Judentums. Darum, weil wir einen langdauernden Frieden wollen, in dem die ehrlichen Völker gedeihen, darum sprechen wir immer wieder von der Verwerflichkeit und der Schuld der Juden.«[123]

Für diesen Verteidigungsversuch spielte möglicherweise auch das am 12. September 1943 verlesene Hirtenwort der katholischen Bischöfe eine Rolle, in dem diese grundsätzlich die Tötung menschlichen Lebens als verwerflich bezeichnet und mit der Formulierung, dies betreffe ebenfalls »Menschen fremder Rassen und Abstammung«, ihrerseits die umlaufenden Gerüchte über den Mord an den Juden bestätigt hatten. In jedem Fall hatten die Bischöfe für die Veröffentlichung ihrer Botschaft einen Zeitpunkt gewählt, zu dem die »Judenpolitik« des Regimes in der öffentlichen Darstellung in die Defensive geraten war.

Entsprechend galt das »Schweigegebot« Goebbels' vom 26. September 1943, das gelegentlich jedoch gebrochen wurde. Ende 1943, als die Ghettos in der Regel aufgelöst, die Deportationen aus den meisten Ländern unter deutscher Kontrolle zum größten Teil durchgeführt und die Vernichtungslager der Aktion Reinhardt demontiert und zerstört waren – sogar die sterblichen Überreste der Leichen hatte man sorgfältig beseitigt –, erschien eine Kurzmeldung im *Völkischen Beobachter*, die auch dem normalen Leser einen Hinweis darauf gab, wie weit die »Lösung« der »Judenfrage« mittlerweile gediehen war:

»Nach Schätzung in der jüdischen Presse Palästinas beträgt die Gesamtzahl der Juden 13,5 Millionen. Davon entfallen auf die USA 4,8 Millionen, auf England 425 000, auf Kanada 200 000, auf Südafrika 100 000, auf Australien 35 000, auf Argentinien 300 000 und auf alle anderen Staaten beider Amerika 300 000. Nach den USA beherbergt heute Palästina mit 550 000 Juden die meisten Hebräer. Diese Schätzungen beziehen sich selbstverständlich nur auf Religionsjuden. Von den Sowjetjuden soll sich die Hälfte jetzt östlich vom Ural befinden.«[124]

Ein Blick in den *Großen Brockhaus* genügte, um festzustellen, dass die Zahl der Juden Ende der zwanziger Jahre bereits auf 15 bis 16 Millionen geschätzt wurde; daraus ergab sich in jedem Fall eine ins Auge springende Differenz, zumal die im *Brockhaus* veröffentlichte Statistik für die USA von nur 3,6 Millionen (und nicht von 4,8 Millionen) Juden ausging. Auffallen musste einem gründlichen Leser aber vor allem die Tatsache, dass in der kurzen Meldung Palästina als das Land mit der zweithöchsten jüdischen Einwohnerzahl genannt wurde; denn dies bedeutete, dass die im *Brockhaus* nachgewiesenen Gemeinschaften von 3,5 Millionen polnischen, 2,75 Millionen sowjetischen, 834 000 rumänischen Juden sowie die 564 000 deutschen Juden (zu denen seit dem »Anschluss« theoretisch noch die 300 000 österreichischen Juden hinzuzurechnen gewesen wären) zumindest in diesen Größenordnungen nicht mehr existierten.[125]

»Juda muss sterben«: Der Mord an den Juden und der Untergang des »Dritten Reiches«

Wie in der zweiten Jahreshälfte 1943 spielte die »Judenfrage« zu Beginn des Jahres 1944 in der Propaganda nur eine untergeordnete Rolle. Da die deutsche »Judenpolitik« nun strikterer Geheimhaltung als etwa im Jahre 1942 unterlag, richtete sich die noch betriebene antijüdische Propaganda vor allem gegen die Feindmächte. 1944 stand zunächst die »Verjudung« der Westmächte, namentlich der USA,[1] im Zentrum dieser antisemitischen Propaganda.[2] »Juda«, so war im *Völkischen Beobachter* zu lesen, strebe eine »Diktatur über die Weltwirtschaft« an, um den Völkern »goldene Fesseln« anzulegen.[3] Die Presse wurde auch nicht müde, immer wieder auf die angeblich zentrale Rolle jüdischer Kreise beim »Verrat« Italiens sowie beim Wiederaufbau des politischen und wirtschaftlichen Lebens in den vom Faschismus befreiten Gebieten des Landes einzugehen.[4]

Seit Februar 1944 sah sich das Propagandaministerium veranlasst, die Presse wiederholt daran zu erinnern, sie möge die Rolle der Juden als Hintermänner der feindlichen Koalition deutlicher herausarbeiten und in diesem Zusammenhang wieder verstärkt auf die Sowjetunion eingehen. Die jüngste sowjetische Verfassungsänderung,[5] so teilte das Propagandaministerium am 3. Februar 1944 der Presse mit, sei »ein gigantisch aufgezogener jüdischer Trick. Die Tatsache, dass die Judenzeitungen in der ganzen Welt diese Entwicklung begrüßen, lässt deutlich erkennen, dass es sich hier um eine riesige Verschwörung des Judentums handelt, um eine jüdische Verschwörung internationalen Ausmaßes.«[6] Vier Tage später hieß es in der Tagesparole des Propagandaministeriums, die Presse solle dem »Zusammenspiel der britischen und sowjetischen Juden« mehr Beachtung schenken. »Sie sind eine einzige Verbrecherbande, die ausgerottet werden muss.«[7]

Die Tagesparole vom 2. März 1944 forderte von der Presse: »Die antisemitische Kampagne muss noch stärker als bisher als wichtigster propagandistischer Faktor im Weltkampf in den Vordergrund gestellt werden.

Deshalb ist bei allen sich bietenden Gelegenheiten das hintergründige Treiben des Weltjudentum, das sich auch gegen die Interessen ihrer Wirtsvölker richtet, festzunageln. Darüber hinaus sind alle die Stimmen aufzugreifen, die die wahren jüdischen Vernichtungsabsichten erkennen lassen, und zum Gegenstand überzeugender Anprangerung machen. Hierbei muss sich der deutsche Journalist das Ziel setzen, einmal im deutschen Volk das Gefühl für die jüdische Weltgefahr wachzuhalten, darüber hinaus aber vor allem auch die Diskussion in das Ausland zu tragen.«[8]

Entsprechend dieser Vorgaben intensivierte die Presse im Februar und März, allerdings in unterschiedlichem Ausmaß, ihre antisemitische Hetze; ab Mitte März ist bereits ein Rückgang zu beobachten.[9]

Nach der Besetzung Ungarns durch deutsche Truppen am 19. März 1944 wandte sich die deutsche Presse den antijüdischen Maßnahmen der neuen Regierung Sztójay zu und dem Ausmaß der bereits eingetretenen »Verjudung« des Landes.[10] Der *Westdeutsche Beobachter* ging sogar so weit, in einem Leitkommentar die Besetzung des Landes ganz in den Kontext der deutschen Judenpolitik zu stellen: »Selten ist die Notwendigkeit europäischer Zusammenarbeit gegen jüdisches Treiben so klar wie jetzt in Ungarn. Das Neuaufleben des Krieges mit falschen Nachrichten ist uns ein erneuter Beweis dafür, dass dieser Feind sich aufs empfindlichste getroffen fühlt.«[11]

Umstellung der antijüdischen Propaganda seit Frühjahr 1944

Gleichwohl sah Goebbels sich Ende April 1944 gezwungen, erneut eine Wende in der antisemitischen Propaganda einzuleiten. Anlass war ein Treffen des Propagandaministers mit Hitler am 26. April 1944, bei dem Goebbels zur Kenntnis nehmen musste, dass der »Führer« selbst die der Propaganda seit Jahren zugrunde liegende Parole vom »jüdischen Bolschewismus« und der »jüdischen Weltverschwörung«, die das feindliche Lager zusammenhalte, infrage stellte. Goebbels notierte über das Gespräch, Hitler sei nun der Auffassung, »dass Stalin sich durchaus nicht so der Sympathie des internationalen Judentums erfreut, wie das allgemein angenommen wird. Er geht ja auch in mancher Beziehung ziemlich rigoros gegen die Juden vor.«[12]

Diese Äußerung lief der bisherigen Ausrichtung diametral zuwider. Von nun an galt es, antibolschewistische und antisemitische Parolen zwar weiterhin parallel zu verfolgen, sie inhaltlich jedoch voneinander zu trennen. Eine neue antisowjetische Kampagne, so Goebbels' Vorgabe, solle »Nahrung ziehen aus den Gräueltaten der Bolschewisten vor allem in den von ihnen besetzten rumänischen Gebieten«; damit verbunden werden solle eine »antijüdische Kampagne, die ihre Nahrung aus den Zuständen zieht, die das Judentum in Ungarn herbeigeführt hat«. Diese Doppel-Kampagne, die erstmals nicht von der bisher üblichen Gleichsetzung von »Judentum« und »Bolschewismus« ausging, solle »mit allen unseren Propagandamitteln durchgeführt« werden und sich »über mehrere Wochen erstrecken«.[13]

Und tatsächlich lässt sich zwischen Mai und Juli 1944 in der deutschen Propaganda eine Tendenzwende beobachten. Hatte man bis zu diesem Zeitpunkt großen Wert darauf gelegt, die Rolle »der Juden« als Hintermänner der feindlichen Koalition zu betonen, und davor gewarnt, das deutsche Volk könne einer Kombination aus jüdisch-bolschewistischen Gräueltaten und den Machenschaften des »Dollarimperialismus« zum Opfer fallen, wurde nun die Sowjetunion als der weitaus gefährlichere und den übrigen Alliierten überlegene Gegner dargestellt. Gleichzeitig trat das antisemitische Element in der antisowjetischen Propaganda zurück, während es im Hinblick auf die USA weiterhin stark zum Tragen kam. Deutschland, so die Hauptparole der Propaganda, führe vor allem einen Kampf gegen den Bolschewismus, dem die angloamerikanischen Juden – gegen die Interessen ihrer eigenen Länder – zuarbeiteten.

Je bedrohlicher die militärische Situation wurde, desto mehr kam es der Propaganda darauf an, die Gegensätze innerhalb der eigentlich »widernatürlichen« feindlichen Koalition zu betonen und herauszustreichen, wie fragil diese sei. Also war es geradezu gefährlich, das »Weltjudentum« weiterhin als mächtigen, das feindliche Lager einigenden Machtfaktor darzustellen: Der von der Propaganda aufgebaute Popanz der »jüdischen Weltverschwörung« drohte angesichts der immer wahrscheinlicher werdenden eigenen Niederlage zur Falle zu werden.

Hatte der *Völkische Beobachter* noch am 12. Mai in sensationeller Form berichtet, er habe zuverlässige Informationen darüber, dass das »Zentrum des Weltjudentums« von den USA nach Moskau verlagert werde,[14] so erschienen nun immer häufiger größere Artikel in der Presse, die sich mit den Weltherrschaftsplänen des »Bolschewismus« befassten, ohne dabei, wie sonst obligatorisch, plakativ auf die vermeintliche Schlüsselrolle »der Juden« in der kommunistischen Bewegung zu verweisen.[15] Außerdem wurden nun immer häufiger sowjetische Verbrechen angeprangert, ohne – wie im Fall Katyn – diese Untaten »den Juden« anzulasten. Die Besetzung des Baltikums, Rumäniens, Bulgariens, Finnlands und Ungarns durch die Rote Armee bot der Propaganda dafür ausreichend Material.[16] Der »Bolschewismus« galt nun immer stärker als »asiatisches« Phänomen, vergleichbar dem Ansturm der Hunnen, Awaren und Mongolen. Hitler selbst verfolgte das Motiv des »Einbruchs Innerasiens« in seinem Aufruf zur Erinnerung an die Parteigründungsfeier vom 24. Februar 1945,[17] und Ley bezeichnete den Bolschewismus im *Angriff* als den »Urtrieb der Steppe, der vernichtet, mordet, brennt und zerstört«.[18]

Die Westmächte tauchten in der Propaganda nicht mehr in erster Linie als durch die »jüdische Weltverschwörung« mit der Sowjetunion eng verbundene Partner auf, sondern als Erfüllungsgehilfen und »Steigbügelhalter« der Sowjets, als »Wegbereiter des Bolschewismus«, als »Moskaus Zutreiber«. Die angebliche Beherrschung Großbritanniens[19] und vor allem der USA[20] durch »die Juden« wurde als Konstante jedoch nicht aufgegeben, um die irrationale, die nationalen Interessen angeblich verratende Politik der westlichen Regierungen zu »erklären«. Das Schreckbild der drohenden jüdischen Weltdiktatur wurde ebenfalls weiter an die Wand gemalt, wenn auch weit weniger plakativ als bisher.[21]

*Die ungarischen Juden im Visier deutscher
und alliierter Propaganda*

Wie bereits erwähnt, hatte Goebbels Ende April 1944 neben der Umstellung der antibolschewistischen Propaganda versucht, der antisemitischen Propaganda ein neues Themenfeld zu eröffnen, indem er das Augenmerk verstärkt auf die ungarischen Juden lenkte. Mitte April 1944 war mit der Ghettoisierung der ungarischen Juden begonnen worden, die Vorbereitungen für die Deportationen in das Vernichtungslager Auschwitz waren angelaufen. Am 27. April war an die deutsche Presse die Weisung ergangen, die »antijüdische Campagne« bleibe eines der »Grundthemen der deutschen Presse«. Dazu liege »zur Zeit aus Ungarn besonders gut verwertbares Material vor. Bei der Verwendung der Nachrichten über die dortigen Maßnahmen gegen die Juden ist darauf zu achten, dass sie nicht ohne ausführliche Darstellung der von Juden begangenen Verbrechen wiedergegeben werden, die Maßnahmen zur Folge hatten.«[22]

Die Presse widmete sich insbesondere im Mai 1944 dem Thema,[23] sprach die Deportationen jedoch nur indirekt an.[24] Die Zahl der antisemitischen Beiträge in der Presse nahm vorübergehend erheblich zu.[25] Nach dem Stopp der Verschleppungen durch die ungarische Regierung am 7. Juli 1944 verschwand das Thema wieder aus den Schlagzeilen; die antisemitische Kampagne, die Goebbels Ende April ausgerufen hatte, wurde insgesamt zurückgefahren. Ursache für diese neuerliche Zurückhaltung dürfte die Tatsache gewesen sein, dass die alliierte Propaganda ihrerseits die Deportationen aus Ungarn stark herausstellte und nun erstmals Details über den Massenmord berichtete, dabei konkrete (meist zu niedrig geschätzte) Opferzahlen nannte und die Existenz von Gaskammern in Auschwitz bekannt gab.

Im April 1944 warf die amerikanische Luftwaffe beispielsweise ein Flugblatt über Deutschland ab, das folgende Erklärung Präsident Roosevelts »an das deutsche Volk« enthielt: »Wo immer die Nazis oder die Japaner ihre Terrorherrschaft aufgerichtet haben, haben sie unschuldige Polen, Tschechen, Norweger, Holländer, Dänen, Franzosen, Griechen, Russen, Chinesen in Hunger und Kälte zugrunde gehen lassen oder sie in Massen hingerichtet. [...] Eines der furchtbarsten Verbrechen, die jemals die Geschichte verzeichnet hat, ist die massenweise systematische Abschlachtung der Juden in Europa. Die Nazis haben schon vor dem Kriege mit diesem Verbrechen begonnen, sie haben es während des Krieges verhundertfacht. Durch die Ereignisse der letzten Tage droht jetzt Hunderttausenden von Juden, die in Ungarn und im Balkan Zuflucht vor Hitlers Verfolgung gefunden haben, die Ausrottung. [...] Alle, die an der Verschickung von Juden in den Tod nach Polen oder an der Verschickung von Norwegern und Franzosen in den Tod nach Deutschland mitwirken, sind im gleichen Maße schuldig wie die Henker der Verschickten.«[26]

Auch hier zeigt sich die aus der alliierten Propaganda seit Anfang 1943 geläufige Tendenz, die Verbrechen an den Juden möglichst in einem Atemzug mit anderen Verbrechen des NS-Regimes zu nennen. Roosevelts Erklärung wurde noch in zwei weiteren Flugblättern verbreitet, einem amerikanischen sowie einem britischen.[27]

Die amerikanische Flugblattzeitung *Sternenbanner* brachte in ihrer Ausgabe vom 23. August 1944 einen Bericht über die Entdeckung des Vernichtungslagers Majdanek-Lublin. Wieder wird das Bemühen deutlich, die Rolle der Juden gegenüber anderen Opfergruppen keinesfalls als besonders herauszustreichen: »Der Zweck des Lagers war die systematische

Ausrottung der dort eingelieferten Gefangenen: politischer Gegner des NS-Regimes, freiheitsliebender Bürger der von den Deutschen besetzten Länder, jüdischer Einwohner Deutschlands und der besetzten Länder, polnischer und russischer Bauern aus Gebieten, in denen Deutsche angesiedelt wurden. Die größte Zahl der Opfer von Majdanek waren Polen, Russen, Ukrainer und Juden.« Im Flugblatt wird erwähnt, dass die Tötung der Opfer mittels Gas erfolgte und dass man die Überreste von 600 000 Leichen gefunden habe.[28]

Auf britischer Seite war man sich auch jetzt darüber im Klaren, dass eine starke propagandistische Akzentuierung des Mordes an den Juden die Gefahr in sich barg, der deutschen Propaganda in die Hände zu arbeiten. Bereits 1943 hatte die britische Seite den Mechanismus der deutschen »Kraft durch Furcht«-Propaganda durchschaut und erkannt, dass die Furcht, eine militärische Niederlage werde unweigerlich den Untergang des deutschen Volkes nach sich ziehen, die stärkste Motivation der deutschen Soldaten darstellte. Man vermutete, dass die Zivilbevölkerung ähnlich darauf reagierte.[29]

Die britische Flugblattzeitung *Luftpost* vom 11. September 1944 ist ein gutes Beispiel dafür, wie die alliierte Seite die deutsche »Kraft durch Furcht«-Propaganda aufnahm und versuchte, deutsche Ängste vor einem Ende in Schrecken *gegen* die NS-Führung zu mobilisieren. Das Flugblatt ging unter anderem auf die »Massenvernichtung von Juden und politischen Häftlingen« in den soeben entdeckten Gaskammern des KZs Majdanek ein und kommentierte die Politik der NS-Führung wie folgt: »Weil diese Sorte Mensch, die keinen Anspruch mehr auf den Namen Mensch hat, ihre Herrschaft und ihr Leben noch um einige Wochen verlängern will, weil für sie der Friede das Ende und den Tod bedeuten, und weil sie darum den längst verlorenen Krieg immer weiter verlängert – darum sollen auch jetzt noch Tausende und Abertausende deutsche Soldaten ihr Leben opfern, sollen deutsche Städte und Dörfer in Schutt und Asche verwandelt werden, soll ganz Deutschland die Schrecken des totalen Krieges auf eigenem Boden erleben – des totalen Krieges, dessen einziger Sinn darin besteht, das Ende der Hitler, Himmler und der SS um ein paar Wochen hinauszuzögern.«[30]

Bis auf ein weiteres britisches Flugblatt, in dem die »Verfolgung und Ausrottung der Juden« im Kontext der deutschen Verbrechen in ganz Europa nur kurz erwähnt wird,[31] enthalten die amerikanischen und britischen Flugblätter des Jahres 1944 keine weiteren Hinweise auf die Ermordung der Juden. Trotz der zum Teil sehr drastischen und direkten Schilderung des Verbrechens wurde das Thema Judenmord auch in der Schlussphase des Krieges in der alliierten Flugblattpropaganda nicht als Priorität behandelt.

In der alliierten Rundfunkpropaganda waren hingegen im Frühjahr 1944 verstärkt Beiträge über die Ermordung der Juden zu hören; es scheint aber, dass diese Kampagne im Sommer 1944 wieder auslief. So zeichnete der deutsche Abhördienst zum Beispiel am 11. Mai 1944 eine Londoner Rundfunksendung in deutscher Sprache auf, in der es unter anderem hieß: »Der Prozess des systematischen Massenmordes aller im Generalgouvernement konzentrierten Juden Europas begann 1 Jahr nach dem polnischen Feldzug, d.h. im Herbst 1940. In allen polnischen Städten wurden damals riesige Ghettos geschaffen [...] Im Sommer 1942 begannen die von Hitler persönlich angeordneten, von besonderen Judenvernichtungskolonnen durchgeführten Massenmorde [...]. So sind zwischen 2 und 3 Millionen europäischer Juden seit Ausbruch des Krieges dem wahnsinnigen Sadismus des Hitler-Regimes zum Opfer gefallen.«[32]

Am 15. Juni 1944 berichtete die BBC in einem Programm für deutsche Frauen detailliert über die Ermordung von tschechoslowakischen Juden in den Gaskammern von Birkenau. »Die deutschen Behörden in der Tschechoslowakei haben für den 20. Juni oder für die Zeit um den 20. Juni angeordnet, dass 3000 tschechoslowakische Juden in Gaskammern in Birkenau hingemordet werden sollen. Diese 3000 tschechoslowakischen Juden wurden im Dezember vorigen Jahres vom Konzentrationslager Theresienstadt an der Elbe nach Birkenau geschafft. 4000 tschechoslowakische Juden, die im September 1943 von Theresienstadt nach Birkenau transportiert wurden, sind am 7. März in Gaskammern ermordet worden.«[33]

Am 9. Juli konnte in Deutschland der Beitrag eines amerikanischen Senders empfangen werden, der folgendes Zitat aus der *New York Times* enthielt: »Seit April 1942 hat die deutsche Regierung nahezu 1 1/2 Millionen Juden in zwei schlesischen Lagern ermordet. [...] Millionen Juden haben bisher ihren Tod in Gaskammern, durch Erhängung und Giftinjektionen gefunden.«[34]

Der Amerikanische Sender in Europa strahlte am 10. Juli eine Meldung in englischer Sprache aus, die alliierten Regierungen hätten Berichte erhalten, aus denen hervorgehe, »dass mehr als eineinhalb Millionen Juden von den Nazis getötet worden sind. Die Blutbäder sollen in den deutschen Konzentrationslagern Birkenau und Oswiecim stattgefunden haben. Dieser offizielle Bericht wurde den alliierten Regierungen aus einer neutralen Quelle überreicht. Er besagt, dass die Massenmorde zwischen dem Monat April des Jahres 1942 und April 1944 stattfanden. Der Bericht ist auf Aussagen von Augenzeugen aufgebaut, die seit dem Monat April aus den Lagern entkommen sind.«[35]

Die von solchen Erklärungen begleiteten fortgesetzten internationalen Bemühungen, eine Wiederaufnahme der Deportationen aus Ungarn zu verhindern und vor allem die in Budapest zusammengepferchten Juden zu retten, ließen es den deutschen Propagandisten nicht geraten erscheinen, weiter auf das Schicksal der ungarischen Juden einzugehen. Daher wurde das Thema seit Juli 1944 zurückgestellt: Ansonsten hätte man zu den konkreten Vorwürfen der alliierten Propaganda hinsichtlich der Ermordung der ungarischen (aber nicht nur der ungarischen) Juden Stellung nehmen müssen.[36] Gerade diese relativ zurückhaltende Behandlung der »Judenfrage« in der deutschen Propaganda, die nun auch weitgehend darauf verzichtete, einen jüdischen Rachefeldzug im Falle einer Niederlage heraufzubeschwören, musste aber die Aussichten der Alliierten schmälern, durch die Thematisierung des Judenmordes ernsthafte Wirkungen in der deutschen Bevölkerung zu erzielen. Denn anders als 1943 zur Hoch-Zeit der »Kraft durch Furcht«-Propaganda hatte die Aufmerksamkeit der deutschen Bevölkerung für dieses Thema stark nachgelassen.

Luftkrieg und »Judenfrage« – das Motiv von Rache und Vergeltung

Gleichwohl hatten die Maßnahmen gegen die ungarischen Juden in der Bevölkerung erneut verstärkt Diskussionen über mögliche Zusammenhänge von deutscher »Judenpolitik« und alliierter Kriegsführung ausgelöst, insbesondere hinsichtlich der feindlichen Luftangriffe. So berichtete etwa die SD-Außenstelle Bad Brückenau im April 1944, in »Arbeiterkreisen, auch vereinzelt unter Bauern, glaubt man, die Angriffe auf Budapest auf die neuerdings in Ungarn herausgebrachten Judengesetze schieben zu müssen«.[37]

Dies beschränkte sich, so die gleiche Stelle, keineswegs auf Ungarn; vielmehr sei es eine vielfach zu »hörende Meinung, dass Terrorangriffe besonders auf Frankfurt xfache Vergeltung für Judenaktion 1938 seien«. In einem anderen Abschnitt des Berichts heißt es, unter den Bombenflüchtlingen würden »wie früher schon einmal, Äußerungen laut, dass unsere ganze Einstellung zur Judenfrage, besonders aber ihre Lösung, eine grundverkehrte gewesen sei, deren Folgen und Auswirkungen das deutsche Volk heute ausbaden müsse. Hätte man die Juden im Lande gelassen, würde heute wohl keine Bombe auf Frankfurt fallen.«[38]

Die SD-Außenstelle Bad Brückenau verfolgte dieses Gesprächsthema im Monat Mai weiter. Danach wurde in der Bevölkerung die im Gang befindliche Ghettoisierung der ungarischen Juden vor allem als Präventivmaßnahme gegen Luftangriffe gesehen – und bedauert, dass man die gleichen Maßnahmen nicht auch in Deutschland ergriffen habe: »Viele Volksgenossen sind der Meinung, dass die Judenfrage von uns in der ungeschicktesten Weise gelöst worden sei. Sie äußern sich ganz offen, dass Ungarn in dieser Angelegenheit aus unserem Misserfolg jedenfalls gelernt habe; und sicherlich unsere Städte noch unzerstört seien, wenn wir die Juden seinerzeit auch in Ghettos zusammengefasst hätten. Dadurch würde uns heute ein sehr wirksames Droh- und Gegenmittel zur Verfügung stehen.«[39]

Die SD-Außenstelle Würzburg, die ähnliche Beobachtungen gemacht hatte,[40] berichtete im Mai außerdem, »der Inhalt der in zahlreichen Mengen abgeworfenen Flugblätter hat allem Anschein nach seine Wirkung nicht verfehlt. Immer wieder hört man in vorsichtiger Form gehaltene Hinweise auf irrige Prophezeiungen unserer führenden Männer unter Anspielungen auf den Inhalt der Flugblätter, auf die Warnungen Roosevelts bezüglich der Behandlung der Juden usw. Besonders auf dem Lande sollen sie unter der Bevölkerung viel gelesen worden sein.« Der Bericht ist einer der seltenen Hinweise darauf, dass die durch die amerikanische Flugblattpropaganda verbreitete Erklärung Roosevelts tatsächlich in der Bevölkerung zur Kenntnis genommen wurde.

Der SD Bad Brückenau kolportierte im Juni 1944 die Äußerung eines Arbeiters gegenüber einem Parteigenossen, wonach »die jetzigen Terrorangriffe nur die Antwort auf unsere Judenaktion des Jahres 1938 seien. Mit dieser Aktion gegen die Juden habe Deutschland damals den ›Terror‹ begonnen, und die Luftangriffe auf Deutschland von heute seien nur die Rache der amerikanischen und englischen Juden.«[41] Die SD-Außenstelle Schweinfurt meldete ebenfalls, unter »ausgebombten Volksgenossen sind Äußerungen zu hören, dass wenn wir die Juden nicht so schlecht behandelt hätten, wir unter den Terrorangriffen nicht so leiden müssten«.[42] Ähnliche Bemerkungen wurden auch in Berlin aufgeschnappt.[43]

Andere Berichte zeigen, dass die »Judenfrage« in der Bevölkerung durchaus als zentral betrachtet und dass die von der Propaganda heraufbeschworene »jüdische Rache« im Falle einer Niederlage ernst genommen wurde.[44] Es ist aber bezeichnend für die Stimmungsberichterstattung, dass die »Judenfrage« seit Sommer 1944 – von einzelnen Ausnahmen abgesehen – keine Rolle mehr spielte: Sie war, nach der weitgehenden Entkopplung der Themen »Bolschewismus« und »Judentum« im Frühjahr 1944 und dem Stopp der fortgesetzten Berichterstattung über das Schicksal der ungarischen Juden im Juli 1944, für die Ausrichtung der nationalsozialistischen Öffentlichkeit nicht mehr entscheidend und demnach für die Stimmungsberichterstattung praktisch belanglos.

1944 häuften sich unter den Zuschriften an das Propagandaministerium allerdings Briefe, in denen Bürger pauschal »die Juden« für die Luftangriffe verantwortlich machten und entsprechende Konsequenzen einforderten. So finden sich in den Akten des Propagandaministeriums verschiedene Zuschriften von Bürgern, die vorschlugen, zur Abschreckung der alliierten Bomberflotten Juden als Geiseln zu nehmen. Einer der Briefeschreiber regte beispielsweise an, als vorbeugende Maßnahme gegen den »Luftterror« die »im Machtbereich des Reiches lebenden Juden [...] in die luftgefährdeten Städte« zu bringen und sie »in Klein-Ghettos in den Wohnvierteln der Stadtgebiete« zu verteilen; bei Fliegerangriffen dürften die Geiseln diese Ghettos weder verlassen noch Luftschutzräume aufsuchen. Nach den Angriffen sei die Zahl der »getöteten oder verletzten Juden, besonders Frauen und Kinder«, zu veröffentlichen. Sollten sich diese Maßnahmen als unwirksam erweisen, so würde doch immerhin »diese Pest der Menschheit auf Veranlassung der eigenen Volksgenossen in den Feindländern selbst wenigstens teilweise ausgerottet werden«.[45]

In die gleiche Richtung zielte ein anderer Vorschlag: »Die Zahl der unter deutscher Kontrolle befindlichen Juden dürfte immerhin noch [sic!] einige Millionen betragen. Bei Fortsetzung des Luftterrors müssten wir eben der Judenschaft mit völliger Liquidierung ihrer Rassegenossen drohen.«[46] In einem anderen Brief heißt es, man solle als Vergeltung für alliierte Luftangriffe »10 000 oder 20 000 oder 30 000 Juden rücksichtslos erschießen«.[47] Exekutionen von Juden nach Luftangriffen hielten auch andere Briefeschreiber für ein probates Mittel.[48]

»Schonen wir die Juden«, so eine an Hitler und an das Propagandaministerium gerichtete Eingabe, »dann werden die Terrorangriffe gegen die deutsche Bevölkerung einen dearrtigen Umfang annehmen, dass nicht nur Städte und Dörfer verwüstet – nein – landwirtschaftliche Gebiete auch zerstört werden. [...] Möge doch der innere Befehl allen deutschen Volksgenossen zur Wirklichkeit werden – Rache zu nehmen an dem Judentum – Sühne zu fordern – an hundert Juden – für jedes einzelne Opfer.«[49]

Der Krieg, so ist der Petition eines in Deutschland lebenden Schweizer Staatsbürgers an Hitler zu entnehmen, könne nicht anders als mit dem Tod der Juden enden: »So wie ein befriedigender Kriegsausgang in jüdischer Auslegung nur über unsere, also über die Leichen der Nichtjuden erfolgen könnte, kann nach unserer Rechtsansicht der Weg zu einer uns befriedigenden Zukunft nur über die Leichen der Juden und der Projuden führen.«[50]

Daneben finden sich in den Akten des Propagandaministeriums verschiedene Anregungen für eine Intensivierung der antisemitischen Propaganda, und zwar sowohl innerhalb Deutschlands wie an die Adresse der Westmächte; darunter waren umfangreiche, vor Hass triefende Ausarbeitungen, Aufsätze, aber auch Gedichte. Eingesandt wurden unter anderem Vorschläge für Flugblätter. So steuerte etwa ein »Helfer in Steuersachen« aus Staufen im Breisgau den Entwurf für ein Flugblatt bei, das über den »englischen Linien« abgeworfen werden sollte: »Tommy! Mach Schluss. Schlag die Juden tot. Sie sind Deine und unsere größten und einzigsten Feinde.« Oder: »Schüttelt eure jüdischen Bedrücker ab, die euch wie Sklaven halten und euch in Knechtschaft zwingen.«[51]

Ein aus Bielefeld eingesandter Vorschlag für ein Flugblatt an die »Völker Amerikas und Europas!« gipfelte in der Parole: »Nieder mit dem Goldmoloch ›Juda‹!«[52] In deutsche Städte einrückende Feindtruppen sollten, so meinte ein anderer, mit Spruchbändern empfangen werden: »Lasst uns die Juden vom Halse und schafft eure Präsidenten ab, die vollständig judenhörig sind.«[53]

Könnte man nicht, sinnierte ein Berliner, die V-1- und V-2-Geschosse mit englischen Texten bedrucken, damit etwa auf den Geschosssplittern »Die Juden richten England zugrunde« zu lesen stünde?[54] Ein Briefschreiber aus Höxter regte an, die USA als »The Jew-blighted States of North America« zu bezeichnen. Auf Spanisch, so der Vorschlag weiter, ließe sich doch »Estados Unidos« in »Estados Judios« umwandeln![55] »Jedem Angehörigen einer Feindarmee«, so schlug ein Ingenieur aus Wiener Neustadt vor, sollte »die Bezeichnung ›Soldat Judas‹ vorangesetzt werden. Es sollte daher künftighin nicht mehr von General Eisenhower, vom General de Gaulle oder irgendeinem anderen Feindsoldaten die Rede sein, sondern nur mehr vom Soldaten Judas General Eisenhower, vom Soldaten Judas General de Gaulle u.s.w.« Die Kriegsgefangenenlager seien nur noch als »Lager der kriegsgefangenen Soldaten Judas« zu bezeichnen, die Gefangenen müssten gezwungen werden, Briefe an ihre Angehörigen ausschließlich auf entsprechend gestempeltem Briefpapier zu schreiben.[56]

Die von der Propaganda immer wieder betonte zentrale Rolle »der Juden« als Hintermänner der feindlichen Kriegskoalition und eigentlich Verantwortliche für den Luftkrieg verfing also wenigstens in bestimmten Bevölkerungskreisen durchaus und löste offensichtlich Rachephantasien und allerlei »kreative Überlegungen« aus. Über die Verbreitung solcher radikal-antisemitischen Ansichten innerhalb der Bevölkerung sagen diese Fundstücke allerdings nichts aus.

Die Vorschläge zeigen aber auch etwas anders: Erstens empfanden zumindest eingefleischte Antisemiten die antijüdische Propaganda des Regimes offenbar als unzureichend und mangelhaft. Man könnte argumentieren, dass hier der Wunsch der Kernanhängerschaft des Nationalsozialismus zum Ausdruck kommt, die »Judenfrage« weiterhin in den Mittelpunkt der nationalsozialistischen Propaganda und Politik zu stellen. Zweitens deuten die brutalen Phantasien der Briefeschreiber über eine Geiselnahme und Bestrafung »der Juden« für die alliierten Luftangriffe nicht darauf hin, dass die Autoren über den inzwischen weitgehend vollzogenen Massenmord an den Juden unterrichtet waren. Ganz im Einklang mit der häufig unkonkreten Propaganda gingen sie offenbar davon aus, dass die von führenden Regimevertretern immer wieder angekündigte brutale »Endlösung der Judenfrage«, die endgültige »Ausrottung«, von der so oft in öffentlichen Ankündigungen die Rede war, noch in der Zukunft liege.

Tatsächlich scheint der Versuch, Luftangriffe propagandistisch zu nutzen, um den Antisemitismus aufzustacheln, in der Bevölkerung jedoch auf Ablehnung gestoßen zu sein. Der SD-Abschnitt Schwerin berichtete im März 1944 über die Wirkung der örtlichen Propagandamaßnahmen nach dem Luftangriff auf Rostock am 20. Februar: Die Berichterstattung der *Mecklenburgischen Presse* werde für »unsachlich und unzutreffend« gehalten. Parolen wie »Wir lassen uns von diesem infamen Terror, hinter dem doch nur das Judenpack steckt, nicht unterkriegen«, verfehlten ihre Wirkung, da der Angriff als zu gravierend angesehen werde, »als dass man ihn zu irgendwelchen propagandistischen Mätzchen ausnutzen könne«.[57]

Ebenso meldete der Bericht zu Inlandsfragen vom 25. Mai 1944, ein kürzlich unter der Überschrift »Hart auf Hart« in der *Schweinfurter Zeitung* erschienener Beitrag habe auf Grund seiner Diktion (»Wir werden, wo wir ihn noch nicht kannten, möglicherweise den Feind kennen lernen in seiner Brutalität, seinem rücksichtslosen, am bolschewistischen Beispiel geschulten, von jüdischem Hass angetriebenen Vernichtungswillen«) »örtlich unter der ländlichen Bevölkerung beunruhigt«.[58]

Angesichts der immer bedrohlicher werdenden militärischen Situation, der zunehmenden Luftangriffe und der Niederlagen an allen Fronten konnten sich die für die Propaganda Verantwortlichen im Jahre 1944 nicht mehr entschließen, zur Mobilisierung der letzten Reserven das Leitmotiv, man befinde sich in einem Kampf auf Leben und Tod mit dem »Weltjudentum«, zu reaktivieren. Zwar tauchte dieses Thema in der Propaganda immer wieder auf,[59] doch stand es im Schatten der neuen antibolschewistischen Propaganda, die auf antisemitische Parolen weitgehend verzichtete. Jetzt kam es darauf an, die Gegensätze im feindlichen Lager hervorzuheben, und dafür schien das Gespenst einer sowjetischen Schreckensherrschaft in ganz Europa wesentlich geeigneter als die Vorstellung von der jüdischen »Weltverschwörung«. Goebbels kam in den letzten Monaten des Krieges mehrfach auf seine These von den Juden als »Kitt der Feindkoalition« zurück, doch legen die entsprechenden Bemerkungen in seinem Tagebuch eher das Bedauern nahe, dass diese Parole nicht mehr in vollem Umfang ausgeschlachtet werden konnte.[60] Da Hitler seine letzten Hoffnungen auf einen Separatfrieden mit der Sowjetunion setzte, waren solche Thesen nicht opportun.

Außerdem sollten unliebsame Fragen vermieden werden. Am 30. September 1944 instruierte das Propagandaministerium die Redaktionen, die »antijüdische Pressearbeit ist nach wie vor von hervorragender Bedeutung [...] In diesem Zusammenhang wird darauf hingewiesen, dass es auch unzweckmäßig ist, von ›jüdischer Rache‹ zu sprechen, denn bei der Herausstellung früherer oder gegenwärtiger Rachepläne des Judentums kann in weltanschaulich ungefestigten Kreisen der Eindruck entstehen, dass wir diese ›Rache‹ durch, wie der Feind ja behauptet, grausames Verhalten den Juden gegenüber heraufbeschworen haben. Bekanntlich setzt ja die Rache ein vorangegangenes Unrecht voraus. Wir werden also nur vom jüdischen Vernichtungsfeldzug sprechen und immer wieder darauf hinweisen, dass das Judentum von jeher der angreifende Teil war und wir selbst uns mit unseren Maßnahmen in einer lebenswichtigen Abwehr befanden.«[61]

Als sowjetische Truppen im Oktober 1944 ostpreußisches Gebiet erreichten und deutsche Zivilisten in der Ortschaft Nemmersdorf auf grausamste Art und Weise umbrachten, wurde dies in der Propaganda groß herausgestellt.[62] Verschiedene NS-Blätter brachten auf der Titelseite Fotos von ermordeten Frauen und Kindern – eine schockierende Darstellung deutscher Opfer, die für die NS-Presse höchst ungewöhnlich war.[63]

Aber auch ohne die explizite Erwähnung jüdischer Täter oder Hintermänner wurde laut SD-Berichterstattung in der Bevölkerung ein Zusammenhang zwischen der Nemmersdorf-Propaganda und der Ermordung der Juden hergestellt. So berichtete die SD-Außenstelle Stuttgart im November 1944, die Darstellung der Nemmersdorfer Morde in der örtlichen Presse habe »oft gerade das Gegenteil von dem erreicht, was damit beabsichtigt war«; die Berichterstattung sei als »schamlos« abgelehnt worden. Die Führung, so werde übereinstimmend in allen Bevölkerungskreisen kritisiert, »müsste sich doch sagen, dass jeder denkende Mensch, wenn er diese Blutopfer sieht, sofort an die Gräueltaten denkt, die wir im Feindesland, ja sogar in Deutschland begangen haben. Haben wir nicht die Juden zu Tausenden hingeschlachtet? Erzählen nicht immer wieder Soldaten, Juden hätten in Polen ihre eigenen Gräber schaufeln müssen? Und wie haben wir es denn mit den Juden gemacht, die im Elsaß im KZ waren? Die Juden sind doch auch Menschen. Damit haben wir den Feinden ja vorgemacht, was sie im Falle ihres Sieges mit uns machen dürfen.«[64]

Das blieb nicht ohne Wirkung. Am 3. November notierte Goebbels, nachdem er auch aus dem internen Berichtsmaterial seines Ministeriums die negativen Wirkungen der Nemmersdorf-Propaganda hatte zur Kenntnis nehmen müssen,[65] ihm würden »Unterlagen vorgelegt über entsetzliche Gräueltaten, die die Bolschewisten nicht nur an deutschen Zivilisten, sondern auch an deutschen Soldaten verübt« hätten; er sei jedoch »im Augenblick nicht geneigt, diese Unterlagen der Öffentlichkeit bekanntzugeben, weil ich mir davon keine anfeuernde Wirkung bei unseren Truppen verspreche«.

Bis zum Ende des Krieges erschienen in Deutschland zwar immer wieder Schreckensberichte über feindliche Gräuel, eine einheitliche Kampagne entwickelte sich daraus jedoch nicht mehr.[66] Vielmehr entschloss man sich, das Schwergewicht auf heroische Durchhalteparolen zu legen und die negative Seite des Durchhalteappells – die drohende Auslöschung des deutschen Volkes – eher im Hintergrund zu behandeln.

Dass der Krieg Deutschland indes von »den Juden« aufgezwungen worden sei und daher mit der Vernichtung der Juden enden müsse – diese Vorstellung wurde bis zum bitteren Ende wiederholt.[67] Vor allem Robert Ley, der Führer der Deutschen Arbeitsfront und einer der prominentesten Nationalsozialisten, bemühte sich insbesondere während der Schlussphase des Krieges, diese Parole der deutschen Bevölkerung geradezu einzuhämmern. Am 12. März 1944 schrieb Ley im *Angriff*: »Juda wird ausgerottet. Was Hadrian nicht vermag, wird uns gelingen. Juda muss sterben! Damit wird die Menschheit vom jüdischen Terror befreit! Wenn das nicht gelänge, würdest du sterben, deutsches Volk, und der Jude würde wiederum 5000 Jahre ein neues Purim feiern, das Purim der 85 Millionen Deutschen. Das bedenke, Deutscher: Er, der Jude – oder Du! Es gibt kein Ausweichen!«[68]

Am 16. April kam er unter dem Titel »Alle Juden bürgen füreinander« in der gleichen Zeitung auf seine alte Parole zurück: »Dieser Krieg ist der Krieg der Juden.« Am 7. Mai 1944 kündigte er in einem weiteren Kommentar im *Angriff* an: »Wir werden nicht eher ruhen, bis der Jude vernichtet und seine Welt ausgerottet ist. Juda wird und muss sterben.«[69]

Dieser letzte Satz sollte für Ley in den kommenden Monaten geradezu zu einem *ceterum censeo* werden. Zwischen Mai 1944 und dem Jahresende lassen sich im *Angriff* weitere zwanzig Leitartikel finden,[70] die mit dieser oder einer ähnlichen Formel schlossen, zuletzt Weihnachten 1944: »Es wird nicht eher ›Frieden auf Erden‹ geben, bis Juda und seine Söldner vernichtet sind.«

Aufhalten ließ sich der Untergang des »Dritten Reiches« damit nicht mehr.

Fazit

Bei dieser Studie sind wir von der Überlegung ausgegangen, dass die Frage nach der Reaktion der deutschen Bevölkerung auf die Judenverfolgung und nach ihrem Wissen über die »Endlösung« präziser beantwortet werden kann, wenn wir diese Frage mit einem anderen Themenkomplex verbinden: dem Problem, inwieweit die Judenverfolgung unter der NS-Diktatur öffentlich stattfand und durch das Regime auch offen propagiert wurde – oder, anders formuliert, welche Rolle die »Judenfrage« bei den Bemühungen des Regimes besaß, die Öffentlichkeit des »Dritten Reiches« zu kontrollieren und auszurichten.

Antisemitische Propagandawellen

Ein Hauptergebnis dieser Studie ist, dass es zwischen 1933 und 1945 Phasen intensiver antisemitischer Propaganda gab; zwischen diesen Kampagnen wurde das Thema in der Propaganda zwar wach gehalten, trat jedoch in den Hintergrund.

In diesen Phasen intensiver antisemitischer Propaganda erklärte das Regime die »Judenfrage« zum zentralen innenpolitischen Problem: 1933, 1935 und 1938 erweckte das Regime den Eindruck, als ob erst durch die »Befreiung« vom angeblich drückenden jüdischen Einfluss die reine nationalsozialistische »Volksgemeinschaft« hergestellt werden könne. Der Ausschluss der als parasitär dargestellten Tätigkeit der Juden aus der Wirtschaft, die Reinhaltung des »deutschen Blutes«, die »Entjudung« des gesamten öffentlichen und kulturellen Lebens galten als wesentliche Elemente eines umfassenden Säuberungsprozesses, der für die Verwirklichung der völkischen Utopie des Nationalsozialismus unumgänglich sei. Das Regime stellte somit in allen drei Phasen intensiver antisemitischer Agitation klar, dass die »Beseitigung« der Juden keineswegs nur eine Nebenlinie nationalsozialistischer Politik war, sondern ein vorrangiges Ziel.

Es ist offensichtlich, dass die NS-Bewegung mit der »Ausschaltung« der Juden aus sämtlichen Lebensbereichen ihre eigene Machtbasis Schritt für Schritt ausbaute. Antijüdische Propaganda war daher auch ein Indikator für die innenpolitische Machterweiterung der nationalsozialistischen Bewegung, die mit einer allgemeinen Radikalisierung des Regimes einherging.

Nach Kriegsausbruch spielte die antisemitische Propaganda zunächst keine wesentliche Rolle; seit Mitte 1941 erhob das Regime die »Judenfrage« jedoch zur zentralen Frage des Krieges. Seit dem Beginn des Krieges gegen die Sowjetunion im Juni 1941 vermittelte das Regime der Bevölkerung die Botschaft, der Kampf gegen das »bolschewistisch-jüdische System« sei für das deutsche Volk eine Existenzfrage. Um dieses Ziel in vollem Umfang zu erreichen, müsse auch der jüdische »Feind« im Innern isoliert und schließlich gewaltsam ausgeschaltet werden. Die Kennzeichnung der Juden im September 1941 sollte dazu die Voraussetzung schaffen.

Noch im Sommer 1941 machte sich das Regime daran, die Bevölkerung angesichts des immer kritischer werdenden Verhältnisses zu den USA auf die Ausweitung des Krieges zum Weltkrieg vorzubereiten: Dieser große Krieg, so die These der Propaganda, werde dem Reich durch eine »jüdische Weltverschwörung« aufgezwungen.

Während dieses Sujet unmittelbar nach dem Kriegseintritt der USA (und parallel zur Ausweitung der Massenmorde auf ganz Europa) in der ersten Jahreshälfte 1942 weniger stark strapaziert wurde, stellte die Propaganda in der zweiten Jahreshälfte 1942 die Parole vom Kampf gegen die jüdische Weltverschwörung mehr und mehr in den Vordergrund. Wieder ging es angeblich um eine existentielle Auseinandersetzung: »Sieg oder Untergang«, lautete die Parole. Im Frühjahr und Frühsommer 1943 wurde diese Kampagne noch einmal erheblich intensiviert, seit Mitte 1943 jedoch wieder zurückgefahren. Auch während des Krieges war die antisemitische Propaganda also ein wichtiger Indikator für die Radikalisierung des Regimes.

Für den gesamten Zeitraum 1933 bis 1945 gilt, dass illegale antisemitische Aktionen und die Anwendung physischer Gewalt gegen Juden in der Propaganda nicht oder nur andeutungsweise stattfanden. So wurden die gewalttätigen Ausschreitungen während des Boykotts 1933 verschwiegen, die antisemitischen Übergriffe von 1935 verharmlost, das wahre Ausmaß der »Reichskristallnacht« verheimlicht; die Deportationen aus Deutschland kamen in der Propaganda nicht vor, und der systematische Massenmord an den Juden wurde mit Begriffen wie Vernichtung und Ausrottung umschrieben, ohne dass Einzelheiten des Mordprogramms preisgegeben wurden.

Doch schon die eindeutigen Aussagen während der Katyn-Kampagne über die Ermordung der Juden machen deutlich, dass das von vielen deutschen Zeitgenossen im Nachhinein behauptete vollkommene Unwissen – mit dem Beigeschmack unschuldiger Ahnungslosigkeit – in Bezug auf die »Endlösung« entweder als leicht durchschaubarer Verteidigungsmechanismus zu betrachten ist oder als Hinweis darauf, dass Menschen einen beträchtlichen Teilaspekt nationalsozialistischer Politik konsequent ignorierten. Denn die »Judenpolitik« nahm immer dann, wenn das Regime die Verfolgung radikalisierte, in der Darstellung des Regimes einen herausragenden Platz ein, und das Regime wurde nicht müde, die Zentralität der Judenverfolgung für die Durchsetzung seiner Politik offensiv und öffentlich zu betonen.

Propaganda und Ausrichtung der nationalsozialistischen »Öffentlichkeit«

Die Propaganda war aber nur ein Element in einem weit umfassenderen Prozess, der darauf zielte, die nationalsozialistisch dirigierte Öffentlichkeit mit Hilfe der »Judenfrage« mehrfach neu auszurichten. Das Regime versuchte dabei, durch »Erziehung« auf verschiedenen Ebenen das öffentlich wahrnehmbare Verhalten der Bevölkerung an die jeweils neue Phase der »Judenpolitik« anzupassen.

1933 ging es zunächst darum, unter der Parole des »Boykotts« das Einkaufen in jüdischen Geschäften und die Inanspruchnahme von Juden angebotener Dienstleistungen zu unterbinden. Da dies nicht gelang, bildete die Aufforderung zum Boykott bis 1938 eines der Dauerthemen bei den Bemühungen des Regimes, das Verhalten der Bevölkerung mit der offiziellen Politik in Einklang zu bringen.

1935 wurde mit Hilfe des immer lauter öffentlich erhobenen »Rassenschande«-Vorwurfs und schließlich durch die Nürnberger Gesetze die biologische Segregation der Juden von der übrigen Bevölkerung durchgesetzt.

Im Herbst 1938 sollte der seit Jahren vorangetriebene Prozess der Ausgliederung der Juden aus der deutschen Wirtschaft und Gesellschaft durch den inszenierten Pogrom zum Abschluss gebracht werden. Es galt, die Bevölkerung in den Pogrom einzubeziehen, wenn schon nicht als aktive Teilnehmer, dann zumindest als Zuschauer, die die Gewaltorgie aus nächster Nähe miterlebten und schwerste Rechtsbrüche hinnahmen – ein Verhalten, das die Propaganda dann relativ leicht als Genugtuung und Zustimmung zu den »Vergeltungsaktionen« auslegen konnte. Anschließend – so das Hauptziel der nach dem Pogrom gestarteten Propagandakampagne – sollte die Bevölkerung die Isolation der Juden durch ein möglichst distanziertes Verhalten im Alltag sanktionieren.

Im Herbst 1941 wurde schließlich zusammen mit der Einführung des Gelben Sterns ein totales Kontaktverbot zu jüdischen Bürgern verhängt. Die Bevölkerung wurde angehalten, etwa in öffentlichen Verkehrsmitteln und Geschäften gegenüber Juden auf allgemein übliche Umgangsformen zu verzichten, um die noch in Deutschland lebenden Juden für alle sichtbar als »inneren Feind« zu brandmarken.

Im Frühjahr 1943 wurde die Mobilisierung der Bevölkerung für den Totalen Krieg damit begründet, in dem behaupteten »Rassenkrieg« gegen die Juden gebe es nur für den Sieger ein Überleben. Die unterlegene Seite werde zwangsläufig »vernichtet«. Das Regime versuchte damit, allerdings nur für etwa acht Wochen, die Kriegsanstrengungen im Zeichen des Totalen Krieges zum Plebiszit über die »Endlösung der Judenfrage« zu machen, über deren mörderischen Charakter kein Zweifel gelassen wurde.

In all diesen Phasen war die Propaganda, wie wir bei den einzelnen antisemitischen Kampagnen sehen konnten, eng mit Gewaltanwendung und Repression beziehungsweise mit gesetzlicher Reglementierung verbunden. Es ging also nicht darum, die Menschen von der antisemitischen Politik zu überzeugen oder sie mit Hilfe einer geschickten Propaganda zu verführen – vielmehr führte man ihnen die vermeintliche Unausweichlichkeit antisemitischer Maßnahmen vor Augen und forderte von ihnen, ihr Verhalten in der Öffentlichkeit entsprechend darauf einzustellen.

Wie reagierten die Menschen auf diesen Erziehungsprozess?

Aussagekraft der Stimmungsberichte

Die wichtigste Quelle für die Beantwortung dieser Frage sind die offiziellen Stimmungsberichte des Regimes. Die Interpretation der darin enthaltenen Einschätzungen über das Verhalten der Bevölkerung erfordert indes eine besonders sorgfältige Quellenkritik, da die Stimmungsberichte, wie in der Einleitung bereits ausgeführt, nicht einmal ansatzweise die Funktion einer demoskopischen Beobachtung der »wahren« Volksstimmung erfüllten.

Die Berichte erfassten nicht die »öffentliche Meinung« (die sich in der Diktatur nicht konstituieren konnte), sondern waren an der Formierung einer künstlich hergestellten Öffentlichkeit unter den Bedingungen der Diktatur mit beteiligt. Sie sind deshalb nicht als Forum für unterschiedliche Auffassungen, sondern als Resonanzboden zu betrachten, mit dessen Hilfe Zustimmung dokumentiert und die Propaganda des Regimes verstärkt werden sollte. In diesem Rahmen hatte die Stimmungsberichterstattung vor allem die Aufgabe zu dokumentieren, dass die Bevölkerung in ihrem Alltagsverhalten ihre Zustimmung zur Politik des Regimes zum Ausdruck brachte. Entsprechend beobachtete das Regime bei jeder neuen Radikalisierung der »Judenpolitik« aufmerksam, ob die Menschen ihr alltägliches Verhalten auf die jeweils neue Phase der Verfolgung einstellten.

Aus diesem Grund lieferte die Stimmungsberichterstattung vorwiegend in den Phasen intensiver antisemitischer Propaganda umfangreiches Material, nicht jedoch in den Zwischenphasen, in denen hinsichtlich der Judenverfolgung relative Ruhe herrschte. Die Berichterstattung konzentrierte sich darauf, die äußerlich wahrnehmbare Reaktion der Bevölkerung auf antijüdische Kampagnen und auf konkrete, unübersehbare Maßnahmen gegen die jüdische Bevölkerung aufzuzeichnen; sie wurden nicht mit der Absicht verfasst, so etwas wie eine »Grundeinstellung« über einen längeren Zeitraum zu verfolgen.

Wegen dieser Eigenart der Berichterstattung kann aus der Abwesenheit von Reaktionen auf die Verfolgung in bestimmten Phasen nicht auf »Indifferenz« der Bevölkerung geschlossen werden. Dokumentiert wird dadurch vielmehr, dass der staatliche Propagandaapparat in bestimmten Phasen kein Interesse daran hatte, diesen Themenkomplex aufzuwerfen und seiner Erörterung in der internen Berichterstattung eine Plattform zu bieten.

Die offiziellen Stimmungsberichte spiegeln daher in erster Linie die diskursiven Mechanismen unter dem NS-Regime wider: Sie wirkten mit an der Etablierung einer »master narrative«, einer »herrschenden Erzählung«, die alternative Diskurse nicht zulassen konnte. Diese Funktion der Berichte erklärt eine Reihe von Eigentümlichkeiten der Berichterstattung, auf die bereits in der Einleitung eingegangen wurde: So wurde das Volk grundsätzlich immer als eine homogene Größe angesehen, der Nationalsozialismus galt als Ausdruck eines einheitlichen Volkswillens – in grundsätzlichen Fragen konnte also gar keine Diskrepanz zwischen Regime und Volk entstehen. Damit betraut, vor allem die Zustimmung der Bevölkerung zur Politik des Regimes zu dokumentieren, neigten die Berichterstatter dazu, oppositionelle Strömungen grundsätzlich als Ausnahmeerscheinung darzustellen, als eigentlich überwundene Denkweise. Hinzu kam, dass die Berichterstatter die Wirklichkeit des »Dritten Reiches« von einer ideologisch bestimmten Grundposition aus wahrnahmen: Sie benutzten in ihren Berichten im Allgemeinen die gleichen gedanklichen Grundfiguren und Sprachmuster, die auch in den offiziellen Verlautbarungen verwendet wurden.

Die Berichte hatten demnach mit einer Art Feldforschung, bei der negative Äußerungen sorgsam beobachtet und evaluiert werden, nichts zu tun. Sie fungierten stattdessen als Warnsystem, um etwaige negative Reaktionen auf die Politik aufzuspüren, damit solche unerwünschten Erscheinungen mit Hilfe von Propaganda und Repression wieder zum Verschwinden gebracht werden konnten.

Schließlich sind die Eigeninteressen zu beachten, die die verschiedenen Stellen im Zuge der Berichterstattung verfolgten. Da eine öffentliche Meinungsbildung nicht stattfand, stellten die Berichte für die Staats- und Parteibürokratie eine Möglichkeit dar, unter dem Rubrum »Volksstimmung« innerhalb bestimmter Grenzen auch Maßnahmen des Regimes zu kritisieren und politische Auffassungen auszutauschen.

Die Berichte als Abbild einer im Verborgenen existierenden »wirklichen« öffentlichen Meinung zu lesen, wäre also grundfalsch. Festzuhalten ist vielmehr, dass die kollektive Meinungsbildung, das heißt der Prozess, in dem unterschiedliche Einzelstimmen auf einen generellen Nenner gebracht werden, ganz wesentlich im Rahmen der offiziellen Stimmungsberichterstattung stattfand. Die Stimmungsberichte sind, das sei noch einmal betont, ein formatives Element einer künstlich hergestellten, offiziellen öffentlichen Meinung.

Gab es unter der Diktatur eine vorherrschende »Volksmeinung«?

Wenn es aber, so die weitere Überlegung, unter den Bedingungen der NS-Diktatur keine diskursiven Mechanismen für eine unabhängige Meinungsbildung und für die Konstituierung einer »öffentlichen Meinung« gab, dann stellt sich die Frage, ob man überhaupt sinnvollerweise von der Existenz einer einheitlichen oder dominierenden »Volksmeinung« oder einer mehrheitlichen »Einstellung« der Bevölkerung ausgehen kann. Auch wenn es in Grenzen möglich war, politische Auffassungen im privaten Bereich auszutauschen, fehlte diesen Diskussionen doch das entscheidende Element, das die Konstituierung eines alternativen Diskurses erst ermöglicht hätte: Öffentlichkeit.

Außerhalb der Privatsphäre konnten sich kollektive, vom offiziellen Kurs abweichende Meinungen nur ansatzweise innerhalb von Milieus oder Milieuresten etablieren, die noch nicht von den Nationalsozialisten zerstört waren und in denen noch halbwegs intakte moralische Referenzsysteme bestanden: Zu denken ist etwa an die kirchlich gebundene Bevölkerung, an bürgerliche Kreise oder an die Reste des sozialistischen Milieus. Allerdings zeichneten sich diese in der Halböffentlichkeit nachweisbaren abweichenden Meinungen dadurch aus, dass sie die Judenverfolgung in traditionelle, aus der Zeit vor 1933 stammende Erklärungsmuster einordneten; den präzedenzlosen Charakter der NS-Judenverfolgung konnten sie daher nur unzureichend erfassen. Die Grundlage für die Herstellung eines alternativen Diskurses, der mit der Radikalisierung der nationalsozialistischen »Judenpolitik« hätte Schritt halten können, war damit nicht gegeben.

Es scheint demnach relativ sinnlos zu sein, durch die offenkundigen Verzerrungen der Berichterstattung hindurch zu so etwas wie einer »wahren« Volksmeinung vorstoßen zu wollen. Dass das Volk ohne Vorhandensein entsprechender Kommunikationskanäle kollektiv, sozusagen aus sich selbst heraus, mehr oder weniger einheitliche Stimmungen und Meinungsbilder hervorbringen könne, ist ein Mythos, der nicht zuletzt durch die nationalsozialistische Volksgemeinschaftsideologie befördert wurde. Was wir in den Berichten finden können, ist die von den Berichterstattern aus ihrem Blickwinkel vorgenommene Kompilation von Einzelstimmen, die sich vorzugsweise im Rahmen von traditionellen, milieutypischen Auffassungen bewegten.

Die Ausrichtung der nationalsozialistischen Öffentlichkeit und ihre Grenzen

Angesichts der primären Aufgabenstellung der Stimmungsberichterstattung, an der möglichst einheitlichen Ausrichtung der Öffentlichkeit mitzuwirken, verdienen jedoch solche Berichte besondere Aufmerksamkeit, in denen die Auswirkungen staatlicher Maßnahmen und Propaganda übereinstimmend und/oder über einen längeren Zeitraum als negativ beschrieben wurden; dies gilt vor allem dann, wenn sich solche negativen Tendenzen durch andere Zeugnisse bestätigen lassen. In diesen Fällen ließ sich also Kritik oder Ablehnung der antisemitischen Politik offensichtlich nicht herunterspielen oder schnell und wirksam bekämpfen. Die Ausrichtung der Öffentlichkeit durch das Regime stieß offensichtlich an ihre Grenzen.

Dabei ist stets das Problem im Auge zu behalten, ob und aus welchen Gründen die berichterstattenden Behörden ein eigenes Interesse daran haben mochten, negative Reaktionen der Bevölkerung auf die »Judenpolitik« besonders herauszustellen. Wir können jedoch diesen Verzerrungsfaktor dadurch eingrenzen, dass wir das Berichtsmaterial untereinander und mit anderen Quellengruppen vergleichen und außerdem den Aufbau und Verlauf der Propagandakampagnen sorgfältig in die Analyse mit einbeziehen. Denn das Auf und Ab der antisemitischen Propaganda und die Art und Weise, in der offenkundig erfolglose Propaganda durch repressive Maßnahmen unterstützt wurde, lassen darauf schließen, wie der Propagandaapparat selbst die Einstellung der Bevölkerung zur »Judenpolitik« einschätzte – eine Einschätzung, die umso bedeutungsvoller ist, als sie in erster Linie auf internem, verloren gegangenem Material des Goebbels-Ministeriums beruhte. Das aber hatte keinerlei Interesse daran, die Reaktion der Bevölkerung auf die Propaganda als besonders negativ darzustellen.

Während des gesamten Zeitraums von 1933 bis 1945 zeigt sich in den Stimmungsberichten und in anderen Quellen, dass die NS-»Judenpolitik« in der Bevölkerung ein erhebliches Maß an Verständnislosigkeit, Skepsis und Kritik zu überwinden hatte. Große Teile der Bevölkerung waren offenbar nicht ohne weiteres bereit, durch ihr Alltagsverhalten Zustimmung zur antisemitischen Politik und Propaganda zu signalisieren. Solche negativen Reaktionen äußerten sich allerdings auf disparate Weise. Eine geschlossene, politisch und moralisch fundierte Gegenbewegung konnte sich unter den herrschenden Bedingungen nicht formieren.

Am ehesten kann man diese unbestimmten negativen Reaktionen, die mangels alternativer kollektiver Meinungsbildung unterhalb der Ebene des Protests oder gar des Widerstandes blieben, wohl mit dem Begriff des »Unwillens« erfassen. Dieser Unwille, die Weigerung, sein Verhalten in der »Judenfrage« an die vom Regime verordneten Normen anzupassen, war die einfachste und risikoloseste Form für die Masse der Bevölkerung, abweichende Einstellungen zur »Judenpolitik« zum Ausdruck zu bringen; auf solche Verhaltensweisen konnte man sich auch ohne verbale Kommunikation im Alltag relativ leicht verständigen. Zugleich ließen sich solche öffentlichen Äußerungen des Unwillens – im Gegensatz zur »wahren Einstellung« der Bevölkerung – verhältnismäßig zuverlässig erfassen. Aus heutiger Sicht kann man ihnen daher am ehesten Glauben schenken. Bei der Analyse der Reaktion der Deutschen auf die Judenverfolgung konzentrieren wir uns daher auf die Momente, in denen die Bemühungen des Regimes zur antisemitischen Ausrichtung der Öffentlichkeit deutlich auf Schwierigkeiten stießen.

Überblickt man den gesamten Zeitraum der NS-Diktatur, wird ein deutlicher Trend erkennbar: Der Unwille der Bevölkerung, ihr Verhalten zur »Judenfrage« entsprechend den vom Regime verordneten Normen auszurichten, wuchs, je radikaler die Verfolgung wurde. Das Regime war jedoch entschlossen, sich bei seinen Anstrengungen zur Ausrichtung der Öffentlichkeit gegen solche Äußerungen des Unwillens durchzusetzen und die Bevölkerung mehr und mehr in die »Judenpolitik« zu involvieren, selbst wenn dies einen immer größeren Aufwand an Propaganda und Repression erforderte und die Geheimhaltung der »Endlösung« zumindest teilweise aufgegeben werden musste.

Werfen wir abschließend noch einmal einen Blick auf die einzelnen Phasen jenes Prozesses im Zusammenhang. Wir fassen dabei die Ergebnisse der Stimmungsberichtsanalyse mit dem zusammen, was wir aus anderen Quellen über die Reaktion der Bevölkerung wissen, und stellen diese Informationen dem rekonstruierten Verlauf der Propagandakampagnen gegenüber.

Die schon in der Weimarer Republik einsetzenden Bemühungen der Nationalsozialisten, in der Bevölkerung einen Boykott jüdischer Geschäfte und Dienstleistungen durchzusetzen, blieben außerhalb der Kernanhängerschaft der Nationalsozialisten ohne größere sichtbare Auswirkungen. Der Boykott war nur dann – einigermaßen – erfolgreich, wenn er wie am 1. April 1933 mit massiven Bedrohungen der Kundschaft einherging. Durch bloße Propaganda war das Käuferverhalten offenkundig nicht wesentlich zu beeinflussen.

Trotz erheblicher Anstrengungen, die in den folgenden Jahren noch intensiviert wurden, sollte es dem Regime nicht gelingen, den Boykott mit Hilfe von Propaganda, Druck durch die örtlichen Parteiorganisationen auf die Kunden und Krawall in der Bevölkerung durchzusetzen. Erst Berufsverbote und »Arisierung«, schließlich das gesetzliche Verbot der wirtschaftlichen Betätigung der Juden in Folge des Novemberpogroms unterbanden die geschäftlichen Beziehungen zwischen Juden und Nichtjuden tatsächlich.

Die von der Partei erhobene Forderung an die Bevölkerung, intime und freundschaftliche Beziehungen zu Juden abzubrechen, ließ sich erst mittels der Rassenschande-Krawalle 1935, letztlich erst nach dem Erlass der Nürnberger Gesetze durchsetzen. Die bloße Verächtlichmachung als »Judenfreunde« und »Rasseschänder« seitens der Partei hatte offenbar nicht ausgereicht, nichtjüdische Menschen von solchen Beziehungen abzuhalten.

Dass die Bevölkerung nach dem Erlass der Nürnberger Gesetze allgemein mit Befriedigung auf die nun erfolgende biologische Segregation der Juden reagierte, ist nicht nachweisbar. Eher dürfte sich das Gefühl der Erleichterung auf das – scheinbare – Ende der Krawalle bezogen haben, und wir haben einige Anhaltspunkte dafür, dass das Gefühl der Zufriedenheit mit den Gesetzen durch die Berichterstattung übertrieben wurde, da die berichterstattenden Instanzen Partei, Polizei und staatliche Bürokratie alle drei ein starkes Interesse daran hatten, die antisemitische Kampagne des Jahres 1935 abzuschließen. Man muss sich auch vor Augen halten, dass die Forderung nach dem Ausschluss der Juden von der deutschen Staatsbürgerschaft und das Verbot von Eheschließungen beziehungsweise intimen Beziehungen zwischen Juden und Nichtjuden vor 1933 nur von der aktiven Anhängerschaft der NSDAP und völkischen Splittergruppen vertreten wurde. Die etablierten rechtskonservativen Kräfte griffen diese Themen nicht auf, und in der politischen Mitte und auf Seiten der Linken galten solche Überlegungen geradezu als absurd. Dass es den Nationalsozialisten gelungen sein sollte, in einem Zeitraum von weniger als drei Jahren für diese radikal-antisemitischen Forderungen eine breite Mehrheit in der Bevölkerung hinter sich zu bringen, ist höchst unwahrscheinlich – zumal angesichts der Tatsache, dass sich das Regime insgesamt gesehen noch keineswegs konsolidiert hatte.

Die Politik des Regimes, den vollständigen Ausschluss der Juden aus dem wirtschaftlichen und gesellschaftlichen Leben mit dem Pogrom vom November 1938 zu vervollkommnen und durch Terror eine Massenflucht der Juden aus Deutschland auszulösen, nahm die Bevölkerung letztlich zwar hin, aber mit erheblichem Widerwillen, der sich vor allem gegen die Gewalttätigkeiten und Zerstörungen richtete. Trotz der vom Regime öffentlich gepflegten Interpretation der passiven Hinnahme als Zustimmung lässt sich an der unmittelbar nach dem Novemberpogrom gestarteten Propagandakampagne ablesen, dass aus Sicht der Verantwortlichen Rechtfertigungsbedarf bestand und der öffentlich zur Schau gestellte Antisemitismus noch zu wünschen übrig ließ.

Diese Propagandakampagne konnte nur unter großen Anstrengungen und Schwierigkeiten über den Winter 1938/39 hinweg aufrechterhalten werden. Die Tatsache, dass die Zeitungsredaktionen die Weisungen des Propagandaministeriums nicht so recht umsetzen wollten, hatte mehrere Ursachen: Zum einen zeigte sich, dass nach sechs Jahren NS-Judenverfolgung die weitere Hervorhebung einer »jüdischen Gefahr« in Deutschland propagandistisch wenig glaubwürdig war. Zum anderen erwies sich der Anfang 1939 eingeschlagene Kurs, die international angeblich dominierende Stellung der Juden zu betonen, als außenpolitisch riskant. Und: Wir können annehmen, dass die relativ starke Ablehnung, auf die die Gewaltaktionen vom 9. November bei der deutschen Bevölkerung trafen, ein Klima geschaffen hatte, das für die Rezeption einer scharfen antisemitischen Propagandakampagne nicht günstig war. Die Strategie, die Gewaltaktion im Nachhinein propagandistisch zu rechtfertigen und gerade die Schichten der deutschen Gesellschaft, die sich über den Pogrom so empört gezeigt hatten – insbesondere das Bildungsbürgertum –, unter Druck zu setzen, fruchtete letztlich wenig.

Die den Stimmungsberichten des Jahres 1939 zu entnehmende Indifferenz der Bevölkerung in der »Judenfrage« ist daher nicht glaubwürdig. Dieses Desinteresse scheint eher Ausdruck einer Übersättigung mit antisemitischer Propaganda zu sein. Außerdem hatten die Parteidienststellen und staatlichen Behörden kein Interesse daran, nach der vollzogenen Ausschaltung der Juden aus Wirtschaft und Gesellschaft das Thema in den Stimmungsberichten weiter übermäßig zu strapazieren. Die Zeichen waren auf »Beruhigung« der Situation gesetzt.

Zwischen dem Ausbruch des Zweiten Weltkrieges im September 1939 und dem Beginn des Krieges gegen die Sowjetunion im Juni 1941 spielte die »Judenfrage« in der nationalsozialistisch ausgerichteten Öffentlichkeit keine wesentliche Rolle und taucht dementsprechend auch in der Stimmungsberichterstattung nur selten auf. Dies änderte sich erst im Sommer 1941, als das Regime den Kampf gegen den »jüdischen Bolschewismus« zu einem zentralen Kriegsziel erhob. Mit zunehmender Verschlechterung des Verhältnisses zu den Vereinigten Staaten im Laufe des Sommers geriet auch Präsident Roosevelt als »Marionette jüdischer Interessen« ins Visier der Propaganda, und die Bevölkerung wurde allmählich auf einen Weltkrieg gegen eine »jüdische Weltverschwörung« vorbereitet.

Die äußere Kennzeichnung der deutschen Juden im September 1941, ihre Sichtbarmachung als »innere Feinde«, war Teil dieses Szenarios. Insbesondere den internen Unterlagen des Propagandaministeriums und dem Verlauf der Propagandakampagne lässt sich aber entnehmen, dass die Kennzeichnung keineswegs Zustimmung, sondern in unerwartetem Ausmaß Gesten der Solidarität provozierte. Das Regime entschloss sich daher, ein mit Konzentrationslagerhaft bewehrtes totales Kontaktverbot gegenüber Juden zu verhängen und die antisemitische Propaganda weiter zu verschärfen. Die Mitte Oktober beginnenden Deportationen dagegen thematisierte die Propaganda nur indirekt; gleichwohl wurden sie, wie aus lokalen Stimmungsberichten hervorgeht, in der Bevölkerung durchaus stark beachtet. Dem Regime gelang es offenbar nur noch mit äußerster Mühe, das äußerlich wahrnehmbare Verhalten der Bevölkerung in der »Judenfrage« so zu steuern, dass es sich als populäre Zustimmung zur offiziellen Politik darstellen ließ.

Ab 1942 gerieten die Anstrengungen zur Ausrichtung der Bevölkerung auf die »Endlösung« endgültig zum Fiasko. Nach dem Misserfolg der Kennzeichnungspropaganda verzichteten die Verantwortlichen in den folgenden Monaten darauf, weitere Einzelheiten der deutschen »Judenpolitik« publik zu machen. Im Gegensatz dazu standen jedoch die wiederholten, groß aufgemachten Erklärungen Hitlers und anderer führender Nationalsozialisten zur »Vernichtung« und »Ausrottung« der Juden sowie die Tatsache, dass die Propaganda das antisemitische Thema keineswegs aufgab.

Im Laufe des Jahres 1942 machten im Reichsgebiet zunehmend Gerüchte über die Ermordung der Juden die Runde. Vor allem über Erschießungen wurde häufig spekuliert, und vielen war klar, dass die Deportierten dem Tod entgegensahen. Gemutmaßt wurde auch über den Massenmord mit Giftgas, konkrete Informationen über Vernichtungslager waren indes kaum in Umlauf. Ab Mitte 1942 begann das Regime, auf die zunehmenden Gerüchte über die Ermordung der Juden offensiv zu reagieren. Im Oktober erließ die Partei-Kanzlei eine parteiinterne Sprachregelung, in der sie in einer Weise Stellung zu Gerüchten über die Erschießungen im Osten nahm, die als Bestätigung gelesen werden konnte. Gleichzeitig versuchte das Regime, die immer offener propagierte Vernichtung der Juden zu rechtfertigen: Man komme damit der jüdischen Vernichtungsabsicht zuvor.

Als die Alliierten im Dezember 1942 mit großem propagandistischem Aufwand die systematische Ermordung der Juden Europas durch das NS-Regime anprangerten, wies die deutsche Propaganda diese Anklage nicht zurück, sondern bemühte sich vielmehr mit einer Entlastungskampagne, die angebliche alliierte Kriegsverbrechen zum Inhalt hatte, um Ablenkung. Das Regime unternahm gar nicht erst den Versuch, das Verbrechen zu leugnen. Die Entlastungskampagne scheiterte jedoch nicht zuletzt an ihrer eigenen Unglaubwürdigkeit kläglich. Die Schilderungen der angeblich von Alliierten verübten Gräueltaten lieferten allerdings den Gerüchten über den Massenmord an Juden neue Nahrung.

Die öffentliche Handhabung des Themas durch das Regime in der zweiten Jahreshälfte 1942 lief also darauf hinaus, die umlaufenden Gerüchte indirekt zu bestätigen; dahinter stand offenkundig das Kalkül, die deutsche Bevölkerung zu Zeugen und Mitwissern des Massenmordes an den Juden zu machen. Die »Judenfrage« wurde so zu einem öffentlichen Geheimnis; umgeben von einer Aura des Unheimlichen, handelte es sich um etwas, worüber man besser nicht sprach, das im allgemeinen Bewusstsein jedoch deutlich präsent war. Die vorhandenen Informationen zu einem Gesamtbild vom wirklichen Umfang der Judenverfolgung – europaweiten Deportationen mit dem Ziel der Ermordung der Juden in den Gaskammern der Vernichtungslager – zusammenzusetzen, war in dieser Atmosphäre für die meisten offenbar außerordentlich schwierig.

Seit Mitte 1942 propagierte das Regime zunehmend – ein ungefähres Wissen um die »Endlösung« voraussetzend – und ganz offen, dass im Falle einer Niederlage in diesem Krieg die Juden den Deutschen das Gleiche zufügen würden, was diese ihnen angetan hatten. Ein unbestimmtes Gefühl, dass die »Judenfrage« mit dem Fortgang des Krieges und mit der Frage des eigenen Überlebens verbunden sei, war offenbar weit verbreitet. Nach der Entdeckung der Massengräber in Katyn ging die deutsche Propaganda Mitte April 1943 weiter in die Offensive. Nun bekannte sich das

Regime nicht nur in aller Offenheit und in unmissverständlichen Formulierungen zur Vernichtung der Juden, sondern ging so weit, diese zum zentralen Kriegsziel zu erklären. Nach offizieller Darstellung ging es eigentlich um einen »Kampf gegen Juda«, um einen »Kampf auf Leben und Tod«.

Der deutschen Bevölkerung wurde eingehämmert, die Mobilisierung für den Totalen Krieg, die das Regime seit Anfang 1943 betrieb, sei für einen kompromisslos geführten »Rassekrieg« notwendig, in dem der jüdische »Erzfeind« ausgerottet werden müsse, bevor dieser seine Ausrottungsabsicht gegenüber dem deutschen Volk verwirklichen könne. Nach der drastischen Art und Weise, in der im Zuge der Katyn-Kampagne über die Beseitigung der Juden gesprochen wurde, sollte niemand mehr behaupten können, er habe von diesen Vorgängen nichts gewusst.

1943 versuchte das Regime also noch einmal, die von ihm gesteuerte Öffentlichkeit mit Hilfe der »Judenfrage« neu auszurichten. Der Bevölkerung wurde klar gemacht, dass sie im Falle einer Niederlage für die Verbrechen des Regimes als dessen Mitwisser und Komplizen zur Rechenschaft gezogen werden würde; Angst vor Vergeltung sollte die letzten Reserven mobilisieren und den Durchhaltewillen der Bevölkerung zum Fanatismus steigern. Dabei wurde insbesondere der Luftkrieg als jüdischer Terror und Vorgeschmack auf das, was dem deutschen Volk nach einem alliierten Sieg drohe, dargestellt. Die »dem Volk« abverlangten zusätzlichen Kriegsanstrengungen versuchte das Regime in ein Plebiszit für die radikalste denkbare »Lösung der Judenfrage« umzumünzen.

Die antisemitische Kampagne nach Katyn fuhr sich jedoch Ende Mai/Anfang Juni 1943 fest und wurde schließlich abgebrochen, ja Goebbels musste sich für das Übermaß an antisemitischer Propaganda gegenüber der Partei offiziell rechtfertigen. Denn es stellte sich heraus, dass die Angstpropaganda erhebliche Irritationen und negative Reaktionen auslöste. Zum einen hielten viele es offensichtlich nicht für opportun, Gräueltaten der Kriegsgegner anzuprangern, weil dadurch nur die Aufmerksamkeit auf die – wohlbekannten- eigenen Verbrechen gelenkt werde. Zum anderen führte die Mobilisierung von Ängsten vor jüdisch-bolschewistischen Schergen und anglo-jüdischen Luftgangstern zu unliebsamen Erörterungen in der Bevölkerung, warum man sich denn überhaupt mit einer so mächtigen Kriegskoalition angelegt habe, sowie zu Fatalismus und Depression.

Die Botschaft des Regimes, an der »Judenfrage« entscheide sich nicht nur die Existenz des »Dritten Reiches«, sondern auch die des deutschen Volkes, wurde in der Bevölkerung durchaus verstanden – und gleichzeitig sperrte man sich offenkundig gegen die Vorstellung einer kollektiven Haftung für die verübten Verbrechen. Je wahrscheinlicher diese Niederlage wurde, desto größer war das Bedürfnis, sich dem Wissen über das offensichtlich vor sich gehende Verbrechen zu entziehen und sich in ostentative Ahnungslosigkeit zu flüchten. Diese Tendenz, die Hoffnung, dass die allgemeine Bevölkerung im Falle einer Niederlage nicht für den Mord an den Juden zur Rechenschaft gezogen werden würde, verstärkte sich noch, nachdem das Regime seine »Kraft durch Furcht«-Propaganda Mitte 1943 als weitgehend kontraproduktiv erkannt und aufgegeben hatte. Denn nachdem das Deutsche Reich in die Defensive geraten war, musste die Beschwörung der »jüdischen Weltverschwörung« als »Kitt« der heterogenen Feindkoalition vorhandene Ängste noch verschärfen. Aus Sicht der Propagandisten galt es nun vielmehr, die Gegensätze im feindlichen Lager herauszuarbeiten – insbesondere, indem sie das Übergewicht der Sowjetunion in der Feindkoalition betonten und die im Falle einer deutschen Niederlage drohende Beherrschung Europas durch den Bolschewismus in dramatischer Form schilderten. Die Drohungen mit der »jüdischen Rache« traten, ebenso wie die öffentlichen Hinweise auf die vor sich gehende »Ausrottung« der Juden in den Hintergrund. Stattdessen wurde ein Mantel des Schweigens über die Maßnahmen zur »Endlösung« ausgebreitet. Die Partei-Kanzlei belegte das Thema offiziell mit einem Erörterungsverbot, die Justiz griff hinsichtlich der Gerüchtebildung in der Bevölkerung schärfer durch. Hatte das Regime zwischen Spätsommer 1941 und Frühjahr 1943 auf den deutlichen Unwillen der Bevölkerung in der »Judenfrage« mit verstärkter antisemitischer Propaganda reagiert und sich immer offener zur Vernichtung und Ausrottung der Juden bekannt, so wurde die »Endlösung« ab Mitte 1943 mehr und mehr zum Un-Thema. Die Tatsache, dass Goebbels Ende 1943 Schlägertrupps der Partei in die Berliner Kneipen entsandte, um möglicher Kritik schlagkräftig zu begegnen, charakterisiert die Situation: Äußerungen, die sich außerhalb des vom Regime verordneten Rahmens bewegten, wurden gewaltsam unterdrückt.

In dieser von Angst – sowohl vor der »jüdischen Rache« als auch vor Erörterung der zum Tabu gewordenen »Endlösung« – erfüllten Atmosphäre der zweiten Kriegshälfte war die Bevölkerung offenbar mehr oder weniger unwillig, sich weiterhin mit Details der »Judenfrage« zu befassen und die bruchstückhaft vorhandenen Einzelinformationen und offiziellen Stellungnahmen des Regimes zu einem Gesamtbild zusammenzusetzen. Damit hätte man sich eingestehen müssen, dass der Massenmord an den Juden ein Jahrhundertverbrechen darstellte, das sich wesentlich von den an anderen verfolgten Gruppen und unterjochten Völkern verübten Verbrechen unterschied. Zwischen Wissen und Unwissen gab es also eine breite Grauzone, gekennzeichnet durch Gerüchte und Halbwahrheiten, Imagination, verordnete und selbst auferlegte Kommunikationsbeschränkungen, Nicht-Wissen-Wollen und Nicht-Begreifen-Können. Die Tatsache, dass das Thema in den letzten beiden Kriegsjahren eine wesentlich geringere Rolle in der Propaganda des Regimes wie in der Deutschlandpropaganda der Alliierten spielte als im Zeitraum 1942 bis Mitte 1943, beförderte die Tendenz zur Verdrängung noch.

Die einfachste und vorherrschende Haltung war daher sichtbar zur Schau getragene Indifferenz und Passivität gegenüber der »Judenfrage« – eine Einstellung, die nicht mit bloßem Desinteresse an der Verfolgung der Juden verwechselt werden darf, sondern als Versuch gesehen werden muss, sich jeder Verantwortung für das Geschehen durch ostentative Ahnungslosigkeit zu entziehen. Es scheint, als habe die nach Kriegsende zur stereotypen Floskel gewordene Redewendung, man habe »davon« nichts gewusst, ihre Wurzeln in eben dieser Verweigerungshaltung der zweiten Kriegshälfte: in der Flucht in die Unwissenheit.

Dank

Das vorliegende Buch entstand in den Jahren 2002 bis 2005. Ermöglicht wurde es unter anderem durch Gastaufenthalte an der Goethe-Universität Frankfurt am Main (Fritz Bauer Institut), am Center for Advanced Holocaust Research des US Holocaust Memorial Museum sowie am Kulturwissenschaftlichen Institut in Essen, vor allem aber durch die Großzügigkeit meiner Universität, des Royal Holloway College University of London, die mir die Möglichkeit gab, diese Einladungen auch wahrzunehmen.

An erster Stelle möchte ich herzlich Otto Dov Kulka und Eberhard Jäckel danken, die mir freundlicherweise eine Diskette mit den gesammelten Stimmungsberichten zum Thema Judenverfolgung in NS-Deutschland zugänglich machten, lange bevor ihr gemeinsames Werk *Die Juden in den geheimen NS-Stimmungsberichten 1933–1945* (Düsseldorf 2004) veröffentlich wurde. Diese Sammlung, die unser Wissen über die Reaktion der damals lebenden Deutschen auf die Judenverfolgung auf eine ganz neue Basis stellt, gab überhaupt erst den Anstoß, das Buch im vorliegenden Format zu verfassen.

Teile der Materialien, auf die sich dieses Buch stützt, konnte ich im Rahmen meiner Lehrtätigkeit am Royal Holloway College und in Kursen an der Universität Frankfurt sowie anlässlich eines Seminars für amerikanische Universitätsdozenten am US Holocaust Memorial Museum benutzen. Vorträge an den Universitäten von Bochum, Cambridge und Leicester sowie am Washingtoner Museum eröffneten mir die Chance, die dem Buch zugrunde liegenden Thesen zu entwickeln. Die unterschiedlichen Reaktionen, die ich im Rahmen dieser diversen akademischen Veranstaltungen erhielt, waren höchst anregend und fanden zum Teil Eingang in dieses Buch.

Schließlich möchte ich mich bei allen Mitarbeiterinnen und Mitarbeitern der Bibliotheken und Archive bedanken, die ich für diese Arbeit aufgesucht habe. Hier sind – neben vielen anderen Institutionen – vor allem das Institut für Zeitgeschichte in München, das Fritz Bauer Institut in Frankfurt am Main, Archiv und Bibliothek des US Holocaust Museum sowie die Mitarbeiter des Bundesarchivs in Berlin und Koblenz zu nennen.

Herr Hans-Gunter Voigt vom Bundesarchiv/Filmarchiv in Berlin war so freundlich, mir das von ihm verfasste ungedruckte Findmittel »Jüdisches Leben und Holocaust im Filmdokument 1930 bis 1945« (Koblenz 2000) zugänglich zu machen. Jeffrey Herf (Washington) danke ich für die Überlassung von Materialien aus dem Landeshauptarchiv Koblenz, Peter Witte für wertvolle Hinweise zur Geschichte der »Euthanasie«. Dank einer Vereinbarung mit der MPR-Filmproduktion München konnte ich mit den Kopien der täglichen Ministerkonferenzen im Propagandaministerium aus den Jahren 1941/42 arbeiten, die ich bei einem früheren Besuch im Moskauer Osobyi Archiv erstmals eingesehen hatte. In diesem Zusammenhang bedanke ich mich bei dem Leiter von MPR, Philip Remy, sowie bei Peter Klein, der vor Ort als Rechercheur tätig war und mich im Übrigen auch mit weiteren wertvollen Tipps versorgte.

Dankbar bin ich auch dem Institut für Genozidforschung, insbesondere Herrn Mihran Dabag und Kristin Platt, die mir die Gelegenheit gaben, einen ersten Beitrag zu diesem Thema in dem Sammelband *Reden von Gewalt* (München 2002) unter dem Titel »Judenverfolgung und nationalsozialistische Öffentlichkeit« zu veröffentlichen und diesen Beitrag für dieses Buch teilweise wieder zu verwenden.

Beim Siedler Verlag bedanke ich mich herzlich für die hervorragende Betreuung, namentlich beim Verlagsleiter Thomas Rathnow, und ganz besonders bei der Lektorin Andrea Böltken, die entscheidend dazu beitrug, dass das Buch in der vorliegenden Form erscheinen konnte.

München und London im März 2006

Abkürzungsverzeichnis

AP Stet	Archiwum Panstwowe w Szcecinie (Stettin)
BA Ms	Bistumsarchiv Münster
BayHStA	Bayerisches Hauptstaatsarchiv, München
BT	Berliner Tageblatt
DAF	Deutsche Arbeitsfront
DAZ	Deutsche Allgemeine Zeitung
DNB	Deutsches Nachrichtenbüro
FZ	Frankfurter Zeitung
GLA Ka	Generallandesarchiv Karlsruhe
GStA	Geheimes Staatsarchiv Preussischer Kulturbesitz, Berlin
HStA Dü	Hauptstaatsarchiv Düsseldorf
HStA Ha	Hauptstaatsarchiv Hannover
HStA Wei	Hauptstaatsarchiv Weimar
HStA Wi	Hessisches Hauptstaatsarchiv Wiesbaden
IfZ	Institut für Zeitgeschichte, München
IMT	International Military Tribunal
LA Sp	Landesarchiv Rheinland-Pfalz, Speyer
LHA Ko	Landeshauptarchiv Koblenz
LHA Ma	Landeshauptarchiv Magdeburg
MNN	Münchner Neueste Nachrichten
OA Mos	Osobyi Archiv Moskva (Sonderarchiv Moskau)
PA	NS-Presseanweisungen der Vorkriegszeit
StA Abg	Staatsarchiv Augsburg
StA Am	Staatsarchiv Amberg
StA Ba	Staatsarchiv Bamberg
StA Br	Staatsarchiv Bremen
StA Da	Staatsarchiv Darmstadt
StA Det	Staatsarchiv Detmold
StA La	Staatsarchiv Landshut
StA Mü	Staatsarchiv München

StA Ms	Staatsarchiv Münster
StA Nü	Staatsarchiv Nürnberg
StA Sig	Staatsarchiv Sigmaringen
StA Wü	Staatsarchiv Würzburg
StdA Ms	Stadtarchiv Münster
StdA Wo	Stadtarchiv Worms
VB	Völkischer Beobachter

Anmerkungen

Einleitung

1 Sie befinden sich im so genannten Moskauer Sonderarchiv (Osobyi Archiv, künftig abgekürzt als OA Mos), Fonds 1363, Opis 3. Für den Zeitraum von Kriegsbeginn bis zum Angriff auf die Sowjetunion liegen diese Protokolle in gedruckter Form vor, ebenso – allerdings mit großen Lücken und von anderer Provenienz – für den Zeitraum von Dezember 1941 bis März 1943: *Kriegspropaganda 1939–1941. Geheime Ministerkonferenzen im Reichspropagandaministerium*, hg. und eingel. von Willi A. Boelcke, Stuttgart 1966, sowie *»Wollt Ihr den totalen Krieg?« Die geheimen Goebbels-Konferenzen 1939–1945*, hg. von Willi A. Boelcke, München 1969.
2 *Die Tagebücher von Joseph Goebbels*, 2 Teile, 9 und 15 Bde., hg. von Elke Fröhlich u.a., München 1993–2006 (künftig zitiert als *Tagebücher Goebbels*).
3 *NS-Presseanweisungen der Vorkriegszeit. Edition und Dokumentation*, bearb. von Gabriele Toepser-Ziegert, hg. von Hans Bohrmann, 7 Bde. (mit Teilbdn.), München u.a. 1984–2001 (künftig abgekürzt als PA).
4 Der *Westdeutsche Beobachter* gab seine Auflage Ende 1932 mit 40 000, Anfang 1937 mit 75 800 Exemplaren an. Angaben – wie zu den anderen Auflagenhöhen – nach Peter Stein, *Die NS-Gaupresse 1925–1933. Forschungsbericht, Quellenkritik, neue Bestandsaufnahme*, München 1987, Anlage 13, S. 272ff., sowie nach *Handbuch der deutschen Tagespresse*, 6. Aufl., hg. v. Deutschen Institut für Zeitungskunde Berlin, Leipzig und Frankfurt a. M. 1937. Mit Stein, *NS-Gaupresse*, S. 133, sollte man davon ausgehen, dass die Auflagen um bis zu 30 Prozent zu hoch angegeben wurden. Ferner wurden für diese Arbeit herangezogen: der in Dresden erscheinende *Freiheitskampf*, eine der größten NS-Provinzzeitungen, die ihre Auflage 1932 mit 102 000, 1937 mit knapp 70 000 angab; die Essener *Nationalzeitung*, die mit einer behaupteten Auflage von 45 000 (1932) beziehungsweise knapp 40 000 (1937) Exemplaren ebenfalls zu den größeren Gaublättern zählte; eine Reihe von Zeitungen, deren Auflage man nach Abzug der geschätzten 30 Prozent zwischen 20 000 und 25 000 ansetzen dürfte, nämlich das Badener Gaublatt *Der Führer*, die in Halle erscheinende *Mitteldeutsche Nationalzeitung*, die in Breslau erscheinende *Nationalsozialistische Schlesische Tageszeitung*, die in Königsberg erscheinende *Preußische Zeitung* sowie das *Frankfurter Volksblatt*. Insbesondere das *Volksblatt* und die *Preußische Zeitung* scheinen nach 1933 stark expandiert zu haben, während *Der Führer* seine Auflage etwas erhöhen konnte und die *Mitteldeutsche Nationalzeitung* offensichtlich stagnierte. Zu dieser Gruppe der »mittelgroßen« Gauzeitungen zähle ich auch den Stuttgarter *NS-Kurier*, dessen Auflage für 1932 unbekannt ist, aber 1937 mit über 45 000 Exemplaren angegeben wurde. Hinzu kamen einige kleinere Parteizeitungen: der in Schwerin erscheinende *Niederdeutsche Beobachter*, der im November 1933 durch die NSDAP übernommene *Miesbacher Anzeiger*, die *Thüringer Staatszeitung* sowie die *Braunschweiger Tageszeitung*.
5 *Frankfurter Zeitung* (künftig abgekürzt als *FZ*), *Deutsche Allgemeine Zeitung*

(*DAZ*), *Berliner Tageblatt* (das im Januar 1939 sein Erscheinen einstellte, *BT*), *Berliner Börsenzeitung, Berliner Lokalanzeiger, Schlesische Zeitung* sowie *Münchner Neueste Nachrichten (MNN)*.
6 *Kölnische Volkszeitung* und *Bamberger Volksblatt*.
7 Vor allem die *Krakauer Zeitung*, daneben die *Kattowitzer Zeitung*, die *Litzmannstädter Zeitung*, die *Donauzeitung* (Belgrad), die *Deutsche Zeitung im Ostland* (Riga) sowie die *Pariser Zeitung*.
8 *Die Juden in den geheimen NS-Stimmungsberichten, 1933–1945*, hg. von Otto Dov Kulka und Eberhard Jäckel, Düsseldorf 2004 (künftig abgekürzt als K/J).
9 Hier sind in erster Linie die *Deutschland-Berichte der Sozialdemokratischen Partei Deutschlands (Sopade) 1934–1940*, 7 Bde., Salzhausen/Frankfurt a. M. 1980 (künftig zitiert als Sopade), zu nennen.
10 Aus diesem Grund habe ich zum Beispiel die von Eric A. Johnson und Karl-Heinz Reuband zusammengestellte Edition *What We Knew. Terror, Mass Murder, and Everyday Life in Nazi Germany. An Oral History*, London 2005, für diese Arbeit nicht näher ausgewertet. Die Sammlung enthält unter anderem zwanzig Texte von »durchschnittlichen« Deutschen, die in einem ganz unterschiedlichen Ausmaß Wissen über die Judenverfolgung beziehungsweise ihre Beteiligung daran offenbaren.
11 Marlis Steinert, *Hitlers Krieg und die Deutschen. Stimmung und Haltung der deutschen Bevölkerung im Zweiten Weltkrieg*, Düsseldorf/Wien 1970, S. 238f.
12 Ebenda, S. 243.
13 Ebenda, S. 242.
14 Ebenda, S. 243f.
15 Ebenda, S. 252.
16 Ebenda, S. 258.
17 Ebenda, S. 261.
18 Ian Kershaw, »Antisemitismus und Volksmeinung. Reaktionen auf die Judenverfolgung«, in: *Bayern in der NS-Zeit*, Bd. 2: *Herrschaft und Gesellschaft im Konflikt*, hg. von Martin Broszat, Elke Fröhlich und Hartmut Mehringer, München u.a. 1979, S. 281-348. Die Ergebnisse dieser Studie hat Kershaw in weiteren Beiträgen referiert: »The Persecution of the Jews and German Popular Opinion in the Third Reich«, in: *Leo Baeck Institute Year Book* 26 (1981), S. 261–289; *Popular Opinion and Political Dissent in the Third Reich. Bavaria 1933–1945*, Oxford 1983 (insbesondere Kapitel 6 und 9). Als weitere Beiträge von Kershaw zu diesem Thema siehe »Alltägliches und Außeralltägliches: ihre Bedeutung für die Volksmeinung 1933-1939«, in: *Die Reihen fast geschlossen. Beiträge zur Geschichte des Alltags unterm Nationalsozialismus*, hg. von Detlev Peukert und Jürgen Reulecke, Wuppertal 1981, S. 273-292; »Indifferenz des Gewissens. Die deutsche Bevölkerung und die ›Reichskristallnacht‹«, in: *Blätter für deutsche und internationale Politik* 33 (1988) S. 1319–1330; »German Popular Opinion during the ›Final Solution‹: Information, Comprehension, Reactions«, in: *Comprehending the Holocaust. Historical and Literary Research*, hg. von Asher Cohen, Joav Gelber und Charlotte Wardi, Frankfurt a. M. u.a. 1988. Seine zuerst 1980 erschienene Arbeit *Der Hitler-Mythos. Volksmeinung und Propaganda im Dritten Reich*, Stuttgart, hat Kershaw in der 1989 herausgebrachten englischen Ausgabe um ein zusätzliches Kapitel über das Image Hitlers und die »Judenfrage« ergänzt (»The Hitler Myth‹. Image and Reality in the Third Reich«, Oxford u.a. 1989), die sich auch in der deutschen Ausgabe von 1999 findet.
19 Sarah Gordon, *Hitler, Germans and the »Jewish Question«*. Princeton 1984.
20 Otto Dov Kulka, »Die Nürnberger Rassegesetze und die deutsche Bevölkerung

im Lichte geheimer NS-Lage- und Stimmungsberichte«, in: *Vierteljahrshefte für Zeitgeschichte* 32 (1984), S. 582–624; ders., »›Public Opinion‹ in Nazi Germany and the ›Jewish Question‹«, in: *The Nazi Holocaust. Historical Articles on the Destruction of European Jews*, Bd. 5/1: *Public Opinion and Relations to the Jews in Nazi Europe*, hg. von Michael Marrus, London 1989, S. 115–138. Kulka hat an dieser Typologie bis in die jüngste Zeit prinzipiell festgehalten, siehe ders. und Aron Rodrigue, »The German Population and the Jews in the Third Reich: Recent Publications and Trends in Research on German Society and the ›Jewish Question‹«, in: ebenda, Bd. V/1, S. 46–60, hier S. 56, und ders., »The German Population and the Jews: State of Research and New Perspectives«, in: *Probing the Depths of German Antisemitism. German Society and the Persecution of the Jews, 1933–1941*, hg. von David Bankier, Jerusalem 2000, S. 271–281.
21 ders., Rodrigue, »German Population and the Jews in the Third Reich«, S. 56.
22 Ebenda, S. 57.
23 Otto Dov Kulka, »›Public Opinion‹ in Nazi Germany and the ›Jewish Question‹«, S. 135.
24 Otto Dov Kulka, »›Public Opinion‹ in Nazi Germany: the Final Solution«, in: *The Nazi Holocaust. Historical Articles on the Destruction of European Jews*, Bd. 5/1: *Public Opinion and Relations to the Jews in Nazi Europe*, hg. von Michael Marrus, London 1989, S. 139–150, S. 148f.
25 Ebenda, S. 150.
26 Ebenda.
27 Kulka/Rodrigue, »German Population and the Jews in the Third Reich«, S. 60.
28 Ebenda, S. 59.
29 Daniel Jonah Goldhagen, *Hitlers willige Vollstrecker. Ganz gewöhnliche Deutsche und der Holocaust*, Berlin 1996.
30 Ian Kershaw, »German Popular Opinion and the ›Jewish Question‹, 1939–1943: Some further Reflections«, in: *The Nazi Holocaust. Historical Articles on the Destruction of European Jews*, Bd. 5/1: *Public Opinion and Relations to the Jews in Nazi Europe*, hg. von Michael Marrus, London 1989, S. 182–203.
31 Ebenda, S. 195.
32 Ebenda, S. 201.
33 Ebenda.
34 David Bankier, *Die öffentliche Meinung im Hitler-Staat. Die »Endlösung« und die Deutschen. Eine Berichtigung*, Berlin 1995. Als weitere Beiträge des Autors zum Thema siehe »Signaling the Final Solution to the German People«, in: *Nazi Europe and the Final Solution*, hg. von dems. und Israel Gutman, Jerusalem 2003, S. 15–39; »The Use of Antisemitism in Nazi Wartime Propaganda«, in: *The Holocaust and History: The Known, the Unknown, the Disputed, and the Reexamined*, hg. von Michael Berenbaum und Abraham J. Peck, Bloomington, In., u.a. 1998, S. 41–55.
35 Bankier, *Öffentliche Meinung*, S. 210.
36 Ebenda, S. 212.
37 Ebenda, S. 141.
38 Ebenda, S. 139ff.
39 Ebenda, S. 152ff.
40 Ebenda, S. 157.
41 Ebenda, S. 213.
42 Ebenda, S. 221.
43 Ebenda, S. 223ff.
44 Ebenda, S. 189.

45 Robert Gellately, *Hingeschaut und Weggesehen. Hitler und sein Volk*, Stuttgart/ München 2002.
46 Eric A. Johnson, *Der nationalsozialistische Terror. Gestapo, Juden und gewöhnliche Deutsche*, Berlin 2001.
47 Wolfgang Benz, »Die Verfolgung und Vernichtung der Juden im Bewusstsein der Deutschen«, in: *Juden in Deutschland. Emanzipation, Integration, Verfolgung und Vernichtung. 25 Jahre Institut für die Geschichte der deutschen Juden*, hg. von Peter Freimark, Hamburg 1991, S. 435–449; ders., »Die Deutschen und die Judenverfolgung. Mentalitätsgeschichtliche Aspekte«, in: *Die Deutschen und die Judenverfolgung im Dritten Reich. Werner Jochmann zum 70. Geburtstag*, hg. von Ursula Büttner, Hamburg 1992, S. 51–65; »*Niemand war dabei und keiner hat's gewusst.« Die deutsche Öffentlichkeit und die Judenverfolgung 1933–45*, hg. von Jörg Wollenberg, München 1989; Lawrence D. Stokes, »The German People and the Destruction of the European Jews«, in: *Central European History* 6 (1973), S. 167–191.
48 Werner T. Angress, »Die ›Judenfrage‹ im Spiegel amtlicher Berichte 1935«, in: *Das Unrechtsregime. Internationale Forschung über den Nationalsozialismus. Festschrift für Werner Jochmann zum 65. Geburtstag*, Bd. 2: *Verfolgung – Exil – Belasteter Neubeginn*, hg. von Ursula Büttner unter Mitwirkung von Werner Johe und Angelika Voß, Hamburg 1986, S. 19–43.
49 Ursula Büttner, »Die deutsche Bevölkerung und die Judenverfolgung 1933–1945, in: *Die Deutschen und die Judenverfolgung im Dritten Reich. Werner Jochmann zum 70. Geburtstag*, hg. von ders., Hamburg 1992, S. 67–88, S. 75.
50 Ullrich, Volker: »›Wir haben nichts gewusst‹. Ein deutsches Trauma«, in: *1999* 6, 4 (1991), S. 11–46.
51 Frank Bajohr, »Über die Entwicklung eines schlechten Gewissens. Die deutsche Bevölkerung und die Deportationen 1941–1945«, in: *Die Deportation der Juden aus Deutschland. Pläne – Praxis – Reaktionen 1938–1945*, hg. von Birthe Kundrus und Beate Meyer, Göttingen 2004, S. 180–195, hier S. 183. Der Aufsatz baut auf einer Lokalstudie des Verfassers auf: »›[…] dann bitte keine Gefühlsduseleien‹. Die Hamburger und die Deportationen«, in: *Die Deportation der Hamburger Juden 1941–1945*, hg. vom Institut für die Geschichte der deutschen Juden und der Forschungsstelle für Zeitgeschichte, 2. Aufl., Hamburg 2002, S. 13–29.
52 Bajohr, »Über die Entwicklung eines schlechten Gewissens«, S. 185.
53 Ebenda, S. 188.
54 Ebenda, S. 194f.
55 Hans Mommsen und Dieter Obst, »Die Reaktion der deutschen Bevölkerung auf die Verfolgung der Juden 1933–1943«, in: *Herrschaftsalltag im Dritten Reich. Studien und Texte*, hg. von Hans Mommsen und Susanne Willems, Düsseldorf 1988, S. 374–485; siehe auch Hans Mommsen, »Was haben die Deutschen vom Völkermord an den Juden gewusst?«, in: *Der Judenpogrom 1938. Von der »Reichskristallnacht« zum Völkermord*, hg. von Walter Pehle, Frankfurt a. M. 1988, S. 176 bis 200.
56 Ebenda, S. 387ff.
57 Ebenda, S. 381ff.
58 Ebenda, S. 397ff.
59 Ebenda, S. 401f.
60 Ebenda, S. 406.
61 Ebenda, S. 407.
62 Ebenda, S. 411f.
63 William S. Allen, »Die deutsche Öffentlichkeit und die ›Reichskristallnacht‹.

Konflikte zwischen Werthierarchie und Propaganda im Dritten Reich«, in: *Die Reihen fast geschlossen. Beiträge zur Geschichte des Alltags unterm Nationalsozialismus.* hg. von Detlev Peukert und Jürgen Reulecke, Wuppertal 1981, S. 397–411; Dieter Obst, »Reichskristallnacht«. *Ursachen und Verlauf des antisemitischen Pogroms vom November 1938,* Frankfurt a. M. u.a. 1991; Wolfgang Benz, »The November Pogrom of 1938: Participation, Applause, Disapproval«, in: *Exclusionary Violence. Antisemitic Riots in Modern German History,* hg. von Christhard Hoffmann, Werner Bergmann und Helmut Walser Smith, Ann Arbor 2002, S. 141–159.

64 Michael Wildt, »Gewalt gegen Juden in Deutschland 1933 bis 1939«, in: *WerkstattGeschichte* 18 (1997), S. 59–80; Armin Nolzen, »The Nazi Party and its Violence Against the Jews, 1933–1939. Violence as a Historiographical Concept«, in: *Yad Vashem Studies* 31 (2003), S. 245–285. Vor der Unterschätzung dieses erheblichen Potenzials hat Michael Kater bereits vor mehr als zwanzig Jahren gewarnt: »Everyday Antisemitism in Prewar Nazi Germany: The Popular Bases«, in: *Yad Vashem Studies* 16 (1984), S. 129–159, S. 138.

65 Hier ist in erster Linie die Edition der SD-Berichte durch Heinz Boberach zu nennen, die die Forschung auf diesem Gebiet intensiv geprägt hat: *Meldungen aus dem Reich. Auswahl aus den geheimen Lageberichten des Sicherheitsdienstes der SS 1939–1944,* Neuwied und Berlin 1965. Dieser Teiledition folgte eine 18-bändige Gesamtausgabe: *Meldungen aus dem Reich. Die geheimen Lageberichte des Sicherheitsdienstes der SS,* hg. von Heinz Boberach, 18 Bde., Herrsching 1984/85 (künftig zitiert als *Meldungen aus dem Reich*). Unter den zahlreichen weiteren Editionen sind in unserem Kontext insbesondere von Interesse: *Volksopposition im Polizeistaat: Gestapo- und Regierungsberichte 1934–1936,* hg. von Bernhard Vollmer, Stuttgart 1957; Heinz Boberach, *Berichte des SD und der Gestapo über Kirchen und Kirchenvolk in Deutschland 1934–1944,* Mainz 1971; *Pommern 1934/35 im Spiegel von Gestapo-Lageberichten und Sachakten,* hg. von Robert Thévoz, Hans Branig und Cécile Lowenthal-Hensel, 2 Bde., Köln 1974; *Verfolgung und Widerstand unter dem Nationalsozialismus in Baden. Die Lageberichte der Gestapo und der Generalstaatsanwaltschaft Karlsruhe 1933–1940,* bearb. von Jörg Schadt, Stuttgart 1976 u.a.; Bernd Hey, »Bielefeld und seine Bevölkerung in den Berichten des Sicherheitsdienstes (SD) 1939–1942«, in: *70. Jahresbericht des Historischen Vereins der Grafschaft Ravensberg zu Bielefeld* (1976), S. 227–273; *Der Regierungsbezirk Kassel. Die Berichte des Regierungspräsidenten und der Landräte,* 2 Bde., hg. und eingel. von Thomas Klein, Darmstadt 1985; Klaus Bästlin, »Schleswig-Holstein in den ›Meldungen wichtiger staatspolizeilicher Ereignisse‹. August 1941 bis November 1944«, in: *Info des Arbeitskreises zur Erforschung des Nationalsozialismus in Schleswig-Holstein* 7/8 (1986), S. 4–45; Klaus Mlynek, »*Gestapo Hannover meldet ...«* *Polizei- und Regierungsberichte für das mittlere und südliche Niedersachsen 1933–1937,* bearb. von Klaus Mlynek, Hildesheim 1986; *Die Lageberichte der Geheimen Staatspolizei über die Provinz Hessen-Nassau, 1933–1936,* mit ergänzenden Materialien, hg. und eingel. von Thomas Klein, 2 Bde., Köln/Wien 1986; *Die Partei hört mit. Lageberichte und andere Meldungen des Sicherheitsdienstes der SS aus dem Großraum Koblenz 1937–1941,* bearb. von Peter Brommer, Koblenz 1988; Christian Tilitzki, *Alltag in Ostpreußen 1940–1945. Die geheimen Lageberichte der Königsberger Justiz 1940–1945,* Leer 1991; *Meldungen aus Münster 1924–1944. Geheime und vertrauliche Berichte von Polizei, Gestapo, NSDAP und ihren Gliederungen, staatlicher Verwaltung, Gerichtsbarkeit und Wehrmacht über die politische und gesellschaftliche Situation in Münster,* eingel. und bearb. von Joachim Kuropka, Münster 1992; »*Gestapo Osnabrück meldet ...«. Polizei- und Regierungsberichte aus dem Regierungsbezirk Osnabrück*

aus den Jahren 1933 bis 1936, bearb. und eingel. von Gerd Steinwascher, hg. vom Verein für Geschichte und Landeskunde von Osnabrück, Osnabrück 1995; *Die Lageberichte der Geheimen Staatspolizei über die Provinz Brandenburg und die Reichshauptstadt Berlin 1933 bis 1936*, hg. von Wolfgang Ribbe, Köln/Weimar/ Wien 1998; *Gestapo Oldenburg meldet ... Berichte der Geheimen Staatspolizei und des Innenministers aus dem Freistaat und Land Oldenburg 1933–1936*, bearb. und eingel. von Albrecht Eckhardt und Katharina Hoffmann, Hannover 2002; *Die Lageberichte der Geheimen Staatspolizei zur Provinz Sachsen 1933 bis 1936*, Bd. 1: *Regierungsbezirk Magdeburg*, hg. von Hermann-J. Rupieper und Alexander Serk, Halle 2003.
66 So gab Ohlendorf etwa im Mai 1945 an, die Aufgabe des SD-Dienstes sei es gewesen, »an Stelle einer öffentlichen Kritik die Staatsführung in die Lage zu versetzen, im Volke vorhandene oder entstehende Auffassungen kennenzulernen und zu berücksichtigen« (zitiert nach Heinz Boberach, Einleitung zu: *Meldungen aus dem Reich*, Bd. 1, S. 11).
67 So besonders pointiert die Auffassung von Elke Fröhlich, in: *Bayern in der NS-Zeit*, Bd. 1: *Soziale Lage und politisches Verhalten der Bevölkerung im Spiegel vertraulicher Berichte*, hg. von Martin Broszat, Elke Fröhlich und Falk Wiesemann, München u.a. 1977, S. 594.
68 Boberach, Einleitung zu *Meldungen aus dem Reich*, S. 24; Bankier, *Öffentliche Meinung*, S. 11ff.; Manfred Wirl, *Die öffentliche Meinung unter dem NS-Regime. Eine Untersuchung zum sozialpsychologischen Konzept öffentlicher Meinung auf der Grundlage der geheimen Lageberichte des SD über die Stimmung und Haltung der Bevölkerung im Zweiten Weltkrieg*, Mainz 1990, S. 13ff.; Manfred Müller, *Zustimmung und Ablehnung, Partizipation und Resistenz. Die preußische Provinz Sachsen im Spiegel geheimer Gestapo- und Regierungsberichte 1933–1936. Untersuchungen zur Lage, Stimmung, Einstellung und Verhalten der Bevölkerung*, Frankfurt a. M. u.a. 2000, geht ebenfalls davon aus, dass die Gestapo wahrheitsgemäß berichten wollte (S. 5).
69 Kershaw, »Antisemitismus und Volksmeinung«, S. 291. Die negative Reaktion auf die Propaganda des *Stürmers* sei allerdings davon ausgenommen.
70 Franz Dröge, *Der zerredete Widerstand. Zur Soziologie und Publizistik des Gerüchts im 2. Weltkrieg*, Düsseldorf 1970, S. 46.
71 Kershaw, *Der Hitler-Mythos*, Einleitung zur Neuausgabe, Stuttgart 1999, S. 19.
72 Bajohr, »Über die Entwicklung eines schlechten Gewissens«, S. 181.
73 Kershaw, *Der Hitler-Mythos*, Stuttgart 1999, S. 19.
74 Steinert, *Hitlers Krieg und die Deutschen*, S. 46. Damit werde »die Existenz einer Volksmeinung, wie aus der vorliegenden Studie einwandfrei hervorgeht, bejaht, gleichzeitig aber unterstrichen, dass sie sich nur schwer öffentlich manifestieren kann«.

»Öffentlichkeit« und »Volksmeinung« unter der NS-Diktatur

1 Friedhelm Neidhardt, »Öffentlichkeit, öffentliche Meinung, soziale Bewegungen«. Einleitung zu dem unter dem gleichen Titel von Neidhardt herausgegebenen Sammelband, Opladen 1994, S. 7–41, S. 7.
2 Jürgen Habermas, *Strukturwandel der Öffentlichkeit. Untersuchungen zu einer Kategorie der bürgerlichen Gesellschaft*, Frankfurt a. M. 1990, S. 343. Dabei ist zu beachten, dass Habermas einen eigenständigen, vom heutigen Gebrauch des Wortes abweichenden Diskursbegriff entwickelt hat.

3 Ebenda, S. 343.
4 So etwa von Goebbels, in seinen Tagebüchern wie bei zahlreichen anderen Gelegenheiten.
5 Dieter Münk, *Die Organisation des Raumes im Nationalsozialismus. Eine soziologische Untersuchung ideologisch fundierter Leitbilder in Architektur, Städtebau und Raumplanung des Dritten Reiches*, Bonn 1993, besonders S. 122ff. Einen guten Eindruck von der Hegemonie nationalsozialistischer Symbole und Gesten im Alltag vermittelt der von Elisabeth Angermair und Ulrike Haerendel zusammengetragene Fotoband *Inszenierter Alltag. »Volksgemeinschaft« im nationalsozialistischen München*, München 1993.
6 So unternahmen die Nationalsozialisten erhebliche Anstrengungen, um eine Mode der »arischen Wesensart« zu propagieren, allerdings mit mäßiger Durchschlagskraft, siehe Uwe Westphal, *Berliner Konfektion und Mode, 1836–1939. Die Zerstörung einer Tradition*, Berlin 1986; Jugendliche, die sich der »Swing-Szene« zurechneten und sich durch besonders distinguierte Kleidung (weiße Schals et cetera) und lange Haare von ihren Altersgenossen abzusetzen suchten, wurden hingegen von der Gestapo verfolgt: Siehe Otto Bender, *Swing unterm Hakenkreuz in Hamburg, 1933–1943*, Hamburg 1993; Kerstin Rathgeb, *Helden wider Willen. Frankfurter Swing-Jugend zwischen Verfolgung und Idealisierung*, Münster 2001.
7 Victor Klemperer. *Ich will Zeugnis ablegen bis zum letzten. Tagebücher 1933–1945*, hg. von Walter Nowoski, 2 Bde., Berlin 1995, 29.8.39. Ein anderes Beispiel: Nach dem Novemberpogrom notiert die in Berlin lebende Ruth Andreas-Friedrich: »Wenn man nur herausbekäme, wer dafür und wer dagegen ist. Ich mache mich auf, Volksstimmung zu erforschen.« (*Schauplatz Berlin. Ein Tagebuch, aufgezeichnet 1938–1945*, neu durchges. Fassung, Reinbek b. Hamburg 1964, 10.11.38.)
8 Dass die kollektive Meinungsbildung angesichts des Fehlens einer öffentlichen Sphäre besonderen Schwierigkeiten unterlag, haben bereits andere Autoren betont. Ian Kershaw hat sich daher entschlossen, statt von »öffentlicher Meinung« von »Volksmeinung« zu sprechen, um die auch unter den Bedingungen der Diktatur weiterhin »untergründig existierenden, spontanen, nicht dirigierten Stimmungen« begrifflich einfangen zu können (»Alltägliches und Außeralltägliches«, S. 273). Marlis Steinert schlägt den Begriff der »Publikumsmeinung« vor; damit werde die »Existenz einer Volksmeinung« bejaht, gleichzeitig aber »unterstrichen, dass sie sich nur schwer öffentlich manifestieren kann«. (*Hitlers Krieg und die Deutschen*, S. 46). Mit diesen Begriffsdefinitionen ist aber noch nicht gesagt, wie sich denn die Bildung der »Volksmeinung« vollzieht beziehungsweise welches analytische Instrumentarium entwickelt werden muss, um eine vorwiegend nur durch die Berichterstattung des Repressionsapparates überlieferte, sich im Verborgenen heranbildende kollektive Meinungsbildung adäquat zu erfassen. Ich halte es demgegenüber für methodisch problematisch, die offiziellen Stimmungsberichte primär als Widerspiegelung einer authentischen, im Nachhinein bestimmbaren kollektiven Meinung zu lesen.
9 *Deutschland-Berichte der Sozialdemokratischen Partei Deutschlands (Sopade) 1934–1940*, 7 Bde., Salzhausen/Frankfurt a. M. 1980 (künftig zitiert als Sopade), Mai/Juni 1934, S. 120.
10 Sopade, Juli 1936, S. 671.
11 Siehe Anm. 9.
12 Zur Person Rinners siehe Werner Plum, »Mit dem Blick auf Budelsdorf. Kulturgeschichtliche Skizzen zur Einführung in die ›Deutschland-Berichte‹ der So-

»Öffentlichkeit« und »Volksmeinung« 339

pade«, in: *Die »Grünen Berichte« der Sopade. Gedenkschrift für Erich Rinner (1902–1982)*, hg. von Werner Plum, Bonn 1984, S. 11–48.
13 Stefan Appelius, *Heine – Die SPD und der lange Weg zur Macht. SPD-Geschichte im Spiegel der Lebensgeschichte eines bedeutenden Funktionärs*, Essen 1999.
14 Wolfgang Borgert und Michael Krieg, »Die Arbeit an den ›Deutschland-Berichten‹. Protokoll eines Gesprächs mit Friedrich Heine«, in: *Die »Grünen Berichte« der Sopade. Gedenkschrift für Erich Rinner (1902–1982)*, hg. von Werner Plum, Bonn 1984, S. 49–119; Erich Rinner: »Die Entstehung und Entwicklung der Berichterstattung«, in: ebenda, S. 165–177. Im Einzelnen lässt sich die redaktionelle Arbeit Rinners und Heines über die Korrespondenz des Parteivorstandes mit den Grenzsekretären sowie mit Hilfe der umfangreichen Korrespondenz aus dem Rinner-Nachlass rekonstruieren (beide Bestände in FES, Archiv, Abt. II). Grenzsekretäre waren Erwin Schoettle, Georg Reinhold, Gustav Ferl, Ernst Schumacher, Richard Hansen, Franz Bögler, Emil Stahl, Otto Thiele, Willi Lange, Hans Dill und Waldemar von Knoeringen. Zur Entstehung der Berichte und zu ihrem Wert als sozialhistorische Quelle siehe auch Bernd Stöver, *Volksgemeinschaft im Dritten Reich. Die Konsensbereitschaft der Deutschen aus der Sicht sozialistischer Exilberichte*, Düsseldorf 1993, S. 67ff. und S. 102ff.
15 Schreiben Rinners an Georg Reinhold (der in Luxemburg residierte und für Südwestdeutschland zuständig war), 22.5.35, FES, Archiv, Abt. II, NL Rinner, Bd. 30.
16 Ebenda, Bd. 34, Schreiben an Sollmann, 24.3.36.
17 Ebenda, Bd. 34, 23.4.36.
18 Ebenda, 26.4.36.
19 Ebenda, Schreiben an Sollmann, 24.3.36.
20 Rinners Mitarbeiter Heine äußerte sich hierzu wie folgt: »Eines der Hauptprobleme, vielleicht sogar das Hauptproblem für Rinner und – nachgeordnet – mich, war, dass fast alle Berichterstatter, die aus Deutschland kamen, ein maßlos überhöhtes Bild von der Situation in Deutschland hatten, dass sie die Situation völlig anders einschätzten als wir und diese anders als wir, viel optimistischer für die Oppositionellen, sahen.
Vielleicht gehört das mit zum Selbsterhaltungstrieb der Menschen oder vielleicht lag es daran, dass sie in einem bestimmten Zirkel lebten. Und viele Sozialdemokraten haben mit Nazis nicht nur nichts zu tun haben wollen, sondern auch nichts zu tun gehabt, so dass sie in ihrem kleinen Freundes- oder Familienkreis oder Arbeitskreis nur von ehemaligen Linken, Sozialdemokraten oder sonstigen Linken, umgeben waren und also gar nicht mit Nazis in enge, menschliche Berührung kamen. [...] Und Rinners meiste Arbeit war es, die in den Berichten wiederkehrenden Erwartungen und Hoffnungen und Illusionen zu dämpfen. [...] Und er hat insofern die Berichte, die aus Deutschland kamen, gemildert und, wenn Sie wollen, verfälscht.
Aber ich glaube, mit Recht verfälscht, da sie viel skeptischer und viel sachlicher waren, als sie uns gegeben worden sind. Die Berichte strotzen manchmal von einem völlig unberechtigten Optimismus, der aus den verschiedensten Quellen kam« (Borgert/Krieg, »Die Arbeit an den ›Deutschland-Berichten‹«, S. 69).
21 Hierzu liegen unterschiedliche Angaben vor: Nach Bernd Stöver, *Berichte über die Lage in Deutschland. Die Lagemeldungen der Gruppe Neu Beginnen aus dem Dritten Reich 1933–1936*, Bonn 1996, S. 73, erreichte die vollständige Ausgabe 1937 eine Auflage von 800. Lieselotte Maas, Artikel »Deutschland-Berichte«, in: *Handbuch der deutschen Exilpresse 1933-1945*, hg. von Eberhard Lämmert, Bd. 1, München/Wien 1976, gibt 450 an. Maas erwähnt auch eine dänische und eine

schwedische Ausgabe. Höhere Angaben zur Auflagenhöhe finden sich im Nachlass Rinner.
22 FES, Archiv, Abt. II, NL Rinner.
23 Ebenda, Bd. 34, 24.3.36.
24 FES, Archiv, Abt. II, NL Rinner, Bd. 1, 31.1.38. Adler-Rudel antwortete am 8.2.38 prinzipiell positiv, sah aber angesichts der sich verschlechternden Bedingungen für die Berichterstattung aus Deutschland kaum praktische Möglichkeiten für eine solche Kooperation (ebenda).
25 Verordnung des Staatssekretärs im Preußischen Ministerium des Innern, 24.2.33, in: *Pommern 1934/35*, Bd. 2, S. 199f.
26 *Ministerialblatt für die Preußische innere Verwaltung*, Berlin 1933, Sp. 233, Durchführungsbestimmungen vom 3. März 1933 zur Verordnung zum Schutz von Volk und Staat.
27 Beipiele bietet die von Kulka und Jäckel herausgegebene Sammlung: K/J 32 und 39, Stapostelle Regierungsbezirk Kassel, Berichte für Juli und August 1933, 28.7.33 und 29.8.33, in: *Lageberichte ... Hessen-Nassau*, S. 57ff. und S. 66ff.
28 Rainer Eckert, »Berichtswesen im Faschismus. Abriss der Berichterstattung von Gestapo, Sicherheitsdienst des Reichsführers SS, Regierungs- und Oberpräsidenten sowie Generalstaatsanwälten und Oberlandesgerichtspräsidenten unter Berücksichtigung der vorliegenden Quelleneditionen«, in: *Bulletin des Arbeitskreises 2. Weltkrieg* 1990, S. 67–116, S. 74.
29 Erlass des Geheimen Staatspolizeiamtes, 23.12.1933, in: *Pommern 1934/35*, Bd. 2, S. 200f. Ferner: Erlass des Geheimen Staatspolizeiamts, 1.3.34, Hinweise für die Abfassung der allgemeinen Lageberichte, in: ebenda, S. 203. Zu Beispielen für die reformierten Berichte siehe K/J 59, Stapostelle Regierungsbezirk Aachen, Bericht für November, Aachen, 4.12.33 (HStA Dü, RAP 23758); K/J 60, Stapostelle Regierungsbezirk Hannover, Bericht für November, 4.12.33 (in: *Gestapo Hannover meldet*, S. 81ff.); K/J 68, Stapostelle Regierungsbezirk Hannover, Bericht für Dezember, 5.1.34 (ebenda, S. 89ff.).
30 Bundesarchiv Berlin (künftig BAB), R 58/243, Vorschriften über das Berichtswesen, 24.5.34, in: *Pommern 1934/35*, Bd. 2, S. 209. Vergleicht man die Berichte der verschiedenen Gestapostellen, zeigt sich, dass dieses Schema nicht vollkommen einheitlich angewandt wurde. Zu Beispielen für Tagesberichte siehe K/J 124 und 125, Gestapa Berlin, Tagesmeldung für den 28.4.35, 2.5.934 sowie für den 8.5.34 vom gleichen Tag (BAB, R 58/371).
31 Schreiben Görings an die Ober- und Regierungspräsidenten, 2.4.36, in: Günter Plum, »Staatspolizei und Innere Verwaltung, 1934–1936«, in: *Vierteljahrshefte für Zeitgeschichte* 13 (1965), S. 191–224, S. 222f.
32 Eckert, »Berichtswesen im Faschismus«, S. 76.
33 *Gestapo Hannover meldet*, S. 16.
34 Erlass Görings vom 6.7.34, in: Plum, *Staatspolizei und innere Verwaltung*, S. 208ff.
35 Erlass des Reichsinnenministers Frick, 7.7.34, in: Plum, *Staatspolizei und Innere Verwaltung*, S. 210f.; zweiter Teil mit Übersicht über das Gliederungsschema in *Pommern 1934/35*, Bd. 2, S. 210f. Zu Beispielen für Regierungspräsidenten-Berichte siehe K/J195, Regierungspräsident Hannover, Bericht für Juli, 9.8.1934 (HStA Ha, Hann. 80, Hann. II Nr. 798); K/J 196, Oberpräsident Provinz Hessen-Nassau, Bericht für Juli, 9.8.1934, in: *Lageberichte ... Hessen-Nassau*, S. 904 und S. 910f.; K/J 197, Regierungspräsident Hildesheim, Bericht für Juli, 8.8.1934 (BAB, St 3/840).
36 Helmut Witetschek, *Die bayerischen Regierungspräsidentenberichte 1933–1943 als Geschichtsquelle*, in: *Historisches Jahrbuch* 87 (1967), S. 355–372.

37 Einen Überblick bietet Klaus Oldenhage, »Justizverwaltung und Lenkung der Rechtssprechung im Zweiten Weltkrieg. Die Lageberichte der Oberlandesgerichtspräsidenten und Generalstaatsanwälte 1940–1945«, in: *Verwaltung contra Menschenführung im Staat Hitlers. Studien zum politisch-administrativen System*, hg. von Dieter Rebentisch und Karl Teppe, Göttingen 1986, S. 100–120; zu Gürtners Entscheidung siehe S. 102f. Zur Entstehung der Berichte siehe auch Hans Michelberger, *Berichte aus der Justiz des Dritten Reiches. Die Lageberichte der Oberlandesgerichtspräsidenten von 1940–45 unter vergleichender Heranziehung der Lageberichte der Generalstaatsanwälte*, Pfaffenweiler 1989, S. 11. Michelberger kommt in seiner umfassenden inhaltlichen Auswertung der Berichte zu der Schlussfolgerung, sie seien in Bezug auf ihre Aussage hinsichtlich der Judenverfolgung »enttäuschend zurückhaltend« (S. 100).

38 *Verfolgung und Widerstand unter dem Nationalsozialismus in Baden. Die Lageberichte der Gestapo und der Generalstaatsanwaltschaft Karlsruhe 1933–1940*, bearb. von Jörg Schadt, Stuttgart u.a. 1976. Die Edition bietet eine vollständige Serie dieser Berichte aus den Jahren 1935–1940.

39 Eine Edition für Ostpreußen liegt vor: Tilitzki, *Alltag in Ostpreußen*.

40 So schon die Einschätzung von Steinert, *Hitlers Krieg und die Deutschen*, S. 45.

41 Boberach, Einführung zu *Meldungen aus dem Reich*, Bd. 1, S. 20.

42 BAB, R 58/990, Leiter der Zentralabt. II 1, 9.6.37.

43 Undatierter Bericht über den derzeitigen Stand der Lageberichterstattung des SD-RFSS, BAB, R 58/990.

44 Boberach, Einführung zu *Meldungen aus dem Reich*, Bd. 1, S. 20f.

45 Steinert, *Hitlers Krieg und die Deutschen*, S. 44.

46 Diese Angabe Otto Ohlendorfs bei seiner Nürnberger Zeugenvernehmung (*International Military Tribunal: Der Prozess gegen die Hauptkriegsverbrecher vor dem Internationalen Militärgerichtshof, 14. Oktober 1945 bis 1. Oktober 1946*, 42 Bde., Nürnberg 1947–1949 [künftig IMT], Bd. 4, S. 344ff. und S. 389), die auf etwa vierzig V-Männer pro 100 000 Einwohner hinausliefe, wird durch lokale und regionale Zahlenangaben größenordnungsmäßig bestätigt: So nennt Boberach, Einführung zu *Meldungen aus dem Reich*, Bd. 1, S. 17, 154 V-Leute für die Außenstelle Aschaffenburg, und Carsten Schreiber, »›Eine verschworene Gemeinschaft‹. Regionale Verfolgungsnetzwerke des SD in Sachsen«, in: *Nachrichtendienst, politische Elite und Mordeinheit. Der Sicherheitsdienst des Reichsführers SS*, hg. von Michael Wildt, Hamburg 2003, S. 57–85, ermittelte für das Jahr 1945 362 V-Leute für den Regierungsbezirk Leipzig mit 1,4 Einwohnern.

47 Ebenda, S. 67.

48 Aussage des für die Erstellung der Berichte mitverantwortlichen Hans Rössler, IMT, Bd. 20, S. 261ff. und S. 265f.

49 IfZ, Drucksachen, Partei-Kanzlei, Anordnung vom 21.12.34. Zum Berichtswesen der Partei-Kanzlei siehe Peter Longerich, *Hitlers Stellvertreter. Führung der Partei und Kontrolle des Staatsapparates durch den Stab Hess und die Partei-Kanzlei Bormann*, München 1992, S. 16f. und S. 94f. Das gesamte Berichtswesen der Partei behandelt Aryeh L. Unger, »The Public Opinion Reports of the Nazi Party«, in: *Public Opinion Quarterly* 29 (1965), S. 565–582.

50 IfZ, Drucksachen, Partei-Kanzlei, Rundschreiben vom 11.11.38.

51 Als Beispiele für Berichterstattung der Ortsgruppen siehe K/J 1815, NSDAP Ortsgruppe Herne-Mitte, Bericht für März 1936, o.D. (StA Ms, NSDAP Kreis- und Ortsgruppenleitungen 60); K/J 1968, NSDAP Ortsgruppe Ludwigstadt, Bericht für September 1936, Ludwigstadt, 22.9.36 (StA Ba, M 33/153 II), sowie

K/J 2016, NSDAP Ortsgruppe Münster Nord-West, Bericht für November 1937, 27.11.36 (BA Ms, Fremde Provenienzen A 1).
52 Als Beispiele für Berichte von Kreisfachämtern siehe K/J 1732, NS Frauenschaft Kreis Alzenau, Bericht für Februar 1936, 28.2.36 (StA Wü, NSDAP Gau Mainfranken Nr. 227); K/J 2230, NSDAP Kreisschulungsamt Rastatt, Bericht für Juli 1937, 10.8.37 (GLA Ka, 465 d Nr. 166); K/J 3228, NSDAP Kreisschulungsamt Lörrach, Bericht für März 1941, 25.3.41 (GLA Ka, 465 d Nr. 123); K/J 3106, NSDAP Kreis München, Rassenpolitisches Amt, Bericht für April 1940, 23.4.40 (StA Mü, NSDAP 145), sowie K/J 535, NSDAP-Kreisamt für Kommunalpolitik Kempten, Bericht für Dezember 1934, 3.1.35 (BAB, NS 25/351).
53 Als Beispiele für die Berichte von Gaufachämtern siehe K/J 3134, NSDAP Gau München-Oberbayern, Rassenpolitisches Amt, Bericht für Juni 1940, 23.7.40 (StA Mü, NSDAP 145); K/J 3091, NSDAP, Amt für Volksgesundheit Gau München-Oberbayern, Tätigkeitsbericht, 20.3.40 (StA Mü, NSDAP 145); K/J 2025, NSDAP Gau Westfalen Nord, Bericht für November 1936, o.D. (STA Ms, Gauleitung Westfalen Nord, Gauschulungsamt Nr. 15); K/J 1192, NSDAP Gauleitung Schwaben, Gauamt für Kommunalpolitik, Bericht für August 1935, 15.9.35 (BAB, NS 25/351); K/J 1180, NSDAP Gauleitung Mainfranken, Gauamt für Kommunalpolitik, Bericht für August 1935, 9.9.35 (BAB, NS 25/283); K/J 1937, NSDAP Gauleitung Franken, Gauamt für Kommunalpolitik Gau Franken, Bericht, 7.9.1936 (in: *Bayern in der NS-Zeit*, Bd. 1: *Soziale Lage und politisches Verhalten der Bevölkerung im Spiegel vertraulicher Berichte*, hg. von Martin Broszat, Elke Fröhlich Und Falk Wiesemann, München u.a. 1977, S. 426f.).
54 BAB, R 55/603, bereits zitiert bei Steiner, *Hitlers Krieg und die Deutschen*, S. 43.
55 Als Beispiele siehe K/J 1064, NSDAP Kreispropagandaleitung Eichstätt, Gau Franken, Bericht für Juli 1935, o.D. (StA Nü, Mischbestand NSDAP, Rep. 503, Kreisleitung Eichstätt Nr. 7), sowie K/J 2289 und 2352, NSDAP Kreis Bremen, Kreispropagandaamt, Berichte für Oktober und Dezember 1937, 1.11.37 und 7.1.38 (StA BR, 3 N.7, Nr. 162).
56 Eckert, »Berichtswesen im Faschismus«, S. 94.
57 Als Beispiele siehe K/J 3594 und 3604, NSDAP Parteikanzlei II B 4, Auszüge aus den Berichten der Gauleitungen u. a. Dienststellen, 8.5.43, für den Zeitraum 2.5.–8.5.43, sowie 12.6.43, für den Zeitraum 6.6.–12.6.43 (BAB, NS 6/415).
58 *Meldungen aus dem Reich. Auswahl aus den geheimen Lageberichten des Sicherheitsdienstes der SS 1939–1944*, hg. von Heinz Boberach, Neuwied/Berlin 1965, S. 533–539, hier S. 533.
59 Ebenda, S. 535.
60 IMT, Bd. 4, S. 344ff., hier S. 390f.
61 IMT, Bd. 20, S. 261ff., hier S. 262f. Man habe insbesondere versucht, »die kritischen Stimmen aus der Bevölkerung, Fehlentwicklungen und Fehlmaßnahmen nachrichtendienstlich zu sammeln und darüber zu berichten. [...] Die Aufgabe der Nachrichtentätigkeit des Amtes III bestand vielmehr darin, ein möglichst umfassendes und objektives Bild der wichtigsten Lebensfragen aus den innerdeutschen Lebensgebieten zu entwickeln und dies berichtsmäßig ungeschminkt darzustellen.«
62 Seine Tätigkeit als nur an »objektiven Sachgesichtspunkten« interessiertem Fachmann, der Fehlentwicklungen verhindern wollte, wurde nach Ohlendorfs Darstellung lediglich unterbrochen durch einen eigentlich sachfremden Einsatz als Chef der Einsatzgruppe D in den Jahren 1941/42, für deren Massenmorde Ohlendorf sich nur bedingt verantwortlich sah, da sie auf Grund eines vor Kriegsbeginn gegen die Sowjetunion ausgegebenen Führerbefehls und so-

mit unter Befehlsnotstand erfolgt seien (zur Widerlegung dieser Behauptung im Einzelnen siehe Peter Longerich, *Politik der Vernichtung. Eine Gesamtdarstellung der nationalsozialistischen Judenverfolgung*, München/Zürich 1998, S. 310ff.).

63 Zitiert bei Steinert, *Hitlers Krieg und die Deutschen*, S. 44.
64 BAB, R 58/990, Chef der Sipo und des SD, Richtlinien für die Bearbeitung der deutschen Lebensgebiete, 2.8.41.
65 Schreiber, »›Verschworene Gemeinschaft‹«, S. 79f.
66 In Fricks Erlass vom 7.7.34 (siehe S. 341, Anm. 35) wird dazu ermahnt, ein »erschöpfendes und wahrheitsgemäßes Bild« zu zeichnen; »Unbedeutende Einzelheiten sind außer Acht zu lassen. Besonderer Wert ist darauf zu legen, dass im Interesse einer ungeschminkten Unterrichtung alle persönlichen und sonstigen Rücksichten ausgeschaltet werden, und dass über alle politisch wesentlichen und für die Stimmung im Lande maßgeblichen Ereignisse und Zustände rückhaltlos berichtet wird.«
67 Beispiele dafür bringt Boberach (Einleitung zu *Meldungen aus dem Reich*, Bd. 1, S. 23): So ordnete Heydrich am 4.9.37 an, es sei nicht Aufgabe des SD, über »führende Parteigenossen, höhere Beamte oder die Wehrmacht Ermittlungen anzustellen und das Ergebnis lageberichtsmäßig zu verarbeiten« (BAB, R 58/990). Himmler versicherte Bormann 1943, der SD habe weiterhin strikten Befehl, sich nicht mit internen Parteiangelegenheiten zu befassen (BAB, NS 19/186).
68 Ian Kershaw, *Der Hitler-Mythos. Führermythos und Volksmeinung*, Stuttgart 1999.
69 Ebenda, S. 19f. und S. 245ff.
70 Ernst Rudolf Huber, *Verfassung*, Hamburg 1937, S. 61.
71 Ebenda.
72 Ebenda, S. 58.
73 Ebenda.
74 Fritz Wiedemann, *Der Mann, der Feldherr werden wollte. Erlebnisse und Erfahrungen des Vorgesetzten Hitlers im 1. Weltkrieg und seines späteren Persönlichen Adjutanten*, Velbert/Kettwig 1964, S. 90.
75 Hitler, Adolf, *Reden und Proklamationen 1932-1945. Kommentiert von einem deutschen Zeitgenossen*, Bd. 2, hg. von Max Domarus, Neustadt a.d. Aisch 1963, S. 1312ff.
76 Henry Picker, *Hitlers Tischgespräche im Führerhauptquartier, 1941–1942*, neu hg. von Percy Ernst Schramm in Zusammenarb. mit Andreas Hillgruber und Martin Vogt, Stuttgart 1963, S. 206.
77 BAB, R 58/990, Rundschreiben der Partei-Kanzlei Nr. 198/42, 18.12.42.
78 Zitiert nach *Der Angriff*, 16.9.35.

Boykott: Die Verfolgung beginnt

1 Zur Presse in der NS-Diktatur siehe allgemein Karl Dietrich Abel, *Presselenkung im NS-Staat. Eine Studie zur Geschichte der Publizistik in der nationalsozialistischen Zeit*, mit einem Vorwort von Hans Herzfeld, Berlin 1968; Jürgen Hagemann, *Die Presselenkung im Dritten Reich*, Bonn 1970; Oron J. Hale, *Presse in der Zwangsjacke, 1933–1945*, Düsseldorf 1965. Zur katholischen Presse siehe Karl Aloys Altmeyer, *Katholische Presse unter NS-Diktatur. Die katholischen Zeitungen und Zeitschriften Deutschlands in den Jahren 1933 bis 1945. Dokumentation*, Berlin 1961; Gottfried Beck, *Die Bistumspresse in Hessen und der Nationalsozia-*

lismus 1930–1942, Paderborn u.a. 1996; Siegried Kessemeier, *Katholische Publizistik im NS-Staat 1933–1937. Grundzüge und Entwicklung*, Münster 1973.

2 *Judenverfolgung und jüdisches Leben unter den Bedingungen der nationalsozialistischen Gewaltherrschaft*, Bd. 1: *Tondokumente und Rundfunksendungen 1930–1946*, zusammengest. und bearb. von Walter Roller, Potsdam 1996.

3 Der Berliner Rundfunk strahlte zwei Mal täglich eine je fünfzehnminütige Sendung »Echo am Mittag« beziehungsweise »Echo am Abend« aus. Darin wurden in durchschnittlich etwa fünf Beiträgen pro Sendung Themen aus Politik, Kultur, Sport und Zeitgeschehen abgehandelt. Die im Bundesarchiv Berlin erhaltenen Themenlisten und Abrechnungen (R 78/1301-1310) zeigen, dass in Phasen relativer Ruhe in der Judenverfolgung das Thema Antisemitismus in der Sendung keinerlei Rolle spielte (durchgesehen wurden die – nicht immer ganz vollständigen – Materialien für Oktober 1934, Januar und Februar 1936, September bis Dezember 1936, Januar bis März 1937 sowie Juni bis Oktober 1938). So kam etwa das Attentat auf Gustloff im Februar 1936 in der Sendung ebenso wenig vor wie der Prozess im Dezember des gleichen Jahres; lediglich im Februar 1937 findet sich ein Beitrag mit dem Titel »Ein Jude hat geschossen«, möglicherweise ein Hinweis auf die von Wolfgang Diewerge verfasste gleichnamige Broschüre. Dies ist der einzige antisemitische Beitrag in den durchgesehenen Listen für alle angegebenen Zeiträume. Das Bild ändert sich jedoch radikal nach der »Kristallnacht«, als zeitweise in jede »Echo«-Sendung ein antisemitischer Beitrag eingebaut wurde, wie im Kapitel über den Novemberpogrom gezeigt wird.

4 Über die antisemitische Propaganda während der Kriegszeit konnten nur einige verstreute Informationen gefunden werden; so geben uns etwa einige Einträge in den Klemperer-Tagebüchern einen Hinweis darauf, dass auch das Radio nach den Leichenfunden von Katyn verstärkt für antisemitische Propagandazwecke eingesetzt wurde; zu Einzelheiten siehe S. 281 in diesem Buch. Dass während des Krieges insbesondere die Wortprogramme zugunsten der Unterhaltung immer mehr zurückgefahren wurden, zeigt Konrad Dussel, *Hörfunk in Deutschland. Politik, Programm, Publikum (1923–1960)*, Potsdam 2002, S. 181ff.

5 Siehe Ansgar Diller, *Rundfunkpolitik im Dritten Reich*, München 1980, sowie die beiden von Inge Marßolek und Adelheid von Saldern herausgegebenen Sammelbände *Radio im Nationalsozialismus. Zwischen Lenkung und Ablenkung*, Tübingen 1988, und *Radiozeiten. Herrschaft, Alltag, Gesellschaft (1924–1960)*, Potsdam 1999.

6 *Wochenschauen und Dokumentarfilme 1895–1950 im Bundesarchiv-Filmarchiv*, neubearb. von Peter Bucher, Koblenz 1984: Fox tönende Wochenschau, 1.4.33; Deulig-Tonwoche Nr. 66, 1933, 5.4.33; Ufa-Wochenschau Nr. 264, 1935, 10. bis 16.9.35; Ufa-Tonwoche Nr. 429, 1938, 23.11.38. In der Überlieferung existiert eine Lücke für den Zeitraum Anfang 1936, so dass nicht auszuschließen ist, dass das Attentat auf Gustloff mehrfach und mit antisemitischen Bezügen thematisiert wurde. Abgesehen von diesen wenigen eigenständigen Berichten wurden in den Wochenschauen gelegentlich kurze antisemitische Szenen, etwa Redepassagen, gezeigt. Sie sind zusätzlich nachgewiesen in einem im Bundesarchiv bisher nur als Manuskript vorliegenden Findmittel (Hans Gunter Voigt, »Jüdisches Leben und Holocaust im Filmdokument 1930 bis 1945«, Koblenz 2000). Auf diese Szenen wird in den einzelnen Kapiteln jeweils verwiesen werden. Zur Präsenz des Antisemitismus in den Wochenschauen insgesamt siehe Bankier, »Signaling the Final Solution to the German People«, S. 17ff.

7 Siehe *Wochenschauen und Dokumentarfilme*; es handelte sich um Folge 4 (1936) sowie Folge 6 (1937).

8 *Wochenschauen und Dokumentarfilme* listet etwa 500 Dokumentarfilme (außer den Wochenschauen) auf; darunter befinden sich zwei während des Krieges produzierte antisemitische Titel. Antisemitismus kam in den deutschen Spielfilmen der Vorkriegszeit im Grunde nicht vor; siehe S. 154f. und S. 388, Anm. 43, wo auch die einschlägige Literatur nachgewiesen wird.

9 Zum Boykott vom März 1933 siehe Uwe Dietrich Adam, *Judenpolitik im Dritten Reich*, Düsseldorf 1972, S. 46ff.; Avraham Barkai, *Vom Boykott zur »Entjudung«. Der wirtschaftliche Existenzkampf der Juden im Dritten Reich 1933–1943*, Frankfurt a. M. 1987, S. 23ff.; Saul Friedländer, *Das Dritte Reich und die Juden*, Bd. 1: *Die Jahre der Verfolgung 1933–1939*, München 1998, S. 29ff.; Helmut Genschel, *Die Verdrängung der Juden aus der Wirtschaft im Dritten Reich*, Göttingen 1962, S. 43ff.; Peter Longerich, *Politik der Vernichtung. Eine Gesamtdarstellung der nationalsozialistischen Judenverfolgung*, München 1998, S. 26ff.; Kurt Pätzold, *Faschismus, Rassenwahn, Judenverfolgung. Eine Studie zur politischen Strategie und Taktik des faschistischen deutschen Imperialismus (1933–1935)*, Berlin 1975, S. 53ff., sowie Heinrich Uhlig, *Die Warenhäuser im Dritten Reich*, Köln/Opladen 1956, S. 71ff.

10 Eine Intensivierung der antisemitischen Propaganda lässt sich insbesondere seit Dezember 1932 im *VB* und seit Januar 1933 im *Angriff* nachweisen (siehe S. 60). Ein ähnliches Bild bot die Provinzpresse: Während Zeitungen wie *Der Führer* und die *Braunschweiger Tageszeitung* ihre antisemitische Propaganda im Dezember 1932 beziehungsweise Januar 1933 ausweiteten, ohne dass das Thema damit die Zeitungen dominierte, war das Parteiblatt *Westdeutscher Beobachter* nun maßgeblich durch antisemitische Propaganda geprägt: War im Jahr 1932 durchschnittlich ein einschlägiger Beitrag pro Ausgabe erschienen, so brachte das Blatt seit Dezember 1932 in fast allen Ausgaben mehrere antisemitische Artikel und Meldungen. Der Begriff »antisemitische« Beiträge wird hier in einem umfassenden Sinne verwendet. Es handelt sich dabei nicht nur um Artikel und Meldungen, die eine gezielt antijüdische Tendenz vertraten, sondern auch um Beiträge, in denen antisemitische Maßnahmen des Regimes beziehungsweise judenfeindliche Vorgänge im Ausland nur berichtet wurden, sowie um alle Artikel und Meldungen, in denen die Zugehörigkeit einer Person zum Judentum gezielt hervorgehoben oder sonstwie auf einen jüdischen Konnex hingewiesen wurde. Es ist evident, dass die bloße Anzahl von antisemitischen Beiträgen in einem bestimmten Zeitraum keine präzise Statistik sein kann, da damit noch nichts über die Relevanz ausgesagt ist und Größe und Stellenwert des Artikels innerhalb der jeweiligen Aussage nicht unterschieden werden. Es kann hier nur darum gehen, einen groben Indikator für das Auf und Ab der antisemitischen Propaganda innerhalb der Presse bereitzustellen.

11 Siehe etwa die Berichte des *Westdeutschen Beobachters* am 9.3, 10. 3. und 11.3.33; *Braunschweiger Tageszeitung*, 10.3.33; *Niedersächsische Tageszeitung*, 8.3., 11.3. und 12.3.33; *Essener Nationalzeitung*, 8.3., 9.3., 10.3., 11.3. und 12.3.33. Die Zeitung rief am 10.3.33 zum Boykott jüdischer Geschäfte auf. Andere nationalsozialistische Provinzzeitungen, wie etwa die badische Gauzeitung *Der Führer* oder das oberfränkische Parteiblatt *Das Fränkische Volk*, schwiegen sich über die Geschäftsblockaden aus. Das *Fränkische Volk* berichtete allerdings am 9.3.33 unter der Überschrift »Juden raus!« über die Aussperrung jüdischer Angestellter beim Süddeutschen Rundfunk in Stuttgart und am 11.3.33 über »Maulschellen«, die ein jüdischer Anwalt vor dem Eisenacher Landgericht erhalten hatte. Alle Parteizeitungen berichteten außerdem über die Rede, in der Göring am 10.3.33 in Essen zum Boykott jüdischer Geschäfte aufgefordert und geäußert hatte, die

Polizei sei »keine Schutztruppe für jüdische Warenhäuser« (zum Beispiel VB, 12/13.3.33, Essener Nationalzeitung, 11.3.33, sowie Der Angriff, 11.3.33).
12 Niedersächsische Tageszeitung, 12.3.33.
13 Den Aufruf brachten etwa der VB (12/13.3.33), der Westdeutsche Beobachter (13.3.35) oder Der Angriff (11.3.35).
14 Der VB berichtete allerdings am 10.3.33 über den Aufmarsch eines SA-Trupps vor der Berliner Börse, der den Rücktritt des »jüdischen« Börsenvorstandes verlangte.
15 13.4.33, »Schwimmverband erwache!«; 26.4.33, »Keine Juden mehr als Radrennveranstalter«. Auch auf den Sportseiten des Angriffs findet sich in diesem Zeitraum eine Reihe antisemitischer Beiträge. Am 29.3.33 feierte die Zeitung beispielsweise den »Bobsport – ein judenreiner Sport«, am Tag darauf den Rücktritt des jüdischen Sportfunktionärs Cassirer von seinen Ämtern im Trabrennsport. Am folgenden Tag hieß es »Keine Juden bei den Boxmeisterschaften«, und am 4.4.33 wurde berichtet, der Verband Deutscher Faustkämpfer sei »von Juden gesäubert« worden.
16 Zum Angriff während der Weimarer Republik siehe Russel Lemmons, Goebbels and Der Angriff, Lexington, Kent., 1994 (zur antijüdischen Propaganda des Blattes siehe S. 112ff.). Eine »Spezialität« des Angriffs waren die Attacken gegen den Polizeipräsidenten von Berlin, Bernhard Weiß, der im Angriff mit dem Beinahmen »Isidor« versehen wurde, um auf seine jüdische Herkunft aufmerksam zu machen; siehe insbesondere Dietz Bering, Kampf um Namen. Bernhard Weiß gegen Joseph Goebbels, Stuttgart 1991.
17 Siehe die Berichterstattung im VB, im Angriff sowie im Westdeutschen Beobachter. Der Angriff brachte etwa zwischen dem 27.3. und dem 1.4.33 folgende Schlagzeilen: »Der Kampf gegen die Gräuelpropaganda«; »Angriff gegen die Lügenjuden!«; »Boykott! Wir nehmen den Kampf auf«; »Wir sind gerüstet«; »Die Stunde ist da!«.
18 Siehe etwa das katholisch orientierte Bamberger Volksblatt vom 30.3.33, das unter der Überschrift »Schluss mit der Gräuelpropaganda« schrieb: »Alle diejenigen in Deutschland, denen es ernst mit ihrem Willen ist, am nationalen Aufbauwerk nach Kräften mitzuarbeiten, stehen geschlossen hinter der Regierung, wenn sie jetzt daran geht, der giftigen Schlange der Verleumdung den Kopf zu zertreten.« Auch die katholische Kölnische Volkszeitung rief die Leser dazu auf, unter Verwandten und Freunden im Ausland »Aufklärung« gegen die »Gräuelpropaganda« zu betreiben (30.3.33). Dasselbe tat das liberale Berliner Tageblatt (31.3.33 [M]).
19 Siehe etwa die Erklärung des Verlages und der Schriftleitung der MNN, 1.4.33: »Wir haben an alle unsere Auslandsvertreter ... telephonisch und eilbrieflich die Bitte gerichtet, uns in dem Abwehrkampf gegen die Gräuelpropaganda umso kräftiger zu unterstützten, ihren Einfluss und alle ihre Beziehungen zu den führenden Auslandskreisen in Regierung, Presse, Verbänden und in der Gesellschaft geltend zu machen, um den falschen, unwahren Nachrichten, die über Deutschland in der ganzen Welt in gehässigster Weise verbreitet werden, entgegenzutreten.«
20 Berliner Lokalanzeiger, 1.4.33 (A); DAZ, 2.4.33; Schlesische Zeitung, 3.4.33; Kölnische Volkszeitung, 3.4.33; FZ, 2.4.33 (M und 2. M); Vossische Zeitung, 1.4.33. Dieses Bild eines insgesamt ruhig verlaufenden Boykotts wird durch ausländische Berichterstatter bestätigt: The Times, 3.4.33; Foreign Relations of the United States, 1933, Bd. 2, Washington 1950, S. 344ff. (Telefonat Gordon, amerikanische Botschaft in Berlin, mit dem US Außenministerium, 1.4.33). Tatsächlich häuften

sich jedoch gerade außerhalb der städtischen Geschäftszentren die Übergriffe der Parteiaktivisten. Zum Verlauf des Boykotts siehe Barkai, *Boykott*, S. 26ff.; Friedländer, *Das Dritte Reich und die Juden*, S. 34ff.; Genschel, *Die Verdrängung der Juden aus der Wirtschaft*, S. 51ff.; Longerich, *Politik der Vernichtung*, S. 30ff.; Pätzold, *Faschismus Rassenwahn, Judenverfolgung*, S. 74ff.; Uhlig, *Warenhäuser*, S. 81ff.

21 *FZ*, 1.4.33.
22 Adam, *Judenpolitik im Dritten Reich*, S. 46ff.; Friedländer, *Das Dritte Reich und die Juden*, S. 40ff.; Longerich, *Politik der Vernichtung*, S. 41ff.; zur Entstehung des Berufsbeamtengesetzes siehe Lothar Gruchmann, *Justiz im Dritten Reich, 1933–1940. Anpassung und Unterwerfung in der Ära Gürtner*, München 1988, S. 124ff.
23 *VB* (Berliner Ausgabe), 19/20.3.33, »Breslau und Moabit!«; 23.3.33, »Horst-Wessel-Lied im Anwaltszimmer« (Kundgebung des Bundes Nationalsozialistischer Deutscher Juristen), ebenso Bericht des *Angriffs* vom gleichen Tag.
24 10.4. und 11.4.33.
25 9.4.33, »Gleichschaltung des Geistes!«.
26 12.4.33. Das Blatt spielte damit auf die Tatsache an, dass Stahl (1802–1861), Rechtsphilosoph und führender Vertreter einer christlich-konservativen Staatslehre, jüdischer Herkunft war.
27 9.4.33 (2. M).
28 9.4.33, »Die dreiunddreißig Jahre«.
29 *DAZ*, 5.4.33.
30 Infolgedessen sind die Aussagen über die Reaktion der Bevölkerung auf den Boykott in der Literatur relativ wenig aussagekräftig; siehe Bankier, *Öffentliche Meinung*, S. 93ff.; Friedländer, *Das Dritte Reich und die Juden*, S. 34f.; Kershaw, *Popular Opinion and Political Dissent in the Third Reich*, S. 231f.; ders., »Antisemitismus und Volksmeinung«, S. 291f.; Pätzold, *Faschismus, Rassenwahn, Judenverfolgung*, S. 77ff.
31 Diese Beobachtung findet sich in zahlreichen Erinnerungen deutscher Juden: Walter Tausk, *Breslauer Tagebuch 1933–1940*, hg. von Ryszard Kincel, 2. Aufl., Berlin 1977, 31.1. und 1.4.33; Kurt Jakob Ball-Kaduri, *Das Leben der Juden in Deutschland im Jahre 1933. Ein Zeitbericht*, Frankfurt am Main 1963, S. 88; Bericht von Marta Appel, in: *Jüdisches Leben in Deutschland*, hg. und eingel. von Monika Richarz, Bd. 3: *Selbstzeugnisse zur Sozialgeschichte 1918–1945*, Stuttgart 1982, S. 231ff. Siehe auch die Hinweise in der lokalgeschichtlichen Literatur: Josef Werner, *Hakenkreuz und Judenstern. Das Schicksal der Karlsruher Juden im Dritten Reich*, hg. von der Stadt Karlsruhe – Stadtarchiv, 2. Aufl., Karlsruhe 1990, S. 34ff.; Benigna Schönhagen, *Tübingen unterm Hakenkreuz. Eine Universitätsstadt in der Zeit des Nationalsozialismus*, Stuttgart 1991, S. 122. Ferner: Akten des CV, OS Mos, 721-1-2321, über einen Vorfall in Wesel. Joachim Meynert, *Was vor der »Endlösung« geschah. Antisemitische Ausgrenzung und Verfolgung in Minden-Ravensberg 1933–1945*, Münster 1988, S. 78ff., macht darauf aufmerksam, dass solche Solidaritätsbezeugungen möglicherweise im Rückblick von den Zeitzeugen überbewertet wurden.
32 *Foreign Relations of the United States, 1933*, Bd. 2, S. 344ff. (Telefonat der Botschaft Berlin mit dem US-Außenministerium); *Documents on British Foreign Policy, 1919–1939*, 2. Reihe, Bd. 5, hg. von Ernest Llewellyn Woodward und Rohan Butler unter Mitarb. von Margaret Lambert, London 1956, Nr. 22, Botschafter Rumbold an Außenminister Simon, 5.4.33. Bankier, *Öffentliche Meinung*, S. 95, der unter anderem weitere diplomatische Berichte auswertet, kommt zu

ähnlichen Befunden: Demnach war die »Judenfrage« für die Mehrheit der Bevölkerung unwesentlich; man identifizierte sich wenig mit der antijüdischen Politik des Regimes und missbilligte vor allem die Methoden. Die Kritik an der Verfolgung der Juden war indes häufig in erster Linie Ausdruck der Opposition zum Regime, Solidarität mit den Juden gab seltener den Ausschlag. Insgesamt gesehen, war nach Bankier der Boykott vom 1. April 1933 ein Fehlschlag. Laut Mommsen/Obst, »Die Reaktion der deutschen Bevölkerung auf die Verfolgung der Juden«, war der Boykott vom 1. April insofern ein »eklatanter Misserfolg«, als mit ihm das Ziel verbunden worden sei, eine »spontane antisemitische Bewegung nach dem Vorbild früherer Pogrome in Osteuropa« zu erreichen (S. 374). Für diese Absicht gibt es jedoch keinerlei Belege. Im Gegenteil: Sieht man die Boykottaktion im Kontext der »Machtergreifung«, so diente sie dazu, die »wilden« Aktionen der Parteibasis wiederaufzunehmen, sie aber der Autorität der Parteiführung unterzuordnen und dadurch zu kontrollieren. Die Partei- und Staatsführung wollte im April 1933 alles andere als einen Pogrom (Longerich, *Politik der Vernichtung*, S. 26ff.).

33 Siehe ebenda, S. 41ff.
34 Aus der Abwesenheit gegenteiliger Zeugnisse zu schließen – wie Bankier, *Öffentliche Meinung*, S. 96, es tut –, die Bevölkerung sei mit der Entfernung von Juden aus einflussreichen Positionen, wie sie durch das Berufsbeamtengesetz und andere Maßnahmen vorgenommen wurden, im Wesentlichen einverstanden gewesen, geht zu weit: Aus dem bloßen Fehlen von Zeugnissen lässt sich Derartiges nicht ableiten, zumal anzunehmen ist, dass die Entfernung von Juden aus öffentlichen Positionen in der Wahrnehmung der Zeitgenossen durch den noch weitaus spektakuläreren Boykott überlagert wurde.
35 Zu Einzelheiten siehe Longerich, *Politik der Vernichtung*, S. 21f., sowie Uhlig, *Warenhäuser*, S. 31ff.
36 Longerich, *Politik der Vernichtung*, S. 46ff.
37 Auffallend ist der starke Rückgang der antisemitischen Propaganda in den Parteizeitungen im Mai und Juni 1933; im *VB* und im *Angriff*, aber auch im *Westdeutschen Beobachter*, der die Kampagne massiv vorangetrieben hatte, verschwand das Thema fast aus der Berichterstattung. In der zweiten Jahreshälfte 1933 erschienen im *VB* durchschnittlich drei bis vier antisemitische Beiträge pro Woche, im *Angriff* nur ein bis zwei und im *Westdeutschen Beobachter* zwei bis drei. 1934 waren es im *VB* durchschnittlich ein bis zwei (mit Ausnahme des Monats April), im *Angriff* zwei bis drei (jedoch deutlich mehr während der »Miesmacher-Kampagne« im Mai und Juni); die Frequenz der antisemitischen Beiträge im *Westdeutschen Beobachter*, der seit Januar täglich in zwei Ausgaben erschien, war sehr unterschiedlich, der Durchschnittswert lag bei drei bis vier Beiträgen pro Woche. Gegen Jahresende zeigte sich in der antisemitischen Propaganda der Parteipresse bereits wieder eine gewisse Belebung, offensichtlich bereitete man sich bereits auf die antisemitische Kampagne des Jahres 1935 vor.
38 Eine Reihe von nationalsozialistischen Provinzzeitungen sah sich jedoch nicht veranlasst, ihre antisemitische Propaganda zu intensivieren; siehe etwa die *Thüringische Staatszeitung*, den *Führer*, die *Braunschweiger Tageszeitung* sowie den *Miesbacher Anzeiger*.
39 Im Zuge dieser Rede sprach Goebbels eine offene Drohung gegen die deutschen Juden aus: »Wenn beispielsweise die Juden glauben, dass der unblutige Verlauf der deutschen Revolution ihnen das Recht gebe, in altgewohnter Frechheit und Arroganz wieder das deutsche Volk zu reizen und zu provozieren, so sollen sie unsre Geduld nicht allzu sehr auf die Probe stellen.« Diese Passage wurde nur

von einem Teil der Parteipresse wiedergegeben; sie findet sich beispielsweise im *Westdeutschen Beobachter*, 11.5.34 (M), in der *Thüringischen Staatszeitung*, 12.5.34, in der *Braunschweiger Tageszeitung*, 12/13.5.34, in der *Nationalsozialistischen Schlesischen Tageszeitung*, 12.5.35, und im *Miesbacher Anzeiger*, 14.5.34, nicht jedoch im *Führer*, im *Angriff* oder im *VB*, während *Das Fränkische Volk* überhaupt nicht über die Rede berichtete.

40 14.5.34, »Musikpolitische Streiflichter«; 16.5.34, »›Zwei-Säulen-Verlag‹ auf Plattfüßen. Jude Max Moch als ›Verleger‹«. Am 20.5.34 gab die Zeitung unter dem Titel »Wir wollen keine jüdischen Schauspieler!« eine Veröffentlichung des nationalsozialistischen Kampfbundes für deutsche Kultur wieder.

41 10.6.34, »Was haben wir gegen die Juden?«.

42 16.5.34, »Jüdische Rache«; 23.5.34, »Wir deutschen Juden«.

43 12.3.33, »Wie spricht man mit Juden?«. Zu Schwarz von Berk siehe Boelcke, *Kriegspropaganda*, S. 110ff.

44 12.5., 14.5., 15.5. und 17.5.33. Parallel erschien eine Serie, in der ein nach Prag entsandter Korrespondent einen »Besuch bei Juden« abstattete: 15.5., 16.5., 17.5. und 18.5.33.

45 Siehe etwa die Ausgaben vom 1.6. und 6.6.34.

46 Zum Beispiel 14.9.33, »Bestrebungen zur Ausschaltung des nicht-arischen Hopfenhandels«; 16.9.33, »Entfernung eines jüdischen Denkmals« (danach hatte der Stadtrat in Erlangen den Beschluss gefasst, das für den jüdischen Mediziner Jakob Herz errichtete Denkmal zu beseitigen); 30.1.34, »Jude als Briefadresse. Ein Beleidigungsprozess in Schweinfurt«; 27.4.34, »Gegen jüdische Lehrlinge in landwirtschaftlichen Betrieben« (d. i. Bekanntmachung der Landesbauernschaft Oldenburg), sowie 29.4.34, »Das Verbot des Filmes ›Männer um eine Frau‹. Die Entscheidung der Oberprüfstelle«.

47 Siehe etwa die heftige Kritik des *Westdeutschen Beobachter*s, 18.9.33, an der Berichterstattung der *FZ*: »Die ›Psychologie‹ der Frankfurter Zeitung: ›Begründet von Löw Sonnemann …‹. Die Juden schmieren immer noch!« Ähnlich den Angriff des Chefredakteurs des *Westdeutschen Beobachters* in der Abendausgabe vom 8.10.34, der unter dem Titel »Nichtarisch« Kritik an einer »großen westdeutschen Zeitung« übte, die immer noch den »Namen des jüdischen Gründers im Titel« führe.

48 30.7.33, 30.9.33 und 29.4.34.

49 13.12.34, »Rassenunterschiede und Wirtschaft«.

50 28.2.34.

51 27.9.33 (M).

52 So am 3.9.33 in einem Bericht über eine Goebbels-Rede oder am 25.1.34 in einem Artikel über den Kairoer Prozess.

53 15.2.34, »Jüdischer Boykott und deutscher Transfer«, sowie 2.3.34, »Frau Roosevelt gegen die jüdische Boykotthetze«.

54 Der *VB* brachte am 29.11., 2.12. und 5.12.34 jeweils groß aufgemachte Kommentare Rosenbergs, in denen dieser aus Anlass des Prozesses von einer »planmäßigen jüdischen Weltpolitik« (so die Schlagzeile vom 2.12.34) sprach. Am 23.12.34 begann das Blatt eine Serie von Veröffentlichungen, die auf den Prozess Bezug nahmen, und am 12.3., 13.3. und 14.3.35 erschienen im Hinblick auf die Prozessfortsetzung weitere Vorberichte. Am 30.4. und 4.5.35 berichtete das Blatt erneut darüber. Siehe im Übrigen die Berichterstattung im *Angriff* vom 29.4., 3.5., 6.5., 7.5., 8.5., 9.5., 10.5., 11.5., 14.5. und 15.5.35 sowie im *Westdeutschen Beobachter* vom 7.5.(M), 9.5.(M) und 10.5.35 (A).

55 7.5.35, »Warum Judenprozesse?«.

56 Zum Berner Prozess siehe Urs Lüthi, *Der Mythos von der Weltverschwörung: die Hetze der Schweizer Frontisten gegen Juden und Freimaurer am Beispiel des Berner Prozesses um die »Protokolle der Weisen von Zion«*, Basel u.a. 1992.
57 15.5.35.
58 20.5.35 (A). Zur Berichterstattung über den Prozess siehe auch die Beiträge vom 29.4.(A) und 30.4.35 (M) sowie vom 7.5.(M), 9.5.(M) und 10.5.35(A).
59 16.5.35.
60 Siehe S. 110.
61 PA 1935, 15.5.35.
62 *KVZ*, 15.5.35. Die Zeitung berichtete seit dem 11.5.35 intensiv über den Prozess. Siehe ferner *Schlesische Zeitung*, 15.5.35 (A); *MNN*, 15.5.35, und *DAZ*, 15.5.35.
63 *FZ*, 15.5.35 (2. M). Siehe zur übrigen Berichterstattung der Zeitung über den Berner Prozess die Ausgaben vom 1.11. und 2.11.34, 30.4., 1.5., 2.5., 3.5., 14.5. und 15.5.35.
64 Der Prozess wurde von einer Reihe eigens nach Kairo entsandter Journalisten, darunter der Mitarbeiter des Propagandaministeriums Wolfgang Diewerge, sowie von deutschen Rundfunksendern verfolgt. Diewerge veröffentlichte über den Prozess eine Broschüre: *Als Sonderberichterstatter zum Kairoer Judenprozess. Gerichtlich erhärtetes Material zur Judenfrage*, München 1935. Dierwege hielt auch Vorträge über die »weltpolitische Bedeutung« des Prozesses (*Der Angriff*, 12.7.35).
65 *VB*, 25.1.34; *Westdeutscher Beobachter*, 25.1.34 (A). Zur Berichterstattung siehe ferner *VB*, 19.12., 21.12. und 28.12.33 sowie 24.1. und 2.2.34. *Der Angriff* kommentierte am 25.1.34, durch das Urteil sei »die jüdische Hetze überhaupt gebrandmarkt«.
66 *Westdeutscher Beobachter*, 13.4.35 (A), siehe auch die Berichte vom 12.4. (M und A), 20.4. (M) und 26.4.35 (M) in der gleichen Zeitung, ferner *Der Angriff* vom 12.4. und 26.4.35 sowie *VB* vom 12.4., 13.4. und 26.4.35.
67 So die *FZ* , 12.4., 13.4. und 26.4.35. Die *DAZ* vermerkte das Urteil nur kurz und verzichtete auf weitere Kommentare (25.4.35 [A]); zur Berichterstattung im Übrigen siehe 25.1., 13.4. (M) und 19.4.35 (M).
68 So der *Berliner Lokalanzeiger* in seinem Kommentar zum ersten Urteil, 25.1.34 (M). Zur Berichterstattung des Blattes über den Prozess siehe im Übrigen 23.1. (A), 12.4. (A), 19.4. (A) und 25.4. (A). Auch die *Schlesische Zeitung* sah einen Sieg »gegen das Weltjudentum«, 26.4.35 (M); siehe auch 13.4. (M) und 19.4.35.
69 K/J 113, Stapostelle Regierungsbezirk Kassel, Bericht für Januar bis April, 16.4.1934, in: *Lageberichte Hessen-Nassau*, Bd. 2, S. 80f.; K/J 114, Stapostelle Regierungsbezirk Kassel, Bericht für April, 4.5.1934, in: ebenda, S. 82ff., S. 88f., S. 91ff.; K/J 143, Stapostelle Regierungsbezirk Kassel, Bericht für Juni, 5.7.1934, in: ebenda, S. 116, S. 118 und S. 122f.; K/J 174, Stapostelle Regierungsbezirk Kassel, Bericht für Juli, 4.8.1934, in: ebenda, S. 125 und S. 136ff.; K/J 401, Stapostelle Regierungsbezirk Königsberg, Bericht für Oktober, Königsberg, 7.11.34 (GStA, I. HA Rep. 90P, Bd. 6,2); K/J 408, Stapostelle Regierungsbezirk Osnabrück, Bericht für Oktober, 3.11.1934, in: *»Gestapo Osnabrück meldet ...«*, S. 109, S. 114 und S. 116; K/J 415, Regierungspräsident Kassel, Bericht für Oktober, 8.11.1934, in: *Regierungsbezirk Kassel*, Bd. 2, S. 234.
70 K/J 299, Stapostelle Regierungsbezirk Arnsberg, Bericht für September, o.D. (GStA, I. HA Rep. 90P, Bd. 14,3): »Die jüdischen Geschäfte finden einen sich immer mehr steigernden Zuspruch. Dem Großteil der Frauen fehlt in dieser Hinsicht jede Selbstdisziplin.« K/J 399, Stapostelle Regierungsbezirk Koblenz, Bericht für Oktober, o.D. 1934 (GStA, I. HA Rep. 90P, Bd. 9,7), meldete: Im Ge-

gensatz zur Stadtbevölkerung zeigten die auf dem Lande lebenden Menschen »für die Judenfrage weniger Verständnis und stehen mit den jüdischen Händlern nach wie vor in regem Geschäftsverkehr«.
71 K/J 294, Gendarmerie Steinach a.d. Saale, Monatsbericht für August, 24.8.1934 (StA Wü, LRA Bad Kissingen 1152).
72 K/J 325, Stapostelle Regierungsbezirk Potsdam, Bericht für September, 9.10.1934 (BAB, St 3/936).
73 K/J 448, Stapostelle Regierungsbezirk Aachen, Bericht für November, 5.12.1934 (HStA Dü, RAP 1025).
74 K/J 486, Landrat Brilon, Bericht für November, 27.11.1934 (StA Ms, Kreis Brilon, LRA 1762).

Antisemitische Krawalle und Nürnberger Gesetze

1 Siehe insbesondere Bankier, *Öffentliche Meinung*, S. 52ff. und S. 98ff.; Friedländer, *Das Dritte Reich und die Juden*, München 1998, S. 154ff.; Genschel, *Die Verdrängung der Juden aus der Wirtschaft*, S. 105ff.; Longerich, *Politik der Vernichtung*, S. 70ff.; Kershaw, *Popular Opinion and Political Dissent in the Third Reich*, S. 232ff.; ders., »The Persecution of the Jews and German Popular Opinion in the Third Reich«, in: *Leo Baeck Institute Year Book* 26 (1981), S. 261–289, S. 264ff.; Mommsen/Obst, »Die Reaktion der deutschen Bevölkerung auf die Verfolgung der Juden«, S. 377ff.; Pätzold, *Faschismus, Rassenwahn, Judenverfolgung*, S. 197ff. Die Übergriffe zwischen Dezember 1934 und April 1935 sind im Einzelnen in der von Kulka und Jäckel herausgegebenen Sammlung nachgewiesen. Da eine detaillierte Auflistung all dieser Berichte mit vollständigen archivalischen Angaben an dieser Stelle zu weit führen würde, siehe für Dezember 1934 die Dokumente in Kulka/Jäckel mit den Nummern: 493, 494, 502–515, 517–525, 528–530, 533 und 546; für Januar 1935: 550–552, 557, 562, 573, 581, 585, 587–589, 597, 601, 604 und 607–609; für Februar 1935: 611, 620, 628, 641, 648, 650, 657, 659, 660, 667 und 673; für März 1935: 688, 690, 697f., 753 und 755; für April 1935: 757, 764, 767, 770, 771, 778, 796, 800, 812–814, 819, 822 und 834. Neben den Berichten von Staats- oder Parteidienststellen verfügen wir für die Rekonstruktion der Ausschreitungen seit einigen Jahren über das im Moskauer Sonderarchiv liegende, umfangreiche Archiv des Centralvereins Deutscher Staatsbürger jüdischen Glaubens, der sich intensiv bemühte, die Übergriffe zu dokumentieren. Sie sind bei Longerich, *Politik der Vernichtung*, jeweils in die für die Ausschreitungen relevanten Abschnitte eingearbeitet.
2 11.5.35. Die Namensnennungen erfolgten zum Beispiel unter »Jüdische Rassenschänder und Betrüger«, 28.4.35.
3 Siehe Longerich, *Politik der Vernichtung*, S. 81.
4 K/J 861, Stapostelle Regierungsbezirk Minden, Bericht für Mai 1935, 3.5.1935 (BAB, St 3/38 II); K/J 878, Regierungspräsident Aachen, Bericht für Mai 1935, 13.6.1935 (HStA Dü, RAP 1049); K/J 913, Landrat Aachen, Bericht für Mai 1935, 28.5.1935 (HStA Dü, RAP 1039). Aus diesen Provinzen wurden aber auch weiterhin antisemitische Übergriffe gemeldet, so dass sich hier kein einheitliches Bild ergibt (siehe S. 353, Anm. 8, und S. 354, Anm. 14 und 15).
5 IfZ, Anordnungen des Stabs des Stellvertreters des Führers A 63/35 vom 11.4.35; BAB NS 10/30, in: *Akten zur deutschen auswärtigen Politik 1918–1945. Aus dem Archiv des Auswärtigen Amtes*, Serie C, Bd. 4, Göttingen 1973, Nr. 67, 3.5.35. Siehe auch Stellungnahme des Kölner Gauleiters Grohé auf einer Führertagung der

Partei, *Westdeutscher Beobachter*, 29.5.35. Die gleiche Ausgabe enthielt eine deutliche, vom Chefredakteur des Blattes gezeichnete Warnung: »Fensterscheibenkrieg? Antisemiten, herhören!«.
6 Siehe z.B. K/J 873, Leiter der Stapostelle Stettin an den stellvertretenden Gauleiter, OA Moskau, 503-1-376, 14.5.35; K/J 847, Stapostelle Regierungsbezirk Düsseldorf, Bericht für Mai 1935, 5.6.1935 (BAB, St 3/38 II); K/J 892; Regierungspräsident Hannover, Bericht für Mai 1935, 3.5.1935 (GStA, I. HA Rep. 90P, Bd. 3,2); K/J 911, Regierungspräsident Trier, Bericht für April und Mai 1935, 6.6.1935 (LHA Ko, 442/15625).
7 Zur außenpolitischen Situation siehe Klaus Hildebrand, *Das vergangene Reich. Deutsche Außenpolitik von Bismarck bis Hitler 1871–1945*, Stuttgart 1995, S. 596; Norbert Wiggershaus, *Der deutsch-englische Flottenvertrag vom 18. Juni 1935. England und die geheime deutsche Aufrüstung 1933-1935*, Bonn 1972. Der englische Verhandlungsführer Lord Lothian hatte, seiner eigenen Darstellung nach, den deutschen Sonderbotschafter von Ribbentrop darauf aufmerksam gemacht, eine Abschwächung der Judenverfolgung sei eine wichtige Voraussetzung für eine Verbesserung der Beziehungen zwischen beiden Ländern. Lothian hatte von Chaim Weizmann, dem Präsidenten der Zionistischen Weltorganisation, eine Denkschrift über die Situation der Juden in Deutschland erhalten und war von diesem gebeten worden, die Judenverfolgung zur Sprache zu bringen. Siehe *Dokumente zur Geschichte der Reichsvertretung der deutschen Juden*, hg. von Otto Dov Kulka, Tübingen 1997 [= *Deutsches Judentum unter dem Nationalsozialismus,*, Bd. 1], S. 214ff.; vgl. Longerich, *Politik der Vernichtung*, S. 83f. Die außenpolitischen Rücksichtnahmen wurden in den Berichten der Behörden verschiedentlich thematisiert, so etwa durch den Landrat Bad Kreuznach, K/J 976, Bericht für Juni 1935, 28.6.1935 (LHA Ko, 441/35464): »Die innenpolitische Lage könnte wesentlich dadurch gefördert werden, wenn in der politischen Schulung mehr als bisher die großen politischen Ziele in einer intensiven Aufklärungsarbeit behandelt würden, damit die Staatsführung nicht in Zeiten hochpolitischer Verhandlungen durch irgendwelche Unbesonnenheiten gestört, sondern im Gegenteil durch einen einmütigen und gleichgerichteten Volkswillen unterstützt wird.«
8 Für den gesamten Monat Mai liegen in der von Kulka/Jäckel herausgegebenen Sammlung Berichte über antijüdische Ausschreitungen vor, und zwar aus Augsburg (839), aus Schwaben (909), aus dem Regierungsbezirk Kassel (851), aus Hamburg-Harburg und Hamburg-Wilhelmsburg (856f. und 897), aus dem Regierungsbezirk Stade (910), aus Stettin (873f.), aus dem Regierungsbezirk Hannover (892), aus dem Land Oldenburg (902) sowie aus Breslau (907). Ausschreitungen gab es demnach auch im Rheinland (843–847, 884f., 888f., 917 und 920) sowie in Westfalen (865, Regierungsbezirk Münster), also in Provinzen, aus denen auch ein Rückgang der Ausschreitungen gemeldet wurde (siehe S. 352, Anm. 4). Offensichtlich ergab sich hier kein einheitliches Bild.
9 Im *VB* erschien am 9.5., 10.5. und 11.5.34 ein dreiteiliger großer Artikel »Liquidation der deutschen Judenfrage«, in dem insbesondere Auswanderung und Kapitaltransfer behandelt wurden. *Der Angriff* ließ seine antisemitische Kampagne nach Hitlers »Friedensrede« am 21. Mai langsam ausklingen, brachte allerdings noch zwischen dem 21.5. und 31.5.34 die Serie »Juden mit der weißen Weste«, die sich mit jüdischer Kriminalität beschäftigte. Die *Braunschweiger Tageszeitung* fuhr ihre antisemitische Propaganda ebenfalls Mitte Mai zurück, hatte allerdings am 15. Mai eine siebenteilige Serie »Wie steht es mit der Judenfrage?« begonnen, die sie noch bis zum 4.6. fortsetzte.

10 Zu den Münchner Ereignissen siehe Longerich, *Politik der Vernichtung*, S. 84f. Die wichtigsten Dokumente dazu finden sich in den Akten BAB, 15.01, 27070/35, sowie BHSTA, Stk 106411, 106676 und 106685 (das ist K/J 862-864, 881, 898, 922 und 923).

11 Siehe etwa *FZ* und *Kölnische Volkszeitung*, 28.5.35; *MNN*, 27.5.35; *DAZ*, 27.5.35 (A); *VB* (Reichsausgabe) 28.5.35; *VB* (Münchner Ausgabe), 27.5.35; *Angriff*, 27.5.35; *Westdeutscher Beobachter* 27.5.35 (A).

12 Zu Einzelbelegen siehe Longerich, *Politik der Vernichtung*, S. 85.

13 Siehe *VB* und *Der Angriff*. Der entsprechende, ziemlich abrupte Rückgang der antisemitischen Propaganda in diesem Zeitraum lässt sich auch für Provinzzeitungen der Partei feststellen, wie die Auswertung des *Westdeutschen Beobachters*, der *Nationalsozialistischen Schlesischen Tageszeitung* oder des *Miesbacher Anzeigers* ergab.

14 Siehe zum Rheinland K/J 927, Stapostelle Regierungsbezirk Aachen, Bericht für Juni 1935, 5.7.1935 (BAB, R 58/662); K/J 942, Stapostelle Regierungsbezirk Köln, Bericht für Juni 1935, 7.7.1935 (GStA, I. HA Rep. 90P, Bd. 9,9), K/J 963, Regierungspräsident Köln, Bericht, 21.6.1935 (BAB, RMdI 27079/31). Aber auch in anderen Regionen schritt die Gestapo gegen »Einzelaktionen« ein. Siehe etwa K/J 929, Stapostelle Regierungsbezirk Aurich, Bericht für Juni 1935, o.D. (GStA, I. HA Rep. 90P, Bd. 3,8), der über das Fotografieren von Kunden jüdischer Geschäfte meldete: »Der Unfug wurde unterbunden.« Die Stapostelle Köslin veranlasste die Partei im Gebiet Pommern/Grenzmark dazu, judenfeindliche Schilder, soweit sie Drohungen enthielten, zu entfernen: K/J 944, Stapostelle Regierungsbezirk Köslin, Bericht für Juni 1935, 4.7.1935 (GStA, I. HA Rep. 90P, Bd. 7,1). Die Stapostelle Berlin berichtete über die antisemitischen Ausschreitungen in der Reichshauptstadt, sie sei »bemüht, derartige Zwischenfälle nach Möglichkeit schon im außenpolitischen Interesse zu verhindern« (K/J 933, Stapostelle Landespolizeibezirk Berlin, Bericht für Juni 1935, o.D., GStA, I. HA Rep. 90P, Bd. 2,2).

15 Regierungsbezirk Lüneburg (945), Provinz Westfalen (948 und 988f.), Land Oldenburg (951), Stettin (959, 968 und 970), Regierungsbezirk Kassel (940, 962 und 985), Regierungsbezirk Koblenz (941), Regierungsbezirk Trier (960), Regierungsbezirk Wiesbaden (961 und 972), Regierungsbezirk Pfalz (967), Regierungsbezirk Unterfranken (971 und 977), Augsburg (930 und 969) sowie Breslau (935). Ein widersprüchliches Bild vermittelt ein Bericht des Regierungspräsidenten von Oberbayern: »Die gegen die Juden gerichteten Plakate, Schilder und Tafeln sind mancherorts verschwunden. An anderen Stellen werden sie, wenn sie von der Bevölkerung beseitigt worden sind, immer wieder erneuert« (K/J 965, Bericht für Juni 1935, München, 9.7.1933, BayHStA, StK 106670).

16 Zu den Ereignissen in Berlin im Juni und Juli 1935 siehe Longerich, *Politik der Vernichtung*, S. 85ff. Zu detaillierten Polizeiberichten siehe K/J 1004, Stapostelle Landespolizeibezirk Berlin, Bericht für Juli 1935, o.D. (GStA, I. HA Rep. 90P, Bd. 2,1).

17 Siehe den Bericht des *Angriffs* vom 15.7.35. Zu Goebbels' Verantwortung siehe auch *Tagebücher Goebbels*, Eintrag vom 15.7.1935.

18 *VB*, 15.7.und 17.7.35; *Angriff*, 16.7. und 17.7.35; *Westdeutscher Beobachter*, 16.7.35; *Braunschweiger Tageszeitung*, 16.7.35; die *Nationalsozialistische Schlesische Tageszeitung* drohte in ihrem Leitkommentar am 17.7.35 unter der Überschrift »Tarnungskünstler« offen mit weiterer Gewaltanwendung gegenüber Juden.

19 *NZZ*, 16.7.35 (A), »Antisemitische Ausschreitungen im Berliner Westen«; in ihrem Kommentar vom 17.7.35 (M) sah die Zeitung negative Auswirkungen

»auf den außenpolitischen Kredit Deutschlands« (»Der Antisemitismus der S.A.«); 18.7.35 (M), »Die Unruhe im Berliner Westen. Der Kommentar«. »Die antisemitischen Ausschreitungen im Berliner Westen« in der Abendausgabe der *NZZ* vom 19.7.35 wies die von der NS-Presse erhobenen Vorwürfe einer »Sensationsberichterstattung« zurück; ferner 20.7.35 (M), »Graf Helldorf wird Polizeipräsident von Berlin«; *New York Times*, 16.7.35, »Jews are Beaten by Berlin Rioters«; 17.7.35, »Reaction to Riots Alarms Germans. Editor Describes Rioting in Berlin«; 19.7.35, »Anti-Jewish Riots Renewed in Berlin«; 20.7.35, »Anti-Semite Police Chief Named to ›Purge‹ Berlin of Jews and Communists«; 21.7.35, »Nazi's Blow Strike Catholics and Jews«; 22.7.35, »Nazi Rift Obvious over Police Head«; 23.7.35, »Duisburg Enforces Ban«; 24.7.35, »Anti-Semites Firmly in the Saddle As Persecution Spreads in Reich«; 26.7.35, »Berlin Riots Mar Olympic Planning«; 28.7.35, »Berlin Restricts Anti-Jewish War«, sowie 31.7.35, »Nazi Hotheads Hinder Hitler«.

20 Der *VB* vom 20.7.35 titelte entsprechend: »Umfassende Säuberungsaktion für Berlin«. Siehe auch den Kommentar im *Westdeutschen Beobachter* vom 20.7.35.

21 Siehe Longerich, *Politik der Vernichtung*, S. 88ff., und im Einzelnen die zahlreichen Berichte in der von Jäckel und Kulka edierten Sammlung für die Monate Juli bis September 1935. Juli: 997–1001, 1003, 1006, 1008, 1010, 1014–1021, 1024f., 1027, 1030, 1032f., 1035–1039, 1046–1049, 1052–1054, 1056f., 1061, 1065, 1068, 1071, 1075 und 1081; August: 1086f., 1089–1091, 1094, 1096–1112, 1115–1123, 1125, 1127 bis 1129, 1133–1136, 1138–1140, 1144f., 1149, 1152, 1159, 1163, 1168, 1170, 1172f., 1175, 1177f., 1185, 1190, 1194 und 1199; September: 1204–1208, 1211f., 1220, 1225f., 1237, 1240–1242, 1248f., 1253–1256, 1261, 1263, 1266, 1272, 1279, 1282, 1285, 1290, 1292 bis 1295, 1298, 1301, 1305, 1309 und 1311.

22 Der *VB* brachte am 21.7.35 die Schlagzeile: »Der Jude als Verbrecher. Ungeheurer Anteil der Juden an der Kriminalität«. Siehe auch den *Angriff* vom 22.7.35 oder den *Westdeutschen Beobachter* vom gleichen Tag, in dem behauptet wurde, die Juden seien für 80 Prozent der Kriminalität verantwortlich.

23 Zum Beispiel 21.7., 22.7., 25.7., 27.7., 30.7., 31.7. und 9.8.35.

24 »Rasseschänder durch Staatspolizei verhaftet«, 14.7.35.

25 Siehe auch 8.8.35, »Bad Tölz meldet: Judenrein!«.

26 21.7.35 (Augsburg); 22.7.35 (Stettin); 23.7.35 (Leipzig); 10.7.35 (Bad Dürckheim); 1.8.35 (Westerland); 22.8. (Bad Reichenhall).

27 Zum Beispiel »Einkauf in jüdischen Geschäften. Ein Beleidigungsprozess und ein Urteil des Oberlandesgerichts Marienwerder«, 1.7.35; »Bericht betr. Ablehnung einer ›jüdisch-arischen‹ Eheschließung durch das Amtsgericht Wetzlar«, 2.7.35, sowie Bericht vom 4.7.35, der zusätzlich auf ein anderslautendes Urteil eines Landgerichts aufmerksam macht; »Die Rasse-Eigenschaft des Konkurrenten als privatwirtschaftliches Werbeargument unzulässig«, 11.7.35; »Abermals Ablehnung einer Mischehe durch ein Amtsgericht«, 13.7.35.

28 16.7. und 23.7.35.

29 7.9.35 (Schotten).

30 Zum Beispiel 10.7.35, »Bad Dürckheim judenfrei«; 27.7.35, »›Die Judenfrage‹. Ein Aufsatz des stellvertretenden Gauleiters von Westfalen/Süd, Emil Stürtz«, sowie 31.7.35, »Gegen jüdische Kurgäste. Ein Beschluss von Wirtschaftsvertretern in Kolberg«.

31 *FZ*, 16.7., 17.7., 19.7 und 20.7.35. Die *FZ* übernahm in ihrer Ausgabe vom 22.7.35 zusätzlich ein Interview mit dem neu ernannten Polizeipräsidenten Helldorf aus dem *VB*. Der *Berliner Lokalanzeiger* hatte bereits in der Abendausgabe vom 15.7.35 über die angebliche Störung des Films durch jüdische Besucher berich-

tet, siehe außerdem 16.7. (M) und 19.7.35 (A). Ferner *Berliner Tageblatt*, 16.7. (A) und 19.7.35 (A); *DAZ*, 16.7.(M und A) und 19.7.35(A); *MNN*, 16.7., 17.7. und 20.7.35; *Nationalsozialistische Schlesische Zeitung*, 17.7. und 19.7.35.
32 27.7.35, »Ein Blick zurück«.
33 6.8.35, »Der Staat auf der Wacht gegen Störenfriede«.
34 Voigt, »Jüdisches Leben und Holocaust im Filmdokument«. Es handelte sich um die Bavaria Tonwoche No. 35, 1935 und um die Ufa Tonwoche Nr. 257/1935.
35 Zur Reaktion der Bevölkerung auf die antisemitische Kampagne siehe Angress, »Die ›Judenfrage‹ in amtlichen Berichten 1935«; Bankier, *Öffentliche Meinung*, S. 98ff.; Longerich, *Politik der Vernichtung*, S. 82ff.; Mommsen/Obst, »*Die Reaktion* der deutschen Bevölkerung auf die Verfolgung der Juden«, S. 377ff.; Kershaw, »Antisemitismus und Volksmeinung«, S. 293ff.
36 Bernd Stöver, *Berichte über die Lage in Deutschland. Die Lagemeldungen der Gruppe Neu Beginnen aus dem Dritten Reich 1933–1936*, Bonn 1996, Nr. 15, Anfang September 1935, S. 557ff., Abschnitt: Die Judenverfolgungen, Einzelberichte, S. 574ff., Zitat S. 574.
37 Ebenda, S. 575.
38 So der Tenor der Berichte über die Reaktionen auf die Judenverfolgung, die für die Monate Juli 1935, August 1935 sowie September 1935 jeweils zu eigenen Abschnitten zusammengefasst sind (Sopade 1935, S. 800ff., S. 920ff. und S. 1026ff.).
39 Sopade 1935, S. 926 (August, Nordwestdeutschland) und S. 1036 (September, Hessen und Rheinland).
40 Sopade 1935, S. 804 (Juli, Hessen-Kassel) und S. 926 (August, Nordwestdeutschland).
41 Sopade 1935, S. 926 (August, Nordwestdeutschland).
42 Sopade 1935, S. 929 (September, Pfalz).
43 Verschiedene Beispiele erwähnt der August-Bericht: S. 923 (Mannheim, Pfalz), S. 927 (Emden) und S. 930 (Breslau).
44 Sopade 1935, S. 928f. (August, Sachsen); S. 1032f. (September, Baden) und S. 1031 (September, Baden).
45 Sopade 1935, S. 922.
46 Sopade 1935, S. 928 (August, Berlin-Brandenburg).
47 So etwa in K/J 959, Stapostelle Regierungsbezirk Stettin, Bericht vom 4.7.1935 (GStA, I. HA Rep. 90P, Bd. 7,2); K/J 1101, Stapostelle Regierungsbezirk Köslin, Bericht für August 1935, Köslin, o.D. (GStA, I. HA Rep. 90P, Bd. 7,1).
48 Eine beliebte Formulierung lautet etwa, die Zustimmung zur Politik des Regimes »wachse« oder stoße auf »immer mehr Verständnis«, siehe zum Beispiel K/J 732, Bericht vom 9.4.1935 (BayHStA, StK 106694); K/J 970, Regierungspräsident Stettin, Bericht vom 10.7.1935 (BAB, St 3/966); K/J 1101, Stapostelle Regierungsbezirk Köslin, o.D. (GStA, I. HA Rep. 90P, Bd. 7,1).
49 Charakteristisch sind ambivalente Einschätzungen wie die der Stapostelle Königsberg, aus denen sich die unterschiedlichsten Schlussfolgerungen ziehen lassen: »Wenn auch ein Teil der Bevölkerung den antisemitischen Bestrebungen noch nicht das nötige Verständnis entgegenbringt, so konnte doch festgestellt werden, dass verschiedentlich die Maßnahmen und Aufklärungsvorträge der Parteidienststellen gute Erfolge gezeitigt haben.« K/J 1100, Stapostelle Regierungsbezirk Königsberg, o.D., (GStA, I. HA Rep. 90P, Bd. 6,3).
50 Zum Beispiel K/J 619, Stapostelle Regierungsbezirk Breslau, Bericht o.D, (BAB, St 3/35 I); K/J 627, Stapostelle Regierungsbezirk Koblenz, o.D. (BAB, St 3/35 II); K/J 699, Stapostelle Regierungsbezirk Frankfurt/O., Bericht vom 4.4.1935 (BAB, St 3/37 II).

51 Darauf weist schon Kershaw, »Antisemitismus und Volksmeinung«, S. 293, hin.
52 So etwa K/J 959, Stapostelle Regierungsbezirk Stettin, Bericht vom 4.7.1935 (GStA, I. HA Rep. 90P, Bd. 7,2).
53 K/J 1100, Stapostelle Regierungsbezirk Königsberg, o.D. (GStA, I. HA Rep. 90P, Bd. 6,3) erwähnt allein drei solcher Demonstrationen »erregter Menschenmengen«. Auch Bankier, *Öffentliche Meinung*, S. 70, weist darauf hin, dass die Beschränkung der Aktionen auf Parteimitglieder durch zahlreiche Zeitzeugenberichte erwiesen sei.
54 K/J 1025, Stapostelle Regierungsbezirk Potsdam, Bericht für Juli 1935 (GStA, I. HA Rep. 90P, Bd. 2,4).
55 K/J 624, Stapostelle Regierungsbezirk Hannover, Bericht für Februar 1935, 4.3.1935 (BAB, St 3/35 II).
56 K/J 1028, Stapostelle Regierungsbezirk Schleswig, Bericht für Juli 1935, Kiel, o.D. (GStA, I. HA Rep. 90P, Bd. 12,2).
57 K/J 751, Landrat Neustadt/Rübernberge, Bericht für Februar und März 1935, 22.3.1935 (HStA Ha, Hann. 80, Hann. II Nr. 799). Siehe auch K/J 1046, Minister des Innern, Oldenburg, Bericht vom 15.8.35, (BAB, R 18/1568): »Der Kampf wird hauptsächlich von den Stellen der NS-Hago vorwärts getrieben.«
58 Ein weiteres Beispiel für den geradezu beliebigen Gebrauch des Begriffs »Bevölkerung« bietet der Lagebericht des Polizeipräsidenten Berlin für Mai und Juni 1934. Dort heißt es: »Trotz der wachsenden Erregung der Bevölkerung werden immer mehr Fälle bekannt, in denen sich deutsche Frauen mit Juden einlassen. [...] Es hat den Anschein, als ob die Bevölkerung über die Nachteile einer derartigen Rassenmischung noch nicht genügend aufgeklärt wäre.« K/J 934, 30.7.1935 (BAB, St 3/657).
59 Illustrativ geschildert etwa im Bericht des Regierungspräsidenten Stettin für April 1935: »Wenn ich in dem letzten Lagebericht erörtert habe, dass die Bevölkerung durch die dauernde Propaganda wenigstens teilweise zurückgehalten wird, bei jüdischen Kaufleuten zu kaufen, so sind häufig nur äußere Gründe wie Ausschluss aus der Partei oder öffentliche Brandmarkung ausschlaggebend hierfür.« K/J 812, Regierungspräsident Stettin, Bericht vom 10.5.1935 (BAB, St 3/966).
60 K/J 875, Stapostelle Regierungsbezirk Trier, Bericht vom 5.6.1935 (LHA Ko, 442/15625); K/J 882, Oberpräsident Provinz Brandenburg und Grenzmark Posen-Westpreußen, Bericht vom 8.6.1935 (GStA, I. HA Rep. 90P, Bd. 2,2); K/J 911, Regierungspräsident Trier, Bericht vom 6.6.1935 (LHA Ko, 442/15625); K/J 936, Stapostelle Regierungsbezirk Düsseldorf, Bericht vom 6.7.1935 (GStA, I. HA Rep. 90P, Bd. 9,5); K/J 941, Stapostelle Regierungsbezirk Koblenz, Bericht vom 5.7.1935 (GStA, I. HA Rep. 90P, Bd. 9,7); K/J 944, Stapostelle Regierungsbezirk Köslin, Bericht vom 4.7.1935 (GStA, I. HA Rep. 90P, Bd. 7,1); K/J 960, Stapostelle Regierungsbezirk Trier, Bericht vom Juli 1935 (GStA, I. HA Rep. 90P, Bd. 10,7); K/J 962, Regierungspräsident Kassel, Bericht vom 5.7.1935, in: *Regierungsbezirk Kassel*, S. 453; K/J 996, Landrat Witzenhausen, Bericht für Mai und Juni 1935, Witzenhausen, 3.7.1935, in: ebenda, S. 445f.; K/J 970, Regierungspräsident Stettin, Bericht vom 10.7.1935 (BAB, St 3/966); K/J 1009, Stapostelle Regierungsbezirk Erfurt, Bericht vom 3.8.1935 (GStA, I. HA Rep. 90P, Bd. 10); K/J 1100, Stapostelle Regierungsbezirk Königsberg, Bericht für August 1935, o.D (GStA, I. HA Rep. 90P, Bd. 6,3).
61 K/J 775, Mecklenburgische Politische Polizei, Bericht für April 1935, 4.5.1935 (BAB St 3/959); K/J 1124, Regierungspräsident Kassel, 2.9.1935, in: *Regierungsbezirk Kassel*, S. 518ff. und S. 523; K/J 1182, Landrat Marburg, Bericht für Juli und

Antisemitische Krawalle   357

August 1935, 26.8.1935, in: ebenda, S. 485ff., S. 491 und S. 499ff.; K/J 1196, Gendarmerie Steinach/Saale, Bericht für August 1935, 22.8.1935 (StA Wü, LRA Bad Kissingen 1153).
62 K/J 859, Mecklenburgische Politische Polizei, Bericht für Mai 1935, Schwerin, 5.6.1935 (BAB, St 3/959).
63 K/J 853, Stapostelle Regierungsbezirk Köln, Bericht für Mai 1935, 18.6.1935 (BAB, R 58/480); K/J 1015, Stapostelle Regierungsbezirk Königsberg (GStA, I. HA Rep. 90P, Bd. 6,3).
64 K/J 934, Polizeipräsident Berlin vom 30.7.1935 (BAB, St 3/657). Der Bericht hebt hervor: »In letzter Zeit haben sich eine Reihe von Fällen gezeigt, in denen Parteigenossen und sogar solche mit goldenem Parteiabzeichen für verhaftete Juden eingetreten sind und ihre Beziehungen zu höchsten parteidienstlichen und staatlichen Stellen auszunützen versucht haben.« Ferner K/J 1093, Stapostelle Regierungsbezirk Hannover, Bericht vom 18.8.1935 (HStA Ha, Hann. 80, Hann. II Nr. 800); K/J 1113, Stapostelle Regierungsbezirk Schneidemühl, Bericht für August 1935, o.D. (GStA, I. HA Rep. 90P, Bd. 8); K/J 1182, Landrat Marburg, Bericht vom 26.8.1935 (in: *Regierungsbezirk Kassel*, S. 485ff., S. 491 und S. 499ff.; K/J 1202, Stapostelle Regierungsbezirk Aachen, Bericht vom 7.10.1935 (BAB, St 3/39 I).
65 K/J 770, Stapostelle Regierungsbezirk Köln, Bericht vom 4.5.35, (GStA, I. HA Rep. 90P, Bd. 9,8); K/J 1511), Stapostelle Regierungsbezirk Kassel, Bericht für Dezember 1935, o.D. (GStA, I. HA Rep. 90 P, Bd. 4,1).
66 K/J 976, Landrat Bad Kreuznach, Bericht vom 28.6.1935 (LHA Ko, 441/35464); K/J 1028, Stapostelle Regierungsbezirk Schleswig, Bericht für Juli 1935, o.D. (GStA, I. HA Rep. 90P, Bd. 12,2); K/J 1102, Stapostelle Regierungsbezirk Lüneburg, Bericht für August 1935, o.D. (GStA, I. HA Rep. 90P, Bd. 3,3); K/J 1113, Stapostelle Regierungsbezirk Schneidemühl, Bericht für August 1935, o.D. (StA, I. HA Rep. 90P, Bd. 8).
67 K/J 1086, Stapostelle Regierungsbezirk Aachen, Bericht vom 5.9.1935 (GStA, I. HA Rep. 90P, Bd. 9,3): »Die Behandlung der Judenfrage hat in meinem Bezirk ebenfalls den größten Unwillen hervorgerufen, da bei ihrer Mentalität die katholische Bevölkerung zunächst den Juden als Menschen wertet und erst in zweiter Linie daran denkt, die Angelegenheit vom rassepolitischen Standpunkt aus zu beurteilen.« K/J 1028, Stapostelle Regierungsbezirk Schleswig, o.D. (GStA, I. HA Rep. 90P, Bd. 12,2): »Vielfach wird einfach gesagt, man solle die Juden doch in Ruhe lassen, es seien auch Menschen.« K/J 976, Landrat Bad Kreuznach, Bericht vom 28.6.1935 (LHA Ko, 441/35464): »Die Bevölkerungskreise, die derartige Ausschreitungen grundsätzlich verurteilen, neigen vielfach dazu, die Juden zu bemitleiden, was diese sich natürlich sofort zunutze machen.« K/J 1108, Stapostelle Regierungsbezirk Münster, o.D. (GStA, I. HA Rep. 90P, Bd. 14,5): »Ein großer Teil der Bevölkerung steht allerdings dem Kampf gegen das Judentum fremd gegenüber und kann für die getroffenen Maßnahmen kein Verständnis aufbringen. Vielfach ist man insbesondere in kath. Kreisen der Ansicht, dass die Maßnahmen gegen die Juden zu weit gehen, da diese nur einen geringen Bruchteil der gesamten Bevölkerung ausmachen, oft in bescheidenen Verhältnissen leben und seit langem hier ansässig sind. Auch aus religiösen Gründen werden derartige Kampfmaßnahmen vielfach abgelehnt.« K/J 1222, Stapostelle Regierungsbezirk Magdeburg, Bericht vom 5.10.1935 (BAB, St 3/39 III): »Bürgerliche Kreise, die sonst nicht als judenfreundlich gelten können, beginnen vielfach mit den Juden Mitleid zu üben und erklären, dass das Tempo der Judengesetzgebung viel zu schnell sei und daher menschlich außerordentliche Härten schaffe.«

68 Bankier, *Öffentliche Meinung*, S. 102f.; laut Kershaw, »Persecution of the Jews«, S. 268, war das Verhalten der Bevölkerungsmehrheit ganz und gar durch materielle Erwägungen und ökonomische Eigeninteressen bestimmt.
69 Kershaw, »Persecution of the Jews«, S. 269, erwähnt jedoch diesen Aspekt.
70 K/J 1124, 1124, Regierungspräsident Kassel, Bericht für Juli und August 1935, 2.9.1935, in: *Regierungsbezirk Kassel*, S. 518ff. und S. 523.
71 GStA, I. HA Rep. 90P, Bd. 9, 5.
72 K/J 1456, Regierungspräsident Oppeln, Bericht für Oktober und November 1935, 22.11.1935 (BAB, St 3/926).
73 BAB, R 58/6391, Lagebericht Mai/Juni 35, Abteilung IV/2a, Judentum, 24.6.35. Dieser Bericht fehlt in der von Kulka/Jäckel besorgten Sammlung.
74 Sopade 1935, S. 151.
75 Diese Instrumentalisierung verkennt meines Erachtens Kulka bei seiner Interpretation der Berichte. Kulka zitiert die Äußerung Wagners als Beleg für seine These, ein »in den Lageberichten nachweisbarer Druck von unten« habe die »politischen Entscheidungen in der Judenfrage beeinflusst«. Es sei das »in den Lageberichten gespiegelte Bild, das dem Regime vor Augen stand, als es seine Judenpolitik in jener Phase gestaltete« (»Die Nürnberger Rassegesetze und die deutsche Bevölkerung«, S. 615 und S. 624).
76 Vgl. Longerich, *Politik der Vernichtung*, S. 94ff.
77 Zu den Nürnberger Gesetzen siehe Cornelia Essner, *Die »Nürnberger Gesetze« oder die Verwaltung des Rassenwahns 1933-1945*, Paderborn/München 2002 (zur unmittelbaren Entstehungsgeschichte siehe S. 113ff.); Friedländer, *Das Dritte Reich und die Juden*, S. 158ff.; Genschel, *Die Verdrängung der Juden aus der Wirtschaft*, S. 114ff.; Longerich, *Politik der Vernichtung*, S. 102ff.; Pätzold, *Faschismus, Rassenwahn, Judenverfolgung*, S. 259ff.
78 17.9.35.
79 »Die Flagge«, 16.9.35.
80 16.9.35 (A).
81 *Wochenschauen und Dokumentarfilme*, Ufa-Wochenschau Nr. 264, 1935, 10. bis 16.9. und 23.11. In der Überlieferung existiert eine Lücke für den Zeitraum Anfang 1936, so dass nicht auszuschließen ist, dass das Attentat auf Gustloff in den Wochenschauen thematisiert und dabei antisemitische Bezüge hergestellt wurden.
82 *Judenverfolgung und jüdisches Leben*, Bd. 1, Nr. 31; Tagebücher Goebbels, 17.9.35.
83 Bankier, *Öffentliche Meinung*, S. 105ff., gestützt auf insgesamt vier Belegstellen. Zur Reaktion der Bevölkerung auf die Nürnberger Gesetze siehe auch Kershaw, *Popular Opinion and Political Dissent in the Third Reich*, S. 272ff.; ders., »Antisemitismus und Volksmeinung«, S. 297f.; Kulka, »Nürnberger Rassegesetze und die deutsche Bevölkerung«; ders., »›Public Opinion‹ in Nazi Germany and the ›Jewish Question‹«, S. 118ff.; Mommsen/Obst, »Reaktion der deutschen Bevölkerung«, S. 384f.
84 K/J 1222, Stapostelle Regierungsbezirk Magdeburg, Bericht für September 1935, 5.10.1935 (BAB, St 3/39 III); K/J 1232, Stapostelle Regierungsbezirk Schleswig, Bericht für September 1935 (BAB, St 3/39 II); K/J 1249, Regierungspräsident Oberbayern, Bericht für September 1935, 9.10.1935 (BayHStA, StK 106670); K/J 1264, Bürgermeister Amt Anröchte, Bericht für September 1935, 23.9.1935 (StA Ms, Polit. Polizei III. Reich, 348); K/J 1309, Landrat Wiedenbrück, Bericht für September 1935, 27.9.1935 (StA Det, M1 IP Nr. 632); K/J 1364, Regierungspräsident Wiesbaden, Bericht für September und Oktober 1935, 31.10.1935 (BAB, St 3/987).
85 K/J 1207, Stapostelle Regierungsbezirk Aurich, Bericht für September 1935, o.D.

Antisemitische Krawalle 359

(BAB, St 3/39 III); K/J 1210, Stapostelle Regierungsbezirk Breslau, Bericht für September 1935, 3.10.1935 (BAB, St 3/39 I); K/J 1212, Stapostelle Regierungsbezirk Erfurt, Bericht für September 1935, 5.10.1935 (BAB, St 3/39 II); K/J 1304, NSDAP Gauleitung Schwaben, Gauamtsleiter Kommunalpolitik, Bericht für September 1935, 18.10.35 (BAB, NS 25/351); K/J 1353, Regierungspräsident Merseburg, Bericht für September und Oktober 1935, 9.11.35 (BAB, St 3/901). Aus zwei weiteren Berichten geht hervor, dass das Flaggen- und das Blutschutzgesetz im Vordergrund des Interesses standen: K/J 1226, Polizeidirektion München, Bericht für August und September 1935, 3.10.1935 (BAB, St 3/911); K/J 1228, Stapostelle Regierungsbezirk Osnabrück, Bericht für September 1935, 10.10.1935 (BAB, St 3/39 III).

86 K/J 1207, Stapostelle Regierungsbezirk Aurich (BAB, St 3/39 III); K/J 1210, Stapostelle Regierungsbezirk Breslau, Bericht für September 1935, 3.10.1935 (BAB, St 3/39 I); K/J 1212, Stapostelle Regierungsbezirk Erfurt, Bericht für September 1935, 5.10.1935 (BAB, St 3/39 II); K/J 1382, Landrat Gelnhausen, Bericht für September und Oktober 1935, 24.10.35, in: *Regierungsbezirk Kassel*, S. 546f.; K/J 1579, Gendarmerie Münnerstadt, Bericht für die erste Hälfte Dezember 1935, 21.12.35 (StA Wü, LRA Bad Kissingen 1153). Kritik am Reichsflaggengesetz scheint durch in: K/J 1221, Stapostelle Regierungsbezirk Lüneburg, Bericht für September 1935, 3.10.1935 (BAB, St 3/39 II); K/J 1223, Mecklenburgische Politische Polizei, Bericht für September 1935, 9.10.1935 (BAB, St 3/959); K/J 1226, Polizeidirektion München, Bericht vom 3.10.1935 (BAB, St 3/911).

87 K/J 1225 Stapostelle Regierungsbezirk Minden, Bericht vom 3.10.1935 (BAB, St 3/39 I); K/J 1226, Polizeidirektion München, Bericht vom 3.10.1935 (BAB, St 3/911); K/J 1228, Stapostelle Regierungsbezirk Osnabrück, Bericht für September 1935, 10.10.1935 (BAB, St 3/39 III); K/J 1255, Regierungspräsident Pfalz, Bericht für August und September 1935, 9.10.1935 (BAB, St 3/961); K/J 1256, Regierungspräsident Pfalz, Bericht für September 1935, 9.10.1935 (BayHStA, StK 106675); K/J 1257, Regierungspräsident Schwaben und Neuburg, Bericht für August und September 1935, 7.10.1935 (BayHStA, StK 106693); K/J 1270, Landrat Büren, Bericht September 1935, 27.9.1935 (StA Det, M1 IP Nr. 632); K/J 1278, Landrat Halle/Westf., Bericht vom 2.10.1935 (StA Det, M1 IP Nr. 632).

88 K/J 1209, Stapostelle Landespolizeibezirk Berlin, Bericht für September 1935, Berlin, o.D. 1935 (BAB, St 3/39 III); K/J 1259, Reichsleitung der NSDAP, Hauptamt für Kommunalpolitik, Bericht für September 1935, o.D. (BAB, NS 25/85); K/J 1271, Landrat Diepholz, Bericht für September 1935, 23.9.1935 (HStA Ha, Hann. 80, Hann. II Nr. 800); K/J 1276, NSDAP Gau Franken Gauamt für Kommunalpolitik, Bericht für September 1935, 10.10.1935 (BAB, NS 25/218).

89 K/J 1236, Stapostelle Regierungsbezirk Stettin, Bericht für September 1935, o.D. (BAB St 3/39 III); K/J 1255, Regierungspräsident Pfalz, Bericht für August und September 1935, 9.10.35 (BAB St 3/961); K/J 1256, Regierungspräsident Pfalz, Bericht für September 1935, 9.10.1935 (BayHStA, StK 106675); K/J 1291, Landrat Minden, Bericht für September 1935, 3.10.25 (StA Det, MI IP Nr. 632).

90 K/J 1232, Stapostelle Regierungsbezirk Schleswig, Bericht für September 1935, o.D. (BAB, St 3/39 II); K/J 1256, Regierungspräsident Pfalz, Bericht für September 1935, 9.10.1935 (BayHStA, StK 106675); K/J 1264, Bürgermeister Amt Anröchte, Bericht für September 1935, 23.9.35 (StA Ms, Polit. Polizei III. Reich, 348); K/J 1272, Landrat Düren, Bericht für September 1935, 27.9.1935 (HStA Dü, RAP 1039); K/J 1337, Stapostelle Regierungsbezirk Münster, Bericht für Oktober 1935, 6.11.35 (BAB, St 3/40 III); K/J 1430, Stapostelle Magdeburg, Bericht für November 1935, 5.12.35 (GStA, I. HA Rep. 90P, Bd. 10, 3; bezieht sich auf die Ausführungsbestimmungen).

91 Laut K/J 1364, Regierungspräsident Wiesbaden, Bericht für September und Oktober 1935, 31.10.35 (BAB, St 3/987), haben die Gesetze »in fast allen Schichten der Bevölkerung lebhaften Anklang gefunden«; K/J 1366, Reichsleitung der NSDAP, Hauptamt für Kommunalpolitik, Bericht für Oktober 1935, 25.11.35 (BAB, NS 25/85), sah »freudiges Echo«; K/J 1373, Landrat Brilon, Bericht für Oktober 1935, 26.10.35 (StA Ms, Kreis Brilon, LRA 1762) gab an, die Auswirkungen könnten »als allgemein sehr günstig bezeichnet« werden; die Gesetze würden »begrüßt«. Ähnlich: K/J 1225 Stapostelle Regierungsbezirk Minden, Bericht vom 3.10.1935 (BAB, St 3/39 I); K/J 1226, Polizeidirektion München, Bericht vom 3.10.1935 (BAB, St 3/911); K/J 1227, Gestapo Oldenburg, Bericht vom 8.10.1935 (BAB, St 3/923); K/J 1247, Regierungspräsident Niederbayern und Oberpfalz, Bericht für September 1935, 8.10.1935 (BAB, St 3/945); K/J 1297, Gendarmerie Poppenlauer, Bericht für September 1935, 24.9.1935 (StA Wü, LRA Bad Kissingen 1153).
92 K/J 1232, Stapostelle Regierungsbezirk Schleswig, Bericht für September 1935, o.D. (BAB, St 3/39 II).
93 K/J 1264, Bürgermeister Amt Anröchte, Bericht vom 23.9.1935 (StA Ms, Polit. Polizei III. Reich, 348).
94 K/J 1364, Regierungspräsident Wiesbaden, Bericht vom 31.10.1935 (BAB, St 3/987).
95 K/J 1350, Reichsstatthalter Hessen, Bericht vom 13.11.1935 (StA Da, G 5 Nr. 105).
96 K /J 1215, Stapostelle Regierungsbezirk Kassel, Bericht vom 5.10.1935 (BAB, St 3/39); K/J 1229, Stapostelle Regierungsbezirk Potsdam, Bericht für September 1935, o.D. (BAB, St 3/39 III); K/J 1248, Oberpräsident Provinz Niederschlesien, Bericht vom 14.10.1935 (BAB, St 3/724); K/J 1260, Landrat Aachen, Bericht vom 28.9.1935 (HStA Dü, RAP 1039); K/J 1278, Landrat Halle/Westf., Bericht vom 2.10.1935 (StA Det, M1 IP Nr. 632).
97 K/J 1211, Stapostelle Regierungsbezirk Düsseldorf. Bericht vom 5.10.1935 (BAB, St 3/39 I); K/J 1217, Stapostelle Regierungsbezirk Köln, Bericht vom 18.10.1935 (BAB, St 3/39 III); K/J 1222, Stapostelle Regierungsbezirk Magdeburg, Bericht vom 5.10.1935 (BAB, St 3/39 III); K/J 1224, Stapostelle Regierungsbezirk Merseburg, Bericht vom 7.10.1935 (BAB, St 3/39 II); K/J 1239, Regierungspräsident Aachen, Bericht vom 12.10.1935 (HStA Dü, RAP 1059); K/J 1240, Staatsministerium Anhalt, Bericht für August und September 1935, 29.10.1935 (BAB, St 3/625); K/J 1242, Regierungspräsident Hannover, Bericht für September 1935, 4.10.1935 (HStA Ha, Hann. 80, Hann. II Nr. 800); K/J 1244, Regierungspräsident Koblenz, Bericht vom 4.10.1935 (BAB, St 3/856); K/J 1254, Regierungspräsident Oppeln; Bericht für August und September 1935, o.D. (BAB, St 3/926); K/J 1265, Bezirksamt Bad Kissingen, Bericht für September 1935, 27.9.1935 (StA Wü, LRA Bad Kissingen 1153); K/J 1266, Bezirksamt Bad Kissingen, Bericht vom 28.9.1935 (StA Wü, LRA Bad Kissingen 1151); K/J 1299; Gendarmerie Runding, Bericht vom 27.9.1935 (StA Am, BA Cham 5205); K/J 1302, Landrat Schleiden, Bericht vom 25.9.1935 (HStA Dü, RAP 1039); K/J 1409, Regierungsbezirk Minden, Land Lippe und Kreis Hameln-Pyrmont, Bericht für Oktober 1935, o.D. (StA Det, M 1 IP Nr. 633, Bd. I); K/J 1431, Stapostelle Regierungsbezirk Merseburg, Bericht vom 5.12.1935 (GStA, I. HA Rep. 90P, Bd. 10,2); K/J 1511, Stapostelle Regierungsbezirk Kassel, Bericht für Dezember 1935, o.D. (GStA, I. HA Rep. 90 P, Bd. 4,1); K/J 1541, Regierungspräsident Minden, Bericht für November und Dezember 1935, o.D. (StA De, M 1 IP Nr. 630); K/J 1569, Oberbürgermeister Herford, Bericht von Herford, 28.12.1935 (StA De, M 4 A Nr.1); K/J 1573, Landrat Kassel-Land, Bericht vom 20.12.1935, in: *Regierungsbezirk Kassel*, S. 606f. und S. 610f.
98 K/J 1341, Stapostelle Saarland, Bericht vom 5.11.1935 (BAB, St 3/40 III).

Antisemitische Krawalle 361

99 K/J 1284, Landrat Höxter, Bericht vom 7.9.1935 (StA Det, M1 IP Nr. 632).
100 K/J 1401, Gendarmerie Sattelpeilnstein, Bericht vom 29.10.1935 (StA Am, BA Cham 5205).
101 K/J 1405, Landrat Springe, Bericht vom 24.10.1935 (HStA Ha, Hann. 80, Hann. II Nr. 800).
102 Wegen der großen Zahl der entsprechenden Berichte können hier keine vollständigen Quellennachweise angegeben werden. Für September 1935: K/J 1212 bis 1214, 1219, 1222, 1225, 1228, 1233, 1236, 1242, 1256, 1270, 1305 und 1311; für Oktober 1935: K/J 1313f., 1321, 1329, 1332, 1344, 1350, 1361, 1384 und 1400; für November 1935: K/J 1410, 1413f., 1421, 1427, 1459, 1462 und 1491; für Dezember 1935: 1508, 1512, 1515–1517, 1535f., 1540, 1543, 1552 und 1587.
103 K/J 1354, Regierungspräsident Minden, Bericht vom 2.11.1935 (StA Det, M 1 IP Nr. 630).
104 K/J 1202, Stapostelle Regierungsbezirk Aachen, Bericht vom 7.10.1935 (BAB, St 3/39 I); K/J 1208, Bayerische Politische Polizei, Bericht vom 1.10.1935 (StA Nü, Pol. Dir. Nürnberg-Fürth 431); K/J 1218, Stapostelle Regierungsbezirk Königsberg, Bericht für September 1935, o.D., aus dem Jahre 1935 (BAB, St 3/39 II); K/J 1302, Landrat Schleiden, Bericht vom 25.9.1935 (HStA Dü, RAP 1039); K/J 1309, Landrat Wiedenbrück, Bericht vom 27.9.1935 (StA Det, M1 IP Nr. 632). Siehe auch Kulka, »Nürnberger Rassegesetze und die deutsche Bevölkerung«, S. 608f.
105 K/J 1231, Gestapa Sachsen, Bericht für September 1935, o.D. (StA Nü, Pol. Dir. Nürnberg-Fürth 430); K/J 1300, Gendarmerie Sattelpeilnstein, Bericht für September 1935, 28.9.35 (StA Am, BA Cham 5205); K/J 1317, Stapostelle Landespolizeibezirk Berlin, Bericht für Oktober 1935, o.D. (BAB, St 3/40 I); K/J 1324, Stapostelle Regierungsbezirk Hildesheim, Bericht vom 4.11.1935 (BAB, St 3/40 II); K/J 1326, Polizeipräsident Kassel, Bericht vom 25.10.1935, in: *Regierungsbezirk Kassel*, S. 524 und S. 528f.; Stapostelle Landespolizeibezirk Berlin, Bericht für Oktober 1935, o.D. (BAB, St 3/40 I); K/J 1353, Regierungspräsident Merseburg, Bericht vom 9.11.1935 (BAB, St 3/901); K/J 1362, Regierungspräsident Stettin, Bericht vom 8.11.1935 (BAB, St 3/966); K/J 1496, Regierungsbezirk Minden, Land Lippe und Kreis Hameln-Pyrmont, Bericht für die Zeit vom 8.11 bis 7.12.1935, o.D. (StA Det, M 1 IP Nr. 633, Bd. II). Kershaw, »Persecution of the Jews«, S. 273f., hält Indifferenz für die vorherrschende Reaktion auf die Verkündung der Gesetze.
106 Kulka, »Nürnberger Rassegesetze und die deutsche Bevölkerung«, S. 613f., sieht neben den schwer messbaren Wirkungen der antisemitischen Propagandakampagne »wachsende Gleichgültigkeit, Enttäuschung und Kritik« als eine wesentliche Strömung in den Monaten vor der Verkündung der Gesetze.
107 Sopade, September 1935, S. 1043.
108 Sopade, Januar 1936, S. 24. Problematisch erscheint hingegen die Schlussfolgerung, die Bankier, *Öffentliche Meinung*, S. 129, aus diesem Material zieht: Danach habe das Regime »bei der Arbeiterklasse eine Identifizierung mit dem Judenhass und sogar eine Bestätigung der antisemitischen Politik erreichen« können. Tatsächlich ist das von den Sopade-Berichterstattern entworfene Bild weitaus differenzierter.
109 Sopade, Januar 1936, S. 24.
110 Ebenda, S. 25.
111 Ebenda, S. 26.
112 Ebenda, S. 27.

Die »ruhigen Jahre«: Illusion und Realität der »Judenpolitik«

1 PA 1936, Teilbd. 1, 27.1.36, S. 85: »Mit Rücksicht auf die Winter-Olympiade wird es strengstens untersagt, in Zukunft über Zusammenstöße mit Ausländern und tätliche Auseinandersetzungen mit Juden zu berichten. Bis in die lokalen Teile hinein sollen derartige Dinge unter allen Umständen vermieden werden, um nicht noch in letzter Minute der Auslandspropaganda Material gegen die Winter-Olympiade an die Hand zu geben.« Siehe auch Fritz Sänger, *Politik der Täuschungen. Missbrauch der Presse im Dritten Reich. Weisungen, Informationen, Notizen, 1933-1939*, Wien 1975, S. 87ff., S. 106 und S. 170.
2 Siehe insbesondere die Anweisung auf der Pressekonferenz vom 6.2.36 (PA 1936, Teilbd. 1, S. 125): Die Meldungen über den Davoser Mord sollen während der Dauer der Olympischen Spiele etwas in den Hintergrund treten, also auf der zweiten oder dritten Seite erst gebracht werden.«
3 Am 4.12.36 erhielt die Presse die Anweisung, im Zusammenhang mit dem Prozess »immer wieder die Frage nach den Hintermännern zu stellen« (PA 1936 Teilbd. 3, S. 1495). Diese Anweisung wurde am 7.12.und 15.12.36 wiederholt (ebenda, S. 1507 und S. 1559). Am 8. Dezember wies das Propagandaministerium darauf hin, dass »es für die deutsche Presse in den nächsten Tagen im wesentlichen nur den Prozess gegen den Juden Frankfurter gibt« (ebenda, S. 1518). Strafantrag und Urteil – achtzehn Jahre Zuchthaus – seien als zu milde zu kritisieren (9.12.36, ebenda, S. 1524f.). Die Presseanweisung vom 14.12.36 legte die Kommentierung des Urteils auf die vom *VB* vorgegebene Linie fest (ebenda, S. 1551f.). Siehe insbesondere weitere Anweisungen vom 7.12., 8.12., 9.12., 11.12. und 12.12.36 (S. 1512, S. 1519, S. 1523ff., S. 1537f., S. 1542f. und 1545f.).
4 *Der Angriff* brachte zwischen Oktober 1935 und Januar 1936 meist zwei bis drei antijüdische Beiträge pro Woche, der *Westdeutsche Beobachter* in seinen beiden Ausgaben drei bis vier, wobei allerdings in beiden Zeitungen zwischen Mitte Oktober und Ende November 1936 eine auffällige Häufung der antisemitischen Äußerungen festzustellen ist, eine Häufung, die sich im *VB* nicht finden lässt. Nach der kurzen Empörung über das Gustloff-Attentat im Februar 1936 sanken die antisemitischen Beiträge in beiden Blättern zahlenmäßig unter das Niveau der Vormonate, bis sie im Sommer 1936 praktisch gar nicht mehr vorkamen. Im Gefolge des Parteitags 1936 wurde die antisemitische Propaganda wieder aufgenommen und erreichte im Dezember 1936 während des Gustloff-Prozesses einen weiteren Höhepunkt, wobei der *Westdeutsche Beobachter* stärker als *Der Angriff* bereits im November seine antijüdische Propaganda, zum Teil im Hinblick auf den bevorstehenden Prozess, verschärfte. 1937 brachte *Der Angriff* durchschnittlich zwei bis drei antisemitische Beiträge pro Woche, der *Westdeutsche Beobachter* in seinen beiden Ausgaben zusammen etwa sechs bis sieben. Allerdings lässt sich hier bereits seit Mitte Oktober 1937 eine Zunahme der antisemitischen Beiträge beobachten, im *Angriff* dann seit Anfang November.
5 *VB*, 19.10.36; *Der Angriff*, 27.5.36.
6 Siehe auch den Kommentar im *Angriff* vom 20.8.36 (»Die Klagemauer«). Hier wird jedoch gegen die jüdische Einwanderung nach Palästina Position bezogen. Vgl. Francis R. Nicosia, *The Third Reich and the Palestine Question*, London 1985, S. 101ff.
7 Ebenda, S. 109ff.
8 Siehe hierzu etwa den Leitartikel Rosenbergs vom 9.7.37, »Englands Sorgen in Palästina«, sowie die vierteilige Serie »Erez Israel« vom 24.-28.8.37. Der Artikel »Der jüdische Staat« im *VB* am 16.7.37 von Heinz Riecke erörtert die Konse-

quenzen: Der geplante Staat werde nur einen Bruchteil der in aller Welt lebenden Juden aufnehmen können, so vor allem zur Stärkung der jüdischen Minderheiten weltweit beitragen und damit letztlich zu mehr Antisemitismus führen. Der Genfer Vertreter des *Westdeutschen Beobachters* argumentierte am 17.8.37 (A), »Wie steht es um den Staat ›Israel‹? Jüdische Großmachtansprüche mit weltpolitischen Hintergedanken«, der jüdische Staat solle lediglich als »ruhender Pol« dienen, von dem aus »die alljüdische Politik den letzten Griff nach der Weltherrschaft vorbereiten könnte«. Siehe auch *Der Angriff*, 23.7.37, »Ein Staat für Juden?«. In der katholischen *Kölnischen Volkszeitung* vom 3.12.37, »Palästina vor der Entscheidung«, heißt es in einem Beitrag, eingesandt »aus Kreisen des Deutschen Vereins vom Heiligen Land«: »Die Juden mögen sich mit dem zufrieden geben, was sie haben. Sie sollen aber davon absehen, in Palästina einen Judenstaat zu errichten oder ganz Palästina zu einem Judenstaat zu machen.« Demgegenüber vermied die *DAZ* in ihrer ausführlichen Berichterstattung über den Peel-Plan weitgehend Polemik gegen einen jüdischen Staat (siehe etwa die Kommentierung in der Rubrik »Unsere Meinung« vom 6.7., 10.7. und 14.7.37). Auch die *FZ* war in ihrer Kommentierung hinsichtlich der Realisierungschancen des Peel-Plans zurückhaltend (10.7.37) bis verhalten-skeptisch (13.8.37).

9 Am 26. Oktober 1937 beschwerte sich der britische Botschafter in Berlin bei Reichsaußenminister Neurath über die anhaltende deutsche Pressekampagne. Einzelheiten bei Nicosia, *The Third Reich and the Palestine Question*, S. 124f.

10 Siehe insbesondere *VB*, 6.2.36; *Westdeutscher Beobachter*, S. 6.2.36; *Der Angriff*, 6.2.36.

11 Siehe für die Parteipresse *VB*, 11.9. (Hitler, Goebbels), 12.9. (Rosenberg) und 16.9.38 (Hitler). Am 12.9.38 griff der *VB* das antisemitische Motiv im Leitartikel unter dem Motto »Enthüllungen über die Blutschuld jüdisch-bolschewistischer Verhetzung« auf. Die Reden nahmen ausdrücklich Bezug auf den im Sommer 1936 ausgebrochenen Spanischen Bürgerkrieg, der als Teil einer bolschewistisch-jüdischen Strategie zur Eroberung Europas dargestellt wurde.

12 Deulig-Tonwoche, Nr. 257. Zu Einzelnachweisen siehe Voigt, »Jüdisches Leben und Holocaust im Filmdokument«.

13 *VB*, 8.12.36; *Westdeutscher Beobachter*, 14.12.36. Auch an den folgenden Tagen (bis zum 16.12.36, zwei Tage nach Frankfurters Verurteilung) erschien der *VB* mit Schlagzeilen und ausführlichen Artikeln zum Prozess. Ähnlich groß aufgemacht war die Berichterstattung in der übrigen Parteipresse. Im *Westdeutschen Beobachter* hieß es am 8.12.36, hinter der »Mordhetze stand [...] das Weltjudentum, das heute den von ihm gedungenen Mörder mit dem Hinweis auf politische Maßnahmen in Deutschland zu entlasten sucht«. Am 14.12.36 stellte das Blatt fest: »Das Judentum bleibt auf der Anklagebank.« Dem *Angriff* war der Prozess vom 10. bis zum 15.12.36 ebenfalls tägliche Schlagzeilen wert.

14 *VB* und *Der Angriff* vom 5.3.37.

15 Siehe etwa die Berichterstattung der *DAZ* und der *FZ*. Die *Schlesische Zeitung* kommentierte, das Attentat von Davos sei »Ausfluss des Emigrantenterrorismus«, der Täter habe aus »Hass gegen den Nationalsozialismus gehandelt« (5.2.36 A), verzichtete aber ebenfalls auf antisemitische Ausfälle; ähnlich verhielten sich der *Berliner Lokalanzeiger* und die *MNN*. Die katholische *Kölner Volkszeitung* verzichtete zwar auf die Debatte über angebliche jüdische Hintermänner, kommentierte das Begräbnis Gustloffs jedoch von einem nationalsozialistischen Standpunkt aus: »Die natürliche Kraft einer Idee zeigt sich darin, wie sie die Menschen erfüllt und handeln lässt. Darum heißt es für den Natio-

nalsozialismus: Weiter! Weiter, getrieben von der Kraft, der Überzeugungskraft der Opfer, zu jener Wahrheit gebracht, die furchtbare Irrtümer ausschließt, trotz derer die Menschen an das ihnen gesetzte Ziel kommen« (13.2.36).

16 Der *Berliner Lokalanzeiger* kommentierte das Urteil folgendermaßen: »Der Mörder hat seine Strafe, aber die Hintermänner sitzen in den Kaffeehäusern von Bern, Zürich und Basel oder vielleicht gar in den zwei oder drei Luxushotels, die ihre Halle und ihren Speisesaal ausschließlich den Geschäftemachern und den obersten politischen Agenten des Weltjudentums und des Bolschewismus zur Verfügung halten« (15.12.36). Auch die *MNN* machte sich die These von den »jüdischen Hintermännern« zu Eigen (beispielsweise am 15.12.36). Die *DAZ*, die seit dem 9.12.36 ausführlich über den Prozess berichtete, wartete mit einer besonderen »Enthüllung« auf: Sie veröffentlichte am 12.12.36 (A) auf der Titelseite unter der Überschrift »Wer sind die Auftraggeber?« einen »ihr vorliegenden« Brief aus Frankfurters jugoslawischem Heimatort, der die Tat einer in Belgrad ansässigen »jüdischen Freimaurerzentrale« zuschrieb. Siehe auch die Ausgabe vom 13.12.36 (M). Die *FZ* verzichtete in ihrem abschließenden Kommentar zum Urteil gegen Frankfurter zwar auf antisemitische Untertöne (14.12.36), übernahm aber am folgenden Tag zur politischen Bewertung des Urteils große Teile eines *VB*-Artikels.

17 PA 1936, Teilbd. 3, 4.12.,7.12. und 15.12.36. Zu weiteren Einzelheiten siehe S. 363, Anm. 3.

18 *FZ*, 5.3.37 (2.M).

19 *DAZ*, 5.3.37.

20 *MNN*, 5.3.37.

21 *Berliner Lokalanzeiger*, 5.3.57 (M).

22 Siehe insbesondere Bankier, *Öffentliche Meinung*, S. 111ff., sowie Kershaw, »Antisemitismus und Volksmeinung«, S. 281–348.

23 Siehe zum Beispiel K/J 1642, Regierungspräsident Oppeln, Bericht für Dezember 1935 und Januar 1936, 21.1.1936 (BAB, RMdI 27 079/63), der die Schwierigkeit hervorhebt, die Stimmung der Bevölkerung »richtig« zu erfahren, » da in dieser Hinsicht weiterhin große Vorsicht geübt wird«.

24 Die fortgesetzte Geschäftstätigkeit mit Juden ist das vorherrschende Thema der Berichterstattung im Jahr 1936; eine vollständige Auflistung aller dementsprechenden Berichte mit detaillierten archivalischen Angaben ist hier nicht möglich. Siehe unter anderem K/J 1593, 1601, 1608, 1613, 1631, 1635, 1643, 1645, 1665, 1676, 1691, 1717, 1748, 1771, 1775, 1847, 1853f., 1904, 1942, 2017f., 2023, 2026f., 2031, 2033, 2037ff., 2043, 2047ff., 2052, 2057f. und 2060ff. Zur Fortsetzung der Geschäftsbeziehungen zu jüdischen Händlern, insbesondere auf dem Lande, siehe auch Kershaw, »Antisemitismus und Volksmeinung«, S. 298ff.

25 So K/J 1905, Gendarmerie Geiselbach, Bericht für Juni 1936, Geiselbach, 28.6.1936 (StA Wü, LRA Alzenau 340). Unverständnis oder Unwillen der Bevölkerung gegenüber der antijüdischen Politik wird in folgenden Berichten thematisiert: K/J 1606, Stapostelle Regierungsbezirk Koblenz, Bericht vom 5.2.1936 (BAB, St 3/43 II): »Die Bauern sind nach wie vor diejenigen, die dem Nationalsozialismus praktisch und theoretisch am wenigsten nahe stehen. Dabei scheint man insbesondere der Judenfrage wenig Verständnis entgegen zu bringen; denn die Klagen darüber, dass sie mit jüdischen Viehhändlern zusammenarbeiten, verstummen nicht.« (Ganz ähnlich der nächste Monatsbericht vom 5.3.36, K/J 1692, ebenda, St 3/44 II.) Ferner: K/J 1635, Regierungspräsident Lüneburg, Bericht für Dezember 1935 und Januar 1936, Lüneburg, 10.2.1936 (BAB, RMdI 27 079/57: danach würden jüdische Geschäfte vor allem in größeren Städten fre-

quentiert); K/J 1820, Landrat Mayen, Bericht vom 28.3.1936 (LHA Ko, Best. 441/28266); K/J 2023, Gendarmerie Schöllkrippen, Bericht vom 29.11.1936 (StA Wü, LRA Alzenau 340); K/J 2012, Gendarmerie Friedberg, Bericht vom 19.11.1936 (StA Da, G 15 Friedberg Q 201); K/J 2018, Bürgermeister Oppershofen, Bericht vom 19.11.1936 (ebenda); K/J 2052, NSDAP Ortsgruppe Münster-Rathaus, Bericht vom 24.12.1936 (BA Ms, Fremde Provenienzen A 1); K/J 2053, Gendarmerie Muggendorf, Bericht vom 14.12.1936 (StA Ba, K 8 Nr. 9204); K/J 2077, Gendarmerie Cham, Bericht vom 30.1.1937 (StA Am, BA Cham 5205).

26 K/J 1600, Stapostelle Regierungsbezirk Frankfurt/Oder, Bericht v. 3.2.1936 (BAB. St 3/43 II). Zu dieser Frustration in der »Judenfrage« käme die »Unsicherheit über den Kurs der NSDAP auf religiösem Gebiet«.

27 K/J 1660, Landrat Diepholz, Bericht für Januar 1936, 24.1.1936 (HStA Ha, Hann. 80, Hann. II Nr. 800).

28 K/J 2107, Bürgermeister Bauernheim, Bericht für Februar 1937, 20.2.1937 (StA Da, G 15 Friedberg Q 204); K/J 2223, Bezirksamt Ebermannstadt, Bericht für Juli 1937, Ebermannstadt, 3.8.1937 (StA Ba, K 8/9204); K/J 2233, Stapoleitstelle München II 2 A, Bericht für August 1937, 1.9.37 (BayHStA, StK 106690); K/J 2238, Bürgermeister Bad Nauheim, Bericht für August 1937, 27.8.1937 (StA Da, G 15 Friedberg Q 210); K/J 2264, Bürgermeister Bad Orb, Bericht vom 1.10.1937 (HStA Wi, Abt. 483 Nr. 10007); K/J 2277, Stapoleitstelle München II 2 A, Bericht für Oktober 1937, 1.11.1937 (BayHStA, StK 106690); K/J 2297, NSDAP Kreispropagandaleiter Wiesbaden, Bericht vom 7.10.1937 (HStA Wi, Best. 483 Nr. 10125); K/J 2316, Landrat Gelnhausen, Bericht für November 1937, 30.11.1937 (HStA Wi, Abt. 483 Nr. 10008); K/J 2325, SD-Oberabschnitt Fulda-Werra II 112, Bericht für 1937, 13.1.1938 (FfZ, 93124); K/J 2326, SD-Außenstelle Kochem, Bericht für 1937, 13.12.1937 (in: Peter Brommer, *Die Partei hört mit. Lageberichte und andere Meldungen des Sicherheitsdienstes der SS aus dem Großraum Koblenz 1937–1941*, Koblenz 1988, S. 51ff.; K/J 2318, Landrat Hersfeld, Bericht für September bis November, 23.11.1937 (HStA Wi, Abt. 483 Nr. 10004); K/J 2330, SD-Oberabschnitt Ost II 112, Bericht für 1937, 8.1.1938 (FfZ, 93121); K/J 2332, SD Oberabschnitt Süd-Ost II 112, Bericht für 1937, 14.1.1937 (FfZ, 93121); K/J 2333, SD Oberabschnitt Süd-West II 112, o.D. (FfZ, 93121); K/J 2334, SD Oberabschnitt West II 112, o.D. (FfZ, 93121). Der Bericht des SD-Hauptamtes, Abteilung II 112, für das erste Quartal 1937 vermerkt allgemein die immer noch starke Stellung der Juden im wirtschaftlichen Leben: K/J 2118, 8.4.1937 (in: *Die Judenpolitik des SD bis 1938. Eine Dokumentation*, hg. und eingel. von Michael Wildt, München 1995, S. 105 bis 108). Die gleiche Tendenz findet sich in späteren Berichten der Abteilung. K/J 2211 und 2232, Berichte für 16.7.–31.7.1937 und 1.8.–15.8.1937, 17.8.1937 und 1.9.1937 (OA Mos, 500/3/316).

29 Sopade 1937, S. 943 (Juli).

30 Ebenda, S. 945 (Juli).

31 K/J 2213, Stapoleitstelle München II 2 A, Bericht vom 1.8.1937 (BayHStA, StK 106690). Einen Monat später hatte sich die Situation nicht verändert, siehe K/J 2233, Bericht vom 1.9.37 (ebenda).

32 K/J 2260, NSDAP Reichsleitung, Reichsfrauenführung, Bericht vom 8.10.1937 (BAB, NS 22/vorl. 860).

33 K/J 2331, SD-Oberabschnitt Süd [II 112], Bericht für 1937, o.D., (FfZ, 93121).

34 Bankier, *Öffentliche Meinung*, S. 128f. (zur Arbeiterschaft), S. 132 (zur Landbevölkerung) und S. 135ff. (zur Oberschicht).

35 So argumentierte bereits Gordon, *Hitler, Germans and the »Jewish Question«*, S. 173: Das Aufrechterhalten von Wirtschaftsbeziehungen mit Juden zeige, dass

in weiten Bevölkerungskreisen noch keine verfestigte antisemitische Einstellung vorhanden war.

36 K/J 2252, SD-Hauptamt II 112, Bericht vom 17.9.1937 (OA Mos, 500/3/316).
37 K/J 2274, SD-Hauptamt II 112, Bericht vom 2.11.1937 (OA Mos, 500/3/316).
38 K/J 2301, SD-Hauptamt II 112, Bericht vom 18.11.1937 (OA Mos, 500/3/316).
39 K/J 2267, Bericht vom 24.9.1937 (StA Abg, NSDAP Kreisleitung Sonthofen 32/5).
40 K/J 2325, Bericht für 1937, 13.1.1938 (FfZ, 93124).
41 K/J 2333, Bericht für 1937, o.D. (FfZ, 93121).
42 K/J 2118, SD-Hauptamt II 112, Bericht für 1.1.-31.3.1937, Berlin, 8.4.1937 (in: *Judenpolitik des SD*, S. 105-108), sowie K/J 2146, Bericht für 1.4.-15.4.1937, 19.4.1937 (OA Mos, 500/3/316).
43 K/J 2063, SD-Hauptamt II 112, Bericht vom Januar 1937 (BAB, R 58/956). In diesem Zusammenhang verweist der Bericht auf den »Kurfürstendamm-Krawall«.
44 Das geht aus K/J 2282 hervor: Regierungspräsident Pfalz; Bericht für Oktober 1937; 9.11.1937 (BayHStA, StK 106676). Ein ähnliches Beispiel lässt sich aus dem Bericht der SD Außenstelle Hanau II 112 vom 15.5.38 entnehmen (K/J 2435, HStA Wi, Abt. 483 Nr. 100012): Danach habe eine Aktion der Partei, in deren Verlauf Kunden jüdischer Geschäfte mit Schildern gekennzeichnet und durch die Stadt geführt wurden, »in der Bevölkerung großen Anklang gefunden«; bei den Kunden habe es sich um »Landbevölkerung« und »die sogenannten besseren Leute der Stadt« gehandelt.
45 K/J2279, Bayerisches Staatsministerium für Wirtschaft, Bericht v. 28.10.1937 (BayHStA, StK 106411). Die Versammlung wurde im Übrigen von der Gendarmerie geschützt und ohne Störung durchgeführt.
46 K/J 2292, Gendarmerie Haigerloch, Bericht vom 4.10.1937 (StA Sig, Ho 235 I Akz. Nr. 338).
47 K/J 2322, Lagebericht der Abteilung II 112 für das Jahr 1937, o.D. (OA Mos, 500/3/316, in: *Judenpolitik des SD*, S. 162-180).
48 Nicht haltbar scheint mir daher die von Bankier, *Öffentliche Meinung*, S. 112f., aufgestellte Behauptung, die Auswertung der Berichte für die Jahre 1936/37 ergebe hinsichtlich der »Meinungen der Bevölkerung zur Judenfrage ein völlig einheitliches Bild«: Wenn auch die Methoden des *Stürmers* weithin abgelehnt wurden, so habe doch eine »breite Zustimmung zur Ausgrenzung« innerhalb der Bevölkerung geherrscht, die in »tiefsitzender Voreingenommenheit« wurzele. Man sei allgemein der Auffassung, die antijüdischen Gesetze sollten angewendet und die Juden aus öffentlichen Positionen entfernt werden.
49 Adam, *Judenpolitik im Dritten Reich*, S. 172ff.; Barkai, *Vom Boykott zur »Entjudung«*, S. 233ff.; Friedländer, *Das Dritte Reich und die Juden, 1933-1939*, S. 262ff.; Longerich, *Politik der Vernichtung*, S. 155ff.
50 Hitler, Adolf, *Reden und Proklamationen 1932-1945. Kommentiert von einem deutschen Zeitgenossen*, Bd. 1, hg. von Max Domarus, Neustadt a.d. Aisch 1962, S. 727ff.
51 Erwin Lichtenstein, *Die Juden der Freien Stadt Danzig unter der Herrschaft des Nationalsozialismus*, Tübingen 1973, S. 56ff.
52 Einzelheiten bei Longerich, *Politik der Vernichtung*, S. 159ff.
53 Der *Westdeutsche Beobachter* begann mit der Intensivierung seiner antisemitischen Propaganda im Oktober, *Der Angriff* im November. Der Höhepunkt der Kampagne wurde in diesen Blättern, wie im *VB*, im Januar 1938 erreicht.
54 Massive antisemitische Passagen enthielten sowohl die Parteitagsproklamation Hitlers, die Reden Rosenbergs, Goebbels' und Dietrichs sowie Hitlers

Abschlussrede. Über alle diese Verlautbarungen wurde in der gesamten Presse zwischen dem 8.9. und dem 14.9.37 in großer Aufmachung berichtet.
55 *VB*, 4.11.37; *Westdeutscher Beobachter*, 2.11.37 (M). Siehe auch *VB*, 27.10., 28. 10., 29.10., 3.11. und 12.11.37 sowie *Westdeutscher Beobachter*, 28.10.37 (A).
56 PA 1938, Nr. 2566, 25.10.37, Nr. 2643, 1.11.37 und Nr. 2647, 1.11.37.
57 3.11.37. Zur Berichterstattung im Übrigen siehe 23.10., 28.10. und 2.11.37.
58 3.11.37.
59 2.11.37 (M).
60 2.11.37.
61 2.11.37.
62 Beide am 25.10.37.
63 *FZ*, 26.10 und 28.10.37; *BT*, 26.10, 28.10. und 31.10.37; *MNN*, 26.10.37.
64 *VB*, 20.10., 31.10., 4.11. und 9.11.37. *Der Angriff* erschien am 9.11.37 mit einer Schlagzeile zur Ausstellung.
65 So insbesondere die *MNN* am 6.11.37; zur Ausstellungseröffnung siehe 9.11.37. Siehe auch *FZ*, 5.11., 9.11.und 10.11.37; *DAZ*, 9.11.37 (M), sowie *BT*, 7.11. und 9.11.37.
66 Der *VB* erschien am 31.12.37 mit der Schlagzeile »Antijüdisches Programm der Regierung Goga«. Siehe ferner 1./2.1. und 4.1. Am 6.1.38 erschien das Blatt mit dem Leitkommentar: »Ein Volk in Notwehr. Rumäniens Kampf gegen das Judentum«. Siehe auch 8.1., 21.1., 24.1., 4.2., 9.2. und 27.2.38. Siehe außerdem *Der Angriff*, 4.1., 5.1., 27.1, 6.2. und 27.2.38.
67 *VB*, 9.4., 16.4., 30.4., 11.5. und 21.5.38; *Der Angriff*, 1.4., 9.4., 17/18.4., 22.4., 27.4., 28.4., 30.4., 8.5., 15.5., 20.5. und 22.5.38.
68 Die *FZ* berichtete über die Regierung Goga und ihren antisemitischen Kurs unter anderem am 29.12. und 30.12.37 sowie am 3.1., 5.1., 7.1., 8.1., 11.1., 13.1., 18.1., 20.1., 21.1., 23.1.,30.1., 31.1., 6.2., 7.2. und 12.2.38. Der *FZ*-Korrespondent in Bukarest kommentierte die Maßnahmen ausführlich und in einem relativ sachlichen Ton, wobei er allerdings den Antisemitismus als Reaktion auf den wachsenden jüdischen Einfluss in Rumänien darstellte (12.1. und 27.1.38). Die *DAZ* berichtete ebenfalls ausführlich über die Ereignisse: 30.12. (M) und 31.12.37(M), 4.1. (M), 6.1.(M), 18.1.(A) und 20.1.38.(M). Zu Ungarn siehe *FZ*, 8.3., 9.4., 16.4., 23.4., 24.4.und 26.4.38, sowie *DAZ*, 9.4. (M), 21.4.(M), 22.4.(M), 27.4.(M), 29.4(M) und 13.5.38 (A).
69 Zum Beginn der Judenverfolgung im »angeschlossenen« Österreich siehe Gerhard Botz, *Nationalsozialismus in Wien. Machtübernahme und Herrschaftssicherung 1938/39*, 3., veränd. Aufl., Buchloe 1988, S. 93ff.; Longerich, *Politik der Vernichtung*, S. 162ff.; Herbert Rosenkranz, *Verfolgung und Selbstbehauptung. Die Juden in Österreich, 1938–1945*, Wien 1978, S. 20ff.
70 So etwa im *VB* vom 15.3.38, der von einer »Massenabwanderung der Juden aus Wien« sprach; siehe auch *Der Angriff* vom 15.3.38, »Judenflucht nach Polen«. Die Wochenschau Ufa-Tonwoche vom 16. März brachte in ihrem Bericht über den »Anschluss« eine kurze Szene, in der jüdische Männer auf dem Wiener Nordbahnhof beim Besteigen eines Zuges, der in Richtung Polen fuhr, gezeigt wurden. Der Kommentar lautete: »In Wien. Juden flüchten«, dazu war einzelnes Gelächter zu vernehmen. Zwei Wochen zuvor war in der Berichterstattung über den Karneval eine kurze Szene mit als Juden verkleideten Karnevalisten im Mannheimer Festzug zu sehen gewesen. Voigt, »Jüdisches Leben und Holocaust im Filmdokument«; Ufa-Tonwoche Nr. 391 und 393.
71 *VB*, 24.4.38, »Wiener Rothschilds enteignet«; 29.4.38, »Erschreckende Verjudung der österreichischen Wirtschaft«.

72 Siehe insbesondere *FZ*, 16.3.38,»Ein jüdisches Warenhaus in Linz von der Betriebsgemeinschaft übernommen«; 15.4.38,»Die Arisierung in Österreich«; 1.5.38,»Die Arisierung in Österreich. Gauleiter Bürckel regelt die Verantwortlichkeit«; 20.5.38,»Die Arisierung in Österreich. Eine Vermögensverkehrsstelle im Handelsministerium«. Das *BT* erörterte am 14.4.38 unter der Überschrift »Der Groß-Einzelhandel in Österreich« Probleme der bevorstehenden »Arisierung«.

73 K/J 2399, Regierungspräsident Unterfranken und Aschaffenburg. Bericht für März 1938, 9.4.1938 (BayHStA, StK 106681).

74 K/J 2415, Regierungspräsident Pfalz, Bericht für April 1938, 10.5.1938 (BayHStA, StK 106676); K/J 2427, Gendarmerie Hösbach, Bericht über Vorkommnisse in Goldbach, hier Sonderaktionen gegen Juden, 19.4.1938 (StA Wü, LRA Aschaffenburg 2259).

75 Zum Stand der Arisierung vor dem Novemberpogrom siehe Adam, *Judenpolitik im Dritten Reich*, S. 178ff.; Frank Bajohr, *Die »Arisierung« in Hamburg. Die Verdrängung der jüdischen Unternehmer 1933-1945*, Hamburg 1997, S. 223ff.; Genschel, *Die Verdrängung der Juden aus der Wirtschaft*, S. 139ff.; Gerhard Kratzsch, *Der Gauwirtschaftsapparat der NSDAP. Menschenführung – »Arisierung« – Wehrwirtschaft im Gau Westfalen Süd. Eine Studie zur Herrschaftspraxis im totalitären Staat*, Münster 1989, S. 177ff., Longerich, *Politik der Vernichtung*, S. 165ff.

76 Zu der Berliner Aktion siehe Wolf Gruner,»›Lesen brauchen sie nicht zu können [...]‹. Die ›Denkschrift über die Behandlung der Juden in der Reichshauptstadt auf allen Gebieten des öffentlichen Lebens‹ vom Mai 1938«, in: *Jahrbuch für Antisemitismusforschung* 4 (1995), S. 305–341; Longerich, *Politik der Vernichtung*, S. 172ff.; *Judenpolitik des SD*, S. 55ff.

77 Siehe etwa *The Times*, 15.6., 18.6., 20.6., 21.6.und 1.7.35; *Manchester Guardian*, 15.6., 16.6., 17.6., 18.6, 20.6., 21.6. und 23.6.35; *NZZ*, 16.6. (M), 17.6. (M und A), 18.6. (M), 20.6. (M und A), 21.6. (M und A) und 23.6.35 (M); *New York Times*, 17.6., 18.6., 19.6., 20.6., 21.6., 22.6. und 23.6.35. Die internationale Presse berichtete auch über die anschließenden judenfeindlichen Maßnahmen im Reichsgebiet.

78 Zur internationalen Lage siehe Hildebrand, *Das vergangene Reich*, S. 651ff. Ihren ersten Höhepunkt erreichten die Spannungen mit der Mobilisierung der tschechoslowakischen Streitkräfte am 20. Mai sowie den darauf folgenden pro-tschechoslowakischen Beistandsbekundungen Frankreichs und Großbritanniens.

79 PA 1938, Teilbd. 2, Nr. 1685.

80 Ebenda, Nr. 1701.

81 *DAZ*, 18.6.38 (A):»Allerdings mussten einige Juden aus persönlichen Sicherheitsgründen in Schutzhaft genommen werden, da die unter der Berliner Bevölkerung über den starken Zuzug von asozialen jüdischen Elementen nach der Reichshauptstadt herrschende starke Erregung vereinzelt zu Demonstrationen geführt hat.« In der *Schlesischen Zeitung* vom19.6.38 hieß es:»Verhaftungen aus politischen Gründen sind unter Berliner Juden nicht vorgenommen worden.« Zur Presseberichterstattung siehe auch S. 370, Anm. 85.

82 PA 1938, Teilbd. 2, Nr. 1722.

83 Ebenda, Nr. 1742. Siehe auch ebenda, Nr. 1741, 21.6.38. Der *VB* kam in seiner Schlagzeile vom 23.6.38 auf die Berliner Ereignisse zurück:»Dr. Goebbels kündigt an: Gesetzliche Maßnahmen zur Ausschaltung des jüdischen Einflusses in der Wirtschaft – Scharfe Zurückweisung jüngster jüdischer Unverschämtheiten.« *Der Angriff* vom gleichen Tag kommentierte unter der Überschrift »Eine dringende Warnung«:»Hoffentlich ist den Parasiten vom Kurfürstendamm klar, dass

die Mahnung unseres Gauleiters sehr ernst ist, und dass es für alle Beteiligten am besten ist, wenn sie recht schnell seinem dringenden Rate folgen und Berlin wieder verlassen.« Wichtige nichtnationalsozialistische Blätter scheinen der Aufforderung zur Kommentierung nicht gefolgt zu sein (so das Ergebnis der Durchsicht von *FZ*, *Schlesischer Zeitung* und *BT*); die *DAZ* übernahm in ihrer Abendausgabe vom 21.6.37 den Kommentar »Die armen Juden« aus dem *VB*.

84 Siehe *VB*, *Der Angriff* und *Westdeutscher Beobachter*. Der *VB* hatte seine antisemitische Polemik bereits im Mai zurückgefahren.

85 So schrieb der *VB* am 2.6.35 über die »Großrazzia am Kurfürstendamm«, die am 31.5. stattgefunden hatte: »In zwei Lokalen 317 Juden festgenommen«. Über die weiteren Massenverhaftungen – 143 Juden seien festgenommen worden – berichtete das Blatt mit Datum vom 19.6.38 in Anlehnung an die erwähnten Propagandarichtlinien: »Verhaftungen aus politischen Gründen sind unter Berliner Juden nicht vorgenommen worden. Allerdings mussten einige Juden aus persönlichen Sicherheitsgründen in Schutzhaft genommen werden, da die unter der Berliner Bevölkerung über den starken Zuzug von asozialen jüdischen Elementen nach der Reichshauptstadt herrschende starke Erregung vereinzelt zu Demonstrationen geführt hat.« Am 21.6.35 berichtete der *VB* unter dem Titel »Die armen Juden« über den angeblich starken Zuzug von Juden in die Reichshauptstadt: »Dass die arische Bevölkerung zur Selbsthilfe schreitet, die jüdischen Geschäfte kennzeichnete und den Juden spontan eine eindeutige und verdiente Antwort gab, stellt keine Ausschreitungen dar, sondern ist lediglich ein Akt der Selbsthilfe.« *Der Angriff* berichtete zwar unter dem 19.6.35 über die Razzien; die Zahl der Verhafteten (»339 Personen, darunter 317 Juden«) war jedoch das Ergebnis der Verhaftungen vom 31.5., über die das Blatt nichts gebracht hatte. Der *Westdeutsche Beobachter*, der ebenfalls die Verhaftungen vom 31.5. übergangen hatte, meldete am 19.6.: »143 Juden festgenommen«. In seinem Bericht vom 22.6. ließ das Blatt durchblicken, dass es zu größeren Krawallen gekommen war: »In einzelnen Berliner Stadtteilen hat die Bevölkerung in den letzten Tagen in ihrer Entrüstung über die jüdische Dreistigkeit teilweise zu Selbsthilfemaßnahmen gegriffen.« Die *DAZ* und der *Berliner Lokalanzeiger* berichteten am 1.6.38 (A) über die Razzia am Kurfürstendamm, es seien in zwei Lokalen 339 Personen vorläufig festgenommen worden, darunter 317 Juden. In ihrer Abendausgabe vom 18.6.38 gaben beide Zeitungen eine DNB-Meldung wieder, wonach am 16. Juni 143 Juden festgenommen worden wären; ebenso verhielt sich die *Schlesische Zeitung* (1.6. und. 19.6.38). Die *FZ* gab zu den Verhaftungen am 31.5. am 2.6. eine DNB-Meldung wieder und zitierte am 19.6. eine Meldung von »zuständiger Stelle« über die weiteren Verhaftungen. Das *BT* berichtete am 19.6. über die drei Tage zuvor stattgefundene Verhaftungsaktion und verwies in diesem Zusammenhang auf die Razzia vom 31.5., von der die Leser dieses Blattes hier zum ersten Mal erfuhren.

86 Die Ereignisse in diesen Städten sind dokumentiert in: SD-Oberabschnitt Fulda-Werra, Bericht vom 23.6.38 (für Frankfurt), OA Mos, 500/1/645; Meldung SD-Oberabschnitt Südwest, aufgenommen am 14.8.38, über Ereignisse der letzten Tage (für Stuttgart), OA Mos, 500-1-380; SD-Oberabschnitt Elbe (für Magdeburg), 22.6.38, OA Mos, 500/1/645; Meldung SD-Oberabschnitt Nordwest über Ausschreitungen am 15.7.38 in Hannover, OA Moskau, 500/1/261. Diese Berichte sind in der von Kulka/Jäckel veröffentlichten Edition nicht enthalten. Siehe auch Longerich, *Politik der Vernichtung*, S. 183f. und S. 193 (zu den Synagogen-Niederlegungen). Siehe ferner K/J 2462, Stapoleitstelle Frankfurt/M., Bericht vom 18.6.1938 (HStA Wi, Abt. 483 Nr. 10009) für Gelnhausen; K/J 2480, Re-

gierungspräsident Niederbayern und Oberpfalz, Bericht für Juli 1938, 8.8.1938 (BayHStA, StK 106673) für Regensburg.
87 K/J 2484, Regierungspräsident Schwaben und Neuburg, Bericht für Juli 1938, Augsburg, 6.8.1938 (BayHStA, StK 106683); K/J 2489, Gendarmerie Heiligenstadt, Bericht für Juli 1938, Heiligenstadt, 23.7.1938 (StA Ba, K 8/9205 I); K/J 2495, SD Außenstelle Hanau, Bericht über »Aktion gegen Juden«, 4.8.1938 (HStA Wi, Abt. 483 Nr. 100014).
88 So die übereinstimmende Tendenz in *VB*, *Angriff* und *Westdeutscher Beobachter*. *Der Angriff* begann am 15.7.38 die Serie »10 Meter weiter herrscht die Mischpoche«, in der eine »5000 Km-Fahrt längs der Sowjetgrenze« geschildert wird. Der *Westdeutsche Beobachter* startete am 28.6.38 seine Serie »Räuber, Juden und Franzosen. Erstveröffentlichung einer rheinischen Räuberchronik«.
89 Zwischen Juli und Oktober 1938 erfolgten unter anderem weitere Berufsverbote; im August wurde die Zentralstelle für jüdische Auswanderung in Wien gegründet, im Oktober wurden die im Reich ansässigen polnischen Juden ausgewiesen (Einzelheiten siehe bei Longerich, *Politik der Vernichtung*, S. 186ff. und S. 195ff.).
90 Siehe zum Beispiel *VB*, 9.7.38,»Neuer Juden-Anschlag fordert 19 Opfer«; *Der Angriff*, 8.7.38,»Blutterror der Palästinajuden«; *Westdeutscher Beobachter*, 9.7.38 (M),»Juden sind überall die Angreifer«. Der Kommentar des *VB* vom 20.10.38 (»Der Wendepunkt«) geht von der Aufgabe des Teilungsplanes aus.
91 17.7.38. Rosenberg berief sich dabei auf einen Beitrag aus *The American Hebrew*.
92 *VB*, 22.7.38,»Italiens Stellung zum Rassegedanken«. Siehe auch 10.7.38,»Das Rassenproblem in Italien«; 7.8.38,»Numerus clausus für Juden in Italien«; 2.9.38,»Italien weist Juden aus«; 3.9.38,»Juden von den italienischen Schulen ausgeschlossen« (Schlagzeile); 4.9.38,»Die italienische Presse fordert: Restlose Ausrottung des jüdischen Einflusses«; 8.9.38,»Entfernung der Juden aus den italienischen Ministerien«; 8.10.38,»Faschistischer Großrat beschließt Judenstatut«; 18.10.38,»Jüdische Wühlarbeit in Italien«; 21.10.38,»Zwischenphase der Judengesetzgebung in Italien«; 25.10.38,»Minister Alfieri über das italienische Rassenproblem«. Die antisemitischen Maßnahmen betrafen zunächst den Ausschluss der Juden aus dem Bildungssystem und die Ausweisung ausländischer Juden. Angekündigt wurden in diesem Zeitraum ferner Bestimmungen, die dann durch die November 1938 erlassenen Rassegesetze umgesetzt wurden: das Verbot der Eheschließung zwischen Juden und Nichtjuden und der Ausschluss von Juden vom Besitz oder der Führung von Gewerbetrieben sowie aus bestimmten Berufen (Susan Zuccotti, *The Italians and the Holocaust. Persecution, Rescue, and Survival*, New York 1987, S. 36).
93 *VB*, 22.10.38,»Oase des Judentums verschwunden. Tschechische Selbstbesinnung«, und 1.11.38,»Prag verfügt Zwangsarbeit für jüdische Emigranten«; *Westdeutscher Beobachter*, 31.10.38 (A),»Eine Oase des Judentums verschwindet. Selbstbesinnung des Tschechentums«. Ähnlich: *Der Angriff*, 12.10., 21.10. und 25.10.38.
94 *VB*, 31.10.38,»Volksabstimmung ohne Juden. Forderungen des Regierungsblattes ›Slowak‹«. Siehe auch *Der Angriff*, 16.10. und 21.10.38.
95 Zu Italien siehe die Berichterstattung der *FZ* und der *DAZ* im August, September und Oktober 1938.
96 *BT*, 27.10.38,»Prager Judenstatistik«, und 4.11.38,»Juden verdrängen die Tschechen. Eine Statistik über die Berufsgliederung«; *DAZ*, 24.10.38 (A),»Antijüdische Demonstrationen in Prag«, und 7.11.38 (A),»Enteignung jüdischen Vermögens zum Wiederaufbau des slowakischen Gebiets. Massenflucht von Juden aus der Slowakei«. Die *FZ* ignorierte hingegen die Vorgänge.

97 Siehe die Kommentare der *FZ* vom 8.7.38, »Land ohne Frieden«, und 9.8.38, »Palästina in der Sackgasse«; *BT*, 22.7.38, »Wer hat recht in Palästina? Die Rechtsprechung der Araber und der Zionisten«.
98 5.7.38 (M), »Verschärfung in Palästina. Jüdische Terrorwelle«; 9.7.38 (M), »Wieder ein jüdischer Bombenanschlag in Jerusalem«; 8.8.38 (A), »Wieder jüdische Terrorakte in Palästina«.
99 *FZ*, 18.7.38; *DAZ*, 17.7.38; *BT*, 19.7.39; die *Kölnische Volkszeitung* vom 17.7.38 übernahm den Rosenberg-Beitrag als Leitartikel.
100 2.8.38, »Das Problem Südafrika. Teil III: Gold und Judentum«.
101 25.10.38, »Was wird aus Palästina?« (Leitkommentar).
102 25.10.38. Hier wurde der Beitrag einer slowakischen Zeitung wiedergegeben.
103 17.7.38 (M), »Unsere Meinung« sowie der Nachdruck des *VB*-Artikels Rosenbergs vom gleichen Tag, »Rosenberg über jüdische Konspirationen«. Zum Inhalt des Artikels siehe S. 115.
104 Entsprechende Meldungen erschienen etwa im *BT*, in der *MNN* und in der *Schlesischen Tageszeitung* (alle 26.10.38) sowie in der *FZ* (27.10.38).
105 26.10.38.
106 Die Deutschlandberichte enthielten jeweils im November 1937, Februar 1938 und Juli 1938 längere Abschnitte zum Terror gegen die Juden (1937, S. 1563ff.; 1938, S. 176ff. und S. 749ff.). Zur Reaktion der Bevölkerung auf die dem Novemberpogrom vorangehende antisemitische Kampagne siehe Bankier, *Öffentliche Meinung*, S. 116ff.; Kershaw, »Antisemitismus und Volksmeinung«, S. 318ff.; Kulka, »›Public Opinion‹ in Nazi Germany and the ›Jewish Question‹«, S. 129ff.
107 Sopade, 1938, S. 193f. und S. 201 (Februar).
108 Ebenda, S. 750 (Juli).
109 Ebenda, S. 750f.
110 Ebenda, S. 755 und S. 752.
111 Ebenda, S. 758 und S. 759.
112 Ebenda, S. 763 und S. 769.
113 K/J 2367, Regierungspräsident Oberbayern, Bericht für Januar 1938, 9.2.1938 (BayHStA, StK 106671), Wiedergabe eines Berichts des Bezirksamts Tölz; K/J 2373, Bürgermeister Amt Anröchte, Bericht für Januar 1938, 25.1.1938 (StA Ms, Pol. Polizei III. Reich, 348); K/J 2375, Bezirksamt Bad Neustadt/Saale, Bericht für Januar, 31.1.1938 (StA Wü, LRA Bad Neustadt 21908); K/J 2379, Kreisbauernschaft Weißenburg, Bericht für Januar 1938, o.D. (StA Nü, NS-Mischbestand Kreisleitung Eichstätt Nr. 7); K/J 2402, NSDAP Ortsgruppe Bieber, Bericht für März 1938, 25.3.1938 (HStA Wi, Abt. 483 Nr. 4489c); K/J 2403, Gendarmerie Ebermannstadt, Bericht für März 1938, Ebermannstadt, 27.3.1938 (StA Ba, K 8/9205 I); K/J 2426, Bürgermeister Egenhausen, Bericht über Jüdische Viehhändler auf den Viehmärkten, 21.4.1938 (StA Sig, Wü 65/7 Bd. 2 Akz. Nr. 774); K/J 2527, Gendarmerie Unterweilersbach, Bericht für September 1938, 27.9.1938 (StA Ba, K 8/9205 I).
114 K/J 2376, Bezirksamt Ebermannstadt, Bericht für Januar 1938, 31.1.1938 (StA Ba, K 8/9205); K/J 2378; NSDAP Ortsgruppe Münster-Gutenberg, Bericht für Januar 1938, Münster, 5.1.1938 (StA Ms, NSDAP Kreis- und Ortsgruppenleitungen Nr. 103); K/J 2406, NSDAP Kreisleitung Herne-Castrop-Rauxel, 15.3.1938 (StA Ms, NSDAP Kreis- und Ortsgruppenleitung 60); K/J 2408, Bürgermeister Amt Rüthen, Bericht für März 1938, Rüthen, 30.3.1938 (StA Ms, Pol. Polizei III. Reich, 353); K/J 2535, Regierungspräsident Niederbayern und Oberpfalz, Bericht für Oktober 1938, Regensburg, 7.11.1938 (BayHStA, StK 106673).

115 K/J 2380, Bericht über Erzeugnisse der Bekleidungsindustrie aus arischer Hand, 4.2.1938 (HStA Dü, RW 18-14).
116 Siehe zum Beispiel K/J 2395, SD Außenstelle Erfurt II 112, Bericht über die Lederfabrik Louis Schweizer in Backnang, 26.3.1938 (BAB, NS 29/41). Aus dem Jahresbericht des SD-Hauptamts II 1 für 1938 geht hervor, dass Ende des Jahres noch etwa ein Drittel der Auslandsvertretungen deutscher Firmen »in jüdischen Händen liegen«, K/J 2766 (in: *Meldungen aus dem Reich*, Bd. 2, S. 7ff.).
117 K/J 2401, HJ Baden, Bericht vom 22.3.1938 (GLA Ka, 465 d Nr. 115): »Auszug aus Antworten der Tabakfacharbeiterprüfung in Mannheim und Schwetzingen [...]: Über die Tatsache, dass die Juden fremdrassig sind, herrschte in Schwetzingen absolutes Unwissen, trotz Stürmerkästen.« K/J 2440, Generalstaatsanwalt Karlsruhe, Bericht für April und Mai 1938, Karlsruhe, 27.7.1938 (in: *Verfolgung und Widerstand unter dem Nationalsozialismus in Baden*, S. 267f. und S. 270f.): »Trotz der hohen Strafen, die aufgrund des Blutschutzgesetzes ausgesprochen werden, kommen immer wieder, auch im Oberlandesgerichtsbezirk Karlsruhe, neue Rasseschandefälle vor. [...] Die hohe Zahl der Fälle arischer Rasseschänder zeigt wieder, wie sehr das rassische Denken in der Bevölkerung in Mannheim noch im argen liegt.«
118 K/J 2509, SD-Hauptamt II 112, Bericht für September 1938, 8.10.1938 (OA Mos, 500/3/316).
119 K/J 2509, Bericht der Judenabteilung des SD-Hauptamts für September 1938, Berlin, 8.10.1938 (OA Mos, 500/3/316); siehe auch K/J 2525, Gendarmerie Sandberg, Bericht für September 1938, 27.9.1938 (LRA Bad Neustadt, 21908): »Die Stimmung der Bevölkerung kann man als gedrückt bezeichnen. Sie (die Bevölkerung) steht in Erwartung eines großen Krieges. Für die Betreuung der Flüchtlinge aus Sudetendeutschland bringt man ein volles Verständnis auf und zeigt das größte Mitleid. Allgemein wird der ›Jude‹ als Urheber dieser kritischen Zeit beschuldigt.«
120 So der Tenor zahlreicher Berichte: K/J 2509, SD-Hauptamt II 112, Bericht für September 1938, Berlin, 8.10.1938 (OA Mos, 500/3/316); K/J 2513, Regierungspräsident Mainfranken, Bericht für September 1938, Würzburg, 10.10.1938 (BayHStA, StK 196681); K/J 2515, Regierungspräsident Ober- und Mittelfranken, Bericht für September 1938, 7.10.1938 (BayHStA, StK 106678); K/J 2518, Bezirksamt Bad Neustadt/Saale, Bericht für September 1938, Bad Neustadt/Saale, 2.10.1938 (StA Wü, LRA Bad Neustadt 21905); K/J 2537, Regierungspräsident Ober- und Mittelfranken, Bericht für Oktober 1938, 7.11.1938 (BayHStA, StK 106678); K/J 2545, NSDAP Ortsgruppe Hofheim, Bericht für Oktober 1938, o.D. (StA Wü, NSDAP Gau Mainfranken Nr. 432).
121 K/J 2538, Regierungspräsident Pfalz, Bericht für Oktober 1938, 9.11.1938 (BayHStA, StK 106676).
122 Laut der entsprechenden Akte des SD (OS, 500-1-630) wurden Synagogen in folgenden Orten demoliert: Beveringen und Neuenkirchen (Wiedenbrück) im September; Neuwedel (Neumark) in der Nacht vom 28. auf den 29.9.38; Mellrichstadt (Unterfranken) 30.9./1.10.; Leutershausen (16./17.10.38); Dortmund-Hörde (27./28.10.38); Zirndorf bei Nürnberg (4./5.11.38). Weitere Synagogenzerstörungen und Anschläge auf jüdische Gotteshäuser lassen sich auf Grund anderer Dokumente rekonstruieren: Danach wurde in der Nacht vom 1. auf den 2.10. in einem kleinen Ort in der Nähe von Euskirchen das Synagogeninnere verwüstet (OS, 721-1-2555, Bericht des Landesverbandes Rheinland des CV, 3.10.38); am 1.11. wurde ein Brandanschlag auf die Synagoge in Konstanz verübt (Ernst Bloch, *Geschichte der Juden von Konstanz im 19. und 20. Jahrhundert. Eine*

Die »ruhigen Jahre« 373

Dokumentation, Konstanz 1971, S. 138f.); im Oktober wurden in Alzenau und im benachbarten Schöllkrippen (Unterfranken) in zwei Synagogen die Fenster eingeworfen, während auf das Ansbacher Gotteshaus ein Tränengasanschlag stattfand (Kershaw, »Antisemitismus und Volksmeinung«, S. 318f., sowie K/J 2541, Bezirksamt Alzenau, Bericht für Oktober 1938, 31.10.1938 [StA Wü, LRA Alzenau 340]); ebenfalls im Oktober wurde die Inneneinrichtung der Synagoge in Langen (Hessen) zerstört (Wolf Arno Kropat, Kristallnacht in Hessen. Das Judenpogrom vom November 1938. Eine Dokumentation, Wiesbaden 1988, S. 23). Erhebliche Beschädigungen wurden ferner in Leimersheim (Bez. Germersheim) in der Nacht vom 9. auf den 10.10. sowie in Odenbach (Bezirk Kusel) in der Nacht vom 22. auf den 23.10.38 angerichtet (K/J 2538, Regierungspräsident Pfalz, Bericht für Oktober 1938, 9.11.1938, BayHStA, StK 106676).

123 Siehe undatierter Bericht II 112 (OA Mos, 500/1/630) sowie verschiedene Einzelmeldungen in der gleichen Akte sowie in den Unterlagen des CV (OA Mos, 721/1/2555). Siehe auch K/J 2518, Bezirksamt Bad Neustadt/Saale, Bericht für September 1938, 2.10.1938 (StA Wü, LRA Bad Neustadt 21905); K/J 2534, Regierungspräsident Mainfranken, Bericht für Oktober 1938, 10.11.1938 (BayHStA, StK 106681); K/J 2535, Regierungspräsident Niederbayern und Oberpfalz, Bericht für Oktober 1938, 7.11.1938 (BayHStA, StK 106673); K/J 2538, Regierungspräsident Pfalz, Bericht für Oktober 1938, 9.11.1938 (BayHStA, StK 106676); K/J 2541, Bezirksamt Alzenau, Bericht für Oktober 1938, 31.10.1938 (StA Wü, LRA Alzenau 340); K/J 2542, Bezirksamt Bad Kissingen, Bericht für Oktober 1938, o.D. 1938 (STA Wü, LRA Bad Kissingen 1156); K/J 2545, NSDAP Ortsgruppe Hofheim, Bericht für Oktober 1938, o.D. (StA Wü, NSDAP Gau Mainfranken Nr. 432); K/J 2548, Gendarmerie Poppenlauer, Bericht für Oktober 1938, 25.10.1938 (StA Wü, LRA Bad Kissingen 1156).
124 Lagebericht der Zentral-Abteilung II/1 (OA Mos, 500-3-316) und Bericht Oberabschnitt Südwest, 19.10.38, 5.11.38 (OA Mos, 500/1/630).
125 Abkürzung für Bezirksamt.
126 K/J 2515, Regierungspräsident Ober- und Mittelfranken, Bericht für September 1938, 7.10.1938 (BayHStA, StK 106678).
127 Bericht des SD-Oberabschnitt München, gerichtet an II 112, 25.10.38 (OA Mos, 500/1/630). Dieser Bericht fehlt in der von Kulka und Jäckel herausgegebenen Sammlung.
128 SD-Hauptamt II 1, Bericht für Oktober 1938, o.D. (OA Mos, 500/3/316). Auch dieser Bericht fehlt in der von Kulka und Jäckel herausgegebenen Sammlung. Siehe Rosenkranz, Verfolgung und Selbstbehauptung, S. 157f.
129 K/J 2529, SD-Hauptamt II 112, Bericht für Oktober 1938, Berlin, o.D. (OA Mos, 500/3/316).
130 SD II 112 an II 1, 31.10.38 (OA Mos, 500-1-187).

Novemberpogrom

1 Als Literaturauswahl zur Auslösung und zum Ablauf des Novemberpogroms siehe Adam, Judenpolitik im Dritten Reich, S. 204ff.; ders., »Wie spontan war der Pogrom?«, in: Der Judenpogrom 1938. Von der »Reichskristallnacht« zum Völkermord, hg. von Walter H. Pehle, Frankfurt a. M. 1988, S. 74–93; Barkai, Vom Boykott zur »Entjudung«, S. 146–152; Wolfgang Benz, »Der Rückfall in die Barbarei. Bericht über den Pogrom«, in: Der Judenpogrom 1938, S. 13-51; Hans-Jürgen Döscher, »Reichskristallnacht«. Die November-Pogrome 1938, Frankfurt a. M./Berlin

1988; Friedländer, *Das Dritte Reich und die Juden*, S. 291ff.; Hermann Graml, *Der 9. November 1938. »Reichskristallnacht«*, 3. Aufl., Bonn 1955; Peter Loewenberg, »The Kristallnacht as a public degradation ritual«, in: *Leo Baeck Institute Year Book* 32(1987), S. 309–323; Peter Longerich, *Geschichte der SA*, München 2003, S. 230ff.; ders., *Politik der Vernichtung*, S. 190ff.; Dieter Obst, *»Reichskristallnacht«. Ursachen und Verlauf des antisemitischen Pogroms vom November 1938*, Frankfurt a. M. u.a. 1991; Kurt Pätzold und Irene Runge, *»Kristallnacht«. Zum Pogrom 1938*, Köln 1988. Zur Rolle des Propagandaministers siehe Christian T. Barth, *Goebbels und die Juden*, Paderborn u.a. 2003, S. 132ff.
2 PA 1938, Nr. 3176, 7.11.38.
3 Ebenda, Nr. 3178, 8.11.38.
4 Ebenda, Nr. 3184, 9.11.38.
5 So die Ausgaben der deutschen Tageszeitungen vom 8. und 9. November; eine Reihe von Zeitungen berichtete auch noch am 10. November im gleichen Tenor, da der Tod vom Raths und die anschließenden Ereignisse am 9.11.38 nach Redaktionsschluss erfolgten. Zur Presseberichterstattung über den Pogrom vgl. Benz »Rückfall in die Barbarei«, S. 14ff., sowie Obst, *»Reichskristallnacht«*, S. 65ff.
6 PA 1938, Nr. 3178, 8.11.38.
7 So wusste etwa die katholische Provinzzeitung *Bamberger Volksblatt* am 9.11.38 von »erheblichen spontanen Demonstrationen der Bevölkerung gegen die Juden« in Kurhessen zu berichten. Zu Dessau siehe *DAZ*, 10.1.38 (M); *Berliner Lokalanzeiger*, 10.11.38 (M), *Kölnische Volkszeitung*, 10.11.38. Zu den Ereignissen in Kurhessen siehe Obst, *»Reichskristallnacht«*, S. 67ff., sowie Kropat, *Kristallnacht in Hessen*, S. 21ff.
8 PA 1938, Nr. 3204, DNB-Rundruf vom 10.11.38.
9 Ebenda, Nr. 3209, 10.11.38.
10 10.11.38.
11 10.11.38 (A).
12 Siehe zum Beispiel auch *DAZ*, 10.11.38 (A), die einen einspaltigen Bericht auf Seite 2 über »Antijüdische Aktionen in Berlin und dem Reich« brachte.
13 PA 1938, Nr. 3223, 11.11.38.
14 Karl Dürkefälden, *»Schreiben, wie es wirklich war!« Aufzeichnungen Karl Dürkefäldens aus der Zeit des Nationalsozialismus*, bearb. und komm. von Herbert und Sibylle Obenaus, Hannover 1985, S. 89. Dürkefälden wandte in den kommenden Wochen einige Mühe auf, um sich durch Inaugenscheinnahme und Gespräche einen Eindruck von den Zerstörungen in anderen Städten zu verschaffen.
15 PA 1938, Nr. 3113, DNB Rundruf, 10.11.38, 16.20 Uhr.
16 11.11.38.
17 K/J 2550, 7.12.38 (OA Mos, 500-3-316).
18 K/J 2621, Landrat Bielefeld, Bericht vom 19.11.38 (StA Det, M1 I P Nr. 1106). Siehe auch K/J 2573, Stapoaußendienststelle Paderborn, Bericht vom 18.11.38 (StA Det, M1 I P Nr. 1106); K/J 2583, Regierungspräsident Oberbayern, Bericht vom 10.12.38 (BayHStA, StK 106671); K/J 2666, Oberbürgermeister Herford, Bericht vom 18.11.38 (StA Det, M1 I P Nr. 1106); K/J 2670, Gendarmerie Hirschau, Bericht vom 23.11.38 (StA Am, BA Amberg 1042); K/J 2678, Gendarmerie Klein Bockenheim, Bericht vom November 38, Klein Bockenheim, 28.11.38 (LA Sp, H 33 Nr. 1268 III); K/J 2744, Gendarmerie Steinach, Bericht vom 24.11.38 (StA Wü, LRA Bad Kissingen 1156), sowie K/J 2768, SD-Oberabschnitt Elbe II 112, Bericht für 1938, 18.1.1939 (FfZ, 93121).
19 K/J 2584, Regierungspräsident Ober- und Mittelfranken, Bericht für November

1938, 8.12.38 (BayHStA, StK 106678); K/J 2587, Regierungspräsident Pfalz, Bericht für November 1938, 9.12.38 (BayHStA, StK); K/J 2596, Gendarmerie Amberg, Bericht für November 1938, 24.11.38 (StA Am, BA Amberg 1942); K/J 2615 und 2616, Polizei Bebra, Berichte für den 8.11.1938 und 9/10.11.38, 9. und 13.11.38 (HStA Wi, Abt. 483 NR. 10026).

20 K/J 2584, Regierungspräsident Ober- und Mittelfranken, Bericht für November 1938, Ansbach, 8.12.38 (BayHStA, StK 106678); K/J 2632, Bürgermeister Detmold, 18.11.38 (StA Det, M1 I P Nr. 1106); K/J 2642, Gendarmerie Frankenthal, 29.11.38 (LA Sp, H 33 Nr. 1268 III); K/J 2674, Bürgermeister Honnef, 14.11.38 (HStA Dü, RW 18-14); K/J 2701, Gendarmerie Maxdorf, 25.11.38 (LA Sp, H 33 Nr. 1268 III); K/J 2710, Gendarmerie Münnerstadt, Bericht für November 1938, 24.11.38 (StA Wü, LRA Bad Kissingen 1156); K/J 2724, Gendarmerie Pemfling, 28.11.38 (StA Am, BA Cham 5196); K/J 2754, Bürgermeister Warburg, Bericht für den 10.11.38, 18.11.38 (StA Det, M1 I P Nr. 1106); K/J 2560, Stapostelle Dessau, Bericht für November 1938, o.D. (BAB, R 58/446).

21 K/J 2596, Gendarmerie Amberg, Bericht für November 1938, 24.11.38 (StA Am, BA Amberg 1942), sowie K/J 2687, Gendarmerie Kronwinkl, Bericht für November 1938, 20.11.38 (StA La, Rep. 164, Verz. 10, Nr. 3873). Auch der Bürgermeister des Amtes Lahde (bei Minden) meldete in seinem Bericht über den Pogrom am 17.11.38, »abfällige Äußerungen« seien »nicht bekannt geworden« (StA Det, M1 I P Nr. 1106). Siehe auch K/J 2721, Bürgermeister Paderborn, Bericht für den 10.11.1938, 17.11.38 (StA Det, M1 I P Nr. 1106).

22 Ian Kershaw,»Antisemitismus und Volksmeinung«, S. 318ff.; siehe auch ders., *Popular Opinion and Political Dissent in the Third Reich*, S. 275ff.; Kulka,»»Public Opinion‹ in Nazi Germany and the ›Jewish Question‹«, S. 129ff.; siehe auch ders./Rodrigue,»The German Population and the Jews in the Third Reich«, S. 56; Mommsen/Obst,»Die Reaktion der deutschen Bevölkerung auf die Verfolgung der Juden 1933-1943«, S. 391ff.

23 Bankier, *Öffentliche Meinung*, S. 118ff.

24 Diesen Gesichtspunkt betonen Kershaw,»Antisemitismus und Volksmeinung«, und vor allem Obst, »*Reichskristallnacht*«, der in einem längeren Abschnitt (S. 319-348) Beispiele für solche Hilfeleistungen aufführt. Dabei ist allerdings die Problematik des verwendeten Quellenmaterials – meist Nachkriegsaussagen vor deutschen Staatsanwälten – in Rechnung zu stellen.

25 K/J 2624, Bürgermeister Amt Borgentreich, Bericht vom 17.11.38 (StA Det, M1 I P Nr. 1106): »Die Bevölkerung hat die Aktion vielfach nicht verstanden, oder besser, sie wollte sie nicht verstehen. Die Juden wurden auch bemitleidet. Insbesondere darüber, dass ihnen Schaden an ihrem Hab und Gut zugefügt wurde und dass die männlichen Juden einem Konzentrationslager zugeführt wurden. Diese Stimmung in der Bevölkerung war gewiss nicht allgemein, aber ich schätze, dass hierzulande wenigstens 60 % der Bevölkerung so dachte.« Auch das NSDAP-Kreisschulungsamt in Lahr berichtete, die Aktionen seien »vielfach nicht verstanden worden«; K/J 2690, Bericht vom 2.12.38 (GLA Ka, 465 d Nr. 158). Der Landrat Minden spricht ebenfalls von einem »völligen Nichtverstehen der gesamten Judenfrage«; K/J 2703, Bericht vom 24.11.38 (StA Det, M1 I P Nr. 1106). Der NS-Lehrerbund München-Oberbayern kam zu der Auffassung, dass die Ausschreitungen »von einem beträchtlichen Teil der Bevölkerung nicht gebilligt« wurden; K/J 2709, Bericht vom 1.12.38 (StA Mü, NSDAP 983). Die Ortsgruppe Peissenberg des NS-Lehrerbundes führte dazu in einem Bericht vom 18. November 1941 ergänzend aus, die »Judenfrage« werde »vielfach von der Bevölkerung nicht richtig verstanden und immer noch das Märchen von

den anständigen Juden verbreitet und darauf hingewiesen, dass es Christen gibt, die noch schlimmer sind in geschäftlicher Beziehung als Juden. Der Jude als Rasse ist noch nicht genügend bekannt« (K/J 2723 [StA Mü, NSDAP]). Die Gendarmerie Wattenheim sah eine »Missstimmung« in »allen Schichten der Bevölkerung«; K/J 2756, Bericht vom 29.11.38 (LA Sp, H 33 Nr. 1268 III).
26 Wegen der großen Zahl der entsprechenden Berichte können hier keine vollständigen Quellenzitate angegeben werden; siehe K/J 2579, 2582f., 2587, 2597, 2599f.,2600, 2607f., 2617, 2620-2622, 2626f., 2630, 2634f., 2638f., 2643, 2649, 2651f., 2655, 2657, 2659, 2666, 2668, 2670f., 2673, 2675, 2678, 2680, 2695, 2700, 2711f., 2719f., 2722, 2727, 2730f., 2733, 2736, 2740, 2742, 2744, 2750f., 2755, 2758f., 2768, 2770, 2772, 2776, 2783, 2793 und 2815.
27 So die meisten der in Anmerkung 26 zitierten Berichte; siehe auch K/J 2554, Gestapa II A 4, Bericht für November 1938, 8.12.38 (BAB, R 58/3060); K/J 2567, Stapoleitstelle Koblenz, Bericht für November 1938, 29.11.38 (BAB, St 3/856); K/J 2572, Stapoleitstelle München, Bericht für November 1938, o.D. (BAB, R 58/2060a); K/J 2634, Amtsbürgermeister Dringenberg-Gehrden, Bericht für den 9./10.11.1938, 18.11.38 (StA Det, M1 I P Nr. 1106); K/J 2650, Gendarmerie Garmisch-Partenkirchen, Bericht für November 1938, 27.11.38 (StA Mü, LRA 61616); K/J 2658, Bürgermeister Amt Hartum, Bericht für den 10.11.1938, 17.11.38 (StA Det, M1 I P Nr. 1106); K/J 2664, Gendarmerie Heiligenstadt, Bericht für November 1938, 25.11.38 (StA Ba, K 8/9205 I); K/J 2691, Gendarmerie Landshut-Achdorf, Bericht für November 1938, 24.11.38 (StA La, Rep. 164, Verz. 10, Nr. 3873); K/J 2704, Landrat Minden, Bericht für den 10.11.1938, o.D. (StA Det, M1 I P Nr. 1106); K/J 2715, Gendarmerie Oberelsbach, Bericht für November 1938, 28.11.38 (StA Wü, LRA Bad Neustadt 21908); K/J 2762, Gendarmerie Ziemetshausen, Bericht für November 1938, 28.11.38 (StA Abg, BA Krumbach Abg. 1986/361).
28 K/J 2600, Bürgermeister Atteln, Bericht für den 10.11.1938, 17.11.38 (StA Det, M1 I P Nr. 1106); K/J 2617, Gendarmerie Bega, Bericht für den 10.11.1938, 18.11.38 (StA Det, M1 I P Nr. 1106); K/J 2668 Landrat Herford, Bericht für den 10.11.1938, 19.11.38 (StA Det, M1 I P Nr. 1106); K/J 2694, Bürgermeister Amt Lichtenau, Bericht für den 10.11.1938, 17.11.38 (StA Det, M1 I P Nr. 1106); K/J 2722, Bürgermeister Amt Peckelsheim, Bericht für den 10.11.1938, 17.11.38 (StA Det, M1 I P Nr. 1106); K/J 2777, SD-Oberabschnitt West II 112; Bericht für 1938, o.D. (FfZ, 939121); K/J 2793, NSDAP-Hauptschulungsamt, Bericht für November und Dezember 1938 , o.D. (BAB, R 58/4215).
29 K/J 2590, NSDAP Hauptschulungsamt, Berichtsauszüge, 18.1.38 (BAB, R 58/4215); K/J 2623, Gendarmerie Bischofsheim v.d. Rhön, Bericht für November 1938, 28.11.38 (StA Wü, LRA Bad Neustadt Nr. 21908); K/J 2670, Gendarmerie Hirschau, 23.11.38 (StA Am, BA Amberg 1042); K/J 2678, Gendarmerie Klein Bockenheim, 28.11.38 (LA Sp, H 33 Nr. 1268 III); K/J 2697, NS-Lehrerbund Marquartstein, Bericht für November 1938, 19.11.38 (StA Mü, NSDAP 983); K/J 2671, Landrat Höxter, Bericht für 10.11.1938, 18.11.38 (StA Det, M1 I P Nr. 1106).
30 K/J 2741, Landrat Stadthagen, Bericht für den 10.11.1938, 17.11.38 (StA Det, M1 I P Nr. 1106), zu Eigenmächtigkeiten der SS.
31 K/J 2667, Bürgermeister Herford, Bericht für den 10.11.1938, Herford, 25.11.38 (StA Det, M1 I P Nr. 1106) über Misshandlungen und Kriminalität, sowie K/J 2650, Gendarmerie Garmisch-Partenkirchen, Bericht für November 1938, 27.11.38 (StA Mü, LRA 61616), und K/J 2671, Landrat Höxter, Bericht für 10.11.1938, 18.11.38 (StA Det, M1 I P Nr. 1106) zum Thema Misshandlungen.
32 K/J 2657, Landrat Halle/Westf., Bericht für den 9./10.1938, 18.11.38 (StA Det, M1

I P Nr. 1106); K/J 2728, Amtsverwaltung Salzkotten, Bericht für den 9./10.11.1938, 17.11.38 (StA Det, M1 I P Nr. 1106).
33 K/J 2667, Bürgermeister Herford, Bericht für den 10.11.1938, Herford, 25.11.38 (StA Det, M1 I P Nr. 1106).
34 K/J 2672, Landrat Höxter, Bericht für 10.11.1938, 19.11.38 (StA Det, M1 I P Nr. 1106).
35 K/J 2590, NSDAP Hauptschulungsamt, Berichtsauszüge, 18.1.38 (BAB, R 58/4215); K/J 2671, Landrat Höxter, Bericht für 10.11.1938, 18.11.38 (StA Det, M1 I P Nr. 1106); K/J 2706, Gendarmerie Mömbris, Bericht für November 1938, 27.11.38 (StA Wü, LRA Alzenau 340); K/J 2720, Landrat Paderborn, Bericht für den 10.11.1938, 23.11.38 (StA Det, M1 I P Nr. 1106).
36 K/J 2601, NSDAP Frauenschaftsleitung Gau Baden, Bericht für November 1938, o.D. (GLA Ka, 465 d Nr. 115); K/J 2629, Gendarmerie Burkhardroth, Bericht für November 1938, 25.11.38 (StA Wü, LRA Bad Kissingen Nr. 1156); K/J 2651, Gendarmerie Inspektion Garmisch-Partenkirchen, Bericht für November 1938, 28.11.38 (StA Mü, LRA 61616); K/J 2671, Landrat Höxter, Bericht für 10.11.1938, 18.11.38 (StA Det, M1 I P Nr. 1106); K/J 2673, NSDAP Ortsgruppe Hofheim, Bericht für November 1938, o.D. (StA Wü, NSDAP Gau Mainfranken Nr. 432).
37 K/J 2734,Gendarmerie Amt Schötmar, Bericht für den 10.11.1938, 18.11.38 (StA Det, M1 I P Nr. 1106).
38 K/J 2550, SD-Hauptamt II 112, Bericht für November 1938, Berlin, 7.12.38 (OA Mos, 500-3-316); K/J 2555; Stapostelle Aachen II A 4, Bericht für November 1938, 30.11.38 (BAB, R 58/446); K/J 2561, Stapoleitstelle Düsseldorf, Bericht für November 1938, o.D. (BAB, R 58/446); K/J 2573, Stapoaußendienststelle Paderborn, Bericht für den 10.11.1938, 18.11.38 (StA Det, M1 I P Nr. 1106); K/J 2592, Bezirksamt Aichach, Bericht für November 1938, 1.12.38 (StA Mü, LRA 99497); K/J 2612, Gendarmerie Bad Reichenhall, Bericht für November 1938, 30.11.38 (StA Mü, LRA 29654); K/J 2619, Bezirksamt Berchtesgaden, Bericht für November 1938, 5.12.38 (StA Mü, LRA 29655); K/J 2620, Landrat Bielefeld, Bericht für den 10.11.1938, Bielefeld, 18.11.38 (StA Det, M1 I P Nr. 1106); K/J 2627 und 2628, Bürgermeister Büren und Landrat Büren, Berichte für den 9./10.1938, 17.11.38 und 18.11.38 (STA Det, M1 I P Nr. 1106); K/J 2640, NSLB Kreis Erding, Bericht für November 1938, 21.11.38 (StA Mü, NSDAP 983); K/J 2659, NSLB Abschnitt Haslach, Bericht für November 1938, 19.11.38 (StA Mü, NSDAP 983); K/J 2671, Landrat Höxter, Bericht für 10.11.1938, 18.11.38 (StA Det, M1 I P Nr. 1106); K/J 2690, NSDAP Kreisschulungsamt Lahr; Bericht für November 1938, 2.12.38 (GLA Ka, 465 d Nr. 158); K/J 2697; NSLB Marquartstein, Bericht für November 1938, 19.11.38 (StA Mü, NSDAP 983); K/J 2719, Landrat Paderborn, Bericht für den 10.11.1938, 18.11.38 (StA Det, M1 I P Nr. 1106); K/J 2720, Landrat Paderborn, Bericht für den 10.11.1938, 23.11.38 (StA Det, M1 I P Nr. 1106); K/J 2770, SD-Oberabschnitt Nord II 112, Bericht für 1938, 20.1.1939 (FfZ, 93121); K/J 2776, SD-Oberabschnitt Südwest II 112, 15.1.1939 (ebenda); K/J 2777, SD-Oberabschnitt West II 112, Bericht für 1938, o.D. (ebenda).
39 Auftrieb für kommunistische Propaganda befürchten die Berichte K/J 2554, Gestapa II A 4, Bericht für November 1938, 8.12.38, (BAB, R 58/3060); K/J 2561, Stapoleitstelle Düsseldorf, Bericht für November 1938, o.D. (BAB, R 58/446); K/J 2571, Stapostelle Regierungsbezirk Merseburg, Bericht für November, 29.11.38 (BAB St 3/825), sowie K/J 2572, Stapoleitstelle München, Bericht für November 1938, o.D. (BAB, R 58/2060a). Zur Kritik aus der Arbeiterschaft siehe im Übrigen K/J 2557, Stapoleitstelle Berlin, Bericht vom 30.11.38 (BAB, St 3/62); K/J 2566, Stapostelle Köln, o.D. (BAB, R 8/3863); K/J 2570, Stapostelle Magde-

burg, Bericht für November 1938, 30.11.38 (BAB, R 58/446); K/J 2574, Stapostelle Saarbrücken II A, Bericht für November 1938, 29.11.38 (BAB, R 58/446).
40 K/J 2591, Gendarmerie Adlkofen, Bericht für November 1938, 22.11.38 (StA La, Rep. 164, Verz. 10 Nr. 3873); K/J 2660, Bürgermeister Amt Hausberge, Bericht für den 10.11.1938, 18.11.38 (StA Det, M1 I P Nr. 1106); K/J 2670, Gendarmerie Hirschau, Bericht für November 1938, 23.11.38 (StA Am, BA Amberg 1042), sowie K/J 2671, Landrat Höxter, Bericht für 10.11.1938, 18.11.38 (StA Det, M1 I P Nr. 1106).
41 K/J 2592, Bezirksamt Aichach, Bericht für November 1938, 1.12.38 (StA Mü, LRA 99497).
42 K/J 2772, SD-Oberabschnitt Nord-West II 112, Bericht für 1938, o.D. (FfZ, 93121), sowie K/J 2776, SD-Oberabschnitt Südwest II 112, 15.1.1939 (ebenda).
43 K/J 2668, Landrat Herford, Bericht für den 10.11.1938, 19.11.38 (StA Det, M1 I P Nr. 1106); K/J 2671, Landrat Höxter, Bericht für den 10.11.1938, 18.11.38 (StA Det, M1 I P Nr. 1106); K/J 2703, Landrat Minden, Bericht für den 10.11.1938, 24.11.38 (StA Det, M1 I P Nr. 1106); K/J 2768, SD-Oberabschnitt Elbe II 112, Bericht für 1938, 18.1.1939 (FfZ, 93121).
44 K/J 2612, Gendarmerie Bad Reichenhall, Bericht für November 1938, 30.11.38 (StA Mü, LRA 29654); K/J 2638, Kreisleitung Eichstätt, Bericht für November 1938, 30.11.38 (StA Nü, NS-Mischbestand Gauleitung Nr. 7).
45 K/J 2659, NSLB Abschnitt Haslach, Bericht für November 1938, 19.11.38 (StA Mü, NSDAP 983); K/J 2668, Landrat Herford, Bericht für den 10.11.1938, 19.11.38 (StA Det, M1 I P Nr. 1106); K/J 2672, Landrat Höxter, Bericht für 10.11.1938, 19.11.38 (StA Det, M1 I P Nr. 1106); K/J 2673, NSDAP Ortsgruppe Hofheim, Bericht für November 1938, Hofheim, o.D. (StA Wü, NSDAP Gau Mainfranken Nr. 432); K/J 2690, NSDAP Kreisschulungsamt Lahr, Bericht für November 38, 2.12.38 (GLA Ka, 465 d Nr. 158).
46 K/J 2657, Landrat Halle/Westf., Bericht für den 9./10.11.1938, 18.11.38 (StA Det, M1 I P Nr. 1106).
47 K/J 2667, Oberbürgermeister Herford, Bericht für den 10.11.1938, 25.11.38 (StA Det, M1 I P Nr. 1106 K/J 2667).
48 K/J 2580, Regierungspräsident Minden, Bericht, 5.12.38 (StA Det, M1 I P Nr. 1714).
49 Als weitere Beispiele siehe K/J 2688, Bürgermeister Lage, Bericht für den 9./10.11.1938, 17.11.38 (StA Det, M1 I P Nr. 1106): »Über die Aktion am 10.11.1938 wird in der Öffentlichkeit nicht groß geredet, jedenfalls nicht Amtspersonen gegenüber. Diese Tatsache lässt das Empfinden aufkommen, dass dem Vorgehen kein allzugroßes Verständnis in der Bevölkerung entgegengebracht wird.« K/J 2695, Landrat Lübbecke, Bericht für den 10.11.1938, 18.11.38 (StA Det, M1 I P Nr. 1106); K/J 2660, Bürgermeister Amt Hausberge, Bericht für den 10.11.1939, 18.11.38 (StA Det, M1 I P Nr. 1106); K/J 2700, Gendarmerie Maßbach, Bericht für November 1938, 25.11.38 (StA Wü, LRA Bad Kissingen 1156); K/J 2705, Stadt Minden, Bericht für den 10.11.1938, Minden, 18.11.38 (StA Det, M1 I P Nr. 1106); K/J 2753, Landrat Warburg, Bericht für den 10.11.1938, 22.11.38 (StA Det, M1 I P Nr. 1106); K/J 2759, Landrat Wiedenbrück, 22.11.38 (StA Det, M1 I P Nr. 1106): »Bezeichnend für die Stimmung in der Bevölkerung ist vielleicht, dass über die ganzen Vorfälle kaum gesprochen, im allgemeinen vielmehr mit völligem Stillschweigen darauf reagiert wurde.« K/J 2761, Bürgermeister Amt Wünnenberg, Bericht für den 10.11.1938, 17.11.38 (StA Det, M1 I P Nr. 1106).
50 IMT, Bd. 28, 1816-PS, S. 499ff., S. 500.
51 Sopade, November 1938, S. 1177ff., Abschnitt: Terror gegen Juden.
52 Ebenda, S. 1204f.

53 Ebenda, S. 1205ff.
54 So ist nur in einem Bericht aus Berlin davon die Rede, es habe in Einzelfällen Zustimmung gegeben (ebenda, S. 1208).
55 Ebenda, S. 1206.
56 Ebenda, S. 1207.
57 Ebenda, S. 1208.
58 Michael Müller-Claudius, *Der Antisemitismus und das deutsche Verhängnis*, Frankfurt a. M. 1948, S. 142ff. Es handelte sich um 35 Männer in überwiegend mittelständischer Position sowie um sechs Frauen. Die Gespräche, die Müller-Claudius aus Notizen sowie aus der Erinnerung rekonstruierte, begannen stets mit der gleichen »Auslösefrage«: »Übrigens – nun hat ja wohl die Erfüllung des Judenprogramms begonnen?« Die Zuordnung der Aussagen zu drei Kategorien, so betont Müller-Claudius, sei »authentisch«, das heißt, sie erfolgte unter dem unmittelbaren Eindruck der Gespräche und nicht retrospektiv.
59 Ebenda, S. 162.
60 Karl Dürkefälden, »*Schreiben, wie es wirklich war!*«, S. 85ff.
61 Andreas-Friedrich, *Schauplatz Berlin*.
62 Tausk, *Breslauer Tagebuch*.
63 Jochen Klepper, *Unter dem Schatten Deiner Flügel. Aus den Tagebüchern der Jahre 1932–1942*, Stuttgart 1956. In einer Eintragung vom kommenden Tag bekräftigt Klepper seinen Eindruck, dass der Pogrom weithin abgelehnt werde.
64 Kershaw, »Antisemitismus und Volksmeinung«, S. 336f. Es handelt sich um 31 Verfahren von 67; angesichts von insgesamt 5650 Heimtückefällen, die zwischen 1933 und Ende 1941 abgewickelt wurden, machten Verfahren wegen kritischer Äußerungen zur Judenverfolgung etwas mehr als 1 Prozent aus.
65 PA 1938, Nr. 3229, 11.11.38, bezeichnete diesen Kommentar als »die Sprachregelung für die weitere Behandlung der Judenfrage«.
66 Ebenda, Nr. 3244, 12.11.38.
67 IMT, Bd. 28, S. 499ff., 1816-PS. Siehe den DNB-Rundruf vom 12.11.38, PA 1938, Nr. 3245, der festlegte, wie ein Artikel des »Deutschen Dienstes« des DNB zu kommentieren sei.
68 VB, 14.11.38, Leitartikel. Siehe PA 1938, Nr. 3246, DNB-Rundruf, 13.11.38: »Die Rede, die Reichsminister Dr. Goebbels am Sonntag [dem 13.11.; P.L.] anlässlich des Eintopfessens gehalten hat, muss von sämtlichen Zeitungen in guter Aufmachung und im ungekürzten völlig unveränderten Wortlaut gebracht werden. In den Kommentaren ist hervorzuheben, dass nach dem tatkräftigen Durchgreifen der Regierung Einzelaktionen ein Ende gefunden haben.«
69 PA 1938, Nr. 3275, 15.11.38. Der Text ist nicht erhalten.
70 VB, 16.11.38, »Reinliche Scheidung zwischen Deutschen und Juden. Unterredung des Reichsministers Dr. Goebbels mit dem Sonderkorrespondenten des Reuterbüros«; 24.11.38, »Keine Kompromisse in der Judenfrage! Reichsminister Dr. Goebbels über den Abwehrkampf gegen die internationale Judenhetze. Zur Rede brachte der *VB* einen Kommentar von Gunter d'Alquen, der unter der Überschrift »Das letzte Kapitel« ausführte: »[...] das Volk stand auf in Disziplin und schlug – nicht Gesindel, Verbrecher und Aasgeier zu Boden, sondern schlug ihnen lediglich die Scheiben ein, zum ersten Warnungszeichen einer jetzt einsetzenden endgültigen und unabänderlichen kompromisslosen Schlusslösung«. Zur Übernahme der Goebbels-Rede siehe auch *Der Angriff* 24.11.38, *DAZ*, 23.11.(M), *FZ*, 23.11.38.
71 Vgl. Herbert Obenaus, «The Germans: ›An Antisemitic People‹. The Press Campaign after 9 November 1938«, in: *Probing the Depths of German Antisemitism:*

German Society and the Persecution of the Jews, 1933–1941, hg. von David Bankier, New York u.a. 2000, S. 147–180. Obenaus weist nach, dass die antisemitische Propagandakampagne im Winter 1938/39 einen vielgestaltigen Niederschlag in der nordwestdeutschen Provinzpresse fand; die Zeitungen bemühten sich insbesondere, das antisemitische Leitthema mit Hilfe von Beispielen aus der Lokal- und Regionalgeschichte zu illustrieren. Zur Propagandakampagne siehe auch Barth, *Goebbels und die Juden*, S. 149ff.

72 PA 1938, Nr. 3266, 15.11.38: »Verbrechen, die von Juden begangen werden, sollen künftig von den Zeitungen größer als andere Verbrechensmeldungen herausgebracht werden.« Zur Befolgung dieser Anweisung siehe folgende Auswahl: *VB*, 25.11.38, »Jüdische Passfälscherbande ausgehoben«; 28.11.38, »Die Juden als Verbrecher von Geburt. Unter 100 Taschendieben 90 Hebräer«; 29.11.38, »Jüdische Attentäter. Der Mord als politische Waffe Judas«; *Der Angriff*, 19.11.38, »Von Juden reingelegt. Ein Kapitel vom Verbrechen am deutschen Volk«; 25.11.38, »Soldaten sind ›Mörder‹! Was Juden über Deutsche zu sagen wagten«. Am 29.12.38 begann *Der Angriff* eine neue Serie: »Aber der Zoll fasste sie doch! Jüdische Devisenschieber – Ein Tatsachenbericht aus den Akten«. Auch die so genannte bürgerliche Presse beteiligte sich an dieser Kampagne: *BT*, 15.11.39, »Jüdischer ›Diamantenklub‹ ausgehoben«; 22.12.38, »Schiebungen von Prager Emigranten sowie Jüdische Devisenschieber gründlich hereingefallen«; *Berliner Lokalanzeiger*, 27.12.38 (A); »Judenskandal in Paris. 400 Millionen erschwindelt«; 29.12.38 (M), »Ein Grünspan als Taschendieb gefasst« (bezieht sich auf einen Vetter des Attentäters); 29.12.38 (A), »Raffinierte jüdische Schiebung«; 30.12.38 (M), »New Yorks Sensation: Der Fall Lauer. Frau eines jüdischen Obersten Bundesrichters als Schmugglerin«.

73 PA 1938, Nr. 3147, 14.11.38: »In den nächsten Tagen solle Presse weiter scharf das Vorgehen der Engländer in Palästina geißeln.« Siehe auch ebenda, NR. 3259, DNB-Rundruf vom 15.11.38.

74 Ebenda, Nr. 3265, 15.11.38.

75 Ähnliche Artikel lassen sich in anderen Zeitungen finden; siehe etwa den Leitartikel der *Braunschweiger Tageszeitung*, 15./16.12.38; *Kölnische Volkszeitung*, 12.11.38; *FZ*, 17.11.38, sowie *Berliner Lokalanzeiger*, 12.11.38.

76 Siehe die Presseanweisung vom 15.11.38, PA 1938, Nr. 3276. Zur Umsetzung dieser Weisung siehe etwa die intensive Berichterstattung des *VB* am 16.11., 18.11., 19.11., 27.11. (USA), 29.11. (Schweden), 1.12. (Polen), 4.12. (Niederlande), 11.12. (ČSR), 14.12. (Slowakei), 19.12., 20.12. (Schweden), 21.12. (Frankreich), 23.12. (Polen), 24.12. (Ungarn und ČSR), 29.12.38 (Türkei), 18.1. (Großbritannien), 20.1. (Polen) und 28.1.35 (Mexiko). Als Beispiele aus der übrigen Presse siehe *Der Angriff* 11.11., 15.11. und 24.11.38; *Braunschweiger Tageszeitung*, 17.11.38; *Bamberger Volksblatt*, 14.11. und 17.11.38; *BT*, 16.–23.11., 25.11. und 29.11.38; *DAZ*, 16.11. und 19.11.38; *FZ*, 17.–19.11, 21.11., 23.11. und 26.11.38, sowie *Kölnische Volkszeitung*, 17.11.38.

77 *VB*, 17.11., 18.11., 21.11., 29.11. und 1.12.38; siehe auch *Der Angriff*, 20.11.38; *Westdeutscher Beobachter*, 18.11.38; *FZ*, 21.11.38, sowie *MNN* 18.11.38.

78 18.11.38.

79 PA 1938, Nr. 3287, 17.11.38.

80 Ebenda, Ausführungen Dr. Ziegler.

81 Siehe zum Beispiel *VB*, 20.11.38, »Die jüdische Schuld an der Zersetzung im Vorkriegsdeutschland«; 25.11.38, »Maximilian Harden – Der Judas des deutschen Volkes«; 7.12.38, »Tante Funkstunde und die lieben Juden. Hinter den Kulissen des Rundfunks im Systemdeutschland«.

82 *VB*, 24.11.38; *Braunschweiger Tageszeitung*, 29.11.38; *Der Angriff*, 19.11.38.

83 *VB*, 24.11.38.
84 *VB*, 11.12.38 (Fichte); *BT*, 25.11.38 (Goethe) und 28.11.38 (Riehl).
85 *VB*, 29.12.38, 4.1. und 29.1.39; *BT*, 23.11.38.
86 Das *BT* lieferte (neben den in Anm. 84 zitierten Artikeln) eine Artikelfolge über »Die Juden im deutschen Geistesleben«, 26.11. und 27.11.38. Die *DAZ* brachte eine Aufsatzreihe über »Die Rolle des Judentums in der Welt«: 18.11.(A), 19.11.(A) und 24.11.(M); am 29.11.38(M) ging es um »Die Juden als ›Verwalter‹ der deutschen Kultur«.
87 Siehe zum Beispiel *Kölnische Volkszeitung*, 19.11.(»Der jüdische Einfluss«), 22.11. (»Juden und Dolchstoß«) und 25.11.38 (»Juden in englischer Schau«) oder auch *Bamberger Volksblatt*, 19.11.38 (zu Rathenau).
88 Die *FZ* brachte am 19.11.38 ein Zitat von Walther Rathenau, das als jüdische Selbstkritik gelesen werde konnte; im Übrigen verfolgte sie den Kurs, antisemitische Äußerungen nicht in die Form eigener Beiträge der Redaktion zu kleiden, sondern aus NS-Veröffentlichungen zu übernehmen und als Zitate deutlich zu machen (am 19.11.38 beispielsweise das Buch »Die Juden in Deutschland« oder am 22.11.38 die NS-Parteikorrespondenz).
89 PA 1938, Nr. 3310, 19.11.38.
90 Ebenda, Nr. 3290, 18.11.38, sowie Nr. 3311, 19.11.38.
91 Ebenda, Nr. 3336, 22.11.38.
92 Ebenda, Nr. 3334 und Nr. 3337; 22.11.38; Nr. 3388, 25.11.38; Nr. 3398, 26.11.38; Nr. 3450 und Nr. 3455, 30.11.38; Nr. 3483, 2.12.38; Nr. 3612, 14.12.38, sowie PA 1939, Nr. 68, 7.1.39.
93 Am 28.11.38 monierte der Sprecher des Propagandaministeriums, es seien über »hundert Meldungen in den letzten Tagen in der Berliner Presse erschienen«, die mit einem antijüdischen Kommentar hätten versehen werden können. »Man werde die deutsche Presse gründlich beobachten« (PA 1938, Nr. 3418). Siehe auch Sänger, *Politik der Täuschungen*, S. 64.
94 PA 1938, Nr. 3490, 2.12.38 und Nr. 3510, 3.12.38. Die Meldungen, so hatte es das Propagandaministerium angekündigt, sollten stets mit den Worten »Jude« oder »jüdisch« beginnen und am Rande mit einem S (für Semit) gekennzeichnet werden.
95 So die Übersicht von Voigt, »Jüdisches Leben und Holocaust im Filmdokument«.
96 Bis Ende des Monats erschienen noch drei antisemitische Beiträge: am 16.12.38 mittags, am 20.12.38 abends sowie am 23.12.38 mittags; alle Angaben nach BAB, R 78/1310.
97 K/J 2786, Regierungspräsident Oberbayern, Bericht für Dezember 1938, 9.1.1939 (BayHStA, StK 106671): »Die tägliche Erörterung der Judenfrage durch den Rundfunk vor Beginn der Nachrichten erweist sich hierbei als ein ausgezeichnetes Belehrungsmittel.« K/J 2768, SD-Oberabschnitt Elbe II 112, Bericht für 1938, 18.1.1939 (FfZ, 93121), erwähnt die »vor jedem Nachrichtendienst im Rundfunk bekanntgegebenen Worte führender Männer über das Judentum«, die allerdings wenig Beachtung fänden.
98 Nur für Redner. Sonderlieferung 3/1938 des Aufklärungs- und Redner-Informationsmaterials der Reichspropagandaleitung der NSDAP und des Reichspropagandaamtes der DAF, o.D., zitiert in: Barth, *Goebbels und die Juden*, S. 267.
99 Rede vom 30. Januar, in: Hitler, *Reden und Proklamationen 1932-1945*, Bd. 2, S. 1047ff., zu dem einschlägigen Passus siehe S. 1055-1058.
100 Der Redeausschnitt mit der »Prophezeiung« wurde in allen deutschen Wochenschauen gebracht, siehe UfA Tonwoche 439/39, Tobis Wochenschau 6/1939 und

Deulig Tonwoche 37/1939. vgl. Siehe auch Voigt, »Jüdisches Leben und Holocaust im Filmdokument«, und Daniel Terner, »Prophet und Prophezeiung. Zur Geschichte eines Hitler-Zitats 1939–1945«, Magisterarbeit, Stuttgart 1995. Ich danke Herrn Terner für die Überlassung eines Exemplars dieser Arbeit.
101 Der *VB* vom 1.2.39 hob die Passage mit der Zwischenüberschrift »Prophetische Warnung an das Weltjudentum« hervor. *Der Angriff* vom 1.2.39 kommentierte wie folgt: »Werden die Juden in der Welt einsehen, dass sie gut daran tun, der Prophezeiung des Führers das Gewicht beizumessen, das ihr zukommt? Ein neuer Weltkrieg, so sagte Adolf Hitler, wird nicht die Bolschewisierung der Erde, sondern die Vernichtung der jüdischen Rasse in Europa bringen. Diese Prophezeiung spricht ein Mann aus, der mit seinen prophetischen Worten immer recht gehabt hat. Und der wie kein zweiter auch die wirkliche Lage des Judentums in allen Ländern der Erde kennt und beurteilt, besser als die jüdischen Hetzapostel, die in ihrer Verblendung und in ihrer Rachsucht ihre Grenzen nicht erkennen und nicht sehen, dass die Völker nicht mehr für sie in den Krieg gehen wollen.« Die *DAZ* vom 31.1.39 betonte in ihrem Kommentar ebenfalls die »Prophezeiung«. Die *FZ* vom 1.2.39 fand in ihrem Leitkommentar zur Rede einen Weg, die »Prophezeiung« so zu interpretieren, dass sie nicht als Vernichtungs-Drohung des NS-Regimes gegen die europäischen Juden, sondern als Hinweis auf mögliche Aktivitäten radikalantisemitischer Kräfte außerhalb Deutschlands gelesen werden konnte: »Es gibt Strömungen und Bewegungen, die einen Krieg gegen Deutschland haben wollen. Sie finden, nachdem in Deutschland eine radikale Lösung der Judenfrage in die Wege geleitet worden ist, am Judentum in der Welt ihren stärksten Rückhalt. Ihnen gegenüber muss Deutschland bereit und gerüstet bleiben. Es kann auf sie nur mit dieser Bereitschaft antworten – und mit dem nachdrücklichen Hinweis darauf, dass auch jenen Kräften in den Ländern selbst, in denen sie am Werke sind, starke andere Kräfte entgegenstehen, die durch eine bessere Aufklärung nur an Stoßkraft gewinnen könnten.«
102 *Der Angriff*, 26.1.39.
103 Zitiert nach *Der Angriff*, 27.1.39.
104 Der *VB* erschien zwischen Februar 1939 und Kriegsbeginn meist mit etwa zwei bis drei antisemitischen Artikeln pro Woche; *Der Angriff* brachte etwa die gleiche Anzahl einschlägiger Artikel mit Ausnahme des Junis, in dem zwei stark antisemitische Serien erschienen. Der *Westdeutsche Beobachter* fuhr seine antisemitischen Beiträge im März ebenfalls deutlich zurück.
105 Zum Beispiel PA 1939, Nr. 68, 7.1.39 (voraussichtliche Entziehung des Mieterschutzes); PA 1939, Nr. 2195, 6.7.39 (Bildung der Reichsvereinigung).
106 PA 1939, Nr. 1531, 19.5.39: »Es wird um Vorsicht gebeten bei der Behandlung der Palästina-Frage. Der Gegensatz der Juden gegen England darf unter keinen Umständen stark herausgestellt werden. England bleibt für uns ein Juden-höriges Land.« PA 1939, Nr. 2079, 28.6.39: »Bei Verfahren gegen Rassenschande soll Berichterstattung eingeschränkt werden. Völliges Unterbinden erscheine wegen der erhofften abschreckenden Wirkung nicht ratsam. Künftig soll nur berichtet werden, wenn besonders verwerfliches Verhalten eines Juden gegenüber arischer Frau vorliege (Verschweigen der Rassenzugehörigkeit).« PA 1939, Nr. 2258, 10.7.39: »Ausländische Gerüchte über die Zahl der verhafteten Juden, die seit dem Novemberpogrom in Konzentrationslagern saßen, seien weit übertrieben. Es seien heute noch etwa 500 Juden in Lagern.«
107 Charakteristisch etwa der Bericht der Gendarmerie Hollfeld für Dezember, in dem es über Nachwirkungen der »Judenaktion« heißt, dass »die Stimmen [...]

bei jenen, die sich mit den Maßnahmen der Regierung nicht ganz zurechtfinden konnten, nun vollständig verstummt« seien: »Seit letzter Zeit werden keine Äußerungen mehr wahrgenommen.« (K/J 2804, 26.12.1938, StA Ba, K 8/9206). Im Tenor ähnlich siehe K/J 2786, Regierungspräsident Oberbayern, Bericht für Dezember 1938, 9.1.1939 (BayHStA, StK 106671); K/J 2789, Regierungspräsident Schwaben und Neuburg, Bericht für Dezember 1938, 7.1.1939 (BayHStA, StK 106683); K/J 2801, Gendarmerie Bezirk Ebermannstadt, Bericht für Dezember 1938, 29.12.1938 (StA Ba, K 8/9206); K/J 2810, NSLB Peißenberg, Bericht für Dezember 1938, 19.12.1938 (StA Mü, NSDAP 983); K/J 2814, NSLB Starnberg, Bericht für November und Dezember 1938 (ebenda); K/J 2803, Bezirksamt Garmisch-Partenkirchen, Bericht für Dezember 1938, 30.12.1938 (StA Mü, LRA 61616).
108 VB, 4.1.39, »Die Juden im englischen Mittelalter«; 29.1.39, »Judentum und Judenfrage«; 31.1.39, »Apostata – der ewige Jude. Maximilan Harden, das Judentum und das wilhelminische Deutschland«; *Der Angriff* begann am 8.2. seine Serie »Das war einmal die ›Elite der Nation‹. Juden, Lumpen, Vaterlandsverräter«.
109 2.4.39.
110 *Judenverfolgung und jüdisches Leben unter den Bedingungen der nationalsozialistischen Gewaltherrschaft*, Bd. 1, Nr. 82a, 10.5.39. Ley hielt diese Rede auf der konstituierenden Sitzung der Gauarbeitskammer Tirol/Vorarlberg.
111 VB, 20.1.38, »Jüdischer Mordüberfall in Haifa«; 28.2.38, »Jüdische Massenmorde unter der arabischen Bevölkerung«; 2.3.38, »Jüdische Minderheit will Palästina unbeschränkt beherrschen«; 1.6.38, »Neue jüdische Überfälle in Palästina«; 23.6.38, »Früchte der britischen Palästinapolitik. Jüdische Mordorganisation prahlt mit ihren Verbrechen« (Schlagzeile); *Der Angriff*, 14.6.38, »Jüdische Terrorakte. Rachel, die Minenlegerin, verurteilt«; 30.6.38, »Araber als Freiwild. Jüdische Bombenanschläge reißen nicht ab«; *Westdeutscher Beobachter*, 29.1.39, »Zions Fahne ist rot. Flaggenstreit der Palästina-Juden«; 14.2.38 (M), »Araber verhandeln weiter. Weizmann droht den Engländern«; 15.2.38 (M), »Jüdische Drohungen gegen England« (Schlagzeile); 15.2.38 (A), »Jüdischer Palästina-Schlachtplan«; 18.2.38 (M), »Araber lachen über jüdische ›Krieger‹. Die Drohung eines bewaffneten Judenaufstandes in Palästina«; 27.2.38 (A), »Judas Zorn über England. Mac Donalds jüngster Verfassungsplan für Palästina bereits torpediert« (Schlagzeile); 6.3.38 (M), »Die Juden wollen abreisen. Rückzugsmanöver auf der Palästina-Konferenz«; 8.3.39 (A), »Palästina-Konferenz auf dem toten Punkt – Die Juden geben nicht nach«; 15.3.38 (M), »Der neueste Juden-Dreh: ›Vertagung‹ der Palästina-Konferenz«, sowie 28.2.38 (M), »Judenrache an den Arabern«.
112 PA 1939, Nr. 31, 4.1.39. Zum Antiamerikanismus in der NS-Propaganda siehe auch Peter M. R. Stirk, »Anti-Americanism in National Socialist Propaganda during the Second World War«, in: *Making the New Europe. European Unity and the Second World War*, hg. von M. L. Smith und Peter M. R. Stirk, London/New York 1990, S. 66–86.
113 VB, 6.1.39, »62 000 Juden bei der Bundes- und Staatsverwaltung der USA. Unter jüdischer Diktatur«; 31.1.39, »Ein sinniges Geschenk. Roosevelt erhält Thora-Rolle«; 14.5.39, »USA-Journalisten klagen an: Roosevelt Mitwisser eines politischen Mordes. Aufsehenerregende Enthüllungen über die Ermordung des Gouverneurs Long durch einen Juden« (Schlagzeile); 21.5.39, »Judendiktatur in USA geplant«; *Der Angriff*, 17.6.39, »Mein Lieber Lord Rothschild«; 2.4.39, »Amerikanische Judenhetze auch gegen Ungarn«; 16.6.39, »›Herzliche Grüße den Rabbis‹«.

Roosevelt vergisst seine Juden nicht«; *Westdeutscher Beobachter*, 18.1.39 (A), »Roosevelt verwirklicht die ›Protokolle‹. Die Judenherrschaft in den Vereinigten Staaten – eine aufschlussreiche Gegenüberstellung«; *DAZ*, 31.1.39, »Eine handgeschriebene Thora-Rolle als jüdische Auszeichnung für Roosevelt«; *Berliner Lokalanzeiger*, 5.1.39, »62 000 Juden beherrschen USA«; 6.1.39, Fotoserie »Sage mir, mit wem du umgehst« zum gleichen Thema.

114 Die Verabschiedung eines Gesetzes des Staates New York, das sich gegen rassistische Diskriminierung bei der Einstellung von Bewerbern in den öffentlichen Dienst richtete, kommentierte der *VB* vom 12.6.39 unter der Überschrift »Keine Rassenschranke mehr in Neuyork. Das ganze Staatsleben unter jüdischem Terror« wie folgt: »Der jüdische Gouverneur des Staates Neuyork, Lehmann, unterzeichnete ein von seinen Rassegenossen durchgepeitschtes Gesetz, das die letzten Spuren jedes Widerstandes gegen die jüdische Durchdringung und schließlich vollständige Beherrschung des gesamten Neuyorker Beamtenapparates und der Wirtschaft austilgen soll.« Zur Kritik am »jüdischen« New York siehe auch *VB*, 18.1.39, »Es stinkt bei Herrn Laguardia«; *Der Angriff* begann am 12.1.39 eine Serie »Regiert das Ghetto in New York?« und berichtete am 21.2.39 über »Judenterror in Neuyork«.

115 Siehe *Der Angriff* vom 18/19.2.39 mit einem dreiseitigen Beitrag über amerikanische Fotoreporter unter der Überschrift »Bildergangster. Das böse Gewissen Amerikas«.

116 *Westdeutscher Beobachter*, 17.1.39 (A), »Streit um Laguardia. Seine Judengenossen betrogen Neuyork um Millionen«.

117 *VB*, 3.1.39, »Heute: Judenprozess in Neuyork«; 4.5.39, »Passfälscher gefasst – natürlich Juden« (New York); 14.5.39, »USA-Journalisten klagen an: Roosevelt Mitwisser eines politischen Mordes. Aufsehenerregende Enthüllungen über die Ermordung des Gouverneurs Long durch einen Juden« (Schlagzeile); 15.8.39, »Ein Jude Amerikas Staatsfeind Nr. 1«.

118 *VB*, 25.1.39, »Jud Baruch wollte 3 Mill. Dollar ins Rüstungsgeschäft stecken«; *Der Angriff*, 25.1.39, »Warum Jud Baruch für Krieg ist«.

119 Die Überschrift des Artikels war eine deutliche Anspielung auf den von Bismarck lancierten Artikel »Ist der Krieg in Sicht« in der regierungsnahen Zeitung *Post* vom 8. April 1875, der als deutsche Präventivkriegsdrohung gegenüber Frankreich zu verstehen war und eine internationale Krise auslöste.

120 Es liegen nur wenige einschlägige Berichte vor. Die NSDAP Kreisleitung Augsburg-Stadt schrieb in ihrem Bericht für April 1939 (K/J 2887, o.D., StA Abg, NSDAP Gaultg. Schwaben 1/19), es sei die »Rassenfrage ... heute in Bezug auf den Juden allgemein verständlich«, doch scheine »man hier über die allgemeine Auswirkung für das eigene Volk noch nicht die notwendige Erkenntnis aufzubringen«. Es müsse immer wieder festgestellt werden, dass »gerade die Grundprobleme der nationalsozialistischen Weltanschauung zu wenig verstanden und auch nicht immer leicht verständlich gebracht werden«. Die Gendarmerie im bayerischen Schmidmühlen schrieb in ihrem Bericht für Juli 1939 (K/J 2984, 25.7.1939, StA Am, BA Burglengenfeld 18047), die Bevölkerung habe angesichts des offenkundig bevorstehenden Krieges gegen Polen »eine ziemliche Angst«; es herrsche die Auffassung, dass man »doch die Juden endlich in Ruhe lassen sollte, weil diese das ganze Kapital besitzen und den Krieg gegen Deutschland finanzieren könnten«.

121 Die Deutschland-Berichte der Sopade enthielten im Februar 1939 noch einmal einen größeren Abschnitt zum Thema Judenverfolgung (S. 202ff). Durchgehend wurde hier die Ablehnung des Novemberpogroms und der antisemiti-

schen Politik des Regimes betont. Die »fortgesetzte Hasspropaganda«, so die Einschätzung, sei der Versuch, die bisher nicht erzielte antisemitische Massenstimmung »doch noch zu erzeugen« (ebenda, S. 211). Weitere Abschnitte vom März und Juli befassten sich mit der Judenverfolgung in den annektierten Gebieten.

122 So etwa Kershaw, »Antisemitimus und Volksmeinung«, S. 337 (zusammenfassend).

Die »Judenfrage« nach Beginn des Zweiten Weltkrieges

1 Zur Judenpolitik des Regimes nach Kriegsausbruch siehe Christopher Browning, *Die Entfesselung der »Endlösung«. Nationalsozialistische Judenpolitik 1939–1943* Berlin 2003, sowie Longerich, *Politik der Vernichtung*, S. 27ff.
2 Hitler, *Reden und Proklamationen 1932–1945*, Bd. 2, S. 1047ff., S. 1055.
3 Siehe Pressekonferenz vom 19.2.40 (BAK, ZSg. 109/18), in der die Presse eher beiläufig darauf hingewiesen wurde, dass Hitler in seiner Rede zum 30.1.1940 an seine Prophezeiung erinnert hatte. In der veröffentlichten Propaganda sollte dies jedoch keine große Rolle spielen.
4 So durfte beispielsweise die Polizeiverordnung vom 4.7.40, die am 7.8.40 im Amtsblatt des Landespolizeibezirks Berlin veröffentlicht wurde und in der die Einkaufszeiten für Juden geregelt wurden, nicht in der Presse veröffentlicht werden; siehe Vertrauliche Information vom 7.8.40 (BAK, ZSg. 109/14).
5 *Kriegspropaganda 1939–1941*, 18.9.40.
6 Eine Ausnahme bildete die von der deutschen Presse stark beachtete Rede, die Alfred Rosenberg im März 1941 anlässlich der Eröffnung des Instituts zur Erforschung der Judenfrage in Frankfurt am Main hielt. Rosenberg erklärte hier in aller Deutlichkeit, eine europäische Lösung der »Judenfrage« könne nicht durch einen »Judenstaat«, sondern nur durch ein »jüdisches Reservat« erfolgen. Wo dieses Reservat liegen sollte, ließ er offen; dem Kontext der Rede konnte man entnehmen, dass jedenfalls nicht an Europa gedacht wurde. Tatsächlich hatte das RSHA zu diesem Zeitpunkt bereits damit begonnen, die Deportationen der europäischen Juden in die zu erobernden sowjetischen Gebiete zu planen, und Hitler hatte Rosenberg die politische Verwaltung dieser Gebiete zugesagt; zu Einzelheiten siehe Longerich, *Politik der Vernichtung*, S. 283ff. Zur Rosenberg-Rede siehe die Berichterstattung im *VB*, 22.3., 27.3., 28.3. und 30.3.41 (Text der Rede). Auch die nichtnationalsozialistische Presse berichtete auf Aufforderung des Propagandaministeriums ausführlich über die Instituts-Eröffnung: BAK, ZSg. 109/19, 25.3.41, Tagesparole; *DAZ*, 28.3.41, *FZ*, 27.3.41.
7 Pressekonferenz, 20.10.39 (BAK, BA, ZSg. 102/19), siehe auch 24.10.39, ebenda.
8 In den Ministerkonferenzen im Propagandaministerium wurde das Problem der polnischen Juden wie in den Anweisungen an die Presse buchstäblich totgeschwiegen.
9 In der Propaganda der Wehrmacht spielten diese Berichte eine größere Rolle; siehe beispielsweise die Sammlung von »Ghettoberichten«, die Kriegsberichterstatter der Wehrmacht im Juni 1941 anfertigten (BAM, RL 15/67).
10 15.8.40, Meldung über die »Judengesetzgebung im Generalgouvernement«, sowie eine große Reportage über Lodz am 5.1.41.
11 *Kriegspropaganda 1939–1941*, 6.7.40.
12 Ebenda, 23.8.40.
13 Vertrauliche Information des Propagandaministeriums, 3.9.39 (BAK, ZSg. 109/3),

30.10.39 (ebenda, Bd. 4), 9.11.39 (ebenda, Bd. 5) und 19.2.41 (ebenda, Bd. 18); *Kriegspropaganda 1939–1941*, 8.11.39 und 1.8.40; Pressekonferenz, 8.11. und 10.11.39 (BAK, ZSg. 102/20). Siehe auch die Anweisungen zum Rücktritt Hore-Belishas im Januar 1940 (siehe S. 152ff.), die Hinweise zur Beachtung der antisemitischen Filme (S. 155f.) sowie zur Eröffnung des Instituts zur Erforschung der Judenfrage in Frankfurt im März 1941 (S. 386, Anm. 6).
14 *VB*, 17.9. und 22.9.39; *Der Angriff*, 1.9. und 8.9.39.
15 Programmatisch ist der zweiteilige Artikel »Judas Krieg«, der am 19.9. und 28.9.39 erschien.
16 25.10.39; siehe auch 6.10.39, »Wir Juden werden der Welt nicht den Frieden lassen« (Schlagzeile); 29.10.39, »Mister Smuts als Rabbiner«, und 31.10.39, »Ein jüdischer Geheimbrief enthüllt: Englands Minister nur Strohpuppen Judas« (Schlagzeile).
17 Zur angeblichen Kriegsallianz zwischen Großbritannien und »den Juden« siehe *Der Angriff*, 17.9.39, »Der Schutzherr der Juden. König Georg dankt den Rabbinern«, und 4.11.39, »Juda Englands Verbündeter«; *Westdeutscher Beobachter*, 1.9.39 (M), »Juden hetzen in Belgien zum Krieg«, 4.9.39 (M), »England und Juda hetzen Frankreich auf«, sowie 5.9.39 (M), »Weltjudentum putscht Frankreich auf«. Die badische Gauzeitung *Der Führer* betont in ihrem Kommentar vom 19.10.39 (»Es lebe der Krieg«) die jüdische »Kriegsschuld« und titelte am 31.10.39: »England mit Juda Hand in Hand«. Im Übrigen äußerten sich aber weder *Der Angriff*, *Der Führer* noch der *Westdeutsche Beobachter* zu der Weizmann-Erklärung.
18 Siehe die Berichterstattung von *FZ*, *MNN* sowie *Schlesischer Zeitung* im Oktober und November 1939.
19 Siehe auch *VB*, 31.10.39; *Westdeutscher Beobachter*, 31.10.39 (M) sowie *Der Angriff*, 31.10.39.
20 *VB*, 11.11.39, »England und Juda die geistigen Urheber des Münchner Verbrechens«. Die badische Gauzeitung *Der Führer* zitierte in ihrem Kommentar vom 10.11.38 (»Göttliche Fügung«) die »Volksstimme«: »Das hat der jüdisch-englische Feind angerichtet«; die Mecklenburgische Parteizeitung *Niederdeutscher Beobachter* vom 9.11.39 machte die »britischen Kriegshetzer und ihre jüdischen Einpeitscher« verantwortlich. Die Kommentierung im *Angriff* war hingegen nicht primär antisemitisch, und die Stoßrichtung des *Westdeutschen Beobachters* war eher antibritisch als judenfeindlich.
21 BAK, ZSg. 102/20.
22 *FZ*, 10.11. und 11.11.39.
23 11.11.39.
24 10.11.39 (A).
25 10.11.39 (A).
26 9.11. (M) und 10.11.39 (M).
27 2.12.39. Siehe auch 13.11., 17.11. und 21.11.39; außerdem *Der Angriff*, 23.10 sowie 10.11.39.
28 BAK, ZSg. 102/21, 6.1.40. Siehe auch *Kriegspropaganda 1939–1941*, 6.1.40.
29 BAK, ZSg.102/21, 8.1. mittags. Siehe auch ZSg. 109/7, Vertrauliche Information vom 6.1., 8.1. und 9.1.40.
30 8.1.40, »Warum der Jude Hore-Belisha zurückgenommen wurde – Weltjudentum und Kriegshetzer fühlten sich durch den marokkanischen Hebräer kompromittiert«; 9.1.40, »Juden und ihre Genossen regieren weiter – Der jüdische Einfluss hinter den Kulissen der englischen Kriegspolitik«.
31 10.1.40, siehe auch 9.1.40.

32 9.1.40, »Der Hintergrund: Der Sturz des englischen Kriegsministers«; siehe auch 7.1. und 8.1.40.
33 MNN, 9.1.40, »Der Jude geht, aber die Juden bleiben« (Schlagzeile); siehe auch 6.1. und 8.1.40, »Hore-Belisha musste geopfert werden« (Schlagzeile).
34 6.1.40 (A), »Unbequem. Der ›neue Disraeli‹ musste gehen«.
35 »Der Fall Hore Belisha« (Schlagzeile); siehe ferner die Berichte vom 6.1. und 7.1.40.
36 Siehe hierzu die nationalsozialistischen Blätter VB, Der Angriff und Der Freiheitskampf für die ersten Monate des Jahres 1940. So begann etwa Der Angriff Anfang Februar eine Pressekampagne gegen die britische »Plutokratie«; in den meisten Artikeln, die in den folgenden Wochen unter diesem Schlagwort erschienen, fehlte jedoch eine ausgesprochen antisemitische Tendenz.
37 VB, 6.3.40, »Englands Krieg ist Judas Krieg«; 29.11.40, »Die angelsächsischen Länder – letztes Bollwerk der jüdischen Hoffnungen« (Schlagzeile); 18.3.41, »Die Blutschuld des Kapitalismus jüdisch-angelsächsischer Prägung« (Schlagzeile); 23.3.41, »Rund um Roosevelt – Juden« (Bildseite); 25.3.41, »Verstärkter Einfluss des Weltjudentums in London«; Der Angriff, 25.2.40, »Churchill jüdischer Abstammung«; 28.2.40, »Die jüdischen ›Ausländer‹« setzen in England ihr Ausbeutergewerbe fort. Unter Judas Knute. Das Arbeiterelend in der englischen Plutokratie« (Schlagzeile); 7.5.40, »Sie haben sich gefunden. Chamberlain und Juden feiern Plutokratenfeste«; 7.7.40, »Für den König von Juda. Wieder ein englisch-zionistischer Geheimvertrag«, sowie 23.3.41, »Ein ›tüchtiger‹ Jude. Vertrag mit der englischen Regierung abgeschlossen«.
38 VB, 1.4.40, »Jüdischer Rachekrieg gegen Deutschland. Geheimbericht des polnischen Botschafters in Washington enthüllt den Kriegswillen der Juden«. Die Zeitung druckte die Dokumente über mehrere Seiten ab. Auch Der Angriff beutete die Dokumentenpublikation im antisemitischen Sinne aus, siehe die Berichterstattung vom 31.3. bis 3.4.40, insbesondere den Leitartikel Robert Leys vom 3.4.40, »Die Plutokraten bezahlen alles«.
39 Der Kommentar »Sechzehn Dokumente« in den MNN vom 30./31.3.40 bemerkte, es sei nun unter anderem der Beweis erbracht worden für die Kriegsverbrechen einer »internationalen Gruppe, die mit dem Judentum identisch ist«; Berliner Börsenzeitung, 31.3.40 (M), »Emigranten und Juden als Kriegstreiber« (Schlagzeile); sowohl die DAZ als auch die FZ verzichteten darauf, den Dokumentenfund im antisemitischen Sinne zu interpretieren (siehe die Berichterstattung vom 30.3.40 bis 2.2.40).
40 Voigt, Jüdisches Leben und Holocaust im Filmdokument. Ufa-Tonwoche, Nr. 471 vom 14.9.39, Nr. 472 vom 20.9.39, Nr. 474 vom 4.10.39 sowie Nr. 476 vom 18.10.39.
41 »Aus diesen Ghetto-Kaschemmen ist auf deutsche Soldaten geschossen worden. Die Strafe folgt dem Verbrechen auf dem Fuß« (Ufa-Tonwoche Nr. 474). Die Ausgabe Nr. 471 zeigte Aufnahmen polnischer Juden, die sich unter Bewachung auf einem Lkw-Transport befanden, und kommentierte: »Polnische Juden, die sich in vielen Fällen der Aufhetzung und Anstiftung zu Mord an Deutschen schuldig gemacht haben.«
42 Voigt, Jüdisches Leben und Holocaust im Filmdokument, Deutsche Wochenschau Nr. 558, 1941, 14.5.41.
43 Siehe Barth, Goebbels und die Juden, S. 160ff.; Dorothea Hollstein, Jud Süß und die Deutschen. Antisemitische Vorurteile im nationalsozialistischen Spielfilm, Frankfurt a. M. u.a. 1983; Stefan Mannes, Antisemitismus im nationalsozialistischen Propagandafilm. »Jud Süß« und »Der ewige Jude«, Köln 1999; Felix Moel-

ler, *Der Filmminister. Goebbels und der Film im Dritten Reich*, Berlin 1998, S. 238ff. 1939 waren bereits zwei Unterhaltungsfilme, »Robert und Bertram« und »Leinen aus Irland«, in die Kinos gekommen, die massiv antisemitische Stereotype ausgebeutet hatten. Vor dem Novemberpogrom hatte Antisemitismus in der Spielfilmproduktion des »Dritten Reiches« noch eine vollkommen untergeordnete Rolle gespielt; siehe Mannes, *Antisemitismus im nationalsozialistischen Propagandafilm*, S. 19ff., sowie Hollstein, *Jud Süß und die Deutschen*, S. 32ff.
44 Mannes, *Antisemitismus im nationalsozialistischen Propagandafilm*, S. 106. Als weitere Literatur zu »Jud Süß« siehe Susan Tegel, *Jew Süss/Jud Süss*, Trowbridge 1996 sowie Friedrich Knilli, *Jud Süß. Filmprotokoll, Programmheft und Einzelanalysen*, Berlin 1983.
45 K/J 3287 und 3306, SD Außenstelle Bielefeld, Berichte vom 11.8.1941 und 30.9.41 (StA Det, M18 Nr. 15 und Nr. 16 II).
46 Vertrauliche Information, 28.11.40 und 12.12.40 (BAK, ZSg. 109/16 und 17).
47 K/J 3205, RSHA, Amt III (SD), 20.1.41 (in: *Meldungen aus dem Reich*, Bd. 6, S. 1914f. und S. 1917ff.). Zum schlechten Besuch des Films siehe auch J/K 3215, SD Außenstelle Höxter, 7.2.1941 (StA Det, M 18 Nr. 9): »Das Dargestellte sei alles gut und richtig, aber in der gebrachten Form etwas langweilig gewesen«, sowie J/K 3243, NSDAP Kreisleitung Aachen-Land, Bericht für April 1941, 28.4.1941 (HStA Dü, RW 23/1: »Im vergangenen Monat wurden insgesamt 71 Filmveranstaltungen durchgeführt. Der Film ›Der ewige Jude‹ war sehr schlecht besucht. Das Publikum zeigt für ausgesprochene Tendenzfilme ohne Spielhandlung kein großes Interesse.« Als Literatur zu »Der Ewige Jude« siehe Stig Hornshøj-Møller, »*Der ewige Jude«. Quellenkritische Analyse eines antisemitischen Propagandafilms. Begleitpublikation zur Filmedition G 171 »Der Ewige Jude«*, Göttingen 1995; Yizhak Ahrens, Stig Hornshøj-Møller und Christoph B. Melchers, »*Der ewige Jude«. Wie Goebbels hetzte. Eine Untersuchung zum nationalsozialistischen Propagandafilm*, Aachen 1990.
48 Nach Ian Kershaw spielte die »Judenfrage« in der Kriegszeit insgesamt nur eine untergeordnete Rolle in der Volksstimmung (»Antisemitismus und Volksmeinung«, S. 337ff., sowie »German Popular Opinion and the ›Jewish Question‹«, S. 370ff.); dies gilt insbesondere bis zum Sommer 1941. Kershaw führt die weitgehende Entpersonalisierung, wenn nicht Enthumanisierung »der Juden« in der populären Vorstellung auf die weitgehend unterbrochenen Alltagskontakte zwischen Juden und Nichtjuden sowie auf die nun vorrangige Beschäftigung mit den Problemen des Krieges zurück. Kulka sieht ebenfalls Apathie und Interesselosigkeit am Schicksal der Juden als Hauptcharakteristikum der beiden Jahre vom Kriegsbeginn bis zum Einsetzen der Massendeportationen (»»Public Opinion‹ in Nazi Germany. The Final Solution«, «S. 146).
49 K/J 2986, NSDAP Kreisleitung Kitzingen-Gerolzhofen, Bericht vom 4.9.1939 (StA Wü, NSDAP Gau Mainfranken Nr. 8); K/J 2972, SD-Außenstelle Worms, Politischer Stimmungsbericht, 14.9.1939 (HStA Wi, Abt. 483 Nr. 7117); K/J 2985 bis 2987, NSDAP Kreisleitung Kitzingen-Gerolzhofen, 1.9.1939–7.9.1939 (StA Wü, NSDAP Gau Mainfranken Nr. 8); K/J 2993, V-Mann des SD im Raum Münster, Bericht vom 6.9.1939 (StdA Ms, Amt 43 E Nr. 18); K/J 3043, RSHA, Amt III (SD), 13.12.1939, in: *Meldungen aus dem Reich*, S. 563ff. und S. 564; K/J 3008, Stapostelle Köln, 12.10.1939 (HStA Dü, RW 16-3); K/J 3021, RSHA, Amt III (SD), 22.11.1939, (in: *Meldungen aus dem Reich*, S. 481ff. und S. 482); K/J 3026, SD-Hauptaußenstelle Wiesbaden, 15.11.1939 (HStA Wi, Abt. 483 Nr. 7103).
50 K/J 2971, SD-Unterabschnitt Wiesbaden, 6.9.1939.
51 K/J 2970, SD-Außenstelle Mainz, 13.9.39 (HStA Wi, Abt. 483 Nr. 7117).

52 Beispielsweise in Kitzingen und Marktbreit: K/J 2988, NSDAP Kreisleitung Kitzingen-Gerolzhofen, 11.9.1939 (StA Wü, NSDAP Gau Mainfranken Nr. 8), oder in der Gemeinde Unsleben im Kreis Bad Neustadt (Franken): K/J 2991, Gendarmerie Unsleben, 28.9.1939, Bericht für September 1939, 28.9.1939 (StA Wü, LRA Bad Neustadt 21908).

53 K/J 2990, Gendarmerie Sandberg, 28.9.1939 (StA Wü, LRA Bad Neustadt 21908); K/J 3015, NS Frauenschaft Gau Mainfranken, 27.10.1939 (StA Wü, NSDAP Gau Mainfranken Nr. 8); K/J 3017, V-Mann des SD im Raum Münster, 18.10.1939 (StdA Ms, Amt 43 E Nr. 18); K/J 3034, Gendarmerie Hollfeld, 26.11.1939 (StA Ba, K 8/9205 II); K/J 3040, V-Mann des SD im Raum Münster, 3.11.1939 (StdA Ms, Amt 43 E Nr. 18). Zum Teil scheint dieser Zusammenhang aber auch auf, wenn Leute – Gottesdienstbesucher –»den Krieg als eine Strafe für die Behandlung der Juden« betrachteten; K/J 2984, NSDAP Kreisschulungsamt Lahr, Bericht für September 1939, 3.10.1939 (GLA Ka, 465 d Nr. 158).

54 K/J 2988, NSDAP Kreisleitung Kitzingen-Gerolzhofen, 11.9.1939 (StA Wü, NSDAP Gau Mainfranken Nr. 8).

55 Der Regierungspräsident von Ober- und Mittelfranken meldete am 7.12.39 in zwei Orten im Landkreis Höchstadt a.d. Aisch »Einzelaktionen« nach dem Attentat: K/J 3029 (BayHStA, StK 106678); der Amtsvorsteher von Hornhausen berichtete von Demonstrationen: K/J 3035 und 3036, 9.11.1939 (LHA Ma, C 30 Oschersleben A Nr. 371). Aus Nordheim wurde dem SD »auf Anfrage« gemeldet, dass Schulkinder Fensterscheiben eingeworfen hätten: K/J 3041, 16.11.1939 (StA Wü, LRA Mellrichstadt 1577). Siehe auch K/J 3019, RSHA, Amt III (SD), 10.11.1939, (in: *Meldungen aus dem Reich*, S. 441).

56 K/J 2993, V-Mann des SD im Raum Münster, Berichterstattung über die Stimmung in der Bevölkerung, 6.9.1939, und K/J 3038, NSDAP Gau Westfalen Nord, Bericht für November 1939, o.D. (beide in StdA Ms, Amt 43 E Nr. 18).

57 K/J 3078, NSDAP Kreisleitung Worms, 8.3.1940 (StdA Wo, Abt. 5/4702); K/J 3085, Regierungspräsident Schwaben, Bericht für März 1940, Augsburg, 9.4.1940 (BayHStA, StK 106683); K/J 3087 und 3088, Gendarmerie Ebermannstadt, Bericht für März 1940, 29.3.1940 und 30.3.1940 (StA Ba, K 8/9205 III); K/J 3139, Regierungspräsident Ober- und Mittelfranken, Bericht für Juli 1940, 7.8.1940 (BayHStA, StK 106678); K/J 3160, Bürgermeister L., 31.8.1940 (in: Franz Josef Heyen, *Nationalsozialismus im Alltag. Quellen zur Geschichte des Nationalsozialismus vornehmlich im Raum Mainz-Koblenz-Trier*, Boppard am Rhein 1967, S. 149f.), sowie K/J 3161 Bürgermeister L, 5.9.1940 (in: ebenda, S. 149f.).

58 K/J 3054, Stapoleitstelle Stettin, Tagesrapport Nr. 8, 22.1.1940 (AP Stet, Polizeipräsident Stettin 69); K/J 3069 Stapoleitstelle Stettin, Tagesrapport Nr. 12, o.D. (AP Stet, Polizeipräsident Stettin 69); K/J 3071, Regierungspräsident Mainfranken, Bericht für Februar 1940, 12.3.1940 (BayHStA, StK 106681); K/J 3100, Regierungspräsident Mainfranken, Bericht für April 1940, 10.5.1940 (BayHStA, StK 106681); K/J 3111, Stapostelle Bielefeld, Tagesrapport Nr. 9, 27.5.1940 (StA Det, M1 IP Nr. 637); K/J 3137, Stapostelle Bielefeld, Tagesrapport Nr. 2, 6.7.1940 (StA Det, M1 IP Nr. 637).

59 K/J 3025, SD-Außenstelle Bad Kissingen, Bericht vom 27.11.1939 (StA Wü, SD-Hauptaußenstelle Würzburg Nr. 11/1). Zu dem ansatzweise durchgeführten, dann aber aufgegebenen Nisko-Projekt siehe Browning, *Entfesselung der Endlösung*, S. 65ff., sowie Longerich, *Politik der Vernichtung*, S. 256ff.

60 Sopade, April 1940, S. 256ff., Zitat S. 257.

61 Ebenda, März 1940, S. 157.

»Jüdischer Bolschewismus«, Gelber Stern und Deportationen: Anatomie einer Kampagne

1 BAK, ZSg. 102/32, 22.6.41.
2 Protokoll der internen Propagandakonferenz, 5.7.41, in: »Wollt Ihr den totalen Krieg?«: »In diesen unsagbaren Zustand tiefsten menschlichen Elends hat der Jude durch sein teuflisches System des Bolschewismus die Völker der Sowjetunion gestoßen. Diesem größten Völkerbetrug aller Zeiten ist nun die Maske vom Gesicht gerissen.«
3 BAK, ZSg. 102/32, Tagesparole. Siehe auch ergänzend die Vertrauliche Information vom 5.7.41 (ebenda) sowie die Tagesparole, ZSg. 102/32,vom 7.7.41: »Die in sämtlichen deutschen Blättern begonnene Aufklärungsaktion über den bolschewistischen Judenstaat ist mit Nachdruck weiterzuführen.«
4 Siehe VB vom 6.7.41, der ganz im Zeichen dieser Propagandaaktion stand. Die Schlagzeile lautete: »Die Maske fällt. Der deutsche Soldat erlebt den bolschewistischen Weltbetrug«. Siehe auch Der Angriff, 6.7.41, »Viehische Bluttaten der GPU-Kommissare«. Die Schlesische Zeitung vom 5.7.41 sprach im Zusammenhang mit den sowjetischen Verbrechen vom »jüdischen Sklavenstaat«.
5 VB, Titelgeschichte vom 8.7.41: »Auch durch die ukrainischen Dörfer rast der bolschewistische Blutterror«: »Schnell hatten die Bewohner die im Dorf wohnenden Juden herangeholt, die die Erde wegschaufeln mussten, um die dort mit sadistischer Grausamkeit verstümmelten Leichen freizulegen. Erschütternde Szenen gab es, als die Bevölkerung ihre Angehörigen wiedererkannte [...] Dass die Wut der Bevölkerung sich gegen die Juden richtete, die in ihrer Mehrzahl bei den Sowjetbehörden angestellt und selbst die Drahtzieher dieser Verbrechen waren, lässt sich denken.« Siehe auch Ausgabe vom 9.7.41 über die »Hölle des Verbrechens«.
6 VB, 7.7.41, »Der Schleier fällt««.
7 19.7.41 (A), »Im befreiten Kischinew«: »Immer neue jüdische Franktireure, immer neue Funktionäre werden ausgehoben und abgeführt. Die Strafe, die sie erwartet, ist umso gerechter, als unzählige tausende rumänische Menschen noch in der Nacht auf den 16. Juli aus ihren Häusern und Zufluchtsorten verschleppt und zum Teil mit der Bestimmung Sibirien in das Innere des Landes abtransportiert, zum Teil aber wie viele andere Tausende vor ihnen ermordet worden sind.« Zu den Erschießungen in Kischinew siehe Andrej Angrick, Besatzungspolitik und Massenmord. Die Einsatzgruppe D in der südlichen Sowjetunion 1941–1943, Hamburg 2003, S. 177ff.
8 Zum Beispiel Schlesische Zeitung, 6.7.41, über Lemberg: »An diesen weiteren Stellen sind zusammengetriebene Juden damit beschäftigt, die von der GPU verscharrten Leichen freizulegen.«
9 6.8.41 (A), »Ungarn schob 12 000 Juden ab«. Zu dem Massaker siehe Klaus-Michael Mallmann, »Der qualitative Sprung im Vernichtungsprozess. Das Massaker von Kamenez-Podolsk Ende August 1941«, in: Jahrbuch für Antisemitismusforschung 10 (2001), S. 239–264.
10 OS Mos, 1363-3-22. Der Verbindungsmann der Partei-Kanzlei im Propagandaministerium, Walter Tießler, informierte seine Dienststelle, auf der Konferenz sei die Weisung ausgegeben worden, die »laufende antibolschewistische Aktion« solle »ganz besonders antisemitischen Charakter« haben; BAB, NS 18alt/768, Fernschreiben Tießler an Parteikanzlei, 9.7.41.
11 Siehe BAK, ZSg. 102/32, 9.7.41, Kommentaranweisung: »Im Zusammenhang mit dem Fall Litwinow, dem besondere Beachtung zukommt, muss gewissermaßen

eine antisemitische Welle einsetzen, die unter Beweis stellt, dass das internationale Judentum sowohl schuld an der Kriegserklärung wie an dem bolschewistischen Überfall auf Deutschland ist. Genau wie Hore-Belisha aus der ersten Reihe zurückgezogen und in die Reserve genommen wurde, genau so wurde Litwinow seinerzeit aus taktischen Gründen in die Reserve genommen, um ihn wieder herauszustellen, wenn der Augenblick dafür gekommen ist.« Maxim Maximowitsch Litwinow, der in seiner Tätigkeit als sowjetischer Außenminister bis zu seiner Absetzung im Mai 1939 immer wieder, tituliert als Litwinow-Finkelstein, Zielscheibe antisemitischer Angriffe der NS-Propaganda war, wurde im Sommer 1941 überraschend zum sowjetischen Botschafter in Washington ernannt. Siehe auch BAK, ZSg. 102/32, 10.7.41: »Die antijüdische Aktion, die im Zusammenhang mit dem Bolschewismus von der Presse betrieben wurde, müsse morgen in allen Zeitungen gut herauskommen.« Der Sprecher des Auswärtigen Amtes betonte am 11.7.41: »Das Bindeglied zwischen Plutokratie und Bolschewismus ist das internationale Judentum« (ebenda).

12 Siehe *Schlesische Zeitung*, 9.7.41, 10.7.41 (Schlagzeile) und 11.7.41. Die *DAZ* begann mit der Abendausgabe vom 9.7.41 eine intensive antisemitische Kampagne, die am 24.7.41 endete.

13 Ein herausragendes Beispiel dieser Kampagne ist der Kommentar im *VB* vom 13.7.41, in dem noch einmal sämtliche »Argumente« für diese Sichtweise zusammengefasst wurden: »Churchill-Roosevelt-Stalin. Das alljüdische Dreigestirn«.

14 10.7.41, »Der Bolschewismus enthüllt sein jüdisches Gesicht«; 12.7.31; »Der Gipfelpunkt jüdischer Schamlosigkeit. Die bolschewistischen Verbrechen unserer Wehrmacht angehängt«; 13.7.41, »Juda überschwemmt England mit Sowjetlügen«; 23.7.41, »Roosevelt – Hauptwerkzeug der jüdischen Weltfreimaurerei«; 24.7.41, »Ausgeburt des verbrecherischen jüdischen Sadismus. Roosevelt fordert die Sterilisation des deutschen Volkes«.

15 9.7., 27.7., 30.7., 9.8., 13.8., 20.8. und 27.8.41.

16 Deutsche Wochenschau Nr. 566 vom 10.7.41. Bei der Zusammenstellung dieser Einzelangaben folge ich der Aufstellung von Voigt, *Jüdisches Leben und Holocaust im Filmdokument*.

17 Nr. 567 vom 16.7.41.
18 Nr. 568 vom 23.7.41.
19 Nr. 569 vom 30.7.41.
20 Nr. 570 vom 6.8.41.
21 Deutsche Wochenschau Nr. 579 vom 8.10.41 sowie Nr. 585 vom 19.11.41.
22 »Der Trichter«, Nr. 14, 24.7.41 (Tobis-Film).
23 Siehe beispielsweise die Sammlung der Presseanweisungen (BAK, ZSg. 102 und 109) für den Monat August sowie die Berichterstattung von *VB* und *Der Angriff*.
24 Siehe S. 171ff.
25 In der noch grundsätzlich positiven Stimmung siehe *Meldungen aus dem Reich*, 26.6., S. 2440, 3.7., S. 2470, und 17.7.41., S. 2529f. (allerdings bereits mit kritischen Untertönen); siehe auch *Tagebücher Goebbels*, 10.7., 14.7. und 20.7.41. Zum Stimmungsumschwung siehe *Meldungen aus dem Reich* vom 28.7.41, S. 2578, und 31.7., S. 2591, sowie *Tagebücher Goebbels*, 10.8.41, der die Stimmungslage als »wenig erfreulich« einschätzte.
26 Siehe dazu ausführlich die Akten der Reichskanzlei, BAB, R 43 II/1271, 1271a, 1271b und 1272.
27 *Meldungen aus dem Reich*, 17.7., S. 2529f., und 28.7.41, S. 2590, sowie *Tagebücher Goebbels*, 20.7.41.
28 Kurt Nowak, »*Euthanasie« und Sterilisierung im «Dritten Reich». Die Konfronta-*

tion der evangelischen und katholischen Kirche mit dem »Gesetz zur Verhütung erbkranken Nachwuchses und der »Euthanasie«-Aktion, Göttingen 1978, S. 161ff.; Heinrich Portmann, *Der Bischof von Münster. Das Echo eines Kampfes für Gottesrecht und Menschenrecht*, Münster 1947, S. 143ff. Die Predigttexte vom 12.7., 20.7. und 3.8.41 sind dokumentiert in: *Bischof Clemens August Graf von Galen. Akten, Briefe und Predigten 1933–1946*, Bd. 2: *1939–1946*, bearb. von Peter Löffler, Mainz 1988, Nr. 333, Nr. 336 und Nr. 341.

29 Zur Reaktion der Bevölkerung auf die »Euthanasie« siehe Marlis Steinert, *Hitlers Krieg und die Deutschen*, S. 152ff. Die bekannt gewordenen Informationen führten zu zahlreichen Interventionen und Protesten der beiden Kirchen, die allerdings in der Regel auf vertraulichem Wege erfolgten. Siehe Hans-Walter Schmuhl, *Rassenhygiene, Nationalsozialismus, Euthanasie. Von der Verhütung zur Vernichtung »lebensunwerten Lebens«, 1890–1945*, Göttingen 1987, S. 312ff.

30 Darauf hat bereits Steinert, *Hitlers Krieg und die Deutschen*, S. 160, aufmerksam gemacht.

31 K/J 3279, NSDAP-Kreisleitung Münster, Bericht für den 13.7.–20.7.1941, 23.7.1941 (StA Ms, NSDAP Kreis- und Ortsgruppenleitungen Nr. 125).

32 K/J 3298, NSDAP-Ortsgruppe Anholt, Bericht für August 1941, 21.8.1941 (ebenda, Nr. 98).

33 So die offensichtlich der NSDAP-Kreisleitung zuzuordnenden Berichte K/J 3302 und K/J 3331, 28.8.1941 und 11.9.41 (StA Ms, NSDAP Kreis- und Ortsgruppenleitungen Nr. 125).

34 K/J 3303 und K/J 3384, NSDAP-Kreisleitungen [Raum Münster], Wochenberichte, 4.9.1941 und 14.11.41, (StA Ms, NSDAP Kreis- und Ortsgruppenleitungen Nr. 125); K/J 3347, Oberlandesgerichtspräsident Düsseldorf, Bericht für Oktober 1941, 1.11.1941 (betr. Niederrhein und Westfalen: BAB, R 22/3363); K/J 3369, Stapostelle Aachen, V-Mann, Bericht vom 7.11.1941 (erwähnt unter anderem Morde in Hadamar: StA Dü, RW 35-8).

35 *Die Wehrmachtberichte 1939–1945*, 3 Bde., München 1985, Bd. 1: *1.9.39–31.12.41*,; *Meldungen aus dem Reich*, 11.8.41, S. 2631, sowie *Tagebücher Goebbels*, 11.8. (»Die Stimmung in der deutschen Öffentlichkeit ist jetzt wieder ganz fest und gesichert«), auch 15.8.41.

36 Bereits am 21. April hatte Goebbels seinen Staatssekretär Leopold Gutterer beauftragt, die Kennzeichnung der Berliner Juden vorzubereiten; siehe *Kriegspropaganda 1939–1941* sowie *Akten der Parteikanzlei der NSDAP. Rekonstruktion eines verloren gegangenen Bestandes*, 2 Teile, hg. von Helmuth Heiber u.a., München 1983 und 1991, Mikrofiche-Ausgabe, Bd. 4, 76074, Vorlage Tießler, 21.4.41. Anfang Juli 1941 drängte Goebbels bei Bormann darauf, die Maßnahme durch Hitler genehmigen zu lassen. Die Kennzeichnung sei entscheidend, um die jüdische Minderheit im Alltag wirksam zu isolieren (ebenda, 74650f., aus: BAB, NS 18 alt/808, Vermerk Tießler für die Parteikanzlei, 3.7.41). Aus dem entsprechenden Schriftverkehr geht hervor, dass die Idee einer Kennzeichnung, die erstmalig Heydrich 1938 vorgeschlagen hatte, 1940 vom Stab des Stellvertreters des Führers und vom SD vorbereitet und an Göring herangetragen worden war; eine Entscheidung stand noch aus, als Goebbels im Juli erneut die Initiative ergriff (ebenda, 76069, aus: BAB, NS 18 alt/842, Vermerk Reischauer an Tießler, 24.5.41). Zur Vorgeschichte der Kennzeichnung und ihrer Durchführung siehe Barth, *Goebbels und die Juden*, S. 182ff., sowie Hans G. Adler, *Der verwaltete Mensch, Studien zur Deportation der Juden aus Deutschland*, Tübingen 1974, S. 47ff.

37 Die Forderung nach Kennzeichnung werde auch »in der Bevölkerung« erhoben, wie der SD aus Minden und aus Bielefeld berichtete: K/J 3286, SD-

Hauptaußenstelle Bielefeld, Bericht vom 5.8.1941 (StA Det, M18 Nr. 16 Bd. I); K/J 3288, SD-Außenstelle Bielefeld, Bericht für den 16.8.-23.8.1941, 25.8.1941, (StA Det, M18 Nr. 14); K/J 3290, SD-Außenstelle Minden, Bericht aus Minden, 28.8.1941 (StA Det, M18 Nr. 11).

38 Bernhard Lösener, »Als Rassenreferent im Reichsministerium des Innern«, ediert von Walter Strauß, in: *Vierteljahrshefte für Zeitgeschichte* 9 (1961), S. 262 bis 313.

39 BAB, R 43II/172, Schreiben Bormanns vom 22.8.41; *Tagebücher Goebbels*, 19.8.41.

40 *Tagebücher Goebbels*, 19.8.41.

41 Im Juli 1940 lag bereits ein Räumungsplan vor; im März 1941 besprach Goebbels die Angelegenheit mit Hitler, und kurz darauf ließ er Eichmann bitten, einen konkreten Vorschlag »zur Evakuierung der Juden aus Berlin« auszuarbeiten. Einzelheiten bei Barth, *Goebbels und die Juden*, S. 178ff., sowie Adler, *Der verwaltete Mensch*, S. 152ff.; zum Zusammenhang dieser Maßnahmen mit den Berliner Neugestaltungsplänen siehe Susanne Willems, *Der entsiedelte Jude. Albert Speers Wohnungsmarktpolitik für den Berliner Hauptstadtbau*, Berlin 2000, S. 158ff. sowie S. 180ff.

42 Auch Heydrich bat Bormann – nach entsprechender Rücksprache mit Göring – in einem Schreiben vom August 1941, bei Hitler auf die Kennzeichnung der Juden zu drängen, um Sofortmaßnahmen wie Kürzungen des Waren- und Lebensmittelbezugs, Einschränkungen bei der Benutzung von Verkehrsmitteln, Einsatz zur Zwangsarbeit et cetera durchführen zu können. Das Schreiben ist in einer Vorlage für Goebbels vom August 1941 erwähnt (IfZ, MA 423, in: Adler, *Der verwaltete Mensch*, S. 50).

43 Mitte Juli wies die Gestapo die jüdische Kultusgemeinde in Berlin an, alle Frauen bis zum Alter von fünfzig und alle Männer bis zum Alter von sechzig Jahren dem Arbeitsamt, Dienststelle für Juden, zu melden (BAB, R 8150/2, Protokoll der Vorstandssitzung der Reichsvereinigung der Juden, 16.7.41). Jüdischen Arbeitskräften wurden Schwerarbeiterzulagen und Ähnliches verwehrt; siehe Wolf Gruner, *Judenverfolgung in Berlin 1933–1945. Eine Chronologie der Behördenmaßnahmen in der Reichshauptstadt*, Berlin 1996, S. 78f. Anfang August erteilte die Gestapo die Anweisung, alle jüdischen Pensionsbezieher (Männer bis zum Alter von sechzig, Frauen bis zum Alter von 55 Jahren) hätten sich zum »Arbeitseinsatz« zu melden (BAB, R 8150/2, Protokoll der Vorstandssitzung der Reichsvereinigung, 4.8.41). Am 10. September teilte die Gestapo der Jüdischen Kultusgemeinde in Berlin mit, dass künftig keine Zuzugsgenehmigung nach Berlin mehr erteilt werde (BAB, R 8150/716, Notiz Cohn, 18.9.41.).

44 OA Mos, 1323-3-23, 21.8.41.

45 BAK, ZSg. 102/32, 23.7.41, Tagesparole: »Die vorliegenden Auszüge aus dem von Roosevelt inspirierten Buch des Juden Kaufmann ›Deutschland muss vernichtet werden‹ sind ihrem unerhörten Inhalt entsprechend stärkstens hervorzuheben und anzuprangern.« Siehe *VB*, 24.7.41 (Schlagzeile): »Ausgeburt des verbrecherischen jüdischen Sadismus – Roosevelt fordert die Sterilisation des deutschen Volkes«; siehe auch 26.7.41; *Der Angriff* 24.7.41, »›Vernichtet Deutschland‹. Roosevelt diktiert dem Juden Kaufmann einen Plan«; *DAZ*, 23.7.41 (A), »Der Vernichtungsplan aus dem Roosevelt-Lager. Wie das deutsche Volk ausgerottet und das Reich zerstückelt werden soll«; *MNN*, 24.7.41, »›Germany Must Perish‹. Das Schandwerk des Juden Kaufmann – Kennzeichen der USA-Massenhysterie«; *Schlesische Zeitung*, 23.7.41 (Schlagzeile): »Deutschland muss vernichtet werden! Jüdisches Programm nach Richtlinien Roosevelts über die Ausrottung des deutschen Volkes«.

46 Theodore N. Kaufman, *Germany must perish*, Newark o.D. (Anfang 1941). Siehe Wolfgang Benz, »Judenvernichtung aus Notwehr? Die Legende um Theodore N. Kaufman«, in: *Vierteljahrshefte für Zeitgeschichte* 29 (1981), S. 615–630.
47 Yad Vashem Archive, 051/202 (Kopie aus dem Stadtarchiv Plettenberg).
48 Gerald Fleming, *Hitler und die Endlösung.* »*Es ist des Führers Wunsch ...*«, Wiesbaden/München 1982, S. 79.
49 Wolfgang Diewerge, *Das Kriegsziel der Weltplutokratie. Dokumentarische Veröffentlichung zu dem Buch des Präsidenten der amerikanischen Friedensgesellschaft Theodore Nathan Kaufman »Deutschland muss sterben«* (»*Germany must perish*«), Berlin 1941, S. 6.
50 BAK, ZSg. 109/25, 2.9.41, sowie Nachtrag zur Tagesparole vom 12.9.41.
51 Der *VB* verdichtete seine antisemitische Propaganda zwischen dem 5.9. und dem 13.9.41. *Der Angriff* brachte am 4.9., 10.9., 19.9. und 24.9.41 stark antisemitische Kommentare Robert Leys, in denen dieser das Leitmotiv vom »Kampf auf Leben und Tod« wiederholte (insbesondere am 10.9.41).
52 Zu Einzelheiten siehe Longerich, *Politik der Vernichtung*, S. 429f.
53 BAK, ZSg. 102/34, 9.9.41 (abends), und 109/25, 10.9.41.
54 *VB*, 11.9.(Schlagzeile) und 12.9.41. *Westdeutscher Beobachter*, 10.9.41 (M), »Sowjetmordplan gegen Wolgadeutsche. Hunderttausende sollen nach Sibirien verschleppt werden«: Die »Aussiedlung« bedeute »nichts anderes als die kaltblütig gewollte endgültige Vernichtung eines wertvollen Bauernvolkes«; das *Frankfurter Volksblatt*, 10.9.41, sprach vom »vorsätzlichen und kaltblütigen Mord an Hunderttausenden von Menschen«; die *MNN* schrieben am 10.9.41, »diese ›Umsiedlung‹« komme »dem Versuch der bewussten Vernichtung gleich«. Die *Schlesische Zeitung* sah ebenfalls die »Vernichtung des Wolgadeutschtums« (11.9.41, siehe auch 10.9.41).
55 *VB*, 13.9.41; nachgedruckt in der NS-Zeitung *Frankfurter Volksblatt*, 13.9.41.
56 BAK, ZSg. 102/34, 12.9. mittags sowie 18.9.41 (Tagesparole).
57 *Der Angriff*, 14.9.41. Am 18.9.41 veröffentlichte die Zeitung das Foto eines Sternträgers mit folgender Unterschrift: »Juden jetzt mit Judenstern. Tarnung unmöglich gemacht.« Die Parteizeitung *Frankfurter Volksblatt* vom 9.9.41 gab unter der Überschrift »Aufgepasst, ein Jude! Ab heute Kennzeichnung durch den Davidstern« eine ausführliche Begründung für die Einführung des Abzeichens; es solle die »Tarnung« der Juden verhindern. *Der Westdeutsche Beobachter* vom 20.9.41 (M) veröffentlichte zur Einführung des Sterns unter der Überschrift »Die Kennzeichnung der Juden« ein Foto und zog eine Verbindung zwischen den von »den Juden« in der Sowjetunion inspirierten Verbrechen und der Kennzeichnungspflicht für die deutschen Juden.
58 BAB, R 8150/18.
59 Geheim-Rundschreiben Bormanns an die Gauleiter, 30.7.41, BAB, R 18/632.
60 *Tagebücher Goebbels*, 23.8.41.
61 Verschiedene Anzeichen deuten darauf hin, dass die »Euthanasie«-Aktion im Sommer 1941 unter dem Druck von Protesten *und* planmäßig auslief, nachdem die ursprünglich genannte Quote von etwa 70 000 zu tötenden Patienten erreicht war. Die zwischenzeitlich auf 130 000 bis 150 000 erhöhte, dann wiederum auf etwa 100 000 Opfer abgesenkte Planzahl (IMT, Bd. 35, 906-D, S. 681ff., Notiz Sellmer über Besuch Blankenburg, 1.10.40; *Tagebücher Goebbels*, 30.1.41) wäre vermutlich erreicht worden, hätte man während der gesamten so genannten T-4-Aktion einen ähnlich hohen Prozentsatz von Anstaltspatienten ermordet, wie dies in den ersten Monaten der systematischen Krankenmorde in Südwestdeutschland, im Raum Berlin sowie in Österreich geschah. Tatsächlich aber

sank der Anteil der ermordeten Patienten, je mehr die Aktion regional ausgriff. Dies gilt insbesondere für die vom »Euthanasieprogramm« erst im Sommer 1941 erfassten drei Provinzen Hannover, Rheinland und Westfalen; siehe Heinz Faulstich, *Hungersterben in der Psychiatrie 1914 –1949. Mit einer Topographie der NS-Psychiatrie*, Freiburg im Breisgau 1998, S. 260ff., sowie Karl Teppe, *Massenmord auf dem Dienstweg. Hitlers »Euthanasie«-Erlass und seine Durchführung in den Westfälischen Provinzialanstalten*, Münster 1989. Es spricht einiges dafür, dass die Proteste aus kirchlichen Kreisen dazu beitrugen, die »Euthanasie« im Jahre 1941 zunehmend einzudämmen und die Planzahlen wieder auf das ursprüngliche »Soll« von 70 000 Opfern zurückzustufen. Ich danke Peter Witte für wesentliche Hinweise zu diesem Themenkomplex.

62 *Meldungen aus dem Reich*, 21.8., S. 2671, 25.8., S. 2684ff., 1.9., S. 2712f., und 8.9.41, S. 2737f.; *Tagebücher Goebbels*, 18.9.41.
63 Ernst Klink, »Die Operationsführung. 1.: Heer und Kriegsmarine«, in: *Der Angriff auf die Sowjetunion*, hg. von Horst Boog u.a., Nachdruck der 2. Aufl. 1987, Frankfurt a. M. 1991, S. 541–736, S. 594f.
64 *Tagebücher Goebbels*, 23.9.41.
65 Mitschrift der Reichspropagandaleitung, 25.9.41, BAB, NS 18/188.
66 BAK, ZSg. 102/34.
67 Diesen Artikel vom 3.10.41 referiert bereits Bankier, *Öffentliche Meinung*, S. 176.
68 26.10.41, »›Ich wohne im Getto.‹ Gespräch über den Davidstern. Von Dr. Erwin Stranik.«
69 Akten Partei-Kanzlei II, 76076 (aus: BAB, NS 18 alt/ 842), Meldung des Verbindungsmanns der Partei-Kanzlei beim Reichspropagandaministerium, Tießler, 13.11.41.
70 BAB, ZSg. 102/34, mit der Ausnahme einer Stellungnahme gegen den »Judenstämmling« Roosevelt, 18.10.41, sowie ZSg. 109/25.
71 Siehe *VB, Der Angriff, Westdeutscher Beobachter*, den Dresdner *Freiheitskampf, DAZ* sowie *MNN*. Im *Angriff* setzte allerdings Ley seine antijüdischen Hassausbrüche regelmäßig fort, siehe 1.10., 9.10, 15.10. und 22.10.41.
72 *Tagebücher Goebbels*, 19.8.41.
73 Zu Einzelheiten siehe Longerich, *Politik der Vernichtung*, S. 429f.
74 Ebenda, S. 431f. Siehe insbesondere Notiz des Verbindungsmanns des Ostministeriums im Führerhauptquartier, Koeppen, vom 2.9.41 (BAB, R 6/34a): »Der Führer hat bisher noch keine Entscheidung in der Frage der Ergreifung von Pressalien gegen die deutschen Juden wegen der Behandlung der Wolgadeutschen getroffen.«
75 Einzelheiten bei Longerich, *Politik der Vernichtung*, 432f.
76 *Tagebücher Goebbels*, 16.6.41: »Der Führer schätzt die Aktion auf etwa 4 Monate [...].«
77 Kershaw, »German Popular Opinion and the ›Jewish Question‹, 1939–1943: Some further Reflections«, S. 191f., interpretiert die überwiegend positive Reaktion auf die Einführung des Sterns, die aus dem ihm seinerzeit vorliegenden Berichtsmaterial hervorging, als eine vorwiegend aus Parteikreisen kommende Bewegung: Es habe sich wohl um die »in der Öffentlichkeit dominierende Stimme« gehandelt; ob sie die Mehrheit der Bevölkerung repräsentiere, müsse offen bleiben. Siehe auch ders., »The Persecution of the Jews and German Popular Opinion in the Third Reich«, S. 282f. David Bankier, der als Erster einen großen Teil der hier referierten Materialien ausgewertet hat (*Öffentliche Meinung*, S. 170ff.), behandelt diese ostentativ negativen Reaktionen auf die Kennzeichnung als Ausnahme angesichts der von ihm allgemein angenommenen

Gleichgültigkeit der Deutschen gegenüber der Verfolgung (ebenda, S. 176ff.). Als Erklärung bietet er an, mit der Kennzeichnung sei das Schicksal der Juden offensichtlich geworden; angesichts des Judensterns habe man sich nicht länger in Ahnungslosigkeit flüchten und einer Stellungnahme nur schwer ausweichen können. Letzten Endes aber hätten die Deutschen die Kennzeichnung hingenommen und sich an die öffentliche Stigmatisierung der Juden mit dem Stern gewöhnt. Die Belege, die er für diesen Gewöhnungsprozess bringt – zwei Beobachtungen von Zeitgenossen –, sind zur Stützung dieser These jedoch in keiner Weise ausreichend (ebenda, S. 178).

78 *Als Zwangsarbeiterin 1941 in Berlin. Die Aufzeichnung der Volkswirtin Elisabeth Freund*, hg. und komm. von Carola Sachse, Berlin 1996, S. 145.

79 Andreas-Friedrich, *Schauplatz Berlin*. Die Tatsache, dass unter demselben Datum berichtet wird, die Deportationen von Juden in »polnische Judenlager« seien seit »etlichen Tagen« im Gange, deutet darauf hin, dass die Eintragungen nachträglich angefertigt wurden; tatsächlich begannen die Deportationen aus Berlin erst Mitte Oktober 1941.

80 *Kain, wo ist Dein Bruder? Was der Mensch im Zweiten Weltkrieg erleiden musste – dokumentiert in Tagebüchern und Briefen*, hg. von Hans Dollinger, München 1983, S. 97.

81 *Die Hassell-Tagebücher 1938-1944. Aufzeichnungen vom andern Deutschland*, hg. von Friedrich Freiherr Hiller von Gaertringen, rev. und erw. Ausg., Berlin 1988, Eintragung vom 30.11.41.

82 *Die letzten Tage des deutschen Judentums*, hg. von Irgun Olej Merkaz Europa, Tel Aviv 1943, S. 33, zitiert nach Bankier, *Öffentliche Meinung*, S. 172.

83 Else Behrend-Rosenfeld, *Ich stand nicht allein. Leben einer Jüdin in Deutschland 1933 bis 1944*, München 1988, 21.9.41 und 26.10.41.

84 Das an alle Haushalte verteilte antisemitische Flugblatt treffe auf eine »ganz andersartige Haltung der Bevölkerung«; Juden würden durch die »arische« Bevölkerung mit Lebensmitteln versorgt, die Einstellung der Bevölkerung zum Gelben Stern sei »vorbildlich«; Klepper, *Unter dem Schatten Deiner Flügel*, 20.10. und 23.10.41.

85 Klemperer, *Ich will Zeugnis ablegen bis zum letzten*; ähnliche Beobachtungen hielt er am 25.9., 27.9., 18.11., 24.11. und 17.12.41 fest. Aus Berlin gingen ihm am 22.9.41 Informationen zu, die auf Sympathien für Sternträger hindeuteten. Am 1.11.41 wurde er allerdings das erste Mal durch »Pimpfe«, also Jungen in der Uniform des Jungvolks, angepöbelt, am 22.12.41 hatte er ein ähnliches Erlebnis.

86 Howard K. Smith, *Last Train from Berlin*, New York 1942, S. 195ff.

87 Avrid Fredborg, *Behind the Steel Wall*, London 1944, S. 63. Der entsprechende Eintrag in der 1. Auflage von 1943 weicht in der Formulierung etwas von diesem Text ab (S. 54f.).

88 Helmuth James von Moltke, *Briefe an Freya 1939–1945*, hg. von Beate Ruhm von Oppen, München 1988.

89 Albert Speer, *Spandauer Tagebücher*, Frankfurt/Berlin/Wien 1975, S. 400f., Zitat S. 401.

90 Diese Sammlung ist erstmalig von David Bankier ausgewertet worden; siehe *Öffentliche Meinung*, S. 172ff.

91 FO 371/26515, Report Germany No. 65, 22.11.41. Zitiert wurde unter anderem der Chefredakteur des *Svenska Dagbladed*, der Entsprechendes in Deutschland beobachtet hatte.

92 PRO, FO 371/30898, Postal and Telegraph Censorship Report on Germany, No. 3, 5.3.42.

93 PRO, FO 371/26514, Bericht des Presseattachés der britischen Vertretung in Stockholm, 25.10.41.
94 PRO, FO 371/26514, Britische Gesandtschaft bei der niederländischen Regierung, 14.11.41, übersendet den Report des niederländischen Charge d'Affaire in Stockholm vom 30.10.41.
95 PRO, FO 371/26514, Britische Vertretung Bern an FO, 3.11.41, mit einer Kopie des Vermerks des Militärattachés.
96 Auszug aus einem Brief vom 14.10.41, übersandt durch die britische Vertretung in Bern.
97 PRO, FO 371/26515, Britische Botschaft, Washington, 23.11.41.
98 PRO, FO 371/32681, Statement by Kate Cohn, Summary of Information given to the High Commissioner's Office.
99 PRO, FO 371/26513, Bericht vom 30.9.41.
100 PRO, FO 371/26515, Central Department, Germany No. 69, 7.12.41. Der Bericht wurde vom Presseattaché der britischen Vertretung in Helsinki übermittelt.
101 PRO, FO 371/30.900, Britische Botschaft, Washington, 24.7.41.
102 K/J 3334, RSHA, Amt III (SD), 9.10.1941 (in: *Meldungen aus dem Reich*, S. 2847ff., S. 2849).
103 K/J 3313, Polizeipräsident Augsburg, Bericht für September, 4.10.1941 (BayHStA, StK 106696), wiedergegeben auch in K/J 3316 und K/J 3320; K/J 3321, NSDAP, Reichsleitung Reichsfrauenführung, Bericht für September 1941, o.D. (BAB, NS 22/vorl. 860), meldet positive Aufnahme der Kennzeichnungsverordnung in Berlin und Hessen-Nassau.
104 K/J 3306, SD-Hauptaußenstelle Bielefeld, Bericht vom 30.9.1941 (StA Det, M 18 Nr. 16 Bd. II); K/J 3310, SD-Außenstelle Minden, Bericht zur Kennzeichnung der Juden, Minden, 26.9.1941 (StA Det, M 18 Nr. 11); K/J 3309, SD-Außenstelle Höxter, Bericht zur Kennzeichnung der Juden, Höxter, 25.9.1941 (StA Det, M 18 Nr. 11): Die Regelung werde allgemein begrüßt, sei aber nicht konsequent genug. K/J 3351, NSDAP-Kreisleitung Augsburg-Land, Bericht für Oktober 1941, 20.10.1941 (StA Abg, NSDAP Kreisleitung Augsburg Land 1/8), meldete, in der Bevölkerung würden die Ausnahmeregelungen der Kennzeichnungsbestimmungen nicht verstanden.
105 K/J 3417, RSHA, Amt III SD (in: *Meldungen aus dem Reich*, S. 3233 und S. 3245ff.).
106 K/J 3322, NSDAP-Kreisleitung Augsburg-Stadt, Bericht für September 1941, 10.10.1941 (StA Abg, NSDAP-Gauleitung Schwaben 1/11); K/J 3351, NSDAP-Kreisleitung Augsburg-Land, Bericht für Oktober 1941, 20.10.1941 (StA Abg, NSDAP-Kreisleitung Augsburg Land 1/8).
107 K/J 3309, SD-Außenstelle Höxter, Bericht vom 25.9.1941 (StA Det, M 18 Nr. 11). Mit dieser Passage begründete bereits Kershaw, »German Popular Opinion and the Jewish Question«, S. 190f., seine Zweifel an der Zuverlässigkeit der Berichterstattung.
108 K/J 3340, SD-Außenstelle Paderborn, Bericht vom 11.10.1941 (StA Det, M 18 Nr. 11).
109 K/J 3362, RSHA, Amt III (SD) (in: *Meldungen aus dem Reich*, S. 3015ff. und S. 3020ff.).
110 OA Mos, 1363-3-25, 6.10.41. *Tagebücher Goebbels*, 7.10.41: »Die Juden im Protektorat werden jetzt auch etwas fideler. Heydrich hat angeordnet, dass, wenn Nichtjuden sich mit Juden, die den Judenstern tragen, in der Öffentlichkeit zeigen, diese Nichtjuden sofort dingfest zu machen und ins Konzentrationslager zu überführen sind. Heydrich macht überhaupt seine Sache ausgezeichnet.«
111 BAB, R 58/276, 24.10.41, Runderlass des RSHA, in: *Das Sonderrecht für die Juden*

im NS-Staat. Eine Sammlung der gesetzlichen Maßnahmen und Richtlinien – Inhalt und Bedeutung, hg. von Joseph Walk, 2.Aufl., Heidelberg 1996, Abschnitt IV, Nr. 257), liegt auch als Nürnberger Dokument L 152 vor. »Der jüdische Teil ist in jedem Falle bis auf weiteres unter Einweisung in ein Konzentrationslager in Schutzhaft zu nehmen.«

112 *Meldungen aus dem Reich*, 18.9., S. 2771f.; 22.9., S. 2787; 25.9., S. 2795; 29.9., S. 2809, und 2.10.41, S. 2824; *Tagebücher Goebbels*, 1.10. und 2.10.41.

113 Ebenda, 27.9.41.

114 Die Meldungen aus dem Reich zeichnen ein eindeutig optimistisches Bild: 16.10, S. 2870, und 20.10.41, S. 2883f.

115 *Tagebücher Goebbels*, 24.9.41.

116 Ebenda, 4.10.41.

117 OA Mos., 1363-3-25, Propaganda-Konferenz, 10.10., 11.10. und 13.10.41; *Tagebücher Goebbels* 9.10., 10.10. und 15.10.41.

118 Propaganda-Konferenz, Mitschrift des Verbindungsmanns zur Partei-Kanzlei, Tießler, 23.10., BAB, NS 18 alt/622.

119 OA Mos, 1363-3-25, Propaganda-Konferenz, 26.10.41.

120 Die Behauptung von Bankier, *Öffentliche Meinung*, S. 180, es seien gegen Ende 1941, parallel zu den Deportationen, Zeitungsmeldungen erschienen, dass Deutschland bis zum 1. April 1942 von Juden geräumt werde, damit das Land bis Ende Juni »judenfrei« sei, lässt sich anhand der Presse nicht verifizieren.

121 BAK, ZSg 109/26, 28.10. und 29.10.41 (Roosevelt). Zur Durchführung dieser Kampagne siehe *VB*, 29.10.41 (Schlagzeile), »Roosevelt übertrifft sich selbst! Die neuesten Produkte seiner jüdischen Gangsterphantasie«; »Verräter de Gaulle verspricht den Juden goldene Berge«; 1.11.41, »Juden stiften Ehrenhain für Frau Roosevelt«; 4.11.41, »Sowjetstaat – Judenstaat. Feststellungen eines bulgarischen Journalisten«; 4.11.41, »Natürlich in England: Die koschere Küche begünstigt – Juden werden bei der englischen Fettrationierung bevorzugt«; 8.11.41, »Litwinow-Finkelstein als Leibjude zu Roosevelt entsandt«; 9.11.41, »Judenbegeisterung über die Ernennung Finkelsteins«. Am 10.11. folgte die ausführliche Wiedergabe einer stark antisemitischen Hitler-Rede, am 12.11.41 griff der *VB* in einem Kommentar unter dem Titel: »Der Jüdische Feind« diese Rede auf; siehe auch 14.11.41 (Schlagzeile): »Jüdischer Ordnungsruf an die britische Regierung«.

122 BAK, ZSg. 109/26.

123 BAK, ZSg. 109/26.

124 »Der Jude im Sowjetstaat. Das Ende der Tarnung«.

125 Der Brief wurde in der deutschen Presse überwiegend (aber nicht in allen Zeitungen) an prominenter Stelle abgedruckt oder zitiert sowie entsprechend kommentiert: Siehe zum Beispiel *Braunschweiger Tageszeitung*, 27.10.41. *Westdeutscher Beobachter*, 27.10.41 (M und A); *Der Freiheitskampf*, 27.10.41. Das *Frankfurter Volksblatt* erschien am 27.10.41 mit der Schlagzeile: »Jetzt winseln die jüdischen Kriegsverbrecher. Marschall Antonescu gibt die richtige Antwort auf ihren Appell an die falsche Sentimentalität der Welt.« Die *FZ* vom 28.10.41 zitierte den Brief ausführlich, ohne ihn zu kommentieren; siehe auch *Litzmannstädter Zeitung* sowie *Donauzeitung*, 28.10.41. Andere Zeitungen, etwa die *Thüringer Staatszeitung* und die *Schlesische Zeitung*, scheinen die Drohung Antonescus übergangen zu haben, ebenso *Der Angriff*, der keine Montagsausgabe hatte und daher am 27.10.41 nicht erschien.

126 28.10.41, »Vorläufig noch Gettos an den Ufern der Donau. Die Judenfrage in der Slowakei – Eine interessante Statistik«.

127 *Der Freiheitskampf*, 1.9.41, »Evakuierung der slowakischen Juden«.

»Jüdischer Bolschewismus«

128 *FZ*, 1.11.41, »Die Juden in der Slowakei«, berichtete über Einschränkungen im Reise- und Briefverkehr; ebenso *DAZ*, 30.10.41 (M), »Sonder-Abteile für Juden in der Slowakei«.
129 *Meldungen aus dem Reich*, 30.10., S. 2927f.; 3.11., S. 2938f.; 6.11., S. 2948, sowie 10.11., S. 2962f.
130 *Tagebücher Goebbels*, 10.11.41
131 Hitler, *Reden und Proklamationen*, Bd. 2, S. 1771ff., zur antisemitischen Passage siehe S. 1772f.
132 Siehe die Aufstellung zu Bestand 712 des Landeshauptarchivs Koblenz, Folgen Nr. 27–52 (Nr. 43 und 44 fehlen). Sechzehn der vorhandenen 24 Ausgaben sind eindeutig antisemitisch. Ich bedanke mich bei Jeffrey Herf für die Überlassung einer Kopie des Findmittels.
133 *Wochenschauen und Dokumentarfilme*, 10.7.41, Nr. 566; 16.7.41, Nr. 567, sowie 8.8.41, Nr. 570. Zu den Wochenschauen allgemein siehe Bankier, »Signaling the Final Solution to the German People«, S. 17ff.
134 Zur Neuausrichtung der Propaganda siehe die Propaganda-Konferenzen vom 4.11. und 10.11.41 (OA Mos 1363-3-26) sowie *Tagebücher Goebbels* vom 13.11. und 15.11.41.
135 Ebenda, 4.11.41.
136 Ebenda: »Am Nachmittag schreibe ich einen Artikel über die Judenfrage. Ich lege noch einmal alle Argumente, die bei der Behandlung dieses Problems ausschlaggebend sind, ausführlich dar und ziehe daraus eine Reihe von Konsequenzen für das Verhalten der Deutschen, vor allem im Kriege, den Juden gegenüber. Ich glaube, die Juden werden aufgrund dieses Artikels in den nächsten Tagen und Wochen nicht viel zu lachen haben.«
137 Ulrich Liebe, *Verehrt, verfolgt, vergessen. Schauspieler als Naziopfer*, Berlin/Weinheim u.a. 1992, S. 67ff.
138 Joseph Goebbels, Das *eherne Herz. Rede vor der Deutschen Akademie, gehalten am 1.12.1941 in der Neuen Aula der Friedrich-Wilhelms-Universität Berlin*, München 1941. Die Passage über die »Vernichtung« der Juden findet sich auf S. 35.
139 K/J 3361, 20.11.1941 (in: *Meldungen aus dem Reich*, S. 3005ff.).
140 Siehe Freund, *Als Zwangsarbeiterin in Berlin*, S. 145: »Als übliches Ablenkungsmanöver [wegen der negativen Reaktionen der Bevölkerung auf die Kennzeichnung; P.L.] folgt jetzt eine furchtbare antisemitische Propagandawelle. Es sind in allen Stadtteilen mehr als zweihundert Versammlungen, in denen über die Judenfrage gesprochen wird. In den Treppenhäusern liegen frühmorgens Flugblätter, in denen ganz offen zum Pogrom aufgefordert wird.« Die gesamte Stadt sei von »Judenverbotsschildern« übersät.
141 Klemperer, *Ich will Zeugnis ablegen*, 18.11.41.
142 Kulka begeht meines Erachtens einen methodischen Fehler, wenn er davon ausgeht, das weitgehende Schweigen der Berichte über die Reaktionen der Bevölkerung auf die Deportationen bedeute, die Menschen hätten die Massenverschleppungen der Juden teilnahmslos mit angesehen (»›Public Opinion‹ in Germany. The Final Solution«, in: *The Nazi Holocaust*, hg. von Michael Marrus, vol. V/1, London 1989, S. 139–150, S. 148). Seine Behauptung, den Berichten ließen sich gar keine Reaktionen der Bevölkerung auf die Deportationen entnehmen, ist bereits von Kershaw zurückgewiesen worden, insbesondere durch überzeugende quellenkritische Einwände: Die in den wenigen erhaltenen Stimmungsberichten über die Reaktion auf die Deportationen berichtete Zustimmung sei keineswegs universell gewesen und spiegele möglicherweise nur eine Minderheitenposition wider (Kershaw, »German Popular Opinion and the Je-

wish Question«, S. 194). Angesichts der nun vollständig vorliegenden Sammlung Kulkas lässt sich die von ihm behauptete Abwesenheit von Reaktionen endgültig ad acta legen. Auch Bankiers eingangs diskutierte These, die Bevölkerung habe auf die Deportationen vorwiegend mit Gleichgültigkeit reagiert (*Öffentliche Meinung*, S. 179ff.), scheint mir nicht mehr haltbar zu sein.

143 K/J 3371, Stapostelle Bremen, 11.11.1941 (StA Br, 3-M.2.h.3 Nr. 264).
144 K/J 3373, Stapoleitstelle Magdeburg, Rundschreiben Nr. 98/41, 11.11.1941 (LHA Ma, Rep. C 30 Oschersleben A Nr. 371).
145 K/J 3401, Stadt Münster, Bericht aus der Kriegschronik, 1.12.1941 (StdA Ms, Amt 43 E Nr. 43).
146 K/J 3387, SD-Außenstelle Minden, Bericht vom 6.12.1941 (StA Det, M 18 Nr. 11).
147 K/J 3388, SD-Außenstelle Minden, Bericht vom 12.12.41 (StA Det, M 18 Nr. 11).
148 K/J 3386, SD-Hauptaußenstelle Bielefeld, Bericht für den 10.12.-16.12.1941, Bielefeld, 16.12.1941 (StA Det, M 18 Nr. 17).
149 Einen Eindruck von dem flächendeckenden Ausmaß der Deportationen und der Involvierung örtlicher Behörden in deren Vorbereitung und Durchführung vermittelt das *Buch der Erinnerung*. *Die ins Baltikum deportierten deutschen, österreichischen und tschechoslowakischen Juden*, bearb. von Wolfgang Scheffler und Diana Schulle, 2 Bde., München 2003.
150 Siehe Bankier, *Öffentliche Meinung*, S. 180ff.
151 *Wir haben es gesehen. Augenzeugenberichte über Terror und Judenverfolgung im Dritten Reich*, red. und hg. von Gerhard Schoenberner, Hamburg 1982, S. 298ff.
152 Lisa de Boor, *Tagebuchblätter. Aus den Jahren 1938-1945*, München 1963, 28.12.41.
153 Freiherr von Hoverbeck, genannt von Schoenaich, war während der Weimarer Republik Präsident der Deutschen Friedensgesellschaft und im Reichsbanner engagiert; Paul von Schoenaich, *Mein Finale. Mit dem geheimen Tagebuch 1933–1945*, Flensburg u.a. 1947, 18.7.42.
154 Smith, *Last Train*, S. 187ff.
155 BAB, NS 19/3492, 4.3.42 (in: *Die Ermordung der europäischen Juden. Eine umfassende Dokumentation des Holocaust*, hg. von Peter Longerich, München 1989, S. 163ff.).
156 Zusammengestellt in dem von Klaus Hesse und Philipp Springer besorgten Fotoband: *Vor aller Augen. Fotodokumente des nationalsozialistischen Terrors in der Provinz*, hg. von Reinhard Rürup, Essen 2002, S. 135ff. Dass die Deportationen in vielen Orten offen stattfanden und von der Bevölkerung wahrgenommen wurden, ist auch durch zahlreiche Lokalstudien dokumentiert, siehe zum Beispiel Michael Zimmermann, »Die Deportation der Juden aus Essen und dem Regierungsbezirk Düsseldorf«, in: *Über Leben im Krieg. Kriegserfahrungen in einer Industrieregion, 1939–1945*, hg. von Ulrich Borsdorf und Mathilde Jamin, Reinbek bei Hamburg 1989, S. 126–142, und ders., »Die Gestapo und die regionale Organisation der Judendeportation. Das Beispiel der Stapo-Leitstelle Düsseldorf«, in: *Die Gestapo – Mythos und Realität*, hg. von Gerhard Paul und Klaus-Michael Mallmann, Darmstadt 1995, S. 357–372; Bajohr, » ›[…] dann bitte keine Gefühlsduseleien‹«, S. 13-29. Das *Buch der Erinnerung* bietet zahlreiche weitere Beispiele dafür, dass der erste Abschnitt der Deportation (etwa als geschlossener Marsch von einem Sammelpunkt zum Bahnhof) an vielen Orten Ende 1941 öffentlich stattfand, unter anderem in den Städten Berlin, Würzburg, Nürnberg, Hamburg, Kassel, Bielefeld und Hannover (Beiträge von Klaus Dettmer, Eckehard Hübschmann, Jürgen Sielemann, Monica Kingreen, Monika Minninger und Peter Schulze).
157 Bankier, *Öffentliche Meinung*, S. 181f.; »Betrifft: Aktion 3«. *Deutsche verwerten jü-*

dische Nachbarn. Dokumente zur Arisierung, ausgew. und komm. von Wolfgang Dressen, Berlin 1998. Das Thema der Versteigerung und sonstigen Verwertung von jüdischem Hausrat zugunsten deutscher Bürger wird seit einigen Jahren zunehmend in Lokalstudien thematisiert; siehe zum Beispiel Jehuda Barlev, *Juden und jüdische Gemeinde in Gütersloh, 1671–1943*, 2. Aufl., Gütersloh 1988, S. 113; Ein offenes Geheimnis. »Arisierung« in Alltag und Wirtschaft in Oldenburg zwischen 1933 und 1945. Katalog zur Ausstellung, red. von Mathias Krispin, Oldenburg 2001, S. 97, der eine Zeitungsannonce nachdruckt, in der am 18.10.41 eine solche Versteigerung angekündigt wurde; Christiane Kuller, »›Erster Grundsatz: Horten für die Reichsfinanzverwaltung‹. Die Verwertung des Eigentums der deportierten Nürnberger Juden«, in: *Die Deportation der Juden aus Deutschland. Pläne – Praxis – Reaktionen, 1938–1945*, hg. von Christoph Dieckmann u.a., Göttingen 2004, S. 160–179.
158 Bajohr, *«Arisierung« in Hamburg*, S.334.
159 K/J 3400, NSDAP-Kreisleiter Göttingen, Bericht vom 19.12.1941 (BAB, Slg. Schumacher/240 II).
160 PRO FO 371/26.515, 17.11.41.
161 PRO FO 371/30.900, Britische Botschaft, Washington, 24.7.41.
162 Tatsächlich war der erste Deportationszug im Oktober 1941 nach Lodz gefahren, der zweite im November nach Minsk. Die Insassen des dritten Transports wurden im November 1941 unmittelbar nach ihrem Eintreffen in Kaunas erschossen. Im Mai 1942 erfolgten drei weitere Transporte in polnische Ghettos; siehe Monica Kingreen, »Gewaltsam verschleppt aus Frankfurt. Die Deportationen der Juden in den Jahren 1941–1945«, in: »Nach der Kristallnacht«. *Jüdisches Leben und antijüdische Politik in Frankfurt am Main 1938–1945*, hg. von Monica Kingreen, Frankfurt a. M./New York 1999, S. 357–402.

Die »Endlösung« als öffentliches Geheimnis

1 Hitler, *Reden und Proklamationen*, Bd. 2, S. 1821 (hier wurde die Absicht, die europäischen Völker »ausrotten« zu wollen, »dem Juden«, der das »Opfer seines eigenen Anschlages« sein werde, unterstellt).
2 Ebenda, S. 1828f. (Vernichtung).
3 Ebenda, S. 1844 (Ausrottung).
4 Ebenda, S. 1920 (Ausrottung).
5 Ebenda, S. 1937 (Ausrottung).
6 Ebenda, S. 1992 (Ausrottung).
7 Bei der Proklamation zum 30.1.43 sprach er in Bezug auf die Juden davon, es gehe darum »sich dieses Krankheitserregers zu entledigen« (ebenda, S. 1978). Die Argumentationsfigur, der Gefahr der »Ausrottung« durch das Judentum durch entsprechende Maßnahmen zuvorzukommen, findet sich außerdem in seiner Reichstagsrede vom 26.4.1942: Angesichts der maßgeblich von Juden verursachten Konflikte und Massenmorde, zu denen er die »Ausrottung unzähliger Millionen führender Köpfe« in der Sowjetunion zählte, müssten die europäischen Staaten »jene Maßnahmen treffen, die geeignet waren, die eigenen Völker vor dieser internationalen Vergiftung endgültig in Schutz zu nehmen« (ebenda, S.1868).
8 Zum Kongress siehe die Berichterstattung der *DAZ*, 14.9.–16.9.42. Danach hielt Schirach die Rede am 15.9.42. Goebbels' Tagebucheintragung vom 15.9. bezieht sich auf den 14.9.42, die Rede lag ihm also zur »Vorzensur« vor. Dies entsprach einer Anordnung, die Goebbels Ende 1936 für den Bereich des Rundfunks ge-

troffen hatte: »Politische Reden, Ansprachen und Kundgebungen dürfen nur noch vom Rundfunk übertragen werden, wenn die Rede vom Manuskript gesprochen wird und das Manuskript rechtzeitig vorher zur Genehmigung eingereicht worden ist« (BAB, R 78/210, Anordnung Nr. 332 des Reichssendeleiters, 21.12.36).

9 Siehe zum Beispiel *DAZ*, 7.10.42.
10 *VB*, 27.7.42.
11 »Denkt ausnahmslos, Mann und Weib, nur daran, dass in diesem Kriege Sein oder Nichtsein unseres Volkes entschieden wird!« (Domarus [Hg.], *Reden und Proklamationen*, Bd. 2, S. 1944).
12 BAB, NS 18/210, Vorlage Tießler, 21.1.43.
13 *Judenverfolgung und jüdisches Leben unter den Bedingungen der nationalsozialistischen Gewaltherrschaft*, Bd. 1, Nr. 136.
14 14.1.42, »Konzentriere Dich auf den Sieg!«
15 Etwa gegen die Ernennung eines britischen Hochkommissars in Syrien und Libanon (»Dieser ist Jude und heißt Speyer«, BAK, ZSg.102/36, 9.2.42), gegen die »Rolle der Juden bei den Schilderungen der schwarzen Börsen und des Schwarzhandels in England« (BAK, ZSg. 102/37, 10.3.42; siehe auch ZSg. 109/31, 5.3.42), gegen den »Moskauer Judenkongress« (BAK, ZSg. 102/38, 26.5.42) oder gegen eine »Intervention des jüdischen Botschafters der USA Steinhardt beim türkischen Außenminister« (ebenda, 16.6.42). Daneben sollten die »jüdischen Diplomaten in Russland und den Vereinigten Staaten [...] nicht vergessen werden« (BAK, ZSg. 102/39, 18.7.42). Anlass für antisemitische Stellungnahmen boten ferner die Aufstellung des aus jüdischen Einwohnern Palästinas bestehenden britischen Armee-Kontingentes Palästina-Truppe (BAK, ZSg. 102/39, 7.8.42), die »Huldigungsbotschaft der sowjetischen Judengemeinschaft an Stalin« (BAK, ZSg.102/41, 17.11.42) sowie die Abschaffung des französischen Judenstatuts in Nordafrika nach der alliierten Landung (ebenda, 18.11.42).
16 BAK, ZSg. 102/36.
17 BAK, ZSg. 109/30, 25.2.42.
18 BAK, ZSg. 102/37, 26.3.42.
19 BAK, ZSg. 102/38.
20 Im *VB* findet sich im Februar, Juni und November eine etwas größere Anzahl von antisemitischen Beiträgen, im *Angriff* in den Monaten Februar, Juli und August.
21 In der *Deutschen Wochenschau* Nr. 610/1942 vom 13.5.42 wurde ein Bericht über die Partisanenbekämpfung gezeigt, in dem es heißt: »Sowjetarmisten in Zivil, Juden und bolschewistische Agenten, die nachts durch heimtückische Überfälle und Sabotageakte die Bevölkerung terrorisieren, haben in diesem unübersichtlichen und schwer zugänglichen Gelände ihre Schlupfwinkel eingerichtet. Die Bande ist umzingelt. Hier hilft nur hartes, rücksichtsloses Zupacken. Das Nest ist ausgehoben, der Rest der Banditen gefangen genommen. Dieses Gesindel hat keine Gnade zu erwarten« (zitiert nach Voigt, »Jüdisches Leben und Holocaust im Filmdokument«).
22 Ebenda sowie *Wochenschauen und Dokumentarfilme*.
23 Von den erhaltenen 41 Ausgaben aus dem Zeitraum Januar bis Oktober 1942 (Nr. 11 und Nr. 14 fehlen) sind 18 antisemitisch, was gegenüber der starken Präsenz des Themas im gleichen Organ in der zweiten Hälfte 1941 (damals enthielten etwa zwei Drittel der Ausgaben antisemitische Aussagen) einen eindeutigen Rückgang darstellt (Aufstellung zu Bestand 712 des Landeshauptarchivs Koblenz, siehe S. 190).

24 *VB*, 5.6.42, »Mummenschanz in Moskau – Sowjetjuden als ›Helden der Arbeit‹ maskiert« (Schlagzeile); 15.6.42, »Finkelstein ganz groß«. Siehe auch *Der Angriff*, 27.3.42, »Judas Hoffnung. Kaganowitsch kommt«.
25 *VB*, 23.11.42, »Greenwood vor den Zionisten«; 12.2.42, »Juda möchte Europa erneut aussaugen – Churchillminister versichert: Juda und England sind eins!«; 20.2.42, »Churchill verspricht galizischen Juden ein ›freies Österreich‹«; 10.3.42, »Juden, nichts als Juden‹ – Schwede berichtet über Zustände im Londoner Rundfunk«; 25.4.42, »Cripps ist Judenstämmling«; 21.5.42, »Wieder ein Jude General in der britischen Armee«; 8.8.42, »Buren, Briten, Juden«; 19.8.42, »Von Juden betriebener sowjetischer Geheimsender in Schweden«; 1.9.42, »Jüdische Sympathien«.
26 *VB*, 8.3.42, »Judas gelobtes Land – Aussprache im britischen Unterhaus über schwarze Börse«; 11.3.42, »Im Sumpf der Londoner Spielklubs – Wo den Juden der Krieg gefällt«; 23.11.42, »Juden schieben in England«; *Der Angriff*, 11.3.42, »Die Oberratte« (Artikel zum Besuch Rabbi Silvers in London); 12.3.42, »Die Oberratte und das Oberhaus«; 1.4.42, »Juden unter Nelsons Säule. Ein interessanter Bericht aus London«; 22.4.42, »Und Juda schiebt. Churchills Krieg wird immer reizender«.
27 *VB*, 7.4.42, »Der Weltkrieg des Wahnsinnigen: Roosevelt sucht einen neuen Namen für seinen Krieg – Die Schuld des Schrittmachers Judas«; 10.5.42, »Roosevelt jüdischer Abstammung«; 18.5.42, »Hasserfüllte Behandlung der Deutschen in den USA. Mit Negern interniert – von Juden bewacht« (Schlagzeile); 19.5.42, »Roosevelt an seine Juden«; 22.8.42, »Vizepräsident Wallace lässt die Katze aus dem Sack: ›USA. Ausdruck jüdischen Wesens‹ – Franklin Roosevelts Weltherrschaftsräume im Dienste Judas«, sowie 13.9.42, »Der Jude Bernard Baruch wird Wirtschaftsdiktator der USA« (Schlagzeile); *Der Angriff* veröffentlichte im Dezember 1941 und Januar 1942 eine stark antisemitisch gefärbte Serie über Präsident Roosevelt; siehe auch 3.8.42, »USA. im Dienste Judas – Roosevelts Stellvertreter Wallace über die Weltherrschaft«.
28 *VB*, 18.11.42, Schlagzeile; 2.10.42, »Jud Morgan als ›Berater‹ zur Unterdrückung der Araber«; 20.11.42, »Juden und Kommunisten stützen die Räuber Nordafrikas – Roosevelt verleiht den Juden Marokkos und Algeriens Sonderrechte«; 21.11.42, »Juden hamstern in Ägypten straflos«; *Der Angriff*, 13.11.42, »Schlägerei mit Juden. Mohammedaner in Tunis empört«; 20.11.42, »Der jüdische Krieg. Roosevelt befreit Juden und Kommunisten«, sowie 13.12.42, »Alljüdisches Reich. Israels Ziele im Nahen Osten«.
29 Zum Beispiel *DAZ*, 19.10.42, »Jüdische Wirtschaft im Nahen Osten«; 18.11.42, »Jüdische Botschaft an Stalin. Erklärung der ›Moskauer Juden‹«; 18.11.42, »Jüdische Denunziation« (betr. Nordafrika); *MNN*, 11.3.42, »Juden vor und hinter den Kulissen« (Großbritannien); 12.3.42, »Bewaffnet die Juden! Eine bezeichnende Oberhaus-Aussprache«; 29.4.42, »Die jüdische Aktion in den USA«; 19.5.42, »Roosevelt ist stolz auf die Juden. ›Botschaft‹ für einen Juden-Kongress«, sowie 28.5.42, »USA – Judenmandat über Palästina«.
30 *FZ*, 12.3.43, »Antijüdische Stimmen – in England«.
31 *Krakauer Zeitung* (Reichsausgabe), 20.1.42, »90 000 Juden beherrschten die Slowakei – Die Arisierung des Wirtschaftslebens heute fast vollständig durchgeführt«; 14.3.42, »Judeneigentum in der Slowakei – Sicherstellung des beweglichen Vermögens«; 20.3.42, »Konsequenz in der Judenfrage. Erklärung des slowakischen Innenministers«. Danach erklärte Mach, die »Lösung der Judenfrage in der Slowakei werde auf dem beschrittenen Weg mit aller Konsequenz fortgesetzt werden«; 9.4.42, »Die Judentaufe in der Slowakei. Scharfer Protest

der Öffentlichkeit – Maßnahmen des Innenministers«; 26.4.42, »Die Juden in der Slowakei. Eine Bilanz von 1918 bis 1938«. – Auf die relativ offene Berichterstattung der Zeitung im Hinblick auf die »Judenfrage« hat bereits Raoul Hilberg, *Die Vernichtung der europäischen Juden*, 3 Bde., Frankfurt a. M. 1990, S. 1308, hingewiesen.

32 7.3.42, »Judenaussiedlung in der Slowakei«; 24.3.42, »Weitere Bereinigung der Judenfrage«; 26.3.42, »Bisher 10 000 jüdische Betriebe liquidiert«; 10.4.42, »Sicherstellung jüdischen Eigentums«.

33 31.10.42, »Die Juden in der Slowakei«.

34 Der *VB* bezog sich dabei auf eine Buchveröffentlichung Vaseks; Stichtag für die Zahlenangabe war der 20. Dezember 1942.

35 21.7.42, »Die Judenfrage in der Slowakei. Aussiedlung der restlichen 40 000 geplant«.

36 11.2.42, »Die Juden in Rumänien«.

37 Siehe auch *Krakauer Zeitung*, 21.2.42, »Rumäniens Lösung der Judenfrage. Als rassisches und politisches Problem erkannt«.

38 1.3.42 »Berufsverbote für jüdische Internierte« sowie »1500 jüdische Ingenieure ausgeschaltet«; 11.3.42, »Rumänien bereinigt die Judenfrage«; 19.3.42, »Weitere Maßnahmen gegen die Juden«.

39 *VB*, 22.4.42, »Enteignung des Judenbesitzes in Ungarn«; 7.6.42, »Die Judenvorlage im ungarischen Abgeordnetenhaus«; 24.12.42, »Ungarn und die Juden«; *Krakauer Zeitung*, 21.3.42, »Die Judengesetzgebung in Ungarn«; *Donauzeitung*, 6.3.42, »Juden aus der Wirtschaft ausgeschaltet«: 26.3.42, »Die Juden im heutigen Ungarn«; 11.4.42, »Für Juden gesperrt«; 9.5.42, »Die Säuberung des öffentlichen Lebens«; *DAZ*, 26.5.42, »Ein verschärftes Judengesetz in Ungarn«; 3.6.42, »Innere Reformen in Ungarn. Die Judenfrage – Das ›virulente Sozialproblem‹«; 4.6.42, »Ungarns Pressepolitik«; *FZ*, 27.3.42, »Neue Bestimmungen über die Juden in Ungarn«.

40 3.6.42, »Innere Reformen in Ungarn. Die Judenfrage – Das ›virulente Sozialproblem‹«.

41 *Braunschweiger Tageszeitung*, 10.2.42, »Kroatiens Juden müssen arbeiten. In Lagern zusammengefasst – Einsatz in Handwerk und Landwirtschaft«, sowie *Krakauer Zeitung*, 13.2.42, »Kroatiens Juden werden kaserniert«.

42 19.5.42. Siehe auch *Donauzeitung*, 1.5.42, »Das Judentum in Kroatien«, sowie 5.5.42, »Kroatiens Juden ausgeschaltet«.

43 *FZ* 3.4.42, »Reiseverbot für Juden in Bulgarien«; *Krakauer Zeitung*, 12.5.42, »Kennzeichnung der Juden in Sofia«; 19.5.42, »Judenverhaftungen in Sofia«; *Donauzeitung*, 13.5.42, »Judenkennzeichnung in Bulgarien«; *Der Angriff*, 7.8.42, Meldung zur bulgarischen Judengesetzgebung, sowie 29.8.42, »Judenstern in Bulgarien«.

44 13.7.42, »Salonikis Juden müssen nunmehr arbeiten«.

45 1.7.42, »Belgien und die Juden«.

46 1.4., 25.4. und 8.5.42.

47 6.5.42, »Ins Judenviertel zog die Arbeit ein«.

48 So berichtete die *Krakauer Zeitung* zwar nicht direkt über die Räumung des Ghettos am 20.4.42, die tatsächlich in Form eines blutigen Massakers stattfand, kündigte aber am 18. April 1942 an, dass die Stadt zwei Tage später »judenfrei« sein werde, und bezog sich am 31.5.42, 2.6.42 und 24.6.42 im Rückblick auf diesen Vorgang. Als Erklärung gab das Blatt an, die Juden seien »in die Umgebung ausgesiedelt« worden (31.5.42). Auch über die »Entfernung« der Juden aus dem Distrikt Warschau berichtete die Zeitung am 16.6.42 retrospektiv unter der

Die »Endlösung« 405

Überschrift »Distrikt Warschau erfolgreich in der Seuchenabwehr« über den Kreis Grojec: »Der Kreisarzt berichtete, dass seit Entfernung der Juden das Kreisgebiet fleckfieberfrei sei. Wenn vereinzelt derartige Krankheitsfälle noch auftreten, sind die Urheber die aus anderen Gebieten kommenden Juden, die bei der bäuerlichen Bevölkerung Lebensmittel einhandeln im Austausch gegen Kleidungsstücke, die meistens verlaust, also Seuchenträger sind.«

49 Bis 1944 sollte sich an diesem Zustand nichts ändern, wie aus den Goebbels-Tagebüchern hervorgeht: »Die Schriftleiter der in den besetzten Gebieten erscheinenden deutschen Zeitungen sind in Berlin bestandpunktet worden. Sie bringen zum großen Teil Nachrichten, die in der deutschen Presse nicht veröffentlicht werden, und da ihre Zeitungen in das Reichsgebiet kommen, schaffen sie damit nur Verwirrung. Entweder müssen sie für das Reich verboten werden, oder sie müssen sich unseren allgemeinen Presserichtlinien unterwerfen, was in Zukunft auch geschehen wird« (Eintrag vom 19.4.44).

50 Siehe den entsprechenden Hinweis auf der Pressekonferenz vom gleichen Tag (BAK, ZSg. 109/31) und den Bericht der *Frankfurter Zeitung* vom 8.3.42, »Die ›Schwarze Börse‹ in England. Londoner Klagen über jüdische Emigranten«. Am 10. März 1942 kritisierte der Sprecher des Propagandaministeriums die Presse, da sie das zur Verwertung empfohlene Material nicht genügend berücksichtigt habe und bei der »Rechtfertigung der deutschen Judenpolitik« nicht aktiv genug sei (BAK, ZSg. 102/37). Daraufhin legte die *FZ* am 12.3.42 unter der Überschrift »Antijüdische Stimmen – in England. Klagen über das Auftreten jüdischer Emigranten« nach. Die Zeitung kommentierte: »Der Nationalsozialist kann in solchen Erscheinungen nur eine Rechtfertigung seiner eigenen entschiedenen Politik gegenüber dem Judentum sehen.« Auch die *DAZ* erwähnte am 12.3.42 in einem Bericht über eine Unterhaus-Debatte die »Schwarzen Börsen«.

51 Siehe den vollständigen Tagebucheintrag vom 6.3.42: »Im Unterhaus wird gegen die ›schwarzen Börsen‹ Sturm gelaufen. Man erklärt ganz unumwunden, dass in der Hauptsache Juden bei den Schiebungen auf dem Lebensmittelmarkt beteiligt seien. Im Vordergrund stehen wieder die jüdischen Emigranten, die von Deutschland aus nach England hinübergereicht worden sind. Die Juden bleiben doch immer dieselben. Man muss sie entweder mit dem gelben Stern kennzeichnen oder ins Konzentrationslager stecken oder erschießen oder auf der anderen Seite zulassen, dass die das ganze öffentliche Leben, vor allem im Kriege, mit Korruption durchtränken. Ein Zwischending gibt es nicht. Ich nehme an, dass unsere Methode die zweckmäßigste und erfolgreichste ist. Wie wenig zweckmäßig und erfolgreich die englische Methode ist, das werden die Engländer noch im Verlaufe dieses Krieges zu verspüren bekommen. Die maßgebenden Judenblätter in London zeigen Zeichen der Angst, dass infolge der jüdischen Ausschreitungen, vor allem auf dem Lebensmittelgebiet, in England der Antisemitismus in größerem Umfange wachsen könne. Die Rabbiner predigen schon in den Synagogen gegen das Treiben der Korruptionsjuden. Aber das wird ihnen nicht viel nützen; so wie die Katze nicht ohne Mausen auskommt, so kommt der Jude nicht ohne Schieben und Betrügen aus, das liegt in der Natur der Sache.« Siehe auch BAK, ZSg. 102/37, Tagesparole vom 10.3.42, »Die Rolle der Juden bei den Schilderungen der schwarzen Börsen und des Schwarzhandels in England sind als Beitrag zur Judenfrage und Rechtfertigung der deutschen Judenpolitik auszuwerten.« Zur Umsetzung dieser Anweisungen siehe *VB*, 8.3., 10.3. und 11.3.42.

52 *Tagebücher Goebbels*, 7.3.42.

53 Siehe Gespräch mit Hitler, *Tagebücher Goebbels*, 27.4.42, sowie Eintragung vom 29.4.42 über einen SD-Bericht über die Ermordung von Juden in den besetzten Ostgebieten. Siehe auch den Eintrag vom 24.5.42: »Dr. Frank berichtet mir über seine Judenpolitik im Generalgouvernement. Die ist auch nicht von Pappe«; außerdem die Einträge vom 21.8. und 23.8.42.
54 Die *DAZ* steigerte zwar daraufhin ihre antisemitischen Beiträge nicht, lieferte aber am 12. März 194 einen Kommentar zur »Palästina-Debatte« im Oberhaus, der dem Jargon der Parteipresse in nichts nachstand: »Die Bevorzugung der Juden ist das Mittel, um zugleich das internationale Judentum hinter Roosevelt und Churchill für ihre Kriegstreiberei zu entschädigen. So wurde die Antwort des Regierungsvertreters zu einer neuen Verbeugung vor den jüdischen Schiebern, die sich hinter den Kulissen des Krieges in den Londoner Socialklubs und auf den schwarzen Börsen breit machen.«
55 OA Mos, 1363-3-26, 12.1.42.
56 Zur Wannseekonferenz siehe Peter Longerich, *Die Wannsee-Konferenz vom 20. Januar 1942: Planung und Beginn des Genozids an den europäischen Juden*, Berlin 1998, sowie Mark Roseman, *Die Wannsee-Konferenz. Wie die NS-Bürokratie den Holocaust organisierte*, Berlin 2002.
57 OA Mos, 1363-3-26, 1.3.42.
58 Ebenda, 9.3.42. Siehe auch die entsprechende Notiz des Verbindungsmanns der Partei-Kanzlei bei der Reichspropagandaleitung, Tießler, vom 11.3.42, in: *Akten der Parteikanzlei*, 2 Teile, hg. von Helmuth Heiber u.a., München 1983 und 1991, Mikrofiche-Ausgabe, Bd. 4, 76087 (aus BAB, NS 18 alt/842).
59 »Wollt Ihr den totalen Krieg?« 28.3.42, sowie BAB, NS 18alt/842, Vorlage Tießler für Bormann, 28.3.42.
60 Zur Widerstandsgruppe um Herbert Baum siehe Konrad Kwiet und Helmut Eschewege, *Selbstbehauptung und Widerstand. Deutsche Juden im Kampf um Existenz und Menschenwürde 1933–1945*, Hamburg 1984, S. 114ff.
61 OA Mos, 1363-3-26, 3.7.42.
62 OA Mos, 1353-3-26, 20.7.42. Siehe die *Tagebücher Goebbels*, 12.7., 21.7. und 23.7.42. Später stellte sich heraus, dass der von Goebbels geäußerte Verdacht falsch war (*Tagebücher Goebbels*, 24.7.42).
63 Siehe *Tagebücher Goebbels*, 9.9.42: »Schach berichtet mir über die Lage in Berlin. Aus einer Zahlenübersicht entnehme ich, dass wir immer noch 46 000 Juden in Berlin haben, die außerordentlich schwer zu evakuieren sind. Wenn man bedenkt, dass Köln nur noch 200 Juden zählt, so ist die Zahl für Berlin enorm. Ich gebe Schach den Auftrag, mit allen Mitteln besorgt zu sein, diese Zahl schleunigst herunterzusetzen und für einen absehbaren Termin Berlin gänzlich judenfrei zu machen.« Siehe auch den Eintrag vom 11.9.42: »Speer schreibt mir einen Brief, in dem er mir die Verwaltung der in Berlin anfallenden Judenwohnungen anvertraut. Die Judenwohnungen spielen im Wohnungsmarkt der Reichshauptstadt eine große Rolle. Man hatte sie bisher zu einem bedeutenden Teil freigehalten, um für den kommenden Umbau eine Ausweichmöglichkeit zu besitzen, für die Bewohner der zum Abriss kommenden Häuser. Ich bin der Meinung, dass man soviel Rücksicht auf spätere Friedenspläne nicht mehr nehmen darf. Die Wohnungsnot ist in Berlin so himmelschreiend, dass man jede Möglichkeit benutzen muss, um ihr abzuhelfen.«
64 *Tagebücher Goebbels*, 30.9., 1.10. und 4.10.42.
65 OA Mos, 1363-3-26, 3.11.42. Siehe auch *Tagebücher Goebbels*, 27.11.42: »Auch die Juden werden überall frech, sogar im Reichsgebiet. Ich sorge deshalb dafür, dass sie wenigstens aus Berlin möglichst schnell abgeschoben werden. Noch in der

nächsten Woche geht ein Transport von 5000 Berliner Juden in das Ostgebiet ab.« Laut *Gedenkbuch Berlins der jüdischen Opfer des Nationalsozialismus.* »*Ihre Namen mögen nie vergessen werden*«, hg. vom Zentralinstitut für Sozialforschung der FU Berlin, Berlin 1995, S. 1420, wurden zwischen Ende November und Ende Januar 5000 Menschen aus Berlin deportiert.

66 Die Polizeiverordnung vom 1.9.41 über die Kennzeichnung bestimmte, dass in »Mischehen« lebende Juden den Gelben Stern dann nicht tragen mussten, wenn Kinder aus dieser Ehe hervorgegangen waren, die nicht als Juden eingestuft wurden; auch auf jüdische Ehefrauen bei kinderloser »Mischehe« fand die Kennzeichnungspflicht keine Anwendung (RGBl 1941 I, S. 547).

67 Die vorliegenden Berichte stammen alle aus dem gleichen SD-Abschnitt: K/J 3421, SD-Außenstelle Minden, Bericht vom 21.2.1942; K/J 3507, SD-Außenstelle Detmold, Bericht vom 17.7.1942; K/J 3524, SD-Außenstelle Minden, Bericht vom 3.9.1942; K/J 3544, SD-Außenstelle Minden, Bericht vom 11.12.1942 (alle in: StA Det, M 18 Nr. 11), sowie SD-Außenstelle Höxter (siehe nächste Anmerkung). Zur Reaktion der deutschen Bevölkerung auf die Deportationen siehe Bajohr, »Über die Entwicklung eines schlechten Gewissens«, S. 180–195. Bajohr, der erstmalig die von Kulka/Jäckel angelegte Sammlung auf Berichte über Deportationen durchgesehen hat, kommt zu der meiner Ansicht nach vollkommen zutreffenden Schlussfolgerung, dass die Bevölkerung diesen Vorgängen großes Interesse entgegenbrachte und dass ihre Reaktionen vielfältig waren. Siehe auch Bankier, *Öffentliche Meinung*, S. 179ff.; Kershaw, »German Popular Opinion and the ›Jewish Question‹«, S. 192ff. Die von Kulka »›Public Opinion‹ in Nazi Germany: the Final Solution«, S. 148f. und S. 142, geäußerte Ansicht, die Deutschen seien den Deportationen mit vollkommener Indifferenz begegnet, lässt sich dank der von ihm inzwischen vervollständigten Sammlung so nicht mehr aufrechterhalten.

68 K/J 3407, SD Außenstelle Höxter, Bericht vom 19.1.1942 (StA Det, M 18 Nr. 11).

69 Hey, »Bielefeld und seine Bevölkerung in den Berichten des Sicherheitsdienstes (SD) 1939-1942«; siehe auch Bankier, *Öffentliche Meinung*, S. 161.

70 K/J 3475, Landrat Bad Neustadt/Saale, Bericht für April 1942, Bad Neustadt/Saale, 29.4.1942 (STtA Wü, LRA Bad Neustadt 21909).

71 K/J 3478, NSDAP-Ortsgruppe Niederwern, Bericht für April 1942, 23.4.1942 (StA Wü, NSDAP Gau Mainfranken Nr. 676).

72 K/J 3479, NSDAP-Ortsgruppe Schonungen, Bericht für April 1942, 24.4.1942 (StA Wü, NSDAP Gau Mainfranken Nr. 676).

73 K/J 3508, SD-Außenstelle Detmold, Bericht vom 31.7.1942 (StA Det, M 18 Nr. 11).

74 K/J 3421, SD-Außenstelle Minden, Bericht vom 21.2.1942 (StA Det, M 18 Nr. 11).

75 K/J 3456, NSDAP-Ortsgruppe Mainberg, Bericht für März 1942, o.D. (StA Wü, NSDAP Gau Mainfranken Nr. 676).

76 K/J 3463, SD-Beobachter, Hauptaußenstelle Erfurt (erschlossen), 30.4.42 (StA Wei, BAB, NS 29/53). *VB*, 30.4.42, »Ein Tag beim SD.-Außenkommando in einer sowjetischen Kleinstadt«.

77 K/J 3518, SD-Außenstelle Leipzig III A, 25.8.1942.

78 K/J 3522, NSDAP-Kreisleitung Augsburg-Stadt, 10.9.1942 (StA Abg, NSDAP Gauleitung Schwaben 1/19).

79 Bericht vom 10.11.42, BayHStA, StK 106684; vgl. Kershaw, »Antisemitismus und Volksmeinung«, S. 339. Dieses Stück fehlt in der von Kulka und Jäckel herausgebenen Sammlung.

80 K/J 3545, SD-Außenstelle Schwabach, 23.12.1942 (StA Nü, LRA Hilpoltstein Abg. 1971 Nr. 1972).

81 K/J 3550, Gendarmerie Bischofsheim, Bericht für Januar 1943, 28.1.1943 (StA Wü, LRA Bad Neustadt 21910).
82 Bankier, *Öffentliche Meinung*, S. 139ff.
83 Ebenda, S. 157.
84 Bernward Dörner, *»Heimtücke«: Das Gesetz als Waffe. Kontrolle, Abschreckung und Verfolgung in Deutschland 1933–1945*, Paderborn u.a. 1988, S. 233ff.
85 Kershaw, *Popular Opinion and Political Dissent in the Third Reich*, S. 366ff.
86 Ebenda, S. 237.
87 Ebenda.
88 Ebenda, S. 238.
89 Ebenda, S. 238f.
90 Ebenda, S. 240f.
91 Ebenda, S. 239.
92 Kershaw, *Popular Opinion and Political Dissent in the Third Reich*, S. 366ff. Die Fälle sind nachgewiesen im StA München, Bestand Sondergericht München, Nr. 12719 und 6501.
93 In dem von Walter Manoschek herausgegebenen Band *»Es gibt nur eines für das Judentum: Vernichtung«. Das Judenbild in deutschen Soldatenbriefen 1939–1944*, Hamburg 1995, finden sich insgesamt 103 Feldpostbriefe ganz überwiegend antisemitischen Inhalts, von denen etwa ein Fünftel direkt oder indirekt der Ermordung von Juden erwähnt; die Briefe wurden aus der in der Bibliothek für Zeitgeschichte in Stuttgart aufbewahrten Sammlung Sterz ausgewählt, in der sich zur Zeit der Herausgabe dieser Edition über 50 000 Feldpostbriefe befanden. Aus dieser Sammlung wurden schon zuvor einschlägige Beispiele veröffentlicht: *Das andere Gesicht des Krieges. Deutsche Feldpostbriefe 1939–1945*, hg. von Ortwin Buchbender und Reinhold Sterz, München 1982, S. 168ff., sowie Volker Ullrich, *»Wir haben nichts gewusst«*, S. 11–46.
94 Martin Humburg, »Feldpostbriefe aus dem Zweiten Weltkrieg: zur möglichen Bedeutung im aktuellen Meinungsstreit unter besonderer Berücksichtigung des Themas ›Antisemitismus‹«, in: *Militärgeschichtliche Mitteilungen* 58 (1999), S. 321–343; siehe auch ders., *Das Gesicht des Krieges – Feldpostbriefe von Wehrmachtsoldaten aus der Sowjetunion 1941-1944*, Wiesbaden 1998.
95 Klaus Latzel, *Deutsche Soldaten – nationalsozialistischer Krieg? Kriegserlebnis – Kriegserfahrung 1939–1945*, Paderborn 1998, S. 201ff., S. 203.
96 Ebenda, S. 204.
97 Friedrich Percyval Reck-Malleczewen, *Tagebuch eines Verzweifelten*, Berlin/Bonn 1981, S. 138.
98 Ludwig Haydn, *Meter, immer nur Meter! Das Tagebuch eines Daheimgebliebenen*, Wien 1946, 29.6.; 30.7. und 19.12.42.
99 Ursula von Kardorff, *Berliner Aufzeichnungen*, neu hg. und komm. von Peter Hartl, München 1992, 15.8.43. Der Herausgeber bemerkt allerdings, dass sich diese Äußerungen nicht in den Originalaufzeichnungen Kardorffs finden lassen, sondern nur in der von ihr nach Kriegsende edierten Version.
100 PRO 371/34438, Political Memo on Conditions in Germany, gives information obtained from an interview with a Swiss journalist, Erwin Thomann, 1.10.43.
101 Christof Dipper, »Der Deutsche Widerstand und die Juden«, in: *Geschichte und Gesellschaft* 9 (1983), S. 349–380.
102 Gerhard Ritter, *Carl Goerdeler und die deutsche Widerstandsbewegung*, München 1964, S. 572ff., S. 573. Der Entwurf datiert vom 25.7.43.
103 Helmuth Krausnick, »Goerdeler und die Deportation der Leipziger Juden«, in: *Vierteljahrshefte für Zeitgeschichte* 13 (1965), S. 338f.

104 *In der Stunde Null. Die Denkschrift des Freiburger »Bonhoeffer-Kreises«. Politische Gemeinschaftsordnung. Ein Versuch zur Selbstbesinnung des christlichen Gewissens in den politischen Nöten unserer Zeit*, eingel. von Helmut Thielicke, mit einem Nachwort von Philipp von Bismarck, Tübingen 1979, Anlage 5: Vorschläge für eine Lösung der Judenfrage in Deutschland, S 146ff., S. 149.
105 Hassell, *Vom Andern Deutschland*, Eintragungen vom 1.8. und 26.11.42 sowie 15.5.43.
106 Inge Scholl, *Die weiße Rose*, Frankfurt a. M. 1955, S. 80ff., S. 81.
107 *Akten deutscher Bischöfe über die Lage der Kirche, 1933–1945*, Bd. 5: 1940–1942, bearb. von Ludwig Volk, Paderborn u.a. 1983, Dok. Nr. 742, S. 675ff.
108 Zitiert ebenda, S. 675, Anm. 1.
109 *Kölner Aktenstücke zur Lage der Katholischen Kirche in Deutschland 1933–1945*, hg. von Wilhelm Corsten, Köln 1949, S. 298–304, Zitat S. 301. Zur Reaktion der katholischen Kirche auf die Judenverfolgung siehe die Überblicke von Bernd Nellessen, »Die schweigende Kirche und die Judenverfolgung«, in: *Die Deutschen und die Judenverfolgung im Dritten Reich. Werner Jochmann zum 70. Geburtstag*, hg. von Ursula Büttner, Hamburg 1992, S. 259–271, sowie von Ludwig Volk, »Episkopat und Kirchenkampf im Zweiten Weltkrieg. II.: Judenverfolgung und Zusammenbruch des NS-Staates«, in: ders., *Katholische Kirche und Nationalsozialismus*, hg. von Dieter Albrecht, Mainz 1987, S. 98-113.
110 Siehe den Überblick von Martin Greschat, »Die Haltung der deutschen evangelischen Kirchen zur Verfolgung der Juden im Dritten Reich«, in: *Die Deutschen und die Judenverfolgung im Dritten Reich. Werner Jochmann zum 70. Geburtstag*, hg. von Ursula Büttner, Hamburg 1992, S. 273–292.
111 Wider das Schweigen der Kirche zur Judenverfolgung. Offener Brief an Landesbischof D. Meiser, in: Hermann Diem, *sine vi – sed verbo. Aufsätze, Vorträge, Voten. Aus Anlass der Vollendung eines 65. Lebensjahres am 2. Februar 1965*, hg. von Uvo Andreas Wolf, München 1965, S. 108-111.
112 Zitiert nach Wolfgang Scheffler, *Judenverfolgung im Dritten Reich 1933–1944*, Berlin 1960, S. 110.
113 Hassell, *Vom Andern Deutschland*; am 15.5.43 notiert er, Hunderttausende von Juden würden in Polen vergast.
114 Lili Hahn, *... bis alles in Scherben fällt. Tagebuchblätter 1939–1945*, Köln 1979, 30.11.41.
115 Manns Quellen waren jedoch von unterschiedlicher Qualität: Er stützte sich zum einen auf den angeblichen Bericht eines deutschen Lokomotiv-Führers, der in die Schweiz geflohen war und dort berichtet hatte, in von ihm gefahrenen Zügen seien die jüdischen Insassen auf offener Strecke durch die Einleitung von Gas umgebracht worden. Zum anderen berichtete er – und diese Information beruhte im Gegensatz zu der ersten auf zuverlässigen Quellen – über die Ermordung von 11 000 polnischen Juden, die auf ein besonderes Exekutionsfeld bei Konin (Warthegau) gefahren und dort in luftdicht verschlossenen Lastwagen umgebracht worden seien; Thomas Mann, *Deutsche Hörer! 55 Radiosendungen nach Deutschland*, 2., erw. Aufl., Stockholm 1945, S. 73, 27. September 1942.
116 von Moltke, *Briefe an Freya 1939-1945*.
117 Henrik Lindgren, »Adam von Trotts Reisen nach Schweden 1942-1944. Ein Beitrag zur Frage der Auslandsverbindungen des deutschen Widerstands«, in: *Vierteljahrshefte für Zeitgeschichte* 18 (1970), S. 274-291, Brief an Lionel Curtis vom 25.3.1943, S. 283ff., Zitat S. 286 (Rückübersetzung aus dem Englischen; P. L.).
118 Hermann Samter, Brief vom 26.1.42, in: *Wir haben es gesehen*, S. 296f. (das Origi-

nal befindet sich in der Wiener Library in London; siehe Bankier, *Öffentliche Meinung*, S. 142).
119 de Boor, *Tagebuchblätter*, München 1963, 1./2.1.43. Nach der Lektüre des Oberuferer Dreikönigsspiels, in dem der Kindermord des Königs Herodes geschildert wird, schrieb Boor, »die Judenermordung ist so schrecklich nahe, so ganz Gegenwart ...«. Zum Eintrag vom Dezember 1941 siehe S. 198.
120 *Sehr selten habe ich geweint*, S. 275–316, Eintragung vom 31.8.43.
121 Klemperer, *Ich will Zeugnis ablegen bis zum letzten*, 13.4. und 21.7.43.
122 Ebenda, 19.9.42.
123 Ebenda, 25.10., 9.11. und 18.11.41.
124 Ebenda, 13.1.42.
125 Ebenda, 29.12.42, 26.11.44 und 15.1.45.
126 Ebenda, 19.4.42.
127 Ebenda, 8.6.42.
128 Ebenda, 16.3.42.
129 Ebenda, 5.6.43.
130 Ebenda, 27.2.und 4.3.43.
131 Ebenda, 29.1.45.
132 Ebenda, 24.10.44.
133 Dürkefälden, »*Schreiben, wie es wirklich war!*«. Die Art und Weise, wie Dürkefälden zu seinen Schlussfolgerungen kam, sei hier an zwei Beispielen veranschaulicht: »Anfang Februar 1942 sprach Thomas Mann von Amerika aus über den Londoner Sender, es seien in Deutschland 400 (vierhundert) junge holländische Juden durch Ausprobieren eines Kampfgases umgebracht worden. Wenn man alle Androhungen Adolf Hitlers und seiner Genossen betrachtet, muss man an solche Gasvergiftungen glauben. Zum Parteigründungstag 1942 zum Beispiel schreibt Adolf Hitler am 24. Februar 1942 an seine Parteigenossen, als er den Juden wie üblich wieder alle Schuld gab.« Dürkefälden zitierte dann die einschlägige Passage aus der Hitler-Rede (siehe S. 201) und den Bericht der *Niedersächsischen Tageszeitung* vom 25.2.42, die unter der Überschrift stand »Der Jude wird ausgerottet«(S. 107f.). Im Juni 1942 notierte er: »Heute, am 12. Juni 1942, kurz vor 20 Uhr, wurde in einem Vortrage durch Radio gesagt, die Juden würden in Europa und vielleicht noch darüber hinaus ausgerottet. Dabei wurde den Juden die Schuld an den augenblicklichen heftigen Angriffen englischer Flieger auf nord- und westdeutsche Städte gegeben« (S. 111). Siehe auch Eintragungen S. 109f., S. 114, S. 115f., S. 117, S. 125, S. 126f. und S. 129. Zu Dürkefälden siehe bereits Kershaw, »German Popular Opinion and the ›Jewish Question‹«, S. 379, sowie Bankier, *Öffentliche Meinung*, S. 148.
134 Andreas-Friedrich, *Schauplatz Berlin*.
135 von Kardorff, *Berliner Aufzeichnungen*, 27.12.44. Siehe auch den Eintrag vom 13.1.44: »Wenn man nur wüsste, was mit den abtransportierten Juden geschieht.« Zu Kardorff siehe S. 222 und S. 250.
136 Es handelt sich um das im Deutschen Tagebucharchiv Emmendingen aufbewahrte Manuskript Nr. 463 von Marianne B. Siehe Norbert Frei. »Auschwitz und die Deutschen. Geschichte, Geheimnis, Gedächtnis«, in: ders., *1945 und wir. Das Dritte Reich im Bewusstsein der Deutschen*, München 2005, S. 156–183, Zitat S. 158 (S. 16 des Originalmanuskripts).
137 Müller-Claudius, *Der Antisemitismus und das deutsche Verhängnis*, S. 166ff. Es handelte sich um Personen, die seit 1933 oder vor 1933 in der Partei waren; acht von ihnen waren Frauen, die meisten Befragten gehörten der Mittelschicht beziehungsweise dem Bürgertum an. Zur ersten Befragung siehe S. 134.

138 Bankier, *Öffentliche Meinung*, S. 180ff.
139 PRO, FO 371/30.900, Übersendung des Berichts durch die Britische Botschaft, Washington, 24.7.42.
140 Siehe Kingreen, »Gewaltsam verschleppt aus Frankfurt«.
141 PRO FO 371/34429, 7.4.43.
142 Bankier, *Öffentliche Meinung*, S. 151ff.
143 PRO 371/39059, Brief des britischen Botschafters in Madrid, Hoare, an Außenminister Eden, 4.4.44.
144 PRO FO 371/34431, Memo, 18.6.43.
145 PRO, FO 371/34429, British Embassy Madrid, 12.4.43.
146 PRO, FO 371/34430, Report Press Reading Room Stockholm, 18.5.43.
147 Sybille Steinbacher, *»Musterstadt« Auschwitz. Germanisierungspolitik und Judenmord in Ostoberschlesien*, München 2000, S. 206ff., sowie Bernd C. Wagner, »Gerüchte, Wissen, Verdrängung: Die IG Auschwitz und das Vernichtungslager Birkenau«, in: *Ausbeutung, Vernichtung, Öffentlichkeit. Neue Studien zur nationalsozialistischen Lagerpolitik*, hg. von Norbert Frei, Sybille Steinbacher und Bernd C. Wagner, München 2000, S. 231–248.
148 Leichengeruch, die Existenz eines Krematoriums, riesige Stapel aufgetürmter Kleiderbündel, mit Menschen vollgepferchte und leer zurückkehrende Deportationszüge beobachtete etwa der deutsche Unteroffizier Cornides, der im August 1942 am Lager Belzec vorbeifuhr. Das Lager war Gesprächsthema im Zug: Ein mitreisender Bahnpolizist erwähnte die Verwendung von Gas; siehe Raoul Hilberg, *Sonderzüge nach Auschwitz*, Mainz 1981, S. 188ff., und generell zur Verwicklung von Reichsbahn und Reichsbahnern in den Holocaust.
149 Walter Laqueur, *Was niemand wissen wollte. Die Unterdrückung der Nachrichten über Hitlers »Endlösung«*, ungek. Ausg., Frankfurt a. M. 1981.
150 Karl-Heinz Reuband, »Gerüchte und Kenntnisse vom Holocaust in der deutschen Gesellschaft vor Ende des Krieges. Eine Bestandsaufnahme auf der Basis von Bevölkerungsumfragen«, in: *Jahrbuch für Antisemitismusforschung* 9 (2000), S. 196–233; siehe auch ders., »Zwischen Ignoranz, Wissen und Nicht-glauben-Wollen. Gerüchte über den Holocaust und ihre Diffusionsbedingungen in der deutschen Bevölkerung«, in: *Überleben im Untergrund. Hilfe für Juden in Deutschland 1941–1945*, hg. von Wolfgang Benz, Beate Kosmala und Claudia Schoppmann, Berlin 2002, S. 33–63.
151 Bankier, *Öffentliche Meinung*, S. 154ff.
152 Siehe Karl-Heinz Reuband, »›Schwarzhören‹ im Dritten Reich«, in: *Archiv für Sozialgeschichte* 41 (2001), S. 245–270, der sich vor allem auf amerikanische Nachkriegsbefragungen stützt. Allerdings dürfte die Zahl derjenigen, die die Programme kontinuierlich abhörten, wesentlich geringer gewesen sein. Aus dem gleichen Material geht hervor, dass die mündliche Verbreitung von alliierten Rundfunkmeldungen (die mit drakonischen Strafen bis hin zur Todesstrafe bedroht war) nur in geringem Umfang stattfand.
153 Die BBC informierte im Juni 1942 in ihren europäischen Programmen erstmalig über den systematischen Mord an den polnischen Juden; es handelte sich um eine Ansprache des Leiters der polnischen Exilregierung, Władysław Sikorski (Richard Bolchover, *British Jewry and the Holocaust*, Cambridge u.a. 1993, S. 8).
154 Mann, *Deutsche Hörer!*, S. 60 (Januar 1942), S. 62 (Juni 1942) und S. 73 (27.9.1942).
155 Britisches Flugblatt G-60 (1942), in: Klaus Kirchner, *Flugblattpropaganda im 2. Weltkrieg. Europa*, Bd. 4: *Flugblätter aus England, G-1942. Bibliographie, Katalog*, Erlangen 1974. In dem Flugblatt waren deutsche Geiselerschießungen in verschiedenen Ländern dokumentiert. Unter einem Foto, auf dem zu sehen ist,

wie deutsche Soldaten einem orthodoxen Juden die Barthaare ausrissen, stand zu lesen: »Die Zahl der in Osteuropa ermordeten und verhungerten Juden geht in die Hunderttausende.«
156 Siehe Bernard Wasserstein, *Britain and the Jews of Europe, 1939-1945*, Oxford 1979, S. 169ff. Die Ermordung der europäischen Juden wurde nicht nur in den Nachrichten, sondern auch in den Feature-Sendungen thematisiert. Siehe etwa das Transkript der »Frau Wernicke«-Sendung bei Bruno Adler, *Frau Wernicke. Kommentare einer »Volksjenossin«*, hg. und mit einem Nachw. vers. von Uwe Naumann, Mannheim 1990, S. 93ff., insb. S. 94 (26.12.42), sowie BBC/WAC German Features, 24.12., 27.12. und 29.12.42. Siehe dazu Johnson, *Der nationalsozialistische Terror*, S. 475f.
157 BBC Written Archive, E 2/3/8, Foreign General Directives, File VIII, 9.12., 14.12., 17.12. und 18.12.42. Siehe Jeremy D. Harris, »Broadcasting the Massacres. An Analysis of the BBC's Contemporary Coverage of the Holocaust«, in: *Yad Vashem Studies* 25 (1996), S. 65-98, S. 78f., sowie Johnson, *Der nationalsozialistische Terror*, S. 474, und Bankier, *Öffentliche Meinung*, S. 154f.
158 Mann verfolgte dieses Motiv bereits seit September 1941: »Das deutsche Volk fürchtet, wenn es seine Kriegsherren im Stich ließe, das zu erleiden, wovon es weiß, dass die Nazis es im Falle ihres Sieges anderen zufügen würden: die Vernichtung. Die Goebbels-Propaganda schreit es ihnen täglich in die Ohren: Ihr müsst siegen oder ihr werdet vernichtet. Ihr habt nur die Wahl zwischen einem allumfassenden Sieg oder dem Untergang.« (*Deutsche Hörer!*, S. 38). Im November 1941 führte er aus: »Das Unaussprechliche, das in Russland, das mit den Polen und Juden geschehen ist und geschieht, wisst ihr, wollt es aber lieber nicht wissen aus berechtigtem Grauen vor dem ebenfalls unaussprechlichen, dem ins Riesenhafte heranwachsenden Hass, der eines Tages, wenn eure Volks- und Maschinenkraft erlahmt, über euren Köpfen zusammenschlagen muss. Ja, Grauen vor diesem Tage ist am Platz, und eure Führer nutzen es aus. Sie, die euch zu all diesen Schandtaten verführt haben, sagen euch: Nun habt ihr sie begangen, nun seid ihr unauflöslich an uns gekettet, nun müsst ihr durchhalten bis aufs Letzte, sonst kommt die Hölle über euch« (ebenda, S. 44). Am 27. September 1942 kam er auf das Thema zurück: »Jetzt ist man bei der Vernichtung, dem maniakalischen Entschluss zur völligen Austilgung der europäischen Judenschaft angelangt. ›Es ist unser Ziel‹, hat Goebbels in einer Radio-Rede gesagt, ›die Juden auszurotten. Ob wir siegen oder geschlagen werden, wir müssen und werden dieses Ziel erreichen. Sollten die deutschen Heere zum Rückzug gezwungen werden, so werden sie auf ihrem Wege den letzten Juden von der Erde vertilgen‹« (ebenda, S. 72).
159 Flugblatt G-68, in: Klaus Kirchner, *Flugblattpropaganda im 2. Weltkrieg. Europa*, Bd. 4: *Flugblätter aus England, G 1942.Bibliographie, Katalog*, Erlangen 1974.
160 G 3, abgeworfen vom 11.2. bis 9.3.43, in: Klaus Kirchner, *Flugblattpropaganda im 2. Weltkrieg. Europa*, Bd. 5: *Flugblätter aus England G-1943, G-1944*, Erlangen 1974. Zum Thema Judenverfolgung in der britischen Flugblattpropaganda siehe Bankier, *Öffentliche Meinung*, S. 156. Die Studie von Jan Isenbart, »Britische Flugblattpropaganda gegen Deutschland im Zweiten Weltkrieg«, in: *Pressepolitik und Propaganda. Historische Studien vom Vormärz bis zum Kalten Krieg*, hg. von Jürgen Wilke, Köln/Weimar/Wien 1997, S. 191-256, macht deutlich, dass die Flugblattpropaganda ganz andere Schwerpunkte setzte als die Anprangerung der deutschen Judenverfolgung. Zur allliierten Flugblattpropaganda siehe auch: *Flugblattpropaganda im Zweiten Weltkrieg. Dokumentation und Analyse*, hg. von Ortwin Buchbender und Horst Schuh, Stuttgart 1974.

161 BAB, R 55/1357, 22.12.42.
162 BBC Written Archive, E 2/13/9, Foreign General Directives, File IX, Januar bis Februar 1943, 7.1.43.
163 Zu Fraser siehe die Erinnerungen von Carl Brinitzer, *Hier spricht London*. *Von einem, der dabei war*, Hamburg 1969, S. 135ff. Fraser trat während des Krieges auch publizistisch einschlägig in Erscheinung: *Germany between the wars – a study of propaganda and war-guilt*, Oxford 1944.
164 BBC Written Archive, Box German Service, Lindley Fraser Misc. Scripts, 1942–44, Folder »Sonderbericht«, 1.1.–28.6.43, Script »New year Round up« 1.1.43. Zu Fraser und seinem Programm siehe Harris, »Broadcasting the Massacres«, S. 76ff.
165 Ebenda, S. 77.
166 BBC, Written Archive, E 20/44-3, German Radio, File 2 B, Mai bis Juli 1943, 18.7.43, Sonderbericht.
167 PRO, FO 898/289, zitiert nach Wasserstein, *Britain and the Jews of Europe*, S. 174.
168 Siehe unter anderem Laqueur, *Was niemand wissen wollte*, S. 116ff.
169 Kirchner, *Flugblätter aus England, G-1943, G-1944*.
170 G-49, in: ebenda.
171 G-94, ebenda.
172 G-49, abgedr. ebenda.
173 G-94, ebenda. Auch andere in den besetzten Gebieten begangene Verbrechen griff die Flugblattpropaganda ausführlich auf. So prangerte etwa das Anfang 1943 abgeworfene Flugblatt »Die Ausrottungszone am Bug« deutsche Gräueltaten an der polnischen Bevölkerung an (G-2, abgeworfen Januar bis März 1943, ebenda).
174 Bereits veröffentlicht in G-39, »Ein deutsches Flugblatt«, abgeworfen im Juli 1943, ebenda.
175 G-13, Flugblattbroschüre »Warum es mit Hitler keinen Frieden gibt«, abgeworfen vom 24.5. bis 1.11.44, ebenda.
176 G-16, 10.4.44, ebenda.
177 G-30, »Im Namen des deutschen Volkes«, 11. September 44, ebenda.
178 Hier als »Aufruf ans Deutsche Volk« betitelt, USG 33, 28.3.44, in: Klaus Kirchner, *Flugblattpropaganda im 2. Weltkrieg. Europa*, Bd. 6: *Flugblätter aus den USA 1943/44. Bibliographie, Katalog*, Erlangen 1977.
179 USG 39, ebenda.
180 USG 50 vom 23.8.44, ebenda.
181 Im Einzelnen handelte es sich um die Serien XG, ZG, WG und VG, in: Klaus Kirchner, *Flugblattpropaganda im Zweiten Weltkrieg. Europa*, Bd. 7: *Flugblätter aus England, aus den USA 1944/45*, Erlangen 1980. Die 1944/1945 produzierten Nachrichten für die Truppe waren teilweise im Landser-Jargon verfasst und so konzipiert, dass sie für die deutschen Soldaten nicht auf den ersten Blick als alliiertes Propagandaprodukt zu erkennen waren. Schon deshalb waren sie für Informationen über den Massenmord an den Juden nicht geeignet. Siehe Klaus Kirchner, *Flugblattpropaganda im Zweiten Weltkrieg. Europa*, Bd. 11: *Flugblätter aus England, aus den USA Nachrichten für die Truppe 1944. Bibliographie, Katalog*, Erlangen 1989, sowie ders., *Flugblattpropaganda im Zweiten Weltkrieg. Europa*, Bd. 12: *Flugblätter aus England, aus den USA Nachrichten für die Truppe 1945*, Erlangen 1989.
182 Kirchner, *Flugblätter aus England, aus den USA 1944/45*, S. 516ff., referiert eine amerikanische Befragung zur Wirkung der Flugblattpropaganda, die unmittelbar nach Kriegsende angestellt wurde (»Exposure During the War of German

Civilians to Allied Leaflets«, SHAEF/PWD, Intelligence Section, 28.6.45, Nation Archives Washington, RG 208, SHAEF/PWD, OWI Section, Box 385). Die Befragung konzentrierte sich auf Gebiete um die Städte Marburg, Hersfeld und Eschwege, die relativ wenige Bombardierungen erlebt hatten, aber häufig das Ziel von Flugblattabwürfen gewesen waren: Danach gaben 30 Prozent der Bevölkerung an, sie hätten alliierte Flugblätter gelesen. Unter den Antworten auf die Frage, welche Flugblätter besonders beeindruckten, findet sich kein Hinweis auf den Holocaust oder die Verbrechen in den besetzten Gebieten. Allerdings muss offen bleiben, inwieweit diese Angaben durch Furcht und Unsicherheit gegenüber der gerade installierten Besatzungsmacht nach der einen oder anderen Seite hin verzerrt wurden.

183 Reuband, »›Schwarzhören‹«, S. 262, referiert die – in den National Archives vorhandene – Hörerforschung der BBC, die sich auf Interviews mit aus Deutschland kommenden Personen im neutralen Ausland stützte.

184 Bankier, *Öffentliche Meinung*, S. 162ff.

185 PRO, FO 371/30900, Political memorandum, Press Reading Room Stockholm, 7.7.42.

186 PRO, FO 371/30901, Press Reading Rooms Stockholm, 11.9.42.

187 PRO, FO 371/34431, Memo Press Reading Room Stockholm, 20.5.43, nach Informationen eines als zuverlässig eingestuften österreichischen Emigranten, der die Wiener Philharmoniker in Stockholm besucht hatte: »Außerdem haben sich viele österreichische Nazis wegen der brutalen Behandlung der Juden in Ekel vom Hitler-System abgewandt.« In einem Memo der gleichen Stelle heißt es am 15.6.43 nach Angaben eines Wiener Geschäftsreisenden: »Wegen der Verfolgung der Juden, die die Wiener Bevölkerung anfangs teilnahmslos hingenommen hat, ist nun jeder gegen das System.«

188 Ebenda, Memo, Press Reading Room Stockholm, 17.6.43.

189 PRO, FO 371/34431, Memo, Press Reading Room Stockholm, 11.6.43.

190 PRO, FO 371/34437, Memo Press Reading Bureau Stockholm, 21.9.43.

191 PRO, FO 371/39059, 4.4.44.

192 PRO, FO 371/39060, Political memo, 10.4.44.

193 PRO, FO 371/34427, Ridley Prentice, Lissabon, 12.3.43.

194 PRO 371/32681, Statement by Kate Cohn, Summary of Information given to the High Commissioner's Office.

195 PRO, 371/39066, Bericht Britische Botschaft Lissabon, 26.10.44.

196 Dörner, *»Heimtücke«*, S. 234.

197 *Das Glück zu leben. Erinnerungen und Ergebenheiten aus neun Jahrzehnten*, Stuttgart 1978; siehe auch Bankier, *Öffentliche Meinung*, S. 178f.

198 Im Originaltext laut Hinweis des Herausgebers am 2.2.43 in der 1947 von ihr besorgten Edition änderte Kardorff den Text in »… die Ausrottung der Juden, gegen die die Masse der Bevölkerung allerdings gleichgültig bleibt« (*Berliner Aufzeichnungen*, 31.12.42).

199 Klemperer, *Ich will Zeugnis ablegen bis zum letzten*, 11.2.36, 14.6.36, 3.12.38, 25.7.38, 27.9.40, 25.2.41, 21.7.41, 4.10.41, 24.11.41, 17.12.41, 15.2.42, 8.5.42, 15.5.42, 29.7.42, 14.1.43, 18.2.43, 16.4.43, 23.6.43, 19.7.43, 23.8.43 (Erzählung eines Bekannten), 28.9.43, 11.12.43, 4.3.44, 13.4.44, 29.1.45, 8.2.45.

200 Ebenda, 1.11.41 (»das erste Mal angepöbelt«, es handelte sich um HJ-Pimpfe), 22.12.41, 19.2.42, 12.4.42, 14.4.42., 28.4.42, 27.7.42, 11.7.43, 20.5.43 (Erzählung eines Bekannten), 23.6.43, 24.6.43, 17.8.43, 7.2.44, 29.4.44, 16.8.44.

201 Ebenda, 6.3.42 und 4.6.43.

202 Ebenda, 20.5., 4.6. und 7.10.43.

Die »Endlösung« 415

203 Ebenda, 17.3.40.
204 Ebenda, 25.9.41.
205 Von den siebentausend in Berlin untergetauchten Juden überlebten etwa 1500 das Kriegsende. Ein noch nicht abgeschlossenes Forschungsprojekt am Berliner Zentrum für Antisemitismusforschung hat bislang circa dreitausend Namen von in Deutschland lebenden Frauen und Männern ermittelt, die an der Rettung von untergetauchten Juden mitwirkten; siehe Beate Kosmala und Claudia Schoppmann, »Überleben im Untergrund. Zwischenbilanz eines Forschungsprojekts«, in: *Überleben im Untergrund. Hilfe für Juden in Deutschland, 1941–1945*, hg. von Wolfgang Benz, Beate Kosmala und Claudia Schoppmann, Berlin 2002, S. 17–32, sowie Beate Kosmala und Revital Ludewig-Kedmi, *Verbotene Hilfe, Deutsche Retterinnen und Retter während des Holocaust*, Zürich 2003.
206 Eric Johnson, *Der nationalsozialistische Terror*, S. 273ff., zeigt am Beispiel der Krefelder Gestapo, dass die Mehrzahl der gegen Juden aufgenommenen Ermittlungsfälle durch Denunziationen aus der Bevölkerung initiiert wurden, während Denunziationen gegenüber Angehörigen anderer verfolgter Gruppen weit weniger häufig waren. Robert Gellately, *Hingeschaut und Weggesehen*, S. 188, weist nach, dass fast 60 Prozent der Fälle von Rassenschande oder »judenfreundlichem Verhalten«, die die Nürnberger Gestapo verfolgte, von Anzeigen aus der Bevölkerung ausgelöst wurden. Zum Thema Denunziation siehe auch Gisela Diewald-Kerkman, *Politische Denunziation im NS-Regime oder die kleine Macht der »Volksgenossen«*, Bonn 1995, sowie Christl Wickert, »Popular Attitudes to National Sozialist Antisemitism: Denunciations for ›Insidious Offenses‹ and ›Racial Ignominy‹«, in: *Probing the Depths of German Antisemitism. German Society and the Persecution of the Jews, 1933–1941*, hg. von David Bankier, New York u.a. 2000, S. 282–295.
207 Vertrauliche Informationen der Partei-Kanzlei, Folge 66, 9.10.42, in: Longerich (Hg.), *Die Ermordung der europäischen Juden*, S. 433f.
208 *Tagebücher Goebbels*, 6.12.42. Es handelte sich um die bereits bei der Wannseekonferenz vorgeschlagene Idee der zwangsweisen Scheidung solcher »Mischehen«.
209 BAK, ZSg. 102/41.
210 OA Mos, 1363-3-26, 9.12.42, (betr. Kundgebungen schwedischer Studenten gegen die deutsche Judenverfolgung). Siehe dazu und zu den Konferenzen vom 12.12, 14.12. und 16.12. auch die in der Edition »*Wollt Ihr den totalen Krieg*« abgedruckten Protokollauszüge, die aus der Mitschrift des Vertreters des Auswärtigen Amtes stammen. Sie sind wesentlich knapper gehalten und geben nicht, wie die in Moskau liegende Protokollversion, Goebbels' klares Bekenntnis zu den Massenmorden preis.
211 OA Mos, 1363-3-26, 11.12.42.
212 Ebenda, , 12.12.42.
213 *Tagebücher Goebbels*, 13.12.42.
214 Ebenda, 14.12.42.
215 Subhas Chandra Bose, indischer Nationalistenführer, und Hadsch Mohammed Amin al-Husseini, der Großmufti von Jerusalem, arbeiteteten während des Zweiten Weltkriegs eng mit den Achsenmächten zusammen.
216 OA Mos, 1363-3-26, 14.12.42.
217 Ebenda, 16.12.42.
218 BAK, ZSg. 102/41, 17.12.42 (Tagesparole).
219 Ebenda, 18.12.42 (Tagesparole): »Aus der heutigen Rede des Großmuftis von Jerusalem sind vor allem jene Stellen gut hervorzuheben, in denen er die brutalen

britischen Unterdrückungsmethoden anprangert. In diesem Zusammenhang ist das Eingeständnis des britischen Vizekönigs von Indien, wonach bei den Unruhen empörende Fälle von Brutalität vorgekommen seien, stärkstens herauszustellen.«
220 VB, 17.12.42, »124 Araber in Afrika von den ›Befreiern‹ erschossen«; 19.12.42, »Neue britische Terrorwelle gegen das indische Volk« (Schlagzeile); 20.12.42, »Massenerschießungen von Arabern durch die USA-›Befreier‹«; *Der Angriff*, 17.12.42, »Neue Unruhen in Indien«; 24.12.41, »Hungersnot im Iran« sowie »Ceylon fordert Freiheit«; 29.12.41, »Unruhen in Indien«; *Westdeutscher Beobachter*, 14.12.42 (M), »Neue Hunger-Revolten in Teheran«; 15.12.42 (A), »Grenzen britischer Erpressungen. Indische Soldaten lehnen sich gegen Gewaltmethoden auf«; 16.12.42 (M), »Britisches Blutregiment gegen Araber«; 19.12.42 (M), »Gegen den Blutterror der Unterdrücker. Der Großmufti von Jerusalem an die islamitische Welt« (Schlagzeile); *DAZ*, 19.12.42, »50 000 Inder am Verhungern«; 20.12.42, »Gegen britischen Terror und Sklaverei« (bezieht sich auf Indien); *Schlesische Zeitung*, 16.12.42 (A), »Judenregiment in Palästina«; 18.12.42 (A), »Britische Grausamkeiten im besetzten Afrika« (Schlagzeile); *Frankfurter Volksblatt*, 17.12.41, »England will seine früheren Verbündeten aushungern« (Schlagzeile), sowie 19.12.42, »Zynische Verachtung für Recht und Gesetz. Mit echt britischer Scheinheiligkeit und Brutalität bekennt sich der Vizekönig von Indien zum Terrorregime des ›weltbeglückenden‹ Imperialismus« (Schlagzeile). Die *FZ* scheint auf die Hinweise in der Pressekonferenz nicht reagiert zu haben.
221 OA Mos, 1363-3-26, 18.12.42.
222 Ebenda, 19.12.42.
223 *VB*, 21.12.42, »Die jüdischen Hetzer aus dem Hintergrunde: Keinen einzigen Gummiknüppel dürfen die Deutschen behalten!« Es handelte sich um die Rede des in der Emigration lebenden Schriftstellers Emil Ludwig (der in der NS-Presse bevorzugt unter seinem Geburtsnamen Cohn zitiert wurde). Der Artikel des *VB* beinhaltet eine Polemik gegen Ludwig und benutzte die Gelegenheit, zu einem Rundumschlag gegen jüdische Intellektuelle, Politiker und Bankiers auszuholen; ihre Untaten füllten ein »endloses, zahllose Bände umfassendes ›Schuldbuch‹«, unter das jetzt, so endet der Artikel, die »Schlussbilanz« gezogen werde.
224 OA Mos, 1363-3-26.
225 Ebenda.

»Kraft durch Furcht«: Die Drohung mit der »jüdischen Rache«

1 *Tagebücher Goebbels*, 10.2. und 13.2.43 sowie Protokoll der Ministerkonferenzen vom 12.2.43, in: »*Wollt Ihr den totalen Krieg?*«. Siehe auch Ministerkonferenzen vom 16.2. und 20.2. sowie 10.3. und 13.3.43, in: ebenda; zum 16.10.43 siehe BAB, NS 18/224, Vorlage Tießlers für Bormann, sowie *Tagebücher Goebbels*, 14.2, 15.2, 19.2, 23.2. und 26.2., 1.3., 4.3., 8.3., 9.3., 11.3. und 12.3.43.
2 Danach erhöhte *Der Angriff* die Zahl seiner antisemitischen Beiträge, die in den letzten Monaten nur ein bis zwei pro Woche betragen hatte, sprunghaft. Der *VB*, der bereits Ende 1942 die Frequenz seiner antisemitischen Beiträge auf etwa drei bis vier pro Woche gesteigert hatte, machte auch am 13.2 und 14.2.43. mit antisemitischen Schlagzeilen auf.
3 Iring Fetscher, *Joseph Goebbels im Berliner Sportpalast 1943. »Wollt ihr den totalen Krieg?«*, Hamburg 1998, Rede-Text, S. 63–98, bes. S. 67ff. Siehe auch Willi A.

Boelcke, »Goebbels und die Kundgebung im Berliner Sportpalast vom 18. Februar 1943. Vorgeschichte und Verlauf«, in: *Jahrbuch für die Geschichte Mittel- und Osteuropas* 19 (1970), S. 234–255.
4 *Tagebücher Goebbels*, 23.1.43.
5 Ebenda, 8.2.43.
6 Über die Hintergründe dieser Aktion informiert umfassend Wolf Gruner, »Die Fabrikaktion und die Ereignisse in der Berliner Rosenstraße. Fakten und Fiktionen um den 27. Februar 1943«, in: *Jahrbuch für Antisemitismusforschung* 11. (2002), S.137-177.
7 *Tagebücher Goebbels*, 9.3.43.
8 Ebenda, 15.3.43.
9 Ebenda, 19.3.43: »Die Juden in aller Welt geben sich die größte Mühe, den Bolschewismus zu verniedlichen und ihn als die geringere Gefahr dem Nationalsozialismus gegenüber darzustellen. Die Parole in jüdischen Kreisen Londons und Washingtons lautet jetzt, dass die Sowjetunion dazu ausersehen sei, Europa zu führen. Das ist natürlich für unsere antibolschewistische Propaganda ein gefundenes Fressen.«
10 Ebenda, 20.3.43.
11 Ebenda, 21.3.43.
12 Ebenda, 22.3.43.
13 Hitler, *Reden und Proklamationen*, Bd. 2, S. 1999ff., Zitat S. 2001, 21.3.41.
14 *Tagebücher Goebbels*, 2.3.43.
15 PRO, FO 371/ 34429, Morale in Germany, 14.4.43, zitiert den Bericht aus Stockholm vom 27.3.43. Vermutlich äußerte sich der Journalist gegenüber einem schwedischen Gesprächspartner, der dann von einer auf die Analyse solcher Quellen spezialisierten Sektion der Vertretung, dem Press Reading Room, »abgeschöpft« wurde.
16 *Tagebücher Goebbels*, 27.3., 31.3. und 3.4.43. Zu den Bemühungen um Intensivierung der antisemitischen Propaganda siehe BAK, ZSg. 109/42, Tagesparolen vom 1.4. und 2.4.43.
17 Zu dem Massaker siehe Gerd Kaiser, *Katyn. Das Staatsverbrechen – das Staatsgeheimnis*, Berlin 2002.
18 BAK, ZSg. 109/42, 10.4.43 und insbesondere 12.4.43: Bereits unmittelbar vor der offiziellen Freigabe des Themas Katyn für die deutsche Presse wurden die Journalisten aufgefordert, »mit Nachdruck auf die Prophezeiung des Führers vom 30. Januar 1939 und ihre Wiederholung am 21. März 1943 über die Vernichtung des Judentums als Ergebnis des von ihnen betriebenen Krieges zu verweisen«.
19 Zur Katyn-Propaganda siehe auch *Tagebücher Goebbels*, 15.4., 16.4., 21.4., 24.4. und 27.4.43 sowie die entsprechenden Presseanweisungen in BAK, ZSg. 109/42.
20 *Tagebücher Goebbels*, 18.4.43; zur angeblichen Zunahme des Antisemitismus in Großbritannien siehe auch 11.4., 19.4.und 22.4.43.
21 Ebenda, 25.4.43.
22 Ebenda, 25.4. und 29.4.43.
23 Ebenda, 27.4., 28.4. und 29.4.43.
24 Ebenda, 30.4., 1.5., 4.5., 5.5., 6.5. und 7.5.43.
25 Der *VB* brachte am 14., 15. und 16.4.43 Schlagzeilen zum Thema Katyn, *Der Angriff* am 15.4.43, der *Westdeutsche Beobachter* (M); die *Braunschweiger Tageszeitung* und die *DAZ* machten am 14.4.43, die *FZ* am 14. und 15.4.43, die *Mitteldeutsche Nationalzeitung*, *Der Führer* und die *Schlesische Tageszeitung* erst am 17.4.43 mit Schlagzeilen zum Thema auf.
26 Die meisten Zeitungen taten dies am 15.4.43 (*VB, Braunschweiger Tageszeitung*,

Schlesische Zeitung, Mitteldeutsche Nationalzeitung, Westdeutscher Beobachter, Der Führer); Der Angriff und die FZ folgten am 16.4.43.
27 6.6.43, »Der Jude bedeutet den Tod«.
28 Judenverfolgung und jüdisches Leben unter den Bedingungen der nationalsozialistischen Gewaltherrschaft, Bd. 1, Nr. 142, 3.5.43.
29 Der Angriff, 30.5.41, »Je härter der Kampf, desto klarer die Fronten«. Siehe auch 9.5.43, »Grausamkeit, dein Name ist Bolschewismus«; 23.5.43, »Die Juden und die Lords verrechnen sich!«; 3.6.43, »Das politische Chamäleon oder Der politische Januskopf«(zur Auflösung der Komintern).
30 Leers lehrte als Historiker in Jena, war Chefredakteur der NS-Monatsschrift Wille und Weg und als Verfasser zahlreicher, vor allem antisemitischer Propagandapublikationen hervorgetreten.
31 In der Braunschweiger Tageszeitung, in der Schlesischen Zeitung, in der Mitteldeutschen Nationalzeitung, im Führer sowie in der FZ ließ die Kampagne am 19.4. sichtbar nach, im Angriff bereits am 16.4., im Westdeutschen Beobachter am 17.4.43.
32 BAB, NS 18/225, Vorlage Tießler, 30.4.43.
33 BAK, ZSg. 109/42, 30.4.43. Siehe auch ebenda, 28.4.43: »Trotz wiederholter eindringlicher Hinweise in der Tagesparole wird die Tatsache der jüdischen Verantwortlichkeit für die Morde von Katyn im Text und in den Überschriften der diesbezüglichen Meldungen nur sehr schwach herausgestellt. Es wird darauf aufmerksam gemacht, dass die Schriftleiter dafür verantwortlich sind, dass nunmehr in den diesbezüglichen Meldungen und Überschriften in jedem einzelnen Falle entsprechend verfahren wird.« Man spüre deutlich, so der Sprecher des Propagandaministeriums, dass die Presse »sich gezwungen fühlte«. Die Vertraulichen Informationen für die Presse vom kommenden Tag erhalten ausführliche Ermahnungen und Anweisungen, wie das antisemitische Leitmotiv auszugestalten sei: »Es ist die Pflicht der ganzen deutschen Presse, in die aufgezeigte antisemitische Aktion einzusteigen« (ebenda).
34 Der Angriff, Braunschweiger Tageszeitung, Der Führer und Mitteldeutsche Nationalzeitung Ende April, Stuttgarter NS-Kurier Anfang Mai, Schlesische Zeitung am 10. Mai. DAZ und VB hatten die Kampagne ohne Unterbrechung durchgehalten.
35 Tagebücher Goebbels, 8.5.43.
36 Ebenda, 10.5.43.
37 Ebenda, 9.5.43. Danach ergab sich aus den Berichten der Reichspropagandaämter eine positive Resonanz auf die Katyn-Propaganda, und bei den Briefeingängen hinsichtlich der antisemitischen Propaganda seien »nur positive Zuschriften« zu verzeichnen. Der Antisemitismus, so Goebbels, sei »im deutschen Volke doch tief verwurzelt«.
38 BAB, NS 18/225, 10.5.43.
39 Tagebücher Goebbels, 20.5.43.
40 Unter anderem veranlasste Goebbels in diesen Tagen die Produktion einer Serie von antisemitischen Romanen. Die Initiative kam laut Goebbels maßgeblich von dem Leiter der Propagandaabteilung, Alfred-Ingemar Berndt, der ihm eine entsprechende Denkschrift vorgelegt hatte. Goebbels dachte an den Einsatz namhafter Autoren der »Systemzeit«, wie Hans Fallada, Norbert Jacques und anderer (ebenda, 14.5., 22.5. und 29.5.43).
41 Ebenda, 26.5.43, siehe auch 24.5. und 25.5.43.
42 Zum angeblichen Anwachsen des Antisemitismus in Großbritannien siehe ebenda, 20.5., 22.5. und 6.7.43.
43 Ebenda, 4.6.43.

44 Ebenda, 17.6.43.
45 Ebenda, 28.5.44: »Auch in der Schweiz macht sich jetzt der Antisemitismus sehr unliebsam für die Juden bemerkbar. Selbst in den jüdischen Blättern wird jetzt Stein und Bein geklagt über das Anwachsen der antisemitischen Stimmung auch in den breiten Volksmassen.«
46 Siehe BAK, ZSg. 102/42.
47 Besonders heftig wurde die Kampagne im VB, im Angriff, aber auch in NS-Provinzblättern wie Der Führer, Stuttgarter NS-Kurier und neben diesen Parteiorganen in der Schlesischen Zeitung und in der DAZ betrieben; etwas schwächer fiel sie in dem Parteiblatt Braunschweiger Tageszeitung sowie in den ehemals bürgerlichen Blättern MNN und FZ aus.
48 Dass die Bombardierung der Talsperren auf den Vorschlag eines jüdischen Wissenschaftlers zurückgehe, teilte die Presse am 18.5. und 19.5.43 mit (siehe zum Beispiel DAZ und VB). Zum angeblich wachsenden jüdischen Einfluss in Nordafrika siehe VB, 16.5.43, »Die Wallstreet meldet ihre Ansprüche an: Ganz Afrika soll unter den Judenstern kommen« (Schlagzeile); 19.5.43, »Schreckensherrschaft der Juden und Amerikaner in Tunis« (Schlagzeile); 25.5.43, »Jüdische Knüppelgarde überfällt Araber in Tunis«; Der Angriff 1./2.5.43, »Algerien unterm Judenstern«; Braunschweiger Tageszeitung, 1.6.43, »Jüdisch-sadistischer Terror in Nordafrika«.
49 VB, 23.4.43, »Ein jüdischer Versklavungsplan«; DAZ, 23.4.43, »Der Plan des Juden Morgenthau«; Der Angriff, 23.4.43, »USA.-Juden starten einen riesigen Finanzschwindel«, sowie DAZ, 27.4.43, »Jüdische Goldunion« (Kommentar).
50 VB, 13.5.43, »Judas Lieblingsplan: Die Hungerpeitsche für Europa« (Kommentar); 21.5.43, »Europa soll von amerikanischen Kornjuden abhängig sein« (Schlagzeile); 25.5.43 »Internationale Lebensmittelbank« – Wunschgebilde jüdischer Weltausbeutung« (Schlagzeile), sowie DAZ, 25.5.43 (M), »Jüdische Profitpläne mit der Volksernährung« (Schlagzeile).
51 VB, 25.5. und 12.5.43, sowie DAZ, 25.5.43 (A), (Schlagzeile).
52 DAZ, 28.5.43 (A), »Enthüllungen über jüdische Machenschaften gegen die rumänische Regierung«, sowie MNN, 29./30.5.43, »Rumänische Warnung an das Judentum«.
53 VB, 24.4.43, »Jüdischer Anschauungsunterricht in England«; 9.5.43, »Im Zeichen einer wachsenden Judenfeindlichkeit« (Schlagzeile); 22.5.43, »›Antijüdische Stimmung in England nimmt zu‹«; DAZ, 12.5.43 (A), »Die ›schlummernde jüdische Gefahr‹«; DAZ, 17.5.43 (A), »Englischer Stabsarzt wegen Antisemitismus entlassen«; 20.5.43 (A), »Jüdische Erpressermethoden gegen englische Zeitung«; 4.6.43 (M), »Haben die Juden zuviel Macht in USA? Eine amerikanische Umfrage«; FZ, 10.5.43, »Der Antisemitismus in England«; 12.5.43, »Die wachsende Judenfeindlichkeit in England«; Der Angriff, 12.5.43, »Juden – erkannt. Zunahme des Antisemitismus in Südafrika«; Der Führer, 7.5.43, »›Die Juden sind uns fremd‹«. Überraschende schweizerische Feststellungen«, sowie 20.5.43, »Die antijüdische Weltbewegung wächst« (Leitkommentar).
54 MNN, 29./30.5.43.
55 22.5.43, »Judengesetze der Slowakei«.
56 Klemperer, Ich will Zeugnis ablegen bis zum letzten, 29.5.43.
57 DAZ, 2.6.44 (A), »Im politischen Auftrag des Reiches«.
58 Klemperer, Ich will Zeugnis ablegen, 6.5.43, »Im Radio ununterbrochene Judenhetze«; 21.7.43, »Judenhetze« steige an; 24.7.43 erneut »Judenhetze« im Radio.
59 K/J 3446, SD-Hauptaußenstelle Erfurt Beobachterbezirk Neudietendorf, Bericht vom 12.3.42 über die »politische Kurzscene der Woche« (HStA Wei, BAB

NS 29/53), gab die positive Publikumsmeinung über die Figur des »biedermännlich gaunernden Juden Rotstein« wieder; die Meldungen aus dem Reich Nr. 255 vom 29.1.42 (K/J 3406, in: *Meldungen aus dem Reich*, S. 3219ff., S. 3224) hatten sich ebenfalls bereits lobend über die Figur Rotsteins geäußert. K/J 3569, RSHA, Amt III (SD), Meldungen aus dem Reich, Nr. 381, 29.4.1943 (in: ebenda, S. 5186ff.), S. 5192f., berichtete ebenfalls über die »politische Kurzszene«, die wirkungsvoll »die »Raffinesse der Juden« herausgearbeitet habe. Siehe auch K/J 3565, RSHA, Amt III (SD), Meldungen aus dem Reich, Nr. 375, 12.4.1943 in: ebenda, S. 5104ff., S. 5110), über das Hörspiel »Blockade von Martinique«.
60 *DAZ*, 6.6.43 (A), sowie *VB*, 6.6.43, »Deutschlands Rüstung im steilen Anstieg«.
61 In den Meldungen aus dem Reich wird beispielsweise betont, die Katyn-Propaganda habe die Widerstandskraft gegenüber dem Bolschewismus gestärkt; siehe K/J 3567, RSHA, Amt III (SD), Meldungen aus dem Reich Nr. 377, 19.4.1943 (in: *Meldungen aus dem Reich*, S. 5144ff.).
62 Ebenda.
63 K/J 3570, SD-Außenstelle Bad Brückenau III A 4, Bericht vom 16.4.1943 (StA Wü, SD-Hauptaußenstelle Würzburg 12); siehe auch K/J 3571, SD-Außenstelle Bad Brückenau III A 4, Bericht vom 22.4.1943 (ebenda), sowie K/J 3577, Regierungspräsident Schwaben, Bericht für April 1943, 10.5.1943 (BayHStA, StK 106684).
64 K/J 3572, SD-Außenstelle Friedberg III A 4, Bericht vom 23.4.1943 (StA Abg, NSDAP Gau Schwaben, SD-Unterabschnitt Schwaben 2/1).
65 K/J 3574, SD-Hauptaußenstelle Würzburg III A 4, Bericht vom 17.4.1943 (BAB, R 58/1130).
66 K/J 3652, SD-Außenstelle Bad Neustadt, Bericht vom 15.10.1943 (StA Wü, SD-Hauptaußenstelle Würzburg Nr. 14).
67 K/J 3577, Regierungspräsident Schwaben, Bericht für April 1943, Augsburg, 10.5.1943 (BayHStA, StK 106684).
68 K/J 3589, SD Abschnitt Linz III C 4, Bericht vom 14.5.1943 (BAB, NS 6/409).
69 K/J, 3604, NSDAP-Parteikanzlei II B 4, Bericht für 6.6.–12.6.1943 Auszüge aus Berichten der Gauleitungen u.a. Dienststellen, 12.6.1943 (BAB, (NS 6/415).
70 K/J 3567, RSHA, Amt III (SD), Meldungen aus dem Reich, Nr. 377, 19.4.1943 (in: *Meldungen aus dem Reich*, S. 5144ff.). K/J 3574, SD-Hauptaußenstelle Würzburg III A 4, Bericht vom 17.4.1943 (BAB, R 58/1130); K/J 3575, SD-Hauptaußenstelle Würzburg III A 4, Bericht vom 1.5.1943 (BAB, R 58/1130); K/J 3592, Regierungspräsident Schwaben, Bericht für Mai 1943, Augsburg, 10.6.1943 (BayHStA, StK 106684).
71 K/J 3634, NSDAP-Kreisleitung Neustadt, Bericht vom 19.8.1943 (StA Nü, NS-Mischbestand Gauleitung Nr. 81).
72 K/J3 595, NSDAP-Parteikanzlei II B 4, Bericht für den 23.5.–29.5.1943, Auszüge aus Berichten der Gauleitungen u.a. Dienststellen, 29.5.1943 (BAB, NS 6/415). Siehe auch K/J 3583, RSHA, Amt III (SD), Meldungen aus dem Reich, Nr. 381, Berlin, 6.5.1943, Aufnahme und Auswirkung der Allgemeinen Propaganda-, Presse-und Rundfunklenkung in der Zeit vom 4.5. bis 6.5.1943 (in: *Meldungen aus dem Reich*, S. 5215ff., S. 5218f.).
73 K/J 3609, NSDAP-Kreisleitung Rothenburg/T., Bericht für Juni 1943, 21.6.1943 (StA Nü, NS-Mischbestand Gauleitung Nr. 83) sowie K/J 3634, NSDAP-Kreisleitung Neustadt, Bericht Stichtag 20.8.1943, 19.8.1943 (StA Nü, NS-Mischbestand Gauleitung Nr. 81).
74 K/J 3636, NSDAP-Kreisleitung Weißenburg/Bay., Bericht 21.6.–20.8.1943 (StA Nü, NS-Mischbestand Gauleitung Nr. 85).
75 K/J 3601 und 3602, SD Abschnitt Linz III C 4, Berichte vom 11.6. und 23.6.43 über

die Auswirkung der Presse- und Rundfunklenkung in der Zeit vom 5.6.–8.6. bzw. 16.6.–20.6.43 (BAB, NS 6/409). Im Bericht des SD-Amtes über die reichsweite Aufnahme von allgemeiner Propaganda-, Presse- und Rundfunklenkung hatte es bereits für den Zeitraum Ende März, also vor Beginn der massiven Katyn-Kampagne, geheißen, die »Fragestellungen, die die Masse der Bevölkerung beschäftigten und über die ein gegenseitiger Austausch stattfindet, hätten sich von den täglichen Nachrichten der Zeitungen stark entfernt«; als Beispiel wurden unter anderem antisemitische Schlagzeilen einer Regionalzeitung angeführt, siehe K/J 3560, Amt III (SD), Meldungen aus dem Reich, Nr. 372, 1.4.1943 (in: *Meldungen aus dem Reich*, S. 5031).

76 Der persönliche Pressereferent des Propagandaministers, Rudolf Semler, zu dessen Aufgaben es gehörte, wöchentlich eine Übersicht über die im Ministerium eingehenden Briefe aus der Bevölkerung anzufertigen, berichtet in nach dem Krieg herausgegebenen Aufzeichnungen, in der zweiten August-Woche 1943 hätten sechzehn von insgesamt 150 Briefschreibern gegen das »Wiederauftauchen der jüdischen Frage in der Presse und im Radio« protestiert: Man habe, so der Tenor dieser Briefe, andere Sorgen, außerdem resultiere die gegenwärtig missliche Lage letztlich aus der Judenverfolgung, mit der Deutschland die gesamte Welt gegen sich aufgebracht habe. Semler hat nach eigenen Angaben diese Tendenz in seinem Bericht herausgestellt, worauf Goebbels außerordentlich kritisch und unwirsch reagiert habe; siehe Rudolf Semmler [d.i. Semler], *Goebbels – the man next to Hitler*, London 1947, 16.8.43. Zu dieser Publikation und zur Person Semlers siehe *Kriegspropaganda 1939–1941*, S. 53f.

77 K/J3588, SD-Abschnitt Halle/S. III C 4, Bericht vom 22.5.1943 (BAB, NS 6/153).

78 K/J 3621, SD-Hauptaußenstelle Würzburg III A 4, Bericht vom 27.7.1943 (BAB, R 58/1130).

79 K/J 3592 Regierungspräsident Schwaben, Bericht für Mai 1943, 10.6.1943 (BayHStA, StK 106684); siehe auch K/J 3716, SD-Hauptaußenstelle Würzburg 12, Bericht der Außenstelle Bad Brückenau, 8.5.44 (StA Wü, SD-Hauptaußenstelle Würzburg Nr.12).

80 K/J 3585, RSHA, Amt III (SD), Meldungen aus dem Reich, Nr. 386, 30.5.1943 (in: *Meldungen aus dem Reich*, S. 5285ff., S. 5290f.); K/J 3595, NSDAP-Parteikanzlei II B 4, Bericht für den 23.5.–29.5.1943, München, 29.5.1943 (BAB, NS 6/415).

81 K/J 3616, RSHA, Amt III (SD), Bericht vom 8.7.1943 (in: *Meldungen aus dem Reich*, S. 5445ff., S. 5448f.).

82 K/J 3628, SD-Außenstelle Würzburg, Bericht vom 3.8.1943 (StA Wü, SD-Hauptaußenstelle Würzburg 23). Auch der Bericht aus dem folgenden Monat enthält die Vorstellung, die Bombenangriffe seien Vergeltung für den Novemberpogrom, siehe K/J 3648, SD Hauptaußenstelle Würzburg III A 4, Bericht vom 7.9.1943 (StA Wü, SD-Hauptaußenstelle Würzburg Nr. 37).

83 K/J 3648, SD-Hauptaußenstelle Würzburg III A 4, Bericht vom 7.9.1943 (StA Wü, SD-Hauptaußenstelle Würzburg Nr. 37). Auf ähnliche Weise wurde in anderen Berichten ein Zusammenhang zwischen der Judenverfolgung und den Bombenangriffen hergestellt, siehe K/J 3656, SD-Außenstelle Schweinfurt, Bericht 11.10.1943 (StA Wü, SD Hauptaußenstelle Würzburg Nr. 22); K/J 3635, NSDAP-Ortsgruppe Weigolshausen, 13.8.1943 (StA Wü, NSDAP Gau Mainfranken Nr. 677); K/J 3661, NSDAP Kreisschulungsamt Rothenburg/T., Bericht vom 22.10.1943 (StA Nü, NS-Mischbestand Gauleitung Nr. 83).

84 Jörg Friedrich, *Der Brand. Deutschland im Bombenkrieg 1940–1945*, München 2002, S. 339; Friedrich stützt sich auf Angaben von Wilhelm Steinhilber, *Heilbronn. Die schwersten Stunden der Stadt*, Heilbronn 1961.

85 Zitiert in: *Die Hamburger Katastrophe vom Sommer 1943 in Augenzeugenberichten*, bearb. von Renate Hauschild-Thiessen, Hamburg 1993, S. 230; Bajohr, »Über die Entwicklung eines schlechten Gewissens«, S. 180–195.
86 Kershaw, »Antisemitismus und Volksmeinung«, S. 341.
87 Kulka, »›Public Opinion‹ in Nazi Germany: the Final Solution«, S. 149.
88 Kershaw, »Antisemitismus und Volksmeinung«, S. 342.
89 *Tagebücher Goebbels*, 28.5.43.
90 In den durchgesehenen Zeitungen lief die Kampagne, von Blatt zu Blatt etwas unterschiedlich, zwischen Ende Mai und Mitte Juni aus.
91 BAB, NS 18/225. Im Entwurf des Rundschreibens, das Tießler, Goebbels' Verbindungsmann zu Bormann, angefertigt hatte, steht außerdem: »Im Auftrag des Führers ist von mir eine Propaganda-Aktion gegen das Judentum eingeleitet worden, die sich auf Monate erstrecken wird.« Dass Goebbels sich in dem tatsächlich herausgegebenen Rundschreiben nicht mehr auf Hitler berief, demonstriert, wie sehr er durch die Kritik in die Defensive geraten war (ebenda, Vorlage Tießler an Goebbels, 19.5.43).
92 BAB, NS 6/344, R 33/43g vom 11.7.43.
93 Vertrauliche Informationen der Partei-Kanzlei, Folge 66, 9.10.42 (in: *Die Ermordung der europäischen Juden*, S. 433f.); siehe auch oben S. 253f.
94 Alfred-Ingemar Berndt, Leiter der Propagandaabteilung im Goebbels-Ministerium.
95 *Tagebücher Goebbels*, 12.5.43.
96 Boberach, Einleitung zu *Meldungen aus dem Reich*, S. 36.
97 *Tagebücher Goebbels*, 14.7.43.
98 Ebenda, 20.7.43.
99 BAB, NS 18alt/712, Vorlage Tießler für Bormann, 21.3.43.
100 28.8.43.
101 *Tagebücher Goebbels*, 4.9.43. Dieser Einsatz brachte Himmler, der seine Kompetenzen als für die Ausspähung der Volksstimmung Hauptverantwortlicher gefährdet sah, dazu zu intervenieren. Goebbels: »Ich lasse mich durch Einsprüche Himmlers nicht davon abhalten, das für die politische Haltung der Reichshauptstadt Maßgebliche und Notwendige zu tun« (ebenda, 3.9.43).
102 Ebenda, 12.9.43.
103 Ebenda, 12.12.43.
104 Siehe zum Beispiel BAK, ZSg. 109/43, 23.7. und 31.7.43; ZSg. 109/44. 5.8. und 22.8.43; ZSg 109/45, 2.10. und 20.10.43; ZSg. 109/46, 1.11., 3.11., 14.11., 15.11. und 19.11.43.
105 Der *VB* brachte in der zweiten Jahreshälfte durchschnittlich etwa zwei antisemitische Artikel pro Woche, nur im Oktober und November erschien er mit deutlich mehr judenfeindlichen Beiträgen. Im *Angriff* lag die Frequenz bei zwei bis drei antisemitischen Beiträgen pro Woche, ebenfalls mit einem starken Anstieg im Oktober. Der *Westdeutsche Beobachter* veröffentlichte in seinen zwei Ausgaben zusammen meist etwa drei bis vier antisemitische Beiträge pro Woche, mit einer deutlichen Steigerung in der ersten Oktoberhälfte.
106 *VB*, 4.7.43, »Roosevelts Kriegsschuld steht vor der Geschichte unwiderleglich fest. Der ›Weltpräsident‹ als Strohmann der jüdischen Kriegshetzer« (Schlagzeile); 6.7.43, »Diese Schuld müssen Roosevelt und seine jüdischen Hintermänner teuer bezahlen«; 23.7.43, »Washington plant Gründung einer jüdischen Weltrepublik« (Schlagzeile); 24.7.43, »Der jüdisch-amerikanische Imperialismus auf Hochtouren« (Schlagzeile); 10.8.43, »Roosevelts Marineminister proklamiert: Jüdische Weltherrschaft auf den Spitzen der USA.-Bajonette« (Schlag-

zeile); 19.9.43, »Jüdische Emigranten besetzen fette Pöstchen in Washington«; 1.10.43, »Roosevelt erklärt sich erneut mit Juda solidarisch« (Schlagzeile); 26.10.43, »Jüdisches Kriegsziel: Weltausbeutungsmonopol«; 16.11.43, »Jüdische Profitgier verlängert den Krieg. Börsen und Banken der Wallstreet und City als Hyänen der Schlachtfelder«; 27.11.43, »Morgenthau gründet Judenbank zur Ausplünderung der Welt« (Schlagzeile); 8.1.44, »Wir werden ihnen die Antwort geben! So möchten sie uns behandeln: 75 Jahre plutokratisch-bolschewistische ›Aufsicht‹« (Schlagzeile); *Der Angriff*, 6.7.41, »Roosevelt trieb zum Krieg im Auftrag des Weltjudentums« (Schlagzeile); 24.12.43, »Goldherrschaft − Judenherrschaft. Die USA. wurden dem Juden zum Sprungbrett für die Weltherrschaft«; 29,1.44., »Der USA-Finanzjude Baruch soll das größte Geschäft der Geschichte starten« (Schlagzeile)«; 30.1.44, »Finanzjuden am Werk«, sowie *Westdeutscher Beobachter*, 7.10.43 (M), »Wallstreet bereitet die Weltversklavung vor. Ungeheuerliche Anschläge der Juden gegen die wirtschaftliche Freiheit der Völker«.
107 *Der Angriff*, 13.8.43, »Rothschild-Baruch-Morgan. Wie Englands finanzieller Einfluss zerbrochen wird«; 12.2.44, »Ölkrieg zwischen England und USA. tritt in ein neues dramatisches Stadium«.
108 *VB*, 6.10.43, »Juda präsentiert den Wechsel. Palästina, Ägypten und Irak sollen jüdisch-amerikanische Kolonien werden« (Schlagzeile).
109 *VB*, 8.10.43, »Morgenthaus Plan: Goldene Handschellen für alle Völker«.
110 Ebenda, 25.10.43, »Juda als Bindeglied zwischen Plutokratien und Bolschewismus − Vorrechte der algerischen Juden wieder hergestellt«.
111 Ebenda, 18.10.43, »Judas Badoglio«; 20.10.43, »Juden plündern Sizilien aus«; 21.10.43, »Die drei jüdischen Mittel zur ›Befreiung‹ Italiens«. Am 26.10., 27.10., 13.11. und 14.11.43 versuchte der ehemalige italienische Staatsminister Giovanni Preziosi, im *VB* in zwei Mini-Serien die »Verjudung« Italiens als Ursache für den »Badoglio-Verrat« darzustellen. Siehe auch 3.3. 44, »Mit vollen Taschen übergelaufen. Juda und Freimaurerei standen hinter Badoglios Verrat« (Schlagzeile); 11.5.44, »Der Henker von Caserta − Ein Jude«; 6.7.44, »Juden kehren nach Rom zurück«; *Der Angriff*, 6.10.43, »Die Juden im neuen Italien«; *Westdeutscher Beobachter*, 11.10.43 (A), »Badoglio und die Jüdin Solinas«, sowie 20.10.43 (A), »Der Verrat der Juden und Freimaurer an Italien«.
112 *Der Angriff*, 18.1.44, »Jüdische ›Hilfskolonnen‹«.
113 So die Schlagzeile des *VB* vom 13.10.43.
114 Ebenda, 12.6.43, »19.000 Juden in Sofia ausgesiedelt«.
115 Ebenda, 13.6.43, »Die Entjudung der rumänischen Wirtschaft«; *Der Angriff*, 12.10.43, »Juden müssen arbeiten«.
116 *VB*, 22.7.43, »Erweiterte Pflichtarbeit der Juden in Ungarn«; *Der Angriff*, 29.6.43, »Ungarns Kampf gegen Juden«, *Westdeutscher Beobachter*, 10.6.43 (A), »Das Judenproblem in Ungarn«, sowie 11.6.43 (A), »Die jüdische Assimilation in Ungarn«.
117 *VB*, 8.10.43.
118 *VB*, 2.12.43, »Juden in Italien in Konzentrationslager«; *Der Angriff*, 3.12.43 (Kurzmeldung).
119 BAK ZSg. 109/45.
120 *Hakenkreuz-Banner*, 1.8.41, zitiert nach Bankier, *Öffentliche Meinung*, S. 207.
121 BAK ZSg. 109/44, 22.8.43.
122 SD-Berichte zu Inlandsfragen, 12.8.43 (in: *Meldungen aus dem Reich*, S. 5595ff., S. 5596).
123 23.9.43, »Warum wir vom Juden reden«.
124 Tom Segev, *Die siebte Million. Der Holocaust und Israels Politik der Erinnerung*, Reinbek bei Hamburg 1995, weist in einem Kapitel (»Holocaust: Es stand in der

Zeitung«, S. 95ff.) zahlreiche Belege für die Berichterstattung der in Palästina erscheinenden jüdischen Presse über den Holocaust während der Kriegsjahre nach. *Ha'raretz* berichtete im März 1943, die Zahl der ermordeten Juden habe die Grenze von drei Millionen überschritten (ebenda, S. 109). Bei der Presseberichterstattung, auf die der *VB* sich beruft, dürfte es sich um den Versuch handeln, die Zahl der Ermordeten zu bilanzieren.

125 *Der Große Brockhaus.Handbuch des Wissens in 20 Bänden*, 15. Auflage, Leipzig 1931, Artikel »Juden«.

»Juda muss sterben«: Der Mord an den Juden und der Untergang des »Dritten Reiches«

1 *VB*, 11.1.44, »Die Verjudung der USA«, sowie *Der Angriff*, 12.1.44, »Die Verjudung der USA«.
2 *VB*, 13.1.44, »Roosevelt schützt jüdischen Mörder«; 17.2.44, »Shylock Roosevelts Politik gegen England«; 19.2.44, »Baruch spannt Roosevelt ein«; 11.3.44, »Roosevelt will den Juden Palästina überlassen«; 13.4.44, »Judas Arbeitsmethoden in den USA«; *Der Angriff*, 29.1.44, »Der USA-Finanzjude Baruch soll das größte Geschäft der Geschichte starten« (Schlagzeile); 30.1.44, »Finanzjuden am Werk«; 2.3.44, »Gemauschel der USA-Juden«, sowie 11.3.44, »Roosevelt bekennt sich zu den Plänen Judas«.
3 *VB*, 24.4.44, Leitartikel.
4 *VB*, 12.2.44, »Jüdische Hilfsstellung für Victor Emanuel«; 3.3.44, »Mit vollen Taschen übergelaufen. Juda und Freimaurerei standen hinter Badoglios Verrat« (Schlagzeile); 12.5.44, »Der Henker von Caserta – Ein Jude«; 6.7.44, »Juden kehren nach Rom zurück«, sowie 28.7.44, »Juden strömen nach Rom«.
5 Das sowjetische Verfassungsgesetz vom 1.2.44 stärkte demonstrativ die Stellung der Unionsrepubliken, indem es ihnen u.a. erlaubte, eigenständige diplomatische Beziehungen zu anderen Staaten zu unterhalten.
6 BAK, ZSg. 109/48, 3.2.44, Vertrauliche Information.
7 Ebenda, 7.2.44. Helmut Sündermann, der Stellvertreter des Reichspressechefs, führte in einem Leitkommentar, der am 10.2.44 im *VB* erschien, unter dem Titel »Die jüdische Koalition« exemplarisch vor, wie dieses Thema zu handhaben sei; *Westdeutscher Beobachter*, 5.2.44, »Das jüdische Komplott«, sowie 9.2.44, »Der Marsch hinter dem Judenstern. Die britische und nordamerikanische Presse besorgt ohne Vorbehalt die Geschäfte der Sowjetunion«.
8 BAK, ZSg. 109/48.
9 Ein deutlicher Anstieg der antisemitischen Beiträge ist im *VB* im Februar und in der ersten Märzhälfte zu verzeichnen, im *Angriff* und im *Westdeutschen Beobachter* erst in der ersten Märzhälfte.
10 *VB*, 2.4.44, »Die Judengesetze in Ungarn«; 9.4.44, »Schluss mit der Judenherrschaft in Ungarn«; 11.4.44, »Budapester Juden noch reichlich frech«; 19.4.44, »Götterdämmerung der Judenvermögen«; *Der Angriff*, 2.4.44, »Ungarn löst Judenfrage«; 6.4.44, »Bela trägt den Gelben Stern«; 13.4.44, »Zur Klärung der Judenfrage. Ein eigener Staatssekretär für Ungarn ernannt«; *Westdeutscher Beobachter*, 29.3.44, »Ungarns jüdische Verseuchung«; 31.3.44, »Die Reinigung Ungarns vom Juden«; 1.4.44, »Der Judenstern in Ungarn eingeführt«; *Der Freiheitskampf*, 5.4.44, »Ungarn gesundet«; 12.4.44, »Staatssekretär für Judenfrage«, sowie 28.4.44, »Vor dem Abgrund gerettet«.
11 24.3.44, »Politische Reinigung«.

12 27.4.44. Hitler sollte in den folgenden Monaten dazu neigen, dass Adjektiv »jüdisch« eher dem Westen als dem »bolschewistischen« Osten zuzuordnen. Aus Anlass der alliierten Landung in der Normandie erhielt die deutsche Presse nun die Tagesparole: »Der Führer hat erneut darauf hingewiesen, dass dieser Krieg ein Kampf nicht nur gegen die bolschewistische Unterdrückung, sondern ebenso gegen den jüdisch-plutokratischen Westen sei.« (BAK, ZSg. 109/50, 6.6.44.).
13 *Tagebücher Goebbels*, 28.4.44; siehe auch 7.5.44: »Unsere antibolschewistische Kampagne, die sich Gott sei Dank jetzt in großem Stil durchgesetzt hat, wirkt sich in allen Ländern Europas denkbar gut aus. Es wird ihr eine absolute Glaubwürdigkeit beigemessen. Die Sowjets genießen ja in der Welt so wenig Kredit, dass man ihnen jede Untat zutraut.«
14 13.5.44, »Mit dem Hauptquartier der organisierten Weltrevolution vereinigt. Moskau wird offizielles Zentrum des Weltjudentums« (Schlagzeile).
15 *VB*, 9.5.44, »Nationaler Bolschewismus?«; 21.6.44, »Moskaus Weg zur Weltrevolution«; 15.7.44, »Bolschewistischer Nationalismus«; 6.8.44, »Die Weltrevoltion als Werkzeug« (Untertitel. Im Mai 1944 findet sich jedoch in einer ganzen Reihe von Artikeln noch immer die Gleichsetzung von Bolschewismus und Juden; erst danach verschwand das Thema fast völlig aus der Propaganda. Siehe im *VB* zwischen dem 5.5. und 10.5.44 die vierteilige Serie »Stalin und die Juden«, verfasst vom stellvertretenden Reichspressechef Helmut Sündermann; siehe auch: 9.5.44, »Bolschewismus jüdisches Machwerk. Weltrevolution das Werk der Juden und Freimaurer«, sowie 21.5.44, »Bolschewisten die Schutzgarde des Judentums«.
16 *VB*, 23.5.44, »Geheimbefehl Stalins: Ausrotten! Ukrainisches Dorf mit 280 Opfern das neueste Beispiel für das vertierte Wüten der Henkerbanden im Kreml« (Schlagzeile); 27.5.44, »In Elektroschrank geschmort, an den Rippen aufgehängt« sowie »Lebendig im Massengrab«; 15.7.44, »Sowjets wollen ihre unmenschlichen Grausamkeiten vertuschen« (über Rumänien); 11.9.44, »Früchte feigen Verrats. Rasche Bolschewisierung Rumäniens und Bulgariens. Bevölkerung Nordfinnlands flüchtete vor den Sowjets«(Schlagzeile); 21.9.44, »Das Todesurteil für Finnland. Moskaus Waffenstillstandsbedingungen für Helsinki« (Schlagzeile); 22.9.44,»Das neue Lebensmotto in Finnland: Wehe den Besiegten« (Schlagzeile); 5.10.44, »Warschaus Schicksal – Symbol und Warnung«; 10.10.44, »Balkan unter Moskaus Faust« (Schlagzeile) sowie »Blutterror in Estland und Lettland«; 3.11.44, »Die Faust des Terrors über Finnland« (Schlagzeile); 4.11.44, »Moskaus Wolfszeit. Selbst schwedische Mitschuldige an Finnlands Not werden nachdenklich«; 19.11.44,»Finnland vor dem Untergang« (Schlagzeile); 12.1.45, »Wie in Ostpreußen, so in Ungarn« (Schlagzeile); 14.1.45, »Der bolschewistische Blutrausch tobt in Ungarn«; *DAZ*, 30.4.44, »Die sowjetischen Mordmethoden bei Tarnopol«; 22.5.44,»Der bolschewistische Terror wütet«; 23.5.44, »Die sowjetischen Henkersknechte in den geräumten Gebieten«; 25.5.44, »Der Sowjetterror in Bessarabien« (Leitkommentar); 31.5.44, »Das bolschewistische Verbrechen« sowie »Transnistrien kennt die GPU«(Leitartikel). Bis in den Juli hinein lassen sich jedoch im *VB* wie in der *DAZ* immer wieder Artikel nachweisen, die die angebliche Rolle von Juden bei den sowjetischen Gräueln betonten. Die neue Tendenz setzte sich demnach erst allmählich durch; siehe *VB*, 29.4.44, »Winniza wieder Schauplatz furchtbarer Sowjetmorde. Jüdischer Kommissar lässt Ukrainer niedermetzeln«; 4.5.44, »Auf den Spuren jüdisch-bolschewistischer Mordgier. Gräber lettischer GPU-Opfer entdeckt« (Schlagzeile); 22.6.44, »Sadistische GPU.-Juden quälten die Gefängnisinsassen bis zum Wahnsinn«; 9.7.44, »Weißbuch über Winniza enthüllt den jüdischen Mordterror in der Sowjetunion«; *DAZ*, 24.5.44, »Sowjetische Mordbestien«; 15.7.44, »Gegen diesen Mordterror kämpft Europa« (Zeichnung).

17 Hitler, *Reden und Proklamationen*, Bd. 2, S. 2203ff. Das antijüdische Motiv blieb aber gleichzeitig präsent, wenn er von der »jüdisch-bolschewistischen Völkervernichtung und ihren westeuropäischen und amerikanischen Zuhältern« sprach. Vergleiche mit Mongolen und Hunnen stellte Hitler auch in einem Gespräch mit Goebbels am 5.2.45 an (*Tagebücher Goebbels*, 6.2.45).
18 18.2.45, »Bestien«; siehe auch seinen Kommentar »Kapitulieren? Niemals!« vom 28.1.45.
19 *VB*, 11.2.44, »England in der jüdischen Zwangsjacke«; 21.5.44, »Beveridges liebe Juden«.
20 Ebenda, 12.5.44, »Roosevelt erholt sich bei dem Finanzjuden Baruch«; 12.5. bis 16.5.44, Serie: »Die Spinnen Roosevelts«; 8.6.44, »Roosevelt erklärt vor der Presse: Moskau befahl Invasion« (Schlagzeile); 17.6.44, »Der anglo-amerikanische Dank an die jüdischen Wegbereiter«; 22.6. und 23.6.44, »Der Bolschewismus und seine Steigbügelhalter« (zweiteiliger Artikel des stellvertretenden Reichspressechefs Sündermann); 16.7.44, »Höhepunkt puritanischer Heuchelei: Bolschewistische Blutherrschaft soll ›natürliche Ordnung der Dinge‹ sein« (Schlagzeile); 8.8.44, »Jüdisher Menschenhandel in USA«; 27.10.44, »Moskau arbeitet ›demokratisch‹. England und USA. Wegbereiter des Bolschewismus« (Schlagzeile); 12.11.44, »Anglo-Amerikaner als Steigbügelhalter Stalins«; 1.12.44, »Churchill bleibt Moskaus Zutreiber« (Schlagzeile); 6.12.44, »De Gaulle an Moskaus Kette« (Schlagzeile); 17.12.44, »Churchill erklärt Bankrott. Volle Kapitulation vor Moskau in der Polenfrage. Stalins Raubpläne bedingungslos hingenommen«; *Westdeutscher Beobachter*, 19.2.44, »Der Jude meldet seine Ansprüche an. Baruch ›informiert‹ Roosevelt über das Über-Versailles des jüdischen Weltherrschaftstraumes.« Seit September 1944 kam die Polemik gegen den bekannt gewordenen Morgenthau-Plan hinzu, der als jüdisch inspiriertes »Machwerk« dargestellt wurde: *VB*, 26.9.44, »Morgenthau übertrifft Clemenceau: 40 Millionen Deutsche zuviel!« (Schlagzeile); 27.9.44, »Morgenthaus Hassprodukt«, 28.9.44, »Morgenthaus Plan zu früh verraten«; 30.9.44, »Hintergründe des Morgenthauplanes. Ein Machwerk des amerikanisch-jüdischen Komitees« (Schlagzeile); 7.10.44, »Morgenthaus Drachensaat« (Schlagzeile); 25.10.44, »Roosevelt & Morgenthau. Ihr Programm: Weltausplünderung durch Weltherrschaft«; *Der Angriff*, 26.9.44, »Finanzjude Morgenthau stand Pate. Quebek-Plan für ›härteste Behandlung‹ Deutschlands«; 30.9.44, »Morgenthau und Rosenfarb. B'nai B'rith arbeitete den Vernichtungsplan aus«.
21 *VB*, 27.8.44, »Gelüste auf Weltdiktatur«; einschlägig auch das Fazit, das der stellvertretende Reichspressechef Sündermann am 16.9.44 im *VB* am Ende einer achtteiligen Serie (»Der erzwungene Krieg«) zog; 29.11.44, »Jüdischer Weltkongress fordert Palästina. Ihr Ziel: Weltdiktatur Judas«; *Westdeutscher Beobachter*, 25.4.44, »Pläne des Judentums. Das ist Morgenthaus Weltwährungsplan«.
22 BAK, ZSg. 109/49, 27.4.44, Vertrauliche Information. Zur Umsetzung dieser Anweisung siehe *VB*, 25.5.44, »Budapester Polizei deckte jüdischen Schatzkeller auf«; *Der Angriff*, 10.5.44, »Budapester Juden. Bomben und Geheimsender gefunden«.
23 *VB*, 26.4.44, »Den jüdischen Wucherern in Ungarn das Handwerk gelegt«; 6.5.44, »Lehrbuch‹ zur Umgehung der Judengesetze. Aufschlussreiches Rundschreiben des Industriellenverbandes Budapest. Alle Schlüsselstellungen den Hebräern!«; 10.5.44, »So mästete sich der Jude an Ungarn«; 12.5.44, »Würdige Stützen des verflossenen Kallay-Systems«; 27.5.44, »Der Umfang der Verjudung Ungarns«, Leitkommentar, gezeichnet durch Vitez Laszlo Endre, für die antijüdischen Maßnahmen verantwortlicher Staatssekretär im ungarischen Innenministerium; 18.5.44, »170 000 Juden im Karpartenland«; am 13.7.44 erschien im *VB* eine Mel-

»Juda muss sterben«   427

dung, wonach unter den Juden in Budapest ein »Tauffieber« ausgebrochen sei; *Der Angriff*, 1.5.44, »Jud Rothschild finanzierte. So verjudet war Ungarn«; 6.5.44, »Juden verfälschten Ungarns Gesicht. Kultureller Terror endlich beseitigt«; *Westdeutscher Beobachter*, 13.5.44, »Jüdische Bücher heraus«; 23.5.44, »Ungarn wehrt sich. Weitere Einschränkung der Tätigkeit der Juden«; 25.5.44, »Wirtschaft ohne Juden. Ungarn bei der Lösung der Judenfrage«; *Der Freiheitskampf*, 4.5.44, »Juden kommen in Gettos«, sowie 11.5.44, »Finanzdiktatur der Juden Ungarns«.

24 Der *VB*, der die Deportationen aus den ungarischen Provinzen nicht erwähnt hatte, berichtete am 5.6.44, die »Abschiebung der Budapester Juden wird vorbereitet«, und nannte konkrete Zahlen; *Pariser Zeitung*, 17.5.44, »Die große Schuld. Die Rolle des Judentums in Ungarn«. Der Artikel weist auf die im Gange befindliche »Lösung der Judenfrage in Ungarn« hin, verrät aber nicht, worin diese Lösung bestehen solle. Hatte *Der Freiheitskampf* noch am 8.5.44 (»Mehr Juden in Ungarn als erwartet«) begrüßt, dass die »Aussiedlung« der Juden nun auch von ungarischer Seite als notwendig erkannt wurde, gleichzeitig aber bezweifelt, dass man dieses Ziel noch während des Krieges würde erreichen können, so hieß es im Leitkommentar vom 5.6.44 (»Ungarns innenpolitische Linie«) kurz und bündig: »Die Judenfrage geht einer radikalen und endgültigen Lösung entgegen.«

25 Im *VB* dauerte diese verstärke antisemitische Kampagne bis Ende Juli an, im *Angriff* und im *Freiheitskampf* bis Ende Mai, im *Westdeutschen Beobachter* nur bis Anfang Mai.

26 USG 39, in: Kirchner, *Flugblätter aus den USA 1943/44*.

27 USG 33 vom März 1944, in: ebenda; britisches Flugblatt G 16, 10.4.44, in: Kirchner, *Flugblätter aus England, G-1943, G-1944*.

28 USG 50 vom 23.8.44, in: Kirchner, *Flugblätter aus den USA 1943/44*.

29 Akten des Foreign Office,PRO, FO 371/34440, Some Conclusions on interrogation of German prisoners of War in North Africa vom 26.11.43 unter der Überschrift: »What makes the German soldiers fighting?«

30 Flugblatt G 30, in: Kirchner, *Flugblätter aus England, G-1943, G-1944*.

31 G 13, Flugblattbroschüre »Warum es mit Hitler keinen Frieden gibt«, abgeworfen vom 24.5.44 bis 1.11.44, in: ebenda.

32 BAB, R 58/795.

33 BBC Written Archive, C 165, Extermination of Jews. Der Text ist identisch mit dem deutschen Funk-Abhörbericht, BAB, R 58/795, London/deutsch, erstellt am 16.6.44. Die Angaben in der Rundfunksendung waren zutreffend, siehe Danuta Czech, *Kalendarium der Ereignisse im Konzentrationslager Auschwitz-Birkenau 1939-1945*, mit einem Vorwort von Walter Laqueur, Reinbek bei Hamburg 1989. Danach wurden am 8.9.43 aus Theresienstadt 5006 Juden nach Auschwitz überstellt, die am 7.3.44 zur Tarnung in das Quarantänelager in Birkenau eingewiesen und dort am folgenden Tag ermordet wurden. Am 16. Dezember 1943 trafen 2491 Juden aus Theresienstadt in Auschwitz ein, es erfolgte keine Selektion. Ihre Ermordung erfolgte nicht, wie in dem Falle des September-Transports, nach sechs Monaten, sondern am 11. und 12.7.1944.

34 BAB, R 58/800, Funk-Abhör-Berichte (Abhördienst Seehaus).

35 Ebenda. Der Abhördienst hatte Oswiecim als Ostfrisium verstanden.

36 Ein Bericht des Reichspropagandaamtes Kattowitz, der im Staatsarchiv Katowice erhalten ist (Bestand Reichspropagandaamt, Nr. 42, 3.5.44) und einen seltenen Einblick in die Arbeitsweise der Mittelbehörden des Propagandaministeriums erlaubt, verdeutlicht am Beispiel der Berichterstattung über die ungarischen Juden, wie der Propagandaapparat die Arbeitsweise der Provinzpresse im Detail verfolgte, kontrollierte und kritisierte. Der Bericht listet aus Sicht des

Propagandaamtes zahlreiche »Mängel« in der Berichterstattung der Presse auf, was darauf hindeutet, dass die Presselenkung, trotz aller Anstrengungen, eben nicht perfekt funktionierte.

37 K/J 3709, SD-Außenstelle Bad Brückenau, Bericht aus April 1944 (StA Wü, SD-Hauptaußenstelle Würzburg Nr. 12).
38 K/J 3708, SD-Außenstelle Bad Brückenau, Bericht aus April 1944 (StA Wü, SD-Hauptaußenstelle Würzburg Nr. 12).
39 K/J 3716, SD-Außenstelle Bad Brückenau II A 4 Bericht vom 8.5.1944 (StA Wü, SD-Hauptaußenstelle Würzburg Nr. 12).
40 »Die Presseberichte über die Judenfrage in Ungarn haben allgemeines Interesse gefunden. In Arbeiterkreisen hat es besonders interessiert, dass dort die Juden in unmittelbarer Nähe von Fabrikanlagen untergebracht wurden. Es werden in diesen Kreisen Stimmen gehört wie: ›Die Ungarn machen uns noch etwas vor; die haben die Sache richtig erfasst‹« (K/J 3719, SD Außenstelle Würzburg III C 4, Bericht, 8.5.1944 (StA Wü, SD-Hauptaußenstelle Würzburg Nr. 23).
41 K/J 3722, SD-Außenstelle Bad Brückenau, Bericht vom Juni 1944 (StA Wü, SD-Hauptaußenstelle Würzburg Nr. 12).
42 K/J 3693, SD-Außenstelle Schweinfurt, Bericht, o.D., von 1944 (StA Wü, SD-Hauptaußenstelle Würzburg Nr. 22).
43 K/J 3744, Wehrmachtspropagandastelle, Bericht für den 23.3.–29.3.1945, 31.3.1945 (in: Volker Berghahn, »Meinungsforschung im ›Dritten Reich‹: Die Mundpropaganda-Aktion der Wehrmacht im letzten Kriegshalbjahr«, in: *Militärgeschichtliche Mitteilungen* 1/1967, S. 83–118, S. 113ff., S. 119). Der Berichterstatter verwies auf ein abgehörtes Gespräch zwischen zwei Arbeitern, »dass wir selbst Schuld an diesem Kriege trügen, weil wir die Juden so schlecht behandelt hätten. Wir brauchten uns nicht zu wundern, wenn diese es jetzt mit uns genauso machen«, und fügte an: »Ähnliche Bemerkungen werden jetzt oft gehört.«
44 K/J 3726, NSDAP-Kreisleitung Fürth, Bericht für Juni 1944, 26.6.1944 (StA Nü, NS-Mischbestand Gauleitung Nr. 79); K/J 3727, NSDAP Kreisleitung Fränkische Alb, Bericht für Juni und Juli 1944, 27.8.1944 (StA Nü, NS-Mischbestand Gauleitung Nr. 78).
45 BAB, R 55/570, H.B., 29.4.44, Bl. 260. Auf die Existenz dieser Sammlung hat bereits Steinert, *Hitlers Krieg und die Deutschen*, S. 260, hingewiesen.
46 BAB, R 55/570, R.K., o.D., Bl., 232ff.
47 BAB, R 55/571, G.R., 1.6.44, Bl. 123ff.
48 Ebenda, G.R., 5.6.44, Bl. 171; A v. N. 24.5.44, Bl. 240; BAB, R 55/272, F.R, 22.5.44, Bl. 51.
49 BAB, R 55/574, R.D., Bl. 82ff., 20.12.44.
50 Ebenda, H.K., Bl. 209ff., 5.8.44.
51 BAB, R 55/579, H.F., 26.1.45, Bl. 219ff.
52 Ebenda, B.H., 2.2.45, Bl. 236ff.
53 BAB, R 55/575, 22.9.44, Bl. 16f.
54 BAB, R 55/579, O.R., 20.1.45, Bl. 208.
55 Ebenda, H.N., 1.12.44, Bl. 70.
56 BAB, R 55/577, 10.1.45, Bl. 577. Zu weiteren Vorschlägen für die Propaganda gegen die Kriegsgegner siehe: R 55/570, H.K., 3.2.44., Bl. 32f.; A.H., 18.3.44, Bl. 85f.; W.S., 16.1.43, Bl. 200ff.; R 55/571, M.O., 11.5.44, Bl. 54f.; R 55/572, R.K., 17.6.44, Bl. 153f.; L.-H., 26.6.44, Bl. 216; R 55/573, S., 6.7.44, Bl. 70; R 55/574, R.T., Bl. 71ff., 6.8.44; H.K., 5.8.44, Bl. 207ff.; R 55/579, A.B., 4.12.44, Bl. 81; B.H., 2.2.45, Bl. 236ff. Zu Vorschlägen für die Propaganda in Deutschland siehe R 55/571, B.J., Bl. 71f., 16.5.44; R 55/572, Dr. H., 11.6.44, Bl. 25.
57 K/J 3700, SD-Abschnitt Schwerin, Bericht vom 7.3.1944 (BAB NS 6/407).

58 K/J 3715, RSHA, Amt III (SD), SD-Berichte zu Inlandsfragen, 25.5.1944 (in: *Meldungen aus dem Reich*, S. 6557f.). Der Artikel war am 19.5.44 erschienen.
59 *VB*, 27.8.44, »Gelüste auf Weltdiktatur«; *Westdeutscher Beobachter*, 19.2.44, »Der Jude meldet seine Ansprüche an. Baruch ›informiert‹ Roosevelt über das Über-Versailles des jüdischen Weltherrschaftstraumes«; *Das Reich*, 21.1.45, Goebbels' Leitartikel »Der Kitt der Feindkoalition«.
60 *Tagebücher Goebbels*, 13.12.44 und 7.1.45. Siehe auch den in Anmerkung 60 genannten Leitartikel vom 21.1.45.
61 BAK, ZSg. 109/51, 30.9.44, Vertrauliche Information.
62 *VB*, 7.9.44, »Ausrottung und Verschleppung. Wie die Bolschewisten Deutschland vernichten möchten« (Schlagzeile); 28.10.44, »Furchtbare Verbrechen in Nemmersdorf«; 29.10.44, »Das Grauen von Nemmersdorf«; 2.11.44, »Augenzeugen berichten aus Nemmersdorf. Wie Moskaus Henker toben« (Schlagzeile).
63 *Der Anriff*, 28.10.44; *Der Freiheitskampf*, 30.10.44.
64 K/J, 3740, SD-Außenstelle Stuttgart, Bericht vom 6.11.1944.
65 Aus dem wöchentlichen Tätigkeitsbericht des Leiters der Propaganda-Abteilung im Goebbels-Ministerium ging hervor, dass die Nemmersdorf-Propaganda bei der Bevölkerung teilweise auf Unglauben stieß. Es wurde kritisiert, dass man – angesichts der immer wieder hervorgehobenen Rachegelüste der Roten Armee – den betreffenden Gebietsstreifen nicht rechtzeitig geräumt hatte (BAB, R 55/601, Berichte, Stichtag 30.10. und 7.11.44).
66 Die Unentschiedenheit des Propagandaministers spiegelt sich in seinen Tagebucheintragungen wider: So stoppte er die Gräuelpropaganda im Januar 1945, um sie Anfang Februar wieder aufzunehmen (*Tagebücher Goebbels*, 25.1.45 und 6.2.45). Als Hitler auf eine verstärkte Gräuelpropaganda drängte, versprach sich auch Goebbels – anders als »gewisse Kreise in Berlin«, wie er schrieb – davon wieder eine Stärkung des Widerstandswillens (ebenda, 8.2. und 10.2.45). Diese Ansicht bekräftigen beide im März (ebenda, 12.3.45). Siehe auch Steinert, *Hitlers Krieg und die Deutschen*, S. 541ff., sowie Barth, *Goebbels und die Juden*, S. 247ff.
67 *VB*, 17.11.44, »Der Vernichtungswille der Feinde«. Der Artikel betonte, die angeblich von der Sowjetunion beabsichtigte »Deportation der deutschen Männer und Frauen im arbeits- und zeugungsfähigen Alter ist ein Plan, der nicht nur den jüdischen Hass zur Mutter, sondern den eiskalten bolschewistischen Verstand auch noch zum Vater hat«. Im *VB* vom 22.12.44 zog Helmut Sündermann am Ende einer zehnteiligen Serie »Wir klagen an« die Schlussfolgerung: »Die Parole ›Sieg oder Untergang‹ steht nicht nur über dem Schicksal des deutschen Volkes, dem eine blutige Talmudorgie angekündigt ist.«
68 12.3.44, »Durch Terror zur Weltherrschaft«.
69 7.5.44, »Nationalsozialismus«.
70 28.5., »Wir siegen, Juda muss sterben«; 11.6., »Juda muss sterben!«; 28.6., »Juda wird sterben!«; 25.6., »Wir werden nicht in den Abgrund stürzen, sondern wir werden siegen! Juda muss sterben!«; 23.7., »Juda muss sterben«; 13.8.44, »Moskau muss fallen, und Juda muss sterben«; 3.9.44, »Wir siegen, und Juda muss sterben«; 10.9. und 17.9., »Wir werden siegen! Juda muss sterben!«; 1.10., »Juda muss sterben«; 8.10.44, »Wir werden siegen! Juda muss sterben!«; 15.10., »Wir werden siegen, und Juda wird sterben!«; 22.10., »Wir werden siegen! Und Juda muss sterben!«; 29.10., »Hitler wird siegen! Juda muss sterben!«; 5.11., »Deutschland wird leben, und Juda muss sterben!«; 12.11., »Deutschland wird siegen – Juda muss sterben!«; 19.11., »Wir werden siegen, und Juda wird sterben!«; 26.11., »Deutschland wird siegen, und Juda wird sterben!«; 17.12., »Deutschland muss siegen, und Juda wird sterben!«.

Literatur

Verzeichnis der benutzten Archive

Bundesarchiv Koblenz
   ZSg 102 Sammlung Sänger
   ZSg 109 Sammlung Oberheitmann

Bundesarchiv Berlin
   NS 6   Partei-Kanzlei der NSDAP
   NS 19   Persönlicher Stab Reichsführer SS
   R 55   Reichspropagandaministerium
   R 58   Reichssicherheitshauptamt
   R 78   Reichssendeleitung
   R 8150   Reichsvereinigung der Juden in Deutschland

Bundesarchiv/Militärarchiv Freiburg
   RL 15   Luftwaffen Propagandatruppen

Institut für Zeitgeschichte München
   MA   Mikrofilme
   Drucksachen

Archiv der sozialen Demokratie Bonn
   Nachlass Rinner
   Grenzsekretäre

Public Record Office Kew
   FO 371   Foreign Office/Germany

BBC Written Archive Caversham S
   German Service
   Foreign General directives

Osobyi Archiv Moskau
   Fonds 1363, Opis 3   Ministerkonferenzen im Propagandaministerium

Staatsarchiv Katowice
   Reichspropagandaamt Kattowitz

In den Anmerkungen finden sich Angaben über weitere Archivbestände, die dem Werk von Otto Dov Kulka und Eberhard Jäckel, *Die Juden in den geheimen NS-Stimmungsberichten 1933–1945*, Düsseldorf 2004, entnommen wurden. Diese Bestände wurden für die vorliegende Arbeit in der Regel nicht konsultiert.

Monographien und Sammelbände

Abel, Karl-Dietrich, *Presselenkung im NS-Staat. Eine Studie zur Geschichte der Publizistik in der nationalsozialistischen Zeit*, mit einem Vorwort von Hans Herzfeld, Berlin 1968 [= Einzelveröffentlichungen der Historischen Kommission zu Berlin beim Friedrich-Meinecke-Institut der FU Berlin, Bd. 2].

Adam, Uwe Dietrich, *Judenpolitik im Dritten Reich*, Düsseldorf 1972 [= Tübinger Schriften zur Sozial- und Zeitgeschichte, Bd. 1].

Adler, Hans G., *Der verwaltete Mensch. Studien zur Deportation der Juden aus Deutschland*, Tübingen 1974.

Ahrens, Yizhak, Stig Hornshøj-Møller und Christoph B. Melchers, *»Der ewige Jude«. Wie Goebbels hetzte. Eine Untersuchung zum nationalsozialistischen Propagandafilm*, Aachen 1990.

Altmeyer, Karl Aloys, *Katholische Presse unter NS-Diktatur. Die katholischen Zeitungen und Zeitschriften Deutschlands in den Jahren 1933 bis 1945. Dokumentation*, Berlin 1962 [= Veröffentlichungen der Kommission für Zeitgeschichte, Bd. 72].

Angermair, Elisabeth, und Ulrike Haerendel, *Inszenierter Alltag. »Volksgemeinschaft« im nationalsozialistischen München*, München 1993.

Angrick, Andrej, *Besatzungspolitik und Massenmord. Die Einsatzgruppe D in der südlichen Sowjetunion 1941–1943*, Hamburg 2003.

Appelius, Stefan, *Heine – Die SPD und der lange Weg zur Macht. SPD-Geschichte im Spiegel der Lebensgeschichte eines bedeutenden Funktionärs*, Essen 1999.

Baird, Jay W., *The mythical World of Nazi Propaganda, 1939–1945*, Minneapolis 1974.

Bajohr, Frank, *Die »Arisierung« in Hamburg. Die Verdrängung der jüdischen Unternehmer 1933–1945*, Hamburg 1997.

Bankier, David, *Die öffentliche Meinung im Hitler-Staat. Die »Endlösung« und die Deutschen. Eine Berichtigung*, Berlin 1995.

Barkai, Avraham, *Vom Boykott zur »Entjudung«. Der wirtschaftliche Existenzkampf der Juden im Dritten Reich 1933–1943*, Frankfurt a. M. 1987.

Barlev, Jehuda, *Juden und jüdische Gemeinde in Gütersloh, 1671–1943*, 2. Aufl., Gütersloh 1988.

Barth, Christian T., *Goebbels und die Juden*, Paderborn u.a. 2003.

Bayern in der NS-Zeit, Bd. 1: *Soziale Lage und politisches Verhalten der Bevölkerung im Spiegel vertraulicher Berichte*, hg. von Martin Broszat, Elke Fröhlich und Falk Wiesemann, München u.a. 1977.

Beck, Gottfried, *Die Bistumspresse in Hessen und der Nationalsozialismus 1930–1942*, Paderborn u.a. 1996.

Bender, Otto, *Swing unterm Hakenkreuz in Hamburg, 1933–1943*, Hamburg 1993.

Benz, Wolfgang, *»Niemand war dabei und keiner hat's gewusst.« Die deutsche Öffentlichkeit und die Judenverfolgung 1933–45*, hg. von Jörg Wollenberg, München 1989.

Bering, Dietz, *Kampf um Namen. Bernhard Weiß gegen Joseph Goebbels*, Stuttgart 1991.

Bolchover, Richard, *British Jewry and the Holocaust*, Cambridge u.a. 1993.

Botz, Gerhard, *Nationalsozialismus in Wien. Machtübernahme und Herrschaftssicherung 1938/39*, 3. veränd. Aufl., Buchloe 1988.

Browning, Christopher, *Die Entfesselung der »Endlösung«. Nationalsozialistische Judenpolitik 1939–1943*, mit einem Beitrag von Jürgen Matthäus, Berlin 2003.

Czech, Danuta, *Kalendarium der Ereignisse im Konzentrationslager Auschwitz-Birkenau 1939–1945*, mit einem Vorwort von Walter Laqueur, Reinbek bei Hamburg 1989.

Diewald-Kerkman, Gisela, *Politische Denunziation im NS-Regime oder die kleine Macht der »Volksgenossen«*, Bonn 1995.

Diller, Ansgar, *Rundfunkpolitik im Dritten Reich*, München 1980 [= Rundfunk in Deutschland, Bd. 2].

Dörner, Bernward, »Heimtücke«: Das Gesetz als Waffe. Kontrolle, Abschreckung und Verfolgung in Deutschland 1933-1945, Paderborn u.a. 1988 [= Sammlung Schönigh zur Geschichte und Gegenwart].

Döscher, Hans-Jürgen, »Reichskristallnacht«. Die Novemberpogrome 1938, Frankfurt a. M./Berlin 1988.

Dussel, Konrad, Hörfunk in Deutschland. Politik, Programm, Publikum (1923–1960), Potsdam 2002 [= Veröffentlichungen des Deutschen Rundfunkarchivs, Bd. 33].

»Es gibt nur eines für das Judentum: Vernichtung«. Das Judenbild in deutschen Soldatenbriefen 1939–1944, hg. von Walter Manoschek, Hamburg 1995.

Essner, Cornelia, Die »Nürnberger Gesetze« oder die Verwaltung des Rassenwahns 1933–1945, Paderborn/München 2002.

Faulstich, Heinz, Hungersterben in der Psychiatrie. 1914–1949. Mit einer Topographie der NS-Psychiatrie, Freiburg im Breisgau 1998.

Fetscher, Iring, Joseph Goebbels im Berliner Sportpalast 1943. »Wollt ihr den totalen Krieg?«, Hamburg 1998.

Fleming, Gerald, Hitler und die Endlösung. »Es ist des Führers Wunsch ...«, Wiesbaden/München 1982.

Friedländer, Saul, Das Dritte Reich und die Juden. Bd. 1: Die Jahre der Verfolgung 1933–1939, München 1998.

Friedrich, Jörg, Der Brand. Deutschland im Bombenkrieg 1940–1945, München 2002.

Gellately, Robert, Die Gestapo und die deutsche Gesellschaft. Die Durchsetzung der Rassenpolitik 1933–1945, Paderborn u.a. 1993.

ders., Hingeschaut und Weggesehen. Hitler und sein Volk, Stuttgart/München 2002.

Genschel, Helmut, Die Verdrängung der Juden aus der Wirtschaft im Dritten Reich, Göttingen 1966 [= Göttinger Bausteine zur Geschichtswissenschaft].

Goldhagen, Daniel Jonah, Hitlers willige Vollstrecker. Ganz gewöhnliche Deutsche und der Holocaust, Berlin 1996.

Gordon, Sarah, Hitler, Germans and the »Jewish Question«. Princeton 1984.

Graml, Hermann, Der 9. November 1938. »Reichskristallnacht«, 3. Aufl., Bonn 1955.

Gruchmann, Lothar, Justiz im Dritten Reich 1933–1940. Anpassung und Unterwerfung in der Ära Gürtner, München 1988.

Gruner, Wolf, Judenverfolgung in Berlin 1933–1945. Eine Chronologie der Behördenmaßnahmen in der Reichshauptstadt, Berlin 1996.

Habermas, Jürgen, Strukturwandel der Öffentlichkeit. Untersuchungen zu einer Kategorie der bürgerlichen Gesellschaft, unveränd. Nachdruck der 1962 ersch. Ausg., erg. um ein Vorwort, Frankfurt a. M. 1990.

Hagemann, Jürgen, Die Presselenkung im Dritten Reich, Bonn 1970.

Hale, Oron J., Presse in der Zwangsjacke, 1933–1945, Düsseldorf 1965.

Hilberg, Raoul, Sonderzüge nach Auschwitz, Mainz 1981 [= Dokumente zur Eisenbahngeschichte, Bd. 18].

ders., Die Vernichtung der europäischen Juden, 3 Bde., Frankfurt a. M. 1990.

Hildebrand, Klaus, Das vergangene Reich. Deutsche Außenpolitik von Bismarck bis Hitler 1871–1945, Stuttgart 1995.

Hollstein, Dorothea, Jud Süß und die Deutschen. Antisemitische Vorurteile im nationalsozialistischen Spielfilm, Frankfurt a. M. u.a. 1983.

Hornshøj-Møller, Stig, »Der ewige Jude«. Quellenkritische Analyse eines antisemitischen Propagandafilms. Begleitpublikation zur Filmedition G 171 »Der Ewige Jude«, Göttingen 1995.

Humburg, Martin, Das Gesicht des Krieges – Feldpostbriefe von Wehrmachtsoldaten aus der Sowjetunion 1941–1944, Wiesbaden 1998.

Johnson, Eric A., Der nationalsozialistische Terror. Gestapo, Juden und gewöhnliche Deutsche, Berlin 2001.

Kaiser, Gerd, *Katyn. Das Staatsverbrechen – das Staatsgeheimnis*, Berlin 2002.
Kershaw, Ian, »*The Hitler Myth*«. *Image and Reality in the Third Reich*, Oxford u.a. 1989.
ders., *Der Hitler-Mythos. Volksmeinung und Propaganda im Dritten Reich*. Mit einer Einführung von Martin Broszat, Stuttgart 1980 [= Schriftenreihe der Vierteljahrshefte für Zeitgeschichte, Bd. 41].
ders., *Der Hitler-Mythos. Führermythos und Volksmeinung*, Stuttgart 1999.
ders., *Popular Opinion and Political Dissent in the Third Reich. Bavaria 1933–1945*, Oxford 1983.
Kessemeier, Siegried, *Katholische Publizistik im NS-Staat 1933–1938. Grundzüge und Entwicklung*, Münster 1973 [= Arbeiten aus dem Institut für Publizistik der Universität Münster, Bd. 9].
Kosmala, Beate, und Revital Ludewig-Kedmi, *Verbotene Hilfe. Deutsche Retterinnen und Retter während des Holocaust*, Zürich 2003.
Kratzsch, Gerhard, *Der Gauwirtschaftsapparat der NSDAP. Menschenführung – »Arisierung« – Wehrwirtschaft im Gau Westfalen Süd. Eine Studie zur Herrschaftspraxis im totalitären Staat*, Münster 1989 [= Veröffentlichungen des Provinzialinstituts für Westfälische Landes- und Volksforschung des Landschaftsverbandes Westfalen-Lippe, Bd. 27].
Kwiet, Konrad, und Helmut Eschewege, *Selbstbehauptung und Widerstand. Deutsche Juden im Kampf um Existenz und Menschenwürde 1933–1945*, Hamburg 1984 [= Hamburger Beiträge zur Sozial- und Zeitgeschichte, Bd. 19].
Laqueur, Walter, *Was niemand wissen wollte. Die Unterdrückung der Nachrichten über Hitlers »Endlösung«*, ungek. Ausgabe, Frankfurt a. M. 1981.
Latzel, Klaus, *Deutsche Soldaten – nationalsozialistischer Krieg? Kriegserlebnis – Kriegserfahrung 1939–1945*, Paderborn u.a. 1998.
Lemmons, Russel, *Goebbels and Der Angriff*, Lexington, Kentucky, 1994.
Lichtenstein, Erwin, *Die Juden der Freien Stadt Danzig unter der Herrschaft des Nationalsozialismus*, Tübingen 1973 [= Schriftenreihe des Leo-Baeck-Instituts, Bd. 27].
Liebe, Ulrich, *Verehrt, verfolgt, vergessen. Schauspieler als Naziopfer*, Weinheim u.a. 1992.
Longerich, Peter, *Geschichte der SA*, München 2003.
ders., *Hitlers Stellvertreter. Führung der Partei und Kontrolle des Staatsapparates durch den Stab Heß und die Partei-Kanzlei Bormann*, München 1992.
ders., *Politik der Vernichtung. Eine Gesamtdarstellung der nationalsozialistischen Judenverfolgung*, München/Zürich 1998.
ders., *Die Wannsee-Konferenz vom 20. Januar 1942: Planung und Beginn des Genozids an den europäischen Juden*, Berlin 1998 [= Publikationen der Gedenk- und Bildungsstätte Haus der Wannsee-Konferenz, Bd. 7].
Lüthi, Urs, *Der Mythos von der Weltverschwörung: die Hetze der Schweizer Frontisten gegen Juden und Freimaurer am Beispiel des Berner Prozesses um die »Protokolle der Weisen von Zion«*, Basel u.a. 1992 [= Beiträge zur Geschichte und Kultur der Juden in der Schweiz, Bd. 1].
Mannes, Stefan, *Antisemitismus im nationalsozialistischen Propagandafilm. »Jud Süß« und »Der ewige Jude«*, Köln 1999.
Meynert, Joachim, *Was vor der »Endlösung« geschah. Antisemitische Ausgrenzung und Verfolgung in Minden-Ravensberg 1933–1945*, Münster 1988 [= Geschichte des Holocaust, Bd. 1].
Michelberger, Hans, *Berichte aus der Justiz des Dritten Reiches. Die Lageberichte der Oberlandesgerichtspräsidenten von 1940–45 unter vergleichender Heranziehung der Lageberichte der Generalstaatsanwälte*, Pfaffenweiler 1989 [= Reihe Geschichtswissenschaft, Bd. 16].
Moeller, Felix, *Der Filmminister. Goebbels und der Film im Dritten Reich*, Berlin 1998.
Müller, Manfred, *Zustimmung und Ablehnung, Partizipation und Resistenz. Die preußi-

sche Provinz Sachsen im Spiegel geheimer Gestapo- und Regierungsberichte 1933–1936. Untersuchungen zur Lage, Stimmung, Einstellung und Verhalten der Bevölkerung, Frankfurt a. M. u.a. 2000 [= Europäische Hochschulschriften, Reihe 3, Bd. 886].

Münk, Dieter, Die Organisation des Raumes im Nationalsozialismus. Eine soziologische Untersuchung ideologisch fundierter Leitbilder in Architektur, Städtebau und Raumplanung des Dritten Reiches, Bonn 1993.

Nicosia, Francis R., The Third Reich and the Palestine Question, London 1985.

Nowak, Kurt, »Euthanasie« und Sterilisierung im »Dritten Reich«. Die Konfrontation der evangelischen und katholischen Kirche mit dem »Gesetz zur Verhütung erbkranken Nachwuchses und der »Euthanasie«-Aktion, Göttingen 1978 [= Arbeiten zur Geschichte des Kirchenkampfes/Ergänzungsreihe, Bd. 12].

Obst, Dieter, »Reichskristallnacht«. Ursachen und Verlauf des antisemitischen Pogroms vom November 1938, Frankfurt a. M. u.a. 1991 [= Europäische Hochschulschriften, Reihe 3, Bd. 487].

Pätzold, Kurt, Faschismus, Rassenwahn, Judenverfolgung. Eine Studie zur politischen Strategie und Taktik des faschistischen deutschen Imperialismus (1933–1935), Berlin 1975.

ders. und Irene Runge, »Kristallnacht«. Zum Pogrom 1938, Köln 1988.

Portmann, Heinrich, Der Bischof von Münster. Das Echo eines Kampfes für Gottesrecht und Menschenrecht, Münster 1947.

Radio im Nationalsozialismus. Zwischen Lenkung und Ablenkung, hg. von Inge Marßolek und Adelheid von Saldern, Tübingen 1988 [= Zuhören und gehört werden, Bd. 1].

Radiozeiten. Herrschaft, Alltag, Gesellschaft (1924–1960), hg. von Inge Marßolek und Adelheid von Saldern, Potsdam 1999 [= Veröffentlichungen des deutschen Rundfunkarchivs, Bd. 25].

Rathgeb, Kerstin, Helden wider Willen. Frankfurter Swing-Jugend zwischen Verfolgung und Idealisierung, Münster 2001 [= Kritische Theorie und Kulturforschung, Bd. 5].

Reichel, Peter, Der schöne Schein des Dritten Reiches. Faszination und Gewalt des Faschismus, München 1991.

Ritter, Gerhard, Carl Goerdeler und die deutsche Widerstandsbewegung, München 1964.

Roseman, Mark, Die Wannsee-Konferenz. Wie die NS-Bürokratie den Holocaust organisierte, Berlin 2002.

Rosenkranz, Herbert, Verfolgung und Selbstbehauptung. Die Juden in Österreich, 1938–1945, Wien 1978.

Sänger, Fritz, Politik der Täuschungen. Missbrauch der Presse im Dritten Reich. Weisungen, Informationen, Notizen, 1933–1939, Wien 1975.

Scheffler, Wolfgang, Judenverfolgung im Dritten Reich 1933–1944, Berlin 1960 [= Zur Politik und Zeitgeschichte, Bd. 4/5].

Schmuhl, Hans-Walter, Rassenhygiene, Nationalsozialismus, Euthanasie. Von der Verhütung zur Vernichtung »lebensunwerten Lebens«, 1890–1945, Göttingen 1987 [= Kritische Studien zur Geschichtswissenschaft, Bd. 75].

Schönhagen, Benigna, Tübingen unterm Hakenkreuz. Eine Universitätsstadt in der Zeit des Nationalsozialismus, Stuttgart 1991 [= Beiträge zur Tübinger Geschichte, Bd. 4].

Segev, Tom, Die siebte Million. Der Holocaust und Israels Politik der Erinnerung, Reinbek bei Hamburg 1995.

Stein, Peter, Die NS-Gaupresse 1925–1933. Forschungsbericht, Quellenkritik, neue Bestandsaufnahme, München 1987 [= Dortmunder Beiträge zur Zeitungsforschung, Bd. 42].

Steinbacher, Sybille, »Musterstadt« Auschwitz. Germanisierungspolitik und Judenmord in Ostoberschlesien, München 2000 [= Darstellungen und Quellen zur Geschichte von Auschwitz, Bd. 2].

Steinert, Marlis, *Hitlers Krieg und die Deutschen. Stimmung und Haltung der deutschen Bevölkerung im Zweiten Weltkrieg*, Düsseldorf/Wien 1970.
Steinhilber, Wilhelm, *Heilbronn. Die schwersten Stunden der Stadt*, Heilbronn 1961.
Stöver, Bernd, *Volksgemeinschaft im Dritten Reich. Die Konsensbereitschaft der Deutschen aus der Sicht sozialistischer Exilberichte*, Düsseldorf 1993.
Tegel, Susan, *Jew Süss/Jud Süss*, Trowbridge 1996 [= Cinetek Series].
Teppe, Karl, *Massenmord auf dem Dienstweg. Hitlers »Euthanasie«-Erlass und seine Durchführung in den Westfälischen Provinzialanstalten*, Münster 1989 [= Texte aus dem Landeshaus Westfalen-Lippe, Bd. 15].
Terner, Daniel, »Prophet und Prophezeiung. Zur Geschichte eines Hitler-Zitats 1939–1945«, unveröff. Magisterarbeit, Stuttgart 1995.
Uhlig, Heinrich, *Die Warenhäuser im Dritten Reich*, Köln/Opladen 1956.
Wasserstein, Bernard, *Britain and the Jews of Europe, 1939–1945*, Oxford 1979.
Werner, Josef, *Hakenkreuz und Judenstern. Das Schicksal der Karlsruher Juden im Dritten Reich*, hg. von der Stadt Karlsruhe – Stadtarchiv, 2. Aufl., Karlsruhe 1990.
Westphal, Uwe, *Berliner Konfektion und Mode, 1836–1939. Die Zerstörung einer Tradition*, Berlin 1986.
Wiedemann, Fritz, *Der Mann, der Feldherr werden wollte. Erlebnisse und Erfahrungen des Vorgesetzten Hitlers im 1. Weltkrieg und seines späteren Persönlichen Adjutanten*, Velbert/Kettwig 1964.
Wiggershaus, Norbert, *Der deutsch-englische Flottenvertrag vom 18. Juni 1935. England und die geheime deutsche Aufrüstung 1933–1935*, Bonn 1972.
Willems, Susanne, *Der entsiedelte Jude. Albert Speers Wohnungsmarktpolitik für den Berliner Hauptstadtbau*, Berlin 2000 [= Publikationen der Gedenk- und Bildungsstätte Haus der Wannsee-Konferenz, Bd. 10].
Wirl, Manfred, *Die öffentliche Meinung unter dem NS-Regime. Eine Untersuchung zum sozialpsychologischen Konzept öffentlicher Meinung auf der Grundlage der geheimen Lageberichte des SD über die Stimmung und Haltung der Bevölkerung im Zweiten Weltkrieg*, Mainz 1990.
Zuccotti, Susan, *The Italians and the Holocaust. Persecution, Rescue, and Survival*, New York 1987.

Aufsätze

Adam, Uwe Dietrich, »Wie spontan war der Pogrom?« in: *Der Judenpogrom 1938. Von der »Reichskristallnacht« zum Völkermord*, hg. von Walter H. Pehle, Frankfurt a. M. 1988, S. 74–93.
Allen, William Sheridan, »Die deutsche Öffentlichkeit und die ›Reichskristallnacht‹ – Konflikte zwischen Werthierarchie und Propaganda im Dritten Reich«, in: *Die Reihen fast geschlossen. Beiträge zur Geschichte des Alltags unterm Nationalsozialismus*. hg. von Detlev Peukert und Jürgen Reulecke, Wuppertal 1981, S. 397–411.
Angress, Werner T., »Die ›Judenfrage‹ im Spiegel amtlicher Berichte 1935«, in: *Das Unrechtsregime. Internationale Forschung über den Nationalsozialismus. Festschrift für Werner Jochmann zum 65. Geburtstag*. Bd. 2: *Verfolgung – Exil – Belasteter Neubeginn*, hg. von Ursula Büttner unter Mitwirkung von Werner Johe und Angelika Voß, Hamburg 1986 [= Hamburger Beiträge zur Sozial- und Zeitgeschichte, Bd. 22], S. 19–43.
Bajohr, Frank: »›... dann bitte keine Gefühlsduseleien‹. Die Hamburger und die Deportationen«, in: *Die Deportation der Hamburger Juden 1941–1945*, hg. vom Institut für die Geschichte der deutschen Juden und der Forschungsstelle für Zeitgeschichte, 2. Aufl., Hamburg 2002, S. 13–29.

ders., »Über die Entwicklung eines schlechten Gewissens. Die deutsche Bevölkerung und die Deportationen 1941–1945«, in: *Die Deportation der Juden aus Deutschland. Pläne – Praxis – Reaktionen 1938–1945*, hg. von Birthe Kundrus und Beate Meyer, Göttingen 2004 [= Beiträge zur Geschichte des Nationalsozialismus, Bd. 20], S. 180–195.

Bankier, David, »Signaling the Final Solution to the German People«, in: *Nazi Europe and the Final Solution*, hg. von David Bankier und Israel Gutman, Yad Vashem/Jerusalem, 2003, S. 15–39.

ders., »The Use of Antisemitism in Nazi Wartime Propaganda«, in: *The Holocaust and History: The Known, the Unknown, the Disputed, and the Reexamined*, hg. von Michael Berenbaum und Abraham J.Peck, Bloomington, Indiana, u.a. 1998, S. 41–55.

Benz, Wolfgang, »Die Deutschen und die Judenverfolgung. Mentalitätsgeschichtliche Aspekte«, in: *Die Deutschen und die Judenverfolgung im Dritten Reich. Werner Jochmann zum 70. Geburtstag*, hg. von Ursula Büttner, Hamburg 1992 [= Hamburger Beiträge zur Sozial- und Zeitgeschichte, Bd. 29], S. 51–65.

ders., »Judenvernichtung aus Notwehr? Die Legende um Theodore N. Kaufman«, in: *Vierteljahrshefte für Zeitgeschichte* 29 (1981), S. 615–630.

ders., »The November Pogrom of 1938: Participation, Applause, Disapproval«, in: *Exclusionary Violence. Antisemitic Riots in Modern German History*«, hg. von Christhard Hoffmann, Werner Bergmann und Helmut Walser Smith, Ann Arbor 2002, S. 141–159.

ders., »Der Rückfall in die Barbarei. Bericht über den Pogrom«, in: *Der Judenpogrom 1938. Von der »Reichskristallnacht« zum Völkermord*, hg. von Walter H. Pehle, Frankfurt a. M. 1988, S. 13–51.

ders., »Die Verfolgung und Vernichtung der Juden im Bewusstsein der Deutschen«, in: *Juden in Deutschland. Emanzipation, Integration, Verfolgung und Vernichtung. 25 Jahre Institut für die Geschichte der deutschen Juden Hamburg*, hg. von Peter Freimark, Hamburg 1991 [= Hamburger Beiträge zur Geschichte der deutschen Juden, Bd. 17], S. 435–449.

Berghahn, Volker, »Meinungsforschung im ›Dritten Reich‹: Die Mundpropaganda-Aktion der Wehrmacht im letzten Kriegshalbjahr«, in: *Militärgeschichtliche Mitteilungen* 1 (1967), S. 83–118.

Boberach, Heinz, »Einführung«, in: *Meldungen aus dem Reich. Die geheimen Lageberichte des Sicherheitsdienstes der SS*, Bd. 1: *Einführung, chronologische Inhaltsübersicht und systematische Übersicht über die behandelten Themen*, hg. von dems., Herrsching 1984, S. 11–44.

Boelcke, Willi A., »Goebbels und die Kundgebung im Berliner Sportpalast vom 18. Februar 1943. Vorgeschichte und Verlauf«, in: *Jahrbuch für die Geschichte Mittel- und Osteuropas* 19 (1970), S. 234–255.

Borgert, Wolfgang, und Michael Krieg, »Die Arbeit an den ›Deutschland-Berichten‹. Protokoll eines Gesprächs mit Friedrich Heine«, in: *Die Grünen Berichte der Sopade. Gedenkschrift für Erich Rinner (1902–1982)*, hg. von Werner Plum, Bonn 1984, S. 49–119.

Dipper, Christof, »Der Deutsche Widerstand und die Juden«, in: *Geschichte und Gesellschaft* 9 [1983], S. 349–380.

Eckert, Rainer, »Berichtswesen im Faschismus. Abriss der Berichterstattung von Gestapo, Sicherheitsdienst des Reichsführers SS, Regierungs- und Oberpräsidenten sowie Generalstaatsanwälten und Oberlandesgerichtspräsidenten unter Berücksichtigung der vorliegenden Quelleneditionen«, in: *Bulletin des Arbeitskreises 2. Weltkrieg* (1990) 1, 4, S. 67–116.

Frei, Norbert, »Auschwitz und die Deutschen. Geschichte, Geheimnis, Gedächtnis«, in: ders., *1945 und wir. Das Dritte Reich im Bewusstsein der Deutschen*, München 2005, S. 156–183.

Greschat, Martin, »Die Haltung der deutschen evangelischen Kirchen zur Verfolgung der Juden im Dritten Reich«, in: *Die Deutschen und die Judenverfolgung im Dritten Reich. Werner Jochmann zum 70. Geburtstag*, hg. von Ursula Büttner, Hamburg 1992 [= Hamburger Beiträge zur Sozial- und Zeitgeschichte, Bd. 29], S. 273 bis 292.

Gruner, Wolf, »Die Fabrikaktion und die Ereignisse in der Berliner Rosenstraße. Fakten und Fiktionen um den 27. Februar 1943«, in: *Jahrbuch für Antisemitismusforschung* 11 (2002), S. 137–177.

ders., »›Lesen brauchen sie nicht zu können ...‹. Die ›Denkschrift über die Behandlung der Juden in der Reichshauptstadt auf allen Gebieten des öffentlichen Lebens‹ vom Mai 1938«, in: *Jahrbuch für Antisemitismusforschung* 4 (1995), S. 305–341.

Harris, Jeremy D., »Broadcasting the Massacres. An Analysis of the BBC's Contemporary Coverage of the Holocaust«, in: *Yad Vashem Studies* 25 (1996), S. 65–98.

Herff, Jeffrey, »The ›Jewish War‹: Goebbels and the Antisemitic Campaigns of the Nazi Propaganda Ministry«, in: *Holocaust Genocide Studies* 19 (2005), S. 51–80.

Hey, Bernd, »Bielefeld und seine Bevölkerung in den Berichten des Sicherheitsdienstes (SD) 1939–1942«, in: *70. Jahresbericht des Historischen Vereins der Grafschaft Ravensberg zu Bielefeld* (1976), S. 227–273.

Humburg, Martin, »Feldpostbriefe aus dem Zweiten Weltkrieg: zur möglichen Bedeutung im aktuellen Meinungsstreit unter besonderer Berücksichtigung des Themas ›Antisemitismus‹«, in: *Militärgeschichtliche Mitteilungen* 58 (1999), S. 321–343.

Isenbart, Jan, »Britische Flugblattpropaganda gegen Deutschland im zweiten Weltkrieg«, in: *Pressepolitik und Propaganda. Historische Studien vom Vormärz bis zum Kalten Krieg*, hg. von Jürgen Wilke, Köln/Weimar/Wien 1997, S. 191–256.

Kater, Michael, »Everyday Antisemitism in Prewar Nazi Germany: The Popular Bases«, in: *Yad Vashem Studies* 16 (1984), S. 129–159.

Kershaw, Ian, »Alltägliches und Außeralltägliches: ihre Bedeutung für die Volksmeinung 1933–1939«, in: *Die Reihen fast geschlossen. Beiträge zur Geschichte des Alltags unterm Nationalsozialismus*, hg. von Detlev Peukert und Jürgen Reulecke, Wuppertal 1981, S. 273–292.

ders., »Antisemitismus und Volksmeinung. Reaktionen auf die Judenverfolgung«, in: *Bayern in der NS-Zeit*, Bd. 2: *Herrschaft und Gesellschaft im Konflikt*, hg. von Martin Broszat, Elke Fröhlich und Hartmut Mehringer, München u.a. 1979, S. 281–348.

ders., »German Popular Opinion and the ›Jewish Question‹, 1939–1943: Some further Reflections, in: *The Nazi Holocaust. Historical Articles on the Destruction of European Jews*, Bd. 5/1: *Public Opinion and Relations to the Jews in Nazi Europe*, hg. von Michael R. Marrus, Westport/London 1989, S. 182–203.

ders., »German Popular Opinion during the ›Final Solution‹: Information, Comprehension, Reactions«, in: *Comprehending the Holocaust. Historical and Literary Research*, hg. von Asher Cohen, Joav Gelber und Charlotte Wardi, Frankfurt a. M. u.a. 1988, S. 145–158.

ders., »Indifferenz des Gewissens. Die deutsche Bevölkerung und die ›Reichskristallnacht‹, in: *Blätter für deutsche und internationale Politik* 33 (1988), S. 1319–1330.

ders., »The Persecution of the Jews and German Popular Opinion in the Third Reich«, in: *Leo Baeck Institute Year Book* 26 (1981), 261–289.

Kingreen, Monica, »Gewaltsam verschleppt aus Frankfurt. Die Deportationen der Juden in den Jahren 1941–1945«, in: *»Nach der Kristallnacht«. Jüdisches Leben und antijüdische Politik in Frankfurt am Main 1938–1945*, hg. von ders., Frankfurt a. M./New York 1999, S. 357–402.

Klink, Ernst, »Die Operationsführung. 1. Heer und Kriegsmarine«, in: *Der Angriff auf die Sowjetunion,* hg. von Horst Boog u.a., 2. Aufl. 1987, Nachdruck Frankfurt a. M. 1993 [= Das Deutsche Reich und der Zweite Weltkrieg], S. 541–736.

Kosmala, Beate, und Claudia Schoppmann, »Überleben im Untergrund. Zwischenbilanz eines Forschungsprojekts«, in: *Überleben im Untergrund. Hilfe für Juden in Deutschland, 1941–1945,* hg. von Wolfgang Benz, Beate Kosmala und Claudia Schoppmann, Berlin 2002, S. 17–32.

Kulka, Otto Dov, »The German Population and the Jews: State of Research and New Perspectives«, in: *Probing the Depths of German Antisemitism. German Society and the Persecution of the Jews, 1933–1941,* hg. von David Bankier, New York u.a. 2000, S. 271–281.

ders., »Die Nürnberger Rassengesetze und die deutsche Bevölkerung im Lichte geheimer NS-Lage- und Stimmungsberichte«, in: *Vierteljahrshefte für Zeitgeschichte* 32 (1984), S. 582–624.

ders., »›Public Opinion‹ in Nazi Germany and the ›Jewish Question‹«, in: *The Nazi Holocaust. Historical Articles on the Destruction of European Jews,* Bd. 5/1: *Public Opinion and Relations to the Jews in Nazi Europe,* hg. von Michael R. Marrus, Westport/London 1989, S. 115–138.

ders., »›Public Opinion‹ in Nazi Germany: The Final Solution«, in: *The Nazi Holocaust. Historical Articles on the Destruction of European Jews,* Bd. 5/1: *Public Opinion and Relations to the Jews in Nazi Europe,* hg. von Michael R. Marrus, Westport/London 1989, S. 139–150.

ders. und Aron Rodrigue, »The German Population and the Jews in the Third Reich. Recent Publications and Tends in Research on German Society and the ›Jewish Question‹«, in: *The Nazi Holocaust. Historical Articles on the Destruction of European Jews,* Bd. 5/1: *Public Opinion and Relations to the Jews in Nazi Europe,* hg. von Michael R. Marrus, Westport/London 1989, S. 46–60.

Kuller, Christiane, »›Erster Grundsatz: Horten für die Reichsfinanzverwaltung‹. Die Verwertung des Eigentums der deportierten Nürnberger Juden«, in: *Die Deportation der Juden aus Deutschland. Pläne, Praxis, Reaktionen, 1938–1945,* hg. von Christoph Dieckmann, Göttingen 2004, S. 160–179.

Lindgren, Henrik, »Adam von Trotts Reisen nach Schweden 1942–1944. Ein Beitrag zur Frage der Auslandsverbindungen des deutschen Widerstands«, in: *Vierteljahrshefte für Zeitgeschichte* 18 (1970), S. 274–291.

Loewenberg, Peter, »The Kristallnacht as a public degradation ritual«, in: *Leo Baeck Institute Year Book* 32 (1987), S. 309–323.

Longerich, Peter, »Judenverfolgung und nationalsozialistische Öffentichkeit«, in: *Reden von Gewalt,* hg. von Kristin Platt, München 2002, S. 227–255.

Mallmann, Klaus-Michael, »Der qualitative Sprung im Vernichtungsprozess. Das Massaker von Kamenez-Podolsk Ende August 1941«, in: *Jahrbuch für Antisemitismusforschung* 10 (2001), S. 239–264.

Mommsen, Hans, »Was haben die Deutschen vom Völkermord an den Juden gewusst?«, in: *Der Judenpogrom 1938. Von der »Reichskristallnacht« zum Völkermord,* hg. von Walter H. Pehle, Frankfurt a. M. 1988, S. 176–200.

ders. und Dieter Obst, »Die Reaktion der deutschen Bevölkerung auf die Verfolgung der Juden 1933–1943«, in: *Herrschaftsalltag im Dritten Reich. Studien und Texte,* hg. von Hans Mommsen und Susanne Willems, Düsseldorf 1988, S. 374–485.

Neidhardt, Friedhelm, »Öffentlichkeit, öffentliche Meinung, soziale Bewegungen. Einleitung«, in: *Öffentlichkeit, öffentliche Meinung, soziale Bewegungen,* hg. von Friedhelm Neidhardt, Opladen 1994 [= Kölner Zeitschrift für Soziologie und Sozialpsychologie, Sonderheft 34], S. 7–41.

Nellessen, Bernd, »Die schweigende Kirche und die Judenverfolgung«, in: *Die Deutschen und die Judenverfolgung im Dritten Reich. Werner Jochmann zum 70. Ge-*

burtstag, hg. von Ursula Büttner, Hamburg 1992 [= Hamburger Beiträge zur Sozial- und Zeitgeschichte, Bd. 29], S. 259–271.

Nolzen, Armin, »The Nazi Party and its Violence Against the Jews, 1933-1939. Violence as a Historiographical Concept«, in: *Yad Vashem Studies* 31 (2003), S. 245 bis 285.

Obenaus, Herbert, »The Germans: ›An Antisemitic People‹. The Press Campaign after 9 November 1938«, in: *Probing the Depths of German antisemitism: German society and the persecution of the Jews, 1933–1941*, hg. von David Bankier, New York u.a. 2000, S. 147–180.

Oldenhage, Klaus, »Justizverwaltung und Lenkung der Rechtsprechung im Zweiten Weltkrieg. Die Lageberichte der Oberlandesgerichtspräsidenten und Generalstaatsanwälte 1940–1945«, in: *Verwaltung contra Menschenführung im Staat Hitlers. Studien zum politisch-administrativen System*, hg. von Dieter Rebentisch und Karl Teppe, Göttingen 1986, S. 100–120.

Plum, Günter, »Staatspolizei und Innere Verwaltung, 1934-1936«, in: *Vierteljahrshefte für Zeitgeschichte* 13 (1965), S. 191–224.

Plum, Werner, »Mit dem Blick auf Budelsdorf. Kulturgeschichtliche Skizzen zur Einführung in die ›Deutschland-Berichte‹ der Sopade«, in: *Die Grünen Berichte der Sopade. Gedenkschrift für Erich Rinner (1902–1982)*, hg. von dems., Bonn 1984, S. 11–48.

Reuband, Karl-Heinz, »Gerüchte und Kenntnisse vom Holocaust in der deutschen Gesellschaft vor Ende des Krieges. Eine Bestandsaufnahme auf der Basis von Bevölkerungsumfragen«, in: *Jahrbuch für Antisemitismusforschung* 9 (2000), S. 196–233.

ders., »›Schwarzhören‹ im Dritten Reich«, in: *Archiv für Sozialgeschichte* 41 (2001), S. 245–270.

ders., »Zwischen Ignoranz, Wissen und Nicht-glauben-Wollen. Gerüchte über den Holocaust und ihre Diffusionsbedingungen in der deutschen Bevölkerung«, in: *Überleben im Untergrund. Hilfe für Juden in Deutschland, 1941–1945*, hg. von Wolfgang Benz, Beate Kosmala und Claudia Schoppmann, Berlin 2002, S. 3 – 63.

Rinner, Erich, »Die Entstehung und Entwicklung der Berichterstattung«, in: *Die Grünen Berichte der Sopade. Gedenkschrift für Erich Rinner (1902–1982)*, hg. von Werner Plum, Bonn 1984, S. 165–177.

Schreiber, Carsten, »›Eine verschworene Gemeinschaft‹. Regionale Verfolgungsnetzwerke des SD in Sachsen«, in: *Nachrichtendienst, politische Elite und Mordeinheit. Der Sicherheitsdienst des Reichsführers SS*, hg. von Michael Wildt, Hamburg 2003, S. 57–85.

Stirk, Peter M. R., »Anti-Americanism in National Socialist Propaganda during the Second World War«, in: *Making the New Europe. European Unity and the Second World War*, hg. von M. L. Smith und Peter M. R. Stirk, London/New York 1990, S. 66–86.

Stokes, Lawrence D., »The German People and the Destruction of the European Jews«, in: *Central European History* 6 (1973), S. 167–191.

Ullrich, Volker, »›Wir haben nichts gewusst‹. Ein deutsches Trauma«, in: *1999* 6, 4 (1991), S. 11–46.

Unger, Aryeh L., »The Public Opinion Reports of the Nazi Party«, in: *Public Opinion Quarterly* 29 (1965), S. 565–582.

Volk, Ludwig, »Episkopat und Kirchenkampf im Zweiten Weltkrieg. II. Judenverfolgung und Zusammenbruch des NS-Staates«, in: ders., *Katholische Kirche und Nationalsozialismus. Ausgewählte Aufsätze*, hg. von Dieter Albrecht, Mainz 1987 [= Veröffentlichungen der Kommission für Zeitgeschichte, Reihe B, Bd. 46], S. 98–113.

Wagner, Bernd C., »Gerüchte, Wissen, Verdrängung: Die IG Auschwitz und das Vernichtungslager Birkenau«, in: *Ausbeutung, Vernichtung, Öffentlichkeit. Neue Studien zur nationalsozialistischen Lagerpolitik*, hg. von Norbert Frei, Sybille Steinbacher und Bernd C. Wagner, München 2000, S. 231–248.

Wickert, Christl, »Popular Attitudes to National Socialist Antisemitism: Denunciations for ›Insidious Offenses‹ and ›Racial Ignominy‹«, in: *Probing the Depths of German antisemitism: German society and the persecution of the Jews, 1933–1941*, hg. von David Bankier, New York u.a. 2000, S. 282–295.

Wildt, Michael, »Gewalt gegen Juden in Deutschland 1933 bis 1939«, in: *WerkstattGeschichte* 6, 18 (1997), S. 59–80.

Witetschek, Helmut, »Die bayerischen Regierungspräsidentenberichte 1933–1943 als Geschichtsquelle«, in: *Historisches Jahrbuch* 87 (1967), S. 355–372.

Zimmermann, Michael, »Die Deportation der Juden aus Essen und dem Regierungsbezirk Düsseldorf«, in: *Über Leben im Krieg. Kriegserfahrungen in einer Industrieregion, 1939–1945. Katalogbuch zur Ausstellung Rheinlandmuseum Essen*, hg. von Ulrich Borsdorf und Mathilde Jamin, Reinbek bei Hamburg 1989, S. 126–142.

ders., »Die Gestapo und die regionale Organisation der Judendeportation. Das Beispiel der Stapo-Leitstelle Düsseldorf«, in: *Die Gestapo – Mythos und Realität*, hg. von Gerhard Paul und Klaus-Michael Mallmann, Darmstadt 1995, S. 357–372.

Gedruckte Quellen

Adler, Bruno, *Frau Wernicke, Kommentare einer »Volksjenossin«*, hg. und mit einem Nachw. versehen von Uwe Naumann, Mannheim 1990.

Akten der Parteikanzlei der NSDAP. Rekonstruktion eines verloren gegangenen Bestandes, 2 Teile, hg. von Helmuth Heiber u.a., München 1983/1991.

Akten deutscher Bischöfe über die Lage der Kirche, 1933–1945. Bd. 5: *1940–1942*, bearb. von Ludwig Volk, Paderborn u.a. 1983.

Akten zur deutschen auswärtigen Politik 1918–1945. Aus dem Archiv des Auswärtigen Amtes, Serie C, Bd. 4/1, Göttingen 1975.

Als Zwangsarbeiterin 1941 in Berlin. Die Aufzeichnung der Volkswirtin Elisabeth Freund, hg. und komm. von Carola Sachse, Berlin 1996 [= Selbstzeugnisse der Neuzeit, Bd. 5].

Das andere Gesicht des Krieges. Deutsche Feldpostbriefe 1939–1945, hg. von Ortwin Buchbender und Reinhold Sterz, München 1982.

Andreas-Friedrich, Ruth [d.i. Ruth Seitz], *Schauplatz Berlin. Ein Tagebuch, aufgezeichnet 1938–1945*, neu durchges. Fassung, Reinbek bei Hamburg 1964.

Ball-Kaduri, Kurt Jakob, *Das Leben der Juden in Deutschland im Jahre 1933. Ein Zeitbericht*, Frankfurt a. M. 1963 [= Zeugnisse unserer Zeit].

Bästlein, Klaus, »Schleswig-Holstein in den ›Meldungen wichtiger staatspolizeilicher Ereignisse‹. August 1941 bis November 1944«, in: *Info des Arbeitskreises zur Erforschung des Nationalsozialismus in Schleswig-Holstein* (1986), Heft 7/8, S. 4–45.

Behrend-Rosenfeld, Else, *Ich stand nicht allein. Leben einer Jüdin in Deutschland 1933 bis 1944*, München 1988.

Berichte über die Lage in Deutschland. Die Lagemeldungen der Gruppe Neu Beginnen aus dem Dritten Reich 1933–1936, hg. von Bernd Stöver Bonn 1996, [= Archiv für Sozialgeschichte, Beiheft 17].

»*Betrifft: Aktion 3*«. *Deutsche verwerten jüdische Nachbarn. Dokumente zur Arisierung*, ausgew. und komm. von Wolfgang Dressen, Berlin 1998.

Bloch, Ernst, *Geschichte der Juden von Konstanz im 19. und 20. Jahrhundert. Eine Dokumentation*, Konstanz 1971.

Boberach, Heinz, *Berichte des SD und der Gestapo über Kirchen und Kirchenvolk in Deutschland 1934–1944*, Mainz 1971 [= Veröffentlichungen der Kommission für Zeitgeschichte bei der Katholischen Akademie in Bayern, Reihe A, Bd. 12].
Boor, Lisa de, *Tagebuchblätter. Aus den Jahren 1938–1945*, München 1963.
Brinitzer, Carl, *Hier spricht London. Von einem, der dabei war*, Hamburg 1969.
Buch der Erinnerung. Die ins Baltikum deportierten deutschen, österreichischen und tschechoslowakischen Juden, bearb. von Wolfgang Scheffler und Diana Schulle, 2 Bde., München 2003.
Deutschland-Berichte der Sozialdemokratischen Partei Deutschlands (Sopade) 1934–1940, 7 Bde., nach dem Exemplar im Archiv der sozialen Demokratie der Friedrich-Ebert-Stiftung neu hg. und mit einem Register vers. von Klaus Behnken, Salzhausen/Frankfurt a. M. 1980.
Diewerge, Wolfgang, *Als Sonderberichterstatter zum Kairoer Judenprozess. Gerichtlich erhärtetes Material zur Judenfrage*, München 1935.
Documents on British Foreign Policy, 1919–1939, 2. Reihe, Bd. 5, hg. von Ernest Llewellyn Woodward und Rohan Butler unter Mitarbeit von Margaret Lambert u.a., London 1956.
Dokumente zur Geschichte der Reichsvertretung der deutschen Juden, hg. von Otto Dov Kulka, Tübingen 1997 [=*Deutsches Judentum unter dem Nationalsozialismus*, Bd. 1].
Dürkefälden, Karl, *»Schreiben, wie es wirklich war!« Aufzeichnungen Karl Dürkefäldens aus der Zeit des Nationalsozialismus*, bearb. und komm. von Herbert und Sibylle Obenaus, Hannover 1985.
Die Ermordung der europäischen Juden. Eine umfassende Dokumentation des Holocaust, hg. von Peter Longerich, München 1989.
Flugblattpropaganda im Zweiten Weltkrieg. Dokumentation und Analyse, hg. von Ortwin Buchbender und Horst Schuh, Stuttgart 1974.
Foreign Relations of the United States, 1933, Bde. 1–5, Washington 1949–1952.
Fraser, Lindley, *Germany between the wars – a study of propaganda and war-guilt*, Oxford 1944.
Fredborg, Arvid, *Behind the Steel Wall*, London 1944.
Galen, Clemens August Graf von, *Akten, Briefe und Predigten, 1933–1946*, Bd. 2: *1939–1946*, bearb. von Peter Löffler, Mainz 1988 [= Veröffentlichungen der Kommission für Zeitgeschichte].
Gedenkbuch Berlins der jüdischen Opfer des Nationalsozialismus. »Ihre Namen mögen nie vergessen werden«, hg. vom Zentralinstitut für Sozialforschung der FU Berlin, Berlin 1995.
»Gestapo Hannover meldet …« Polizei- und Regierungsberichte für das mittlere und südliche Niedersachsen zwischen 1933 und 1937, bearb. von Klaus Mlynek, Hildesheim 1986 [= Veröffentlichungen der Historischen Kommission für Niedersachsen und Bremen, Bd. 39].
»Gestapo Oldenburg meldet …« Berichte der Geheimen Staatspolizei und des Innenministers aus dem Freistaat und Land Oldenburg 1933-1936, bearb. und eingel. von Albrecht Eckhardt und Katharina Hoffmann, Hannover 2002 [= Veröffentlichungen der Historischen Kommission für Niedersachsen und Bremen, Bd. 209].
»Gestapo Osnabrück meldet …« Polizei- und Regierungsberichte aus dem Regierungsbezirk Osnabrück aus den Jahren 1933 bis 1936, bearb. und eingel. von Gerd Steinwascher, hg. vom Verein für Geschichte und Landeskunde von Osnabrück, Osnabrück 1995 [= Osnabrücker Geschichtsquellen und Forschungen, Bd. 36].
Goebbels, Joseph, *Das eherne Herz. Rede vor der Deutschen Akademie, gehalten am 1.12.1941 in der Neuen Aula der Friedrich-Wilhelms-Universität Berlin*, München 1941.
Hahn, Lili, *… bis alles in Scherben fällt. Tagebuchblätter 1939–1945*, Köln 1979.

Handbuch der deutschen Tagespresse, bearb. von Carl Schneider, hg. vom Deutschen Institut für Zeitungskunde Berlin, 6. Aufl., Leipzig/Frankfurt a. M. 1937.

Hassell, Ulrich von, *Die Hassell-Tagebücher 1938–1944. Aufzeichnungen vom andern Deutschland*, hg. von Friedrich Hiller von Gaertringen, rev. und erw. Ausgabe, Berlin 1988 [= Deutscher Widerstand 1933–1945].

Haydn, Ludwig, *Meter, immer nur Meter! Das Tagebuch eines Daheimgebliebenen*, Wien 1946.

Heyen, Franz Josef, *Nationalsozialismus im Alltag. Quellen zur Geschichte des Nationalsozialismus vornehmlich im Raum Mainz-Koblenz-Trier*, hg. von Franz Josef Heyen, Boppard am Rhein 1967 [= Veröffentlichungen der Landesarchivverwaltung Rheinland-Pfalz, Bd. 9].

Himmler, Heinrich, *Geheimreden 1933 bis 1945 und andere Ansprachen*, hg. von Bradley F. Smith und Agnes F. Peterson, Frankfurt a. M. u.a. 1974.

Hitler, Adolf, *Reden und Proklamationen 1932-1945. Kommentiert von einem deutschen Zeitgenossen*, 2 Bde., hg. von Max Domarus, Neustadt a.d. Aisch 1962/63.

Huber, Ernst Rudolf, *Verfassung*, Hamburg 1937 [= Grundzüge der Rechts- und Wirtschaftswissenschaft, Reihe A Rechtswissenschaft].

In der Stunde Null. Die Denkschrift des Freiburger »Bonhoeffer-Kreises«. Politische Gemeinschaftsordnung. Ein Versuch zur Selbstbesinnung des christlichen Gewissens in den politischen Nöten unserer Zeit, eingel. von Helmut Thielicke, mit einem Nachwort von Philipp von Bismarck, Tübingen 1979.

International Military Tribunal: Der Prozess gegen die Hauptkriegsverbrecher vor dem Internationalen Militärgerichtshof, 14. Oktober 1945 bis 1. Oktober 1946, 42 Bde., Nürnberg 1947–1949.

Jud Süß. Filmprotokoll, Programmheft und Einzelanalysen, hg. v. Friedrich Knilli, Berlin 1983 [= Preprints zur Medienwissenschaft, Bd. 2].

Die Juden in den geheimen NS-Stimmungsberichten, 1933–1945, hg. von Otto Dov Kulka und Eberhard Jäckel, Düsseldorf 2004 [= Schriften des Bundesarchivs, Bd. 62].

Die Judenpolitik des SD 1935 bis 1938. Eine Dokumentation, hg. und eingel. von Michael Wildt, München 1995 [= Vierteljahrshefte für Zeitgeschichte, Bd. 71].

Judenverfolgung und jüdisches Leben unter den Bedingungen der nationalsozialistischen Gewaltherrschaft, Bd. 1: *Tondokumente und Rundfunksendungen 1930–1946*, zusammengest. und bearb. von Walter Roller, Potsdam 1996 [= Audiovisuelle Quellen zur Geschichte und Kultur des europäischen Judentums und zur Geschichte und Wirkung des Holocaust, Bd. 1; Veröffentlichungen des Deutschen Rundfunkarchivs, Bd. 7].

Jüdisches Leben in Deutschland, Bd. 3: *Selbstzeugnisse zur Sozialgeschichte 1918–1945*, hg. und eingel. von Monika Richarz, Stuttgart 1982 [= Veröffentlichungen des Leo-Baeck-Instituts].

Kain, wo ist Dein Bruder? Was der Mensch im Zweiten Weltkrieg erleiden musste, dokumentiert in Tagebüchern und Briefen, hg. von Hans Dollinger, München 1983.

Kardorff, Ursula von, *Berliner Aufzeichnungen*, neu hg. und komm. von Peter Hartl, München 1992.

Kaufman, Theodore N., *Germany must perish*, Newark 1941.

Kirchner, Klaus, *Flugblattpropaganda im 2. Weltkrieg, Europa*, Bd. 4: *Flugblätter aus England, G-1942. Bibliographie, Katalog*, Erlangen 1974.

ders., *Flugblattpropaganda im 2. Weltkrieg, Europa*, Bd. 6: *Flugblätter aus den USA 1943/44, Bibliographie, Katalog*, Erlangen 1977.

ders., *Flugblattpropaganda im Zweiten Weltkrieg, Europa*, Bd. 7: *Flugblätter aus England, aus den USA 1944/45*, Erlangen 1980.

ders., *Flugblattpropaganda im Zweiten Weltkrieg, Europa*, Bd. 11: *Flugblätter aus Eng-*

land, aus den USA Nachrichten für die Truppe 1944. Bibliographie, Katalog, Erlangen 1989.
ders., *Flugblattpropaganda im Zweiten Weltkrieg, Europa*, Bd. 12: *Flugblätter aus England, aus den USA, Nachrichten für die Truppe 1945*, Erlangen 1989.
Klemperer, Victor, *Ich will Zeugnis ablegen bis zum letzten, Tagebücher*, hg. von Walter Nowoski, 2 Bde., Berlin 1995.
Klepper, Jochen, *Unter dem Schatten Deiner Flügel. Aus den Tagebüchern der Jahre 1932–1942*, Stuttgart 1956.
Kölner Aktenstücke zur Lage der Katholischen Kirche in Deutschland 1933–1945, hg. von Wilhelm Corsten, Köln 1949.
Krausnick, Helmuth, »Goerdeler und die Deportation der Leipziger Juden«, in: *Vierteljahrshefte für Zeitgeschichte* 13 (1965), S. 338–339.
Kriegspropaganda, 1939-1941. Geheime Ministerkonferenzen im Reichspropagandaministerium, hg. und eingel. von Willi A. Boelcke, Stuttgart 1966.
Kristallnacht in Hessen. Das Judenpogrom vom November 1938. Eine Dokumentation, hg. von Wolf Arno Kropat, Wiesbaden 1988 [= Schriften der Kommission für die Geschichte der Juden in Hessen, Bd. 10].
Die Lageberichte der Geheimen Staatspolizei über die Provinz Brandenburg und die Reichshauptstadt Berlin 1933 bis 1936, hg. von Wolfgang Ribbe, Köln/Weimar/Wien 1998.
Die Lageberichte der Geheimen Staatspolizei über die Provinz Hessen-Nassau, 1933–1936. Mit ergänzenden Materialien hg. und eingel. von Thomas Klein, 2 Bde., Köln/Wien 1986 [= Veröffentlichungen aus den Archiven Preussischer Kulturbesitz, Bd. 22].
Die Lageberichte der Geheimen Staatspolizei zur Provinz Sachsen 1933 bis 1936, Bd. 1: *Regierungsbezirk Magdeburg*, hg. von Hermann-J. Rupieper und Alexander Serk, Halle 2003.
Lösener, Bernhard, »Als Rassenreferent im Reichsministerium des Innern«, ediert von Walter Strauß, in: *Vierteljahrshefte für Zeitgeschichte* 9 (1961), S. 262–313.
Mann, Thomas, *Deutsche Hörer! 55 Radiosendungen nach Deutschland*, 2., erw. Aufl., Stockholm 1945.
Meldungen aus dem Reich. Auswahl aus den geheimen Lageberichten des Sicherheitsdienstes der SS 1939–1944, hg. von Heinz Boberach, Neuwied/Berlin 1965.
Meldungen aus dem Reich. Die geheimen Lageberichte des Sicherheitsdienstes der SS, 18 Bde., hg. von Heinz Boberach, Herrsching 1984/85.
Meldungen aus Münster 1924–1944. Geheime und vertrauliche Berichte von Polizei, Gestapo, NSDAP und ihren Gliederungen, staatlicher Verwaltung, Gerichtsbarkeit und Wehrmacht über die politische und gesellschaftliche Situation in Münster, eingel. und bearb. von Joachim Kuropka, Münster 1992.
Moltke, Helmuth James von, *Briefe an Freya 1939–1945*, hg. von Beate Ruhm von Oppen, München 1988.
Müller-Claudius, Michael, *Der Antisemitismus und das deutsche Verhängnis*, Frankfurt a. M. 1948.
NS-Presseanweisungen der Vorkriegszeit. Edition und Dokumentation, bearb. von Gabriele Toepser-Ziegert, hg. von Hans Bohrmann, 7 Bde. (mit Teilbdn.), München u.a. 1984–2001.
Ein offenes Geheimnis. »Arisierung« in Alltag und Wirtschaft in Oldenburg zwischen 1933 und 1945. Katalog zur Ausstellung, red. von Mathias Krispin, Oldenburg 2001.
Die Partei hört mit. Lageberichte und andere Meldungen des Sicherheitsdienstes der SS aus dem Großraum Koblenz 1937–1941, bearb. von Peter Brommer, Koblenz 1988.
Picker, Henry, *Hitlers Tischgespräche im Führerhauptquartier, 1941–1942*, neu hg. von Percy Ernst Schramm in Zusammenarbeit mit Andreas Hillgruber und Martin Vogt, Stuttgart 1963.

Pommern 1934/35 im Spiegel von Gestapo-Lageberichten und Sachakten, hg. von Robert Thévoz, Hans Branig und Cécile Lowenthal-Hensel, 2 Bde., Köln 1974.

Reck-Malleczewen, Friedrich Percyval, *Tagebuch eines Verzweifelten*, Berlin/Bonn 1981.

Der Regierungsbezirk Kassel. Die Berichte des Regierungspräsidenten und der Landräte, 2 Bde., hg. und eingel. von Thomas Klein, Darmstadt 1985.

Schoenaich, Paul von, *Mein Finale. Mit dem geheimen Tagebuch 1933–1945*, Flensburg u.a. 1947.

Scholl, Inge, *Die weiße Rose*, Frankfurt a. M. 1955.

Sehr selten habe ich geweint. Briefe und Tagebücher aus dem Zweiten Weltkrieg von Menschen aus Berlin, hg. von Ingrid Hammer und Susanne zur Nieden, Zürich 1992.

Semmler, Rudolf [d.i. Semler], *Goebbels – the man next to Hitler*, London 1947.

Smith, Howard K., *Last Train from Berlin*, 5. Aufl., New York 1942.

Speer, Albert, *Spandauer Tagebücher*, 3. Aufl., Frankfurt a. M./Berlin/Wien 1975.

Die Tagebücher von Joseph Goebbels, 2 Teile, 9 und 15 Bde., hg. von Elke Fröhlich u.a., München 1993–2006.

Tausk, Walter, *Breslauer Tagebuch 1933–1940*, hg. von Ryszard Kincel, 2. Aufl., Berlin 1977.

Tilitzki, Christian, *Alltag in Ostpreußen 1940–1945. Die geheimen Lageberichte der Königsberger Justiz 1940–1945*, Leer 1991.

Verfolgung und Widerstand unter dem Nationalsozialismus in Baden. Die Lageberichte der Gestapo und der Generalstaatsanwaltschaft Karlsruhe 1933–1940, bearb. von Jörg Schadt, Stuttgart u.a. 1976 [= Veröffentlichungen des Stadtarchivs Mannheim, Bd. 3].

Voigt, Hans Gunter, *Jüdisches Leben und Holocaust im Filmdokument 1930 bis 1945*, unveröffentlichtes Findmittel, Koblenz 2000.

Volksopposition im Polizeistaat: Gestapo- und Regierungsberichte 1934–1936, hg. von Bernhard Vollmer, Stuttgart 1957.

Vor aller Augen. Fotodokumente des nationalsozialistischen Terrors in der Provinz, bearb. von Klaus Hesse und Philipp Springer, hg. von Reinhard Rürup, Essen 2002.

Die Wehrmachtberichte 1939–1945, 3 Bde., München 1985.

»Wider das Schweigen der Kirche zur Judenverfolgung. Offener Brief an Landesbischof D. Meiser«, in: Hermann Diem, *Sine vi – sed verbo. Aufsätze, Vorträge, Voten. Aus Anlass der Vollendungs eines 65. Lebensjahres am 2. Februar 1965*, hg. von Uvo Andreas Wolf, München 1965.

Wir haben es gesehen. Augenzeugenberichte über Terror und Judenverfolgung im Dritten Reich, red. und hg. von Gerhard Schoenberner, Hamburg 1962.

Wochenschauen und Dokumentarfilme 1895–1950 im Bundesarchiv-Filmarchiv, neu bearb. von Peter Bucher, Koblenz 1984 [= Findbücher zu Beständen des Bundesarchivs, Bd. 8].

»*Wollt Ihr den totalen Krieg?« Die geheimen Goebbels-Konferenzen 1939–1943*, hg. und ausgew. von Willi A. Boelcke, München 1969.

Personenregister

Adler-Rudel, Salomon 32
d'Alquen, Gunter 94
Alvensleben, von (Redakteur) 199
Andreas-Friedrich, Ruth 134, 175, 232
Angress, Werner 17
Antonescu, Ion 186ff.
Bajohr, Frank 17, 20, 199
Bankier, David 15f., 18f., 89, 96, 106, 130, 194, 198, 222f., 235f., 240, 248
Baum, Herbert 231
Behrend-Rosenfeld, Else 176f.
Berndt, Alfred-Ingemar 289
Berning, Wilhelm 227
Bertram, Adolf 181, 227
Blum, Léon 115
Boberach, Heinz 19
Boor, Lisa de 198, 230
Bormann, Martin 49, 165, 215, 288, 291
Bose, Subhas Chandra 259
Brandt, Rudolf 199
Bronnen, Max 65
Bürckel, Josef 111
Büttner, Ursula 17
Churchill, Winston 167f., 205, 271
Cohn, Kate 178, 249
Daluege, Kurt 81
Darányi, Kálmán 111
Diem, Hermann 228
Dietrich, Otto 49, 205, 292
Dörner, Bernward 223
Dröge, Franz 20
Dürkefälden, Karl 128, 231f.
Eden, Anthony 240
Einstein, Albert 65, 70
Eisenhower, Dwight D. 307f.
d'Elden, van (US-Handelskammer) 179, 200, 236
Elser, Georg 151
Filderman, Wilhelm 186, 277
Fischer, Ludwig 245
Frank, Hans 245
Frankfurter, David 58, 101ff.
Fraser, Lindley 243

Fredborg, Arvid 177
Frei, Norbert 233
Freud, Sigmund 65
Freund, Elisabeth 175
Frick, Wilhelm 40, 84f., 265
Galen, Clemens August von 163
Gaulle, Charles de 308
Gellately, Robert 16f.
Globocnik, Odilo 149
Goebbels, Joseph 9, 36f., 49, 60, 62, 67f., 79, 80, 83ff., 96, 103, 112f., 128, 136f., 139ff., 144, 149, 155, 159f., 164–167, 170ff., 174f., 177, 181–185, 190–194, 203f., 211–217, 238, 245, 255–261, 263–268, 271, 273f., 276f., 281, 287–291, 296, 298–301, 309f., 326f.
Goerdeler, Carl 226
Goga, Octavian 111
Goldhagen, Daniel Jonah 14
Gordon, Sarah 12
Göring, Hermann 33f., 48, 96, 133, 136, 203f., 266
Gottschalk, Joachim 191
Gottschalk, Meta 191
Greiser, Arthur 174
Groß, Walter 115
Grynszpan, Herschel 123, 134, 147
Gürtner, Franz 34f.
Gustloff, Wilhelm 58, 101ff., 124
Gutterer, Leopold 184, 215, 257
Haag, Anna 250
Habermas, Jürgen 23
Haegert, Wilhelm 261, 292
Hahn, Lili 229
Hardenberg, Hans Graf von 226
Hassell, Ulrich von 176, 226, 229
Haydn, Ludwig 225, 229
Heine, Fritz 28ff.
Helldorff, Wolf Graf von 80
Heß, Rudolf 36f., 40, 77
Heydrich, Reinhard 33, 40, 118, 181, 205
Himmler, Heinrich 33, 174, 290, 302

447

Hindenburg, Paul von 63
Hinkel, Hans 182
Hitler, Adolf 33, 44, 48f., 78f., 94f., 103, 109f., 112, 118, 142f., 147, 151, 154, 156, 160, 162, 165f., 168, 170, 174, 177, 182, 186, 187–191, 197f., 201f., 204, 211, 213f., 241ff., 258, 264–268, 271–274, 287, 289, 291, 298, 300, 302f., 306f., 309, 324
Hoare, Sir Samuel 78, 249
Hore-Belisha, Leslie 115, 152ff.
Hoverbeck, Paul Freiherr von (gen. von Schoenaich) 198
Huber, Ernst Rudolf 46
Humburg, Martin 225
Husseini, Hadsch Amin al- 259
Innitzer, Theodor 181
Jäckel, Eberhard 9
Jeckeln, Friedrich 160
Johnson, Eric A. 17
Kardorff, Ursula von 226, 233, 250
Kaufman, Theodore N. 167ff.
Kershaw, Ian 11–14, 16, 19f., 44, 89, 223, 286
Klemperer, Victor 27, 177, 192, 230f., 250f., 279, 281
Klepper, Jochen 135, 176
Kluge, Hans-Günther von 226
Kulka, Otto Dov 9, 12–16, 19, 194, 286
La Camp, Lothar de 285
LaGuardia, Fiorello H. 103f.
Laqueur, Walter 238
Latzel, Klaus 225
Leers, Johann von 270, 278f., 295
Lehmann, Herbert H. 293
Levetzow, Magnus von 80, 83
Ley, Robert 143, 153, 160ff., 204f., 269f., 300, 311
Litwinow, Maxim Maximowitsch 115
Ludwig, Emil 125
Mann, Thomas 229, 240, 242, 245
Marx, Karl 65
Meiser, Hans 228
Meyer, Alfred 170
Miekley, Hilde 198
Moltke, Helmuth James von 177, 229
Mommsen, Hans 18

Morgenthau, Henry 277, 293
Müller-Claudius, Michael 134, 234f.
Obst, Dieter 18
Ohlendorf, Otto 19, 39f.
Pellepoix, Darquir de 209
Rath, Ernst vom 58, 101, 123f., 126, 134, 141, 147
Reck-Malleczewen, Friedrich 225
Reinhardt, Max 64f.
Rinner, Erich 28–32
Rodrigue, Aron 13f.
Roosevelt, Franklin D. 143, 168f., 186, 190, 205f., 246, 301, 305, 324
Rosenberg, Alfred 102f., 114ff., 143
Rössner, Hans 39
Samter, Hermann 229
Schacht, Hjalmar 77
Schirach, Baldur von 202
Schwaebe, Martin 68
Schwarz van Berk, Hans 68ff.
Schwerin-Krosigk, Lutz von 39
Smith, Howard K. 177, 199
Sollmann, Wilhelm 30f.
Sommer, Margarete 227
Speer, Albert 177, 217
Sprenger, Jakob 190
Stahl, Julius 64
Stalin, Jossif 168, 298
Steinert, Marlis 10f., 20
Streicher, Julius 85, 95, 106, 142
Sztójay, Döme 298
Tafel, Ingeborg 175
Tausk, Walter 134f.
Temple, William 242
Tießler, Walter 215, 291
Toller, Ernst 62
Tucholsky, Kurt 62
Ullrich, Volker 17
Vallat, Xavier 209
Vasek, Anton 207f.
Wagner, Adolf 78, 92, 202
Wallenberg, Jacob 200
Wegener, Paul 294
Weizmann, Chaim 151
Wiedemann, Fritz 48
Wurm, Theophil 228
Zörner, Ernst 245